U0856267

图书在版编目（CIP）数据

中国第三产业统计年鉴 . 2023 = China Statistical Yearbook of the Tertiary Industry 2023 / 国家统计局编 . -- 北京 : 中国统计出版社 , 2023.12
ISBN 978-7-5230-0324-4

Ⅰ . ①中… Ⅱ . ①国… Ⅲ . ①第三产业－经济统计－统计资料－中国－ 2023 －年鉴 Ⅳ . ① F264.1-66

中国国家版本馆 CIP 数据核字 (2023) 第 219009 号

中国第三产业统计年鉴 2023

作　　者 / 国家统计局
责任编辑 / 李　冲
装帧设计 / 李雪燕
出版发行 / 中国统计出版社有限公司
通信地址 / 北京市丰台区西三环南路甲 6 号　邮政编码 /100073
发行电话 / 邮购（010）63376909　书店（010）68783171
网　　址 / http://www.zgtjcbs.com
印　　刷 / 三河市双峰印刷装订有限公司
经　　销 / 新华书店
开　　本 / 880×1230 毫米　1/16
字　　数 / 950 千字
印　　张 / 41
版　　别 / 2023 年 12 月第 1 版
版　　次 / 2023 年 12 月第 1 次印刷
定　　价 / 320.00 元

《中国第三产业统计年鉴 2023》

编委会和编辑工作人员

编者说明

一、《中国第三产业统计年鉴 2023》收录了全国和各省、自治区、直辖市2022年第三产业的统计数据以及部分历史数据，是一部反映中华人民共和国第三产业发展全面情况的资料性年刊。

二、本年鉴正文内容分为 9个篇章：1.第三产业单位数；2.第三产业就业人员数；3.第三产业增加值；4.第三产业固定资产投资；5.第三产业双向投资与服务贸易进出口情况；6.第三产业能源消费情况；7.第三产业分行业主要指标；8.派生产业情况；9.港澳台第三产业情况。附录部分包括 3个篇章：1.世界及主要国家第三产业统计资料摘要；2.中国服务业采购经理指数及世界主要经济体的相关情况；3.部分国家服务业生产指数月度增速。各篇章前设有《简要说明》，对本篇章的主要内容、资料来源、统计范围、统计方法以及历史变动情况予以简要概述，篇末附有《主要统计指标解释》。

三、本年鉴所涉及的全国性统计数据，除特殊标注外，均未包括香港、澳门特别行政区和台湾省数据。

四、香港、澳门特别行政区的统计是构成国家统计总体的一部分。但根据《中华人民共和国香港特别行政区基本法》和《中华人民共和国澳门特别行政区基本法》的有关原则，香港、澳门与内地是相对独立的统计区域，根据各自不同的统计制度和法律规定，独立进行统计工作。本年鉴中香港、澳门特别行政区统计资料分别由香港特别行政区政府统计处、澳门特别行政区政府统计暨普查局提供，国家统计局国际统计信息中心负责整理、编辑。

五、台湾省数据来自台湾省行政院主计处统计资料，国家统计局国际统计信息中心负责整理、编辑。

六、与《中国第三产业统计年鉴 2022》相比较，本年鉴主要做了如下修订：

（一）表式调整：

第八篇章“派生产业情况”的“企业信息化和电子商务”章节中，因互联网经济统计制度调整，将“分地区企业信息化基本情况”和“分地区企业信息化应用情况”两张表合并为“分地区企业信息化情况”一张表，将“按行业分企业信息化基本情况”和“按行业分企业信息化应用情况”两张表合并为“按行业分企业信息化情况”一张表。

（二）数据更新：

国际旅游等部分数据目前尚未更新，相关表式仍沿用往年数据。

七、本年鉴中凡未注明年份的数据，均指2022年的数据。

八、本年鉴所使用的度量衡单位，均采用国际统一标准计量单位。

九、本年鉴中部分数据合计数或相对数由于计量单位取舍不同而产生的计算误差，均未做机械调整。

十、符号使用说明：年鉴各表中的“空格”表示该项统计指标数据不足本表最小单位数、数据不详或无该项数据；“#”表示其中的主要项。港澳台部分的符号使用方法具体见其篇章说明。

目 录

一、第三产业单位数

二、第三产业就业人员数

三、第三产业增加值

四、第三产业固定资产投资

五、第三产业双向投资与服务贸易进出口情况

六、第三产业能源消费情况

七、第三产业分行业主要指标

7-5　交通运输、仓储和邮政业

九、港澳台第三产业情况

附录一、世界及主要国家第三产业统计资料摘要

附录二、中国服务业采购经理指数及世界主要经济体的相关情况

附录三、部分国家服务业生产指数月度增速

1 第三产业单位数

简要说明

一、主要内容

本篇资料通过对一定时期第三产业法人单位数量上的描述，反映报告期内第三产业法人单位的数量变化。

二、统计范围与统计口径

第三产业基本单位统计范围包括：我国境内从事社会经济第三产业活动的法人单位，未包括香港、澳门特别行政区和台湾省。

三、资料来源

第三产业基本单位统计 2004 年、2008 年、2013 年和 2018 年的数据，来源于第一次、第二次、第三次和第四次全国经济普查数据，其余年份来源于基本单位统计年报数据，普查年份没有年报数据。

社会组织和自治组织单位数由民政部提供。

1-1 第三产业法人单位数及所占比重

单位：个

年 份	全部法人单位数	第一产业	第二产业	第三产业	第三产业法人单位数所占比重(%)
2005	5647823	68800	1733605	3845418	68.1
2006	6068912	78205	1889475	4101232	67.6
2007	6495064	98546	2039702	4356816	67.1
2008	7214683	117941	2200376	4896366	67.9
2009	8003868	184764	2386389	5432715	67.9
2010	8754588	242429	2568818	5943341	67.9
2011	9593729	321086	2758483	6514160	67.9
2012	10616530	440853	2949694	7225983	68.1
2013	11258282	434486	2743347	8080449	71.8
2014	13701440	773414	3244154	9683872	70.7
2015	15729199	1005230	3544975	11178994	71.1
2016	18191382	1262764	3953940	12974678	71.3
2017	22009092	1670774	4731349	15606969	70.9
2018	23481046	1694997	4626235	17159814	73.1
2019	25280211	1642773	5063303	18574135	73.5
2020	29389255	1827421	5904042	21657792	73.7
2021	32866972	1915236	6697618	24254118	73.8
2022	37169634	2184048	7612180	27373406	73.6

注：根据相关统计资料对2008年、2013年和2018年的全部法人单位数、第一产业法人单位数和第三产业法人单位数所占比重进行了修正。

1-2 第三产业按行业、东中西部以及东北地区分组的法人单位数(2022年)

单位：个

行业	法人单位数	东部地区	中部地区	西部地区	东北地区
合计	**27373406**	**14515379**	**6132454**	**5534614**	**1190959**
农、林、牧、渔专业及辅助性活动	311310	81955	128383	73029	27943
开采专业及辅助性活动	6576	745	636	4598	597
金属制品、机械和设备修理业	53421	30408	10174	9463	3376
批发和零售业	**10881533**	**6047863**	**2391631**	**1996401**	**445638**
批发业	5893715	3539386	1153605	949456	251268
零售业	4987818	2508477	1238026	1046945	194370
交通运输、仓储和邮政业	**973096**	**508456**	**217306**	**190567**	**56767**
铁路运输业	3648	1499	802	1110	237
道路运输业	624860	299035	157383	131895	36547
水上运输业	20795	13378	4098	2468	851
航空运输业	5113	2671	826	1274	342
管道运输业	628	326	128	147	27
多式联运和运输代理业	185396	128325	24866	23937	8268
装卸搬运和仓储业	100081	49247	22347	20445	8042
邮政业	32575	13975	6856	9291	2453
住宿和餐饮业	**669628**	**330771**	**148879**	**169822**	**20156**
住宿业	177249	77054	39491	54020	6684
餐饮业	492379	253717	109388	115802	13472
信息传输、软件和信息技术服务业	**1747117**	**949086**	**409710**	**320319**	**68002**
电信、广播电视和卫星传输服务	38601	16994	9459	9458	2690
互联网和相关服务	256673	127137	69636	50503	9397
软件和信息技术服务业	1451843	804955	330615	260358	55915
金融业	**159901**	**103695**	**20010**	**28542**	**7654**
货币金融服务	44385	21203	7413	12026	3743
资本市场服务	75164	60930	5272	7715	1247
保险业	21042	9522	4625	5071	1824
其他金融业	19310	12040	2700	3730	840
房地产业	**1115183**	**577318**	**242763**	**237547**	**57555**
房地产业	1115183	577318	242763	237547	57555
租赁和商务服务业	**4432416**	**2361002**	**985636**	**923512**	**162266**
租赁业	477129	200205	133713	121525	21686
商务服务业	3955287	2160797	851923	801987	140580
科学研究和技术服务业	**2439143**	**1493136**	**480472**	**371855**	**93680**
研究和试验发展	304231	212437	47855	29435	14504
专业技术服务业	930947	500106	206897	186162	37782
科技推广和应用服务业	1203965	780593	225720	156258	41394
水利、环境和公共设施管理业	**286257**	**125365**	**79288**	**69662**	**11942**
水利管理业	22932	8032	6382	7030	1488
生态保护和环境治理业	39453	17923	9458	10598	1474
公共设施管理业	160134	72583	43557	37360	6634
土地管理业	63738	26827	19891	14674	2346
居民服务、修理和其他服务业	**758665**	**379151**	**156526**	**192080**	**30908**
居民服务业	350017	176264	69679	89465	14609
机动车、电子产品和日用产品修理业	259163	124427	54626	69785	10325
其他服务业	149485	78460	32221	32830	5974
教育	**816766**	**353821**	**206474**	**207269**	**49202**
教育	816766	353821	206474	207269	49202
卫生和社会工作	**320513**	**142652**	**74396**	**78624**	**24841**
卫生	216436	87810	52426	59094	17106
社会工作	104077	54842	21970	19530	7735
文化、体育和娱乐业	**861807**	**475106**	**185161**	**169496**	**32044**
新闻和出版业	11658	6039	2499	2476	644
广播、电视、电影和录音制作业	134235	74271	28837	26351	4776
文化艺术业	306732	184535	57248	54990	9959
体育	105043	56711	21275	22534	4523
娱乐业	304139	153550	75302	63145	12142
公共管理、社会保障和社会组织	**1540074**	**554849**	**395009**	**491828**	**98388**
中国共产党机关	33202	9455	7782	12866	3099
国家机构	436444	121938	116424	161679	36403
人民政协、民主党派	5855	1873	1357	2064	561
社会保障	11462	3191	3272	4205	794
群众团体、社会团体和其他成员组织	434871	178390	98049	139771	18661
基层群众自治组织	618240	240002	168125	171243	38870

1-3 各地区第三产业法人单位数

单位：个

地 区	2015	2016	2017	2018	2019	2020	2021	2022
全 国	**11178994**	**12974678**	**15606969**	**17159814**	**18574135**	**21657792**	**24254118**	**27373406**
北 京	641029	646874	654823	927890	850010	1100792	1212471	1312458
天 津	243372	303998	347974	232920	247559	291270	320455	359977
河 北	425143	524464	766990	835062	880101	970662	1051670	1235114
山 西	261897	349239	424346	388779	456179	563170	654041	668902
内蒙古	170668	197767	229568	246973	270022	309711	356033	389186
辽 宁	399774	435068	480409	469476	450692	545867	570886	605206
吉 林	132071	141384	149117	154409	154230	172690	223094	251849
黑龙江	165123	183182	234967	212740	207229	239630	252698	333904
上 海	343605	357385	376332	376014	407213	451529	458521	512599
江 苏	1009469	1279916	1604092	1419897	1603491	1754201	2146581	2281892
浙 江	821291	951472	1190194	1064583	1332836	1634880	1799374	1954188
安 徽	388957	452152	594467	632607	661092	809714	920156	1017099
福 建	461980	532297	620532	547347	707731	881956	1070335	1202040
江 西	266812	318382	389056	353752	392322	532363	614162	867091
山 东	917722	1189066	1429606	1362081	1664599	2048424	2359360	2578042
河 南	559206	620138	713946	1055586	1065184	1234139	1447943	1525945
湖 北	507983	576338	687379	696763	766643	890734	1004301	1138514
湖 南	356272	420047	506224	519608	511960	626793	700112	914903
广 东	955114	1043763	1351026	2430350	2563447	2690429	2768676	2901320
广 西	297964	348074	396587	423728	484926	574541	649648	709326
海 南	56616	63470	75423	86417	98620	111588	154386	177749
重 庆	306389	359017	405566	434842	438105	477551	547179	588956
四 川	373418	407564	460213	642310	652845	695234	719075	1211551
贵 州	169309	207802	270199	276301	291882	342501	410502	492188
云 南	271033	323837	404836	382565	408469	538791	568105	588469
西 藏	22197	22271	21988	35024	34565	34959	37419	38341
陕 西	268960	291702	330621	428458	431210	499944	524134	673114
甘 肃	141071	150573	156968	198501	184404	205597	230890	280293
青 海	39667	43567	71654	62011	67816	78368	87388	97410
宁 夏	47279	57410	63232	57010	79495	94934	113159	117451
新 疆	157603	176459	198634	205810	209258	254830	281364	348329

1-4 各地区第三产业法人单位数及所占比重(2022年)

单位：个

地 区	全部法人单位数	第一产业	第二产业	第三产业	第三产业法人单位数所占比重(%)
全 国	**37169634**	**2184048**	**7612180**	**27373406**	**73.6**
北 京	1409824	7351	90015	1312458	93.1
天 津	454320	10707	83636	359977	79.2
河 北	1843390	115706	492570	1235114	67.0
山 西	918982	105387	144693	668902	72.8
内蒙古	540833	63144	88503	389186	72.0
辽 宁	822961	48977	168778	605206	73.5
吉 林	343503	32824	58830	251849	73.3
黑龙江	470714	62309	74501	333904	70.9
上 海	600897	6009	82289	512599	85.3
江 苏	3296990	44551	970547	2281892	69.2
浙 江	2690588	48829	687571	1954188	72.6
安 徽	1454974	103129	334746	1017099	69.9
福 建	1547266	65574	279652	1202040	77.7
江 西	1213076	98597	247388	867091	71.5
山 东	3546922	150581	818299	2578042	72.7
河 南	2100519	180056	394518	1525945	72.6
湖 北	1546917	99852	308551	1138514	73.6
湖 南	1250273	113262	222108	914903	73.2
广 东	3838391	45057	892014	2901320	75.6
广 西	923514	86986	127202	709326	76.8
海 南	215496	12455	25292	177749	82.5
重 庆	782091	88054	105081	588956	75.3
四 川	1595275	138252	245472	1211551	75.9
贵 州	753217	130141	130888	492188	65.3
云 南	823861	107710	127682	588469	71.4
西 藏	56279	3123	14815	38341	68.1
陕 西	951841	66540	212187	673114	70.7
甘 肃	422728	76857	65578	280293	66.3
青 海	137903	20901	19592	97410	70.6
宁 夏	163985	20199	26335	117451	71.6
新 疆	452104	30928	72847	348329	77.0

1-5 第三产业按行业、控股情况分组的企业法人单位数(2022年)

单位：个

行　业	企业法人单位数	国有控股	集体控股	私人控股	港澳台商控股	外商控股	其他
合　计	**24192312**	**273427**	**134427**	**23222647**	**93196**	**75172**	**393443**
农、林、牧、渔专业及辅助性活动	122761	1885	2767	114691	162	77	3179
开采专业及辅助性活动	6549	142	53	6154	11	14	175
金属制品、机械和设备修理业	53142	444	570	50949	133	193	853
批发和零售业	**10708678**	**61298**	**47098**	**10393016**	**32263**	**33493**	**141510**
批发业	5763075	37422	22427	5576917	23755	27313	75241
零售业	4945603	23876	24671	4816099	8508	6180	66269
交通运输、仓储和邮政业	**964055**	**20950**	**6315**	**915105**	**3483**	**2371**	**15831**
铁路运输业	3624	589	63	2866	2		104
道路运输业	619276	8941	3435	596632	888	506	8874
水上运输业	20419	1164	474	18186	110	85	400
航空运输业	4953	596	28	4115	26	47	141
管道运输业	625	112	6	471	5	15	16
多式联运和运输代理业	185275	1944	538	176467	1372	966	3988
装卸搬运和仓储业	97423	6250	1631	86170	1044	728	1600
邮政业	32460	1354	140	30198	36	24	708
住宿和餐饮业	**667190**	**8713**	**4528**	**637400**	**3038**	**2811**	**10700**
住宿业	176062	5603	2396	163891	801	519	2852
餐饮业	491128	3110	2132	473509	2237	2292	7848
信息传输、软件和信息技术服务业	**1739295**	**11536**	**3214**	**1678612**	**10303**	**6547**	**29083**
电信、广播电视和卫星传输服务	35857	2973	289	30978	395	385	837
互联网和相关服务	255507	1607	475	247434	860	419	4712
软件和信息技术服务业	1447931	6956	2450	1400200	9048	5743	23534
金融业	**157538**	**20024**	**3059**	**123056**	**2712**	**2270**	**6417**
货币金融服务	42457	8714	2012	27189	1907	863	1772
资本市场服务	75037	2936	319	68458	534	343	2447
保险业	20978	6878	619	10795	130	963	1593
其他金融业	19066	1496	109	16614	141	101	605
房地产业	**1110776**	**36111**	**17309**	**1019793**	**8908**	**4147**	**24508**
房地产业	1110776	36111	17309	1019793	8908	4147	24508
租赁和商务服务业	**4119814**	**55485**	**27913**	**3930608**	**17873**	**11903**	**76032**
租赁业	470747	2571	905	459244	700	375	6952
商务服务业	3649067	52914	27008	3471364	17173	11528	69080

1-5 续表 单位：个

行业	企业法人单位数	国有控股	集体控股	私人控股	港澳台商控股	外商控股	其他
科学研究和技术服务业	**2310825**	**26731**	**9142**	**2209282**	**10109**	**8426**	**47135**
研究和试验发展	292734	2211	1273	279300	2021	1843	6086
专业技术服务业	892405	16284	4083	849538	3436	2719	16345
科技推广和应用服务业	1125686	8236	3786	1080444	4652	3864	24704
水利、环境和公共设施管理业	**251731**	**12859**	**2656**	**229951**	**531**	**294**	**5440**
水利管理业	8982	1654	250	6790	17	12	259
生态保护和环境治理业	35830	1491	235	33004	182	123	795
公共设施管理业	147365	8328	1954	133785	309	134	2855
土地管理业	59554	1386	217	56372	23	25	1531
居民服务、修理和其他服务业	**725391**	**3897**	**4689**	**704200**	**970**	**766**	**10869**
居民服务业	324360	1858	2060	314820	499	376	4747
机动车、电子产品和日用产品修理业	258595	1098	1713	251603	276	209	3696
其他服务业	142436	941	916	137777	195	181	2426
教育	**331910**	**2031**	**1389**	**322281**	**422**	**417**	**5370**
教育	331910	2031	1389	322281	422	417	5370
卫生和社会工作	**135157**	**1406**	**918**	**129337**	**263**	**263**	**2970**
卫生	109157	927	687	104773	173	194	2403
社会工作	26000	479	231	24564	90	69	567
文化、体育和娱乐业	**787500**	**9915**	**2807**	**758212**	**2015**	**1180**	**13371**
新闻和出版业	8935	2037	162	6500	6	6	224
广播、电视、电影和录音制作业	129385	2803	429	123063	263	108	2719
文化艺术业	263427	2841	842	253684	647	429	4984
体育	90069	705	302	86879	311	278	1594
娱乐业	295684	1529	1072	288086	788	359	3850

1-6 第三产业按地区、控股情况分组的企业法人单位数(2022年)

单位：个

地区	企业法人单位数	国有控股	集体控股	私人控股	港澳台商控股	外商控股	其他
全国	**24192312**	**273427**	**134427**	**23222647**	**93196**	**75172**	**393443**
北京	1267716	15448	13614	1204804	7133	9737	16980
天津	338239	6561	1739	326116	1734	1937	152
河北	1079541	12721	5538	1045229	522	622	14909
山西	589179	7237	3339	578176	164	203	60
内蒙古	318053	4709	1291	311664	133	256	
辽宁	523368	8888	4423	489846	1036	1894	17281
吉林	199820	3654	1117	190057	130	257	4605
黑龙江	270154	6242	2210	246169	220	245	15068
上海	477963	12147	5764	418579	11567	15484	14422
江苏	2119625	17293	8037	2059031	6894	6570	21800
浙江	1790526	13849	7469	1747667	4470	10584	6487
安徽	901301	9708	4913	873398	605	478	12199
福建	1102472	8712	3043	1079028	6510	3111	2068
江西	769986	9286	2838	745280	906	348	11328
山东	2321666	15749	6539	2266513	2833	4752	25280
河南	1292103	11693	5694	1264190	571	567	9388
湖北	977916	8559	4142	955549	1002	1334	7330
湖南	761889	7259	2935	732430	590	435	18240
广东	2618285	21278	16979	2410785	41080	11065	117098
广西	590268	6664	4137	576543	888	926	1110
海南	162417	2486	1295	137740	672	343	19881
重庆	532130	5270	1465	523654	893	843	5
四川	1025890	15193	9084	995921	1227	1191	3274
贵州	424372	9569	3060	411217	208	192	126
云南	495464	7174	6115	479670	453	662	1390
西藏	19949	1055	469	16500	22	13	1890
陕西	574238	8582	3227	544347	444	828	16810
甘肃	202422	4718	1566	183926	74	52	12086
青海	72302	1533	613	69780	40	49	287
宁夏	99882	1004	300	97980	35	30	533
新疆	273176	9186	1472	240858	140	164	21356

1-7 第三产业按行业、登记注册类型分组的企业法人单位数(2022年)

单位：个

行　业	企业法人单位数	内　资						
			国　有	集　体	股份合作	国有联营	集体联营	国有与集体联营
合　计	**24192312**	**24001051**	**63292**	**72491**	**19872**	**816**	**1522**	**509**
农、林、牧、渔专业及辅助性活动	122761	122468	754	1855	136	5	51	2
开采专业及辅助性活动	6549	6522	30	15	4			
金属制品、机械和设备修理业	53142	52751	123	404	119	1	3	
批发和零售业	**10708678**	**10636993**	**16963**	**31345**	**7422**	**250**	**623**	**186**
批发业	5763075	5707466	10335	14149	3614	121	295	87
零售业	4945603	4929527	6628	17196	3808	129	328	99
交通运输、仓储和邮政业	**964055**	**957227**	**6023**	**3547**	**723**	**76**	**75**	**36**
铁路运输业	3624	3614	67	38	5	1		
道路运输业	619276	617564	2014	1763	452	27	44	16
水上运输业	20419	20098	183	350	24	6	4	
航空运输业	4953	4855	71	5	6	1		
管道运输业	625	597	12	3	1			
多式联运和运输代理业	185275	182672	255	216	118	9	4	3
装卸搬运和仓储业	97423	95433	2774	1131	96	14	23	16
邮政业	32460	32394	647	41	21	18		1
住宿和餐饮业	**667190**	**660534**	**3222**	**2432**	**955**	**23**	**71**	**21**
住宿业	176062	174518	2258	1426	346	14	38	14
餐饮业	491128	486016	964	1006	609	9	33	7
信息传输、软件和信息技术服务业	**1739295**	**1720308**	**1645**	**596**	**667**	**38**	**15**	**9**
电信、广播电视和卫星传输服务	35857	34957	637	138	21	5	2	2
互联网和相关服务	255507	254064	187	65	110	7	4	2
软件和信息技术服务业	1447931	1431287	821	393	536	26	9	5
金融业	**157538**	**150175**	**2735**	**439**	**669**	**38**	**4**	**11**
货币金融服务	42457	38496	1614	367	564	21	2	5
资本市场服务	75037	73867	343	32	47	11		4
保险业	20978	19057	626	19	41	4	2	1
其他金融业	19066	18755	152	21	17	2		1
房地产业	**1110776**	**1095956**	**7714**	**8449**	**2086**	**119**	**105**	**57**
房地产业	1110776	1095956	7714	8449	2086	119	105	57
租赁和商务服务业	**4119814**	**4085935**	**9748**	**13010**	**2725**	**128**	**301**	**79**
租赁业	470747	469438	411	355	192	2	9	2
商务服务业	3649067	3616497	9337	12655	2533	126	292	77

1-7 续表 1

单位：个

行 业	企业法人单位数	内 资	国 有	集 体	股份合作	国有联营	集体联营	国有与集体联营
科学研究和技术服务业	**2310825**	**2288800**	**6995**	**4103**	**1849**	**59**	**98**	**49**
研究和试验发展	292734	287895	462	522	467	4	15	2
专业技术服务业	892405	885544	5133	1896	723	38	51	31
科技推广和应用服务业	1125686	1115361	1400	1685	659	17	32	16
水利、环境和公共设施管理业	**251731**	**250722**	**2335**	**1097**	**153**	**27**	**29**	**7**
水利管理业	8982	8940	448	151	7	7	2	2
生态保护和环境治理业	35830	35443	342	70	29	4	5	1
公共设施管理业	147365	146845	1358	774	90	14	19	4
土地管理业	59554	59494	187	102	27	2	3	
居民服务、修理和其他服务业	**725391**	**723428**	**1253**	**2928**	**1057**	**12**	**75**	**31**
居民服务业	324360	323359	607	1320	436	4	33	23
机动车、电子产品和日用产品修理业	258595	258064	406	1114	481	6	27	4
其他服务业	142436	142005	240	494	140	2	15	4
教育	**331910**	**330937**	**631**	**638**	**395**	**10**	**23**	**10**
教育	331910	330937	631	638	395	10	23	10
卫生和社会工作	**135157**	**134502**	**443**	**424**	**264**	**5**	**15**	**4**
卫生	109157	108718	319	297	244	3	12	1
社会工作	26000	25784	124	127	20	2	3	3
文化、体育和娱乐业	**787500**	**783793**	**2678**	**1209**	**648**	**25**	**34**	**7**
新闻和出版业	8935	8920	687	107	17	2	1	2
广播、电视、电影和录音制作业	129385	128932	1030	168	58	6	1	2
文化艺术业	263427	262211	544	409	256	6	10	
体育	90069	89381	136	120	84	3	3	2
娱乐业	295684	294349	281	405	233	8	19	1

1-7 续表 2

单位：个

行业	其他联营	国有独资公司	其他有限责任公司	股份有限公司	私营独资	私营合伙	私营有限责任公司
合计	**1477**	**73170**	**1496122**	**84636**	**1492521**	**299130**	**20203525**
农、林、牧、渔专业及辅助性活动	17	626	8819	482	20428	939	86402
开采专业及辅助性活动		45	560	31	255	24	5451
金属制品、机械和设备修理业	4	77	2748	154	3359	248	45051
批发和零售业	**628**	**12962**	**473676**	**23783**	**832507**	**35175**	**9128677**
批发业	284	8205	267982	12963	276556	15363	5059148
零售业	344	4757	205694	10820	555951	19812	4069529
交通运输、仓储和邮政业	**81**	**5630**	**62803**	**3552**	**35738**	**2741**	**828414**
铁路运输业		98	745	44	131	12	2430
道路运输业	43	2491	35227	1918	21761	1611	545563
水上运输业	3	229	2213	157	501	56	16178
航空运输业		193	991	66	75	21	3338
管道运输业		14	145	13	27	1	370
多式联运和运输代理业	18	454	13024	633	6280	609	159469
装卸搬运和仓储业	12	1625	8348	430	5529	346	74276
邮政业	5	526	2110	291	1434	85	26790
住宿和餐饮业	**55**	**2021**	**45458**	**1978**	**91477**	**6460**	**500804**
住宿业	18	1171	15892	821	25789	2117	123005
餐饮业	37	850	29566	1157	65688	4343	377799
信息传输、软件和信息技术服务业	**56**	**2325**	**121241**	**6692**	**47207**	**20086**	**1504092**
电信、广播电视和卫星传输服务	3	537	3433	1040	1802	186	26693
互联网和相关服务	15	394	17733	968	9983	1967	220079
软件和信息技术服务业	38	1394	100075	4684	35422	17933	1257320
金融业	**19**	**1578**	**24942**	**16860**	**2222**	**27795**	**69599**
货币金融服务	5	310	8074	8095	573	275	16891
资本市场服务	9	592	10873	515	667	25774	34272
保险业	2	167	2684	7976	754	81	6142
其他金融业	3	509	3311	274	228	1665	12294
房地产业	**88**	**9785**	**145483**	**5506**	**29141**	**4376**	**873046**
房地产业	88	9785	145483	5506	29141	4376	873046
租赁和商务服务业	**244**	**21530**	**290692**	**11591**	**148051**	**160389**	**3392744**
租赁业	29	627	20807	973	22035	1191	419119
商务服务业	215	20903	269885	10618	126016	159198	2973625

1-7 续表 3

单位：个

行业	其他联营	国有独资公司	其他有限责任公司	股份有限公司	私营独资	私营合伙	私营有限责任公司
科学研究和技术服务业	**126**	**6326**	**176708**	**7335**	**61183**	**22998**	**1979973**
研究和试验发展	16	529	23099	1114	6569	2964	249282
专业技术服务业	60	4021	60905	3021	26678	4895	770044
科技推广和应用服务业	50	1776	92704	3200	27936	15139	960647
水利、环境和公共设施管理业	**19**	**5256**	**23876**	**1104**	**10967**	**966**	**202105**
水利管理业	2	590	1500	59	364	49	5633
生态保护和环境治理业	3	429	4133	194	949	159	28707
公共设施管理业	10	3578	14852	733	4193	407	119202
土地管理业	4	659	3391	118	5461	351	48563
居民服务、修理和其他服务业	**54**	**1156**	**35584**	**1734**	**70237**	**4455**	**599442**
居民服务业	24	634	15873	758	34018	2161	265245
机动车、电子产品和日用产品修理业	21	266	11555	612	29025	1558	211073
其他服务业	9	256	8156	364	7194	736	123124
教育	**29**	**650**	**18839**	**995**	**16343**	**2216**	**287187**
教育	29	650	18839	995	16343	2216	287187
卫生和社会工作	**16**	**449**	**13293**	**545**	**24073**	**3556**	**89757**
卫生	14	284	10479	437	21894	3256	70153
社会工作	2	165	2814	108	2179	300	19604
文化、体育和娱乐业	**41**	**2754**	**51400**	**2294**	**99333**	**6706**	**610781**
新闻和出版业	2	545	1473	97	198	30	5670
广播、电视、电影和录音制作业	5	639	10568	525	5532	621	108460
文化艺术业	8	877	17109	648	12358	1650	226532
体育	4	217	6548	273	6910	560	73828
娱乐业	22	476	15702	751	74335	3845	196291

1-7 续表 4 单位：个

行业	私营股份有限公司	其他内资企业	港澳台商投资	合资经营	合作经营	独资	股份有限
合计	**108665**	**83303**	**99189**	**16996**	**1761**	**76342**	**1428**
农、林、牧、渔专业及辅助性活动	846	1106	187	38	7	125	8
开采专业及辅助性活动	70	37	11	2	2	5	1
金属制品、机械和设备修理业	279	181	157	43	3	105	3
批发和零售业	**40375**	**32421**	**33196**	**3880**	**232**	**27976**	**421**
批发业	22756	15608	24519	2727	153	20905	287
零售业	17619	16813	8677	1153	79	7071	134
交通运输、仓储和邮政业	**4647**	**3141**	**3897**	**779**	**476**	**2521**	**67**
铁路运输业	10	33	6	4			2
道路运输业	2821	1813	1034	179	386	442	11
水上运输业	130	64	167	99	14	47	6
航空运输业	47	41	39	10	2	19	6
管道运输业	9	2	9	7	1	1	
多式联运和运输代理业	912	668	1466	212	54	1150	31
装卸搬运和仓储业	480	333	1141	264	19	832	10
邮政业	238	187	35	4		30	1
住宿和餐饮业	**3060**	**2497**	**3332**	**785**	**96**	**2280**	**61**
住宿业	973	636	911	303	57	513	16
餐饮业	2087	1861	2421	482	39	1767	45
信息传输、软件和信息技术服务业	**10143**	**5496**	**10713**	**1150**	**70**	**9053**	**193**
电信、广播电视和卫星传输服务	260	198	452	31	4	358	43
互联网和相关服务	1558	992	904	122	7	728	18
软件和信息技术服务业	8325	4306	9357	997	59	7967	132
金融业	**2499**	**765**	**3627**	**1742**	**25**	**1674**	**69**
货币金融服务	1517	183	2675	1503	17	1086	48
资本市场服务	396	332	590	125	6	397	10
保险业	411	147	187	51		90	4
其他金融业	175	103	175	63	2	101	7
房地产业	**6191**	**3810**	**9668**	**2755**	**449**	**6142**	**149**
房地产业	6191	3810	9668	2755	449	6142	149
租赁和商务服务业	**18514**	**16189**	**19003**	**2759**	**154**	**15061**	**226**
租赁业	1864	1822	817	329	10	442	21
商务服务业	16650	14367	18186	2430	144	14619	205

1-7 续表 5 单位：个

行业	私营股份有限公司	其他内资企业	港澳台商投资	合资经营	合作经营	独资	股份有限
科学研究和技术服务业	**11485**	**9513**	**10907**	**1849**	**108**	**8513**	**148**
研究和试验发展	1810	1040	2283	465	24	1678	40
专业技术服务业	4545	3503	3515	432	33	2935	33
科技推广和应用服务业	5130	4970	5109	952	51	3900	75
水利、环境和公共设施管理业	**1362**	**1419**	**598**	**218**	**20**	**332**	**17**
水利管理业	47	79	21	9		12	
生态保护和环境治理业	245	173	205	79	6	110	9
公共设施管理业	919	692	343	124	13	191	6
土地管理业	151	475	29	6	1	19	2
居民服务、修理和其他服务业	**3096**	**2314**	**1012**	**235**	**27**	**695**	**15**
居民服务业	1254	969	527	129	18	348	9
机动车、电子产品和日用产品修理业	1214	702	280	62	7	196	4
其他服务业	628	643	205	44	2	151	2
教育	**1824**	**1147**	**441**	**96**	**9**	**317**	**6**
教育	1824	1147	441	96	9	317	6
卫生和社会工作	**795**	**863**	**289**	**130**	**17**	**122**	**3**
卫生	593	732	180	83	13	69	2
社会工作	202	131	109	47	4	53	1
文化、体育和娱乐业	**3479**	**2404**	**2151**	**535**	**66**	**1421**	**41**
新闻和出版业	39	50	6	4		1	
广播、电视、电影和录音制作业	722	595	282	72	7	186	5
文化艺术业	983	821	691	177	7	468	13
体育	387	306	319	81	35	187	6
娱乐业	1348	632	853	201	17	579	17

1-7 续表 6

单位：个

行业	其他	外商投资	合资经营	合作经营	独资	股份有限	其他
合 计	**2662**	**92072**	**18490**	**1043**	**65431**	**2480**	**4628**
农、林、牧、渔专业及辅助性活动	9	106	29	5	62	4	6
开采专业及辅助性活动	1	16	3		9	1	3
金属制品、机械和设备修理业	3	234	78	3	143	6	4
批发和零售业	**687**	**38489**	**5140**	**238**	**30599**	**776**	**1736**
批发业	447	31090	3905	173	25061	473	1478
零售业	240	7399	1235	65	5538	303	258
交通运输、仓储和邮政业	**54**	**2931**	**774**	**126**	**1867**	**79**	**85**
铁路运输业		4	4				
道路运输业	16	678	185	100	341	26	26
水上运输业	1	154	95	2	52	4	1
航空运输业	2	59	11	1	40	5	2
管道运输业		19	11		8		
多式联运和运输代理业	19	1137	237	10	831	21	38
装卸搬运和仓储业	16	849	226	12	574	22	15
邮政业		31	5	1	21	1	3
住宿和餐饮业	**110**	**3324**	**615**	**42**	**2439**	**107**	**121**
住宿业	22	633	194	22	377	15	25
餐饮业	88	2691	421	20	2062	92	96
信息传输、软件和信息技术服务业	**247**	**8274**	**1870**	**61**	**5807**	**218**	**318**
电信、广播电视和卫星传输服务	16	448	16	3	369	42	18
互联网和相关服务	29	539	151	1	338	15	34
软件和信息技术服务业	202	7287	1703	57	5100	161	266
金融业	**117**	**3736**	**1169**	**14**	**1863**	**529**	**161**
货币金融服务	21	1286	398	6	669	182	31
资本市场服务	52	580	159	7	279	21	114
保险业	42	1734	568	1	835	323	7
其他金融业	2	136	44		80	3	9
房地产业	**173**	**5152**	**1634**	**167**	**3060**	**127**	**164**
房地产业	173	5152	1634	167	3060	127	164
租赁和商务服务业	**803**	**14876**	**2472**	**127**	**10553**	**287**	**1437**
租赁业	15	492	133	2	317	17	23
商务服务业	788	14384	2339	125	10236	270	1414

1-7 续表 7 单位：个

行业	其他	外商投资	合资经营	合作经营	独资	股份有限	其他
科学研究和技术服务业	**289**	**11118**	**3585**	**151**	**6746**	**248**	**388**
研究和试验发展	76	2556	1004	29	1354	75	94
专业技术服务业	82	3346	840	35	2318	58	95
科技推广和应用服务业	131	5216	1741	87	3074	115	199
水利、环境和公共设施管理业	**11**	**411**	**160**	**11**	**210**	**14**	**16**
水利管理业		21	11		9		1
生态保护和环境治理业	1	182	84	8	78	5	7
公共设施管理业	9	177	55	3	104	7	8
土地管理业	1	31	10		19	2	
居民服务、修理和其他服务业	**40**	**951**	**214**	**18**	**625**	**25**	**69**
居民服务业	23	474	109	10	310	9	36
机动车、电子产品和日用产品修理业	11	251	53	3	166	14	15
其他服务业	6	226	52	5	149	2	18
教育	**13**	**532**	**127**	**15**	**357**	**16**	**17**
教育	13	532	127	15	357	16	17
卫生和社会工作	**17**	**366**	**156**	**22**	**166**	**6**	**16**
卫生	13	259	110	19	114	4	12
社会工作	4	107	46	3	52	2	4
文化、体育和娱乐业	**88**	**1556**	**464**	**43**	**925**	**37**	**87**
新闻和出版业	1	9	6		2		1
广播、电视、电影和录音制作业	12	171	60	6	78	7	20
文化艺术业	26	525	145	5	347	12	16
体育	10	369	115	25	213	4	12
娱乐业	39	482	138	7	285	14	38

1-8 第三产业按地区、登记注册类型分组的企业法人单位数(2022年)

单位：个

地 区	企业法人单位数	内 资	国 有	集 体	股份合作	国有联营	集体联营	国有与集体联营	其他联营	国有独资公司
全 国	**24192312**	**24001051**	**63292**	**72491**	**19872**	**816**	**1522**	**509**	**1477**	**73170**
北 京	1267716	1248745	1902	8066	4881	78	121	14	40	995
天 津	338239	334089	1171	939	201	21	28	13	35	980
河 北	1079541	1078297	2291	3436	900	8	25	9	40	3066
山 西	589179	588695	1692	2209	75	5	4	3	2	2015
内蒙古	318053	317668	685	521	89	1	3	1	4	1673
辽 宁	523368	519764	2500	3088	641	31	55	19	52	1435
吉 林	199820	199358	941	693	114	5	19	3	6	1138
黑龙江	270154	269552	1850	1179	443	21	28	6	21	967
上 海	477963	448692	1620	2322	587	36	62	60	43	2082
江 苏	2119625	2103864	4366	4239	762	64	94	53	120	3407
浙 江	1790526	1772404	1613	3545	1777	18	15	18	17	4181
安 徽	901301	900168	1945	2118	280	35	99	14	40	1858
福 建	1102472	1091235	1690	2638	178	9	6	4	17	2311
江 西	769986	768560	3409	1600	371	28	48	12	133	1421
山 东	2321666	2312693	3879	3450	412	34	65	18	67	3575
河 南	1292103	1290545	3185	4411	334	11	20	11	40	2503
湖 北	977916	974917	3123	2744	222	20	49	9	22	1671
湖 南	761889	760643	1636	1758	86	19	45	8	23	1902
广 东	2618285	2561719	6900	8995	3976	133	278	136	426	9109
广 西	590268	588332	1924	2660	258	10	14	3	16	2557
海 南	162417	161291	848	412	318	22	13	6	11	375
重 庆	532130	530049	659	961	254	8	28	4	20	1315
四 川	1025890	1022518	4678	2810	1682	72	197	21	172	9806
贵 州	424372	423874	1349	2007	79	14	45	9	22	4778
云 南	495464	494154	1413	1936	225	22	37	12	18	2011
西 藏	19949	19896	387	93	12	12	14	5	2	247
陕 西	574238	572239	2214	1998	303	30	48	14	19	2001
甘 肃	202422	202281	1161	776	170	15	36	15	21	1119
青 海	72302	72185	405	232	85	9	6	2	5	352
宁 夏	99882	99803	195	195	15	3	1			356
新 疆	273176	272821	1661	460	142	22	19	7	23	1964

1-8 续表 1

单位：个

地区	其他有限责任公司	股份有限公司	私营独资	私营合伙	私营有限责任公司	私营股份有限公司	其他内资企业	港澳台商投资	合资经营	合作经营
全国	**1496122**	**84636**	**1492521**	**299130**	**20203525**	**108665**	**83303**	**99189**	**16996**	**1761**
北京	117816	3349	28494	20741	1057594	4277	377	7478	1437	132
天津	41307	1974	16522	7883	257472	1748	3795	1943	759	26
河北	72483	2775	88253	7398	888427	3707	5479	503	152	12
山西	15552	865	34757	2138	527901	1467	10	192	42	5
内蒙古	16798	797	7970	1571	286421	852	282	126	32	3
辽宁	45932	4173	58163	3332	392772	2842	4729	1148	378	30
吉林	15304	1513	14505	813	162673	1054	577	127	42	2
黑龙江	27989	2241	24120	2337	201896	2193	4261	238	65	6
上海	55304	2404	35552	11047	334252	2652	669	11881	1867	142
江苏	62338	6480	61960	29953	1914449	7609	7970	7453	1541	49
浙江	56765	2290	59065	53453	1585439	3269	939	5026	1151	43
安徽	60132	3006	55193	8704	756639	5732	4373	488	116	9
福建	18693	1024	68377	11268	982993	1966	61	7481	1743	66
江西	35155	2712	57064	20001	638011	5287	3308	972	166	17
山东	90143	5332	99895	21614	2071969	6571	5669	3129	733	60
河南	57190	2254	71658	5214	1138635	1939	3140	674	200	15
湖北	37490	1764	87498	10221	826167	2122	1795	1230	333	19
湖南	33077	2142	89761	10510	611772	4708	3196	638	191	13
广东	281705	16892	131594	34368	2031678	23513	12016	42675	4762	984
广西	29199	820	35587	3615	510702	946	21	903	287	41
海南	47746	1241	6616	3492	96681	1969	1541	669	179	16
重庆	5545	1074	92125	4105	422815	1136		996	150	12
四川	118583	6871	98860	10786	754324	7635	6021	1349	265	26
贵州	22474	923	58929	2546	329838	836	25	252	70	6
云南	26339	2102	42098	2692	412442	2438	369	472	122	6
西藏	9890	510	1003	533	6483	440	265	17	2	
陕西	32492	1752	28319	3531	491698	2784	5036	856	124	14
甘肃	27964	2602	19265	733	143084	2846	2474	60	21	3
青海	4584	367	3619	638	60982	555	344	37	9	1
宁夏	2065	240	2811	915	92452	507	48	41	13	1
新疆	28068	2147	12888	2978	214864	3065	4513	135	44	2

1-8 续表 2

单位：个

地区	独资	股份有限	其他	外商投资	合资经营	合作经营	独资	股份有限	其他
全国	**76342**	**1428**	**2662**	**92072**	**18490**	**1043**	**65431**	**2480**	**4628**
北京	5750	67	92	11493	2945	172	8115	190	71
天津	1053	47	58	2207	518	41	1425	88	135
河北	325	7	7	741	203	40	472	17	9
山西	132	11	2	292	63	10	188	26	5
内蒙古	87	3	1	259	65	7	179	4	4
辽宁	707	14	19	2456	616	33	1723	33	51
吉林	77	5	1	335	67	4	235	18	11
黑龙江	147	8	12	364	73	10	208	48	25
上海	9523	171	178	17390	2548	131	14233	203	275
江苏	5578	94	191	8308	1989	41	5512	128	638
浙江	3734	53	45	13096	2322	107	9128	81	1458
安徽	313	17	33	645	160	4	381	64	36
福建	5345	131	196	3756	871	23	2711	53	98
江西	725	14	50	454	100	6	271	22	55
山东	2194	47	95	5844	1152	74	4344	100	174
河南	440	7	12	884	189	6	481	195	13
湖北	834	13	31	1769	384	7	1197	102	79
湖南	397	15	22	608	180	13	346	26	43
广东	35377	543	1009	13891	2390	208	9697	582	1014
广西	544	15	16	1033	232	21	565	203	12
海南	362	23	89	457	138	18	218	30	53
重庆	790	23	21	1085	251	7	723	67	37
四川	954	53	51	2023	457	33	1318	72	143
贵州	157	9	10	246	47	6	174	14	5
云南	317	17	10	838	142	10	632	23	31
西藏	14	1		36	14	1	9	1	11
陕西	307	10	401	1143	283	4	732	38	86
甘肃	33	1	2	81	15	1	37	13	15
青海	25	2		80	13	2	34	26	5
宁夏	22	2	3	38	10		26	1	1
新疆	79	5	5	220	53	3	117	12	35

1-9 批发和零售业按地区分组的法人单位数

单位：个

地区	法人单位数（2021年）	#多产业法人单位	法人单位数（2022年）	#多产业法人单位
全国	**9575504**	**145875**	**10881533**	**148948**
北京	322189	6905	341260	7025
天津	105119	1633	119079	1652
河北	441451	6573	517926	6590
山西	264606	4542	275470	4328
内蒙古	130357	2371	147316	2493
辽宁	220268	3294	234520	3236
吉林	81420	1218	94609	1210
黑龙江	85791	1993	116509	2162
上海	165464	9912	189122	9844
江苏	904625	10862	955561	10814
浙江	832468	9557	907259	9380
安徽	346360	4986	382064	4843
福建	529008	4901	594100	5068
江西	242250	2371	354064	2700
山东	1063047	11404	1168922	11689
河南	610860	7798	645383	7714
湖北	359049	5156	423006	5344
湖南	215189	2885	311644	3595
广东	1135372	14598	1201165	14458
广西	225206	5042	250762	5186
海南	45597	924	53469	1036
重庆	215801	3437	232551	3635
四川	227826	5303	392191	6379
贵州	151240	2944	191704	3016
云南	214255	5805	224315	6077
西藏	7944	184	8241	178
陕西	187663	3892	250288	3748
甘肃	75357	1637	99167	1817
青海	24627	576	28594	558
宁夏	43244	807	44572	773
新疆	101851	2365	126700	2400

1-10 交通运输、仓储和邮政业按地区分组的法人单位数

单位：个

地 区	法人单位数（2021年）	#多产业法人单位	法人单位数（2022年）	#多产业法人单位
全 国	**858447**	**25035**	**973096**	**25291**
北 京	22487	757	23086	763
天 津	17793	376	19996	358
河 北	41532	754	48300	760
山 西	25434	630	27209	608
内蒙古	16279	512	18028	527
辽 宁	28288	629	30509	604
吉 林	9081	319	10241	325
黑龙江	11779	438	16017	436
上 海	20701	1602	23971	1701
江 苏	92992	1426	101561	1420
浙 江	54297	1831	58524	1769
安 徽	36342	1087	39777	1032
福 建	27692	798	29961	841
江 西	27726	659	36514	723
山 东	94666	1486	101311	1533
河 南	38258	1361	41178	1332
湖 北	38829	1284	46250	1228
湖 南	20313	514	26378	587
广 东	87924	2908	96391	2987
广 西	23792	747	26349	755
海 南	4893	139	5355	153
重 庆	16789	590	18325	615
四 川	23676	881	36222	982
贵 州	12607	559	15248	545
云 南	19339	964	21609	973
西 藏	797	50	834	53
陕 西	16409	461	19878	417
甘 肃	6461	377	8390	399
青 海	2362	120	2738	121
宁 夏	5450	196	5726	180
新 疆	13459	580	17220	564

1-11 住宿和餐饮业按地区分组的法人单位数

单位：个

地 区	法人单位数（2021年）	#多产业法人单位	法人单位数（2022年）	#多产业法人单位
全 国	**583028**	**25687**	**669628**	**26219**
北 京	36814	1841	38689	1820
天 津	6216	453	7107	419
河 北	19511	910	23326	930
山 西	15215	560	16659	551
内蒙古	5689	297	6375	304
辽 宁	10888	361	11527	367
吉 林	3664	103	4244	105
黑龙江	3174	144	4385	143
上 海	20849	2375	20626	2183
江 苏	41838	2061	46499	2146
浙 江	38151	1723	41276	1706
安 徽	24682	1043	27441	1017
福 建	20326	766	22796	830
江 西	12329	356	17278	461
山 东	49282	2030	54539	2117
河 南	30183	823	32528	798
湖 北	23504	810	29522	856
湖 南	16506	556	25451	662
广 东	63847	3584	70299	3556
广 西	15263	738	17372	848
海 南	5041	276	5614	300
重 庆	28244	559	28535	558
四 川	19613	756	32083	945
贵 州	20469	349	24445	362
云 南	18336	867	19862	909
西 藏	1239	36	1307	35
陕 西	14807	603	18701	575
甘 肃	7143	300	8809	321
青 海	2772	96	3148	90
宁 夏	2685	135	2846	131
新 疆	4748	176	6339	174

1-12 信息传输、软件和信息技术服务业按地区分组的法人单位数

单位：个

地 区	法人单位数 (2021年)	#多产业法人单位	法人单位数 (2022年)	#多产业法人单位
全 国	**1488072**	**20494**	**1747117**	**22142**
北 京	76323	2620	77669	2683
天 津	18966	304	20039	284
河 北	56435	608	67885	609
山 西	45881	413	44387	386
内蒙古	13934	229	15040	243
辽 宁	32808	348	36057	342
吉 林	10213	123	12418	120
黑龙江	14252	211	19527	223
上 海	28404	1589	33365	1799
江 苏	145001	1744	156201	1806
浙 江	129498	1719	147366	1837
安 徽	55161	569	63669	577
福 建	82325	625	92964	713
江 西	39574	275	63116	374
山 东	130314	1231	146362	1335
河 南	81183	753	84395	807
湖 北	79719	584	94654	626
湖 南	42731	481	59489	626
广 东	185529	2913	192060	3083
广 西	32130	350	36590	401
海 南	11763	154	15175	192
重 庆	34098	375	38830	409
四 川	39433	599	97501	869
贵 州	15091	232	19420	263
云 南	30193	512	31377	520
西 藏	1099	52	1099	53
陕 西	29200	316	47653	343
甘 肃	5677	123	7755	142
青 海	3204	62	3763	60
宁 夏	5487	91	5979	91
新 疆	12446	289	15312	326

1-13 金融业按地区分组的法人单位数

单位：个

地区	法人单位数（2021年）	#多产业法人单位	法人单位数（2022年）	#多产业法人单位
全国	**149813**	**18455**	**159901**	**18449**
北京	8079	560	8119	578
天津	5057	324	5291	315
河北	4281	964	4379	962
山西	3035	635	2870	621
内蒙古	1734	605	1764	610
辽宁	3957	691	3916	684
吉林	1495	369	1630	387
黑龙江	1593	501	2108	511
上海	9599	581	9567	549
江苏	7543	935	8342	915
浙江	16175	1003	16133	977
安徽	3709	631	3913	626
福建	4247	524	4392	534
江西	2144	485	2826	487
山东	11654	1277	13055	1273
河南	3146	901	3259	907
湖北	3729	681	4368	679
湖南	2342	604	2774	612
广东	31260	1502	32283	1506
广西	3792	604	4046	611
海南	1404	111	2134	113
重庆	2267	412	2273	424
四川	3496	856	5304	880
贵州	1812	414	2091	420
云南	3643	627	3482	627
西藏	342	29	347	29
陕西	2671	525	3187	505
甘肃	1626	411	1740	421
青海	390	117	456	111
宁夏	796	160	757	157
新疆	2795	416	3095	418

1-14 房地产业按地区分组的法人单位数

单位：个

地区	法人单位数 (2021年)	#多产业法人单位	法人单位数 (2022年)	#多产业法人单位
全国	**1038260**	**46580**	**1115183**	**45917**
北京	32615	1774	35163	1825
天津	15152	546	16362	489
河北	54663	2518	60318	2433
山西	27586	1278	27746	1170
内蒙古	17422	915	18634	946
辽宁	29172	932	30160	854
吉林	10415	325	11442	289
黑龙江	11872	456	15953	501
上海	23692	1574	25226	1555
江苏	86703	3703	86864	3394
浙江	67064	2512	67589	2266
安徽	39132	2045	41233	1881
福建	31092	1345	33487	1370
江西	23961	1144	29574	1323
山东	84204	3463	87970	3380
河南	62838	2029	64024	1981
湖北	43480	1938	45288	1804
湖南	29569	1066	34898	1172
广东	139385	6073	147384	5983
广西	32479	1444	33303	1450
海南	15904	525	16955	541
重庆	25425	1404	23373	1366
四川	32999	1891	48671	2282
贵州	18309	895	20776	902
云南	26318	1619	25830	1567
西藏	749	36	765	36
陕西	25136	1162	30314	1066
甘肃	9176	518	11303	605
青海	3728	237	3993	212
宁夏	4285	319	4472	307
新疆	13735	894	16113	967

1-15 租赁和商务服务业按地区分组的法人单位数

单位：个

地 区	法人单位数（2021年）	#多产业法人单位	法人单位数（2022年）	#多产业法人单位
全 国	**3876456**	**65744**	**4432416**	**69011**
北 京	238502	4831	256127	4927
天 津	52815	852	61141	889
河 北	136714	2518	158945	2586
山 西	90236	1611	93675	1623
内蒙古	50346	895	55142	976
辽 宁	81775	1549	85869	1510
吉 林	28441	466	32418	440
黑龙江	31252	624	43979	647
上 海	87549	3726	97004	3762
江 苏	319032	5863	344553	6035
浙 江	265049	5221	286215	5141
安 徽	164694	2311	186060	2353
福 建	141003	2030	158089	2198
江 西	103174	1279	156650	1593
山 东	356901	5432	391014	5704
河 南	195476	2516	208580	2486
湖 北	172973	2342	195365	2509
湖 南	109270	1660	145306	2151
广 东	560746	8070	572160	8057
广 西	117239	1807	127280	1905
海 南	29742	450	35754	535
重 庆	87976	1154	98099	1269
四 川	117502	1963	234871	2742
贵 州	64233	1103	77322	1156
云 南	87882	2190	91028	2355
西 藏	6073	92	6253	94
陕 西	80948	1234	106686	1200
甘 肃	27892	486	36073	573
青 海	17109	273	19746	253
宁 夏	17455	309	18198	311
新 疆	36457	887	52814	1031

1-16 科学研究和技术服务业按地区分组的法人单位数

单位：个

地区	法人单位数(2021年)	#多产业法人单位	法人单位数(2022年)	#多产业法人单位
全国	**2053759**	**36919**	**2439143**	**40288**
北京	276097	4923	318636	5145
天津	50458	518	60246	549
河北	86206	1303	110660	1420
山西	41868	820	46139	848
内蒙古	25376	497	30190	531
辽宁	41301	649	46009	645
吉林	13749	267	16363	273
黑龙江	20442	379	31308	420
上海	38624	1438	45725	1602
江苏	239353	3137	277407	3353
浙江	119559	2373	133915	2545
安徽	69678	1149	83221	1219
福建	68597	1345	84579	1517
江西	33351	666	52257	841
山东	188496	2818	214342	3083
河南	112493	1515	125182	1605
湖北	79696	1543	88216	1669
湖南	66523	1221	85457	1491
广东	218332	3376	236298	3507
广西	43967	1032	48979	1216
海南	9813	162	11328	180
重庆	29419	535	34579	591
四川	50437	1311	99577	1810
贵州	17511	591	20735	613
云南	35945	1223	37529	1329
西藏	1525	48	1558	53
陕西	34577	780	46084	759
甘肃	9922	341	14002	398
青海	5467	99	6265	105
宁夏	6559	133	7624	134
新疆	18418	727	24733	837

1-17 水利、环境和公共设施管理业按地区分组的法人单位数

单位：个

地区	法人单位数（2021年）	#多产业法人单位	法人单位数（2022年）	#多产业法人单位
全国	**250799**	**4567**	**286257**	**4878**
北京	8638	273	8939	286
天津	2256	30	2425	26
河北	12616	182	14969	193
山西	7355	125	7271	107
内蒙古	5113	70	5647	77
辽宁	4871	73	5047	68
吉林	2741	33	2768	28
黑龙江	2870	44	4127	54
上海	2686	95	2825	100
江苏	23063	326	23013	342
浙江	13922	324	15204	339
安徽	11682	219	13526	222
福建	8769	138	9596	145
江西	6374	77	9348	104
山东	26330	416	29965	479
河南	19130	231	21821	224
湖北	13738	241	15716	221
湖南	8595	175	11606	213
广东	14913	369	16521	385
广西	7630	120	8144	141
海南	1798	24	1908	25
重庆	6787	131	7815	152
四川	7682	150	11333	217
贵州	5501	85	6554	85
云南	7491	211	8032	231
西藏	288	7	311	6
陕西	8538	133	10854	135
甘肃	2285	92	2837	96
青海	1616	27	1878	26
宁夏	1376	24	1492	26
新疆	4145	122	4765	125

1-18 居民服务、修理和其他服务业按地区分组的法人单位数

单位：个

地区	法人单位数（2021年）	#多产业法人单位	法人单位数（2022年）	#多产业法人单位
全国	**667130**	**14619**	**758665**	**14991**
北京	39266	1107	41370	1093
天津	9720	233	10706	200
河北	26374	540	31340	575
山西	18736	309	20480	328
内蒙古	10018	161	10646	173
辽宁	15261	247	16713	241
吉林	5673	59	6967	61
黑龙江	5424	78	7228	83
上海	17797	1142	17928	970
江苏	55278	1155	59909	1209
浙江	47171	1137	52717	1112
安徽	27497	529	29293	506
福建	24256	503	27262	547
江西	14219	233	19066	269
山东	54892	1177	58525	1220
河南	31719	462	32645	435
湖北	26256	438	28909	467
湖南	17637	297	26133	400
广东	70169	1877	74396	1802
广西	27833	545	32826	668
海南	4603	102	4998	112
重庆	19551	349	20329	369
四川	21730	469	36497	602
贵州	20016	264	25188	296
云南	19347	510	19835	546
西藏	708	12	712	12
陕西	16594	337	23124	349
甘肃	6918	94	8497	108
青海	2358	43	2619	40
宁夏	3330	66	3324	59
新疆	6779	144	8483	139

1-19 教育按地区分组的法人单位数

单位：个

地 区	法人单位数（2021年）	#多产业法人单位	法人单位数（2022年）	#多产业法人单位
全 国	**793247**	**20785**	**816766**	**18955**
北 京	21169	671	20850	636
天 津	8867	294	8627	180
河 北	32164	318	39761	314
山 西	19808	752	17926	672
内蒙古	14267	217	14186	202
辽 宁	24202	344	23993	285
吉 林	10078	285	10332	278
黑龙江	12855	198	14877	185
上 海	9259	288	9905	245
江 苏	46000	1617	43458	1281
浙 江	55101	1456	54115	1122
安 徽	29118	1356	29132	1233
福 建	23515	620	24392	573
江 西	22316	1192	26448	1237
山 东	65005	1222	68579	1236
河 南	65927	784	65631	649
湖 北	30743	1098	30907	907
湖 南	35911	481	36430	539
广 东	78327	2150	77691	1804
广 西	34342	313	35054	347
海 南	6236	105	6443	101
重 庆	18786	723	18750	705
四 川	36256	339	41901	459
贵 州	20146	721	21094	703
云 南	19980	1289	20046	1240
西 藏	1098	32	1109	32
陕 西	21788	545	23631	413
甘 肃	12973	686	13835	694
青 海	2537	118	2561	116
宁 夏	4475	136	4286	133
新 疆	9998	435	10816	434

1-20 卫生和社会工作按地区分组的法人单位数

单位：个

地 区	法人单位数（2021年）	#多产业法人单位	法人单位数（2022年）	#多产业法人单位
全 国	**296031**	**8934**	**320513**	**9540**
北 京	9008	316	9748	342
天 津	3298	66	3947	64
河 北	12589	368	15706	446
山 西	8793	477	8915	504
内蒙古	5556	78	5846	84
辽 宁	12326	248	12829	261
吉 林	4794	72	5294	70
黑龙江	5835	164	6718	188
上 海	5058	65	5937	66
江 苏	34128	667	31061	632
浙 江	18336	601	21468	652
安 徽	12094	447	12769	421
福 建	8760	140	10214	166
江 西	8508	181	9665	169
山 东	20417	1127	23184	1375
河 南	16709	150	17819	150
湖 北	12662	595	12258	451
湖 南	11744	203	12970	293
广 东	19354	760	19072	681
广 西	6603	118	7115	169
海 南	2128	40	2315	48
重 庆	6981	426	7704	600
四 川	17476	299	22867	365
贵 州	6248	129	7331	117
云 南	7211	648	7313	636
西 藏	622	16	629	15
陕 西	8346	201	8481	239
甘 肃	3873	188	4113	188
青 海	1579	32	1613	30
宁 夏	1096	38	1145	36
新 疆	3899	74	4467	82

1-21 文化、体育和娱乐业按地区分组的法人单位数

单位：个

地 区	法人单位数（2021年）	#多产业法人单位	法人单位数（2022年）	#多产业法人单位
全 国	**766821**	**10786**	**861807**	**10971**
北 京	100015	1159	111767	1199
天 津	10486	176	11193	158
河 北	29902	359	36844	377
山 西	20439	228	20674	223
内蒙古	10279	121	10954	127
辽 宁	15183	141	16319	135
吉 林	5086	66	5864	60
黑龙江	7737	86	9861	84
上 海	13791	581	14793	501
江 苏	55633	984	57846	968
浙 江	57839	936	63849	932
安 徽	25514	356	27812	338
福 建	37098	396	42593	446
江 西	17659	207	23553	244
山 东	55878	659	58476	672
河 南	42011	512	41117	489
湖 北	29435	431	32443	434
湖 南	31077	345	39562	440
广 东	68046	1175	71134	1140
广 西	15897	245	17474	270
海 南	5903	77	6611	87
重 庆	19118	235	20373	250
四 川	26974	312	46780	428
贵 州	11518	146	13522	144
云 南	18353	320	17295	311
西 藏	1014	25	1021	24
陕 西	15777	249	20461	226
甘 肃	7131	84	8264	93
青 海	2418	36	2639	33
宁 夏	2919	41	3094	35
新 疆	6691	98	7619	103

1-22 公共管理、社会保障和社会组织按地区分组的法人单位数

单位：个

地 区	法人单位数 (2021年)	#多产业法人单位	法人单位数 (2022年)	#多产业法人单位
全 国	**1528922**	**46916**	**1540074**	**41378**
北 京	19412	182	19205	163
天 津	12345	168	11634	139
河 北	84821	1366	90340	1156
山 西	54638	3240	47766	2484
内蒙古	39650	1511	39248	1421
辽 宁	38728	666	38522	622
吉 林	26539	540	27311	481
黑龙江	31431	1813	32555	1775
上 海	13520	78	14912	76
江 苏	77294	694	71973	589
浙 江	77162	399	80172	341
安 徽	53019	2716	53689	2500
福 建	55666	1481	59132	1287
江 西	51396	2361	54957	2163
山 东	117906	1556	119308	1499
河 南	99301	2131	99604	1899
湖 北	72127	3369	70476	2638
湖 南	70517	1603	68517	1540
广 东	82365	3884	80230	2708
广 西	53281	77	53963	79
海 南	7979	181	7943	174
重 庆	29669	740	29737	717
四 川	86659	683	93727	785
贵 州	42321	3701	42226	3255
云 南	52480	2761	52584	2653
西 藏	13365	924	13569	933
陕 西	50629	2781	50139	2248
甘 肃	49376	2526	49464	2497
青 海	16462	724	16465	644
宁 夏	12024	419	11826	406
新 疆	36840	1641	38880	1506

1-23 社会组织、自治组织情况

单位：个

年份/地区	社会组织 单位数	社会团体	民办非企业单位	基金会	自治组织 单位数	村民委员会	社区居委会
2006	354393	191946	161303	1144	704386	623669	80717
2007	386916	211661	173915	1340	694715	612709	82006
2008	413660	229681	182382	1597	687698	604285	83413
2009	431069	238747	190479	1843	683767	599078	84689
2010	445631	245256	198175	2200	681715	594658	87057
2011	461971	254969	204388	2614	679133	589653	89480
2012	499268	271131	225108	3029	679628	588475	91153
2013	547245	289026	254670	3549	683167	588547	94620
2014	606048	309736	292195	4117	682144	585451	96693
2015	662425	328500	329141	4784	680535	580856	99679
2016	702405	335932	360914	5559	662478	559186	103292
2017	761539	354794	400438	6307	660709	554218	106491
2018	817360	366234	444092	7034	649888	542019	107869
2019	866335	371638	487112	7585	642693	533073	109620
2020	894162	374771	510959	8432	615146	502057	113089
2021	901870	371110	521883	8877	606124	489573	116551
2022	891267	370093	511855	9319	607341	489403	117938
中央级	2302	1995	92	215			
北　京	12654	4346	7483	825	7214	3783	3431
天　津	6477	2594	3770	113	5351	3520	1831
河　北	37924	12520	24887	517	53532	48483	5049
山　西	18712	8003	10545	164	21737	18838	2899
内蒙古	16857	7602	9074	181	13696	11036	2660
辽　宁	26987	6686	20195	106	16140	11566	4574
吉　林	13038	5604	7309	125	11365	9338	2027
黑龙江	20200	6934	13145	121	12209	9026	3183
上　海	17314	4295	12409	610	6163	1556	4607
江　苏	79306	30804	47705	797	21345	13715	7630
浙　江	72116	26342	44739	1035	25100	19771	5329
安　徽	36900	16917	19788	195	18009	14281	3728
福　建	34628	19177	14927	524	17253	14268	2985
江　西	28545	12897	15547	101	21284	16984	4300
山　东	66479	21526	44626	327	61410	54484	6926
河　南	50700	14101	36447	152	52042	44615	7427
湖　北	31476	12616	18661	199	26399	21401	4998
湖　南	37738	16299	21025	414	29315	23634	5681
广　东	71607	32318	37827	1462	26513	19431	7082
广　西	28947	12447	16387	113	16482	14166	2316
海　南	8923	3561	5236	126	3392	2713	679
重　庆	18271	8399	9780	92	11230	7947	3283
四　川	44998	20813	23989	196	34368	26083	8285
贵　州	15110	7399	7640	71	17932	13675	4257
云　南	22473	12314	10051	108	14865	11713	3152
西　藏	651	569	60	22	5564	5303	261
陕　西	31018	16951	13879	188	20077	16850	3227
甘　肃	20437	13092	7255	90	17434	15925	1509
青　海	5924	4026	1864	34	4664	4149	515
宁　夏	4488	2531	1899	58	2852	2207	645
新　疆	8067	4415	3614	38	12404	8942	3462

【主要统计指标解释】

法人单位 指有权拥有资产、承担负债，并独立从事社会经济活动（或与其他单位进行交易）的组织。法人单位应同时具备以下条件：（1）依法成立，有自己的名称、组织机构和场所，能够独立承担民事责任；（2）独立拥有（或授权使用）资产或者经费，承担负债，有权与其他单位签订合同；（3）具有包括资产负债表在内的账户，或者能够根据需要编制账户。法人单位包括五种类型：企业法人、事业单位法人、机关法人、社会团体和其他成员组织法人、其他法人。

多产业法人单位 法人单位从事多种经济活动，或者位于多个地点，称为多产业法人。多产业法人由两个或两个以上产业活动单位组成。

企业法人 指依据《中华人民共和国公司登记管理条例》、《中华人民共和国企业法人登记管理条例》等国家法律和法规，经各级市场监督管理部门登记注册，领取《企业法人营业执照》的企业。包括：（1）公司制企业法人；（2）非公司制企业法人；（3）依据《中华人民共和国个人独资企业法》、《中华人民共和国合伙企业法》，经各级市场监督管理部门登记注册，领取《营业执照》的个人独资企业、合伙企业。

企业控股情况 根据企业实收资本中某种经济成分的出资人的实际投资情况，或出资人对企业资产的实际控制、支配程度进行分类。具体分为国有控股、集体控股、私人控股、港澳台商控股、外商控股和其他六类。

国有控股 包括：（1）在企业的全部实收资本中，国有经济成分的出资人拥有的实收资本（股本）所占企业全部实收资本（股本）的比例大于50%的国有绝对控股。（2）在企业的全部实收资本中，国有经济成分的出资人拥有的实收资本（股本）所占比例虽未大于50%，但相对大于其他任何一方经济成分的出资人所占比例的国有相对控股；或者虽不大于其他经济成分，但根据协议规定拥有企业实际控制权的国有协议控股。（3）投资双方各占50%，且未明确由谁绝对控股的企业，若其中一方为国有经济成分的，一律按国有控股处理。

集体控股 包括：（1）在企业的全部实收资本中，集体经济成分的出资人拥有的实收资本（股本）所占企业全部实收资本（股本）的比例大于50%的集体绝对控股。（2）在企业的全部实收资本中，集体经济成分的出资人拥有的实收资本（股本）所占比例虽未大于50%，但相对大于其他任何一方经济成分的出资人所占比例的集体相对控股；或者虽不大于其他经济成分，但根据协议规定拥有企业实际控制权的集体协议控股。

私人控股 包括：（1）在企业的全部实收资本中，私人经济成分的出资人拥有的实收资本（股本）所占企业全部实收资本（股本）的比例大于50%的私人绝对控股。（2）在企业的全部实收资本中，私人经济成分的出资人拥有的实收资本（股本）所占比例虽未大于50%，但相对大于其他任何一方经济成分的出资人所占比例的私人相对控股；或者虽不大于其他经济成分，但根据协议规定拥有企业实际控制权的私人协议控股。

港澳台商控股 包括：（1）在企业的全部实收资本中，港澳台商经济成分的出资人拥有的实收资本（股本）所占企业全部实收资本（股本）的比例大于50%的港澳台商绝对控股。

（2）在企业的全部实收资本中，港澳台商经济成分的出资人拥有的实收资本（股本）所占比例虽未大于50%，但相对大于其他任何一方经济成分的出资人所占比例的港澳台商相对控股；或者虽不大于其他经济成分，但根据协议规定拥有企业实际控制权的港澳台商协议控股。

外商控股 包括：（1）在企业的全部实收资本中，外商经济成分的出资人拥有的实收资本（股本）所占企业全部实收资本（股本）的比例大于50%的外商绝对控股。（2）在企业的全部实收资本中，外商经济成分的出资人拥有的实收资本（股本）所占比例虽未大于50%，但相对大于其他任何一方经济成分的出资人所占比例的外商相对控股；或者虽不大于其他经济成分，但根据协议规定拥有企业实际控制权的外商协议控股。

其他控股情况 除上述五类以外的企业控股情况。

国有企业 指企业全部资产归国家所有，并按《中华人民共和国企业法人登记管理条例》规定登记注册的非公司制的经济组织。不包括有限责任公司中的国有独资公司。

集体企业 指企业资产归集体所有，并按《中华人民共和国企业法人登记管理条例》规定登记注册的经济组织。

股份合作企业 指以合作制为基础，由企业职工共同出资入股，吸收一定比例的社会资产投资组建，实行自主经营，自负盈亏，共同劳动，民主管理，按劳分配与按股分红相结合的一种集体经济组织。

联营企业 指两个及两个以上相同或不同所有制性质的企业法人或事业单位法人，按自愿、平等、互利的原则，共同投资组成的经济组织。联营企业包括国有联营企业、集体联营企业、国有与集体联营企业和其他联营企业。

国有联营企业 指所有联营单位均为国有。

集体联营企业 指所有联营单位均为集体。

国有与集体联营企业 指联营单位既有国有也有集体。

其他联营企业 指上述三种联营企业之外的其他联营形式的企业。

有限责任公司 指根据《中华人民共和国公司登记管理条例》规定登记注册，由两个以上，五十个以下的股东共同出资，每个股东以其所认缴的出资额对公司承担有限责任，公司以其全部资产对其债务承担责任的经济组织。有限责任公司包括国有独资公司以及其他有限责任公司。

国有独资公司 指国家授权的投资机构或者国家授权的部门单独投资设立的有限责任公司。

其他有限责任公司 指国有独资公司以外的其他有限责任公司。

股份有限公司 指根据《中华人民共和国公司登记管理条例》规定登记注册，其全部注册资本由等额股份构成并通过发行股票筹集资本，股东以其认购的股份对公司承担有限责任，公司以其全部资产对其债务承担责任的经济组织。

私营企业 指由自然人投资设立或由自然人控股，以雇佣劳动为基础的营利性经济组织。包括按照《公司法》、《合伙企业法》以及《个人独资企业法》规定登记注册的私营独资企业、私营合伙企业、私营有限责任公司、私营股份有限公司和个人独资企业。

私营独资企业 由一名自然人投资经营，以雇佣劳动为基础，投资者对企业债务承担无限责任的企业。

私营合伙企业 由两个以上自然人按照协议共同投资、共同经营、共负盈亏，以雇佣劳动为基础，对债务承担无限责任的企业。

私营有限责任公司 由两个以上自然人投资或由单个自然人控股的有限责任公司。

私营股份有限公司 由五个以上自然人投资，或由单个自然人控股的股份有限公司。

其他内资企业 指上述企业之外的其他内资经济组织。

与港澳台商合资经营企业 指港澳台地区投资者与内地企业依照原《中华人民共和国中外合资经营企业法》及有关法律的规定，按合同规定的比例投资设立、分享利润、分担风险及亏损的企业。

与港澳台商合作经营企业 指港澳台地区投资者与内地企业依照原《中华人民共和国中外合作经营企业法》及有关法律的规定，依照合作合同的约定进行投资或提供条件设立、分配利润、分担风险及亏损的企业。

港澳台商独资经营企业 指依照原《中华人民共和国外资企业法》及有关法律的规定，在内地由港澳台地区投资者全额投资设立的企业。

港澳台商投资股份有限公司 指根据国家有关规定，经商务部（原外经贸部）批准设立，其中港、澳、台商的股本占公司注册资本的比例达25%以上的股份有限公司。凡其中港、澳、台商的股本占公司注册资本的比例小于25%的，属于内资中的股份有限公司。

其他港澳台商投资企业 指在中国境内参照原《外国企业或个人在中国境内设立合伙企业管理办法》和《外商投资合伙企业登记管理规定》，依法设立的港、澳、台商投资合伙企业等。

中外合资经营企业 指外国企业或外国人与中国内地企业依照原《中华人民共和国中外合资经营企业法》及有关法律的规定，按合同规定的比例投资设立、分享利润、分担风险及亏损的企业。

中外合作经营企业 指外国企业或外国人与中国内地企业依照原《中华人民共和国中外合作经营企业法》及有关法律的规定，依照合作合同的约定进行投资或提供条件设立、分配利润、分担风险及亏损的企业。

外资企业 指依照原《中华人民共和国外资企业法》及有关法律的规定，在中国内地由外国投资者全额投资设立的企业。

外商投资股份有限公司 指根据国家有关规定，经商务部（原外经贸部）批准设立，其中外资的股本占公司注册资本的比例达25% 以上的股份有限公司。凡其中外资股本占公司注册资本的比例小于25%的，属于内资企业中的股份有限公司。

其他外商投资企业 指在中国境内依照原《外国企业或个人在中国境内设立合伙企业管理办法》和《外商投资合伙企业登记管理规定》，依法设立的外商投资合伙企业等。

社会团体 指中国公民自愿组成，为实现会员共同意愿，按照其章程开展活动的非营利性社会组织。是在中华人民共和国境内组织的各种协会、学会、联合会、研究会、联谊会、促进会、商会等合法机构的总称。各种社团，均不得从事以盈利为目的的经营性活动，并具备以下四项法人条件：①依法成立；②必要的财产或者经费；③有自己的名称、组织机构和场所；④能够独立承担民事责任。否则，不能统计为社团机构数。报告期末合法社团总数，即为年末实有社团机构数。

民办非企业单位 即社会服务机构，是指企业事业单位、社会团体和其他社会力量以及公民个人利用非国有资产举办的，从事非营利性社会服务活动的社会组织。目前，民办非企业单位主要分布在教育、卫生、文化、科技、体育、劳动、民政、社会中介、服务业等行(事)业中。

基金会 指利用自然人、法人或者其他组织捐赠的财产，以从事公益事业为目的，按照《基金会管理条例》规定成立的非营利性法人。基金会分为具有公开募捐资格的基金会和不具有公开募捐资格的基金会。

村民委员会数 指报告期末乡镇在农业人口的居住地区设立的群众性自治组织（即村民委员会）实有个数。

社区居委会数 指报告期末城市和建制镇在城镇居民集中居住的地区设立的居民委员会实有个数（含家委会）。

2 第三产业就业人员数

简要说明

一、主要内容

本篇资料主要包括劳动力、就业人员、单位就业人员等。

二、统计范围与统计口径

《劳动工资统计报表制度》的调查范围为全部法人单位;《劳动力调查制度》的调查范围为我国大陆地区的城镇和乡村地域。

三、资料来源

就业基本情况资料，是国家统计局人口和就业统计司根据《劳动工资统计报表制度》和《劳动力调查制度》搜集资料，加工整理。1990 年及以后的劳动力、就业人员总量及结构数据根据劳动力调查、全国人口普查推算；其中 2011-2019 年数据是根据第七次全国人口普查修订数。

2-1 第三产业就业人员数及比重

单位：万人

年 份	劳动力	就业人员合计				第三产业就业人员占所有就业人员比重(%)
			第一产业	第二产业	第三产业	
1978	40682	40152	28318	6945	4890	12.2
1979	41592	41024	28634	7214	5177	12.6
1980	42903	42361	29122	7707	5532	13.1
1981	44165	43725	29777	8003	5945	13.6
1982	45674	45295	30859	8346	6090	13.5
1983	46707	46436	31151	8679	6606	14.2
1984	48433	48197	30868	9590	7739	16.1
1985	50112	49873	31130	10384	8359	16.8
1986	51546	51282	31254	11216	8811	17.2
1987	53060	52783	31663	11726	9395	17.8
1988	54630	54334	32249	12152	9933	18.3
1989	55707	55329	33225	11976	10129	18.3
1990	65323	64749	38914	13856	11979	18.5
1991	66091	65491	39098	14015	12378	18.9
1992	66782	66152	38699	14355	13098	19.8
1993	67468	66808	37680	14965	14163	21.2
1994	68135	67455	36628	15312	15515	23.0
1995	68855	68065	35530	15655	16880	24.8
1996	69765	68950	34820	16203	17927	26.0
1997	70800	69820	34840	16547	18432	26.4
1998	72087	70637	35177	16600	18860	26.7
1999	72791	71394	35768	16421	19205	26.9
2000	73992	72085	36043	16219	19823	27.5
2001	73884	72797	36399	16234	20165	27.7
2002	74492	73280	36640	15682	20958	28.6
2003	74911	73736	36204	15927	21605	29.3
2004	75290	74264	34830	16709	22725	30.6
2005	76120	74647	33442	17766	23439	31.4
2006	76315	74978	31941	18894	24143	32.2
2007	76531	75321	30731	20186	24404	32.4
2008	77046	75564	29923	20553	25087	33.2
2009	77510	75828	28890	21080	25857	34.1
2010	78388	76105	27931	21842	26332	34.6
2011	78349	76196	26472	22539	27185	35.7
2012	78431	76254	25535	23226	27493	36.1
2013	78604	76301	23838	23142	29321	38.4
2014	78757	76349	22372	23057	30920	40.5
2015	78921	76320	21418	22644	32258	42.3
2016	79282	76245	20908	22295	33042	43.3
2017	79042	76058	20295	21762	34001	44.7
2018	78653	75782	19515	21356	34911	46.1
2019	78985	75447	18652	21234	35561	47.1
2020	78392	75064	17715	21543	35806	47.7
2021	78024	74652	17072	21712	35868	48.0
2022	76863	73351	17663	21105	34583	47.1

2-2 按登记注册类型分第三产业城镇非私营单位就业人员数(2022年底)

单位：万人

行 业	合 计	国有单位	城镇集体单位	其他单位
合 计	**10331.9**	**5314.4**	**146.8**	**4870.7**
批发和零售业	**785.3**	**46.0**	**7.5**	**731.8**
批发业	401.3	35.2	3.1	363.0
零售业	384.0	10.8	4.4	368.8
交通运输、仓储和邮政业	**776.2**	**94.3**	**4.7**	**677.2**
铁路运输业	186.6	0.9	0.1	185.7
道路运输业	330.2	53.9	2.8	273.5
水上运输业	27.1	3.7	0.4	23.0
航空运输业	60.2	4.6		55.6
管道运输业	3.8	0.9		2.9
多式联运和运输代理业	34.5	1.6	0.1	32.8
装卸搬运和仓储业	46.9	6.7	1.3	38.9
邮政业	86.9	22.1		64.8
住宿和餐饮业	**255.0**	**15.8**	**1.9**	**237.3**
住宿业	98.6	12.9	1.2	84.6
餐饮业	156.4	3.0	0.7	152.7
信息传输、软件和信息技术服务业	**529.2**	**27.0**	**0.5**	**501.7**
电信、广播电视和卫星传输服务	143.8	19.3	0.2	124.2
互联网和相关服务	76.2	1.5	0.1	74.7
软件和信息技术服务业	309.1	6.2	0.1	302.8
金融业	**739.6**	**61.4**	**6.0**	**672.1**
货币金融服务	371.4	51.4	6.0	314.1
资本市场服务	37.8	3.6		34.2
保险业	318.8	6.0	0.1	312.7
其他金融业	11.6	0.5		11.1
房地产业	**511.5**	**24.7**	**8.3**	**478.5**
租赁和商务服务业	**738.3**	**92.3**	**17.2**	**628.8**
租赁业	13.6	0.8	0.2	12.6
商务服务业	724.7	91.5	17.0	616.2
科学研究和技术服务业	**455.8**	**145.6**	**3.9**	**306.3**
研究和试验发展	76.8	33.8	0.3	42.7
专业技术服务业	313.4	89.6	2.9	220.9
科技推广和应用服务业	65.7	22.2	0.7	42.8
水利、环境和公共设施管理业	**253.6**	**116.0**	**4.8**	**132.7**
水利管理业	27.3	23.3	0.4	3.6
生态保护和环境治理业	19.3	10.0	0.2	9.1
公共设施管理业	200.0	80.2	4.2	115.6
土地管理业	7.0	2.5	0.1	4.4
居民服务、修理和其他服务业	**90.1**	**13.2**	**3.3**	**73.7**
居民服务业	35.7	7.7	1.5	26.5
机动车 、电子产品和日用产品修理业	10.5	0.7	0.4	9.4
其他服务业	43.9	4.8	1.3	37.8
教育	**1950.6**	**1664.6**	**47.9**	**238.1**
卫生和社会工作	**1114.5**	**956.0**	**33.6**	**124.9**
卫生	1067.7	935.2	30.7	101.8
社会工作	46.8	20.8	2.9	23.1
文化、体育和娱乐业	**146.5**	**82.8**	**1.6**	**62.0**
新闻和出版业	28.4	15.9	0.3	12.2
广播、电视、电影和录音制作业	36.8	23.3	0.2	13.3
文化艺术业	48.0	35.7	0.8	11.5
体育	14.4	4.8	0.2	9.3
娱乐业	18.9	3.2	0.1	15.6
公共管理、社会保障和社会组织	**1985.8**	**1974.6**	**5.5**	**5.6**
#中国共产党机关	93.3	93.2	0.1	
国家机构	1847.1	1839.4	4.6	3.1
人民政协、民主党派	11.4	11.4		
社会保障	16.4	15.8	0.2	0.4
群众团体、社会团体和其他成员组织	17.2	14.7	0.6	1.9

注：城镇非私营单位就业人员数不含私营企业和个体(后续表同)。

2-3 按第三产业行业门类分城镇非私营单位就业人员数

单位：万人

行业门类	2007	2008	2009	2010	2011	2012	2013	2014
合　计	**6243.5**	**6428.7**	**6668.6**	**6898.6**	**7294.4**	**7649.5**	**8592.8**	**8828.7**
批发和零售业	506.9	514.4	520.8	535.1	647.5	711.8	890.8	888.6
交通运输、仓储和邮政业	623.1	627.3	634.4	631.1	662.8	667.5	846.2	861.4
住宿和餐饮业	185.8	193.2	202.1	209.2	242.7	265.1	304.4	289.3
信息传输、软件和信息技术服务业	150.2	159.5	173.8	185.8	212.8	222.8	327.3	336.3
金融业	389.7	417.6	449.0	470.1	505.3	527.8	537.9	566.3
房地产业	166.5	172.7	190.9	211.6	248.6	273.7	373.7	402.2
租赁和商务服务业	247.2	274.7	290.5	310.1	286.6	292.3	421.9	449.4
科学研究和技术服务业	243.4	257.0	272.6	292.3	298.5	330.7	387.8	408.0
水利、环境和公共设施管理业	193.5	197.3	205.7	218.9	230.3	243.8	259.2	269.1
居民服务、修理和其他服务业	57.4	56.5	58.8	60.2	59.9	62.1	72.3	75.4
教育	1520.9	1534.0	1550.4	1581.8	1617.8	1653.4	1687.2	1727.3
卫生和社会工作	542.8	563.6	595.8	632.5	679.1	719.3	770.0	810.4
文化、体育和娱乐业	125.0	126.0	129.5	131.4	135.0	137.7	147.0	145.5
公共管理、社会保障和社会组织	1291.2	1335.0	1394.3	1428.5	1467.6	1541.5	1567.0	1599.3

2-3 续表

单位：万人

行业门类	2015	2016	2017	2018	2019	2020	2021	2022
合　计	**8986.0**	**9127.8**	**9277.4**	**9392.8**	**10184.3**	**10262.8**	**10400.9**	**10331.9**
批发和零售业	883.3	875.0	842.8	823.3	830.0	786.9	797.5	785.3
交通运输、仓储和邮政业	854.4	849.5	843.9	819.0	815.5	812.2	798.1	776.2
住宿和餐饮业	276.1	269.7	265.9	269.8	265.2	256.6	265.3	255.0
信息传输、软件和信息技术服务业	349.9	364.1	395.4	424.3	455.3	487.1	519.2	529.2
金融业	606.8	665.2	688.8	699.3	826.1	859.0	818.5	739.6
房地产业	417.3	431.7	444.8	466.0	510.3	525.4	529.3	511.5
租赁和商务服务业	474.0	488.4	522.6	529.5	660.4	643.6	680.3	738.3
科学研究和技术服务业	410.6	419.6	420.4	411.5	434.3	431.2	450.1	455.8
水利、环境和公共设施管理业	273.3	269.6	268.5	260.6	244.5	245.6	252.6	253.6
居民服务、修理和其他服务业	75.2	75.4	78.2	77.4	86.3	82.8	85.9	90.1
教育	1736.5	1729.2	1730.4	1735.6	1909.3	1958.9	1971.9	1950.6
卫生和社会工作	841.6	867.0	897.9	912.4	1006.2	1051.9	1094.7	1114.5
文化、体育和娱乐业	149.1	150.8	152.2	146.6	151.2	149.5	151.7	146.5
公共管理、社会保障和社会组织	1637.8	1672.6	1725.6	1817.5	1989.8	1972.2	1985.8	1985.8

2-4 按第三产业行业门类分国有单位就业人员数

单位：万人

行业门类	2007	2008	2009	2010	2011	2012	2013	2014
合　计	**4792.6**	**4855.7**	**4921.3**	**5025.8**	**5167.1**	**5328.8**	**5288.5**	**5340.1**
批发和零售业	174.1	160.7	144.2	137.3	145.7	148.5	110.1	99.9
交通运输、仓储和邮政业	432.0	424.5	413.9	403.3	415.9	419.5	410.3	395.2
住宿和餐饮业	58.6	56.6	55.2	54.6	56.3	57.6	45.7	41.8
信息传输、软件和信息技术服务业	62.5	63.0	64.6	62.5	67.0	65.8	49.5	37.5
金融业	161.4	155.4	146.0	144.3	146.3	151.9	147.9	146.1
房地产业	45.2	43.5	43.5	45.4	47.6	46.7	37.1	36.5
租赁和商务服务业	120.5	125.9	125.4	131.5	127.9	116.7	123.6	126.0
科学研究和技术服务业	197.5	201.6	209.4	219.6	218.2	232.5	223.7	224.8
水利、环境和公共设施管理业	169.8	172.8	178.3	189.9	198.0	208.9	207.7	211.9
居民服务、修理和其他服务业	28.7	28.8	28.3	28.9	30.7	30.4	22.9	22.5
教育	1462.9	1481.9	1490.6	1517.4	1540.9	1567.2	1573.8	1602.7
卫生和社会工作	483.2	501.2	529.9	562.6	606.0	639.5	672.7	703.9
文化、体育和娱乐业	111.3	110.9	111.9	113.1	113.8	115.0	109.9	106.3
公共管理、社会保障和社会组织	1285.0	1328.8	1380.0	1415.6	1452.7	1528.6	1553.6	1585.1

2-4 续表

单位：万人

行业门类	2015	2016	2017	2018	2019	2020	2021	2022
合　计	**5352.6**	**5363.1**	**5355.6**	**5229.2**	**5125.4**	**5249.1**	**5321.8**	**5314.4**
批发和零售业	90.8	82.0	72.0	60.6	42.9	47.8	47.9	46.0
交通运输、仓储和邮政业	373.4	366.0	353.0	264.1	131.8	108.5	104.5	94.3
住宿和餐饮业	37.4	35.2	31.7	26.0	20.9	20.6	18.7	15.8
信息传输、软件和信息技术服务业	35.5	33.5	26.9	24.9	19.9	25.6	27.6	27.0
金融业	146.6	148.7	143.1	125.8	89.3	68.6	65.7	61.4
房地产业	33.1	32.1	26.3	19.6	15.7	22.1	21.5	24.7
租赁和商务服务业	120.6	118.1	116.8	104.2	98.5	96.2	94.8	92.3
科学研究和技术服务业	213.2	215.1	206.2	182.7	150.3	152.2	150.9	145.6
水利、环境和公共设施管理业	210.7	203.9	195.9	167.6	129.9	122.1	121.2	116.0
居民服务、修理和其他服务业	22.0	21.4	18.5	19.3	12.3	11.8	13.3	13.2
教育	1607.3	1593.9	1582.4	1564.8	1540.0	1637.0	1662.8	1664.6
卫生和社会工作	733.1	752.5	773.8	786.2	835.1	894.5	934.4	956.0
文化、体育和娱乐业	104.4	102.6	98.8	91.5	82.1	85.5	85.6	82.8
公共管理、社会保障和社会组织	1624.4	1658.1	1710.3	1791.8	1956.7	1956.6	1973.0	1974.6

2-5 按第三产业行业门类分城镇集体单位就业人员数

单位：万人

行业门类	2007	2008	2009	2010	2011	2012	2013	2014
合　计	**320.2**	**295.4**	**278.3**	**272.9**	**261.6**	**260.2**	**264.7**	**255.2**
批发和零售业	69.0	58.6	52.5	48.0	46.8	40.9	38.3	35.0
交通运输、仓储和邮政业	24.6	22.2	20.6	19.8	17.5	17.7	19.0	17.4
住宿和餐饮业	11.6	11.0	10.4	9.6	10.0	9.3	10.0	6.7
信息传输、软件和信息技术服务业	0.9	0.8	1.1	1.0	1.3	1.3	0.9	0.8
金融业	61.3	60.1	53.1	52.1	50.2	50.1	48.7	47.0
房地产业	7.7	7.4	8.7	9.2	8.6	8.7	8.3	8.9
租赁和商务服务业	34.4	33.1	36.7	37.6	31.8	33.7	38.1	36.0
科学研究和技术服务业	3.4	3.4	4.2	4.2	3.7	5.4	5.5	5.4
水利、环境和公共设施管理业	10.2	10.8	10.5	10.5	10.8	10.6	10.7	11.2
居民服务、修理和其他服务业	8.9	8.8	8.2	7.8	6.0	6.1	5.4	5.7
教育	34.3	24.6	17.4	17.5	19.1	19.0	21.8	22.2
卫生和社会工作	48.7	49.8	49.9	51.4	51.5	52.6	54.0	54.9
文化、体育和娱乐业	2.3	2.3	2.2	2.2	2.0	2.5	2.0	1.9
公共管理、社会保障和社会组织	2.9	2.4	2.7	2.2	2.4	2.3	2.1	2.1

2-5 续表

单位：万人

行业门类	2015	2016	2017	2018	2019	2020	2021	2022
合　计	**235.8**	**222.9**	**207.5**	**183.7**	**159.8**	**158.2**	**160.0**	**146.8**
批发和零售业	31.7	28.0	21.2	17.8	12.9	9.2	8.3	7.5
交通运输、仓储和邮政业	14.8	13.7	12.2	9.3	8.5	7.8	5.8	4.7
住宿和餐饮业	5.4	4.9	4.2	3.9	3.1	2.6	2.4	1.9
信息传输、软件和信息技术服务业	0.7	0.6	0.8	0.6	0.7	0.6	0.4	0.5
金融业	46.5	44.9	42.0	33.1	9.5	7.0	6.5	6.0
房地产业	8.0	8.0	7.4	7.2	9.9	9.2	8.7	8.3
租赁和商务服务业	31.8	29.1	27.7	23.3	26.2	19.5	18.6	17.2
科学研究和技术服务业	4.8	4.6	4.2	3.9	4.3	4.7	4.2	3.9
水利、环境和公共设施管理业	10.9	10.6	10.0	8.0	5.0	4.9	5.2	4.8
居民服务、修理和其他服务业	4.9	4.2	3.8	3.3	3.2	3.8	3.5	3.3
教育	20.9	19.0	18.9	22.9	37.7	46.7	53.0	47.9
卫生和社会工作	51.5	51.2	51.0	46.2	33.2	35.2	36.2	33.6
文化、体育和娱乐业	1.8	1.8	1.7	1.3	1.5	1.7	1.7	1.6
公共管理、社会保障和社会组织	2.0	2.3	2.4	3.0	4.1	5.4	5.3	5.5

2-6 按第三产业行业门类分城镇非私营单位中其他单位就业人员数

单位：万人

行业门类	2007	2008	2009	2010	2011	2012	2013	2014
合　计	**1130.8**	**1277.6**	**1469.0**	**1599.8**	**1865.7**	**2060.4**	**3039.6**	**3233.4**
批发和零售业	263.8	295.0	324.2	349.9	455.0	522.4	742.4	753.6
交通运输、仓储和邮政业	166.4	180.6	199.9	208.0	229.4	230.3	417.0	448.9
住宿和餐饮业	115.7	125.6	136.5	145.1	176.5	198.1	248.7	240.8
信息传输、软件和信息技术服务业	86.8	95.7	108.1	122.3	144.5	155.7	276.9	298.0
金融业	167.0	202.0	249.9	273.7	308.9	325.7	341.3	373.3
房地产业	113.6	121.8	138.7	157.1	192.4	218.3	328.3	356.8
租赁和商务服务业	92.3	115.7	128.4	140.9	126.9	141.8	260.2	287.4
科学研究和技术服务业	42.5	52.0	59.0	68.6	76.5	92.8	158.5	177.8
水利、环境和公共设施管理业	13.5	13.7	16.8	18.5	21.5	24.3	40.8	46.1
居民服务、修理和其他服务业	19.8	19.0	22.3	23.5	23.1	25.7	44.1	47.3
教育	23.7	27.5	42.3	46.8	57.7	67.2	91.6	102.4
卫生和社会工作	11.0	12.6	16.0	18.6	21.6	27.3	43.3	51.6
文化、体育和娱乐业	11.5	12.7	15.4	16.2	19.2	20.2	35.0	37.3
公共管理、社会保障和社会组织	3.3	3.8	11.6	10.7	12.5	10.6	11.3	12.1

2-6 续表

单位：万人

行业门类	2015	2016	2017	2018	2019	2020	2021	2022
合　计	**3397.6**	**3541.7**	**3714.3**	**3980.0**	**4899.1**	**4855.6**	**4919.0**	**4870.7**
批发和零售业	760.9	765.1	749.6	744.9	774.3	730.0	741.3	731.8
交通运输、仓储和邮政业	466.2	469.8	478.7	545.6	675.2	695.9	687.8	677.2
住宿和餐饮业	233.3	229.6	230.0	240.0	241.3	233.4	244.1	237.3
信息传输、软件和信息技术服务业	313.6	330.0	367.7	398.8	434.6	460.9	491.1	501.7
金融业	413.7	471.5	503.7	540.4	727.3	783.4	746.3	672.1
房地产业	376.2	391.6	411.0	439.2	484.7	494.0	499.1	478.5
租赁和商务服务业	321.7	341.2	378.1	402.1	535.6	527.9	567.0	628.8
科学研究和技术服务业	192.6	199.9	210.0	224.9	279.7	274.3	295.0	306.3
水利、环境和公共设施管理业	51.7	55.0	62.6	85.0	109.6	118.5	126.2	132.7
居民服务、修理和其他服务业	48.3	49.8	56.0	54.8	70.8	67.2	69.0	73.7
教育	108.3	116.4	129.1	147.9	331.6	275.2	256.1	238.1
卫生和社会工作	57.0	63.3	73.2	80.0	137.9	122.2	124.1	124.9
文化、体育和娱乐业	42.8	46.3	51.7	53.7	67.5	62.4	64.4	62.0
公共管理、社会保障和社会组织	11.4	12.2	12.9	22.6	29.1	10.2	7.5	5.6

2-7 各地区按第三产业行业门类分城镇非私营单位就业人员数(2022年底)

单位：万人

地区	批发和零售业	交通运输、仓储和邮政业	住宿和餐饮业	信息传输、软件和信息技术服务业	金融业	房地产业	租赁和商务服务业
全国	**785.3**	**776.2**	**255.0**	**529.2**	**739.6**	**511.5**	**738.3**
北京	50.8	52.4	27.2	100.9	58.6	45.2	70.2
天津	15.6	15.0	4.5	7.0	13.8	9.5	12.7
河北	20.1	28.7	4.1	12.0	32.2	10.5	19.5
山西	14.3	23.2	3.9	5.1	23.1	6.2	11.6
内蒙古	7.9	19.6	2.2	4.5	16.4	5.4	4.8
辽宁	15.9	28.9	4.2	13.8	23.8	11.0	12.9
吉林	8.2	15.1	1.7	4.9	17.0	4.5	4.2
黑龙江	10.1	22.5	1.5	5.9	17.0	4.8	12.5
上海	91.9	44.8	26.3	54.4	34.8	27.4	79.2
江苏	53.4	42.0	20.1	35.1	40.4	28.2	44.2
浙江	44.0	32.9	14.2	34.4	44.2	30.2	73.0
安徽	23.9	26.1	6.2	11.7	19.1	15.3	21.9
福建	24.1	21.4	9.3	10.4	20.5	16.3	18.5
江西	17.5	17.2	4.4	5.7	15.7	9.0	8.2
山东	43.4	45.3	11.9	19.7	57.7	28.7	25.8
河南	31.5	36.2	7.0	18.6	25.2	23.6	26.8
湖北	32.1	27.5	8.6	16.7	21.2	19.7	25.6
湖南	22.8	23.5	6.2	8.9	27.2	14.2	14.3
广东	109.1	80.0	40.5	83.9	79.0	90.8	130.6
广西	14.2	17.3	4.6	5.7	16.0	8.5	17.2
海南	7.8	7.1	4.7	2.5	5.5	8.7	3.8
重庆	15.6	20.0	3.5	6.1	20.1	15.0	14.5
四川	36.8	34.7	15.5	26.4	35.5	30.9	36.1
贵州	11.7	12.1	3.1	4.5	13.0	8.7	7.8
云南	14.8	15.9	4.6	5.0	12.1	9.2	11.6
西藏	2.3	2.2	0.6	1.2	1.9	0.7	1.7
陕西	21.3	25.8	8.2	14.3	19.8	13.0	11.3
甘肃	9.7	13.1	2.8	3.3	11.6	6.7	4.4
青海	2.1	4.8	0.4	1.0	2.6	1.7	1.3
宁夏	2.5	4.1	0.3	1.0	3.6	1.6	1.3
新疆	10.0	16.8	2.6	4.4	10.5	6.3	10.7

2-7 续表 单位：万人

地区	科学研究和技术服务业	水利、环境和公共设施管理业	居民服务、修理和其他服务业	教育	卫生和社会工作	文化、体育和娱乐业	公共管理、社会保障和社会组织
全国	**455.8**	**253.6**	**90.1**	**1950.6**	**1114.5**	**146.5**	**1985.8**
北京	62.4	11.4	5.9	49.0	35.5	18.6	43.3
天津	11.1	2.7	5.5	21.0	12.4	1.4	19.9
河北	14.3	10.7	2.5	84.0	48.8	5.2	99.9
山西	7.5	6.8	0.8	54.2	27.3	4.1	63.7
内蒙古	5.6	4.7	0.6	36.5	20.7	2.9	55.4
辽宁	10.1	8.2	1.6	54.5	34.7	3.8	64.1
吉林	6.3	5.9	1.5	35.0	21.9	3.0	39.8
黑龙江	5.7	6.5	1.2	38.7	26.1	2.3	51.4
上海	38.4	12.8	10.2	37.6	31.3	5.6	18.8
江苏	28.1	13.4	5.6	112.0	62.9	8.7	93.6
浙江	22.7	11.3	4.8	89.4	58.4	6.9	80.8
安徽	11.7	8.9	2.7	68.9	37.4	3.6	60.2
福建	8.0	7.0	3.8	63.0	27.4	3.8	51.7
江西	7.4	7.0	1.3	64.0	29.5	3.2	63.4
山东	23.1	15.7	3.5	129.2	77.3	7.9	135.9
河南	18.0	16.2	5.6	119.5	71.1	6.7	120.9
湖北	17.5	9.4	2.7	75.7	48.0	6.1	77.2
湖南	12.9	9.4	2.6	88.8	48.0	6.1	87.1
广东	52.4	22.4	13.0	169.7	96.9	12.5	154.0
广西	9.1	7.1	1.4	78.9	39.2	3.3	58.8
海南	3.2	5.4	0.6	16.9	8.1	1.6	14.3
重庆	8.4	3.9	1.0	42.8	22.5	2.6	37.6
四川	24.5	11.3	4.6	117.7	69.2	7.3	113.8
贵州	5.3	5.3	2.0	58.0	29.6	2.4	70.1
云南	9.3	7.1	1.6	66.2	36.4	3.6	73.0
西藏	1.1	0.6	0.2	5.3	2.2	0.6	15.2
陕西	13.4	9.0	1.9	62.0	35.0	5.4	60.1
甘肃	7.9	5.0	0.7	41.2	21.1	2.8	50.6
青海	1.9	0.9	0.2	8.4	5.7	0.7	14.7
宁夏	1.6	1.8	0.1	10.7	5.8	0.9	12.0
新疆	6.8	5.9	0.5	51.9	24.2	2.8	84.5

2-8 各地区按第三产业行业门类分国有单位就业人员数(2022年底)

单位：万人

地区	批发和零售业	交通运输、仓储和邮政业	住宿和餐饮业	信息传输、软件和信息技术服务业	金融业	房地产业	租赁和商务服务业
全国	**46.0**	**94.3**	**15.8**	**27.0**	**61.4**	**24.7**	**92.3**
北京	0.7	0.4	1.0	0.9	0.8	0.6	11.8
天津	0.4	2.7	0.1	0.2	1.8	0.6	2.5
河北	1.4	5.5	0.8	0.8	0.8	0.4	2.3
山西	1.3	2.5	0.6	0.5	2.2	0.5	1.5
内蒙古	0.7	1.0	0.1	0.7	1.4	0.2	0.9
辽宁	1.3	3.8	0.4	1.5	3.6	1.1	2.2
吉林	0.9	1.4	0.4	1.0	1.3	0.3	1.0
黑龙江	1.3	4.8	0.3	0.9	1.7	0.5	2.8
上海	0.5	2.4	0.3	1.2	4.5	1.3	6.2
江苏	2.9	6.0	1.2	1.4	4.6	1.4	8.7
浙江	1.3	1.5	0.6	0.7	0.6	0.8	3.9
安徽	1.6	1.9	0.1	0.6	2.3	0.3	1.7
福建	1.6	0.8	0.2	0.3	0.4	1.1	1.5
江西	1.9	3.1	0.7	0.4	2.3	0.4	1.6
山东	1.8	6.7	2.0	1.6	6.2	1.7	4.7
河南	3.5	6.5	0.8	2.1	0.7	0.8	3.4
湖北	3.0	4.6	0.4	1.5	1.2	1.0	3.2
湖南	2.6	2.9	0.4	0.8	3.0	0.4	2.1
广东	2.8	9.5	1.5	2.4	8.3	7.1	14.7
广西	1.1	1.3	0.2	0.3	0.5	0.4	1.6
海南	0.8	0.8	0.1	0.2	0.8	0.2	0.5
重庆	1.0	2.8	0.1	1.4	0.4	0.3	1.6
四川	2.2	4.2	0.6	1.5	2.8	0.7	3.1
贵州	1.9	1.2	0.3	0.4	0.3	0.2	0.9
云南	2.3	2.5	0.6	0.7	1.5	0.3	1.8
西藏	0.2	1.1	0.1	0.7	0.3	0.1	0.3
陕西	2.3	6.5	0.6	0.8	3.1	0.9	2.4
甘肃	1.2	2.3	0.4	0.7	1.7	0.7	1.3
青海	0.2	0.8	0.1	0.1	0.2	0.1	0.1
宁夏	0.2	0.9	0.1	0.2	0.5		0.2
新疆	1.0	2.1	0.6	0.5	1.8	0.3	1.5

2-8 续表 单位：万人

地区	科学研究和技术服务业	水利、环境和公共设施管理业	居民服务、修理和其他服务业	教育	卫生和社会工作	文化、体育和娱乐业	公共管理、社会保障和社会组织
全国	**145.6**	**116.0**	**13.2**	**1664.6**	**956.0**	**82.8**	**1974.6**
北京	13.4	5.0	0.8	37.3	26.1	8.2	42.8
天津	2.8	1.7	0.3	18.1	10.5	0.7	19.6
河北	4.3	4.9	0.5	79.3	42.4	3.7	99.7
山西	2.9	4.7	0.2	46.8	24.8	2.8	63.6
内蒙古	2.8	2.1	0.2	35.2	19.6	2.6	55.2
辽宁	4.5	4.3	0.5	48.3	29.7	2.4	63.7
吉林	3.5	4.3	0.4	32.1	19.4	2.1	39.6
黑龙江	3.8	5.3	0.5	35.4	23.5	1.8	51.2
上海	5.2	1.3	0.7	29.3	21.1	1.7	18.0
江苏	7.7	6.0	1.1	91.5	46.5	4.1	92.1
浙江	5.3	3.3	0.5	74.4	50.1	3.8	80.7
安徽	4.1	2.5	0.4	60.0	29.5	2.0	59.9
福建	3.0	2.4	0.2	55.3	23.6	2.5	51.6
江西	3.8	1.6	0.2	56.9	25.9	2.0	63.2
山东	7.1	5.0	0.8	108.8	66.3	5.0	135.2
河南	7.0	7.2	1.0	103.0	62.7	4.5	120.1
湖北	6.0	5.6	0.7	62.6	43.0	3.6	76.8
湖南	5.0	6.3	0.4	72.2	41.4	2.9	86.6
广东	11.4	8.8	1.3	113.5	79.8	5.3	151.9
广西	4.5	5.0	0.3	72.3	37.0	2.1	58.8
海南	1.1	1.2	0.1	12.6	6.6	0.5	14.3
重庆	3.1	1.3	0.3	40.4	20.4	1.3	37.5
四川	8.3	5.9	0.5	102.5	60.5	4.3	113.4
贵州	2.5	1.6	0.3	55.0	27.3	1.4	70.1
云南	5.7	3.6	0.2	60.7	33.0	2.4	72.7
西藏	0.7	0.1	0.1	5.1	2.0	0.4	15.1
陕西	5.4	5.5	0.4	50.0	29.7	3.3	59.8
甘肃	4.7	3.2	0.1	37.6	19.4	2.0	50.2
青海	1.1	0.7	0.1	8.3	5.4	0.5	14.7
宁夏	0.9	1.3		10.1	5.4	0.6	11.9
新疆	4.0	4.5	0.2	49.8	23.1	2.4	84.4

2-9 各地区按第三产业行业门类分城镇集体单位就业人员数(2022年底)

单位：人

地区	批发和零售业	交通运输、仓储和邮政业	住宿和餐饮业	信息传输、软件和信息技术服务业	金融业	房地产业	租赁和商务服务业
全国	**74652**	**47390**	**18798**	**4639**	**60465**	**83108**	**172070**
北京	4044	2534	3582	770		17404	17548
天津	1080	1254	112	21		1895	1792
河北	4345	2024	642	190	1124	2387	9083
山西	6270	1443	527	107	6591	2365	2650
内蒙古	164	516	199	61	7142	103	1150
辽宁	2168	1518	328	50	3104	1308	5000
吉林	174	166	80	6	1943	72	548
黑龙江	788	436	110	88	1266	167	463
上海	1741	1408	1107		5	6119	12799
江苏	4793	5310	1047	555	242	9511	20341
浙江	2527	1845	750	538	165	1589	4465
安徽	897	1173	117	99	191	351	1622
福建	3043	1026	543	50		2182	1934
江西	955	1245	166	395		403	1855
山东	5147	1408	1065	100	44	4569	3411
河南	6680	6499	1335	375	4482	1016	3047
湖北	6287	2430	930	75		1249	4748
湖南	2612	3209	659	54	27	1429	887
广东	6748	3363	1554	451	641	19615	57579
广西	1801	799	198	43	7	949	587
海南	498	663	42	118	130	911	186
重庆	873	1023	827	27		392	726
四川	1401	2558	583	40	45	1239	3843
贵州	717	370	417	16	3395	454	5048
云南	1892	1445	668	287	10271	829	1389
西藏	55	264	168	37			5
陕西	3180	1007	545	56	7066	1311	4978
甘肃	952	172	430	8	5254	1123	1219
青海	261	147	65		1071	1297	218
宁夏	808	8			256	423	139
新疆	1748	127	4	22	6003	447	2812

2-9 续表

单位：人

地 区	科学研究和技术服务业	水利、环境和公共设施管理业	居民服务、修理和其他服务业	教 育	卫生和社会工作	文化、体育和娱乐业	公共管理、社会保障和社会组织
全 国	**39295**	**48457**	**32601**	**478706**	**336144**	**16372**	**55361**
北 京	2782	6560	3700	4635	8542	1196	229
天 津	464	348	962	1838	2602	300	1422
河 北	1117	2061	779	16838	28626	915	2464
山 西	433	340	469	2064	1093	537	439
内蒙古	364	105	430	2642	2359	445	839
辽 宁	985	256	886	6929	7285	426	1032
吉 林	333	166	545	1112	799	69	243
黑龙江	320	92	107	941	2647	15	406
上 海	893	3238	3903	9338	15922	475	5110
江 苏	7311	14237	8196	104045	76271	3261	13334
浙 江	1454	1700	2125	15225	3573	506	399
安 徽	952	306	474	12769	19873	253	1424
福 建	1145	517	524	19589	13814	229	644
江 西	455	352	274	10322	5052	169	1304
山 东	2605	1391	1183	38464	21754	1098	3277
河 南	3425	2146	1311	51625	21887	1221	6452
湖 北	1830	1930	1021	15909	6035	851	1867
湖 南	995	782	251	11122	18165	679	1635
广 东	2738	4255	1923	54119	28459	920	5451
广 西	832	82	130	2944	983	64	256
海 南	339	174	41	1728	1804	133	81
重 庆	417	41	285	5130	5997	136	1106
四 川	2124	5906	824	16587	10453	513	2364
贵 州	463	6	289	4893	1870	38	95
云 南	2019	534	836	39056	15467	885	2269
西 藏	26	7		244	202	26	
陕 西	1564	578	893	17892	9367	366	768
甘 肃	464	301	110	7223	3703	457	218
青 海	58	27	125	526	662	88	57
宁 夏	50		5	1326	634		100
新 疆	341	20		1631	244	101	76

2-10 各地区按第三产业行业门类分城镇非私营单位中其他单位就业人员数(2022年底)

单位：万人

地区	批发和零售业	交通运输、仓储和邮政业	住宿和餐饮业	信息传输、软件和信息技术服务业	金融业	房地产业	租赁和商务服务业
全国	**731.8**	**677.2**	**237.3**	**501.7**	**672.1**	**478.5**	**628.8**
北京	49.7	51.8	25.9	99.9	57.8	42.9	56.7
天津	15.1	12.1	4.4	6.9	12.0	8.8	10.0
河北	18.3	23.1	3.3	11.1	31.3	9.9	16.3
山西	12.4	20.6	3.3	4.6	20.2	5.5	9.9
内蒙古	7.1	18.5	2.0	3.8	14.3	5.2	3.8
辽宁	14.3	25.0	3.7	12.3	19.9	9.7	10.2
吉林	7.3	13.7	1.2	3.9	15.5	4.2	3.2
黑龙江	8.7	17.6	1.1	5.0	15.2	4.3	9.6
上海	91.2	42.3	25.9	53.2	30.3	25.4	71.6
江苏	50.0	35.5	18.8	33.7	35.8	25.9	33.4
浙江	42.4	31.2	13.5	33.6	43.6	29.3	68.6
安徽	22.3	24.1	6.1	11.0	16.8	14.9	20.1
福建	22.1	20.4	9.0	10.0	20.1	15.0	16.7
江西	15.5	14.0	3.7	5.3	13.4	8.6	6.4
山东	41.2	38.4	9.8	18.1	51.5	26.5	20.8
河南	27.3	29.1	6.1	16.4	24.1	22.7	23.1
湖北	28.4	22.7	8.1	15.2	19.9	18.6	21.9
湖南	19.9	20.3	5.8	8.2	24.2	13.6	12.1
广东	105.7	70.2	38.9	81.5	70.7	81.7	110.2
广西	12.9	16.0	4.4	5.5	15.6	8.0	15.5
海南	7.0	6.3	4.6	2.3	4.7	8.4	3.3
重庆	14.5	17.1	3.3	4.7	19.7	14.7	12.8
四川	34.4	30.2	14.8	24.9	32.7	30.1	32.6
贵州	9.7	10.9	2.8	4.1	12.4	8.5	6.4
云南	12.3	13.2	3.9	4.3	9.6	8.8	9.6
西藏	2.1	1.1	0.5	0.6	1.6	0.7	1.4
陕西	18.7	19.3	7.6	13.4	16.1	12.0	8.4
甘肃	8.4	10.8	2.3	2.6	9.4	5.8	3.0
青海	1.9	4.0	0.3	0.9	2.3	1.5	1.1
宁夏	2.2	3.1	0.2	0.8	3.1	1.5	1.1
新疆	8.8	14.7	2.0	3.9	8.1	5.9	8.9

2-10 续表 单位：万人

地 区	科学研究和技术服务业	水利、环境和公共设施管理业	居民服务、修理和其他服务业	教 育	卫生和社会工作	文化、体育和娱乐业	公共管理、社会保障和社会组织
全 国	**306.3**	**132.7**	**73.7**	**238.1**	**124.9**	**62.0**	**5.6**
北 京	48.6	5.7	4.7	11.2	8.5	10.3	0.5
天 津	8.3	1.0	5.2	2.7	1.6	0.6	0.1
河 北	9.9	5.6	1.9	3.0	3.5	1.4	
山 西	4.6	2.1	0.6	7.1	2.3	1.3	
内蒙古	2.8	2.6	0.4	1.0	0.9	0.3	0.1
辽 宁	5.5	4.0	1.0	5.6	4.2	1.3	0.3
吉 林	2.8	1.6	1.0	2.8	2.3	0.9	0.1
黑龙江	1.9	1.1	0.7	3.1	2.3	0.5	0.2
上 海	33.1	11.1	9.1	7.4	8.6	3.9	0.2
江 苏	19.7	6.0	3.6	10.1	8.8	4.3	0.2
浙 江	17.3	7.9	4.1	13.4	8.0	3.1	0.1
安 徽	7.5	6.4	2.3	7.6	5.8	1.6	0.1
福 建	4.8	4.5	3.5	5.7	2.4	1.3	
江 西	3.6	5.4	1.1	6.1	3.1	1.2	0.2
山 东	15.8	10.5	2.5	16.6	8.9	2.8	0.4
河 南	10.6	8.7	4.5	11.3	6.2	2.1	0.1
湖 北	11.3	3.6	1.9	11.5	4.4	2.4	0.1
湖 南	7.8	3.1	2.2	15.4	4.7	3.1	0.3
广 东	40.7	13.2	11.4	50.7	14.3	7.1	1.6
广 西	4.5	2.1	1.1	6.2	2.0	1.2	
海 南	2.0	4.2	0.5	4.1	1.3	1.1	
重 庆	5.3	2.6	0.6	1.9	1.6	1.2	
四 川	15.9	4.8	4.0	13.5	7.6	3.0	0.1
贵 州	2.8	3.7	1.6	2.6	2.1	0.9	
云 南	3.5	3.4	1.3	1.6	1.9	1.1	
西 藏	0.4	0.5	0.2	0.2	0.2	0.2	
陕 西	7.8	3.4	1.4	10.1	4.4	2.0	0.2
甘 肃	3.2	1.7	0.6	2.9	1.3	0.8	0.4
青 海	0.8	0.3	0.1	0.1	0.2	0.2	
宁 夏	0.8	0.5		0.5	0.3	0.4	
新 疆	2.7	1.4	0.4	2.0	1.0	0.4	

【主要统计指标解释】

劳动力 指年满16周岁，有劳动能力，参加或要求参加社会经济活动的人口。包括就业人员和失业人员。

就业人员 指年满16周岁，为取得报酬或经营利润，在调查周内从事了1小时（含1小时）以上劳动的人员；或由于在职学习、休假等原因在调查周内暂时未工作的人员；或由于停工、单位不景气等原因临时未工作的人员。

单位就业人员 指报告期末最后一日在本单位工作，并取得工资或其他形式劳动报酬的人员数。该指标为时点指标，不包括最后一日当天及以前已经与单位解除劳动合同关系的人员，是在岗职工、劳务派遣人员及其他就业人员之和。就业人员不包括:

(1)离开本单位仍保留劳动关系，并定期领取生活费的人员；

(2)在本单位实习的各类在校学生；

(3)本单位因劳务外包而使用的人员。

3 第三产业增加值

简要说明

国内生产总值数据是由国家统计局国民经济核算司根据不同产业部门、不同支出项目的特点和资料来源情况采用不同方法计算的。

本年鉴公布的国内生产总值以及与之有关的指标数据，最后一年数据不是最终数，还会在获得更多的财务和行政记录等资料后发生变动。如果遇到普查或者重大核算方法改革，在能够获得更详细的基础资料的情况下，国内生产总值的历史数据还会发生变动。

国内生产总值是一个价值量指标，其价值的变化受价格变化和物量变化两大因素影响。不变价国内生产总值是把按当期价格计算的国内生产总值换算成按某个固定期（基期）价格计算的价值，从而剔除价格变化的影响，以反映物量变化，即生产活动成果的实际变动。国内生产总值指数就是根据两个时期不变价国内生产总值计算得到的。随着经济的不断发展，各行业的价格结构也会不断发生变化，为了更好地反映这种变化对于经济的影响，计算不变价国内生产总值需要每隔若干年调整一次基期。我国自开始核算国内生产总值以来，共有1952年、1957年、1970年、1980年、1990年、2000年、2005年、2010年、2015年、2020年10个不变价基期。2016—2020年的不变价国内生产总值是按照2015年价格计算的，2021年以来的不变价国内生产总值是按照2020年价格计算的。由于不变价国内生产总值按不同基期分段计算，因此本年鉴中的不变价国内生产总值数据也按分段方式公布。

本篇中的数据分类基于《国民经济行业分类》（GB/T 4754—2017）和2018年修订的《三次产业划分规定》。第一产业是指农、林、牧、渔业（不含农、林、牧、渔专业及辅助性活动）。第二产业是指采矿业（不含开采专业及辅助性活动），制造业（不含金属制品、机械和设备修理业），电力、热力、燃气及水生产和供应业，建筑业。第三产业即服务业，是指除第一产业、第二产业以外的其他行业（剔除国际组织）。

本年鉴所列地区生产总值数据由国家统计局与各省、自治区、直辖市统计局统一核算得到。由于部分活动仅核算在全国不核算在地区，各地区数据相加之和略小于全国。

3-1 三次产业增加值及第三产业增加值占国内生产总值的比重

单位：亿元

年 份	国内生产总值	第一产业	第二产业	第三产业	第三产业增加值占国内生产总值比重（%）
1978	3678.7	1018.5	1755.1	905.1	24.6
1979	4100.5	1259.0	1925.3	916.1	22.3
1980	4587.6	1359.5	2204.7	1023.4	22.3
1981	4935.8	1545.7	2269.0	1121.1	22.7
1982	5373.4	1761.7	2397.6	1214.0	22.6
1983	6020.9	1960.9	2663.0	1397.1	23.2
1984	7278.5	2295.6	3124.7	1858.2	25.5
1985	9098.9	2541.7	3886.4	2670.8	29.4
1986	10376.2	2764.1	4515.1	3097.0	29.8
1987	12174.6	3204.5	5273.8	3696.3	30.4
1988	15180.4	3831.2	6607.2	4742.0	31.2
1989	17179.7	4228.2	7300.7	5650.8	32.9
1990	18872.9	5017.2	7744.1	6111.6	32.4
1991	22005.6	5288.8	9129.6	7587.2	34.5
1992	27194.5	5800.3	11725.0	9669.2	35.6
1993	35673.2	6887.6	16472.7	12313.0	34.5
1994	48637.5	9471.8	22452.5	16713.1	34.4
1995	61339.9	12020.5	28676.7	20642.7	33.7
1996	71813.6	13878.3	33827.3	24108.0	33.6
1997	79715.0	14265.2	37545.0	27904.8	35.0
1998	85195.5	14618.7	39017.5	31559.3	37.0
1999	90564.4	14549.0	41079.9	34935.5	38.6
2000	100280.1	14717.4	45663.7	39899.1	39.8
2001	110863.1	15502.5	49659.4	45701.2	41.2
2002	121717.4	16190.2	54104.1	51423.1	42.2
2003	137422.0	16970.2	62695.8	57756.0	42.0
2004	161840.2	20904.3	74285.0	66650.9	41.2
2005	187318.9	21806.7	88082.2	77430.0	41.3
2006	219438.5	23317.0	104359.2	91762.2	41.8
2007	270092.3	27674.1	126630.5	115787.7	42.9
2008	319244.6	32464.1	149952.9	136827.5	42.9
2009	348517.7	33583.8	160168.8	154765.1	44.4
2010	412119.3	38430.8	191626.5	182061.9	44.2
2011	487940.2	44781.5	227035.1	216123.6	44.3
2012	538580.0	49084.6	244639.1	244856.2	45.5
2013	592963.2	53028.1	261951.6	277983.5	46.9
2014	643563.1	55626.3	277282.8	310654.0	48.3
2015	688858.2	57774.6	281338.9	349744.7	50.8
2016	746395.1	60139.2	295427.8	390828.1	52.4
2017	832035.9	62099.5	331580.5	438355.9	52.7
2018	919281.1	64745.2	364835.2	489700.8	53.3
2019	986515.2	70473.6	380670.6	535371.0	54.3
2020	1013567.0	78030.9	383562.4	551973.7	54.5
2021	1149237.0	83216.5	451544.1	614476.4	53.5
2022	1210207.2	88345.1	483164.5	638697.6	52.8

注：本表按当年价格计算。

3-2 第三产业分行业增加值

单位：亿元

年 份	第三产业	#批发和零售业	#交通运输、仓储和邮政业	#住宿和餐饮业	#金融业	#房地产业	#其他
1978	905.1	242.4	182.0	44.6	76.5	79.7	265.6
1979	916.1	200.9	193.7	44.0	75.9	86.2	298.5
1980	1023.4	193.8	213.4	47.4	85.8	96.2	368.2
1981	1121.1	231.2	220.8	54.1	91.7	99.8	403.3
1982	1214.0	171.5	246.9	62.3	130.6	110.6	469.5
1983	1397.1	198.7	275.0	72.5	168.9	121.6	535.2
1984	1858.2	363.6	338.6	96.8	230.6	162.0	637.3
1985	2670.8	802.5	421.8	138.3	293.9	214.8	765.8
1986	3097.0	852.7	499.0	163.2	401.2	297.5	846.1
1987	3696.3	1059.7	568.5	187.1	506.2	381.9	949.8
1988	4742.0	1483.6	685.9	241.4	658.9	472.8	1146.8
1989	5650.8	1536.4	812.9	277.4	1079.9	565.1	1320.7
1990	6111.6	1269.2	1167.2	301.9	1144.1	660.9	1501.7
1991	7587.2	1834.8	1420.5	442.3	1195.2	762.2	1853.1
1992	9669.2	2405.4	1689.2	584.6	1482.1	1099.1	2309.8
1993	12313.0	2817.0	2174.3	712.1	1903.5	1376.9	3207.8
1994	16713.1	3774.0	2788.2	1008.5	2557.9	1905.6	4516.1
1995	20642.7	4779.4	3244.7	1200.1	3211.5	2349.4	5662.8
1996	24108.0	5600.5	3782.6	1336.8	3700.7	2611.9	6844.5
1997	27904.8	6328.4	4149.1	1561.3	4179.2	2914.5	8490.9
1998	31559.3	6914.3	4661.5	1786.9	4318.2	3427.7	10143.7
1999	34935.5	7492.2	5175.9	1941.2	4489.7	3674.5	11827.0
2000	39899.1	8159.8	6161.9	2146.3	4842.2	4140.9	14092.9
2001	45701.2	9120.8	6871.3	2400.1	5202.8	4705.8	16982.6
2002	51423.1	9996.8	7494.3	2724.8	5555.8	5334.5	19818.6
2003	57756.0	11171.2	7914.8	3126.1	6045.7	6157.0	22753.8
2004	66650.9	12455.8	9306.5	3664.8	6600.2	7152.1	26754.6
2005	77430.0	13968.5	10668.8	4195.7	7486.0	8482.7	31742.1
2006	91762.2	16533.4	12186.3	4792.6	9972.3	10320.9	36910.8
2007	115787.7	20941.1	14605.1	5548.1	15200.0	13714.0	44561.5
2008	136827.5	26186.2	16367.6	6616.1	18345.6	14600.3	53169.3
2009	154765.1	29004.6	16522.4	6957.0	21836.8	18760.5	60002.6
2010	182061.9	35907.9	18783.6	7712.0	25733.1	23326.6	68654.7
2011	216123.6	43734.5	21842.0	8565.4	30747.2	27780.7	81082.2
2012	244856.2	49835.5	23763.2	9536.9	35272.2	30751.9	93041.6
2013	277983.5	56288.9	26042.7	10228.3	41293.4	35340.4	105847.3
2014	310654.0	63170.4	28534.4	11228.7	46853.4	38086.4	119618.5
2015	349744.7	67719.6	30519.5	12306.1	56299.8	42573.8	136856.5
2016	390828.1	73724.5	33028.7	13607.8	59964.0	49969.4	156744.3
2017	438355.9	81156.6	37121.9	15056.0	64844.3	57086.0	179086.3
2018	489700.8	88903.7	40337.2	16520.6	70610.3	64623.0	204145.2
2019	535371.0	95650.9	42466.3	17903.1	76250.6	70444.8	227715.8
2020	551973.7	96086.1	40582.9	15285.4	83617.7	73425.3	237825.3
2021	614476.4	110147.0	48423.9	18026.9	90308.7	77215.9	264833.0
2022	638697.6	114517.7	49673.7	17855.3	96811.0	73821.3	279918.4

注：1.本表按当年价格计算。
2.其他包含信息传输、软件和信息技术服务业，租赁和商务服务业，科学研究和技术服务业，水利、环境和公共设施管理业，居民服务、修理和其他服务业，教育，卫生和社会工作，文化、体育和娱乐业，公共管理、社会保障和社会组织共9个门类行业（下表同）。

3-3 第三产业分行业增加值构成

单位：%

年 份	第三产业	#批发和零售业	#交通运输、仓储和邮政业	#住宿和餐饮业	#金融业	#房地产业	#其他
1978	100.0	26.8	20.1	4.9	8.5	8.8	29.3
1979	100.0	21.9	21.1	4.8	8.3	9.4	32.6
1980	100.0	18.9	20.9	4.6	8.4	9.4	36.0
1981	100.0	20.6	19.7	4.8	8.2	8.9	36.0
1982	100.0	14.1	20.3	5.1	10.8	9.1	38.7
1983	100.0	14.2	19.7	5.2	12.1	8.7	38.3
1984	100.0	19.6	18.2	5.2	12.4	8.7	34.3
1985	100.0	30.0	15.8	5.2	11.0	8.0	28.7
1986	100.0	27.5	16.1	5.3	13.0	9.6	27.3
1987	100.0	28.7	15.4	5.1	13.7	10.3	25.7
1988	100.0	31.3	14.5	5.1	13.9	10.0	24.2
1989	100.0	27.2	14.4	4.9	19.1	10.0	23.4
1990	100.0	20.8	19.1	4.9	18.7	10.8	24.6
1991	100.0	24.2	18.7	5.8	15.8	10.0	24.4
1992	100.0	24.9	17.5	6.0	15.3	11.4	23.9
1993	100.0	22.9	17.7	5.8	15.5	11.2	26.1
1994	100.0	22.6	16.7	6.0	15.3	11.4	27.0
1995	100.0	23.2	15.7	5.8	15.6	11.4	27.4
1996	100.0	23.2	15.7	5.5	15.4	10.8	28.4
1997	100.0	22.7	14.9	5.6	15.0	10.4	30.4
1998	100.0	21.9	14.8	5.7	13.7	10.9	32.1
1999	100.0	21.4	14.8	5.6	12.9	10.5	33.9
2000	100.0	20.5	15.4	5.4	12.1	10.4	35.3
2001	100.0	20.0	15.0	5.3	11.4	10.3	37.2
2002	100.0	19.4	14.6	5.3	10.8	10.4	38.5
2003	100.0	19.3	13.7	5.4	10.5	10.7	39.4
2004	100.0	18.7	14.0	5.5	9.9	10.7	40.1
2005	100.0	18.0	13.8	5.4	9.7	11.0	41.0
2006	100.0	18.0	13.3	5.2	10.9	11.2	40.2
2007	100.0	18.1	12.6	4.8	13.1	11.8	38.5
2008	100.0	19.1	12.0	4.8	13.4	10.7	38.9
2009	100.0	18.7	10.7	4.5	14.1	12.1	38.8
2010	100.0	19.7	10.3	4.2	14.1	12.8	37.7
2011	100.0	20.2	10.1	4.0	14.2	12.9	37.5
2012	100.0	20.4	9.7	3.9	14.4	12.6	38.0
2013	100.0	20.2	9.4	3.7	14.9	12.7	38.1
2014	100.0	20.3	9.2	3.6	15.1	12.3	38.5
2015	100.0	19.4	8.7	3.5	16.1	12.2	39.1
2016	100.0	18.9	8.5	3.5	15.3	12.8	40.1
2017	100.0	18.5	8.5	3.4	14.8	13.0	40.9
2018	100.0	18.2	8.2	3.4	14.4	13.2	41.7
2019	100.0	17.9	7.9	3.3	14.2	13.2	42.5
2020	100.0	17.4	7.4	2.8	15.1	13.3	43.1
2021	100.0	17.9	7.9	2.9	14.7	12.6	43.1
2022	100.0	17.9	7.8	2.8	15.2	11.6	43.8

注：本表按当年价格计算。

3-4 第三产业不变价增加值

单位：亿元

年 份	第三产业	#批发和零售业	#交通运输、仓储和邮政业	#住宿和餐饮业	#金融业	#房地产业	#其他
				按1970年价格计算			
1978	888.8	253.4	179.7	44.8	77.0	64.8	255.7
1979	958.5	275.5	194.6	49.8	75.5	67.5	281.4
1980	1016.6	270.4	202.9	51.7	81.0	72.8	322.9
				按1980年价格计算			
1980	1023.4	193.8	213.4	47.4	85.8	96.2	368.2
1981	1121.5	251.0	217.4	55.7	89.8	92.8	395.4
1982	1263.4	249.2	242.1	73.3	128.5	101.3	447.9
1983	1448.3	302.1	265.1	87.5	162.7	106.5	501.5
1984	1729.0	376.8	304.6	94.6	212.7	136.0	578.4
1985	2042.2	503.1	346.6	100.6	249.1	170.0	645.0
1986	2293.8	550.6	394.6	116.3	324.4	214.0	664.4
1987	2630.6	631.7	432.6	127.5	397.6	276.7	732.7
1988	2977.0	706.0	486.7	159.5	477.9	311.7	799.7
1989	3150.8	630.4	507.2	175.4	601.3	361.4	838.4
1990	3234.9	597.2	549.5	181.5	614.3	384.0	869.6
				按1990年价格计算			
1990	6111.6	1269.2	1167.2	301.9	1144.1	660.9	1501.7
1991	6674.1	1334.9	1290.4	326.5	1176.5	739.9	1733.6
1992	7515.0	1475.2	1420.2	414.7	1252.6	936.9	1933.3
1993	8429.6	1601.8	1598.2	448.9	1393.9	1037.7	2255.8
1994	9387.9	1733.1	1734.4	570.7	1529.6	1161.8	2540.1
1995	10334.5	1875.7	1924.8	629.1	1664.6	1306.4	2801.4
1996	11286.9	2018.9	2137.3	672.1	1796.3	1358.9	3155.8
1997	12464.2	2195.9	2333.9	745.7	1958.6	1414.9	3652.9
1998	13511.5	2338.9	2581.0	828.2	2058.9	1523.9	4003.9
1999	14761.2	2542.6	2895.2	892.1	2169.3	1614.4	4461.5
2000	16204.3	2782.1	3143.7	975.4	2320.6	1729.1	5045.7
				按2000年价格计算			
2000	39899.1	8159.8	6161.9	2146.3	4842.2	4140.9	14092.9
2001	43992.5	8901.9	6704.6	2310.4	5182.0	4596.0	15904.0
2002	48605.4	9686.2	7182.5	2590.9	5572.0	5050.2	18078.6
2003	53242.3	10648.9	7622.6	2911.0	5986.5	5543.5	20035.5
2004	58630.4	11348.3	8726.1	3270.2	6267.2	5867.4	22581.1
2005	65875.9	12826.5	9703.9	3671.2	7152.7	6578.9	25292.2
				按2005年价格计算			
2005	77430.0	13968.5	10668.8	4195.7	7486.0	8482.7	31742.1
2006	88374.1	16687.2	11732.4	4723.0	9262.6	9786.1	35189.6
2007	102577.2	20060.5	13117.2	5177.3	11652.1	12137.8	39269.5
2008	113323	23240.1	14078.2	5674.3	13060.6	12212.1	43673.1
2009	124186.8	26005.6	14552.9	5887.4	15195.1	13610.4	47413.2
2010	136194.4	29801.8	15930.6	6371.4	16555.6	14585.8	51226.4
				按2010年价格计算			
2010	182061.9	35907.9	18783.6	7712.0	25733.1	23326.6	68654.7
2011	199336.2	40383.5	20598.3	8106.2	27710.1	24975.0	75299.4
2012	215311.2	44542.3	21852.4	8629.3	30329.6	26060.7	81482.2
2013	233180.2	49225.9	23294.2	8966.1	33534.6	27844.8	87643.7
2014	252631.7	54275.6	24907.1	9521.6	37059.8	28434.0	95548.8
2015	274804.4	57925.7	26014.1	10146.8	43263.1	29528.0	104817.2
				按2015年价格计算			
2015	349744.7	67719.6	30519.5	12306.1	56299.8	42573.8	136856.5
2016	378060.3	72916.2	32620.3	13256.1	59007.1	46313.9	150244.2
2017	409325.0	78615.8	35737.5	14338.1	61815.6	49534.8	165435.2
2018	442003.5	83869.1	38691.8	15296.5	64771.8	51254.3	183717.5
2019	473744.2	88572.0	41205.0	16136.3	69077.2	52576.4	201523.0
2020	482968.6	87783.9	41545.2	13423.0	73150.0	53246.0	209019.8
				按2020年价格计算			
2020	551973.7	96086.1	40582.9	15285.4	83617.7	73425.3	237825.3
2021	598813.5	106624.8	46723.2	17664.3	86926.2	76004.4	259509.7
2022	612555.6	107617.4	46365.2	17266.3	91785.6	72109.7	271568.4

3-5 第三产业分行业增加值及占国内生产总值的比重

行　　业	2021		2020	
	增加值（亿元）	占国内生产总值的比重（%）	增加值（亿元）	占国内生产总值的比重（%）
第三产业	**614476.4**	**53.5**	**551973.7**	**54.5**
#批发和零售业	110147.0	9.6	96086.1	9.5
交通运输、仓储和邮政业	48423.9	4.2	40582.9	4.0
住宿和餐饮业	18026.9	1.6	15285.4	1.5
信息传输、软件和信息技术服务业	44510.4	3.9	38244.1	3.8
金融业	90308.7	7.9	83617.7	8.2
房地产业	77215.9	6.7	73425.3	7.2
租赁和商务服务业	37484.2	3.3	32467.6	3.2
科学研究和技术服务业	28164.0	2.5	24166.2	2.4
水利、环境和公共设施管理业	6053.1	0.5	5863.1	0.6
居民服务、修理和其他服务业	18455.3	1.6	16353.2	1.6
教育	43885.3	3.8	40091.9	4.0
卫生和社会工作	27514.6	2.4	24396.1	2.4
文化、体育和娱乐业	8495.4	0.7	6981.2	0.7
公共管理、社会保障和社会组织	50270.7	4.4	49261.9	4.9

注：本表按当年价格计算。

3-6 第三产业分行业增加值指数

(上年=100)

年 份	第三产业	#批发和零售业	#交通运输、仓储和邮政业	#住宿和餐饮业	#金融业	#房地产业	#其他
1978	113.6	123.1	108.9	118.1	110.1	105.7	111.2
1979	107.8	108.7	108.3	111.1	98.0	104.1	110.1
1980	106.1	98.1	104.3	103.9	107.3	107.9	114.8
1981	109.6	129.5	101.9	117.5	104.7	96.5	107.4
1982	112.7	99.3	111.4	131.6	143.1	109.1	113.3
1983	114.6	121.2	109.5	119.4	126.5	105.2	112.0
1984	119.4	124.7	114.9	108.1	130.7	127.7	115.3
1985	118.1	133.5	113.8	106.3	117.1	125.0	111.5
1986	112.3	109.4	113.9	115.6	130.2	125.9	103.0
1987	114.7	114.7	109.6	109.7	122.6	129.3	110.3
1988	113.2	111.8	112.5	125.1	120.2	112.7	109.1
1989	105.8	89.3	104.2	109.9	125.8	115.9	104.8
1990	102.7	94.7	108.3	103.5	102.2	106.2	103.7
1991	109.2	105.2	110.6	108.2	102.8	112.0	115.4
1992	112.6	110.5	110.1	127.0	106.5	126.6	111.5
1993	112.2	108.6	112.5	108.2	111.3	110.8	116.7
1994	111.4	108.2	108.5	127.1	109.7	112.0	112.6
1995	110.1	108.2	111.0	110.2	108.8	112.4	110.3
1996	109.2	107.6	111.0	106.8	107.9	104.0	112.7
1997	110.4	108.8	109.2	110.9	109.0	104.1	115.8
1998	108.4	106.5	110.6	111.1	105.1	107.7	109.6
1999	109.2	108.7	112.2	107.7	105.4	105.9	111.4
2000	109.8	109.4	108.6	109.3	107.0	107.1	113.1
2001	110.3	109.1	108.8	107.6	107.0	111.0	112.9
2002	110.5	108.8	107.1	112.1	107.5	109.9	113.7
2003	109.5	109.9	106.1	112.4	107.4	109.8	110.8
2004	110.1	106.6	114.5	112.3	104.7	105.8	112.7
2005	112.4	113.0	111.2	112.3	114.1	112.1	112.0
2006	114.1	119.5	110.0	112.6	123.7	115.4	110.9
2007	116.1	120.2	111.8	109.6	125.8	124.0	111.6
2008	110.5	115.9	107.3	109.6	112.1	100.6	111.2
2009	109.6	111.9	103.4	103.8	116.3	111.5	108.6
2010	109.7	114.6	109.5	108.2	109.0	107.2	108.0
2011	109.5	112.5	109.7	105.1	107.7	107.1	109.7
2012	108.0	110.3	106.1	106.5	109.5	104.3	108.2
2013	108.3	110.5	106.6	103.9	110.6	106.8	107.6
2014	108.3	110.3	106.9	106.2	110.5	102.1	109.0
2015	108.8	106.7	104.4	106.6	116.7	103.8	109.7
2016	108.1	107.7	106.9	107.7	104.8	108.8	109.8
2017	108.3	107.8	109.6	108.2	104.8	107.0	110.1
2018	108.0	106.7	108.3	106.7	104.8	103.5	111.1
2019	107.2	105.6	106.5	105.5	106.6	102.6	109.7
2020	101.9	99.1	100.8	83.2	105.9	101.3	103.7
2021	108.5	111.0	115.1	115.6	104.0	103.5	109.1
2022	102.3	100.9	99.2	97.7	105.6	94.9	104.6

注：本表按不变价格计算。

3-7 第三产业分行业增加值指数

(1978年=100)

年 份	第三产业	#批发和零售业	#交通运输、仓储和邮政业	#住宿和餐饮业	#金融业	#房地产业	#其他
1978	100.0	100.0	100.0	100.0	100.0	100.0	100.0
1979	107.8	108.7	108.3	111.1	98.0	104.1	110.1
1980	114.4	106.7	112.9	115.5	105.2	112.3	126.3
1981	125.3	138.2	115.0	135.6	110.2	108.4	135.6
1982	141.2	137.2	128.1	178.5	157.7	118.2	153.6
1983	161.9	166.3	140.2	213.1	199.5	124.3	172.0
1984	193.2	207.4	161.1	230.3	260.8	158.7	198.4
1985	228.3	277.0	183.3	244.8	305.5	198.4	221.2
1986	256.4	303.1	208.8	283.1	397.9	249.7	227.9
1987	294.0	347.7	228.8	310.5	487.8	322.9	251.3
1988	332.7	388.7	257.5	388.5	586.2	363.8	274.3
1989	352.2	347.1	268.3	426.9	737.6	421.8	287.6
1990	361.6	328.8	290.7	441.8	753.5	448.2	298.3
1991	394.8	345.8	321.4	477.9	774.9	501.7	344.3
1992	444.6	382.2	353.7	607.0	825.0	635.3	384.0
1993	498.7	415.0	398.0	657.0	918.1	703.6	448.1
1994	555.4	449.0	432.0	835.3	1007.5	787.8	504.5
1995	611.4	485.9	479.4	920.8	1096.4	885.8	556.4
1996	667.7	523.0	532.3	983.8	1183.2	921.4	626.8
1997	737.4	568.9	581.3	1091.4	1290.1	959.4	725.5
1998	799.3	605.9	642.8	1212.2	1356.1	1033.3	795.3
1999	873.3	658.7	721.1	1305.7	1428.8	1094.7	886.1
2000	958.6	720.7	782.9	1427.7	1528.4	1172.5	1002.2
2001	1057.0	786.3	851.9	1536.8	1635.7	1301.4	1131.0
2002	1167.8	855.5	912.6	1723.4	1758.8	1430.0	1285.6
2003	1279.2	940.6	968.5	1936.4	1889.6	1569.7	1424.8
2004	1408.7	1002.3	1108.8	2175.3	1978.2	1661.4	1605.8
2005	1582.8	1132.9	1233.0	2442.0	2257.7	1862.8	1798.6
2006	1806.5	1353.4	1355.9	2748.9	2793.5	2149.1	1993.9
2007	2096.8	1627.0	1516.0	3013.3	3514.2	2665.5	2225.1
2008	2316.5	1884.9	1627.0	3302.6	3939.0	2681.8	2474.6
2009	2538.5	2109.2	1681.9	3426.6	4582.7	2988.9	2686.5
2010	2784.0	2417.0	1841.1	3708.3	4993.1	3203.1	2902.6
2011	3048.1	2718.3	2019.0	3897.9	5376.7	3429.4	3183.5
2012	3292.4	2998.2	2141.9	4149.4	5884.9	3578.5	3444.9
2013	3565.7	3313.5	2283.2	4311.4	6506.8	3823.5	3705.4
2014	3863.1	3653.4	2441.3	4578.5	7190.8	3904.4	4039.6
2015	4202.2	3899.1	2549.8	4879.1	8394.5	4054.6	4431.5
2016	4542.4	4198.3	2725.3	5255.8	8798.1	4410.8	4864.9
2017	4918.0	4526.5	2985.7	5684.8	9216.9	4717.6	5356.8
2018	5310.7	4829.0	3232.6	6064.8	9657.6	4881.3	5948.8
2019	5692.0	5099.7	3442.5	6397.7	10299.6	5007.2	6525.4
2020	5802.9	5054.4	3471.0	5322.0	10906.8	5071.0	6768.1
2021	6295.3	5608.7	3996.1	6150.2	11338.4	5249.1	7385.2
2022	6439.7	5660.9	3965.5	6011.6	11972.2	4980.2	7728.4

注：本表按不变价格计算。

3-8 三次产业贡献率和对国内生产总值增长的拉动

年 份	贡献率(%)				对国内生产总值增长的拉动(百分点)			
	国内生产总值	第一产业	第二产业	第三产业	国内生产总值	第一产业	第二产业	第三产业
1978	100.0	9.8	61.8	28.4	11.7	1.1	7.2	3.3
1979	100.0	20.9	53.6	25.6	7.6	1.6	4.1	1.9
1980	100.0	-4.8	85.6	19.2	7.8	-0.4	6.7	1.5
1981	100.0	40.5	17.7	41.8	5.1	2.1	0.9	2.1
1982	100.0	38.6	28.8	32.6	9.0	3.5	2.6	2.9
1983	100.0	23.9	43.5	32.7	10.8	2.6	4.7	3.5
1984	100.0	25.6	42.7	31.7	15.2	3.9	6.5	4.8
1985	100.0	4.1	61.2	34.8	13.4	0.5	8.2	4.7
1986	100.0	9.8	53.2	36.9	8.9	0.9	4.8	3.3
1987	100.0	10.2	55.0	34.8	11.7	1.2	6.4	4.1
1988	100.0	5.4	61.3	33.4	11.2	0.6	6.9	3.7
1989	100.0	15.9	44.0	40.1	4.2	0.7	1.8	1.7
1990	100.0	40.2	39.8	20.0	3.9	1.6	1.6	0.8
1991	100.0	6.8	61.1	32.2	9.3	0.6	5.7	3.0
1992	100.0	8.1	63.2	28.7	14.2	1.2	9.0	4.1
1993	100.0	7.6	64.4	28.0	13.9	1.1	8.9	3.9
1994	100.0	6.3	66.3	27.4	13.0	0.8	8.6	3.6
1995	100.0	8.7	62.8	28.5	11.0	1.0	6.9	3.1
1996	100.0	9.3	62.2	28.5	9.9	0.9	6.2	2.8
1997	100.0	6.5	59.0	34.5	9.2	0.6	5.5	3.2
1998	100.0	7.2	59.7	33.0	7.8	0.6	4.7	2.6
1999	100.0	5.6	56.9	37.4	7.7	0.4	4.4	2.9
2000	100.0	4.1	59.6	36.2	8.5	0.4	5.1	3.1
2001	100.0	4.6	46.4	49.0	8.3	0.4	3.9	4.1
2002	100.0	4.1	49.4	46.5	9.1	0.4	4.5	4.2
2003	100.0	3.1	57.9	39.0	10.0	0.3	5.8	3.9
2004	100.0	7.3	51.8	40.8	10.1	0.7	5.2	4.1
2005	100.0	5.2	50.5	44.3	11.4	0.6	5.8	5.0
2006	100.0	4.4	49.7	45.9	12.7	0.6	6.3	5.8
2007	100.0	2.7	50.1	47.3	14.2	0.4	7.1	6.7
2008	100.0	5.2	48.6	46.2	9.7	0.5	4.7	4.5
2009	100.0	4.0	52.3	43.7	9.4	0.4	4.9	4.1
2010	100.0	3.6	57.4	39.0	10.6	0.4	6.1	4.2
2011	100.0	4.1	52.0	43.9	9.6	0.4	5.0	4.2
2012	100.0	5.0	50.0	45.0	7.9	0.4	3.9	3.5
2013	100.0	4.2	48.5	47.2	7.8	0.3	3.8	3.7
2014	100.0	4.5	45.6	49.9	7.4	0.3	3.4	3.7
2015	100.0	4.4	39.7	55.9	7.0	0.3	2.8	3.9
2016	100.0	4.0	36.0	60.0	6.8	0.3	2.5	4.1
2017	100.0	4.6	34.2	61.1	6.9	0.3	2.4	4.2
2018	100.0	4.1	34.4	61.5	6.7	0.3	2.3	4.2
2019	100.0	3.9	32.6	63.5	6.0	0.2	1.9	3.8
2020	100.0	10.4	43.3	46.3	2.2	0.2	1.0	1.0
2021	100.0	6.4	38.9	54.7	8.4	0.5	3.3	4.6
2022	100.0	10.5	47.7	41.8	3.0	0.3	1.4	1.3

注：1.产业贡献率指各产业增加值增量与国内生产总值增量之比。
2.产业拉动指国内生产总值增长速度与各产业贡献率之乘积。
3.本表按不变价格计算。

3-9 各地区第三产业分行业增加值(2022年)

单位：亿元

地　区	第三产业	批发和零售业	交通运输、仓储和邮政业	住宿和餐饮业	金融业	房地产业	其他
北　京	34894.3	3110.3	879.2	372.6	8196.7	2594.5	19741.0
天　津	9999.3	1401.7	1061.1	126.2	2197.3	1020.8	4192.2
河　北	20910.0	3429.1	3013.3	358.3	2931.8	2403.1	8774.4
山　西	10461.3	1666.7	1198.5	213.8	1359.0	1165.5	4857.8
内蒙古	9263.1	1585.3	1317.9	291.6	981.7	830.3	4256.3
辽　宁	14621.7	2229.1	1367.6	302.9	2138.3	1501.1	7082.7
吉　林	6752.8	785.5	592.1	163.3	1000.4	706.7	3504.8
黑龙江	7642.2	1294.3	553.1	210.1	1127.2	695.1	3762.4
上　海	33097.4	5068.5	1914.5	330.5	8626.3	3619.2	13538.4
江　苏	62027.5	13350.7	3655.6	1550.7	9689.9	7932.6	25848.0
浙　江	42185.4	9404.2	2375.5	1223.6	6690.0	5019.7	17472.4
安　徽	22943.3	4240.8	2171.7	825.9	2935.1	2937.1	9832.7
福　建	24955.5	6230.4	1960.0	734.4	3889.8	2674.9	9466.0
江　西	15263.7	2844.5	1341.7	555.5	2140.5	2117.4	6264.1
山　东	46122.3	11819.1	4911.0	1276.2	5203.1	4406.7	18506.2
河　南	30062.2	4496.5	3721.1	1066.5	3301.3	3631.0	13845.8
湖　北	27507.6	3593.4	2313.9	1186.5	3639.7	3909.4	12864.7
湖　南	24885.1	4787.1	1696.9	951.5	2421.5	2822.0	12206.1
广　东	70934.7	12319.7	4040.9	1765.2	11825.8	10450.6	30532.5
广　西	13092.5	2156.3	1098.3	385.9	1834.7	1899.3	5718.0
海　南	4089.5	958.8	371.9	231.8	438.7	571.0	1517.3
重　庆	15423.1	2816.7	1084.0	567.7	2491.0	1668.6	6795.1
四　川	29628.4	5132.1	1587.5	1180.1	3840.1	3446.0	14442.6
贵　州	10190.4	1582.2	838.2	449.4	1193.5	863.1	5264.0
云　南	14470.8	2990.7	1335.4	653.1	1594.6	1633.6	6263.4
西　藏	1147.8	101.6	42.5	26.1	215.4	92.9	669.3
陕　西	14264.2	2103.3	1293.8	400.8	2109.7	1617.9	6738.7
甘　肃	5741.2	795.6	555.6	155.0	925.1	573.2	2736.7
青　海	1644.2	171.1	155.2	34.6	286.2	144.9	852.2
宁　夏	2213.0	218.8	213.5	54.1	352.2	185.1	1189.3
新　疆	7961.0	784.4	845.3	135.9	1216.9	575.5	4403.0

注：1. 本表按当年价格计算。
　　2. 本表中分行业增加值为初步核算数(下表同)。

3-10 各地区第三产业分行业增加值构成(2022年)

(第三产业增加值=100)

地 区	批发和零售业	交通运输、仓储和邮政业	住宿和餐饮业	金融业	房地产业	其他
北 京	8.9	2.5	1.1	23.5	7.4	56.6
天 津	14.0	10.6	1.3	22.0	10.2	41.9
河 北	16.4	14.4	1.7	14.0	11.5	42.0
山 西	15.9	11.5	2.0	13.0	11.1	46.4
内蒙古	17.1	14.2	3.1	10.6	9.0	45.9
辽 宁	15.2	9.4	2.1	14.6	10.3	48.4
吉 林	11.6	8.8	2.4	14.8	10.5	51.9
黑龙江	16.9	7.2	2.7	14.7	9.1	49.2
上 海	15.3	5.8	1.0	26.1	10.9	40.9
江 苏	21.5	5.9	2.5	15.6	12.8	41.7
浙 江	22.3	5.6	2.9	15.9	11.9	41.4
安 徽	18.5	9.5	3.6	12.8	12.8	42.9
福 建	25.0	7.9	2.9	15.6	10.7	37.9
江 西	18.6	8.8	3.6	14.0	13.9	41.0
山 东	25.6	10.6	2.8	11.3	9.6	40.1
河 南	15.0	12.4	3.5	11.0	12.1	46.1
湖 北	13.1	8.4	4.3	13.2	14.2	46.8
湖 南	19.2	6.8	3.8	9.7	11.3	49.0
广 东	17.4	5.7	2.5	16.7	14.7	43.0
广 西	16.5	8.4	2.9	14.0	14.5	43.7
海 南	23.4	9.1	5.7	10.7	14.0	37.1
重 庆	18.3	7.0	3.7	16.2	10.8	44.1
四 川	17.3	5.4	4.0	13.0	11.6	48.7
贵 州	15.5	8.2	4.4	11.7	8.5	51.7
云 南	20.7	9.2	4.5	11.0	11.3	43.3
西 藏	8.9	3.7	2.3	18.8	8.1	58.3
陕 西	14.7	9.1	2.8	14.8	11.3	47.2
甘 肃	13.9	9.7	2.7	16.1	10.0	47.7
青 海	10.4	9.4	2.1	17.4	8.8	51.8
宁 夏	9.9	9.6	2.4	15.9	8.4	53.7
新 疆	9.9	10.6	1.7	15.3	7.2	55.3

注：本表按当年价格计算。

3-11 各地区第三产业分行业增加值指数(2022年)

(上年=100)

地区	第三产业	批发和零售业	交通运输、仓储和邮政业	住宿和餐饮业	金融业	房地产业	其他
北京	103.4	98.9	95.4	86.3	106.4	98.8	104.3
天津	101.7	97.1	109.9	90.1	102.4	96.7	102.7
河北	103.2	104.6	95.3	93.1	106.7	96.7	107.0
山西	102.7	97.5	97.9	98.0	105.9	95.5	106.9
内蒙古	102.2	98.4	103.5	84.8	105.3	98.5	104.7
辽宁	103.4	101.8	100.8	97.2	103.9	93.9	106.8
吉林	98.8	95.8	90.4	84.0	105.4	91.7	101.7
黑龙江	103.8	100.6	103.0	98.9	103.1	96.3	106.8
上海	100.3	90.3	91.9	82.3	105.2	100.9	103.3
江苏	101.9	99.7	96.1	94.1	107.2	91.3	106.4
浙江	102.8	104.1	98.9	101.1	108.3	93.5	103.7
安徽	102.2	102.4	98.7	101.0	107.5	94.3	104.4
福建	104.0	107.4	100.7	102.9	106.7	97.0	103.7
江西	104.2	106.4	102.3	101.4	105.6	98.1	105.6
山东	103.6	101.7	106.2	100.3	106.0	95.8	105.8
河南	102.0	97.3	107.7	94.0	105.1	97.5	103.4
湖北	102.7	101.7	100.1	100.9	105.6	97.3	104.7
湖南	103.5	101.8	100.6	102.2	106.2	96.1	106.2
广东	101.2	100.6	94.4	92.9	107.8	94.1	103.1
广西	102.0	101.9	98.2	100.5	106.5	94.7	104.2
海南	99.8	98.5	95.7	88.7	103.0	93.4	105.2
重庆	101.9	102.0	99.1	100.9	102.4	94.8	104.0
四川	102.0	102.6	99.7	95.4	106.1	94.6	103.4
贵州	101.0	99.5	99.1	94.3	103.8	96.2	102.7
云南	103.1	102.4	102.8	103.9	103.2	99.1	104.5
西藏	97.6	88.5	87.0	74.7	101.7	86.2	101.6
陕西	102.6	100.3	103.0	100.1	107.5	96.3	103.4
甘肃	104.4	99.5	117.7	92.5	102.9	96.8	106.5
青海	97.5	85.3	106.9	75.7	102.6	96.0	98.4
宁夏	102.1	100.5	100.2	100.2	104.2	95.5	103.3
新疆	101.5	95.6	107.0	83.5	105.9	94.3	102.2

注：本表按不变价格计算。

【主要统计指标解释】

国内生产总值（GDP） 指一个国家所有常住单位在一定时期内生产活动的最终成果。国内生产总值有三种表现形态，即价值形态、收入形态和产品形态。从价值形态看，它是所有常住单位在一定时期内生产的全部货物和服务价值与同期投入的全部非固定资产货物和服务价值的差额，即所有常住单位的增加值之和；从收入形态看，它是所有常住单位在一定时期内创造的各项收入之和，包括劳动者报酬、生产税净额、固定资产折旧和营业盈余；从产品形态看，它是所有常住单位在一定时期内最终使用的货物和服务价值与货物和服务净出口价值之和。在实际核算中，国内生产总值有三种计算方法，即生产法、收入法和支出法。三种方法分别从不同的方面反映国内生产总值及其构成。

对于一个地区来说，称为地区生产总值或地区GDP。

4 第三产业固定资产投资

简要说明

一、主要内容

固定资产投资资料通过对一定时期第三产业建造和购置固定资产活动的数量方面的描述，反映报告期内第三产业固定资产投资的速度、结构、资金来源等。

二、统计范围

第三产业固定资产投资统计的范围包括：建设项目投资、房地产开发投资及农户投资。

三、资料来源

跨省（区）项目资料来自国务院有关部门（企业）等；农户固定资产投资资料来自国家统计局住户调查司的住户调查；除此以外的固定资产投资统计资料均来自国家统计局固定资产投资统计司的统计调查。

四、统计调查方法

除农户固定资产投资统计采用抽样调查方法外，其他均为全面调查。

五、统计口径变化

自1997年起，除房地产开发投资、农村非农户投资、农户投资及城镇和工矿区私人建房投资外，固定资产投资的统计起点由5万元提高到50万元。

自2006年起，农村非农户固定资产投资统计改为按项目统计，调查方法由抽样调查改为全面调查，起点为50万元。

自2006年起，城镇和工矿区私人建房投资改为按项目统计，起点为50万元。

自2011年起，除房地产开发投资、农村农户投资外，固定资产投资项目统计起点由50万元提高到500万元。

自2012年起，国民经济行业分类使用《国民经济行业分类》（GB/T 4754-2011）标准。

自2018年起，国民经济行业分类使用《国民经济行业分类》（GB/T 4754-2017）标准。

为便于比较，增速均按可比口径计算。

六、内容修订

为进一步贯彻新发展理念，更好地反映经济结构和质量的变化，自2019年起，本篇资料对第三产业固定资产投资表式进行了改版，内容以各分组固定资产投资比上年增长速度为主，通过速度变化反映固定资产投资形势及政策效应。

4-1 按行业门类分第三产业全社会固定资产投资增长情况

单位：%

行业门类	2007	2008	2009	2010	2011	2012	2013	2014
第三产业合计	**23.8**	**24.8**	**33.8**	**25.2**	**21.1**	**20.7**	**20.4**	**16.4**
农、林、牧、渔专业及辅助性活动								23.6
开采专业及辅助性活动								-2.2
金属制品、机械和设备修理业								-0.3
批发和零售业	27.1	29.9	37.2	17.5	41.0	31.9	29.7	25.5
交通运输、仓储和邮政业	16.6	20.3	46.7	20.4	3.5	11.1	17.0	17.8
住宿和餐饮业	38.7	28.9	34.0	28.2	34.0	30.2	17.2	3.6
信息传输、软件和信息技术服务业	-1.5	17.0	19.7	-5.2	0.6	23.8	14.6	36.1
金融业	29.8	65.4	38.2	35.9	44.4	44.7	34.4	10.7
房地产业	32.3	24.7	22.0	31.4	28.3	21.4	19.8	10.6
租赁和商务服务业	30.8	42.8	50.2	32.2	40.5	38.9	25.4	35.7
科学研究和技术服务业	13.1	39.6	53.6	14.9	41.9	47.4	26.6	35.1
水利、环境和公共设施管理业	24.6	33.3	46.8	24.9	14.1	20.8	27.2	23.5
居民服务、修理和其他服务业	11.6	20.1	53.6	38.9	46.6	32.0	10.2	13.7
教育	4.6	6.2	39.5	14.6	14.0	18.4	17.8	23.8
卫生和社会工作	15.1	30.6	60.8	14.0	27.8	12.3	20.0	27.9
文化、体育和娱乐业	30.1	27.9	49.9	24.2	21.0	35.1	22.5	18.5
公共管理、社会保障和社会组织	5.9	18.4	26.3	19.9	15.7	7.1	-2.9	23.0
国际组织								

注：自2013年起，三产划分按《国家统计局关于印发<三次产业划分规定>的通知》(国统字[2012]108号)执行，农林牧渔业、采矿业和制造业仅包括该门类下的第三产业投资。

4-1 续表

单位：%

行业门类	2015	2016	2017	2018	2019	2020	2021	2022
第三产业合计	**10.2**	**10.4**	**9.2**	**5.5**	**6.2**	**3.1**	**2.0**	**2.7**
农、林、牧、渔专业及辅助性活动	26.3	12.4	-4.0	8.4	1.4	16.3	10.5	32.1
开采专业及辅助性活动	-16.5	-19.2	-29.8	-0.4	20.1	2.7	45.2	6.8
金属制品、机械和设备修理业	3.2	-11.0	-3.2	-26.9	38.1	-31.3	43.6	-22.4
批发和零售业	19.8	-4.0	-6.1	-19.8	-15.9	-23.3	0.4	1.2
交通运输、仓储和邮政业	13.8	9.5	14.8	4.0	3.3	1.9	1.2	8.9
住宿和餐饮业	5.1	-8.7	4.0	-0.8	-2.7	-6.6	7.7	6.3
信息传输、软件和信息技术服务业	34.4	14.6	12.8	4.1	8.7	18.2	-12.0	21.8
金融业	0.3	-4.2	-13.3	-13.1	10.4	-13.3	1.9	10.5
房地产业	2.2	6.0	3.0	8.0	8.3	4.1	4.6	-8.4
租赁和商务服务业	18.6	30.6	14.6	13.9	15.9	4.5	13.7	14.5
科学研究和技术服务业	12.6	17.2	9.4	13.6	17.9	3.4	14.5	21.0
水利、环境和公共设施管理业	20.5	23.3	21.2	3.3	2.9	0.2	-1.2	10.3
居民服务、修理和其他服务业	15.1	0.8	2.0	-12.6	-8.7	-2.8	-9.8	21.8
教育	15.2	20.7	20.4	7.0	18.1	11.9	11.6	5.4
卫生和社会工作	29.7	21.4	18.1	8.4	5.3	26.7	19.5	26.1
文化、体育和娱乐业	8.9	16.4	12.9	21.2	13.9	1.0	1.7	3.5
公共管理、社会保障和社会组织	9.0	4.3	-2.0	-18.0	-15.6	-6.4	-38.2	42.1
国际组织								

4-2 各地区按登记注册类型分第三产业固定资产投资(不含农户)增长情况(2022年)

单位：%

地 区	总 计	内 资	港澳台商投资	外商投资
全 国	**3.0**	**3.3**	**-9.0**	**-7.5**
北 京	1.7	0.2	18.7	52.4
天 津	-13.9	-12.7	-42.6	-29.8
河 北	4.4	4.1	65.3	-21.5
山 西	2.5	2.3	16.4	47.9
内蒙古	-4.3	-4.2	-41.9	-32.3
辽 宁	2.4	4.0	-10.1	-29.7
吉 林	-9.6	-9.2	-30.3	-44.9
黑龙江	-6.3	-5.7	-35.4	-13.2
上 海	-1.2	-0.2	-9.4	-11.7
江 苏	0.0	1.4	-16.0	-9.1
浙 江	6.6	7.1	-18.9	22.3
安 徽	2.5	2.7	-12.3	-12.9
福 建	2.7	3.8	-17.9	-19.1
江 西	10.1	10.7	-29.4	33.7
山 东	3.1	3.3	-0.5	-0.6
河 南	-1.0	-0.8	-2.2	-31.7
湖 北	9.8	9.6	13.8	19.9
湖 南	3.1	3.1	13.8	-10.5
广 东	-6.8	-6.6	-2.8	-17.9
广 西	-10.0	-9.9	-10.4	-21.3
海 南	-10.0	-9.3	-17.6	-33.5
重 庆	-3.4	-2.9	-23.4	-6.3
四 川	5.2	5.5	-12.4	-7.5
贵 州	-10.0	-9.7	-55.4	51.1
云 南	-2.3	-2.3	-21.8	-41.4
西 藏	-25.9	-26.0		-83.0
陕 西	8.5	8.6	-15.2	11.6
甘 肃	-1.3	-1.3	8.3	5.6
青 海	-22.2	-22.2		-75.6
宁 夏	0.7	1.5	-30.7	-47.8
新 疆	-6.8	-6.7	-24.8	178.8

4-3 各行业按构成分第三产业固定资产投资(不含农户)增长情况(2022年)

单位：%

行业	投资额	建筑安装工程投资	设备工器具购置	其他费用
第三产业合计	**3.0**	**0.5**	**5.1**	**9.0**
农、林、牧、渔专业及辅助性活动	**32.1**	**31.3**	**26.8**	**55.9**
开采专业及辅助性活动	**6.8**	**-12.3**	**14.4**	**283.2**
金属制品、机械和设备修理业	**-22.4**	**-29.8**	**-14.1**	**39.9**
批发和零售业	**5.3**	**7.1**	**0.4**	**-5.3**
批发业	10.3	11.7	8.4	-4.0
零售业	1.5	3.4	-7.1	-5.8
交通运输、仓储和邮政业	**9.1**	**5.2**	**-5.5**	**14.0**
铁路运输业	1.8	3.4	-18.8	7.1
道路运输业	3.7	2.0	-6.5	15.4
水上运输业	16.5	19.9	0.2	28.4
航空运输业	4.8	1.8	-5.5	26.2
管道运输业	11.2	10.0	75.7	-27.5
多式联运和运输代理业	8.6	2.3	43.9	20.2
装卸搬运和仓储业	25.1	29.1	3.0	7.5
邮政业	40.6	37.7	62.2	14.2
住宿和餐饮业	**7.5**	**10.3**	**3.4**	**-13.3**
住宿业	7.2	10.3	-3.1	-12.9
餐饮业	9.5	10.7	18.2	-18.5
信息传输、软件和信息技术服务业	**21.8**	**12.0**	**4.0**	**23.1**
电信、广播电视和卫星传输服务	2.4	4.2	-1.0	15.6
互联网和相关服务	17.7	16.8	18.8	19.7
软件和信息技术服务业	23.9	14.3	-4.6	29.7
金融业	**10.5**	**5.9**	**8.1**	**20.8**
货币金融服务	22.1	16.1	22.0	32.3
资本市场服务	-27.6	-16.3	-39.3	-44.8
保险业	-39.2	-22.1	-72.3	-65.2
其他金融业	34.6	11.9	-74.7	168.6
房地产业	**-8.4**	**-9.0**	**-11.1**	**-7.2**
租赁和商务服务业	**14.5**	**17.9**	**-22.2**	**11.5**
租赁业	-19.4	8.8	-25.6	69.2
商务服务业	16.3	18.0	-14.5	11.4
科学研究和技术服务业	**21.0**	**25.0**	**16.1**	**3.4**
研究和试验发展	19.6	24.1	41.6	-16.5
专业技术服务业	13.6	9.7	0.8	74.0
科技推广和应用服务业	26.1	33.1	-9.0	1.3
水利、环境和公共设施管理业	**10.3**	**9.5**	**-0.6**	**18.1**
水利管理业	13.6	16.0	0.2	-0.9
生态保护和环境治理业	6.0	7.1	-8.0	3.9
公共设施管理业	10.1	8.6	3.1	23.1
土地管理业	13.1	14.0	-54.3	10.8
居民服务、修理和其他服务业	**21.8**	**23.5**	**-4.7**	**19.7**
居民服务业	21.0	22.1	-3.3	19.9
机动车、电子产品和日用产品修理业	31.2	29.5	10.1	106.1
其他服务业	16.7	25.9	-16.9	-35.4
教育	**5.4**	**4.2**	**-0.8**	**19.6**
卫生和社会工作	**26.1**	**31.5**	**9.6**	**-4.0**
卫生	27.3	33.7	9.8	-7.1
社会工作	19.2	20.5	1.8	11.5
文化、体育和娱乐业	**3.5**	**6.7**	**-12.1**	**-19.0**
新闻和出版业	2.0	5.8	-75.2	21.0
广播、电视、电影和影视录音制作业	-17.3	-15.3	12.8	-42.6
文化艺术业	9.4	9.2	-4.7	12.8
体育	-12.0	-11.5	-8.6	-16.7
娱乐业	6.3	11.9	-15.2	-41.5
公共管理、社会保障和社会组织	**42.1**	**50.4**	**-11.5**	**-9.9**
中国共产党机关	27.5	46.2	-68.4	20.4
国家机构	47.4	57.2	-9.2	-9.3
人民政协、民主党派	-58.2	-0.7		-99.9
社会保障	-38.5	-33.7	76.9	-79.0
群众团体、社会团体和其他成员组织	0.9	-0.9	-60.2	66.7
基层群众自治组织	21.0	22.4	19.3	-13.1
国际组织				

4-4 按行业门类分第三产业固定资产投资(不含农户)增长情况

单位：%

行业门类	2007	2008	2009	2010	2011	2012	2013	2014
第三产业合计	**23.7**	**25.2**	**33.1**	**25.7**	**21.1**	**21.2**	**20.8**	**16.9**
农、林、牧、渔专业及辅助性活动								23.6
开采专业及辅助性活动								-2.2
金属制品、机械和设备修理业								-0.3
批发和零售业	29.2	30.3	40.6	16.5	41.2	32.3	29.1	24.8
交通运输、仓储和邮政业	15.8	20.8	48.2	19.8	3.7	11.2	17.6	18.4
住宿和餐饮业	41.7	30.5	34.2	28.0	34.4	30.3	17.7	3.4
信息传输、软件和信息技术服务业	2.7	17.1	19.3	-5.9	1.0	23.8	14.6	35.8
金融业	28.0	66.4	37.9	37.0	44.4	44.7	34.4	10.7
房地产业	32.6	25.5	20.1	33.6	29.6	22.4	20.2	11.0
租赁和商务服务业	29.9	45.8	49.8	32.2	40.6	38.9	25.1	35.9
科学研究和技术服务业	12.1	37.7	51.1	17.1	41.9	47.4	26.6	35.1
水利、环境和公共设施管理业	23.6	32.4	45.6	24.9	14.1	20.8	27.2	23.5
居民服务、修理和其他服务业	28.4	32.6	65.8	46.0	53.1	38.3	18.3	14.9
教育	4.3	6.1	37.7	14.7	14.0	18.4	17.2	24.5
卫生和社会工作	14.3	31.7	59.3	15.4	28.0	12.3	19.9	27.9
文化、体育和娱乐业	31.6	27.1	48.0	22.6	21.6	35.3	22.4	18.6
公共管理、社会保障和社会组织	4.2	17.0	24.5	18.0	15.7	7.1	-2.9	22.9
国际组织								

4-4 续表

单位：%

行业门类	2015	2016	2017	2018	2019	2020	2021	2022
第三产业合计	**10.6**	**10.9**	**9.5**	**5.5**	**6.6**	**3.6**	**2.1**	**3.0**
农、林、牧、渔专业及辅助性活动	26.3	12.4	-4.0	8.4	1.4	16.3	10.5	32.1
开采专业及辅助性活动	-16.5	-19.2	-29.8	-0.4	20.1	2.7	45.2	6.8
金属制品、机械和设备修理业	3.2	-11.0	-3.2	-26.9	38.1	-31.3	43.6	-22.4
批发和零售业	20.1	-4.0	-6.3	-21.5	-15.9	-21.5	-5.9	5.3
交通运输、仓储和邮政业	14.2	9.5	14.8	3.9	3.4	1.4	1.6	9.1
住宿和餐饮业	5.1	-8.6	3.9	-3.4	-1.2	-5.5	6.6	7.5
信息传输、软件和信息技术服务业	34.4	14.5	12.8	4.0	8.6	18.7	-12.1	21.8
金融业	0.3	-4.2	-13.3	-13.1	10.4	-13.3	1.9	10.5
房地产业	2.5	6.8	3.6	8.3	9.2	5.0	5.0	-8.4
租赁和商务服务业	18.6	30.5	14.4	14.2	15.8	5.0	13.6	14.5
科学研究和技术服务业	12.6	17.2	9.4	13.6	17.9	3.4	14.5	21.0
水利、环境和公共设施管理业	20.5	23.3	21.2	3.3	2.9	0.2	-1.2	10.3
居民服务、修理和其他服务业	15.5	1.8	2.4	-14.4	-9.1	-2.9	-10.3	21.8
教育	15.2	20.7	20.2	7.2	17.7	12.3	11.7	5.4
卫生和社会工作	29.7	21.4	18.1	8.4	5.3	26.8	19.5	26.1
文化、体育和娱乐业	8.9	16.4	12.9	21.2	13.9	1.0	1.6	3.5
公共管理、社会保障和社会组织	9.1	4.3	-2.0	-18.0	-15.6	-6.4	-38.2	42.1
国际组织								

4-5 各行业按登记注册类型和控股情况分第三产业固定资产投资(不含农户)增长情况(2022年)

单位：%

行业	投资额	#内资	港澳台商投资	外商投资	#国有控股	集体控股	私人控股
第三产业合计	**3.0**	**3.3**	**-9.0**	**-7.5**	**9.9**	**5.9**	**-7.1**
农、林、牧、渔专业及辅助性活动	**32.1**	**32.1**	**96.8**	**23.3**	**38.4**	**25.4**	**24.6**
开采专业及辅助性活动	**6.8**	**6.9**		**-6.4**	**5.8**		**-4.1**
金属制品、机械和设备修理业	**-22.4**	**-26.7**	**33.3**	**-24.4**	**4.0**	**-65.9**	**-34.8**
批发和零售业	**5.3**	**4.8**	**51.3**	**-14.1**	**5.7**	**11.9**	**4.3**
批发业	10.3	10.2	-8.1	14.5	11.3	24.2	8.3
零售业	1.5	0.6	94.4	-21.7	1.9	7.0	1.0
交通运输、仓储和邮政业	**9.1**	**9.3**	**-1.7**	**-10.5**	**6.6**	**31.5**	**4.2**
铁路运输业	1.8	2.1	-98.6	5.0	1.6	100.8	13.3
道路运输业	3.7	3.9	-40.8	63.4	5.8	36.5	-13.9
水上运输业	16.5	16.7	47.6	-40.2	7.6	-56.7	25.5
航空运输业	4.8	6.1	-5.8	-53.8	5.8	-86.8	-13.0
管道运输业	11.2	18.5	-85.0	-18.6	21.4	-31.3	-7.8
多式联运和运输代理业	8.6	9.1	24.1	-65.3	16.8		18.8
装卸搬运和仓储业	25.1	25.7	9.6	-1.6	47.5	24.7	16.4
邮政业	40.6	47.9	20.2	-55.6	18.9	-27.9	59.7
住宿和餐饮业	**7.5**	**8.2**	**-18.1**	**-31.7**	**1.2**	**92.9**	**9.5**
住宿业	7.2	8.0	-23.9	-32.1	0.0	98.2	10.2
餐饮业	9.5	9.2	50.8	-24.8	15.3	62.8	5.3
信息传输、软件和信息技术服务业	**21.8**	**22.3**	**15.5**	**2.3**	**15.6**	**20.2**	**7.9**
电信、广播电视和卫星传输服务	2.4	2.6	11.9	-3.8	2.6	19.6	-13.9
互联网和相关服务	17.7	17.1	16.5	37.8	50.2	-24.9	-0.9
软件和信息技术服务业	23.9	24.0	17.6	-4.2	16.2	61.7	18.0
金融业	**10.5**	**10.9**	**-21.8**	**8.1**	**18.3**	**-3.7**	**-5.7**
货币金融服务	22.1	22.3	-60.0	21.3	42.0	9.5	-5.6
资本市场服务	-27.6	-27.0	-73.9	-31.9	-30.4		-27.0
保险业	-39.2	-39.2			-53.8	-85.8	-22.0
其他金融业	34.6	37.1	-12.1		29.1	-99.8	23.5
房地产业	**-8.4**	**-8.1**	**-15.9**	**-10.0**	**4.6**	**-4.1**	**-11.5**
租赁和商务服务业	**14.5**	**14.0**	**27.4**	**34.4**	**17.4**	**5.8**	**12.3**
租赁业	-19.4	-23.0		-25.8	-42.9	-56.5	1.0
商务服务业	16.3	15.9	19.9	38.2	21.5	6.6	12.6
科学研究和技术服务业	**21.0**	**21.1**	**14.8**	**24.9**	**28.5**	**-4.9**	**22.0**
研究和试验发展	19.6	20.3	1.9	7.0	18.4	-40.2	47.4
专业技术服务业	13.6	12.9	79.3	84.9	27.9	32.0	-4.6
科技推广和应用服务业	26.1	26.0	25.1	40.2	39.9	34.7	21.2
水利、环境和公共设施管理业	**10.3**	**10.3**	**-4.0**	**-11.5**	**10.9**	**17.2**	**5.4**
水利管理业	13.6	13.7	-49.0	143.7	12.7	34.6	24.6
生态保护和环境治理业	6.0	6.6	-50.1	-12.4	4.9	42.1	9.4
公共设施管理业	10.1	10.2	23.7	-12.1	11.1	13.7	3.3
土地管理业	13.1	13.2		-93.5	8.5	68.1	35.2
居民服务、修理和其他服务业	**21.8**	**20.9**	**107.1**	**156.4**	**16.2**	**94.9**	**24.3**
居民服务业	21.0	20.7	74.0		16.5	43.7	25.9
机动车、电子产品和日用产品修理业	31.2	24.5	230.6		50.8		23.8
其他服务业	16.7	18.6	32.0	-95.7	5.1		17.3
教育	**5.4**	**5.7**	**-20.1**	**-45.9**	**8.6**	**11.8**	**-3.4**
卫生和社会工作	**26.1**	**26.3**	**37.0**	**-11.1**	**31.2**	**61.9**	**6.7**
卫生	27.3	27.4	65.9	-15.9	31.4	34.1	4.7
社会工作	19.2	19.8	-36.5	-0.1	28.4	105.7	10.1
文化、体育和娱乐业	**3.5**	**3.8**	**-20.3**	**-22.8**	**2.4**	**33.6**	**4.6**
新闻和出版业	2.0	2.0			1.1		36.9
广播、电视、电影和影视录音制作业	-17.3	-15.9	-93.8	-53.4	-8.5		-27.6
文化艺术业	9.4	9.9	-56.4	-28.9	10.0	57.0	17.4
体育	-12.0	-11.9	59.2	-73.1	-11.4	-35.4	-10.3
娱乐业	6.3	6.4	-12.1	-4.1	4.1	43.9	5.1
公共管理、社会保障和社会组织	**42.1**	**42.1**			**44.2**	**-0.6**	**37.5**
中国共产党机关	27.5	27.5			15.5		
国家机构	47.4	47.4			49.5	6.1	18.9
人民政协、民主党派	-58.2	-58.2			-56.2		
社会保障	-38.5	-38.5			-46.5	101.3	
群众团体、社会团体和其他成员组织	0.9	1.4			-8.2	3.9	75.4
基层群众自治组织	21.0	21.1			11.0	-4.8	64.8
国际组织							

4-6 按行业分第三产业固定资产投资(不含农户)实际到位资金增长情况(2022年)

单位：%

行业	本年实际到位资金	国家预算资金	国内贷款	利用外资	自筹资金	其他资金
第三产业合计	**-12.9**	**14.9**	**-13.6**	**-12.6**	**-8.5**	**-24.0**
农、林、牧、渔专业及辅助性活动	**-15.5**	**-12.7**	**-29.1**	**39.1**	**-16.7**	**-11.0**
开采专业及辅助性活动	**-3.6**	**-31.1**	**-88.4**		**-4.1**	**50.0**
金属制品、机械和设备修理业	**-35.8**	**11.8**	**-62.2**	**168.7**	**-30.2**	**-81.1**
批发和零售业	**-23.0**	**2.5**	**-20.3**	**-37.7**	**-25.3**	**-0.5**
批发业	-12.9	31.2	-28.1	-7.7	-16.7	51.8
零售业	-30.3	-19.3	-13.3	-54.2	-31.6	-25.8
交通运输、仓储和邮政业	**9.4**	**14.3**	**0.5**	**46.9**	**9.2**	**20.5**
铁路运输业	4.1	3.2	-15.3		-27.8	169.1
道路运输业	10.1	10.5	7.4	84.1	18.1	-3.1
水上运输业	22.2	88.5	-23.9	152.6	22.9	30.5
航空运输业	6.1	101.0	-15.0	60.2	-9.7	-19.8
管道运输业	16.9	63.2	-14.5		11.1	130.3
多式联运和运输代理业	-11.7	-46.1	26.0	-24.1	-5.9	-42.8
装卸搬运和仓储业	12.5	64.7	1.1	14.1	9.6	17.6
邮政业	23.8		127.0	-0.6	16.2	175.6
住宿和餐饮业	**-10.9**	**-36.7**	**-10.5**	**166.6**	**-10.6**	**-3.8**
住宿业	-8.3	-33.0	-12.3	208.1	-7.8	-0.2
餐饮业	-28.7	-74.1	17.5		-28.4	-33.3
信息传输、软件和信息技术服务业	**-0.6**	**-9.3**	**-10.2**	**-69.3**	**0.7**	**3.4**
电信、广播电视和卫星传输服务	-7.4	-39.4	-52.6		-5.7	21.9
互联网和相关服务	7.4	3.9	-9.8	-41.6	6.1	80.9
软件和信息技术服务业	0.3	-9.5	16.2	-86.6	4.7	-29.7
金融业	**8.7**	**15.9**	**27.2**	**-49.1**	**10.7**	**-23.5**
货币金融服务	24.9	244.7	-95.3	-2.9	30.8	-33.4
资本市场服务	-18.1	33.0	76.0	-69.9	-16.3	-80.6
保险业	-39.9		10.0		-48.8	79.8
其他金融业	12.5	-23.1	144.2		10.8	-18.7
房地产业	**-23.4**	**12.8**	**-23.5**	**-17.8**	**-15.5**	**-29.4**
租赁和商务服务业	**13.0**	**56.1**	**23.7**	**10.8**	**8.2**	**20.6**
租赁业	-25.4	168.3	-9.0	-93.5	-29.5	-28.0
商务服务业	14.8	56.0	28.2	30.7	9.6	24.2
科学研究和技术服务业	**19.1**	**18.6**	**50.6**	**46.9**	**12.4**	**52.8**
研究和试验发展	24.2	22.0	30.6	182.7	19.7	71.0
专业技术服务业	0.3	-1.3	71.1	-26.5	-12.4	61.6
科技推广和应用服务业	24.9	31.9	60.0	87.6	19.1	35.1
水利、环境和公共设施管理业	**1.0**	**11.1**	**-4.1**	**-49.2**	**-7.5**	**15.7**
水利管理业	4.8	6.1	9.7	-54.3	-7.0	21.5
生态保护和环境治理业	-0.8	-6.7	2.2	-14.3	-1.2	11.6
公共设施管理业	0.6	14.6	-8.4	-55.9	-8.3	14.7
土地管理业	-5.7	-20.1	199.3		-16.8	32.0
居民服务、修理和其他服务业	**-6.4**	**-14.5**	**3.5**	**0.5**	**-8.9**	**16.4**
居民服务业	-2.7	-10.0	1.4	9.8	-3.9	12.4
机动车、电子产品和日用产品修理业	-17.2	-99.0	-35.7	-92.3	-18.8	27.9
其他服务业	-17.1	-13.0	56.7	152.8	-22.6	34.7
教育	**0.9**	**-2.6**	**2.7**	**-38.9**	**-0.4**	**15.7**
卫生和社会工作	**20.1**	**34.4**	**17.4**	**2.9**	**9.5**	**29.1**
卫生	23.0	35.4	20.0	-4.1	10.7	35.7
社会工作	4.6	18.0	4.1	18.8	5.0	-14.2
文化、体育和娱乐业	**-5.6**	**11.0**	**6.4**	**-29.5**	**-10.6**	**6.9**
新闻和出版业	-13.8	-43.5	-85.7		-8.7	12.2
广播、电视、电影和影视录音制作业	-21.2	67.8	-8.4		-38.1	3.5
文化艺术业	5.1	17.6	14.5	-86.6	0.6	-0.8
体育	-13.3	-16.9	81.5	-36.2	-18.2	-20.1
娱乐业	-7.7	44.8	-14.2	25.8	-11.8	24.3
公共管理、社会保障和社会组织	**36.7**	**123.9**	**0.3**	**-40.2**	**-21.6**	**-3.3**
中国共产党机关	18.9	-48.3			78.8	-28.7
国家机构	51.0	139.4	1.0	-31.1	-18.7	6.3
人民政协、民主党派						
社会保障	-64.9	-4.2			-81.8	-67.4
群众团体、社会团体和其他成员组织	-26.2	-16.4			-21.3	-60.8
基层群众自治组织	-50.6	-64.6	-73.6	-79.9	-46.0	-48.9
国际组织						

4-7 各地区按行业门类分第三产业固定资产投资(不含农户)增长情况(2022年)

单位：%

地区	第三产业合计	农、林、牧、渔专业及辅助性活动	开采专业及辅助性活动	金属制品、机械和设备修理业	批发和零售业	交通运输、仓储和邮政业	住宿和餐饮业	信息传输、软件和信息技术服务业	金融业	房地产业
全　国	**3.0**	**32.1**	**6.8**	**-22.4**	**5.3**	**9.1**	**7.5**	**21.8**	**10.5**	**-8.4**
北　京	1.7			-21.6	9.3	-7.6	-49.9	36.0	41.3	0.4
天　津	-13.9	222.8	85.1		-26.3	-2.9	28.1	-33.5	-7.1	-22.2
河　北	4.4	14.8	-72.1	-47.4	9.0	9.2	14.9	38.4	-33.0	-2.6
山　西	2.5	38.3	-44.2	23.3	5.3	12.4	-4.6	23.9	-23.8	-9.1
内蒙古	-4.3	68.3	-21.6		28.6	14.9	-36.4	39.5	-66.7	-20.2
辽　宁	2.4	5.6	-15.7	24.5	-2.8	48.3	32.1	20.0	-48.4	-17.3
吉　林	-9.6	60.7	-72.7		107.3	43.9	-37.7		-51.3	-32.6
黑龙江	-6.3	15.6		-16.9	36.7	5.4	8.9	1.1	-51.0	-31.3
上　海	-1.2	-77.9			-40.4	-1.3	-45.1	22.8	-0.3	-0.5
江　苏		31.0		16.4	-12.7	29.5	29.8	3.6	33.0	-5.6
浙　江	6.6	34.8		27.3	-14.8	-3.9	-7.4	5.8	29.3	5.7
安　徽	2.5	-5.4	60.7	-32.5	-22.6	22.5	8.2	2.4	-21.4	-7.3
福　建	2.7	68.7	115.7		-12.8	5.0	20.8	7.5	73.6	-9.1
江　西	10.1	34.7	109.2	-51.3	4.7	10.3	33.4	-7.8	16.1	-5.9
山　东	3.1	6.2	122.6	-10.3	-13.7	3.9	-17.5	7.8	21.8	-4.6
河　南	-1.0	35.6	36.2	17.9	21.1	11.0	22.6	-15.6	23.5	-12.1
湖　北	9.8	98.1	-54.0	193.4	-2.8	5.6	44.1	5.5	19.2	1.8
湖　南	3.1	-8.1	-77.5	-40.5	21.6	25.9	-11.1	29.0	-42.4	-6.8
广　东	-6.8	27.8	2.4	-34.8	6.4	0.6	-21.3	3.3	2.7	-13.4
广　西	-10.0	31.2	266.8	-74.9	50.8	14.4	2.9	12.3	17.5	-35.5
海　南	-10.0	54.6	-31.8	-66.3	-20.0	1.7	23.3	-26.9	-58.4	-14.4
重　庆	-3.4	-15.4	-42.2	45.6	-5.4	4.5	-1.1	33.2	-95.5	-19.1
四　川	5.2	14.1	42.8	69.7	1.9	10.7	29.5	-11.6	33.5	-3.3
贵　州	-10.0	60.5	32.0		2.1	19.6	-36.5	26.7	6.4	-24.8
云　南	-2.3	76.1	35.4	261.3	21.4	-11.2	82.0	24.1	258.8	-24.1
西　藏	-25.9	-12.9			-32.7	-38.6	-23.9	-30.7	-86.4	-47.5
陕　西	8.5	30.9		-74.6	4.8	20.5	-12.4	-3.7	112.8	3.9
甘　肃	-1.3	46.2	22.5		4.7	-9.5	-16.2	19.3	-23.7	-4.0
青　海	-22.2	-13.8	73.2		-23.6	2.2	-41.2	-16.9		-31.0
宁　夏	0.7	-16.0		-86.7	27.5	10.5	203.5	34.4	-63.1	-9.9
新　疆	-6.8	16.8	-43.9	128.7	7.2	-9.7	-8.2	-17.6	-4.4	-19.0

4-7 续表 单位：%

地 区	租赁和商务服务业	科学研究和技术服务业	水利、环境和公共设施管理业	居民服务、修理和其他服务业	教 育	卫生和社会工作	文化、体育和娱乐业	公共管理、社会保障和社会组织	国际组织
全 国	**14.5**	**21.0**	**10.3**	**21.8**	**5.4**	**26.1**	**3.5**	**42.1**	
北 京	31.0	60.7	-9.5	212.6	13.0	10.9	-34.9	-6.7	
天 津	-16.0	-2.3	45.2	-25.1	-16.1	23.9	-29.2	-25.4	
河 北	90.5	0.8	2.2	65.6	-11.8	31.3	-12.3	-15.6	
山 西	-3.0	1.2	16.1	203.7	-22.3	35.5	49.1	-1.9	
内蒙古	23.3	-10.5	12.4	-8.3	-0.9	-15.6	-0.2	-1.4	
辽 宁	46.4	89.2	60.6	60.2	12.0	76.0	-23.1	5.2	
吉 林	1.6	20.1	-2.0	-17.4	8.4	13.9	-31.0	94.3	
黑龙江	45.2	-19.6	16.8	53.2	30.2	-6.4	-1.9	-2.5	
上 海	24.1	46.6	-19.2	-47.2	0.8	-11.9	-6.6	-14.7	
江 苏	4.4	21.1	-5.6	9.4	8.4	29.4	24.5	2.4	
浙 江	8.4	36.9	16.8	80.0	8.7	54.3	2.3	21.8	
安 徽	21.4	24.1	18.7	7.0	1.9	39.5	2.8	-5.1	
福 建	58.2	-18.4	24.9	7.2	10.5	-1.3	8.4	2.5	
江 西	19.4	12.9	29.8	9.7	14.4	40.4	28.9	1.1	
山 东	18.2	6.9	17.4	22.3	18.0	52.4	-7.9	-5.0	
河 南	24.9	23.4	3.6	15.1	11.6	43.5	12.8	27.3	
湖 北	37.5	-5.9	27.0	67.6	10.0	-12.6	18.8	16.0	
湖 南	2.0	35.4	-3.4	47.0	4.6	28.4	9.7	-39.8	
广 东	-5.5	11.3	7.5	19.9	-14.0	29.4	-10.4	23.9	
广 西	5.0	-17.5	4.6	29.3	10.0	17.4	11.5	-23.9	
海 南	-57.4	90.3	21.2	-6.3	-8.8	-0.1	-43.6	2.3	
重 庆	40.8	144.8	13.5	33.0	14.8	21.8	45.9	-31.4	
四 川	22.2	26.3	7.5	31.7	18.7	30.9	-4.8	-0.4	
贵 州	-35.5	95.8	-3.8	-6.8	1.0	3.3	-20.5	-28.9	
云 南	59.4	35.5	19.3	-0.9	33.1	13.1	71.1	20.5	
西 藏	-57.1	65.9	32.7	37.2	-16.2	-10.6	-40.0	-24.4	
陕 西	23.5	31.8	11.2	-19.3	3.1	41.5	-26.0	-9.8	
甘 肃	-11.9	-32.1	19.0	36.8	5.9	27.8	-19.7	-10.3	
青 海	-46.9	-61.6	-32.6	-31.2	-11.7	-28.3	-22.2	-13.9	
宁 夏	-51.3	-21.8	21.1	12.0	-5.2	56.9	-10.9	-49.6	
新 疆	27.9	-24.4	0.5	-7.3	1.9	44.3	-20.4	5.8	

【主要统计指标解释】

全社会固定资产投资 以货币形式表现的在一定时期内全社会建造和购置固定资产的工作量以及与此有关的费用的总称。该指标是反映固定资产投资规模、结构和发展速度的综合性指标。全社会固定资产投资按登记注册类型可分为国有、集体、个体、联营、股份制、私营和个体、港澳台商、外商、其他等。

固定资产投资（不含农户） 指城镇和农村各种登记注册类型的企业、事业、行政单位，以及城镇个体户进行的计划总投资500万元及以上的建设项目投资和全部房地产开发投资。包含原口径的城镇固定资产投资加上农村企事业组织项目投资，该口径自2011年起开始使用。

固定资产投资的资金来源 根据固定资产投资的资金来源不同，分为国家预算资金、国内贷款、利用外资、自筹资金和其他资金。

（1）国家预算资金：国家预算包括一般预算、政府性基金预算、国有资本经营预算和社保基金预算。各类预算中用于固定资产投资的资金全部作为国家预算资金填报，其中一般预算中用于固定资产投资的部分包括基建投资、车购税、灾后恢复重建基金和其他财政投资。各级政府债券也应归入国家预算资金。

（2）国内贷款：指报告期固定资产投资项目单位向银行及非银行金融机构借入用于固定资产投资的各种国内借款，包括银行利用自有资金及吸收存款发放的贷款、上级拨入的国内贷款、国家专项贷款（包括煤代油贷款、劳改煤矿专项贷款等），地方财政专项资金安排的贷款、国内储备贷款、周转贷款等。

（3）利用外资：指报告期收到的境外（包括外国及港澳台地区）资金(包括设备、材料、技术在内)。包括对外借款(外国政府贷款、国际金融组织贷款、出口信贷、外国银行商业贷款、对外发行债券和股票)、外商直接投资、外商其他投资(包括补偿贸易、加工装配由外商提供的设备价款、国际租赁、外商投资收益的再投资资金)。不包括我国自有外汇资金(国家外汇、地方外汇、留成外汇、调济外汇和国内银行自有资金发放的外汇贷款等)。各类外资按报告期的外汇牌价（中间价）折成人民币计算。

（4）自筹资金：指在报告期内筹集的用于项目建设和购置的资金。包括自有资金、股东投入资金和借入资金，但不包括各类财政性资金、从各类金融机构借入资金和国外资金。

（5）其他资金：在报告期收到的除以上各种资金之外的用于固定资产投资的资金，包括社会集资、个人资金、无偿捐赠的资金及其他单位拨入的资金等。

固定资产投资按国民经济行业分 指根据其从事的社会经济活动性质对各类单位进行的分类。应根据建设项目建成投产后的主要产品种类或主要用途及社会经济活动种类来划分，不能根据项目单位本身的行业类别来划分。如果项目投产后有几种产品，应根据主要产品来确定行业类别。一般情况下，一个建设项目只能属于一种国民经济行业。

固定资产投资按构成分 建设项目的构成一般分为建筑工程、安装工程、设备工器具购置和其他费用。

（1）建筑工程 指各种房屋、建筑物的建造工程。这部分投资额必须兴工动料，通过施工活动才能实现，是固定资产投资额的重要组成部分。

（2）安装工程 指各种设备、装置的安装工程。在安装工程中，不包括被安装设备本身价值。

（3）设备工器具购置 指报告期内购置或自制的，达到固定资产标准的设备、工具、器具的价值。新建单位及扩建单位的新建车间，按照设计或计划要求购置或自制的全部设备、工具、器具，不论是否达到固定资产标准均计入“设备工器具购置”中。

（4）其他费用 指在固定资产建造和购置过程中发生的，除建筑安装工程和设备、工器具购置投资完成额以外的应当分摊计入固定资产投资的费用，不指经营中财务上的其他费用。

5 第三产业双向投资与服务贸易进出口情况

简要说明

一、主要内容

本篇资料主要包括服务贸易、外商直接投资、对外直接投资的分行业统计。

二、资料来源

本篇资料由国家统计局贸易外经统计司负责整理、编辑，资料来源于商务部。

5-1 按行业分对外直接投资

单位：万美元

行业	对外直接投资流量				截至2022年对外直接投资存量
	2019	2020	2021	2022	
总　计	**13690756**	**15371026**	**17881932**	**16312100**	**275481407**
其中：批发和零售业	1947108	2299764	2815201	2116908	36159321
交通运输、仓储和邮政业	387962	623320	1222621	1503813	9684013
住宿和餐饮业	60398	11841	26933	1398	383212
信息传输、软件和信息技术服务业	547794	918718	513591	169329	13849128
金融业	1994929	1966318	2679879	2212554	30390595
房地产业	341839	518603	409785	220654	8802764
租赁和商务服务业	4187508	3872562	4935732	4347973	107373450
科学研究和技术服务业	343163	373465	507213	481719	4455413
水利、环境和公共设施管理业	26988	15671	22494	18270	291224
居民服务、修理和其他服务业	167338	216078	180948	67915	1414860
教育	64880	13004	2825	24093	938188
卫生和社会工作	22717	63767	33877	28626	334214
文化、体育和娱乐业	52352	-213383	8773	153403	1121011
公共管理、社会保障和社会组织					

5-2 按行业分外商直接投资

行业	新设立企业（个）	实际使用外资金额（万美元）
总　计	**38497**	**18913241**
其中：批发和零售业	10894	1455746
交通运输、仓储和邮政业	602	531723
住宿和餐饮业	828	51574
信息传输、软件和信息技术服务业	3059	2386850
金融业	353	685142
房地产业	581	1415183
租赁和商务服务业	7473	3306489
科学研究和技术服务业	7280	3018159
水利、环境和公共设施管理业	96	70923
居民服务、修理和其他服务业	411	28800
教育	84	11660
卫生和社会工作	109	57289
文化、体育和娱乐业	1678	45011
公共管理、社会保障和社会组织	1	9027

5-3 服务进出口分类金额(2022年)

类　别	进出口		出口		进口	
	金额(亿美元)	同比(%)	金额(亿美元)	同比(%)	金额(亿美元)	同比(%)
总额	**8891.1**	**8.3**	**4240.6**	**7.6**	**4650.5**	**8.9**
运输	3137.2	20.3	1448.9	13.9	1688.3	26.4
旅行	1272.6	4.0	95.8	-15.7	1176.8	6.0
建筑	358.3	-11.0	282.3	-7.4	76.0	-22.4
保险服务	253.5	19.4	44.6	-14.1	208.8	30.2
金融服务	88.3	-14.4	50.8	2.2	37.5	-29.9
电信、计算机和信息服务	1241.8	3.8	861.5	8.4	380.3	-5.2
知识产权使用费	577.0	-1.6	132.7	12.7	444.3	-5.2
个人、文化和娱乐服务	43.9	-15.0	17.8	-6.2	26.1	-20.2
维护和维修服务	125.9	7.8	82.6	5.1	43.3	13.5
加工服务	217.1	4.2	208.7	3.7	8.3	16.9
其他商业服务	1522.5	4.6	997.9	8.0	524.6	-1.4
政府服务	52.9	10.5	16.8	8.4	36.1	11.4

【主要统计指标解释】

服务进出口 指常住单位与非常住单位之间相互提供的服务。包括运输，旅行，建筑，保险服务，金融服务，电信、计算机和信息服务，知识产权使用费，个人、文化和娱乐服务，维护和维修服务，加工服务，其他商业服务，政府服务。

外商直接投资 是指国外及港澳台地区投资者在非上市公司中的全部投资及在单个外国投资者所占股权比例不低于10%的上市公司中的投资。

对外直接投资 是境内投资者以控制国（境）外企业的经营管理权为核心的经济活动，体现在一经济体通过投资于另一经济体而实现其持久利益的目标。

6 第三产业能源消费情况

简要说明

一、主要内容

本篇包括的主要内容有分行业、分主要能源品种的消费量，居民生活能源消费量等。

二、统计范围

本篇资料的统计范围为全社会。

三、资料来源

数据均来自历年能源平衡表。

四、计算说明

电力折算标准煤系数按平均发电煤耗计算。

6-1 分行业能源消费量

单位：万吨标准煤

项　目	2000	2005	2010	2011	2012	2013	2014
能源消费总量	**146964**	**261369**	**360648**	**387043**	**402138**	**416913**	**428334**
在总量中:							
1.农、林、牧、渔业	4233	6860	7266	7675	7804	8055	8020
2.工业	103014	187914	261377	278048	284712	291130	298449
3.建筑业	2207	3486	5533	6052	6337	7017	7377
4.交通运输、仓储和邮政业	11447	19136	27102	29694	32561	34819	36343
5.批发和零售业、住宿和餐饮业	3251	5917	7847	9147	10012	10598	10864
6.其他	6118	10484	15052	16843	18407	19763	20069
7.居民生活	16695	27573	36470	39584	42306	45531	47211

6-1 续表

单位：万吨标准煤

项　目	2015	2016	2017	2018	2019	2020	2021
能源消费总量	**434113**	**441492**	**455827**	**471925**	**487488**	**498314**	**525896**
在总量中:							
1.农、林、牧、渔业	8271	8585	8945	8781	9018	9263	9661
2.工业	295953	295615	302308	311151	322503	332625	348551
3.建筑业	7545	7847	8243	8685	9142	9320	9608
4.交通运输、仓储和邮政业	38510	39883	42140	43617	43909	41309	43935
5.批发和零售业、住宿和餐饮业	11447	12042	12456	12994	13624	13171	14898
6.其他	21925	23185	24277	26262	27582	28245	31762
7.居民生活	50461	54336	57459	60436	61709	64380	67481

6-2 煤炭分行业消费量

单位：万吨

项　　目	2000	2005	2010	2011	2012	2013	2014
消费量	**135690**	**243375**	**349008**	**388961**	**411727**	**424426**	**413633**
在消费量中:							
1.农、林、牧、渔业	1051	1802	2147	2207	2266	2451	2479
2.工业	121807	224766	329728	368916	391191	403157	392567
3.建筑业	537	604	731	797	767	811	914
4.交通运输、仓储和邮政业	882	811	639	646	614	615	558
5.批发和零售业、住宿和餐饮业	1461	2627	3192	3572	3752	3966	3767
6.其他	1495	2727	3412	3612	3883	4136	4046
7.居民生活	8457	10039	9159	9212	9253	9290	9303

6-2 续表

单位：万吨

项　　目	2015	2016	2017	2018	2019	2020	2021
消费量	**399834**	**388820**	**391403**	**397452**	**401915**	**404860**	**429576**
在消费量中:							
1.农、林、牧、渔业	2625	2778	2834	2363	2202	2254	1790
2.工业	378190	367435	371160	380696	387268	390891	417585
3.建筑业	878	805	733	650	640	639	444
4.交通运输、仓储和邮政业	492	404	353	321	283	241	120
5.批发和零售业、住宿和餐饮业	3864	3826	3461	2686	2378	1981	1489
6.其他	4159	4081	3580	3021	2598	2571	2218
7.居民生活	9627	9492	9283	7714	6547	6283	5929

6-3 焦炭分行业消费量

单位：万吨

项 目	2000	2005	2010	2011	2012	2013	2014
消费量	**10840.8**	**25105.8**	**38702.8**	**42063.3**	**44805.2**	**45851.9**	**46884.9**
在消费量中:							
1.农、林、牧、渔业	70.9	63.5	46.8	54.1	57.5	69.2	34.9
2.工业	10554.6	24860.9	38598.7	41952.1	44694.8	45694.0	46749.6
3.建筑业	19.0	18.4	5.8	4.8	6.3	7.7	9.7
4.交通运输、仓储和邮政业	11.2	1.1	0.1	0.1	0.1	2.2	2.7
5.批发和零售业、住宿和餐饮业	35.7	64.1	5.1	9.2	6.7	35.8	46.6
6.其他	12.2	7.6	2.8	1.9	1.9	5.0	5.1
7.居民生活	137.2	90.3	43.5	41.1	37.9	38.0	36.4

6-3 续表

单位：万吨

项 目	2015	2016	2017	2018	2019	2020	2021
消费量	**44058.7**	**45462.4**	**43743.1**	**43716.6**	**46426.0**	**48310.4**	**46663.7**
在消费量中:							
1.农、林、牧、渔业	49.5	53.1	38.4	103.0	59.7	23.2	21.6
2.工业	43923.0	45324.7	43609.1	43560.9	46320.2	48272.2	46632.5
3.建筑业	6.7	7.1	12.6	10.6	9.7	3.6	2.1
4.交通运输、仓储和邮政业	3.0	3.2	6.0	0.4	0.4		0.1
5.批发和零售业、住宿和餐饮业	40.1	41.3	49.4	19.0	16.9		0.1
6.其他	5.4	5.6	5.9	6.3	6.3		
7.居民生活	31.2	27.4	21.8	16.4	12.8	11.4	7.4

6-4 石油分行业消费量

单位：万吨

项　　目	2000	2005	2010	2011	2012	2013	2014
消费量	**22495.9**	**32547.0**	**44101.0**	**45619.5**	**47797.3**	**49970.6**	**51859.4**
在消费量中:							
1.农、林、牧、渔业	788.5	1451.7	1382.5	1466.3	1537.9	1650.3	1717.7
2.工业	11248.5	14030.4	18555.0	17986.0	17753.2	17594.6	18357.5
3.建筑业	840.6	1502.2	2483.1	2581.8	2740.7	3090.6	3205.3
4.交通运输、仓储和邮政业	6399.0	10928.5	15079.3	16221.1	17863.6	18967.6	19558.5
5.批发和零售业、住宿和餐饮业	247.0	375.6	481.0	500.0	542.4	565.4	563.2
6.其他	1635.9	1974.2	2578.2	2880.5	3067.8	3349.7	3152.0
7.居民生活	1336.5	2284.4	3541.9	3983.9	4291.6	4752.4	5305.2

6-4 续表

单位：万吨

项　　目	2015	2016	2017	2018	2019	2020	2021
消费量	**55960.2**	**57692.9**	**60395.9**	**62245.1**	**64506.5**	**65369.1**	**68393.4**
在消费量中:							
1.农、林、牧、渔业	1733.4	1730.3	1786.4	1724.9	1748.2	1773.1	1981.0
2.工业	19718.0	20382.5	21486.7	22460.3	25210.6	27711.1	28218.9
3.建筑业	3384.3	3599.1	3803.5	3935.7	4055.1	4180.3	4270.1
4.交通运输、仓储和邮政业	20663.1	21146.1	22075.8	22738.6	22109.6	20481.4	21987.7
5.批发和零售业、住宿和餐饮业	615.7	584.9	601.1	599.0	608.4	583.3	640.7
6.其他	3683.3	3537.1	3502.7	3458.2	3460.6	3469.9	3790.5
7.居民生活	6162.2	6712.8	7139.7	7328.4	7314.0	7170.1	7504.6

6-5 原油分行业消费量

单位：万吨

项　　目	2000	2005	2010	2011	2012	2013	2014
消费量	**21232.0**	**30088.9**	**42874.6**	**43965.8**	**46678.9**	**48652.2**	**51597.0**
在消费量中:							
1.农、林、牧、渔业							
2.工业	21052.1	29962.1	42716.6	43860.4	46559.5	48503.4	51552.1
3.建筑业	3.3						
4.交通运输、仓储和邮政业	175.1	126.9	158.0	105.4	119.4	148.7	44.9
5.批发和零售业、住宿和餐饮业	0.2						
6.其他	1.4						
7.居民生活							

6-5 续表

单位：万吨

项　　目	2015	2016	2017	2018	2019	2020	2021
消费量	**54788.3**	**57125.9**	**59402.2**	**63004.3**	**67268.3**	**69477.1**	**72298.9**
在消费量中:							
1.农、林、牧、渔业							
2.工业	54752.4	57103.6	59393.5	62995.5	67259.1	69476.5	72298.3
3.建筑业							
4.交通运输、仓储和邮政业	35.9	22.3	8.7	8.8	9.2	0.6	0.6
5.批发和零售业、住宿和餐饮业							
6.其他							
7.居民生活							

6-6 燃料油分行业消费量

单位：万吨

项　目	2000	2005	2010	2011	2012	2013	2014
消费量	**3872.8**	**4244.2**	**3758.0**	**3662.8**	**3683.3**	**3954.0**	**4355.5**
在消费量中:							
1.农、林、牧、渔业	0.4	0.7	1.1	1.3	2.0	2.0	1.3
2.工业	2975.1	2986.9	2377.3	2260.2	2241.7	2421.1	2835.7
3.建筑业	16.7	14.2	30.8	30.6	27.1	59.5	44.6
4.交通运输、仓储和邮政业	850.0	1201.0	1326.7	1345.2	1383.9	1429.0	1441.4
5.批发和零售业、住宿和餐饮业	11.6	27.5	8.6	9.3	8.7	19.1	17.4
6.其他	19.0	13.9	13.5	16.2	19.9	23.4	15.1
7.居民生活							

6-6　续表

单位：万吨

项　目	2015	2016	2017	2018	2019	2020	2021
消费量	**4662.0**	**4631.0**	**4887.3**	**4536.1**	**4690.3**	**5364.6**	**5489.3**
在消费量中:							
1.农、林、牧、渔业	0.9	1.0	1.3	1.3	1.2	1.1	1.0
2.工业	3133.0	3035.4	3043.7	2688.2	2612.5	3262.3	3130.6
3.建筑业	53.5	51.9	43.2	31.8	31.8	40.7	40.1
4.交通运输、仓储和邮政业	1439.5	1511.4	1771.3	1795.7	2025.3	2042.0	2301.8
5.批发和零售业、住宿和餐饮业	19.0	17.2	15.1	10.1	10.2	11.8	9.7
6.其他	16.1	14.1	12.5	9.0	9.2	6.6	5.9
7.居民生活							

6-7 汽油分行业消费量

单位：万吨

项　　目	2000	2005	2010	2011	2012	2013	2014
消费量	**3504.6**	**4854.9**	**6956.2**	**7595.9**	**8165.9**	**9366.4**	**9776.4**
在消费量中:							
1.农、林、牧、渔业	89.2	159.6	169.1	186.0	192.9	198.7	216.6
2.工业	682.0	441.7	689.5	604.8	581.1	523.4	489.0
3.建筑业	115.6	172.1	274.7	282.8	286.9	326.5	331.0
4.交通运输、仓储和邮政业	1527.8	2430.1	3274.9	3573.5	3778.0	4381.8	4665.0
5.批发和零售业、住宿和餐饮业	69.8	129.4	168.2	177.1	200.1	220.9	217.8
6.其他	792.7	998.2	1166.2	1313.2	1460.5	1818.7	1738.1
7.居民生活	227.6	523.8	1213.7	1458.6	1666.5	1896.4	2118.8

6-7　续表　　单位：万吨

项　　目	2015	2016	2017	2018	2019	2020	2021
消费量	**11368.5**	**11866.0**	**12296.3**	**13055.3**	**13628.0**	**12767.2**	**14242.4**
在消费量中:							
1.农、林、牧、渔业	231.3	224.4	229.6	242.9	253.2	257.3	280.9
2.工业	477.1	436.3	382.1	296.5	262.0	184.0	194.3
3.建筑业	408.6	437.3	452.3	505.0	499.9	508.4	563.2
4.交通运输、仓储和邮政业	5306.6	5511.1	5698.5	6067.6	6244.9	5573.6	6223.3
5.批发和零售业、住宿和餐饮业	243.3	240.9	244.5	275.5	287.9	273.2	302.9
6.其他	2108.5	2046.4	2075.0	2163.6	2240.9	2253.1	2502.7
7.居民生活	2593.1	2969.7	3214.2	3504.2	3839.1	3717.6	4175.1

6-8 煤油分行业消费量

单位：万吨

项目	2000	2005	2010	2011	2012	2013	2014
消费量	**871.6**	**1076.8**	**1765.2**	**1816.7**	**1956.6**	**2164.1**	**2335.4**
在消费量中:							
1.农、林、牧、渔业	1.5	1.6	0.9	1.5	1.2	1.2	0.8
2.工业	84.0	57.5	40.2	34.2	32.0	27.4	17.4
3.建筑业	4.0		8.8	10.8	7.9	11.4	10.4
4.交通运输、仓储和邮政业	535.9	952.4	1601.1	1646.4	1787.1	1998.2	2216.0
5.批发和零售业、住宿和餐饮业	14.0	3.7	35.0	32.2	28.6	13.4	11.3
6.其他	160.1	36.2	58.7	68.2	74.2	84.6	50.7
7.居民生活	72.2	25.5	20.5	23.5	25.6	27.9	28.9

6-8 续表

单位：万吨

项目	2015	2016	2017	2018	2019	2020	2021
消费量	**2663.7**	**2970.7**	**3326.4**	**3653.5**	**3950.2**	**3352.1**	**3489.9**
在消费量中:							
1.农、林、牧、渔业	1.1	2.2	1.5	4.9	11.0	11.0	12.4
2.工业	21.2	20.0	14.5	24.9	11.0	9.4	9.0
3.建筑业	12.5	10.0	9.7	17.3	16.0	10.8	10.0
4.交通运输、仓储和邮政业	2504.9	2814.9	3173.3	3462.5	3689.2	3110.8	3246.3
5.批发和零售业、住宿和餐饮业	11.7	11.2	11.3	15.5	15.5	14.8	13.8
6.其他	83.3	85.9	88.4	103.8	184.2	183.0	195.6
7.居民生活	29.1	26.4	27.6	24.6	23.4	12.4	2.9

6-9 柴油分行业消费量

单位：万吨

项　　目	2000	2005	2010	2011	2012	2013	2014
消费量	**6806.2**	**10974.9**	**14699.0**	**15635.1**	**16966.0**	**17150.6**	**17165.3**
在消费量中:							
1.农、林、牧、渔业	697.1	1286.3	1206.7	1271.9	1335.5	1441.5	1492.0
2.工业	1696.5	1710.0	2090.0	1824.3	1747.7	1675.9	1595.3
3.建筑业	205.9	386.6	490.2	518.6	518.0	557.0	552.0
4.交通运输、仓储和邮政业	3293.8	6169.4	8657.6	9485.2	10727.0	10920.5	11042.8
5.批发和零售业、住宿和餐饮业	95.9	116.0	196.6	212.3	229.0	233.5	230.1
6.其他	638.7	900.1	1287.2	1428.1	1444.7	1339.8	1268.7
7.居民生活	178.4	406.4	770.7	894.7	964.1	982.5	984.4

6-9 续表

单位：万吨

项　　目	2015	2016	2017	2018	2019	2020	2021
消费量	**17360.3**	**16839.0**	**16916.5**	**16409.6**	**14917.9**	**14282.7**	**15197.0**
在消费量中:							
1.农、林、牧、渔业	1492.9	1495.9	1546.8	1468.2	1475.1	1497.2	1679.9
2.工业	1516.4	1412.9	1459.9	1259.5	1290.6	1026.1	1192.5
3.建筑业	555.7	561.3	596.1	543.4	530.3	503.9	527.1
4.交通运输、仓储和邮政业	11162.8	11068.5	11173.7	11166.9	9867.3	9532.0	9984.0
5.批发和零售业、住宿和餐饮业	257.7	232.0	233.8	211.8	203.9	197.6	218.7
6.其他	1384.2	1307.2	1233.3	1107.4	954.0	946.2	1000.4
7.居民生活	990.7	761.3	673.0	652.3	596.8	579.8	594.5

6-10 液化石油气分行业消费量

单位：万吨

项　　目	2000	2005	2010	2011	2012	2013	2014
消费量	**1389.7**	**2046.5**	**2321.9**	**2470.2**	**2482.2**	**2823.4**	**3289.8**
在消费量中:							
1.农、林、牧、渔业	0.4	3.5	4.7	5.6	6.4	6.8	7.1
2.工业	426.1	534.4	586.8	661.1	621.0	705.1	835.0
3.建筑业	8.9	6.3	7.2	7.2	6.8	14.7	16.8
4.交通运输、仓储和邮政业	16.5	48.7	61.0	65.5	68.1	89.4	91.8
5.批发和零售业、住宿和餐饮业	55.5	99.0	72.6	69.0	76.0	78.5	86.6
6.其他	24.0	25.8	52.6	54.8	68.5	83.4	79.4
7.居民生活	858.3	1328.7	1537.0	1607.2	1635.4	1845.6	2173.1

6-10 续表

单位：万吨

项　　目	2015	2016	2017	2018	2019	2020	2021
消费量	**3961.2**	**5015.1**	**5457.8**	**5673.1**	**6066.4**	**6221.2**	**6826.3**
在消费量中:							
1.农、林、牧、渔业	7.2	6.8	7.1	7.6	7.8	6.5	6.8
2.工业	1113.9	1766.8	1896.3	2215.5	2870.3	3064.8	3776.1
3.建筑业	15.1	14.8	15.8	17.0	14.0	11.3	13.8
4.交通运输、仓储和邮政业	100.3	104.2	123.7	125.1	156.5	111.2	116.2
5.批发和零售业、住宿和餐饮业	84.0	83.6	96.4	86.2	90.9	85.9	95.6
6.其他	91.4	83.5	93.5	74.4	72.2	81.1	85.9
7.居民生活	2549.3	2955.4	3225.0	3147.3	2854.7	2860.4	2732.1

6-11 天然气分行业消费量

单位：亿立方米

项　　目	2000	2005	2010	2011	2012	2013	2014
消费量	**245.0**	**466.1**	**1080.2**	**1341.1**	**1497.0**	**1705.4**	**1870.6**
在消费量中:							
1.农、林、牧、渔业			0.5	0.6	0.6	0.7	0.8
2.工业	199.0	327.2	691.8	875.7	980.7	1129.1	1223.0
3.建筑业	0.8	1.5	1.2	1.3	1.3	2.0	1.9
4.交通运输、仓储和邮政业	8.8	38.0	106.7	138.3	154.5	175.8	214.4
5.批发和零售业、住宿和餐饮业	3.4	10.8	27.2	33.6	38.7	39.3	46.6
6.其他	0.6	9.1	26.0	27.1	32.9	35.6	41.3
7.居民生活	32.3	79.4	226.9	264.4	288.3	322.9	342.6

注：从2010年起包括液化天然气数据。

6-11　续表

单位：亿立方米

项　　目	2015	2016	2017	2018	2019	2020	2021
消费量	**1931.8**	**2078.1**	**2393.7**	**2817.1**	**3059.7**	**3339.9**	**3773.0**
在消费量中:							
1.农、林、牧、渔业	0.9	1.1	1.1	1.3	1.2	1.3	1.7
2.工业	1234.5	1338.6	1575.2	1940.1	2092.1	2304.0	2678.2
3.建筑业	2.2	1.9	1.8	2.5	2.8	2.6	3.2
4.交通运输、仓储和邮政业	237.6	254.8	284.7	286.2	341.5	354.3	366.3
5.批发和零售业、住宿和餐饮业	51.3	53.7	57.6	60.8	62.5	62.1	70.2
6.其他	45.4	48.2	52.9	57.9	57.3	55.6	61.0
7.居民生活	359.8	379.7	420.3	468.4	502.3	560.0	592.3

6-12 电力分行业消费量

单位：亿千瓦时

项目	2000	2005	2010	2011	2012	2013	2014
消费量	**13472.4**	**24940.3**	**41934.5**	**47000.9**	**49762.6**	**54203.4**	**57829.7**
在消费量中:							
1.农、林、牧、渔业	533.0	776.3	976.5	1012.9	1012.6	1026.9	1013.4
2.工业	10004.6	18521.7	30871.8	34691.6	36232.2	39236.9	42248.7
3.建筑业	159.8	233.9	483.2	571.8	608.4	675.1	721.7
4.交通运输、仓储和邮政业	281.2	430.3	734.5	848.4	915.4	1000.9	1059.2
5.批发和零售业、住宿和餐饮业	418.7	752.3	1292.0	1503.1	1691.5	1876.9	1995.6
6.其他	623.2	1340.9	2451.8	2753.1	3083.6	3397.6	3615.0
7.居民生活	1452.0	2884.8	5124.6	5620.1	6219.0	6989.2	7176.1

6-12 续表

单位：亿千瓦时

项目	2015	2016	2017	2018	2019	2020	2021
消费量	**58020.0**	**61205.1**	**65914.0**	**71508.2**	**74866.1**	**77620.2**	**85200.1**
在消费量中:							
1.农、林、牧、渔业	1039.8	1091.9	1175.1	1242.5	1336.2	1422.1	1596.5
2.工业	41550.0	42996.9	46052.8	49094.9	50698.3	52353.4	56622.3
3.建筑业	698.7	725.6	789.2	887.8	991.2	1011.1	1132.9
4.交通运输、仓储和邮政业	1125.6	1251.5	1418.0	1608.5	1752.3	1751.0	1993.0
5.批发和零售业、住宿和餐饮业	2122.0	2323.8	2526.6	2900.4	3187.1	3169.0	3869.6
6.其他	3918.6	4394.8	4880.6	5716.5	6263.8	6517.0	7706.8
7.居民生活	7565.2	8420.6	9071.6	10057.6	10637.2	11396.5	12278.9

【主要统计指标解释】

能源消费总量 是指一定地域内，国民经济各行业和居民家庭在一定时间消费的各种能源的总和。包括：原煤、原油、天然气、水能、核能、风能、太阳能、地热能、生物质能等一次能源；一次能源通过加工转换产生的洗煤、焦炭、煤气、电力、热力、成品油等二次能源和同时产生的其他产品。其中水能、风能、太阳能、地热能、生物质能等可再生能源，是指人们通过一定技术手段获得的，并作为商品能源使用的部分。在核算过程中，一次能源、二次能源消费不能重复计算。能源消费总量分为终端能源消费量、能源加工转换损失量和能源损失量三部分。

(1) 终端能源消费量：指一定时期内，用于消费（而非用于加工转换产出其他能源）的各种能源之和。

(2) 能源加工转换损失量：指一定时期内，全国投入加工转换的各种能源数量之和与产出各种能源产品之和的差额。该指标是观察能源在加工转换过程中损失量变化的指标。

(3) 能源损失量：指一定时期内，能源在输送、分配、储存过程中发生的损失和由客观原因造成的各种损失量，不包括各种气体能源放空、放散量。

7 第三产业分行业主要指标

7-1　服务业企业

简要说明

一、主要内容

本篇资料主要内容是2022年服务业企业法人单位主要指标，包括规模以上服务业和规模以下服务业，主要分组包括按行业、地区等分组。

二、统计范围

规模以上服务业：年营业收入2000万元及以上服务业法人单位，包括：交通运输、仓储和邮政业，信息传输、软件和信息技术服务业，水利、环境和公共设施管理业三个门类和卫生行业大类；年营业收入1000万元及以上服务业法人单位，包括：租赁和商务服务业，科学研究和技术服务业，教育三个门类，以及物业管理、房地产中介服务、房地产租赁经营和其他房地产业四个行业小类；年营业收入500万元及以上服务业法人单位，包括：居民服务、修理和其他服务业，文化、体育和娱乐业两个门类，以及社会工作行业大类。

规模以下服务业：年营业收入2000万元以下服务业法人单位，包括：交通运输、仓储和邮政业，信息传输、软件和信息技术服务业，水利、环境和公共设施管理业三个门类和卫生行业大类；年营业收入1000万元以下服务业法人单位，包括：租赁和商务服务业，科学研究和技术服务业，教育三个门类，以及物业管理、房地产中介服务、房地产租赁经营和其他房地产业四个行业小类；年营业收入500万元以下服务业法人单位，包括：居民服务、修理和其他服务业，文化、体育和娱乐业两个门类，以及社会工作行业大类。

三、统计调查方法

规模以上服务业企业法人单位为全面调查，规模以下服务业企业法人单位为抽样调查。

四、资料来源

规模以上服务业数据来自《规模以上服务业统计报表制度》调查结果，规模以下服务业数据来自《规模以下服务业抽样调查统计报表制度》推算结果。

五、其他

由于数据四舍五入影响，合计数与各分项之和可能存在细微偏差。

7-1-1 服务业企业法人单位分地区主要指标(2022年)

地 区	营业收入(亿元)	资产总计(亿元)	从业人员(万人)
全 国	**483833.5**	**2817576.1**	**9174.9**
北 京	66704.6	416914.2	720.8
天 津	12073.0	87161.8	144.9
河 北	10164.9	59194.1	280.9
山 西	5803.3	46191.5	163.8
内蒙古	3176.7	32858.4	83.6
辽 宁	7502.6	60498.7	204.0
吉 林	2597.6	21746.5	71.1
黑龙江	3661.4	20397.3	99.2
上 海	54553.9	197238.7	480.2
江 苏	43668.0	251792.4	799.7
浙 江	39668.8	216146.2	681.5
安 徽	13281.7	87385.3	325.4
福 建	14936.9	62875.2	339.1
江 西	9014.2	44668.6	210.6
山 东	25237.7	118104.5	527.2
河 南	16883.0	62582.2	488.3
湖 北	16468.5	88460.2	395.2
湖 南	12277.8	75808.5	273.1
广 东	60300.1	299293.6	1215.8
广 西	5671.5	47937.9	170.8
海 南	3432.9	25175.9	55.2
重 庆	10834.3	72974.7	257.8
四 川	18105.2	133327.0	455.8
贵 州	5004.5	82436.9	138.1
云 南	5248.0	60384.2	168.8
西 藏	726.5	9798.4	15.7
陕 西	8010.3	58549.7	192.2
甘 肃	2211.5	25041.8	67.4
青 海	587.7	8101.3	26.4
宁 夏	962.2	6965.9	31.6
新 疆	5064.5	37564.3	90.7

注：不含批发和零售业、铁路运输业、住宿和餐饮业、金融业、房地产开发经营。

7-1-2 服务业企业法人单位分行业主要指标(2022年)

行　　业	营业收入(亿元)	资产总计(亿元)	从业人员(万人)
总　　计	**483833.5**	**2817576.1**	**9174.9**
道路运输业	45193.1	239183.9	717.4
水上运输业	8878.1	25802.5	46.4
航空运输业	4572.7	28511.6	62.6
管道运输业	1730.6	17003.0	4.0
装卸搬运和运输代理业	28207.6	14942.6	122.3
仓储业	9503.2	27583.1	130.0
邮政业	11341.5	6584.4	171.0
电信、广播电视和卫星传输服务	21073.5	68272.1	160.2
互联网和相关服务	34452.0	53822.6	173.1
软件和信息技术服务业	65481.7	109061.1	841.0
物业管理	11737.9	37217.3	721.9
房地产中介服务	3397.5	16685.4	153.5
房地产租赁经营	7779.9	156208.1	102.2
其他房地产业	561.5	15113.3	11.5
租赁业	6529.8	20456.1	133.8
商务服务业	105875.4	1420037.6	2498.6
研究和试验发展	8792.8	29646.3	146.8
专业技术服务业	43712.3	129236.9	750.4
科技推广和应用服务业	14814.9	54712.6	313.6
水利管理业	776.9	19118.7	9.1
生态保护和环境治理业	1935.1	14075.9	24.9
公共设施管理业	6798.2	106226.5	240.7
土地管理业	4280.0	113349.2	6.7
居民服务业	3287.6	7031.0	187.2
机动车、电子产品和日用产品修理业	3816.3	5629.0	135.9
其他服务业	2496.4	4332.1	193.0
教育	6224.1	13947.5	433.3
卫生	8012.6	14667.6	273.7
社会工作	446.4	3450.1	35.1
新闻和出版业	1932.7	6908.7	25.9
广播、电视、电影和影视录音制作业	3533.9	13105.0	54.9
文化艺术业	1628.8	6820.3	76.0
体育	878.3	4647.5	40.4
娱乐业	4150.0	14186.3	177.9

7-1-3 规模以上服务业企业法人单位分地区主要指标(2022年)

地 区	单位数(个)	年初存货(亿元)	流动资产合计(亿元)	应收账款(亿元)	存货(亿元)	固定资产原价(亿元)	累计折旧(亿元)	本年折旧(亿元)
全 国	**224551**	**52440.2**	**565611.1**	**71318.0**	**55615.3**	**346682.3**	**110976.0**	**14883.7**
北 京	20062	4016.4	125454.1	14610.1	4259.3	34888.7	13685.8	1716.0
天 津	5583	2954.9	19649.6	2598.1	3012.9	7944.7	2623.0	365.7
河 北	5098	1425.1	8574.2	1277.9	1445.7	10469.8	3426.4	521.4
山 西	2952	133.3	4290.0	693.0	143.6	9402.6	2349.0	272.0
内 蒙	1731	291.5	2611.8	447.1	311.5	7969.7	2138.5	254.7
辽 宁	4403	731.5	6166.9	867.9	736.9	11227.9	3779.9	421.5
吉 林	1506	175.4	2180.2	317.1	184.4	2696.0	1054.4	152.3
黑龙江	1296	1204.0	2862.3	329.5	976.0	4891.1	1588.1	226.2
上 海	18063	2069.3	62631.6	9511.0	2260.6	22926.9	9555.3	1237.1
江 苏	22640	8209.4	50829.6	6334.8	9153.6	20922.9	6482.4	1005.4
浙 江	14482	1852.3	32283.2	3808.2	1944.8	15699.6	6404.2	941.2
安 徽	5929	1046.5	7380.5	1162.9	1142.3	10483.0	2310.4	340.8
福 建	7327	1216.0	8921.9	1291.8	1347.1	8396.4	2551.6	309.9
江 西	6514	528.7	5056.8	877.2	572.3	8224.7	1960.7	300.7
山 东	12059	1356.9	16677.2	2630.9	1496.6	16007.7	5668.7	828.6
河 南	9390	1864.3	15097.3	1421.5	1823.9	14220.7	4233.8	582.4
湖 北	8354	2158.3	17022.7	2085.2	2277.4	14849.4	4041.8	496.4
湖 南	8419	5275.2	16383.4	1329.0	5492.3	10227.2	1919.0	256.2
广 东	35692	4200.7	87034.4	10456.3	4638.6	43348.3	16056.2	1915.3
广 西	3549	1411.3	9623.4	675.3	1218.7	5180.2	1917.1	338.9
海 南	1249	131.4	2265.9	429.2	135.5	2889.4	1100.8	147.2
重 庆	4467	5044.0	15291.6	1547.0	5315.9	9140.1	2033.7	293.1
四 川	9952	2302.1	19783.0	2481.3	2810.4	11925.4	4118.6	566.4
贵 州	2686	1023.4	6037.3	867.9	1119.3	7352.5	1331.6	245.2
云 南	2530	517.7	4492.8	489.6	511.9	7807.4	1908.0	228.6
西 藏	206	10.7	269.3	47.8	10.7	386.1	166.7	32.1
陕 西	4098	712.4	7947.5	1448.7	709.0	11939.1	2385.0	316.2
甘 肃	1072	171.0	2262.8	396.5	198.7	5929.4	1165.0	154.1
青 海	339	23.7	623.0	86.6	25.2	1654.5	563.0	69.8
宁 夏	487	21.7	613.4	106.1	22.7	576.1	263.5	35.8
新 疆	2416	361.1	5293.4	692.6	317.2	7104.7	2193.9	312.7

7-1-3 续表 1

地 区	资产总计(亿元)	负债合计(亿元)	所有者权益合计(亿元)	营业收入(亿元)	营业成本(亿元)
全 国	**1422702.9**	**784425.8**	**638276.8**	**332162.6**	**258489.3**
北 京	305604.0	151809.1	153794.9	57241.8	40467.1
天 津	44082.4	27045.5	17036.9	10100.3	8710.9
河 北	23226.4	14156.4	9069.9	5772.2	4724.3
山 西	17269.0	9844.4	7424.7	4218.7	3560.4
内 蒙	12505.9	7399.4	5106.5	2469.2	2060.3
辽 宁	23429.4	12026.0	11403.4	5464.9	4865.7
吉 林	5701.5	3655.9	2045.6	1440.3	1211.6
黑龙江	11973.6	8948.9	3024.6	2353.8	2122.6
上 海	136594.5	68579.0	68015.5	49046.7	37431.4
江 苏	107153.0	65394.3	41758.7	22791.4	18015.2
浙 江	65330.0	37002.4	28327.6	28034.5	21214.7
安 徽	21633.6	12233.0	9400.6	6127.9	5189.3
福 建	25698.7	14268.5	11430.2	8070.4	6629.1
江 西	18304.9	9553.6	8751.3	4893.9	4082.4
山 东	48529.6	27696.9	20832.7	13760.7	11740.4
河 南	41695.9	24877.1	16818.8	7689.4	6202.0
湖 北	54024.9	29170.2	24854.7	9676.1	8111.9
湖 南	34691.5	21027.2	13664.3	6216.3	4871.5
广 东	197977.1	114026.9	83949.9	46722.9	34881.3
广 西	27941.3	15217.0	12724.3	4301.1	3437.5
海 南	6217.1	4149.5	2067.6	2651.5	2231.5
重 庆	37599.7	19580.2	18019.5	5537.9	4273.2
四 川	55493.6	30744.3	24749.3	10686.1	8468.3
贵 州	20109.9	12296.2	7813.7	2574.6	2023.0
云 南	19741.1	10544.8	9196.3	2642.1	2227.6
西 藏	760.6	413.2	347.4	180.4	166.3
陕 西	24810.6	14628.2	10182.5	5486.6	4440.8
甘 肃	13149.7	7423.5	5726.2	1580.8	1305.7
青 海	2440.1	1192.1	1248.1	350.8	366.9
宁 夏	1274.2	585.0	689.2	511.8	409.5
新 疆	17738.8	8937.0	8801.8	3567.3	3046.9

7-1-3 续表 2

地 区	税金及附加(亿元)	销售费用(亿元)	管理费用(亿元)	财务费用(亿元)	利息收入(亿元)	利息支出(亿元)	投资收益(亿元)	营业利润(亿元)
全 国	**1857.3**	**16426.4**	**29062.1**	**8921.1**	**3625.3**	**10941.6**	**21727.6**	**31967.5**
北 京	348.4	4320.0	5770.0	1396.7	1224.0	2270.3	11159.7	12384.6
天 津	58.5	382.6	598.3	276.5	67.8	260.1	241.7	305.4
河 北	34.0	144.2	442.8	272.2	30.2	277.0	107.5	151.5
山 西	18.9	91.9	239.1	224.6	29.3	258.7	104.6	217.6
内 蒙	10.8	48.6	189.9	157.4	7.7	160.9	63.7	106.4
辽 宁	34.9	132.1	448.3	182.4	18.2	176.3	149.6	-20.7
吉 林	8.2	45.7	150.5	60.3	6.9	60.9	19.7	-27.5
黑龙江	11.1	294.6	149.8	96.2	38.5	131.8	6.9	-104.7
上 海	197.3	3107.9	4452.4	454.1	333.8	690.7	2429.2	3999.5
江 苏	139.6	871.7	1859.2	577.5	106.1	464.0	586.2	1598.5
浙 江	122.9	1260.2	2924.9	186.4	284.5	453.5	1005.8	3292.3
安 徽	37.6	175.9	395.7	159.9	26.3	131.7	254.9	383.4
福 建	47.9	332.0	570.8	189.0	38.8	218.8	215.2	501.2
江 西	25.1	209.3	304.2	148.8	14.3	149.1	50.8	163.8
山 东	74.7	355.5	983.8	453.3	109.8	497.8	303.6	467.1
河 南	50.9	230.1	548.9	409.5	50.8	410.2	118.9	430.3
湖 北	56.4	296.6	626.9	290.8	74.9	348.7	426.4	716.4
湖 南	64.6	275.4	459.1	268.0	22.5	251.5	116.7	369.5
广 东	273.7	2486.3	4710.4	1105.7	746.8	1613.2	2995.1	4720.9
广 西	21.7	104.7	462.5	178.6	104.3	220.8	105.4	248.9
海 南	15.0	145.2	200.3	138.0	11.6	82.6	77.3	-67.1
重 庆	41.1	179.3	598.5	195.3	31.8	196.9	92.2	442.7
四 川	73.4	429.5	796.1	390.2	109.8	459.3	230.7	737.3
贵 州	12.1	113.2	214.3	261.7	19.7	253.1	438.0	400.3
云 南	14.6	87.0	214.2	197.5	34.7	206.1	108.3	45.3
西 藏	0.1	8.5	20.2	4.1	1.6	4.3	-0.2	-15.7
陕 西	31.8	143.7	375.9	307.7	43.3	338.2	222.1	365.7
甘 肃	9.6	41.5	107.5	170.0	10.5	168.5	9.9	-28.9
青 海	1.1	13.9	38.8	8.2	6.6	16.7	1.0	-66.9
宁 夏	2.6	35.0	36.2	12.5	1.2	9.4	5.6	25.5
新 疆	18.5	64.1	172.9	148.2	18.8	160.6	80.8	224.9

7-1-3 续表 3

地　区	营业外收入(亿元)	营业外支出(亿元)	利润总额(亿元)	所得税费用(亿元)	应付职工薪酬(亿元)	应交增值税(亿元)	期末用工人数(万人)
全　国	**2623.9**	**1762.6**	**32836.1**	**4198.1**	**62386.4**	**7666.7**	**4174.2**
北　京	329.5	588.7	12113.8	691.9	11338.3	1238.5	415.4
天　津	96.9	22.0	380.3	80.2	1204.9	281.9	83.2
河　北	55.4	38.9	168.0	68.5	1019.3	134.7	99.2
山　西	34.0	13.4	238.2	61.6	623.5	116.8	54.7
内　蒙	26.8	13.4	119.9	25.6	465.6	57.7	39.2
辽　宁	48.1	24.4	3.1	43.4	1202.6	105.1	97.2
吉　林	42.0	4.9	9.6	8.7	280.8	29.2	30.5
黑龙江	16.2	11.7	-100.2	35.0	592.0	48.2	43.9
上　海	296.0	205.3	4110.1	822.9	9148.2	895.4	364.1
江　苏	211.3	91.3	1718.6	259.1	4091.5	566.4	327.3
浙　江	246.0	86.9	3451.5	460.3	5042.8	557.1	376.3
安　徽	72.6	17.3	438.7	92.9	1115.9	180.6	127.6
福　建	48.2	24.9	524.5	82.8	1349.1	186.1	126.1
江　西	28.5	17.9	174.4	28.1	764.3	120.1	77.8
山　东	96.9	42.6	521.4	150.3	2344.1	310.1	206.7
河　南	43.8	36.3	437.8	106.2	1379.4	249.9	157.9
湖　北	144.6	33.5	827.5	117.4	1779.8	239.0	146.3
湖　南	69.9	24.3	415.2	43.7	968.3	147.3	98.6
广　东	387.4	304.8	4802.9	648.8	9802.9	1170.8	639.5
广　西	40.1	11.0	278.0	38.9	722.6	101.3	70.3
海　南	16.8	5.4	-55.7	-17.1	404.0	70.7	25.2
重　庆	50.6	20.2	473.1	70.8	1031.2	120.4	95.6
四　川	75.2	37.1	775.4	146.7	2294.2	279.7	186.2
贵　州	19.8	26.5	393.6	10.3	455.1	66.7	43.5
云　南	24.5	14.5	55.3	37.6	577.5	78.3	56.5
西　藏	3.1	1.3	-14.4	-0.1	41.7	3.2	3.0
陕　西	27.4	21.9	371.2	40.6	1231.5	169.6	88.6
甘　肃	46.0	6.0	11.1	10.0	344.4	32.3	29.1
青　海	3.8	2.2	-65.3	0.8	124.8	11.5	8.9
宁　夏	3.0	1.8	26.7	3.2	84.5	16.6	9.2
新　疆	19.4	12.2	232.1	29.0	561.4	81.5	46.5

7-1-4 规模以上服务业企业法人单位分行业主要指标(2022年)

行　业	单位数(个)	年初存货(亿元)	流动资产合计(亿元)	应收账款(亿元)	存　货(亿元)	固定资产原价(亿元)	累计折旧(亿元)	本年折旧(亿元)
总　计	**224551**	**52440.2**	**565611.1**	**71318.0**	**55615.3**	**346682.3**	**110976.0**	**14883.7**
铁路运输业	422	288.9	10112.6	1859.6	290.1	61883.1	14487.8	1798.0
道路运输业	22645	2364.3	42210.4	4768.2	2667.2	90974.9	15750.2	2256.6
水上运输业	2569	185.4	7211.2	739.7	230.1	11178.5	4297.1	489.4
航空运输业	445	77.1	4905.3	510.3	77.5	17793.3	6399.1	623.5
管道运输业	118	68.2	2773.0	255.0	71.4	8012.6	2468.7	288.4
装卸搬运和运输代理业	9955	52.5	8013.8	2279.6	65.0	1210.3	498.4	80.2
仓储业	5052	4071.7	8018.7	747.5	3900.6	8470.9	2789.2	375.7
邮政业	2072	84.1	3968.1	1081.6	90.5	2169.3	1115.2	173.0
电信、广播电视和卫星传输服务	3069	191.9	19513.2	2431.9	192.9	45812.6	29140.9	3198.6
互联网和相关服务	5306	238.7	36538.5	5179.5	250.5	5055.2	2693.4	655.4
软件和信息技术服务业	19980	2788.2	58959.4	14534.2	3067.7	7634.3	3533.2	876.3
物业管理	12382	430.7	11288.8	1450.3	599.2	2441.5	910.6	115.5
房地产中介服务	2163	31.1	4209.0	348.4	44.8	131.4	60.1	8.9
房地产租赁经营	9664	5146.3	45353.1	2169.4	5716.4	15965.7	4981.7	575.2
其他房地产业	123	153.7	735.3	39.8	151.5	107.0	32.9	6.2
租赁业	3948	252.4	4097.4	1081.1	265.0	4541.5	2040.8	461.0
商务服务业	50671	12073.7	170680.2	11697.8	13072.4	27909.1	6985.3	940.1
研究和试验发展	2894	476.2	7265.3	1466.2	557.9	2247.0	927.1	163.3
专业技术服务业	21738	2123.0	37558.5	8967.0	2515.4	6670.3	3240.5	407.3
科技推广和应用服务业	4728	447.3	8061.6	1585.0	533.8	1773.9	647.6	119.7
水利管理业	176	10.4	1067.1	199.9	13.0	3541.3	765.6	112.6
生态保护和环境治理业	1412	134.3	2048.2	536.1	136.8	1231.2	403.0	86.2
公共设施管理业	4021	3172.7	11827.7	1643.2	3216.2	4952.2	1431.1	235.7
土地管理业	405	15686.2	36232.6	2550.3	15911.4	1858.3	324.5	61.4
居民服务业	3781	196.9	1436.8	133.9	214.6	510.6	213.4	29.5
机动车、电子产品和日用产品修理业	3634	68.2	570.5	143.5	76.2	163.0	77.6	12.1
其他服务业	3085	12.1	534.6	192.6	13.9	187.1	89.0	19.1
教育	5389	30.4	2553.2	251.2	23.4	2380.2	787.8	131.9
卫生	6580	199.1	3994.9	1068.8	255.1	3404.1	1452.9	260.1
社会工作	1081	5.5	283.9	34.8	5.1	213.0	50.8	10.5
新闻和出版业	1473	445.8	3728.6	344.4	436.8	743.6	370.6	29.8
广播、电视、电影和影视录音制作业	4470	525.1	5243.8	620.9	525.9	1188.2	658.7	70.6
文化艺术业	1955	96.4	981.5	81.5	93.5	626.3	177.3	27.2
体育	1398	95.3	1211.8	78.8	99.9	840.3	330.2	37.4
娱乐业	5747	216.3	2422.3	246.1	233.8	2860.4	843.5	147.3

7-1-4 续表 1

行　　业	资产总计(亿元)	负债合计(亿元)	所有者权益合计(亿元)	营业收入(亿元)	营业成本(亿元)
总　　计	**1422702.9**	**784425.8**	**638276.8**	**332162.6**	**258489.3**
铁路运输业	91826.6	35685.2	56141.4	12477.3	13076.1
道路运输业	200331.8	124546.3	75785.5	30499.8	28085.1
水上运输业	24076.2	11551.7	12524.5	8019.8	6082.9
航空运输业	27758.1	19908.4	7849.7	4384.7	5775.6
管道运输业	16656.2	5339.8	11316.4	1685.5	996.6
装卸搬运和运输代理业	10678.7	6799.7	3879.0	24170.4	22416.1
仓储业	19406.5	13331.9	6074.6	6446.3	5734.9
邮政业	6051.1	4611.7	1439.4	10413.7	9301.9
电信、广播电视和卫星传输服务	65352.3	27156.7	38195.6	19579.2	14044.6
互联网和相关服务	49480.2	32278.5	17201.7	30580.3	18759.5
软件和信息技术服务业	82860.6	42640.1	40220.5	48769.7	29313.5
物业管理	18659.1	12290.1	6369.0	8041.7	6321.7
房地产中介服务	6696.7	5516.5	1180.2	1383.5	1033.7
房地产租赁经营	110924.8	68382.9	42541.9	5418.6	2989.5
其他房地产业	1734.7	926.1	808.6	94.6	72.7
租赁业	8809.9	6102.6	2707.3	2254.8	1798.5
商务服务业	447617.8	231140.6	216477.2	57711.8	46898.1
研究和试验发展	14043.8	6563.8	7480.0	4614.0	3200.1
专业技术服务业	58706.9	33583.7	25123.2	27463.7	21936.6
科技推广和应用服务业	15690.5	8985.4	6705.1	4539.3	3319.6
水利管理业	5690.6	1942.3	3748.4	307.6	234.1
生态保护和环境治理业	4976.9	2852.7	2124.2	1079.1	790.6
公共设施管理业	26448.1	16076.9	10371.2	3043.4	2493.6
土地管理业	64002.7	37845.4	26157.3	1741.4	1294.5
居民服务业	2265.7	1660.0	605.7	1096.4	694.1
机动车、电子产品和日用产品修理业	789.1	559.1	230.1	927.6	715.2
其他服务业	729.7	448.3	281.4	962.2	766.4
教育	5188.1	3979.0	1208.9	2464.8	1497.8
卫生	7606.3	5551.7	2054.7	5693.8	4144.3
社会工作	644.5	496.2	148.3	175.3	130.5
新闻和出版业	5997.1	2313.3	3683.8	1714.7	1111.3
广播、电视、电影和影视录音制作业	8807.1	4191.7	4615.4	2120.7	1714.2
文化艺术业	2647.2	1631.1	1016.1	443.8	342.2
体育	2725.6	2511.4	214.2	452.8	330.1
娱乐业	6821.6	5025.2	1796.4	1390.6	1072.9

7-1-4 续表 2

行　业	税　金及附加（亿元）	销售费用（亿元）	管理费用（亿元）	财务费用（亿元）	利息收入（亿元）	利息支出（亿元）	投资收益（亿元）	营业利润（亿元）
总　计	**1857.3**	**16426.4**	**29062.1**	**8921.1**	**3625.3**	**10941.6**	**21727.6**	**31967.5**
铁路运输业	16.7	16.3	361.9	634.3	32.5	687.0	79.2	-1307.5
道路运输业	153.7	428.4	1584.9	2688.2	286.0	2832.0	810.2	449.2
水上运输业	55.9	118.1	402.7	129.5	67.7	220.7	475.7	1686.0
航空运输业	34.7	170.0	279.6	661.7	45.1	405.6	256.5	-2078.6
管道运输业	12.4	4.0	51.0	41.6	58.4	92.5	258.3	831.5
装卸搬运和运输代理业	15.0	253.0	911.0	-9.7	22.7	39.0	133.9	757.8
仓储业	41.2	154.8	446.2	165.6	86.2	210.0	36.4	312.5
邮政业	19.1	334.7	585.8	31.4	7.1	19.6	49.4	209.0
电信、广播电视和卫星传输服务	58.5	1482.4	1178.6	42.7	223.6	247.9	1847.4	4414.0
互联网和相关服务	109.5	4080.7	3021.2	-165.8	293.1	127.0	303.8	2950.4
软件和信息技术服务业	181.1	3713.9	4683.5	-38.4	290.5	270.5	694.2	5891.6
物业管理	68.8	227.0	993.4	94.8	33.8	93.7	90.0	391.1
房地产中介服务	6.2	137.9	185.2	9.6	69.3	71.9	77.6	66.7
房地产租赁经营	321.5	222.2	1080.0	1031.7	226.1	992.0	720.5	514.7
其他房地产业	2.2	2.2	10.3	5.0	1.8	6.7	0.1	1.8
租赁业	12.8	112.5	181.7	89.5	7.9	71.0	19.7	84.7
商务服务业	401.2	2340.2	6199.3	2682.4	1381.0	3427.9	13856.6	12521.7
研究和试验发展	21.6	181.2	481.6	4.8	33.9	49.0	329.7	411.1
专业技术服务业	120.8	572.4	2566.9	19.6	197.3	235.7	633.3	2209.7
科技推广和应用服务业	20.5	211.1	459.1	65.9	34.2	93.8	562.9	768.0
水利管理业	3.7	1.7	31.3	46.4	6.4	50.4	12.7	3.4
生态保护和环境治理业	7.0	31.9	117.9	47.3	12.5	51.2	28.7	89.2
公共设施管理业	23.4	81.6	346.1	154.0	24.4	138.2	59.4	45.8
土地管理业	54.5	11.1	96.7	237.4	60.5	245.8	82.5	256.2
居民服务业	5.1	144.4	177.7	13.3	3.1	11.7	3.1	63.3
机动车、电子产品和日用产品修理业	4.7	74.7	91.1	4.7	1.2	3.8	1.5	39.2
其他服务业	4.5	35.2	128.6	4.0	0.7	2.5	4.6	26.4
教育	8.3	268.7	493.9	41.3	10.9	32.4	-39.1	48.0
卫生	9.0	466.2	811.9	78.0	9.4	59.2	36.4	151.8
社会工作	2.2	8.3	40.9	7.7	0.9	5.1	0.6	-12.7
新闻和出版业	13.3	151.2	312.8	-19.7	35.2	16.6	115.6	287.4
广播、电视、电影和影视录音制作业	18.7	147.4	284.6	2.1	43.1	30.5	83.9	53.9
文化艺术业	6.6	33.3	93.9	13.3	3.8	13.9	8.5	-10.3
体育	9.7	61.8	112.6	20.9	2.3	16.6	4.7	-71.3
娱乐业	13.0	145.7	258.6	85.8	12.7	70.2	89.2	-88.3

7-1-4 续表 3

行 业	营业外收入(亿元)	营业外支出(亿元)	利润总额(亿元)	所得税费用(亿元)	应付职工薪酬(亿元)	应交增值税(亿元)	期末用工人数(万人)
总 计	**2623.9**	**1762.6**	**32836.1**	**4198.1**	**62386.4**	**7666.7**	**4174.2**
铁路运输业	30.6	64.7	-1341.6	96.6	3695.8	297.6	176.8
道路运输业	450.5	100.6	798.9	292.5	4080.8	1161.2	357.8
水上运输业	65.6	21.1	1730.6	379.1	712.8	100.6	31.6
航空运输业	42.7	16.4	-2052.3	-81.2	1424.7	98.6	59.1
管道运输业	4.8	18.2	818.1	118.8	124.6	100.3	3.6
装卸搬运和运输代理业	44.8	14.6	788.1	159.5	992.1	78.7	57.4
仓储业	60.3	19.1	353.7	94.0	701.9	102.7	56.5
邮政业	29.1	24.8	213.3	55.6	1657.8	51.4	122.8
电信、广播电视和卫星传输服务	86.0	85.5	4414.5	448.8	2868.3	460.3	132.1
互联网和相关服务	130.2	133.0	2935.2	446.5	3754.6	562.7	100.2
软件和信息技术服务业	211.5	87.8	6015.3	537.2	11453.8	1269.8	407.0
物业管理	98.2	32.7	456.7	123.5	2852.5	269.7	395.1
房地产中介服务	10.9	5.7	71.9	14.4	456.6	48.2	28.4
房地产租赁经营	224.1	87.9	650.9	187.3	602.4	249.9	35.6
其他房地产业	4.7	4.6	1.8	2.0	13.6	5.4	0.8
租赁业	24.3	14.9	94.2	28.9	212.9	96.2	18.5
商务服务业	606.1	732.7	12415.5	650.9	12641.4	1332.7	1173.9
研究和试验发展	29.1	16.6	423.5	70.6	1260.3	114.0	43.0
专业技术服务业	87.5	54.8	2242.6	276.8	5897.5	674.5	311.3
科技推广和应用服务业	28.3	24.8	771.5	59.8	898.2	111.9	38.2
水利管理业	1.1	0.5	4.0	4.4	47.1	11.5	2.5
生态保护和环境治理业	9.9	6.6	92.5	13.8	151.9	28.3	11.1
公共设施管理业	50.2	23.1	72.9	37.6	840.6	86.7	152.1
土地管理业	87.5	14.3	329.4	24.0	54.9	37.9	2.6
居民服务业	8.2	7.5	64.0	21.8	319.6	17.5	40.6
机动车、电子产品和日用产品修理业	4.4	1.9	41.7	7.3	145.0	28.2	14.8
其他服务业	5.2	2.0	29.6	4.7	446.9	33.5	88.7
教育	36.2	36.4	47.7	16.5	962.1	40.0	80.6
卫生	42.1	33.3	160.3	55.0	1639.3	24.2	131.1
社会工作	4.0	1.1	-9.8	0.5	72.2	1.8	11.6
新闻和出版业	31.6	17.0	301.6	16.3	445.6	51.9	18.2
广播、电视、电影和影视录音制作业	23.6	39.5	38.1	15.8	413.5	44.9	19.7
文化艺术业	14.6	4.1	0.1	4.6	108.4	11.5	10.8
体育	9.7	5.2	-66.9	3.2	146.2	16.8	11.5
娱乐业	26.2	9.6	-71.7	10.9	290.4	45.8	28.4

【主要统计指标解释】

存货 指企业在日常活动中持有以备出售的产成品或商品、处在生产过程中的在产品、在生产过程或提供劳务过程中耗用的材料或物料等，通常包括原材料、在产品、半成品、产成品、商品以及周转材料等。根据会计"资产负债表"中"存货"项目的期末余额数填报。其中："年初存货"根据会计"资产负债表"中"存货"项目的年初余额数填报。注意："存货"具有实物形态，不属于无形资产，由于企业持有存货的最终目的是为了出售，所以房地产开发企业（单位）购置的土地、尚未销售的商品房等均计入"存货"。

流动资产合计 资产满足以下条件之一应归为流动资产：（1）预计在一个正常营业周期中变现、出售或耗用，主要包括存货、应收账款等；（2）主要为交易目的而持有；（3）预计在资产负债表日起一年内（含一年）变现；（4）自资产负债表日起一年内，交换其他资产或清偿负债的能力不受限制的现金或现金等价物。包括货币资金、应收票据、应收账款、存货等项目。根据会计"资产负债表"中"流动资产合计"项目的期末余额数填报。

应收账款 指资产负债表日以摊余成本计量的、企业因销售商品、提供服务等经营活动应收取的款项。根据会计"资产负债表"中"应收账款"项目的期末余额数填报。

固定资产原价 指固定资产的成本，包括企业在购置、自行建造、安装、改建、扩建、技术改造某项固定资产时所发生的全部支出总额。根据会计"固定资产"科目的期末借方余额填报。

累计折旧 指企业在报告期末提取的历年固定资产折旧累计数。包括房屋、建筑物和机器设备等的折旧费。根据会计"累计折旧"科目的期末贷方余额填报。

本年折旧 指企业在报告期内提取的固定资产折旧合计数。可根据会计"累计折旧"科目的本期贷方累计发生额填报；或者，可根据会计"财务状况变动表"中"固定资产折旧"项的数值填报。若企业执行2001年《企业会计制度》，可以根据会计核算中《资产减值准备、投资及固定资产情况表》内"当年计提的固定资产折旧总额"项本年增加数填报。

资产总计 指企业过去的交易或者事项形成的、由企业拥有或者控制的、预期会给企业带来经济利益的资源。包括企业拥有的土地、办公楼、厂房、机器、运输工具、存货等实物资产和现金、存款、应收账款和预付账款等金融资产。资产一般按流动性（资产的变现或耗用时间长短）分为流动资产和非流动资产。其中流动资产可分为货币资金、交易性金融资产、应收票据、应收账款、预付款项、其他应收款、存货等；非流动资产可分为长期股权投资、固定资产、无形资产及其他非流动资产等。根据会计"资产负债表"中"资产总计"项目的期末余额数填报。

负债合计 指企业过去的交易或者事项形成的，预期会导致经济利益流出企业的现时义务。包括银行贷款、借款、应付账款、应付职工工资、应付职工福利费、应交税金等企业负有偿还责任的债务。根据会计"资产负债表"中"负债合计"项目的期末余额数填报。

负债一般按偿还期长短分为流动负债和非流动负债。根据会计资产负债表中"负债合计"项目的期末余额数填报。执行企业会计准则或《小企业会计准则》的企业：负债合计=流动负债合计+非流动负债合计；执行其他企业会计制度的企业负债包括流动负债和长期负债。

所有者权益合计 指企业资产扣除负债后由所有者享有的剩余权益。公司的所有者权益又称股东权益。包括实收资本、资本公积、盈余公积、未分配利润等。根据会计"资产负债表”中“所有者权益合计”项目的期末余额数填报。

营业收入 指企业从事销售商品、提供劳务和让渡资产使用权等生产经营活动形成的经济利益流入。营业收入包括“主营业务收入”和“其他业务收入”。根据会计“利润表”中“营业收入”项目的本年累计数填报。

营业成本 指企业从事销售商品、提供劳务和让渡资产使用权等生产经营活动发生的实际成本。“营业成本”应当与“营业收入”进行配比。包括“主营业务成本”和“其他业务成本”。根据会计“利润表”中“营业成本”项目的本年累计数填报。

税金及附加 指企业因从事生产经营活动按税法规定应缴纳的消费税、城市维护建设税、资源税、环境保护税、教育费附加及房产税、土地使用税、车船使用税、印花税等相关税费。根据会计“利润表”中“税金及附加”项目的本年累计数填报。

销售费用 指企业在销售商品和材料、提供劳务的过程中发生的各种费用，包括保险费、包装费、展览费和广告费、商品维修费、预计产品质量保证损失、运输费、装卸费等以及为销售本企业商品而专设的销售机构（含销售网点、售后服务网点等）的职工薪酬、业务费、折旧费等经营费用。建筑业企业销售费用指企业从事施工生产活动过程中发生的各项费用，包括应由企业负担的运输费、装卸费、包装费、保险费、维修费、展览费、差旅费、广告费和其他经费。房地产企业销售费用指企业在从事主要经营业务过程中所发生的各项销售费用，包括转让、销售、结算和出租开发产品等。执行企业会计准则或《小企业会计准则》的企业，根据会计“利润表”中“销售费用”项目的本年累计数填报。执行其他企业会计制度的企业，根据会计“利润表”中“营业费用（或经营费用）”项目的本年累计数填报。

管理费用 指企业为组织和管理企业生产经营所发生的费用，包括企业在筹建期间内发生的开办费、董事会和行政管理部门在企业经营管理中发生的，或者应当由企业统一负担的公司经费等。为了与财政部《关于修订印发2019年度一般企业财务报表格式的通知》（财会〔2019〕6号）保持一致，“管理费用”不包含“研发费用”。执行企业会计准则的企业，根据会计“利润表”中“管理费用”项目的本年累计数填报。执行《小企业会计准则》的企业，应将会计“利润表”中“管理费用”项目本年累计数减“研究费用”项目本年累计数后填报。执行其他企业会计制度的企业以及未执行财政部《关于修订印发2019年度一般企业财务报表格式的通知》（财会〔2019〕6号）的企业，在会计“利润表”中“管理费用”项目的本年累计数的基础上，根据会计“管理费用”科目下的“研究费用”相关明细科目，将“研发费用”剔除后填报。

财务费用 指企业为筹集生产经营所需资金等而发生的筹资费用，包括企业生产经营期间发生的利息支出（减利息收入）、汇兑损失（减汇兑收益）以及相关的手续费等。根据会计“利润表”中“财务费用”项目的本年累计数填报。

利息收入 指企业按照相关会计准则确认的应冲减财务费用的利息金额。包括非金融企业存款业务所确认的利息等。执行企业会计准则的企业，根据会计“利润表”中“利息收入”项目的本年累计数填报。执行《小企业会计准则》的企业，填0。执行其他企业会计制度的企业，根据会计“财务费用”科目下“利息收入”明细科目的本期发生额以正数填报，如果未设置该科目，填0。

利息支出 指企业短期借款利息、长期借款利息、应付票据利息、票据贴现利息、应付债券利息、长期应付引进国外设备款利息等利息支出。根据企业“财务费用明细账”中“财务费用——利息支出”科目的本期发生额填报。如果企业没有单独设立“利息收入”科目，应填报利息支出减去银行存款等的利息收入后的净额。

投资收益 指企业确认的投资收益或投资损失，反映企业以各种方式对外投资所取得的收益。根据会计“利润表”中“投资收益”项目的本年累计数填报。如为投资损失以“-”号记。

营业利润 指企业从事生产经营活动所取得的利润。执行企业会计准则或《小企业会计准则》的企业，营业利润为营业收入减去营业成本、税金及附加、销售费用、管理费用、财务费用、资产减值损失，再加上公允价值变动收益、投资收益、资产处置收益和其他收益后的金额，根据会计“利润表”中“营业利润”项目的本年累计数填报；执行其他企业会计制度的企业，营业利润为营业收入减去营业成本、税金及附加、销售费用、管理费用、财务费用，再加上投资收益后的金额，根据会计“损益表”中“营业利润”项目、“投资收益”项目的本年累计数之和填报。

营业外收入 指企业发生的除营业利润以外的收益，主要包括与企业日常活动无关的政府补助、盘盈利得、捐赠利得等。执行企业会计准则或《小企业会计准则》的企业，根据会计“利润表”中“营业外收入”项目的本年累计数填报；执行其他企业会计制度的企业，根据会计“损益表”中“营业外收入”项目、“补贴收入”项目的本年累计数之和填报。

营业外支出 指企业发生的与经营业务无直接关系的各项支出，包括非流动资产处置损失、非货币性资产交换损失、债务重组损失、公益性捐赠支出、非常损失、盘亏损失等。根据会计“利润表”中“营业外支出”项目的本年累计数填报。

利润总额 指企业在一定会计期间的经营成果，是生产经营过程中各种收入扣除各种耗费后的盈余，反映企业在报告期内实现的盈亏总额。利润总额为营业利润加上营业外收入，减去营业外支出后的金额，根据会计“利润表”中“利润总额”项目的本年累计数填报。

所得税费用 所得税费用由两部分组成：当期所得税和递延所得税。当期所得税是指企业按照税法规定计算确定的针对当期发生的交易和事项，应交纳给税务部门的所得税金额，即应交所得税。递延所得税是指按照所得税准则规定应予确认的递延所得税资产和递延所得税负债应有的金额相对于原已确认金额之间的差异。执行企业会计准则或《小企业会计准则》的企业，根据会计“利润表”中“所得税费用”项目的本年累计数填报；执行其他企业会计制度的企业，根据会计“损益表”中“所得税”项目的本年累计数填报。

应付职工薪酬（本年贷方累计发生额） 指企业为获得职工提供的服务或解除劳动关系而给予的各种形式的报酬或补偿。包括职工工资、奖金、津贴和补贴，职工福利费，医疗保险费、养老保险费、失业保险费、工伤保险费和生育保险费等社会保险费，住房公积金，工会经费和职工教育经费，带薪缺勤，利润分享计划，非货币性福利，辞退福利和其他为获得职工提供的服务而给予的报酬或补偿。如果企业财务报告附注中包含“应付职工薪酬”项目，则根据其“应付职工薪酬列示”部分的合计项的本期增加额填报。或者，执行企业会计准则或《小企业会计准则》的企业，根据会计“应付职工薪酬”科目的本年贷方累计发生额填报；执行其他企业会计制度的企业，应将本年上述职工薪酬包含的项目归并填报。

如果企业“应付职工薪酬”会计科目的核算范围不包含“劳务派遣人员薪酬”，则应加“劳务派遣人员薪酬”后填报；如果企业“应付职工薪酬”会计科目的核算范围已包含“劳务派遣人员薪酬”，但不设置明细科目单独核算，则不对“应付职工薪酬”指标作特殊处理，避免“劳务派遣人员薪酬”重复计入。

应交增值税 指按照税法规定，以销售货物、服务、无形资产、不动产或提供加工、修理修配劳务的增值额和货物进口金额为计税依据而课征的一种流转税。填报本指标时，应按权责发生制核算企业本期应负担的增值税，有两种计算方法，可选其一，一旦确定，原则上不得更改。

计算方法一：

根据本期会计科目（1）“销项税额”、“进项税额转出”、“出口退税”年初至期末贷方累计发生额（一般与期末贷方余额相等，因为年初贷方余额为零），（2）“进项税额”年初至期末借方累计发生额，即期末借方余额 － 年初借方余额，（3）“出口抵减内销产品应纳税额”、“减免税款”年初至期末借方累计发生额（一般与期末借方余额相等，因为年初借方余额为零），取值后按照下述公式计算填报：

应交增值税 = 销项税额 － （进项税额 － 进项税额转出） － 出口抵减内销产品应纳税额 － 减免税款 + 出口退税

计算方法二：

根据本期《增值税纳税申报表（一般纳税人适用）》（以“国家税务总局公告2013年32号”版式为例）“销项税额”（第11栏）、“进项税额”（第12栏）、“进项税额转出”（第14栏）、“免、抵、退应退税额”（第15栏）、“简易计税办法计算的应纳税额”（第21栏）、“按简易计税办法计算的纳税检查应补缴税额”（第22栏）、“应纳税额减征额”（第23栏）栏目“一般货物、劳务和应税服务”列中“本年累计”列，按照下述公式计算填报：

应交增值税=销项税额－（进项税额－进项税额转出－免、抵、退应退税额）+简易计税办法计算的应纳税额+按简易计税办法计算的纳税检查应补缴税额－应纳税额减征额

计算方法说明及填报要求：

（1）计算公式均体现权责发生制，本期发生的进项税额全部参与计算，相当于不设置留抵，同时也不抵扣会计账簿或增值税纳税申报表中上年年末留抵的进项税额，公式计算结果可以为负数。

（2）按照公式计算本指标后，不应再计算往年增值税减免及退税返还税额，因为这部分价值不再形成企业缴纳义务。

（3）应交增值税中应包含本单位及下属分公司按简易计税办法计算的应纳税额，按照公式计算时可被进项税额抵减。

（4）符合财政部《关于深化增值税改革有关政策的公告》（财政部 税务总局 海关总署公告2019年第39号）规定，存在进项税额加计抵减的企业，应填报扣除应抵减数额后的应交增值税。

期末用工人数 指报告期最后一日24时企业实际拥有的、参与本企业生产经营活动的人员数，无论是否从本企业领取劳动报酬均视为用工人数。该指标为时点指标，不包括最后一日当天及以前已经不再参与本企业生产经营活动的人员。

包括企业的正式人员、劳务派遣人员和其他临时人员。具体包括直接参与加工、组装、维修、保养等本企业生产活动的人员；包括企业管理人员；包括对外安装本企业产品、保管、清洁、销售等与生产行为直接相关活动的人员；对于未参与本企业生产经营活动，但主要为本企业生产经营活动提供服务的人员，也视为参与生产经营活动人员，如利用本单位的车辆、仓储等设施进行运输、仓储活动的人员。不包括在本企业领取工资、股息、红利但未参加本企业生产经营活动的人员；不包括医疗、教育等为企业提供社会性服务活动的人员；不包括参加本企业建筑施工但所从事的工作与生产经营活动无关的人员，如参与企业厂房建筑施工的人员。

7 第三产业分行业主要指标

7-2 农林牧渔专业及辅助性活动

简要说明

一、主要内容

2012 年以来各地区农林牧渔服务业产值。按照新国民经济行业分类标准，2018 年起，农林牧渔服务业产值改为农林牧渔专业及辅助性活动产值。

二、资料来源

资料来源于《中国农村统计年鉴 2023》。

7-2-1 各地区农林牧渔专业及辅助性活动产值

（按当年价格计算） 单位：亿元

地 区	2012年	2013年	2014年	2015年	2016年	2017年	2018年	2019年	2020年	2021年	2022年
全 国	**3194.3**	**3555.5**	**3940.5**	**4341.3**	**4828.9**	**5353.1**	**5865.4**	**6489.0**	**7029.8**	**7748.1**	**8686.2**
北 京	7.5	8.0	8.4	8.7	8.7	8.7	8.8	9.1	8.8	7.1	5.8
天 津	10.2	10.3	10.7	11.1	12.0	12.1	13.7	14.7	18.4	18.0	18.1
河 北	241.5	266.5	290.2	313.2	342.0	375.5	413.2	467.3	520.9	572.5	631.2
山 西	70.5	76.5	83.6	86.7	89.5	92.6	97.4	103.0	109.9	117.6	123.8
内蒙古	34.7	37.8	40.2	42.2	44.6	47.0	49.0	50.8	52.4	56.4	93.2
辽 宁	154.1	174.7	194.5	200.8	203.1	209.4	188.4	189.7	182.5	180.4	184.2
吉 林	63.5	64.4	67.4	68.2	72.6	75.0	77.4	80.8	83.4	88.2	91.5
黑龙江	77.3	88.6	101.0	114.7	130.4	140.4	154.9	166.6	173.1	183.4	194.7
上 海	10.7	11.7	11.5	11.0	10.6	11.3	19.2	17.6	20.6	22.2	18.4
江 苏	280.8	309.6	352.9	400.0	437.7	478.3	511.0	558.5	587.8	626.1	711.3
浙 江	51.1	54.9	60.0	65.1	70.4	78.1	87.2	98.7	110.2	122.0	132.6
安 徽	132.9	146.9	162.5	173.6	218.4	239.5	264.6	295.2	325.3	356.0	394.8
福 建	95.9	103.9	112.5	122.2	132.1	139.9	150.4	168.4	178.1	188.6	200.0
江 西	85.4	91.2	98.8	106.0	111.3	120.5	133.7	148.8	164.1	203.2	242.7
山 东	325.1	363.4	400.9	432.0	510.7	594.7	678.9	750.1	804.1	876.7	963.7
河 南	237.2	263.6	294.5	327.4	361.6	404.3	464.8	557.8	611.4	716.8	874.6
湖 北	155.2	178.0	209.5	255.4	308.5	386.8	446.4	491.4	544.2	632.2	722.4
湖 南	235.2	259.9	281.5	302.5	345.9	392.0	428.4	477.4	520.0	560.3	624.8
广 东	162.7	178.2	193.0	206.6	225.7	245.3	269.4	308.3	358.6	404.1	456.4
广 西	117.0	131.4	150.2	166.7	189.3	213.9	235.3	257.4	275.1	302.9	327.0
海 南	31.5	35.2	39.7	44.0	49.5	55.9	63.0	71.7	77.2	84.2	109.5
重 庆	17.9	19.9	22.2	26.2	30.3	34.3	38.1	42.4	47.7	65.3	72.3
四 川	93.1	109.3	122.3	140.4	160.4	169.9	189.2	210.7	233.4	252.3	268.0
贵 州	67.8	75.0	80.7	107.3	147.6	162.2	176.5	190.6	203.1	219.6	234.0
云 南	80.1	90.4	100.0	111.8	123.0	131.7	141.9	153.9	169.4	187.3	201.5
西 藏	3.1	3.1	3.3	3.8	4.3	4.3	5.5	5.6	6.0	6.5	7.1
陕 西	105.2	118.7	129.3	137.9	150.5	162.8	177.8	196.3	209.3	225.1	243.7
甘 肃	137.6	154.8	168.9	182.2	138.4	148.4	139.3	145.5	150.8	161.7	173.9
青 海	4.6	4.9	5.3	5.7	6.0	6.3	6.7	7.1	7.6	7.9	8.2
宁 夏	15.8	17.9	19.8	21.7	22.9	24.5	26.1	27.7	28.7	30.1	32.6
新 疆	89.3	106.8	124.9	146.2	171.0	187.3	209.4	226.0	248.0	273.4	324.2

注：2012—2017年数据根据第三次全国农业普查结果进行了修订(下同)。

【主要统计指标解释】

农林牧渔专业及辅助性活动（2018年以前为农林牧渔服务业） 指对农、林、牧、渔业生产活动进行的各种支持性服务活动，不包括各种科学技术和专业技术服务活动。具体包括灌溉服务、农产品初级加工服务、其他农业服务、林业服务、兽医服务、其他畜牧服务、渔业服务等。

农林牧渔专业及辅助性活动产值（2018年以前为农林牧渔服务业产值） 指对农林牧渔业生产活动进行的各种支持性服务活动的价值，等于农林牧渔专业及辅助性活动营业收入。

7 第三产业分行业主要指标

7-3 开采专业及辅助性活动和金属制品、机械和设备修理业

简要说明

一、主要内容

本篇资料是反映开采专业及辅助性活动和金属制品、机械和设备修理业两个行业的主要经济指标。

二、统计范围与统计口径

本篇所涉及的全国统计数据，均未包括香港特别行政区、澳门特别行政区和台湾省的数据，数据统计口径为年主营业务收入在 2000 万元及以上的开采专业及辅助性活动和金属制品、机械和设备修理业法人单位。

三、资料来源

本篇工业统计数据主要根据工业统计年度报表有关资料整理汇总。

7-3-1 开采专业及辅助性活动主要经济指标

年 份	资产总计（亿元）	营业收入（亿元）	平均用工人数（万人）
2013	2821.94	2215.33	32.35
2014	2662.36	2118.74	30.97
2015	2760.84	1755.93	29.18
2016	2825.78	1574.66	29.27
2017	2553.60	1600.73	26.80
2018	2847.56	2215.43	30.89
2019	3003.55	2434.63	31.09
2020	3081.12	2106.54	28.99
2021	3123.50	2196.93	27.53
2022	3338.40	2436.17	27.35

7-3-2 金属制品、机械和设备修理业主要经济指标

年 份	资产总计（亿元）	营业收入（亿元）	平均用工人数（万人）
2013	1184.10	929.91	16.90
2014	1096.17	853.60	15.35
2015	1303.91	977.77	16.69
2016	2198.00	1194.85	17.04
2017	1734.00	1093.53	15.16
2018	1957.65	1205.97	15.02
2019	2182.27	1452.91	17.62
2020	2389.82	1456.55	20.30
2021	2603.99	1607.84	21.92
2022	4189.21	1883.17	24.33

7-3-3 按地区分组开采专业及辅助性活动主要经济指标(2022年)

地 区	资产总计 (亿元)	营业收入 (亿元)	平均用工人数 (万人)
全 国	**3338.40**	**2436.17**	**27.35**
北 京	458.78	179.80	1.52
天 津	414.78	326.26	3.01
河 北	0.28	0.80	
山 西	8.65	4.89	0.05
内蒙古			
辽 宁	213.76	172.74	3.96
吉 林	102.60	72.98	1.31
黑龙江	487.23	261.70	4.15
上 海			
江 苏			
浙 江			
安 徽	7.22	5.53	0.02
福 建			
江 西			
山 东	133.05	160.94	2.35
河 南	133.10	114.95	1.07
湖 北	48.66	56.60	0.33
湖 南			
广 东	102.99	55.80	0.18
广 西			
海 南			
重 庆			
四 川	391.28	365.93	2.11
贵 州			
云 南	0.32	0.49	0.02
西 藏			
陕 西	332.33	276.39	3.24
甘 肃	25.20	18.72	0.25
青 海			
宁 夏			
新 疆	478.17	361.65	3.78

7-3-4 按地区分组金属制品、机械和设备修理业主要经济指标(2022年)

地　区	资产总计 (亿元)	营业收入 (亿元)	平均用工人数 (万人)
全　国	**4189.21**	**1883.17**	**24.33**
北　京	488.11	94.22	1.45
天　津	51.52	38.73	0.78
河　北	71.80	53.77	1.24
山　西	86.24	56.29	1.03
内蒙古	10.72	9.53	0.21
辽　宁	1372.58	187.26	2.19
吉　林	43.90	21.74	0.26
黑龙江	41.94	13.91	0.24
上　海	409.45	310.41	2.99
江　苏	26.52	26.20	0.36
浙　江	244.16	146.05	1.85
安　徽	181.48	60.97	0.73
福　建	155.73	155.96	1.19
江　西	6.22	11.97	0.29
山　东	93.10	61.80	1.08
河　南	71.44	59.69	0.63
湖　北	120.51	120.27	2.05
湖　南	10.44	17.22	0.44
广　东	303.95	239.57	2.51
广　西	59.51	26.04	0.50
海　南	8.75	6.22	0.26
重　庆	12.19	10.31	0.31
四　川	119.96	57.39	0.31
贵　州	5.33	3.32	0.12
云　南	12.92	0.54	0.03
西　藏			
陕　西	104.83	50.96	0.48
甘　肃	57.06	25.55	0.33
青　海	1.78	5.45	0.21
宁　夏	5.35	3.22	0.05
新　疆	11.73	8.62	0.22

【主要统计指标解释】

资产总计 指企业过去的交易或者事项形成的、由企业拥有或者控制的、预期会给企业带来经济利益的资源。资产一般按流动性（资产的变现或耗用时间长短）分为流动资产和非流动资产。其中流动资产可分为货币资金、交易性金融资产、应收票据、应收账款、预付款项、其他应收款、存货等；非流动资产可分为长期股权投资、固定资产、无形资产及其他非流动资产等。根据会计“资产负债表”中“资产总计”项目的期末余额数填报。包括企业拥有的土地、办公楼、厂房、机器、运输工具、存货等实物资产和现金、存款、应收账款和预付账款等金融资产。

营业收入 指企业从事销售商品、提供劳务和让渡资产使用权等生产经营活动形成的经济利益流入。营业收入包括“主营业务收入”和“其他业务收入”。根据会计“利润表”中“营业收入”项目的本年累计数填报。

平均用工人数 指报告期企业平均实际拥有的、参与本企业生产经营活动的人员数。

7 第三产业分行业主要指标

7-4 批发和零售业

简要说明

一、主要内容

批发和零售业法人单位财务状况和经营情况。

二、统计范围

限额以上批发和零售业法人单位。

三、统计调查方法

对限额以上批发和零售业法人单位采用全面调查的方法。

四、限额标准

批发业法人单位，年主营业务收入2000万元及以上。

零售业法人单位，年主营业务收入500万元及以上。

五、资料来源

本部分统计资料由国家统计局贸易外经统计司根据《批发和零售业统计报表制度》搜集的资料加工整理而得。

7-4-1 限额以上批发和零售业企业年末资产负债(2022年)

单位：亿元

项　　目	资产总计	#流动资产合计	#固定资产净额	负债合计	所有者权益合计
总　　计	**535446.9**	**410835.7**	**17278.2**	**390772.3**	**145092.1**
一、批发业	**458950.5**	**358553.6**	**10724.1**	**334549.2**	**124563.3**
#国有控股	171150.0	121974.6	4508.0	116654.2	54725.5
(一)按登记注册类型分					
内资企业	**390275.7**	**303518.2**	**9033.8**	**287639.6**	**102485.2**
国有企业	18224.0	14986.8	796.2	10441.9	7817.6
集体企业	307.0	238.2	18.2	254.2	52.7
股份合作企业	218.8	200.7	6.4	180.9	37.9
联营企业	326.4	238.3	6.2	231.4	95.0
国有联营企业	258.2	175.9	5.2	177.9	80.3
集体联营企业	4.2	4.0	0.2	2.9	1.3
国有与集体联营企业	20.2	14.5	0.9	7.7	12.5
其他联营企业	43.8	43.8		42.9	0.9
有限责任公司	182739.1	137074.0	3886.5	133794.9	48959.0
国有独资公司	40199.5	23876.1	1174.7	26230.2	13960.9
其他有限责任公司	142539.6	113197.9	2711.7	107564.7	34998.2
股份有限公司	33063.6	19453.9	828.0	19943.2	13020.1
私营企业	155232.4	131192.2	3479.9	122687.0	32444.7
私营独资企业	1132.1	1042.3	27.6	952.5	179.1
私营合伙企业	145.5	134.6	3.2	112.8	32.6
私营有限责任公司	147731.7	125998.7	3289.2	118359.8	29273.5
私营股份有限公司	6223.1	4016.5	159.9	3261.9	2959.5
其他企业	164.4	134.2	12.4	106.0	58.2
港、澳、台商投资企业	**28040.6**	**22695.5**	**541.8**	**19397.4**	**8646.0**
合资经营企业	3939.5	3087.8	92.6	2468.8	1470.6
合作经营企业	203.3	153.8	0.7	144.9	58.4
独资经营企业	21885.4	18167.0	416.1	15810.2	6078.0
投资股份有限公司	1782.5	1081.5	27.2	836.1	946.3
其他港澳台商投资企业	229.9	205.3	5.2	137.3	92.6
外商投资企业	**40634.3**	**32339.9**	**1148.5**	**27512.2**	**13432.1**
中外合资经营企业	7465.5	5798.3	194.2	5863.6	1923.0
中外合作经营企业	29.9	23.1	2.1	24.1	5.7
外资企业	29874.9	24632.2	871.4	20101.1	9762.6
外商投资股份有限公司	2971.5	1614.0	78.2	1304.6	1666.9
其他外商投资企业	292.6	272.3	2.7	218.7	73.9
(二)按国民经济行业分					
农、林、牧、渔产品批发	19008.9	14218.1	802.2	14417.8	4579.8
食品、饮料及烟草制品批发	43744.6	34134.7	1621.6	27855.8	15889.8
#米、面制品及食用油批发	9884.5	6224.3	362.8	7472.4	2411.2
肉、禽、蛋、奶及水产品批发	5133.6	4273.2	195.5	4193.5	939.7
酒、饮料及茶叶批发	10461.7	8851.2	201.6	6828.8	3631.9
烟草制品批发	7885.7	6593.0	477.1	1879.5	6006.2
纺织、服装及家庭用品批发	34104.3	27536.0	867.9	25111.2	8980.7
#服装批发	6332.7	4983.0	226.4	4299.4	2029.1

注：限额以上批发和零售业企业中，由于包含了部分视同法人单位，因此财务指标数据资产总计≠负债合计+所有者权益合计(下表同)。

7-4-1 续表 1 单位：亿元

项　　目	资产总计	#流动资产合计	#固定资产净额	负债合计	所有者权益合计
鞋帽批发	1763.5	1538.5	45.6	1281.3	482.3
日用家电批发	9344.3	7906.7	122.7	7550.1	1793.1
文化、体育用品及器材批发	10012.9	8119.9	263.8	6934.0	3079.2
#文具用品批发	2580.3	2203.5	52.1	2001.1	579.1
体育用品及器材批发	1077.9	961.6	24.8	789.6	288.3
图书批发	1997.6	1399.4	104.7	1135.9	861.7
医药及医疗器材批发	33911.9	28900.6	772.5	24863.9	9045.7
#西药批发	19560.9	16471.5	370.7	14440.0	5120.4
中药批发	4268.4	3676.0	123.7	3308.2	960.1
矿产品、建材及化工产品批发	232769.2	175010.9	4652.1	171560.1	61391.1
#煤炭及制品批发	40660.7	26824.1	710.7	27645.4	13072.1
石油及制品批发	31137.8	22553.1	1760.7	22933.9	8446.9
金属及金属矿批发	91285.0	71447.3	992.2	69691.7	21500.2
建材批发	25993.4	21709.0	513.9	20336.4	5641.4
化肥批发	4594.1	3443.1	84.8	3415.3	1177.1
农药批发	969.0	720.4	20.2	705.1	263.9
机械设备、五金产品及电子产品批发	72155.1	60164.6	1450.1	54074.8	18083.2
#汽车及零配件批发	24988.4	20727.6	316.2	20048.9	4949.6
计算机、软件及辅助设备批发	6342.0	5728.2	56.7	4957.1	1384.1
通讯设备批发	5195.2	4555.5	41.2	3954.8	1239.7
贸易经纪与代理	4925.0	4204.5	64.8	3809.1	1114.6
其他批发业	8318.6	6264.3	229.3	5922.5	2399.2
二、零售业	**76496.3**	**52282.2**	**6554.0**	**56223.1**	**20528.7**
#国有控股	16110.7	8430.2	1890.2	9201.4	7113.3
(一)按登记注册类型分					
内资企业	**60726.2**	**42005.7**	**5273.1**	**44343.5**	**16534.6**
国有企业	1120.6	660.4	154.4	866.2	532.2
集体企业	126.5	91.6	13.7	66.8	57.8
股份合作企业	54.7	36.5	7.4	29.5	25.1
联营企业	29.0	17.9	1.6	16.5	12.3
国有联营企业	21.3	11.6	0.8	13.4	7.9
集体联营企业	1.0	0.8	0.1	0.6	0.5
国有与集体联营企业	3.5	2.7	0.5	1.6	1.6
其他联营企业	3.2	2.7	0.3	0.8	2.4
有限责任公司	22097.9	14888.8	1898.0	16486.7	5597.1
国有独资公司	1612.4	1009.0	141.7	908.4	701.5
其他有限责任公司	20485.5	13879.8	1756.3	15578.3	4895.6
股份有限公司	7807.4	3751.0	926.3	4113.4	3627.0
私营企业	29430.8	22523.3	2261.1	22734.9	6654.1
私营独资企业	590.5	392.2	90.5	323.8	261.9
私营合伙企业	87.1	57.8	12.0	49.5	37.2
私营有限责任公司	27362.7	21291.7	2075.5	21506.4	5819.2
私营股份有限公司	1390.6	781.6	83.1	855.2	535.9
其他企业	59.1	36.2	10.6	29.5	29.0
港、澳、台商投资企业	**6629.6**	**4443.1**	**441.0**	**5042.5**	**1592.3**
合资经营企业	1225.0	740.4	104.9	806.9	418.8

7-4-1 续表 2

单位：亿元

项　　目	资产总计	#流动资产合计	#固定资产净额	负债合计	所有者权益合计
合作经营企业	52.5	35.3	4.6	26.0	26.6
独资经营企业	4760.1	3212.6	317.8	3829.1	935.4
投资股份有限公司	466.0	354.5	11.7	301.4	164.6
其他港澳台商投资企业	126.0	100.2	1.9	79.0	46.9
外商投资企业	**9140.6**	**5833.3**	**839.8**	**6837.1**	**2401.9**
中外合资经营企业	2093.5	1052.7	255.5	1402.6	710.2
中外合作经营企业	37.9	22.5	5.6	22.4	15.5
外资企业	5598.9	3951.1	408.9	4666.3	995.9
外商投资股份有限公司	1335.0	747.2	161.9	690.6	660.1
其他外商投资企业	75.4	59.9	8.0	55.2	20.2
（二）按国民经济行业分					
综合零售	19368.4	10807.5	2072.9	14842.2	4544.1
#百货零售	11682.5	6213.5	1361.4	7933.1	3733.8
超级市场零售	6892.1	4069.1	639.1	6177.2	741.6
食品、饮料及烟草制品专门零售	3849.7	2768.9	40.0	2327.5	1502.7
#粮油零售	372.7	255.5	326.5	244.7	127.5
肉、禽、蛋、奶及水产品零售	585.6	386.7	38.8	358.3	225.5
酒、饮料及茶叶零售	1190.9	920.5	63.7	704.7	475.3
烟草制品零售	196.7	158.1	95.8	74.5	122.0
纺织、服装及日用品专门零售	4659.6	3454.3	8.3	3482.9	1178.7
#服装零售	2910.6	2086.6	265.5	2192.0	721.3
文化、体育用品及器材专门零售	4114.2	2982.0	191.6	2505.0	1613.6
#体育用品及器材零售	155.3	99.4	310.8	129.3	26.3
图书、报刊零售	2098.9	1489.5	13.1	1180.5	918.3
医药及医疗器材专门零售	3815.5	2898.4	232.6	2959.9	851.6
#西药零售	3449.9	2611.2	120.0	2690.2	756.7
汽车、摩托车、零配件和燃料及其他动力销售	27292.4	18246.5	105.8	19297.9	8265.4
#汽车新车零售	17778.8	13961.0	2852.3	14173.2	3587.2
机动车燃油零售	8434.8	3518.4	1421.8	4435.1	4352.0
家用电器及电子产品专门零售	3883.4	3267.8	1317.4	2938.9	939.3
#日用家电零售	1936.7	1619.1	64.6	1447.1	490.1
计算机、软件及辅助设备零售	685.4	572.6	15.8	444.2	239.8
通信设备零售	589.7	526.8	12.3	492.5	96.4
五金、家具及室内装饰材料专门零售	1413.8	900.8	181.1	1063.0	344.6
货摊、无店铺及其他零售业	8099.3	6955.9	292.5	6805.8	1288.5
#互联网零售	7318.4	6464.8	150.5	6335.7	981.9
（三）按零售业态分					
有店铺零售	67465.6	44465.8	6302.0	48662.9	19059.8
超市	10463.4	6078.4	1067.1	8769.3	1726.1
百货店	12685.7	6912.4	1480.0	8687.8	3978.5
专业店	23741.7	15711.5	2277.0	15851.7	8074.4
品牌专卖店	23018.1	16956.0	1835.2	16971.0	6102.0
集合店	645.3	491.1	54.4	538.8	101.4
无店铺零售	16654.1	12974.6	671.1	13192.4	3474.3

7-4-2 各地区限额以上批发和零售业企业年末资产负债(2022年)

单位：亿元

地 区	资产总计	#流动资产合计	#固定资产净额	负债合计	所有者权益合计
全 国	**535446.9**	**410835.7**	**17278.2**	**390772.3**	**145092.1**
北 京	62054.9	42645.8	1137.6	41545.0	20502.8
天 津	16975.7	12480.0	311.7	13054.3	3919.9
河 北	9169.7	7219.1	448.0	6739.6	2402.1
山 西	13743.6	10830.4	444.3	10799.8	2943.6
内蒙古	5165.8	3194.9	270.6	3458.6	1695.4
辽 宁	8771.3	6822.1	700.1	7156.3	1591.3
吉 林	3480.9	2565.9	307.6	2527.2	954.1
黑龙江	5453.2	4446.9	266.0	4423.7	1027.8
上 海	59852.1	48410.8	1098.3	42380.8	17446.4
江 苏	46859.4	37070.9	1801.3	35055.0	12113.5
浙 江	49408.6	38880.6	1318.1	37406.3	12073.3
安 徽	10360.4	8442.4	417.3	7761.4	2588.8
福 建	27057.4	19798.3	634.4	19173.6	7859.5
江 西	6861.2	5424.0	311.3	4994.1	1866.5
山 东	35995.3	29207.4	1374.0	29005.0	7089.0
河 南	11190.1	9074.1	474.1	8172.0	3116.6
湖 北	10699.1	7832.4	606.8	7871.9	2813.1
湖 南	7118.0	4864.4	440.2	4783.2	2371.3
广 东	68110.0	54796.6	1572.5	51165.3	16918.7
广 西	8553.7	6363.9	299.1	6192.0	2285.8
海 南	5687.1	4277.7	133.7	3985.0	1700.0
重 庆	7798.9	6172.9	398.9	5494.9	2431.0
四 川	15346.2	11519.5	657.1	10477.6	4863.7
贵 州	6800.8	5345.5	256.4	4589.3	2251.0
云 南	8051.9	5635.3	340.3	5056.4	2961.5
西 藏	476.2	400.6	27.8	276.5	201.9
陕 西	8949.5	6999.3	366.1	6524.7	2426.4
甘 肃	3603.6	1962.2	220.1	2263.2	1324.3
青 海	1931.9	873.9	65.1	985.8	945.2
宁 夏	845.5	576.5	77.0	571.6	278.1
新 疆	9074.6	6701.5	502.5	6882.0	2129.4

7-4-3 各地区限额以上批发业企业年末资产负债(2022年)

单位：亿元

地 区	资产总计	#流动资产合计	#固定资产净额	负债合计	所有者权益合计
全 国	**458950.5**	**358553.6**	**10724.1**	**334549.2**	**124563.3**
北 京	56886.3	38740.2	911.3	37613.0	19281.9
天 津	15861.1	11703.6	211.4	12059.7	3800.8
河 北	7047.8	5813.3	159.7	5204.7	1842.3
山 西	12549.0	10005.8	312.8	9757.0	2788.7
内蒙古	4509.7	2779.5	160.0	2907.5	1599.5
辽 宁	6763.4	5497.6	524.1	5568.4	1178.3
吉 林	2404.5	1849.8	148.3	1774.2	630.3
黑龙江	4566.6	3821.7	143.9	3687.1	879.0
上 海	53319.4	43575.7	798.9	37235.0	16041.0
江 苏	39635.3	32149.6	1123.4	29817.3	10130.8
浙 江	44164.8	35287.0	857.1	33459.9	10766.1
安 徽	8228.3	6995.7	210.2	6347.5	1879.6
福 建	24378.3	18075.5	413.6	17320.7	7053.0
江 西	4834.8	4107.3	155.3	3606.4	1226.6
山 东	31304.5	25869.4	915.7	24977.0	6300.6
河 南	8390.8	7100.9	223.7	6172.6	2215.2
湖 北	7651.5	5935.5	292.3	5670.1	1973.6
湖 南	4251.1	3363.8	165.5	3015.5	1290.8
广 东	59060.8	48060.1	1129.5	44788.7	14236.1
广 西	7392.4	5536.9	192.9	5332.0	1982.8
海 南	4853.3	3685.7	72.2	3411.0	1440.2
重 庆	6117.4	5138.8	191.8	4337.4	1761.7
四 川	12087.2	9455.4	332.8	8211.5	3875.0
贵 州	5186.7	4343.5	94.7	3487.8	1694.0
云 南	6650.4	4762.4	194.6	4154.0	2495.3
西 藏	364.0	323.8	8.5	200.8	162.9
陕 西	6975.1	5670.7	178.5	5106.0	1874.3
甘 肃	2986.7	1573.0	139.5	1844.0	1135.6
青 海	1780.5	776.9	41.4	865.9	914.3
宁 夏	587.4	432.4	49.3	397.3	194.2
新 疆	8161.5	6122.0	371.1	6219.2	1919.4

7-4-4 各地区限额以上零售业企业年末资产负债(2022年)

单位：亿元

地 区	资产总计	#流动资产合计	#固定资产净额	负债合计	所有者权益合计
全 国	**76496.3**	**52282.2**	**6554.0**	**56223.1**	**20528.7**
北 京	5168.6	3905.6	226.3	3932.0	1221.0
天 津	1114.6	776.3	100.3	994.6	119.1
河 北	2121.9	1405.7	288.2	1534.9	559.8
山 西	1194.6	824.6	131.5	1042.8	155.0
内蒙古	656.1	415.3	110.5	551.1	95.9
辽 宁	2007.9	1324.5	176.0	1587.9	413.0
吉 林	1076.4	716.1	159.3	753.1	323.8
黑龙江	886.6	625.2	122.2	736.6	148.8
上 海	6532.7	4835.2	299.4	5145.9	1405.5
江 苏	7224.1	4921.3	678.0	5237.7	1982.7
浙 江	5243.8	3593.6	461.0	3946.5	1307.2
安 徽	2132.0	1446.7	207.1	1413.9	709.2
福 建	2679.1	1722.8	220.7	1852.8	806.5
江 西	2026.4	1316.8	156.0	1387.7	640.0
山 东	4690.9	3338.0	458.3	4028.0	788.4
河 南	2799.3	1973.3	250.4	1999.4	901.4
湖 北	3047.6	1896.8	314.5	2201.8	839.6
湖 南	2867.0	1500.7	274.7	1767.8	1080.5
广 东	9049.2	6736.5	443.0	6376.6	2682.6
广 西	1161.4	827.0	106.2	860.0	303.1
海 南	833.7	592.0	61.5	574.1	259.8
重 庆	1681.6	1034.0	207.2	1157.4	669.3
四 川	3259.1	2064.1	324.3	2266.1	988.7
贵 州	1614.1	1002.1	161.7	1101.5	557.0
云 南	1401.5	872.8	145.7	902.4	466.2
西 藏	112.2	76.8	19.3	75.6	39.0
陕 西	1974.5	1328.6	187.6	1418.7	552.2
甘 肃	616.9	389.2	80.6	419.2	188.8
青 海	151.4	96.9	23.6	119.9	30.9
宁 夏	258.1	144.1	27.7	174.2	83.9
新 疆	913.2	579.5	131.4	662.8	210.1

7-4-5 限额以上批发和零售业企业损益及分配(2022年)

单位：亿元

项目	营业收入	营业成本	销售费用	管理费用	财务费用	利润总额
总 计	**1075852.9**	**1010832.5**	**30085.7**	**14635.9**	**3094.2**	**18724.4**
一、批发业	**936799.4**	**890008.5**	**18911.1**	**10451.1**	**2402.2**	**16810.3**
#国有控股	328302.9	314649.4	3357.7	2272.0	911.4	7281.1
(一)按登记注册类型分						
内资企业	**810689.2**	**776103.1**	**12800.6**	**7613.6**	**2217.0**	**12546.8**
国有企业	37507.1	32216.1	573.8	843.6	-76.9	2020.1
集体企业	448.4	431.8	6.7	7.9	2.3	3.0
股份合作企业	504.5	487.5	6.4	4.6	1.6	1.4
联营企业	654.1	645.6	2.4	3.0	2.6	8.3
国有联营企业	543.1	535.8	2.0	2.3	2.9	7.7
集体联营企业	13.7	13.3	0.2	0.1		0.2
国有与集体联营企业	20.4	19.8	0.2	0.5	-0.2	0.3
其他联营企业	76.8	76.7	0.1	0.1	-0.1	0.1
有限责任公司	346689.1	335014.7	4525.7	2149.4	1131.0	5422.9
国有独资公司	57925.9	56431.8	454.3	359.4	301.7	1127.3
其他有限责任公司	288763.2	278582.9	4071.4	1789.9	829.2	4295.6
股份有限公司	50879.7	49286.4	731.0	344.6	213.3	1092.6
私营企业	373547.3	357607.2	6946.5	4251.3	942.3	3981.6
私营独资企业	3504.7	3342.9	59.9	40.3	6.6	52.0
私营合伙企业	528.1	488.3	6.5	5.3	0.5	28.5
私营有限责任公司	362970.5	347784.8	6674.0	4084.8	900.6	3629.4
私营股份有限公司	6543.9	5991.3	206.0	120.9	34.5	271.7
其他企业	459.1	413.8	8.1	9.1	0.8	16.8
港、澳、台商投资企业	**43872.4**	**39457.5**	**2205.2**	**1360.9**	**61.9**	**1353.2**
合资经营企业	5773.3	5426.0	141.2	94.8	20.8	109.4
合作经营企业	261.7	245.1	8.9	2.9	1.5	3.8
独资经营企业	35720.9	31884.9	1904.4	1220.3	36.9	1130.6
投资股份有限公司	1705.7	1536.2	115.3	34.4	1.9	111.1
其他港澳台商投资企业	410.8	365.3	35.3	8.5	0.8	-1.7
外商投资企业	**82237.8**	**74447.9**	**3905.4**	**1476.6**	**123.3**	**2910.3**
中外合资经营企业	22126.6	21033.8	602.2	128.4	17.2	401.1
中外合作经营企业	22.2	17.7	2.6	2.3	0.6	-1.1
外资企业	58050.6	51600.3	3125.8	1300.0	93.1	2348.6
外商投资股份有限公司	1539.7	1342.1	147.0	39.8	11.8	146.0
其他外商投资企业	498.8	454.0	27.9	6.1	0.6	15.8
(二)按国民经济行业分						
农、林、牧、渔产品批发	28662.7	27831.4	266.4	240.9	183.0	272.7
食品、饮料及烟草制品批发	71799.9	60717.6	3249.8	1870.1	-41.2	4212.4
#米、面制品及食用油批发	12207.8	11606.3	357.1	152.8	36.0	118.5
肉、禽、蛋、奶及水产品批发	10010.6	9365.6	378.2	163.4	32.3	70.5
酒、饮料及茶叶批发	13151.7	10195.8	1224.6	319.3	-10.4	1540.1
烟草制品批发	19411.8	14087.2	448.6	835.4	-163.1	2114.0
纺织、服装及家庭用品批发	59572.6	53103.4	3666.4	1775.9	89.5	1477.5
#服装批发	9692.7	8343.7	745.3	378.6	17.6	248.2
鞋帽批发	2754.2	2314.1	173.7	193.3	4.2	90.2
日用家电批发	15581.6	14340.6	707.7	504.0	-13.5	323.3

7-4-5 续表 1

单位：亿元

项 目	营业收入	营业成本	销售费用	管理费用	财务费用	利润总额
文化、体育用品及器材批发	14769.7	13477.9	570.6	328.0	27.9	463.2
#文具用品批发	4950.6	4717.4	97.1	68.7	12.9	60.5
体育用品及器材批发	1678.8	1491.7	82.1	44.9	-1.4	127.7
图书批发	1227.9	990.7	79.3	72.4	-7.7	104.3
医药及医疗器材批发	42845.4	37169.0	3001.2	1200.4	202.7	1404.7
#西药批发	25194.6	22498.9	1427.0	519.8	125.3	736.0
中药批发	5745.3	4925.7	544.9	134.6	22.6	127.4
矿产品、建材及化工产品批发	575668.9	563676.1	4290.2	2751.6	1683.5	5572.1
#煤炭及制品批发	75110.6	72923.9	777.2	404.0	313.3	1813.8
石油及制品批发	98822.6	96673.7	957.2	397.7	214.9	857.5
金属及金属矿批发	262036.8	258967.9	846.6	790.8	690.6	1183.0
建材批发	32288.7	30884.7	470.6	355.1	191.3	427.8
化肥批发	7971.0	7670.9	107.1	53.5	31.5	157.1
农药批发	1245.6	1121.9	62.3	26.1	5.3	37.2
机械设备、五金产品及电子产品批发	120303.5	112027.5	3381.1	2016.1	207.6	2926.5
#汽车及零配件批发	44028.7	41515.8	1337.9	388.7	11.8	871.0
计算机、软件及辅助设备批发	14368.4	13485.5	302.5	159.2	71.4	280.7
通讯设备批发	12314.2	11801.0	251.8	110.9	21.2	179.9
贸易经纪与代理	4772.8	4509.3	73.4	67.2	13.9	133.0
其他批发业	18403.9	17496.3	412.0	200.9	35.4	348.3
二、零售业	**139053.5**	**120824.0**	**11174.6**	**4184.8**	**692.0**	**1914.1**
#国有控股	24762.1	22179.1	1485.0	461.8	98.6	626.8
(一)按登记注册类型分						
内资企业	**109965.3**	**96684.8**	**7915.2**	**3276.1**	**565.8**	**1319.8**
国有企业	1866.0	1729.3	113.7	40.7	7.5	-20.0
集体企业	295.2	255.2	14.8	14.2	0.5	7.7
股份合作企业	119.8	104.2	6.4	5.0	0.6	3.6
联营企业	58.6	50.6	2.8	1.2	0.1	3.6
国有联营企业	29.6	25.4	1.4	0.5	0.1	1.6
集体联营企业	5.7	4.8	0.5	0.1		0.3
国有与集体联营企业	14.2	12.5	0.6	0.2		0.9
其他联营企业	9.2	7.9	0.4	0.3		0.8
有限责任公司	36495.2	32058.9	2872.8	964.0	196.1	420.8
国有独资公司	1714.6	1460.4	106.2	60.4	11.1	88.1
其他有限责任公司	34780.6	30598.5	2766.6	903.6	185.0	332.7
股份有限公司	10664.3	9611.4	661.9	186.4	35.8	207.4
私营企业	60340.9	52766.0	4238.4	2061.2	324.7	691.0
私营独资企业	1630.9	1398.6	76.0	58.8	8.6	72.5
私营合伙企业	213.3	182.7	10.0	9.5	0.9	8.1
私营有限责任公司	57221.4	50158.5	4001.1	1951.2	306.8	570.2
私营股份有限公司	1275.3	1026.2	151.2	41.7	8.4	40.2
其他企业	125.2	109.2	4.4	3.5	0.4	5.7
港、澳、台商投资企业	**11069.5**	**8816.0**	**1458.1**	**415.5**	**49.0**	**307.7**
合资经营企业	1511.8	1243.6	167.9	53.2	9.2	38.9

7-4-5 续表 2 单位：亿元

项　　目	营业收入	营业成本	销售费用	管理费用	财务费用	利润总额
合作经营企业	77.5	64.8	10.1	1.8	0.3	2.5
独资经营企业	9011.3	7182.7	1169.3	339.6	38.0	259.1
投资股份有限公司	281.8	199.9	64.0	13.7	1.1	3.6
其他港澳台商投资企业	187.1	125.0	46.8	7.3	0.3	3.6
外商投资企业	**18018.7**	**15323.1**	**1801.3**	**493.1**	**77.2**	**286.6**
中外合资经营企业	3449.6	2946.3	352.5	98.9	23.1	-11.0
中外合作经营企业	69.9	60.2	5.9	2.3		-0.5
外资企业	12320.3	10377.2	1328.3	361.1	47.6	205.1
外商投资股份有限公司	1985.9	1779.8	85.8	22.8	5.7	97.5
其他外商投资企业	193.0	159.7	28.8	8.1	0.8	-4.4
(二)按国民经济行业分						
综合零售	19631.3	15846.8	2366.8	928.9	212.0	267.8
#百货零售	8558.4	6737.4	896.4	513.3	113.0	328.2
超级市场零售	9978.3	8258.2	1294.9	338.3	91.9	-36.0
食品、饮料及烟草制品专门零售	5485.8	4514.0	462.7	240.7	23.5	265.9
#粮油零售	465.7	419.2	20.1	17.3	3.0	7.9
肉、禽、蛋、奶及水产品零售	856.8	737.1	61.5	36.4	3.4	14.5
酒、饮料及茶叶零售	1697.6	1384.4	89.7	58.2	7.2	179.7
烟草制品零售	219.5	182.3	15.7	11.5		13.8
纺织、服装及日用品专门零售	6428.1	4035.7	1565.5	448.3	43.1	322.9
#服装零售	3478.3	2157.2	879.8	273.0	28.7	138.3
文化、体育用品及器材专门零售	4146.8	3287.1	438.8	237.2	11.1	166.4
#体育用品及器材零售	221.8	141.7	53.6	19.1	2.0	3.1
图书、报刊零售	1434.7	1076.3	156.2	115.1	-4.6	107.1
医药及医疗器材专门零售	5287.7	4086.3	791.7	245.3	29.1	146.0
#西药零售	4792.6	3710.7	723.0	217.6	25.6	126.9
汽车、摩托车、零配件和燃料及其他动力销售	64615.6	59877.4	2573.0	1221.8	285.6	479.5
#汽车新车零售	42730.4	39824.7	1629.9	960.7	210.0	-14.0
机动车燃油零售	20214.5	18555.4	860.1	212.4	68.1	472.0
家用电器及电子产品专门零售	7180.4	6469.6	413.6	214.6	33.5	28.9
#日用家电零售	2603.9	2352.7	177.0	84.0	13.6	-24.9
计算机、软件及辅助设备零售	1964.8	1774.3	89.5	45.7	3.1	44.8
通信设备零售	1472.7	1334.5	82.4	44.7	6.9	2.8
五金、家具及室内装饰材料专门零售	1851.3	1506.9	163.0	111.4	17.1	33.4
货摊、无店铺及其他零售业	24426.4	21200.2	2399.5	536.5	36.9	203.4
#互联网零售	23324.8	20288.9	2305.1	482.3	33.1	168.8
(三)按零售业态分						
有店铺零售	113594.1	98810.6	8603.8	3585.4	649.6	1732.6
超市	13750.7	11341.1	1711.1	536.7	118.6	18.6
百货店	10059.9	7814.6	1179.4	589.0	120.1	370.6
专业店	42840.2	37779.3	2708.6	1195.7	196.4	859.2
品牌专卖店	48886.1	43229.2	3326.4	1380.5	229.3	616.0
集合店	1095.5	969.3	76.9	40.0	6.8	12.5
无店铺零售	37404.6	31971.3	3932.9	1002.4	98.8	313.2

7-4-6 各地区限额以上批发和零售业企业损益及分配(2022年)

单位：亿元

地 区	营业收入	营业成本	销售费用	管理费用	财务费用	利润总额
全 国	**1075852.9**	**1010832.5**	**30085.7**	**14635.9**	**3094.2**	**18724.4**
北 京	78630.9	73142.1	2638.6	1590.2	263.0	2465.4
天 津	40225.9	38913.8	675.2	294.3	90.8	329.2
河 北	21613.6	20404.0	442.0	248.3	76.0	305.5
山 西	21057.7	20039.1	359.2	261.9	93.4	388.8
内蒙古	8094.8	7559.1	228.0	115.1	37.5	230.6
辽 宁	23267.7	22324.6	397.8	234.5	74.4	156.8
吉 林	4320.9	3915.4	203.6	108.4	34.6	31.2
黑龙江	9136.8	8598.7	270.6	111.0	28.3	107.2
上 海	137058.3	125844.6	6016.7	2410.6	302.6	3056.5
江 苏	99497.3	93643.1	2429.6	1366.2	285.4	1518.5
浙 江	122978.0	117787.9	2597.2	1152.0	256.4	1690.3
安 徽	19697.9	18101.5	831.6	326.5	53.4	286.0
福 建	61871.1	59034.0	1196.9	557.1	206.8	953.0
江 西	13232.7	12055.4	534.3	222.6	43.2	282.0
山 东	69381.5	66389.4	1417.6	734.6	230.6	423.0
河 南	21311.9	19590.4	630.6	385.5	80.4	440.3
湖 北	22378.9	20457.8	801.5	373.4	67.0	506.4
湖 南	13961.4	12492.2	555.9	311.4	56.3	386.3
广 东	136129.9	128289.4	3968.6	2054.7	330.3	1617.3
广 西	15545.1	14855.5	309.5	176.7	79.0	132.5
海 南	16087.9	15443.6	209.4	112.6	23.6	317.8
重 庆	18223.8	16680.6	603.2	231.0	31.7	413.6
四 川	26920.9	24808.0	963.4	387.6	92.6	691.2
贵 州	9089.5	7735.8	337.4	162.6	18.3	836.0
云 南	14130.0	13114.7	389.9	174.1	42.6	368.6
西 藏	897.7	754.4	83.4	22.8	1.1	29.6
陕 西	22256.3	21090.3	502.9	257.4	64.8	367.6
甘 肃	9749.2	9379.1	156.9	73.5	29.8	131.7
青 海	1922.9	1829.6	42.4	20.2	18.0	114.5
宁 夏	1966.1	1854.2	54.7	25.3	6.5	16.0
新 疆	15216.3	14704.2	237.1	133.4	75.8	131.0

7-4-7 各地区限额以上批发业企业损益及分配(2022年)

单位：亿元

地 区	营业收入	营业成本	销售费用	管理费用	财务费用	利润总额
全 国	**936799.4**	**890008.5**	**18911.1**	**10451.1**	**2402.2**	**16810.3**
北 京	68908.1	64555.3	1819.1	1337.4	235.4	2441.0
天 津	38238.8	37157.9	510.6	242.6	75.7	337.5
河 北	17755.4	17000.1	196.7	124.5	51.6	238.1
山 西	18894.5	18080.2	240.3	191.5	80.1	392.7
内蒙古	6724.1	6322.1	143.5	79.9	30.6	222.9
辽 宁	20367.4	19733.6	212.3	140.0	56.6	140.2
吉 林	3034.3	2778.6	119.9	54.9	19.4	30.2
黑龙江	7671.9	7293.9	178.0	69.3	16.8	93.3
上 海	125949.3	117556.9	4121.3	1885.4	250.4	2718.4
江 苏	86440.3	82068.5	1578.0	997.8	222.6	1395.8
浙 江	112582.6	108751.5	1704.6	837.9	214.8	1570.3
安 徽	15512.1	14425.6	539.4	212.8	34.4	225.7
福 建	55710.0	53730.5	688.9	388.9	179.5	821.4
江 西	9860.0	9089.5	323.3	128.6	29.1	209.0
山 东	62004.1	59847.6	887.1	518.0	188.8	377.1
河 南	15985.0	14965.0	314.2	230.0	47.5	286.1
湖 北	16465.2	15322.0	406.2	194.1	36.3	374.7
湖 南	9034.2	8194.5	266.3	166.9	28.7	255.2
广 东	119609.3	113950.2	2453.8	1543.9	259.2	1528.8
广 西	13599.8	13129.3	163.5	110.0	68.6	131.5
海 南	14771.9	14316.7	125.9	71.6	11.3	275.1
重 庆	14506.4	13382.5	355.1	142.7	18.0	353.6
四 川	19773.1	18386.7	502.9	230.1	62.3	598.9
贵 州	6806.1	5714.2	213.1	107.6	1.2	749.0
云 南	11474.1	10750.7	210.1	113.2	31.1	334.1
西 藏	697.4	574.5	71.7	18.3	0.6	25.5
陕 西	18339.8	17626.0	263.5	138.6	42.2	315.9
甘 肃	8653.4	8398.3	87.8	49.7	23.8	112.9
青 海	1739.5	1665.1	29.9	13.8	15.7	115.7
宁 夏	1629.7	1558.4	31.1	15.4	2.3	11.8
新 疆	14061.6	13682.4	153.1	95.5	67.7	127.9

7-4-8 各地区限额以上零售业企业损益及分配(2022年)

单位：亿元

地区	营业收入	营业成本	销售费用	管理费用	财务费用	利润总额
全国	**139053.5**	**120824.0**	**11174.6**	**4184.8**	**692.0**	**1914.1**
北京	9722.8	8586.7	819.5	252.8	27.7	24.5
天津	1987.1	1755.9	164.6	51.6	15.1	-8.3
河北	3858.2	3403.8	245.4	123.9	24.4	67.3
山西	2163.2	1958.9	118.9	70.4	13.3	-3.8
内蒙古	1370.8	1237.0	84.5	35.2	7.0	7.7
辽宁	2900.3	2591.0	185.5	94.4	17.8	16.6
吉林	1286.6	1136.8	83.7	53.5	15.2	1.0
黑龙江	1464.9	1304.9	92.6	41.7	11.5	13.8
上海	11109.0	8287.7	1895.5	525.2	52.3	338.1
江苏	13057.0	11574.6	851.5	368.5	62.8	122.7
浙江	10395.4	9036.4	892.6	314.1	41.7	120.0
安徽	4185.8	3675.9	292.2	113.8	19.0	60.3
福建	6161.0	5303.6	507.9	168.2	27.2	131.5
江西	3372.7	2965.9	211.0	94.0	14.1	72.9
山东	7377.5	6541.8	530.6	216.6	41.8	45.8
河南	5327.0	4625.4	316.4	155.6	33.0	154.2
湖北	5913.8	5135.9	395.4	179.3	30.6	131.6
湖南	4927.2	4297.7	289.6	144.5	27.5	131.1
广东	16520.6	14339.2	1514.8	510.8	71.0	88.5
广西	1945.2	1726.1	146.0	66.8	10.4	1.1
海南	1316.1	1126.9	83.5	41.0	12.4	42.7
重庆	3717.4	3298.1	248.1	88.3	13.7	59.9
四川	7147.8	6421.3	460.5	157.6	30.3	92.3
贵州	2283.3	2021.5	124.3	55.0	17.1	87.0
云南	2655.9	2364.1	179.7	60.9	11.5	34.5
西藏	200.3	179.9	11.8	4.5	0.5	4.1
陕西	3916.5	3464.2	239.3	118.8	22.6	51.7
甘肃	1095.8	980.7	69.1	23.8	6.0	18.8
青海	183.3	164.5	12.5	6.4	2.3	-1.2
宁夏	336.4	295.8	23.6	9.8	4.2	4.3
新疆	1154.7	1021.8	84.0	37.8	8.1	3.2

7-4-9 限额以上批发和零售业企业商品购、销、存情况（按登记注册类型分）(2022年)

单位：亿元

项 目	商品购进额	#进口	商品销售额	#出口	期末商品库存额
总　计	**1132163.4**	**69512.4**	**1201793.5**	**37513.4**	**57573.9**
一、批发业	**998326.8**	**65947.7**	**1047569.5**	**37438.3**	**45005.6**
#国有控股	360744.2	24029.4	373332.0	7728.1	15674.5
内资企业	**870791.8**	**39751.5**	**909237.7**	**30452.9**	**35913.3**
国有企业	35279.9	701.8	41606.0	273.8	2178.5
集体企业	458.6	1.1	492.5	8.4	31.0
股份合作企业	547.4	32.9	564.3	3.7	20.6
联营企业	741.2	5.8	735.1	19.0	13.1
国有联营企业	617.3	2.1	609.9	15.3	9.6
集体联营企业	14.7	1.2	15.0	3.7	0.6
国有与集体联营企业	22.3	0.9	22.7		0.9
其他联营企业	86.9	1.6	87.5		2.0
有限责任公司	378890.3	24782.3	393023.1	10334.1	16149.7
国有独资公司	63093.4	3894.6	66402.0	1478.8	2459.3
其他有限责任公司	315796.9	20887.7	326621.0	8855.3	13690.5
股份有限公司	56903.3	2179.8	56625.1	1523.7	2116.2
私营企业	397540.6	12046.3	415712.0	18289.6	15388.0
私营独资企业	3702.4	56.4	3867.5	107.5	165.6
私营合伙企业	557.9	11.0	595.3	5.1	27.8
私营有限责任公司	385159.6	11487.0	402554.5	17845.4	14681.7
私营股份有限公司	8120.7	491.9	8694.7	331.6	512.9
其他企业	430.5	1.5	479.5	0.6	16.2
港、澳、台商投资企业	**43626.5**	**5588.9**	**47891.2**	**1501.0**	**3527.5**
合资经营企业	6437.7	425.6	6398.7	222.2	394.3
合作经营企业	263.6	0.4	284.8	7.0	8.0
独资经营企业	34828.3	4877.1	38888.4	1236.1	3024.7
投资股份有限公司	1675.1	273.2	1867.2	8.7	79.2
其他港澳台商投资企业	421.8	12.6	452.1	26.9	21.2
外商投资企业	**83908.6**	**20607.3**	**90440.6**	**5484.4**	**5564.8**
中外合资经营企业	25251.3	913.2	24101.0	459.2	679.9
中外合作经营企业	19.6	2.1	23.3	4.6	4.6
外资企业	56158.5	19524.1	64110.4	4940.6	4678.9
外商投资股份有限公司	1982.9	64.5	1658.8	70.7	145.1
其他外商投资企业	496.2	103.4	547.1	9.3	56.4

7-4-9 续表

单位：亿元

项　目	商品购进额	#进口	商品销售额	#出口	期末商品库存额
二、零售业	**133836.6**	**3564.7**	**154224.0**	**75.1**	**12568.3**
#国有控股	21407.2	631.9	27982.5	6.2	1746.8
内资企业	**107924.6**	**2123.8**	**121553.0**	**67.2**	**10073.3**
国有企业	1647.4	95.5	2083.3	0.1	165.5
集体企业	300.1		330.3	0.4	14.4
股份合作企业	118.2		133.9		7.7
联营企业	55.7		65.1		2.3
国有联营企业	28.0		32.6		1.4
集体联营企业	5.3		6.4		0.1
国有与集体联营企业	13.9		15.9		0.6
其他联营企业	8.5		10.2		0.2
有限责任公司	36383.2	1006.6	40385.9	12.6	3286.0
国有独资公司	1581.4	168.4	1859.6	0.7	213.4
其他有限责任公司	34801.9	838.2	38526.3	11.9	3072.6
股份有限公司	9015.5	17.5	12447.7	0.3	520.7
私营企业	60287.2	998.8	65973.3	53.8	6069.3
私营独资企业	1648.0	19.4	1863.9	0.5	107.6
私营合伙企业	207.1	0.5	231.9		10.5
私营有限责任公司	57278.8	968.2	62484.5	51.6	5813.5
私营股份有限公司	1153.4	10.8	1393.1	1.8	137.7
其他企业	117.3	5.4	133.6		7.4
港、澳、台商投资企业	**10129.2**	**570.2**	**12046.8**	**2.3**	**994.3**
合资经营企业	1427.4	108.7	1693.4	0.4	129.4
合作经营企业	73.6	0.1	83.1		5.7
独资经营企业	8161.3	424.1	9765.3	1.9	789.4
投资股份有限公司	316.1	33.0	302.0		46.2
其他港澳台商投资企业	150.7	4.3	203.0	0.1	23.7
外商投资企业	**15782.8**	**870.8**	**20624.2**	**5.6**	**1500.8**
中外合资经营企业	3212.2	210.7	3808.9	0.2	565.5
中外合作经营企业	65.6	16.3	75.4		7.3
外资企业	11377.5	631.3	14304.3	5.3	841.4
外商投资股份有限公司	991.8	6.2	2228.8		75.7
其他外商投资企业	135.7	6.2	206.7		11.0

7-4-10 限额以上批发和零售业企业商品购、销、存情况(按国民经济行业分)(2022年)

单位：亿元

项　　目	商品购进额	#进口	商品销售额	#出口	期末商品库存额
总　　计	**1132163.4**	**69512.4**	**1201793.5**	**37513.4**	**57573.9**
一、批发业	**998326.8**	**65947.7**	**1047569.5**	**37438.3**	**45005.6**
农、林、牧、渔产品批发	30229.9	3400.6	31258.6	208.3	3239.1
食品、饮料及烟草制品批发	67088.6	4369.2	79055.0	1111.8	5908.2
#米、面制品及食用油批发	12441.0	1206.3	13274.4	160.7	1649.1
肉、禽、蛋、奶及水产品批发	10035.3	1742.1	10601.7	240.1	796.7
酒、饮料及茶叶批发	12044.1	246.2	14627.9	73.2	1494.3
烟草制品批发	15277.6	32.4	21781.7	60.7	988.4
纺织、服装及家庭用品批发	58878.6	3017.0	64614.5	10508.2	4650.4
#服装批发	9374.4	681.4	10451.4	3344.7	1054.6
鞋帽批发	2455.8	205.9	2947.9	946.7	292.0
日用家电批发	16372.0	112.3	16922.7	561.4	1286.6
文化、体育用品及器材批发	14948.1	714.2	16215.2	1020.4	1691.3
#文具用品批发	5247.9	188.3	5524.2	236.5	267.7
体育用品及器材批发	1655.9	47.7	1845.0	177.1	125.2
图书批发	1143.2	6.7	1271.4	7.4	254.0
医药及医疗器材批发	41842.2	2943.6	47211.5	627.6	4461.9
#西药批发	25562.6	1226.5	27863.5	386.0	2541.5
中药批发	5458.5	50.2	6327.9	24.2	518.2
矿产品、建材及化工产品批发	635832.6	31168.8	648978.7	9185.9	16293.9
#煤炭及制品批发	82627.3	2694.6	85599.9	318.2	2008.5
石油及制品批发	109440.3	8206.9	108139.2	1411.9	3549.0
金属及金属矿批发	294417.4	12335.2	299243.7	3168.9	6169.2
建材批发	33019.4	930.5	35944.5	837.5	1264.2
化肥批发	8623.9	873.1	8900.2	386.6	729.6
农药批发	1180.1	24.3	1280.7	253.1	103.7
机械设备、五金产品及电子产品批发	125590.8	18316.5	134832.3	12931.1	7868.3
#汽车及零配件批发	46257.3	5528.8	49599.0	2929.2	2863.7
计算机、软件及辅助设备批发	14987.3	5367.7	15825.9	1223.2	835.4
通讯设备批发	14726.1	299.2	15210.1	998.2	553.5
贸易经纪与代理	5032.9	1457.7	5276.6	857.7	205.4
其他批发业	18883.0	560.2	20127.1	987.3	687.0

7-4-10 续表 单位：亿元

项 目	商品购进额	#进口	商品销售额	#出口	期末商品库存额
二、零售业	**133836.6**	**3564.7**	**154224.0**	**75.1**	**12568.3**
(一)按国民经济行业分					
综合零售	19156.7	474.6	22360.7	3.6	1721.5
#百货零售	8370.2	463.1	10555.2	0.2	803.9
超级市场零售	9793.0	9.6	10643.9	2.8	839.7
食品、饮料及烟草制品专门零售	5025.0	32.8	5949.5	1.4	507.3
#粮油零售	455.1	8.5	495.1	0.2	45.8
肉、禽、蛋、奶及水产品零售	823.7	6.4	939.6	0.2	73.7
酒、饮料及茶叶零售	1583.5	6.0	1867.9	0.1	230.6
烟草制品零售	204.4	0.8	238.2		51.8
纺织、服装及日用品专门零售	4559.4	449.7	7167.0	6.9	1135.3
#服装零售	2458.5	339.3	3875.7	3.5	698.8
文化、体育用品及器材专门零售	3747.2	143.2	4473.8	4.3	780.6
#体育用品及器材零售	168.7	15.1	247.0	0.2	38.5
图书、报刊零售	1256.1	58.2	1470.7	1.2	239.1
医药及医疗器材专门零售	4649.5	26.6	5819.7	0.6	710.9
#西药零售	4265.0	17.8	5286.1		649.2
汽车、摩托车、零配件和燃料及其他动力销售	63707.7	2172.6	71582.4	15.3	5719.1
#汽车新车零售	45911.9	2136.7	46305.5	14.0	4691.0
机动车燃油零售	16144.1	1.5	23473.6		887.4
家用电器及电子产品专门零售	7348.4	27.4	8071.2	5.5	651.6
#日用家电零售	2701.2	14.1	2929.3	0.4	259.2
计算机、软件及辅助设备零售	1973.4	1.1	2251.3	0.4	123.2
通信设备零售	1483.9	3.5	1580.7	2.4	151.3
五金、家具及室内装饰材料专门零售	1693.7	21.1	2026.2	25.9	199.7
货摊、无店铺及其他零售业	23949.0	216.8	26773.6	11.6	1142.3
#互联网零售	22931.7	200.2	25586.2	11.5	1084.4
(二)按零售业态分					
有店铺零售	109056.2	3317.1	126445.4	33.2	11268.9
超市	13718.2	17.0	15141.8	3.2	1234.5
百货店	9807.7	528.0	12244.0	1.4	1015.3
专业店	39760.5	601.5	47908.2	12.2	3906.5
品牌专卖店	48516.6	2296.3	53782.3	16.5	5468.7
集合店	1061.6	17.0	1210.3	0.3	142.3
无店铺零售	35904.3	697.1	41046.8	47.9	2360.8

7-4-11 各地区限额以上批发和零售业企业商品购、销、存情况(2022年)

单位：亿元

地区	商品购进额	#进口	商品销售额	#出口	期末商品库存额
全国	**1132163.4**	**69512.4**	**1201793.5**	**37513.4**	**57573.9**
北京	86185.0	12786.2	90577.2	1986.6	7197.1
天津	43940.3	1142.3	45348.2	665.8	1548.7
河北	22461.3	158.4	24072.8	181.0	1045.4
山西	21210.7	216.7	23580.0	62.8	818.9
内蒙古	8292.3	289.2	8965.8	98.7	556.5
辽宁	24205.5	551.3	25931.0	354.3	1024.9
吉林	4506.0	62.2	5209.7	13.7	399.0
黑龙江	9090.1	1512.1	10175.6	46.5	621.2
上海	143317.9	20273.1	154188.9	5835.6	8769.4
江苏	105114.1	4771.6	110770.4	5254.7	4774.4
浙江	131674.2	5625.0	136776.4	8195.9	4444.7
安徽	19694.1	671.3	21938.1	487.6	1095.4
福建	67526.6	4209.3	70606.1	2772.1	2490.9
江西	12795.7	87.5	14426.1	321.0	612.3
山东	73767.1	2844.2	77163.8	2396.8	3717.0
河南	21628.3	322.2	23447.6	239.8	1215.5
湖北	22850.8	331.0	25057.1	436.1	1148.3
湖南	14221.5	608.6	15370.7	400.9	832.2
广东	142139.8	7071.2	149630.5	5186.4	6883.3
广西	16914.2	491.0	17359.8	219.0	653.9
海南	17348.9	1335.1	18026.7	484.3	627.8
重庆	18115.9	689.2	19822.2	565.7	863.8
四川	28049.8	515.4	30122.3	289.4	1686.8
贵州	8509.2	84.2	10083.3	94.9	633.8
云南	13977.7	481.5	15664.1	303.9	878.9
西藏	804.8	0.4	993.0		53.2
陕西	23828.9	536.3	24976.6	401.2	1225.2
甘肃	9962.1	49.9	10421.2	20.1	343.1
青海	1858.0	22.9	2064.4	3.6	89.1
宁夏	2157.5	12.2	2185.5	1.7	106.2
新疆	16015.3	1761.1	16838.0	193.3	1217.3

7-4-12 各地区限额以上批发业企业商品购、销、存情况(2022年)

单位: 亿元

地 区	商品购进额	#进口	商品销售额	#出口	期末商品库存额
全 国	**998326.8**	**65947.7**	**1047569.5**	**37438.3**	**45005.6**
北 京	76368.2	12565.3	79902.7	1985.5	6349.9
天 津	41909.0	1106.0	43200.4	664.4	1385.6
河 北	18528.1	108.2	19790.9	180.1	646.9
山 西	19123.4	182.7	21198.1	62.8	552.9
内蒙古	6984.1	274.2	7452.3	98.7	425.4
辽 宁	21211.1	495.2	22519.9	353.7	774.6
吉 林	3399.9	30.0	3777.4	13.1	273.8
黑龙江	7620.2	1491.3	8517.0	46.5	475.6
上 海	133717.4	19410.4	141975.6	5831.6	7436.2
江 苏	92352.0	4491.6	96238.0	5249.9	3715.2
浙 江	121387.2	5269.0	124473.2	8182.6	3547.4
安 徽	15609.4	624.2	17207.4	487.6	700.0
福 建	61567.3	4099.5	63909.7	2770.2	2080.9
江 西	9767.6	42.7	10748.4	318.3	369.6
山 东	66223.7	2708.3	68876.6	2396.0	2869.1
河 南	16418.7	236.7	17605.1	239.6	766.3
湖 北	16968.1	239.3	18360.3	435.4	743.7
湖 南	9972.3	537.5	9976.7	398.3	522.6
广 东	126897.8	6708.5	131646.6	5177.7	5559.2
广 西	14933.9	462.0	15244.3	215.7	442.0
海 南	16117.5	1061.5	16606.9	484.3	392.2
重 庆	14640.8	617.5	15888.3	544.0	609.6
四 川	20741.1	371.5	22268.3	287.0	1187.6
贵 州	6487.2	58.8	7550.5	94.9	435.6
云 南	11668.2	444.2	12756.4	300.7	666.2
西 藏	638.7		775.7		37.2
陕 西	19842.0	487.0	20650.7	401.0	592.8
甘 肃	8884.0	42.2	9210.3	20.1	260.2
青 海	1680.4	20.9	1859.9	3.6	52.7
宁 夏	1787.3	11.1	1804.7	1.7	64.7
新 疆	14880.3	1750.0	15576.9	193.3	1070.1

7-4-13 各地区限额以上零售业企业商品购、销、存情况(2022年)

单位：亿元

地区	商品购进额	#进口	商品销售额	#出口	期末商品库存额
全国	**133836.6**	**3564.7**	**154224.0**	**75.1**	**12568.3**
北京	9816.7	220.9	10674.5	1.1	847.2
天津	2031.4	36.3	2147.8	1.4	163.1
河北	3933.2	50.2	4281.9	0.9	398.5
山西	2087.3	34.0	2382.0		266.0
内蒙古	1308.2	14.9	1513.5		131.1
辽宁	2994.4	56.0	3411.1	0.6	250.3
吉林	1106.1	32.2	1432.2	0.6	125.2
黑龙江	1470.0	20.8	1658.6		145.6
上海	9600.4	862.7	12213.3	4.1	1333.2
江苏	12762.0	280.0	14532.4	4.7	1059.1
浙江	10287.0	355.9	12303.2	13.3	897.4
安徽	4084.6	47.2	4730.7		395.4
福建	5959.3	109.7	6696.5	1.9	410.0
江西	3028.1	44.8	3677.7	2.7	242.7
山东	7543.4	135.9	8287.2	0.8	847.9
河南	5209.6	85.5	5842.5	0.2	449.2
湖北	5882.7	91.7	6696.8	0.8	404.5
湖南	4249.2	71.1	5394.0	2.6	309.6
广东	15242.0	362.7	17983.9	8.6	1324.1
广西	1980.2	29.1	2115.4	3.3	211.9
海南	1231.4	273.6	1419.8		235.6
重庆	3475.1	71.7	3933.8	21.7	254.2
四川	7308.7	143.9	7854.0	2.4	499.2
贵州	2022.0	25.3	2532.8		198.2
云南	2309.5	37.3	2907.7	3.2	212.6
西藏	166.0	0.4	217.3		16.0
陕西	3986.9	49.3	4325.9	0.3	632.4
甘肃	1078.1	7.7	1211.0		83.0
青海	177.7	1.9	204.4		36.4
宁夏	370.2	1.1	380.8		41.5
新疆	1135.0	11.1	1261.1		147.2

【主要统计指标解释】

资产总计 指企业过去的交易或者事项形成的、由企业拥有或者控制的、预期会给企业带来经济利益的资源。资产一般按流动性（资产的变现或耗用时间长短）分为流动资产和非流动资产。其中流动资产可分为货币资金、变易性金融资产、应收票据、应收账款、预付款项、其他应收款、存货等；非流动资产可分为长期股权投资、固定资产、无形资产及其他非流动资产等。

流动资产合计 资产满足以下条件之一应归为流动资产：（1）预计在一个正常营业周期中变现、出售或耗用，主要包括存货、应收账款等；（2）主要为交易目的而持有；（3）预计在资产负债表日起一年内（含一年）变现；（4）自资产负债表日起一年内，交换其他资产或清偿负债的能力不受限制的现金或现金等价物。包括货币资金、应收票据、应收账款、存货等项目。

固定资产净额 指固定资产原价减去累计折旧、固定资产减值准备等后的金额。

负债合计 指企业过去的交易或者事项形成的，预期会导致经济利益流出企业的现时义务。负债一般按偿还期长短分为流动负债和非流动负债。

所有者权益合计 指企业资产扣除负债后由所有者享有的剩余权益。公司的所有者权益又称股东权益。包括实收资本、资本公积、盈余公积、未分配利润等。

营业收入 指企业从事销售商品、提供劳务和让渡资产使用权等生产经营活动形成的经济利益流入。包括“主营业务收入”和“其他业务收入”。

营业成本 指企业从事销售商品、提供劳务和让渡资产使用权等生产经营活动发生的实际成本。包括“主营业务成本”和“其他业务成本”。

销售费用 指企业在销售商品和材料、提供劳务的过程中发生的各种费用，包括保险费、包装费、展览费和广告费、商品维修费、预计产品质量保证损失、运输费、装卸费等以及为销售本企业商品而专设的销售机构（含销售网点、售后服务网点等）的职工薪酬、业务费、折旧费等经营费用。

管理费用 指企业为组织和管理企业生产经营所发生的费用，包括企业在筹建期间内发生的开办费、董事会和行政管理部门在企业经营管理中发生的，或者应当由企业统一负担的公司经费等。

财务费用 指企业为筹集生产经营所需资金等而发生的筹资费用，包括企业生产经营期间发生的利息支出（减利息收入）、汇兑损失（减汇兑收益）以及相关的手续费等。

利润总额 指企业在一定会计期间的经营成果，是生产经营过程中各种收入扣除各种耗费后的盈余，反映企业在报告期内实现的盈亏总额。

商品购进额 指从本企业以外的单位和个人购进（包括从国外直接进口）作为转卖或加工后转卖的商品金额（含增值税）。本指标反映批发和零售业从国内外市场上购进商品的总价。

进口 指直接从国外进口或委托外贸企业代理进口的商品金额，不包括从国内有关单位购进的进口商品。对外贸易企业只统计自主经营进口的商品，不统计受托代理进口的商品。

商品销售额 指对本单位以外的单位和个人出售的商品金额（包括售给本单位消费用的商品，含增值税），在批发和零售业中，本指标反映在国内市场上销售商品以及出口商品的总价。

出口 指直接向国（境）外出口商品和委托外贸企业代理出口的商品金额，商品出口不包括售给外贸企业出口或加工后出口的商品，以及在国内市场以外币销售的商品。外贸企业只统计自主经营出口的商品，不包括受托代理出口的商品。

零售额 指售给个人用于生活消费和社会集团用于公共消费的商品金额。

期末商品库存额 对于批发和零售业法人单位和个体经营户，是指报告期末取得所有权的全部商品金额（含增值税）；对于批发和零售业产业活动单位，是指报告期末实际在库且归属法人具有所有权的全部商品金额（含增值税）。这个指标反映批发和零售业的商品库存情况，以及对市场商品供应的保证程度。

7 第三产业分行业主要指标

7-5 交通运输、仓储和邮政业

简要说明

一、主要内容

1. 交通运输、仓储和邮政业企业法人单位分地区主要指标。

2. 交通运输业资料主要包括：主要运输方式的线路里程、运输设备拥有量、技术质量情况，各种运输方式完成的货物运输量和旅客运输量，全国港口码头长度、泊位数量及货物吞吐量，城市公共交通运营线路总长度、运营车（船）数量及客运量等资料。

3. 邮政业资料主要包括：全国邮政主要业务量、营业网点及邮政邮路情况、邮政通信服务水平等。

二、调查范围及统计单位

1. 铁路资料：包括国家铁路（含控股合资）、地方铁路和非控股合资铁路运营情况，不含军用铁路及由厂矿企事业单位自建的铁路专用线和专用铁路。国家铁路（含控股合资）和非控股合资铁路运营资料来源于各铁路局及所属运输企业（公司）。地方铁路运营资料来源于各省地方铁路管理部门。

2. 公路、水路、港口资料：（1）公路和水路线路里程为年末通车和通航里程数，不含未正式投入使用的公路和航道里程；（2）民用汽车拥有量及机动车和汽车驾驶员人数，根据公安部交通管理局所属各省（自治区、直辖市）车管部门登记注册的车辆资料和驾驶员资料整理，不含军用车辆；（3）公路营运汽车拥有量，根据各省（自治区、直辖市）道路运输主管部门登记注册的从事公路运输的营业性运输车辆资料整理，属于民用汽车的一部分；（4）营业性民用运输船舶拥有量，根据各省（自治区、直辖市）交通运输主管部门登记注册的从事水上客、货运输的营业性船舶资料整理，不含非运输船舶及农业、渔业生产船舶；（5）公路、水路客货运输量资料，由交通运输部负责收集整理；（6）公路、水路运输量统计包括全面调查和非全面调查两种方式，统计范围是在各省交通运输主管部门登记注册的从事公路、水路客、货运输的营业性的车辆和船舶所完成的运输量；（7）港口的统计范围为所有取得港口经营许可的业户。

3. 管道运输资料：包括输原油、输成品油、输天然气及输其他气体的管道长度和完成的运输量。统计范围包括：油气田企业直接通向炼油厂、化工厂、电站等用户及装车站、油码头的管道，炼油厂通向用户（包括商业石油公司油库）的成品油管道，独立核算的管道运输企业通向用户及装车（站）栈桥、油码头的管道。管道运输资料主要来源于中国石油天然气集团有限公司、中国石油化工集团有限公司、中国海洋石油集团有限公司和国家石油天然气管网集团有限公司所属的管道运输企业，由四家集团公司分别负责收集审核本部门资料。

4. 民航运输资料：统计对象为在我国境内注册从事民用航空运输飞行和通用航空飞行的航空运输企业和民用航空机场，不包括在我国境内运输飞行的外国航空公司。统计内容为各航空公司从事国内运输、港澳台运输、国际运输的定期航班航线条数及里程、运输量及飞机构成和运营情况、通用航空飞行完成情况等。

5. 城市公共交通资料：统计范围为全国所有设市城市的城市公共交通情况。

6. 邮政业资料：包括全国邮政企业和获得快递业务经营许可的快递企业，为社会公众提供的各类邮政及快递服务。

三、资料来源

本篇资料由国家统计局服务业统计司负责整理、编辑。有关交通运输、仓储和邮政业企业法人单位分地区主要指标来源于《规模以上服务业统计报表制度》和《“四下”单位抽样调查统计报表制度》，从业人员指标来源于《劳动工资统计报表制度》。有关交通运输业资料分别来源于公安部、交通运输部、中国民用航空局、国家铁路局、中国国家铁路集团有限公司、中国石油天然气集团有限公司、中国石油化工集团有限公司、中国海洋石油集团有限公司和国家石油天然气管网集团有限公司。有关邮政业资料来源于国家邮政局。

7-5-1 交通运输、仓储和邮政业企业法人单位分地区主要指标(2022年)

地　区	营业收入(亿元)	资产总计(亿元)	从业人员(万人)
全　国	**109426.9**	**359611.2**	**1253.8**
北　京	7633.8	46670.2	59.2
天　津	4651.7	10326.6	18.8
河　北	2820.2	8487.4	45.0
山　西	2724.3	10462.3	35.5
内蒙古	1561.5	5552.5	19.6
辽　宁	2884.8	14487.7	38.2
吉　林	1028.6	3955.9	15.8
黑龙江	1677.3	7517.4	27.0
上　海	13821.6	20452.2	62.5
江　苏	10275.7	19170.1	96.7
浙　江	6571.3	13400.0	79.3
安　徽	3448.3	7957.8	49.1
福　建	3767.9	11266.0	45.0
江　西	2949.6	8213.5	45.9
山　东	7482.0	15937.8	90.6
河　南	3656.6	12628.4	66.0
湖　北	3537.9	15889.5	53.3
湖　南	1831.8	10060.3	34.2
广　东	11458.8	33203.4	132.8
广　西	1578.4	9993.7	27.7
海　南	1306.7	3776.0	7.8
重　庆	2075.4	8506.1	36.3
四　川	3233.3	14606.8	54.7
贵　州	884.6	8477.4	16.8
云　南	1733.2	11784.2	23.7
西　藏	90.2	266.3	1.7
陕　西	1907.8	11853.7	29.2
甘　肃	736.9	8273.7	13.6
青　海	147.0	1121.7	4.4
宁　夏	313.8	624.6	5.9
新　疆	1635.8	4688.0	17.5

7-5-2 交通运输业基本情况

指 标	2010	2011	2012	2013	2014	2015
运输线路长度 （万公里）						
铁路营业里程	9.12	9.32	9.76	10.31	11.18	12.10
#高速铁路	0.51	0.66	0.94	1.10	1.65	1.98
公路里程	400.82	410.64	423.75	435.62	446.39	457.73
#高速公路	7.41	8.49	9.62	10.44	11.19	12.35
内河航道里程	12.42	12.46	12.50	12.59	12.63	12.70
#等级航道	6.23	6.26	6.37	6.49	6.54	6.63
定期航班航线里程	276.51	349.06	328.01	410.60	463.72	531.72
国际航线	107.02	149.44	128.47	150.32	176.72	239.44
国内航线	169.50	199.62	199.54	260.29	287.00	292.28
管道输油(气)里程	7.85	8.33	9.01	9.85	10.57	10.87
输油管	3.85	3.95	4.13	4.32	4.52	4.66
输气管	4.00	4.38	4.88	5.52	6.05	6.21
客运量总计 （万人）	**3269508**	**3526319**	**3804035**	**2122992**	**2032218**	**1943271**
铁路	167609	186226	189337	210597	230460	253484
公路	3052738	3286220	3557010	1853463	1736270	1619097
水运	22392	24556	25752	23535	26293	27072
民航	26769	29317	31936	35397	39195	43618
旅客周转量总计 （亿人公里）	**27894.3**	**30984.0**	**33383.1**	**27571.7**	**28647.1**	**30058.9**
铁路	8762.2	9612.3	9812.3	10595.6	11241.9	11960.6
公路	15020.8	16760.2	18467.5	11250.9	10996.8	10742.7
水运	72.3	74.5	77.5	68.3	74.3	73.1
民航	4039.0	4537.0	5025.7	5656.8	6334.2	7282.6
货运量总计 （万吨）	**3241807**	**3696961**	**4099400**	**4098900**	**4167296**	**4175886**
铁路	364271	393263	390438	396697	381334	335801
公路	2448052	2820100	3188475	3076648	3113334	3150019
水运	378949	425968	458705	559785	598283	613567
民航	563	557	545	561	594	629
管道	49972	57073	61238	65209	73752	75870

注：1.从2005年起，公路里程包括村道，与以前年度数据不可比(下同)。
2.2008年，公路、水路客货运输量和周转量统计口径发生变化，不宜进行历史对比(下同)。
3.2011年起民航航线里程改为定期航班航线里程(下同)。
4.2013年公路水路客货运输数据，源自2013年交通运输业经济统计专项调查，统计范围口径有所调整(下同)。
5.从2013年起,管道运输数据由中国石油天然气集团有限公司、中国石油化工集团有限公司和中国海洋石油集团有限公司提供；从2020年起，增加国家石油天然气管网集团有限公司(下同)。
6.从2019年铁路货运量和货物周转量数据来自国家铁路局，同2018年相比统计范围增加部分地方铁路。
7.2019年公路货运量及货物周转量统计口径，根据2019年道路货物运输量专项调查进行调整，与以前年度数据不可比(下同)。
8.2018年及以前港口统计范围为规模以上港口，从2019年起调整为全国所有获得港口经营许可的业户(下同)。

7-5-2 续表 1

指　　标	2010	2011	2012	2013	2014	2015
货物周转量总计　（亿吨公里）	**141837.4**	**159323.6**	**173770.7**	**168013.8**	**181667.7**	**178355.9**
铁路	27644.1	29465.8	29187.1	29173.9	27530.2	23754.3
公路	43389.7	51374.7	59534.9	55738.1	56846.9	57955.7
水运	68427.5	75423.8	81707.6	79435.7	92774.6	91772.5
民航	178.9	173.9	163.9	170.3	187.8	208.1
管道	2197.2	2885.4	3177.3	3495.9	4328.3	4665.4
港口货物吞吐量　（万吨）	**810180**	**911814**	**977473**	**1064891**	**1118803**	**1146382**
沿海港口	548358	616292	665245	728098	769557	784578
#外贸	226938	252318	276221	302431	320839	325326
内河港口	261822	295522	312228	336793	349246	361804
#外贸	21025	23967	26831	29961	32091	36046
民用汽车拥有量　（万辆）	**7801.83**	**9356.32**	**10933.09**	**12670.14**	**14598.11**	**16284.45**
#载客汽车	6124.13	7478.37	8943.01	10561.78	12326.70	14095.88
载货汽车	1597.55	1787.99	1894.75	2010.62	2125.46	2065.62
#私人汽车拥有量	5938.71	7326.79	8838.60	10501.68	12339.36	14099.10
#载客汽车	4989.50	6237.46	7637.87	9198.23	10945.39	12737.23
载货汽车	931.52	1067.43	1175.63	1275.49	1352.78	1330.65
民用运输船舶拥有量　（艘）	**178407**	**179242**	**178591**	**172554**	**171977**	**165905**
机动船	155624	157950	158309	155340	154974	149659
驳船	22783	21292	20282	17214	17003	16246
港口码头泊位　（个）	**20333**	**20524**	**20450**	**20379**	**20516**	**20363**
沿海港口	5529	5612	5715	5761	5923	6115
#万吨级	1293	1366	1453	1524	1633	1750
内河港口	14804	14912	14735	14618	14593	14248
#万吨级	318	340	369	394	406	416
民用飞机　（架）	**2405**	**3191**	**3589**	**4004**	**4168**	**4554**
#运输飞机	1597	1764	1941	2145	2370	2650
通用航空飞机	606	1124	1320	1519	1798	1904

7-5-2 续表 2

指 标	2016	2017	2018	2019	2020	2021	2022
运输线路长度 （万公里）							
铁路营业里程	12.40	12.70	13.17	13.99	14.63	15.07	15.49
#高速铁路	2.30	2.52	2.99	3.54	3.79	4.01	4.22
公路里程	469.63	477.35	484.65	501.25	519.81	528.07	535.48
#高速公路	13.10	13.64	14.26	14.96	16.10	16.91	17.73
内河航道里程	12.71	12.70	12.71	12.73	12.77	12.76	12.80
#等级航道	6.64	6.62	6.64	6.67	6.73	6.72	6.75
定期航班航线里程	634.81	748.30	837.98	948.22	942.63	689.78	699.89
国际航线	282.80	324.59	359.89	401.47	382.87	131.96	153.74
国内航线	352.01	423.72	478.09	546.75	559.76	557.82	546.15
管道输油(气)里程	11.34	11.93	12.23	12.66	12.87	13.12	13.64
输油管	4.99	5.37	5.50	5.74	5.62	5.75	5.80
输气管	6.34	6.56	6.73	6.93	7.25	7.37	7.84
客运量总计 （万人）	**1900194**	**1848620**	**1793820**	**1760436**	**966540**	**830257**	**558738**
铁路	281405	308379	337495	366002	220350	261171	167296
公路	1542759	1456784	1367170	1301173	689425	508693	354643
水运	27234	28300	27981	27267	14987	16337	11627
民航	48796	55156	61174	65993	41778	44056	25171
旅客周转量总计 （亿人公里）	**31258.5**	**32812.8**	**34218.2**	**35349.2**	**19251.5**	**19758.2**	**12921.5**
铁路	12579.3	13456.9	14146.6	14706.6	8266.2	9567.8	6577.5
公路	10228.7	9765.2	9279.7	8857.1	4641.0	3627.5	2407.5
水运	72.3	77.7	79.6	80.2	33.0	33.1	22.6
民航	8378.1	9513.0	10712.3	11705.3	6311.3	6529.7	3913.9
货运量总计 （万吨）	**4386763**	**4804850**	**5152732**	**4713624**	**4725863**	**5298499**	**5152571**
铁路	333186	368865	402631	438904	455236	477372	498424
公路	3341259	3686858	3956871	3435480	3426413	3913889	3711928
水运	638238	667846	702684	747225	761630	823973	855352
民航	668	706	739	753	677	732	608
管道	73411	80576	89807	91261	81907	82534	86260

7-5-2 续表 3

指　　标	2016	2017	2018	2019	2020	2021	2022
货物周转量总计　（亿吨公里）	**186629.5**	**197372.6**	**204686.2**	**199394.3**	**201945.7**	**223600.4**	**231782.7**
铁路	23792.3	26962.2	28821.0	30182.0	30514.5	33238.0	35945.7
公路	61080.1	66771.5	71249.2	59636.4	60171.8	69087.7	68958.0
水运	97338.8	98611.2	99052.8	103963.0	105834.4	115577.5	121003.1
民航	222.4	243.6	262.5	263.2	240.2	278.2	254.1
管道	4195.9	4784.1	5300.7	5349.7	5184.8	5419.1	5621.7
全国港口货物吞吐量　（万吨）	**1188872**	**1267173**	**1334499**	**1395083**	**1454991**	**1554534**	**1568453**
沿海港口	810933	865464	922392	918774	948002	997259	1013102
#外贸	339026	358817	372129	385525	400457	418806	412719
内河港口	377939	401710	412107	476309	506989	557275	555351
#外贸	39558	43482	44165	46544	49096	50930	48009
民用汽车拥有量　（万辆）	**18574.54**	**20906.67**	**23231.23**	**25376.38**	**27340.92**	**29418.59**	**31184.44**
#载客汽车	16278.24	18469.54	20555.40	22474.27	24166.18	26015.84	27715.55
载货汽车	2171.89	2338.85	2567.82	2782.84	3042.64	3258.47	3317.65
#私人汽车拥有量	16330.22	18515.11	20574.93	22508.99	24291.19	26152.02	27792.11
#载客汽车	14896.27	17001.51	18930.29	20710.58	22333.81	24074.19	25662.21
载货汽车	1401.16	1478.40	1605.10	1753.66	1907.28	2022.34	2072.26
民用运输船舶拥有量　（艘）	**160144**	**144924**	**136975**	**131555**	**126805**	**125890**	**121868**
机动船	144568	131746	125754	121440	117931	118025	114507
驳船	15576	13178	11221	10115	8874	7865	7361
全国港口码头泊位　（个）	**19712**	**18329**	**17298**	**24458**	**23744**	**22213**	**22701**
沿海港口	6096	6209	6150	6426	6447	6386	6397
#万吨级	1814	1913	2019	2076	2138	2207	2300
内河港口	13616	12120	11148	18032	17297	15827	16304
#万吨级	423	418	451	444	454	452	451
民用飞机　（架）	**5046**	**5593**	**6134**	**6525**	**6795**	**7072**	**7351**
#运输飞机	2950	3296	3639	3818	3903	4054	4165
通用航空飞机	2096	2297	2495	2707	2892	3018	3186

7-5-3 各地区城镇非私营单位交通运输业从业人员(2022年底)

单位：人

地 区	铁 路 运 输 业	道 路 运 输 业	水 上 运 输 业	航 空 运 输 业	管 道 运 输 业
全 国	**1866230**	**3302184**	**271211**	**601701**	**37553**
北 京	98002	204889	235	78014	10797
天 津	27645	57696	9007	8782	854
河 北	74167	133208	17205	6183	7020
山 西	101649	93429	27	5416	72
内蒙古	106044	61156		6728	157
辽 宁	100164	100909	19963	12511	209
吉 林	58407	57583	31	3044	95
黑龙江	129194	43323	480	8309	
上 海	33507	139258	24110	79018	1105
江 苏	48797	193014	29808	15846	5547
浙 江	36106	166417	26004	14937	215
安 徽	42382	127144	6010	3280	15
福 建	33460	82024	13957	25323	14
江 西	54187	81975	3152	4302	30
山 东	89508	203694	39548	21722	1879
河 南	103162	176983	1539	10503	610
湖 北	76299	136616	9999	6833	699
湖 南	72188	106021	2919	7801	570
广 东	75608	376197	39019	116960	895
广 西	61778	52875	9996	2641	101
海 南	6444	17222	6392	25675	28
重 庆	27716	111617	10360	14852	94
四 川	71083	179792	768	41834	1861
贵 州	33218	51706	350	11958	153
云 南	42070	70832	146	25482	255
西 藏	1728	8324		8505	
陕 西	92416	120320		15132	819
甘 肃	61365	42285	45	4542	250
青 海	24582	15742		2688	
宁 夏	18797	14509	103	2575	
新 疆	64558	75426	40	10308	3209

注：本篇资料数据来源为国家统计局《劳动工资统计报表制度》，统计范围为城镇非私营单位。

7-5-4 运输线路长度

单位：万公里

年 份	铁路营业里程	#国家铁路电气化里程	公路里程	#高速公路	内河航道里程	定期航班航线里程	#国际航线	管道输油(气)里程
1978	5.17	0.10	89.02		13.60	14.89	5.53	0.83
1980	5.33	0.17	88.83		10.85	19.53	8.12	0.87
1981	5.39	0.17	89.75		10.87	21.82	8.28	0.97
1982	5.33	0.18	90.70		10.86	23.27	9.99	1.04
1983	5.46	0.23	91.51		10.89	22.91	9.99	1.08
1984	5.48	0.30	92.67		10.93	26.02	10.74	1.10
1985	5.52	0.41	94.24		10.91	27.72	10.60	1.17
1986	5.58	0.44	96.28		10.94	32.31	10.76	1.30
1987	5.60	0.46	98.22		10.98	38.91	14.89	1.38
1988	5.62	0.57	99.96	0.01	10.94	37.38	12.83	1.43
1989	5.70	0.64	101.43	0.03	10.90	47.19	16.64	1.51
1990	5.79	0.69	102.83	0.05	10.92	50.68	16.64	1.59
1991	5.78	0.78	104.11	0.06	10.97	55.91	17.74	1.62
1992	5.81	0.84	105.67	0.07	10.97	83.66	30.30	1.59
1993	5.86	0.89	108.35	0.11	11.02	96.08	27.87	1.64
1994	5.90	0.90	111.78	0.16	11.02	104.56	35.19	1.68
1995	6.24	0.97	115.70	0.21	11.06	112.90	34.82	1.72
1996	6.49	1.01	118.58	0.34	11.08	116.65	38.63	1.93
1997	6.60	1.20	122.64	0.48	10.98	142.50	50.44	2.04
1998	6.64	1.30	127.85	0.87	11.03	150.58	50.44	2.31
1999	6.74	1.40	135.17	1.16	11.65	152.22	52.33	2.49
2000	6.87	1.49	167.98	1.63	11.93	150.29	50.84	2.47
2001	7.01	1.69	169.80	1.94	12.15	155.36	51.69	2.76
2002	7.19	1.74	176.52	2.51	12.16	163.77	57.45	2.98
2003	7.30	1.81	180.98	2.97	12.40	174.95	71.53	3.26
2004	7.44	1.86	187.07	3.43	12.33	204.94	89.42	3.82
2005	7.54	1.94	334.52	4.10	12.33	199.85	85.59	4.40
2006	7.71	2.34	345.70	4.53	12.34	211.35	96.62	4.81
2007	7.80	2.40	358.37	5.39	12.35	234.30	104.74	5.45
2008	7.97	2.50	373.02	6.03	12.28	246.18	112.02	5.83
2009	8.55	3.02	386.08	6.51	12.37	234.51	91.99	6.91
2010	9.12	3.27	400.82	7.41	12.42	276.51	107.02	7.85
2011	9.32	3.43	410.64	8.49	12.46	349.06	149.44	8.33
2012	9.76	3.55	423.75	9.62	12.50	328.01	128.47	9.01
2013	10.31	3.60	435.62	10.44	12.59	410.60	150.32	9.85
2014	11.18	3.69	446.39	11.19	12.63	463.72	176.72	10.57
2015	12.10	7.47	457.73	12.35	12.70	531.72	239.44	10.87
2016	12.40	8.03	469.63	13.10	12.71	634.81	282.80	11.34
2017	12.70	8.66	477.35	13.64	12.70	748.30	324.59	11.93
2018	13.17	9.22	484.65	14.26	12.71	837.98	359.89	12.23
2019	13.99	10.04	501.25	14.96	12.73	948.22	401.47	12.66
2020	14.63	10.63	519.81	16.10	12.77	942.63	382.87	12.87
2021	15.07	11.08	528.07	16.91	12.76	689.78	131.96	13.12
2022	15.49	11.45	535.48	17.73	12.80	699.89	153.74	13.64

7-5-5 客运量

单位：万人

年 份	总计	铁路	公路	水运	民航
1970	130056	52455	61812	15767	22
1975	192969	70465	101350	21015	139
1978	253993	81491	149229	23042	231
1980	341785	92204	222799	26439	343
1985	620206	112110	476486	30863	747
1986	688211	108579	544259	34377	996
1987	746422	112479	593682	38951	1310
1988	809592	122645	650473	35032	1442
1989	791374	113805	644508	31778	1283
1990	772682	95712	648085	27225	1660
1991	806048	95080	682681	26109	2178
1992	860855	99693	731774	26502	2886
1993	996634	105458	860719	27074	3383
1994	1092882	108738	953940	26165	4039
1995	1172596	102745	1040810	23924	5117
1996	1245357	94797	1122110	22895	5555
1997	1326094	93308	1204583	22573	5630
1998	1378717	95085	1257332	20545	5755
1999	1394413	100164	1269004	19151	6094
2000	1478573	105073	1347392	19386	6722
2001	1534122	105155	1402798	18645	7524
2002	1608150	105606	1475257	18693	8594
2003	1587497	97260	1464335	17142	8759
2004	1767453	111764	1624526	19040	12123
2005	1847018	115583	1697381	20227	13827
2006	2024158	125656	1860487	22047	15968
2007	2227761	135670	2050680	22835	18576
2008	2867892	146193	2682114	20334	19251
2009	2976898	152451	2779081	22314	23052
2010	3269508	167609	3052738	22392	26769
2011	3526319	186226	3286220	24556	29317
2012	3804035	189337	3557010	25752	31936
2013	2122992	210597	1853463	23535	35397
2014	2032218	230460	1736270	26293	39195
2015	1943271	253484	1619097	27072	43618
2016	1900194	281405	1542759	27234	48796
2017	1848620	308379	1456784	28300	55156
2018	1793820	337495	1367170	27981	61174
2019	1760436	366002	1301173	27267	65993
2020	966540	220350	689425	14987	41778
2021	830257	261171	508693	16337	44056
2022	558738	167296	354643	11627	25171

7-5-6 客运量构成

单位：%

年　份	总计	铁路	公路	水运	民航
1970	100.0	40.3	47.5	12.1	
1975	100.0	36.5	52.5	10.9	0.1
1978	100.0	32.1	58.8	9.1	0.1
1980	100.0	27.0	65.2	7.7	0.1
1985	100.0	18.1	76.8	5.0	0.1
1986	100.0	15.8	79.1	5.0	0.1
1987	100.0	15.1	79.5	5.2	0.2
1988	100.0	15.1	80.3	4.3	0.2
1989	100.0	14.4	81.4	4.0	0.2
1990	100.0	12.4	83.9	3.5	0.2
1991	100.0	11.8	84.7	3.2	0.3
1992	100.0	11.6	85.0	3.1	0.3
1993	100.0	10.6	86.4	2.7	0.3
1994	100.0	9.9	87.3	2.4	0.4
1995	100.0	8.8	88.8	2.0	0.4
1996	100.0	7.6	90.1	1.8	0.5
1997	100.0	7.0	90.8	1.7	0.4
1998	100.0	6.9	91.2	1.5	0.4
1999	100.0	7.2	91.0	1.4	0.4
2000	100.0	7.1	91.1	1.3	0.5
2001	100.0	6.9	91.4	1.2	0.5
2002	100.0	6.6	91.7	1.2	0.5
2003	100.0	6.1	92.2	1.1	0.6
2004	100.0	6.3	91.9	1.1	0.7
2005	100.0	6.3	91.9	1.1	0.8
2006	100.0	6.2	91.9	1.1	0.8
2007	100.0	6.1	92.1	1.0	0.8
2008	100.0	5.1	93.5	0.7	0.7
2009	100.0	5.1	93.4	0.7	0.8
2010	100.0	5.1	93.4	0.7	0.8
2011	100.0	5.3	93.2	0.7	0.8
2012	100.0	5.0	93.5	0.7	0.8
2013	100.0	9.9	87.3	1.1	1.7
2014	100.0	11.3	85.4	1.3	1.9
2015	100.0	13.0	83.3	1.4	2.2
2016	100.0	14.8	81.2	1.4	2.6
2017	100.0	16.7	78.8	1.5	3.0
2018	100.0	18.8	76.2	1.6	3.4
2019	100.0	20.8	73.9	1.5	3.7
2020	100.0	22.8	71.3	1.6	4.3
2021	100.0	31.5	61.3	2.0	5.3
2022	100.0	29.9	63.5	2.1	4.5

7-5-7 旅客周转量

单位：亿人公里

年 份	总计	铁路	公路	水运	民航
1970	1031.05	718.19	240.06	71.01	1.79
1975	1434.55	954.09	374.48	90.59	15.39
1978	1743.07	1093.22	521.30	100.63	27.91
1980	2281.34	1383.16	729.50	129.12	39.56
1985	4436.39	2416.14	1724.88	178.65	115.72
1986	4896.51	2586.71	1981.74	182.06	146.00
1987	5418.18	2843.06	2190.43	195.92	186.06
1988	6208.91	3260.31	2528.24	203.92	216.91
1989	6074.56	3037.41	2662.11	188.27	186.77
1990	5628.35	2612.64	2620.32	164.91	230.48
1991	6178.32	2828.05	2871.74	177.21	301.32
1992	6949.38	3152.24	3192.64	198.38	406.12
1993	7858.00	3483.30	3700.70	196.40	477.60
1994	8591.42	3636.04	4220.30	183.50	551.58
1995	9001.90	3545.70	4603.10	171.80	681.30
1996	9164.80	3347.60	4908.79	160.57	747.84
1997	10055.48	3584.86	5541.40	155.70	773.52
1998	10636.74	3773.42	5942.81	120.27	800.24
1999	11299.74	4135.94	6199.20	107.30	857.30
2000	12261.05	4532.59	6657.42	100.50	970.54
2001	13155.13	4766.82	7207.08	89.88	1091.35
2002	14125.63	4969.38	7805.77	81.78	1268.70
2003	13810.50	4788.61	7695.60	63.10	1263.19
2004	16309.08	5712.17	8748.38	66.25	1782.28
2005	17466.74	6061.96	9292.08	67.77	2044.93
2006	19197.21	6622.12	10130.85	73.58	2370.66
2007	21592.58	7216.31	11506.77	77.78	2791.73
2008	23196.70	7778.60	12476.11	59.18	2882.80
2009	24834.94	7878.89	13511.44	69.38	3375.24
2010	27894.26	8762.18	15020.81	72.27	4039.00
2011	30984.03	9612.29	16760.25	74.53	4536.96
2012	33383.09	9812.33	18467.55	77.48	5025.74
2013	27571.65	10595.62	11250.94	68.33	5656.76
2014	28647.13	11241.85	10996.75	74.34	6334.19
2015	30058.90	11960.60	10742.66	73.08	7282.55
2016	31258.46	12579.29	10228.71	72.33	8378.13
2017	32812.80	13456.92	9765.18	77.66	9513.04
2018	34218.15	14146.58	9279.68	79.57	10712.32
2019	35349.24	14706.64	8857.08	80.22	11705.30
2020	19251.46	8266.19	4641.01	32.99	6311.28
2021	19758.15	9567.81	3627.54	33.11	6529.69
2022	12921.55	6577.53	2407.54	22.60	3913.87

7-5-8 旅客周转量构成

单位：%

年　份	总计	铁路	公路	水运	民航
1970	100.0	69.7	23.3	6.9	0.2
1975	100.0	66.5	26.1	6.3	1.1
1978	100.0	62.7	29.9	5.8	1.6
1980	100.0	60.6	32.0	5.7	1.7
1985	100.0	54.5	38.9	4.0	2.6
1986	100.0	52.8	40.5	3.7	3.0
1987	100.0	52.5	40.4	3.6	3.4
1988	100.0	52.5	40.7	3.3	3.5
1989	100.0	50.0	43.8	3.1	3.1
1990	100.0	46.4	46.6	2.9	4.1
1991	100.0	45.8	46.5	2.9	4.9
1992	100.0	45.4	45.9	2.9	5.8
1993	100.0	44.3	47.1	2.5	6.1
1994	100.0	42.3	49.1	2.1	6.4
1995	100.0	39.4	51.1	1.9	7.6
1996	100.0	36.5	53.6	1.8	8.2
1997	100.0	35.7	55.1	1.5	7.7
1998	100.0	35.5	55.9	1.1	7.5
1999	100.0	36.6	54.9	0.9	7.6
2000	100.0	37.0	54.3	0.8	7.9
2001	100.0	36.2	54.8	0.7	8.3
2002	100.0	35.2	55.3	0.6	9.0
2003	100.0	34.7	55.7	0.5	9.1
2004	100.0	35.0	53.6	0.4	10.9
2005	100.0	34.7	53.2	0.4	11.7
2006	100.0	34.5	52.8	0.4	12.3
2007	100.0	33.4	53.3	0.4	12.9
2008	100.0	33.5	53.8	0.3	12.4
2009	100.0	31.7	54.4	0.3	13.6
2010	100.0	31.4	53.8	0.3	14.5
2011	100.0	31.0	54.1	0.2	14.6
2012	100.0	29.4	55.3	0.2	15.1
2013	100.0	38.4	40.8	0.2	20.5
2014	100.0	39.2	38.4	0.3	22.1
2015	100.0	39.8	35.7	0.2	24.2
2016	100.0	40.2	32.7	0.2	26.8
2017	100.0	41.0	29.8	0.2	29.0
2018	100.0	41.3	27.1	0.2	31.3
2019	100.0	41.6	25.1	0.2	33.1
2020	100.0	42.9	24.1	0.2	32.8
2021	100.0	48.4	18.4	0.2	33.0
2022	100.0	50.9	18.6	0.2	30.3

7-5-9 旅客运输平均运距

单位：公里

年 份	总计	铁路	公路	水运	民航
1970	79	137	39	45	814
1975	74	135	37	43	1107
1978	69	134	35	44	1208
1980	67	150	33	49	1153
1985	72	216	36	58	1563
1986	71	238	36	53	1466
1987	73	253	37	50	1441
1988	77	266	39	58	1501
1989	77	267	41	59	1456
1990	73	273	40	61	1388
1991	77	297	42	68	1383
1992	81	316	44	75	1407
1993	79	330	43	73	1412
1994	79	334	44	70	1366
1995	77	345	44	72	1331
1996	74	353	44	70	1346
1997	76	384	46	69	1374
1998	77	397	47	59	1391
1999	81	413	49	56	1407
2000	83	431	49	52	1444
2001	86	453	51	48	1450
2002	88	471	53	44	1476
2003	87	492	53	37	1442
2004	92	511	54	35	1470
2005	95	524	55	34	1479
2006	95	527	54	33	1485
2007	97	532	56	34	1503
2008	81	532	47	29	1497
2009	83	517	49	31	1464
2010	85	523	49	32	1509
2011	88	516	51	30	1548
2012	88	518	52	30	1574
2013	130	503	61	29	1598
2014	141	488	63	28	1616
2015	155	472	66	27	1670
2016	165	447	66	27	1717
2017	177	436	67	27	1725
2018	191	419	68	28	1751
2019	201	402	68	29	1774
2020	199	375	67	22	1511
2021	238	366	71	20	1482
2022	231	393	68	19	1555

7-5-10 货运量

单位：万吨

年 份	总计	铁路	公路	水运	民航	管道
1970	167913	68132	72929	26848	3.7	
1975	251593	88955	117633	38968	4.7	6032
1978	319431	110119	151602	47357	6.4	10347
1980	310841	111279	142195	46833	8.9	10525
1985	745763	130709	538062	63322	19.5	13650
1986	853557	135635	620113	82962	22.4	14825
1987	948229	140653	711424	80979	29.9	15143
1988	982195	144948	732315	89281	32.7	15618
1989	988435	151489	733781	87493	31.0	15641
1990	970602	150681	724040	80094	37.0	15750
1991	985793	152893	733907	83370	45.2	15578
1992	1045899	157627	780941	92490	57.5	14783
1993	1115902	162794	840256	97938	69.4	14845
1994	1180396	163216	894914	107091	82.9	15092
1995	1234938	165982	940387	113194	101.1	15274
1996	1298421	171024	983860	127430	115.0	15992
1997	1278218	172149	976536	113406	124.7	16002
1998	1267427	164309	976004	109555	140.1	17419
1999	1293008	167554	990444	114608	170.4	20232
2000	1358682	178581	1038813	122391	196.7	18700
2001	1401786	193189	1056312	132675	171.0	19439
2002	1483447	204956	1116324	141832	202.1	20133
2003	1564492	224248	1159957	158070	219.0	21998
2004	1706412	249017	1244990	187394	276.7	24734
2005	1862066	269296	1341778	219648	306.7	31037
2006	2037060	288224	1466347	248703	349.4	33436
2007	2275822	314237	1639432	281199	401.8	40552
2008	2585937	330354	1916759	294510	407.6	43906
2009	2825222	333348	2127834	318996	445.5	44598
2010	3241807	364271	2448052	378949	563.0	49972
2011	3696961	393263	2820100	425968	557.5	57073
2012	4099400	390438	3188475	458705	545.0	61238
2013	4098900	396697	3076648	559785	561.3	65209
2014	4167296	381334	3113334	598283	594.1	73752
2015	4175886	335801	3150019	613567	629.3	75870
2016	4386763	333186	3341259	638238	668.0	73411
2017	4804850	368865	3686858	667846	705.9	80576
2018	5152732	402631	3956871	702684	738.5	89807
2019	4713624	438904	3435480	747225	753.1	91261
2020	4729579	455236	3426413	761630	676.6	81907
2021	5298499	477372	3913889	823973	731.8	82534
2022	5152571	498424	3711928	855352	607.6	86260

注：1.从1979年起，公路运输包括社会车辆完成数量；从1984年起，还包括私营运输完成的数量(后相同)，从2008年起公路运输量统计原则上为营运车辆。水路运输量统计范围为在交通运输主管部门审批、备案、从事营业性货物运输生产的船舶。
2.1993年及以后年份，铁路货物运输指标口径有调整，增加了行包运量(后相同)。
3.本资料从2012年开始，将1980年以前的公路、水路货运历史数据按部门口径进行了调整(以下各表同)。

7-5-11 货运量构成

单位：%

年 份	总计	铁路	公路	水运	民航	管道
1970	100.0	40.6	43.4	16.0		
1975	100.0	35.4	46.8	15.5		2.4
1978	100.0	34.5	47.5	14.8		3.2
1980	100.0	35.8	45.7	15.1		3.4
1985	100.0	17.5	72.1	8.5		1.6
1986	100.0	15.9	72.7	9.7		1.7
1987	100.0	14.8	75.0	8.5		1.6
1988	100.0	14.7	74.6	9.1		1.6
1989	100.0	15.4	74.2	8.9		1.6
1990	100.0	15.6	74.6	8.3		1.6
1991	100.0	15.5	74.4	8.5		1.6
1992	100.0	15.1	74.7	8.8		1.4
1993	100.0	14.6	75.3	8.8	0.01	1.3
1994	100.0	13.8	75.8	9.1	0.01	1.3
1995	100.0	13.4	76.1	9.2	0.01	1.2
1996	100.0	13.2	75.8	9.8	0.01	1.2
1997	100.0	13.5	76.4	8.9	0.01	1.3
1998	100.0	13.0	77.0	8.6	0.01	1.4
1999	100.0	13.0	76.6	8.9	0.01	1.6
2000	100.0	13.1	76.5	9.0	0.01	1.4
2001	100.0	13.8	75.4	9.5	0.01	1.4
2002	100.0	13.8	75.3	9.6	0.01	1.4
2003	100.0	14.3	74.1	10.1	0.01	1.4
2004	100.0	14.6	73.0	11.0	0.02	1.4
2005	100.0	14.5	72.1	11.8	0.02	1.7
2006	100.0	14.1	72.0	12.2	0.02	1.6
2007	100.0	13.8	72.0	12.4	0.02	1.8
2008	100.0	12.8	74.1	11.4	0.02	1.7
2009	100.0	11.8	75.3	11.3	0.02	1.6
2010	100.0	11.2	75.5	11.7	0.02	1.5
2011	100.0	10.6	76.3	11.5	0.02	1.5
2012	100.0	9.5	77.8	11.2	0.01	1.5
2013	100.0	9.7	75.1	13.7	0.01	1.6
2014	100.0	9.2	74.7	14.4	0.01	1.8
2015	100.0	8.0	75.4	14.7	0.02	1.8
2016	100.0	7.6	76.2	14.5	0.02	1.7
2017	100.0	7.7	76.7	13.9	0.01	1.7
2018	100.0	7.8	76.8	13.6	0.01	1.7
2019	100.0	9.3	72.9	15.9	0.02	1.9
2020	100.0	9.6	72.4	16.1	0.01	1.8
2021	100.0	9.0	73.9	15.6	0.01	1.6
2022	100.0	9.7	72.0	16.6	0.01	1.7

7-5-12 货物周转量

单位：亿吨公里

年 份	总计	铁路	公路	水运	民航	管道
1970	4590	3496.0	154.0	939.9	0.4	
1975	7594	4255.6	248.1	2827.8	0.6	262
1978	9928	5345.2	350.3	3801.8	1.0	430
1980	11629	5717.5	342.9	5076.5	1.4	491
1985	18365	8125.7	1903.0	7729.3	4.2	603
1986	20147	8764.8	2118.0	8647.9	4.8	612
1987	22229	9471.5	2660.4	9465.1	6.5	625
1988	23826	9877.6	3220.4	10070.4	7.3	650
1989	25592	10394.2	3374.8	11186.8	6.9	629
1990	26208	10622.4	3358.1	11591.9	8.2	627
1991	27987	10972.0	3428.0	12955.4	10.1	621
1992	29218	11575.6	3755.4	13256.2	13.4	617
1993	30647	12090.9	4070.5	13860.8	16.6	608
1994	33435	12632.0	4486.3	15686.6	18.6	612
1995	35909	13049.5	4694.9	17552.2	22.3	590
1996	36590	13106.2	5011.2	17862.5	24.9	585
1997	38385	13269.9	5271.5	19235.0	29.1	579
1998	38089	12560.1	5483.4	19405.8	33.5	606
1999	40568	12910.3	5724.3	21262.8	42.3	628
2000	44321	13770.5	6129.4	23734.2	50.3	636
2001	47710	14694.1	6330.4	25988.9	43.7	653
2002	50686	15658.4	6782.5	27510.6	51.6	683
2003	53859	17246.7	7099.5	28715.8	57.9	739
2004	69445	19288.8	7840.9	41428.7	71.8	815
2005	80258	20726.0	8693.2	49672.3	78.9	1088
2006	88840	21954.4	9754.2	55485.7	94.3	1551
2007	101419	23797.0	11354.7	64284.8	116.4	1866
2008	110300	25106.3	32868.2	50262.7	119.6	1944
2009	122133	25239.2	37188.8	57556.7	126.2	2022
2010	141837	27644.1	43389.7	68427.5	178.9	2197
2011	159324	29465.8	51374.7	75423.8	173.9	2885
2012	173771	29187.1	59534.9	81707.6	163.9	3177
2013	168014	29173.9	55738.1	79435.7	170.3	3496
2014	181668	27530.2	56846.9	92774.6	187.8	4328
2015	178356	23754.3	57955.7	91772.5	208.1	4665
2016	186629	23792.3	61080.1	97338.8	222.4	4196
2017	197373	26962.2	66771.5	98611.2	243.6	4784
2018	204686	28821.0	71249.2	99052.8	262.5	5301
2019	199394	30182.0	59636.4	103963.0	263.2	5350
2020	201946	30514.5	60171.8	105834.4	240.2	5185
2021	223600	33238.0	69087.7	115577.5	278.2	5419
2022	231783	35945.7	68958.0	121003.1	254.1	5622

7-5-13 货物周转量构成

单位：%

年 份	总计	铁路	公路	水运	民航	管道
1970	100.0	76.2	3.4	20.5	0.01	
1975	100.0	56.0	3.3	37.2	0.01	3.5
1978	100.0	53.8	3.5	38.3	0.01	4.3
1980	100.0	49.2	2.9	43.7	0.01	4.2
1985	100.0	44.2	10.4	42.1	0.02	3.3
1986	100.0	43.5	10.5	42.9	0.02	3.0
1987	100.0	42.6	12.0	42.6	0.03	2.8
1988	100.0	41.5	13.5	42.3	0.03	2.7
1989	100.0	40.6	13.2	43.7	0.03	2.5
1990	100.0	40.5	12.8	44.2	0.03	2.4
1991	100.0	39.2	12.2	46.3	0.04	2.2
1992	100.0	39.6	12.9	45.4	0.05	2.1
1993	100.0	39.5	13.3	45.2	0.05	2.0
1994	100.0	37.8	13.4	46.9	0.06	1.8
1995	100.0	36.3	13.1	48.9	0.06	1.6
1996	100.0	35.8	13.7	48.8	0.07	1.6
1997	100.0	34.6	13.7	50.1	0.08	1.5
1998	100.0	33.0	14.4	50.9	0.09	1.6
1999	100.0	31.8	14.1	52.4	0.10	1.5
2000	100.0	31.1	13.8	53.6	0.11	1.4
2001	100.0	30.8	13.3	54.5	0.09	1.4
2002	100.0	30.9	13.4	54.3	0.10	1.3
2003	100.0	32.0	13.2	53.3	0.11	1.4
2004	100.0	27.8	11.3	59.7	0.10	1.2
2005	100.0	25.8	10.8	61.9	0.10	1.4
2006	100.0	24.7	11.0	62.5	0.11	1.7
2007	100.0	23.5	11.2	63.4	0.11	1.8
2008	100.0	22.8	29.8	45.6	0.11	1.8
2009	100.0	20.7	30.4	47.1	0.10	1.7
2010	100.0	19.5	30.6	48.2	0.13	1.5
2011	100.0	18.5	32.2	47.3	0.11	1.8
2012	100.0	16.8	34.3	47.0	0.09	1.8
2013	100.0	17.4	33.2	47.3	0.10	2.1
2014	100.0	15.2	31.3	51.1	0.10	2.4
2015	100.0	13.3	32.5	51.5	0.12	2.6
2016	100.0	12.7	32.7	52.2	0.12	2.2
2017	100.0	13.7	33.8	50.0	0.12	2.4
2018	100.0	14.1	34.8	48.4	0.13	2.6
2019	100.0	15.1	29.9	52.1	0.13	2.7
2020	100.0	15.1	29.8	52.3	0.12	2.7
2021	100.0	14.9	30.9	51.7	0.12	2.4
2022	100.0	15.5	29.8	52.2	0.11	2.4

7-5-14 货物运输平均运距

单位：公里

年　份	总计	铁路	公路	水运	民航	管道
1970	273	513	21	350	951	
1975	302	478	21	726	1280	434
1978	311	485	23	803	1516	416
1980	374	514	24	1084	1580	467
1985	246	622	35	1221	2129	442
1986	236	646	34	1042	2146	413
1987	234	673	37	1169	2182	413
1988	243	681	44	1128	2231	416
1989	259	686	46	1279	2237	402
1990	270	705	46	1447	2211	398
1991	284	718	47	1554	2234	399
1992	279	734	48	1433	2335	417
1993	275	743	48	1415	2394	410
1994	283	774	50	1465	2241	406
1995	291	786	50	1551	2206	386
1996	282	766	51	1402	2168	366
1997	300	771	54	1696	2334	362
1998	301	764	56	1771	2388	348
1999	314	771	58	1855	2485	310
2000	326	771	59	1939	2555	340
2001	340	761	60	1959	2556	336
2002	342	764	61	1940	2551	339
2003	344	769	61	1817	2643	336
2004	407	775	63	2211	2595	329
2005	431	770	65	2261	2572	350
2006	436	762	67	2231	2698	464
2007	446	757	69	2286	2896	460
2008	427	760	171	1707	2934	443
2009	432	757	175	1804	2833	453
2010	438	759	177	1806	3177	440
2011	431	749	182	1771	3120	506
2012	424	748	187	1781	3007	519
2013	410	735	181	1419	3034	536
2014	436	722	183	1551	3161	587
2015	427	707	184	1496	3306	615
2016	425	714	183	1525	3330	572
2017	411	731	181	1477	3450	594
2018	397	716	180	1410	3554	590
2019	423	688	174	1391	3495	586
2020	428	670	176	1390	3550	637
2021	422	696	177	1403	3801	657
2022	450	721	186	1415	4183	652

7-5-15 各地区客运量(2022年)

单位：万人

地 区	总计	铁路	公路	水运
全 国	**558738**	**167296**	**354643**	**11627**
北 京	25055	3950	21105	
天 津	8295	1311	6959	25
河 北	8410	4114	4296	
山 西	6274	3716	2476	81
内蒙古	3557	1712	1844	
辽 宁	17579	4184	13151	244
吉 林	7417	2052	5318	47
黑龙江	9203	3070	6016	118
上 海	7397	4313	2865	220
江 苏	47077	12842	32652	1582
浙 江	32659	12360	17938	2360
安 徽	14672	7301	7284	87
福 建	16567	6378	9651	538
江 西	16217	6386	9734	97
山 东	17536	8471	8247	818
河 南	26828	7512	19189	127
湖 北	26050	8433	17412	205
湖 南	38244	9779	27641	823
广 东	42329	17714	23730	884
广 西	20654	5974	14479	201
海 南	6688	1840	3447	1400
重 庆	19634	4824	14432	378
四 川	40221	9679	29816	726
贵 州	20323	4580	15537	205
云 南	16698	4724	11690	284
西 藏	630	240	390	
陕 西	13372	4825	8496	50
甘 肃	8013	2444	5544	26
青 海	1118	366	721	31
宁 夏	2701	434	2195	71
新 疆	12149	1766	10384	
不分地区	25171			

注：不分地区合计数为民航完成客运量。

7-5-16 各地区旅客周转量(2022年)

单位：亿人公里

地 区	总计	铁路	公路	水运
全 国	**12921.55**	**6577.53**	**2407.54**	**22.60**
北 京	88.61	43.58	45.03	
天 津	97.50	57.92	39.55	0.04
河 北	382.21	345.37	36.84	
山 西	119.14	96.57	22.55	0.03
内蒙古	88.98	68.55	20.43	
辽 宁	269.12	201.10	66.27	1.75
吉 林	122.48	81.48	40.97	0.03
黑龙江	126.26	91.73	34.39	0.15
上 海	76.11	42.24	33.47	0.39
江 苏	620.72	416.65	203.52	0.55
浙 江	490.73	347.97	139.23	3.53
安 徽	483.56	407.85	75.61	0.11
福 建	260.40	191.74	68.13	0.53
江 西	455.61	394.17	61.30	0.14
山 东	415.31	313.83	98.29	3.19
河 南	639.53	470.27	169.05	0.21
湖 北	474.66	377.61	96.24	0.80
湖 南	687.10	538.72	146.57	1.82
广 东	722.95	526.81	193.83	2.31
广 西	377.78	245.16	131.82	0.81
海 南	59.95	28.80	28.17	2.98
重 庆	206.60	127.41	77.94	1.25
四 川	392.57	223.11	168.59	0.87
贵 州	319.87	207.20	112.24	0.43
云 南	247.52	143.71	103.34	0.48
西 藏	21.65	11.56	10.10	
陕 西	278.81	216.03	62.69	0.09
甘 肃	208.91	176.66	32.23	0.03
青 海	43.33	33.11	10.20	0.03
宁 夏	36.55	17.53	18.97	0.05
新 疆	193.12	133.11	60.01	
不分地区	3913.87			

注：不分地区合计数为民航完成旅客周转量。

7-5-17 各地区货运量(2022年)

单位：万吨

地 区	总计	铁路	公路	水运
全 国	**5152571**	**498424**	**3711928**	**855352**
北 京	18918	368	18549	
天 津	52898	11754	30382	10761
河 北	232136	30212	196727	5197
山 西	211540	104514	107024	1
内蒙古	211615	84906	126709	
辽 宁	166281	22394	139403	4484
吉 林	46467	5654	40813	
黑龙江	52119	12955	38616	547
上 海	141059	512	44846	95701
江 苏	279143	10010	159936	109197
浙 江	321583	5453	205935	110195
安 徽	394061	7912	245982	140167
福 建	169091	4816	106939	57336
江 西	196926	5200	178366	13360
山 东	334165	36174	276906	21085
河 南	259983	12156	230055	17772
湖 北	209475	6279	144979	58217
湖 南	213251	4827	186123	22301
广 东	351809	11707	242474	97628
广 西	213331	9805	163219	40307
海 南	30007	911	6844	22252
重 庆	135491	1899	111915	21678
四 川	186423	8045	172329	6049
贵 州	94999	6672	87870	456
云 南	145857	6009	139217	630
西 藏	4024	91	3934	
陕 西	164723	43505	121188	30
甘 肃	72945	8861	64084	
青 海	18467	3594	14874	
宁 夏	48623	10160	38463	
新 疆	88293	21068	67225	
不分地区	86868			

注：不分地区合计数为民航和管道完成货运量。

7-5-18 各地区货物周转量(2022年)

单位：亿吨公里

地 区	总计	铁路	公路	水运
全 国	**231783**	**35946**	**68958**	**121003**
北 京	1017	792	225	
天 津	2666	574	605	1487
河 北	14234	5506	7890	838
山 西	6473	3309	3164	
内蒙古	5221	3080	2141	
辽 宁	4611	1305	2778	529
吉 林	1874	597	1277	
黑龙江	1852	969	846	36
上 海	32370	21	844	31505
江 苏	11829	382	3208	8240
浙 江	13545	287	2650	10608
安 徽	11282	849	3696	6737
福 建	11340	206	1261	9873
江 西	5120	619	4086	414
山 东	14273	1897	7913	4464
河 南	11751	2748	7716	1287
湖 北	7544	1224	2059	4261
湖 南	2932	1016	1465	451
广 东	28078	363	2710	25005
广 西	5173	741	1886	2546
海 南	9964	13	40	9911
重 庆	3880	304	1063	2513
四 川	3202	1068	1858	276
贵 州	1417	680	723	14
云 南	2000	528	1463	8
西 藏	130	28	103	
陕 西	4369	2498	1871	
甘 肃	3681	1990	1690	
青 海	703	527	175	
宁 夏	874	276	598	
新 疆	2503	1550	954	
不分地区	5876			

注：不分地区合计数为民航和管道完成货物周转量。

7-5-19 全国铁路基本情况

指 标	2011	2012	2013	2014	2015	2016
运输线路里程 （公里）						
营业里程	93249.6	97625.5	103144.6	111821.1	120970.4	123991.9
#高速铁路	6601.0	9356.0	11028.0	16456.0	19838.0	22980.0
复线里程	39499.7	43654.6	48192.3	56725.0	64687.1	68072.6
电气化铁路里程	46064.0	50867.2	55649.1	65055.5	74746.6	80310.0
正线延展里程	133839.0	142338.3	152320.8	169806.7	186521.9	193443.6
运输设备						
机车拥有量 （台）	20721	20797	20835	21096	21366	21453
客车拥有量 （辆）	54731	57721	58965	60629	67706	70872
货车拥有量 （辆）	651175	670801	721850	716578	768516	764783
客货运输						
客运量 （万人）	186226	189337	210597	230460	253484	281405
旅客周转量 （亿人公里）	9612.29	9812.33	10595.62	11241.85	11960.60	12579.29
货运量 （万吨）	393263	390438	396697	381334	335801	333186
货物周转量 （亿吨公里）	29465.79	29187.09	29173.89	27530.19	23754.31	23792.26

7-5-19 续表

指 标	2017	2018	2019	2020	2021	2022
运输线路里程 （公里）						
营业里程	126969.9	131651.3	139926.4	146330.4	150739.3	154906.5
#高速铁路	25163.8	29903.8	35388.3	37929.0	40139.3	42240.8
复线里程	71760.5	76346.3	83043.9	86586.8	89581.4	92429.3
电气化铁路里程	86553.4	92185.0	100446.5	106283.5	110761.7	114489.7
正线延展里程	200049.2	212986.8	224147.3	234902.1	246159.0	252810.9
运输设备						
机车拥有量 （台）	21420	21482	21733	21865	21741	22063
客车拥有量 （辆）	72262	73199	74848	76033	77572	77341
货车拥有量 （辆）	808736	839213	877134	912735	966361	997312
客货运输						
客运量 （万人）	308379	337495	366002	220350	261171	167296
旅客周转量 （亿人公里）	13456.92	14146.58	14706.64	8266.19	9567.81	6577.53
货运量 （万吨）	368865	402631	438904	455236	477372	498424
货物周转量 （亿吨公里）	26962.20	28820.99	30181.95	30514.46	33238.00	35945.69

7-5-20 各地区铁路线路年末里程(2022年)

单位：公里

地 区	正线延展里程	营业里程	
			正式营业里程
总 计	**252810.9**	**154906.5**	**154906.5**
北 京	2594.4	1515.4	1515.4
天 津	2495.3	1287.1	1287.1
河 北	14594.6	8253.4	8253.4
山 西	11060.1	6268.4	6268.4
内蒙古	20441.4	14192.5	14192.5
辽 宁	11339.4	6737.6	6737.6
吉 林	7384.7	5157.3	5157.3
黑龙江	10790.6	7229.7	7229.7
上 海	887.8	490.9	490.9
江 苏	7940.4	4404.1	4404.1
浙 江	6522.9	3711.5	3711.5
安 徽	9728.8	5411.3	5411.3
福 建	6300.7	4234.7	4234.7
江 西	8691.9	5112.7	5112.7
山 东	12536.1	7327.3	7327.3
河 南	12705.7	6719.3	6719.3
湖 北	10004.2	5603.0	5603.0
湖 南	10209.3	6078.6	6078.6
广 东	9516.2	5336.4	5336.4
广 西	8158.1	5336.7	5336.7
海 南	1701.1	1033.4	1033.4
重 庆	4759.7	2756.4	2756.4
四 川	9449.7	5936.7	5936.7
贵 州	6512.5	4030.0	4030.0
云 南	7125.3	4983.5	4983.5
西 藏	1184.4	1187.8	1187.8
陕 西	10141.3	5590.4	5590.4
甘 肃	9444.5	5591.2	5591.2
青 海	4058.2	2974.8	2974.8
宁 夏	2632.4	1725.5	1725.5
新 疆	11899.2	8688.8	8688.8

7-5-21 国家铁路货物发送量及到达量

单位：万吨

地区	2022年		2021年		2022年比2021年增减	
	发送量	到达量	发送量	到达量	发送量	到达量
总计	**389339**	**389339**	**371713**	**371713**	**17626**	**17626**
北京	328	1540	311	1656	18	-116
天津	11045	13867	10813	13692	231	175
河北	22104	78399	20971	75975	1134	2425
山西	88760	13943	90279	12723	-1519	1220
内蒙古	48326	18231	43546	17248	4780	983
辽宁	19936	26755	21081	26138	-1146	616
吉林	5310	10162	5619	11184	-309	-1023
黑龙江	12427	13092	11957	13187	470	-95
上海	497	940	496	839	1	101
江苏	6818	9390	6710	8562	108	828
浙江	4521	6400	4398	6170	124	230
安徽	7905	12526	7790	11368	114	1158
福建	3963	3649	4131	3760	-168	-111
江西	5151	9862	4769	8728	382	1135
山东	24705	33334	22879	31190	1826	2145
河南	10640	18652	10409	16727	231	1925
湖北	5291	13013	5073	11741	218	1271
湖南	4693	10704	4624	10096	69	608
广东	8251	8959	9061	9114	-810	-155
广西	9803	9122	9118	8938	686	184
海南	911	990	1100	1153	-189	-163
重庆	1828	7488	1593	7565	235	-76
四川	6229	16909	5734	16202	495	706
贵州	6299	6265	7093	6183	-794	82
云南	5685	9025	5024	8855	661	170
西藏	90	485	80	573	10	-88
陕西	32100	9607	25547	7738	6553	1869
甘肃	8768	7673	6331	7810	2436	-137
青海	3290	2495	3474	2504	-184	-9
宁夏	3412	2568	3195	1463	216	1105
新疆	20254	13294	18507	12630	1747	664

7-5-22　全国铁路机、客、货车拥有量

车类名称	2011	2012	2013	2014	2015	2016	2017	2018	2019	2020	2021	2022
机车　（台）	**20721**	**20797**	**20835**	**21096**	**21366**	**21453**	**21420**	**21482**	**21733**	**21865**	**21741**	**22063**
#内燃机车	11081	10602	9961	9485	9132	8974	8568	8296	8048	8013	7805	7839
电力机车	9625	10180	10859	11596	12219	12464	12837	13166	13665	13841	13916	14213
客车　（辆）	**54731**	**57721**	**58965**	**60629**	**67706**	**70872**	**72262**	**73199**	**74848**	**76033**	**77572**	**77341**
货车　（辆）	**651175**	**670801**	**721850**	**716578**	**768516**	**764783**	**808736**	**839213**	**877134**	**912735**	**966361**	**997312**

7-5-23　全国铁路主要工农业产品运输量

指　　标	2022年	2021年	2022年比2021年	
			增减数	增减(%)
煤运量　（万吨）	272951	181746	91205	50.18
石油运量　（万吨）	12378	10564	1815	17.18
钢铁运量　（万吨）	22655	22512	143	0.64
木材运量　（万吨）	938	1393	-455	-32.68
粮食运量　（万吨）	7440	6475	965	14.90

注：2021年主要工农业产品运输量统计口径为国家铁路完成量。

7-5-24 全国铁路客货运输量(2022年)

地 区	客 运 量 (万人)	旅客周转量 (亿人公里)	货 运 量 (万吨)	货物周转量 (亿吨公里)
总 计	**167296**	**6578**	**498424**	**35946**
北 京	3950	44	368	792
天 津	1311	58	11754	574
河 北	4114	345	30212	5506
山 西	3716	97	104514	3309
内蒙古	1712	69	84906	3080
辽 宁	4184	201	22394	1305
吉 林	2052	81	5654	597
黑龙江	3070	92	12955	969
上 海	4313	42	512	21
江 苏	12842	417	10010	382
浙 江	12360	348	5453	287
安 徽	7301	408	7912	849
福 建	6378	192	4816	206
江 西	6386	394	5200	619
山 东	8471	314	36174	1897
河 南	7512	470	12156	2748
湖 北	8433	378	6279	1224
湖 南	9779	539	4827	1016
广 东	17714	527	11707	363
广 西	5974	245	9805	741
海 南	1840	29	911	13
重 庆	4824	127	1899	304
四 川	9679	223	8045	1068
贵 州	4580	207	6672	680
云 南	4724	144	6009	528
西 藏	240	12	91	28
陕 西	4825	216	43505	2498
甘 肃	2444	177	8861	1990
青 海	366	33	3594	527
宁 夏	434	18	10160	276
新 疆	1766	133	21068	1550

7-5-25 全国铁路分货类货物运输量

货类品名	2022年			2021年		
	货物发送量（万吨）	货物周转量（百万吨公里）	平均运程（公里）	货物发送量（万吨）	货物周转量（百万吨公里）	平均运程（公里）
总　　计	**498327**	**3592893**	**721**	**372450**	**2993025**	**804**
煤	272951	1720630	630	181746	1273922	701
石油	12378	79726	644	10564	77382	749
焦碳	9092	79672	876	7754	78636	733
金属矿石	55167	251392	456	46907	240437	513
钢铁及有色金属	22655	178074	786	22512	188379	837
非金属矿石	9166	44448	485	7599	40342	531
磷矿石	1249	9209	737	1445	12096	837
矿物性建筑材料	11235	33262	296	10518	35981	342
水泥	1589	4525	285	1821	5537	304
木材	938	6930	739	1393	8684	624
粮食	7440	145904	1961	6475	134606	2079
零担			354	1	2	482
集装箱	73631	714814	971	56204	571454	1017

注：1.2021年分货类货物运输量统计口径为国家铁路完成量。
　　2.本表货物发送量和货物周转量不包括行包运量。

7-5-26 公路线路年末里程

单位：万公里

指标	2011	2012	2013	2014	2015	2016	2017	2018	2019	2020	2021	2022
公路线路里程	**410.64**	**423.75**	**435.62**	**446.39**	**457.73**	**469.63**	**477.35**	**484.65**	**501.25**	**519.81**	**528.07**	**535.48**
按技术等级分												
等级公路	345.36	360.96	375.56	390.08	404.63	422.65	433.86	446.59	469.87	494.45	506.19	516.25
高速公路	8.49	9.62	10.44	11.19	12.35	13.10	13.64	14.26	14.96	16.10	16.91	17.73
一级公路	6.81	7.43	7.95	8.54	9.10	9.92	10.52	11.17	11.71	12.31	12.82	13.48
二级公路	32.05	33.15	34.05	34.84	36.04	37.11	38.05	39.35	40.53	41.83	42.64	43.16
三级公路	39.36	40.19	40.70	41.42	41.82	42.44	42.90	43.71	44.61	45.74	46.71	47.59
四级公路	258.64	270.58	282.41	294.10	305.32	320.09	328.74	338.10	358.06	378.47	387.11	394.30
等外公路	65.28	62.79	60.07	56.31	53.10	46.97	43.49	38.07	31.38	25.36	21.88	19.24
按路面类型分												
有铺装路面里程	210.34	229.51	246.54	263.62	283.64	313.74	338.52	361.86	394.04	431.56	449.67	466.27
简易铺装路面里程	51.23	50.35	49.22	48.13	46.55	42.70	40.96	37.58	34.77	30.00	27.76	22.81
未铺装路面里程	149.07	143.89	139.87	134.64	127.53	113.19	97.86	85.21	72.44	58.25	50.64	46.40
按行政等级分												
国道	16.94	17.34	17.68	17.92	18.53	35.48	35.84	36.30	36.61	37.07	37.54	37.95
省道	30.40	31.21	31.79	32.28	32.97	31.33	33.38	37.22	37.48	38.27	38.75	39.36
县道	53.36	53.95	54.68	55.20	55.43	56.21	55.07	54.97	58.03	66.14	67.95	69.96
乡道	106.60	107.67	109.05	110.51	111.32	114.72	115.77	117.38	119.82	123.85	122.30	124.32
专用公路	6.90	7.37	7.68	8.03	8.17	6.83	7.20	7.17	7.11	6.23	5.18	5.03
村道	196.44	206.22	214.74	222.45	231.31	225.05	230.08	231.62	242.20	248.24	256.35	258.86
公路养护里程	**398.04**	**411.68**	**425.14**	**435.38**	**446.56**	**459.00**	**467.46**	**475.78**	**495.31**	**514.40**	**525.16**	**535.03**
公路绿化里程	**204.45**	**220.21**	**230.75**	**238.78**	**248.96**	**259.45**	**267.83**	**275.52**	**295.10**	**313.32**	**334.88**	**345.88**

7-5-27 各地区公路线路年末里程

单位：公里

年 份	总 计	等级公路						等外公路
			高速	一级	二级	三级	四级	
1980	888250	521134		196	12587	108291	400060	367116
1985	942395	606443		422	21194	128541	456286	335952
1990	1028348	741104	522	2617	43376	169756	524833	287244
1995	1157009	910754	2141	9580	84910	207282	606841	246255
1996	1185789	946418	3422	11779	96990	216619	617608	239371
1997	1226405	997496	4771	14637	111564	230787	635737	228909
1998	1278474	1069243	8733	15277	125245	257947	662041	209231
1999	1351691	1156736	11605	17716	139957	269078	718380	194955
2000	1679848	1315931	16285	25219	177787	305435	791206	363916
2001	1698012	1336044	19437	25214	182102	308626	800665	361968
2002	1765222	1382926	25130	27468	197143	315141	818044	382296
2003	1809828	1438738	29745	29903	211929	324788	842373	371090
2004	1870661	1515826	34288	33522	231715	335347	880954	354835
2005	3345187	2139887	41005	41687	248199	347160	1461835	1205299
2006	3456999	2282872	45339	45289	262678	354734	1574833	1174128
2007	3583715	2535383	53913	50093	276413	363922	1791042	1048332
2008	3730164	2778521	60302	54216	285226	374215	2004563	951642
2009	3860823	3056265	65055	59462	300686	379023	2252038	804558
2010	4008229	3304709	74113	64430	308743	387967	2469456	703520
2011	4106387	3453590	84946	68119	320536	393613	2586377	652796
2012	4237508	3609600	96200	74271	331455	401865	2705809	627908
2013	4356218	3755567	104438	79491	340466	407033	2824138	600652
2014	4463913	3900834	111936	85362	348351	414199	2940986	563079
2015	4577296	4046290	123523	90964	360410	418237	3053157	531005
2016	4696263	4226543	130973	99152	371102	424443	3200874	469719
2017	4773469	4338560	136449	105224	380481	429035	3287372	434909
2018	4846532	4465864	142593	111703	393471	437060	3381036	380667
2019	5012496	4698725	149571	117061	405345	446107	3580640	313771
2020	5198120	4944489	160980	123101	418300	457375	3784732	253632
2021	5280708	5061899	169071	128162	426417	467100	3871149	218809
2022	5354837	5162473	177252	134770	431591	475906	3942954	192364

注：以《1949-2010年全国交通运输统计摘要》为准，1996年和2000年的数据有所调整。

7-5-27 续表 单位：公里

年 份	总 计	等级公路						等外公路
			高速	一级	二级	三级	四级	
全 国	**5354837**	**5162473**	**177252**	**134770**	**431591**	**475906**	**3942954**	**192364**
北 京	22363	22363	1196	1429	3937	4141	11660	
天 津	15230	15230	1358	1392	2024	1008	9448	
河 北	209209	209183	8326	7882	22076	22955	147943	27
山 西	145469	144746	5859	3026	15882	22163	97818	723
内蒙古	216176	212601	7694	8765	21577	32208	142357	3575
辽 宁	131065	127834	4348	4273	18938	21219	79057	3231
吉 林	109761	106181	4395	2204	9942	9758	79882	3580
黑龙江	168958	146603	4659	3402	12546	33979	92017	22355
上 海	13005	13005	851	477	3879	2513	5285	
江 苏	158000	158000	5087	16165	23899	17249	95601	
浙 江	122918	122918	5290	8545	10885	10787	87411	
安 徽	237967	237944	5477	6752	13837	21978	189900	23
福 建	112878	100780	5951	1565	11864	9869	71531	12098
江 西	210711	206208	6728	3246	12700	19481	164053	4502
山 东	291759	291759	8048	12770	27116	39671	204155	
河 南	277482	273952	8009	5043	31247	22389	207263	3530
湖 北	302178	298942	7598	8209	24977	9093	249065	3236
湖 南	242420	231495	7331	3171	16761	7223	197009	10925
广 东	223081	223013	11211	13337	19122	25299	154045	67
广 西	172391	167280	8271	2065	16600	10037	130307	5111
海 南	41687	41572	1399	507	2241	1972	35453	115
重 庆	186137	175802	4002	1268	9616	7160	153756	10335
四 川	405390	393166	9180	4890	18133	17422	343542	12224
贵 州	209617	193886	8331	1528	11164	6383	166480	15731
云 南	316091	301324	10249	1753	13240	12369	263713	14767
西 藏	120852	102021	407	587	1089	15021	84917	18831
陕 西	185607	176666	6700	2314	10325	15540	141786	8941
甘 肃	157243	153543	5783	1618	10948	15015	120180	3700
青 海	87726	77175	3788	991	9126	5235	58035	10551
宁 夏	38347	38347	2079	1982	4261	5421	24604	
新 疆	223118	198933	7647	3614	21642	31347	134683	24185

7-5-28 民用汽车拥有量

年 份	民用汽车总计（万辆）	载客汽车（万辆）	大型	中型	小型	微型	载货汽车（万辆）
1978	135.84	25.90					100.17
1980	178.29	35.08					129.90
1985	321.12	79.45					223.20
1990	551.36	162.19					368.48
1995	1040.00	417.90					585.43
2000	1608.91	853.73					716.32
2001	1802.04	993.96					765.24
2002	2053.17	1202.37	75.48	104.80	789.74	232.34	812.22
2003	2382.93	1478.81	75.76	115.96	1017.21	269.88	853.51
2004	2693.71	1735.91	78.06	124.54	1248.89	284.42	893.00
2005	3159.66	2132.46	82.13	131.65	1618.35	300.32	955.55
2006	3697.35	2619.57	87.34	137.00	2083.40	311.83	986.30
2007	4358.36	3195.99	93.82	140.52	2646.47	315.18	1054.06
2008	5099.61	3838.92	100.39	143.19	3271.14	324.19	1126.07
2009	6280.61	4845.09	107.95	145.80	4246.90	344.44	1368.60
2010	7801.83	6124.13	116.44	146.07	5498.36	363.25	1597.55
2011	9356.32	7478.37	126.54	147.41	6827.54	376.88	1787.99
2012	10933.09	8943.01	128.13	131.78	8302.63	380.47	1894.75
2013	12670.14	10561.78	131.38	117.06	9951.46	361.87	2010.62
2014	14598.11	12326.70	139.61	112.06	11748.19	326.84	2125.46
2015	16284.45	14095.88	140.07	89.66	13580.48	285.66	2065.62
2016	18574.54	16278.24	146.03	83.82	15813.84	234.55	2171.89
2017	20906.67	18469.54	152.94	78.95	18038.69	198.96	2338.85
2018	23231.23	20555.40	158.33	75.40	20135.22	186.46	2567.82
2019	25376.38	22474.27	160.58	72.08	22069.74	171.88	2782.84
2020	27340.92	24166.18	157.01	68.29	23782.77	158.12	3042.64
2021	29418.59	26015.84	153.00	65.45	25651.99	145.40	3258.47
2022	31184.44	27715.55	147.57	61.91	27372.59	133.47	3317.65

注：1.小轿车包括在载客汽车中（下表同）。
2.从2002年起，载客汽车和载货汽车的分项、其他汽车统计口径有调整，与以前年份不可比（下表同）。

7-5-28 续表

年　份					其他汽车	机动车驾驶员	
	重型	中型	轻型	微型	(万辆)	(万人)	#汽车驾驶员
1978							192.45
1980							245.23
1985							462.44
1990						1635.85	790.96
1995						3501.52	1673.39
2000						7655.56	3746.51
2001						8455.04	4462.68
2002	148.28	218.69	360.58	84.66	38.58	9362.03	4827.08
2003	136.79	243.70	390.79	82.22	50.61	10611.04	5368.07
2004	153.90	233.94	425.74	79.43	64.80	11769.04	7101.64
2005	168.07	236.66	484.51	66.31	71.66	13069.52	8017.76
2006	174.01	235.39	532.13	44.76	91.49	14213.87	9317.24
2007	186.74	243.46	587.22	36.63	108.31	15363.88	10567.15
2008	200.84	249.73	644.96	30.54	134.62	17336.56	12276.80
2009	315.08	262.21	765.33	25.97	66.92	19167.58	13740.73
2010	394.80	269.75	911.88	21.12	80.14	20068.47	15129.89
2011	460.58	267.80	1042.07	17.54	89.96	22817.62	17416.76
2012	472.51	229.20	1179.65	13.40	95.33	25250.83	20028.52
2013	501.97	196.40	1300.02	12.23	97.75	26955.93	21742.70
2014	533.67	188.09	1385.77	17.93	145.95	29892.32	24812.07
2015	530.05	148.87	1375.79	10.90	122.95	32853.05	28012.99
2016	569.48	138.69	1455.29	8.43	124.41	35876.98	30328.77
2017	635.41	130.68	1566.30	6.46	98.28	36016.94	31658.20
2018	709.53	124.39	1728.53	5.37	108.00	41030.16	36923.42
2019	761.70	116.27	1900.76	4.11	119.27	43636.74	39752.86
2020	840.64	106.19	2092.72	3.09	132.09	45702.49	41794.89
2021	907.09	95.88	2253.26	2.25	144.28	48113.64	44379.72
2022	894.15	86.29	2335.60	1.61	151.24	50178.05	46434.41

7-5-29 各地区民用汽车拥有量(2022年)

地 区	民用汽车总计(万辆)	载客汽车(万辆)	大型	中型	小型	微型	载货汽车(万辆)
全 国	**31184.44**	**27715.55**	**147.57**	**61.91**	**27372.59**	**133.47**	**3317.65**
北 京	627.89	563.84	5.77	8.33	547.56	2.18	58.41
天 津	389.28	347.45	2.46	1.06	342.13	1.80	39.52
河 北	1925.04	1672.08	6.29	1.78	1644.39	19.62	243.75
山 西	869.69	770.70	3.56	1.08	755.36	10.69	94.86
内蒙古	701.78	612.94	2.99	1.13	604.14	4.68	85.08
辽 宁	1049.33	930.03	6.77	3.18	915.89	4.19	114.51
吉 林	542.93	485.05	3.41	1.14	478.28	2.22	55.25
黑龙江	627.61	541.73	4.61	1.94	533.06	2.12	82.44
上 海	504.23	466.83	4.45	1.94	459.86	0.58	34.76
江 苏	2303.95	2139.39	10.38	3.18	2119.54	6.30	152.88
浙 江	2048.69	1868.42	6.91	2.80	1851.86	6.85	173.42
安 徽	1127.53	983.42	5.24	1.92	973.97	2.29	138.19
福 建	829.48	734.41	3.42	1.75	726.95	2.28	91.71
江 西	756.51	663.45	2.88	1.15	657.98	1.44	89.02
山 东	2899.99	2559.09	12.80	3.63	2517.21	25.46	327.04
河 南	1990.45	1785.10	6.98	3.01	1763.79	11.32	196.73
湖 北	1071.39	956.11	5.90	2.26	946.59	1.36	108.54
湖 南	1103.65	1002.08	5.84	3.49	990.62	2.14	96.81
广 东	2895.89	2600.56	14.63	3.96	2576.32	5.65	285.05
广 西	890.79	784.50	3.52	1.41	776.43	3.13	102.61
海 南	182.27	160.40	1.41	0.50	158.19	0.30	20.98
重 庆	575.60	518.33	3.00	0.92	513.97	0.45	54.76
四 川	1460.59	1314.27	7.09	1.85	1300.42	4.91	140.01
贵 州	659.76	580.97	2.81	1.49	575.58	1.09	76.10
云 南	909.74	775.81	2.91	1.68	767.69	3.51	129.83
西 藏	71.52	49.25	0.45	0.26	48.38	0.15	21.68
陕 西	846.29	760.03	3.93	1.38	750.75	3.97	80.44
甘 肃	428.37	355.32	2.32	0.93	351.18	0.89	70.22
青 海	144.16	119.06	0.94	0.54	117.15	0.43	23.90
宁 夏	196.78	154.13	0.95	0.32	152.23	0.63	41.14
新 疆	553.25	460.82	2.95	1.92	455.09	0.85	87.99

7-5-29 续表

地 区	重型	中型	轻型	微型	其他汽车（万辆）	机动车驾驶员（万人）	#汽车驾驶员
全 国	**894.15**	**86.29**	**2335.60**	**1.61**	**151.24**	**50178.05**	**46434.41**
北 京	10.16	1.52	46.52	0.21	5.64	1213.51	1205.64
天 津	8.93	0.59	29.96	0.04	2.32	538.84	537.81
河 北	75.61	2.67	165.41	0.06	9.21	2671.42	2633.51
山 西	37.78	0.83	56.23	0.02	4.13	1226.58	1209.89
内蒙古	25.85	1.15	58.06	0.01	3.76	894.61	859.75
辽 宁	37.53	3.87	73.10	0.01	4.79	1478.67	1418.01
吉 林	18.23	1.47	35.54	0.01	2.63	841.82	785.50
黑龙江	24.94	3.65	53.84	0.01	3.43	1009.17	978.56
上 海	22.20	3.10	9.46		2.63	944.22	930.48
江 苏	59.44	9.05	84.37	0.01	11.68	3347.36	3196.81
浙 江	33.34	3.23	136.82	0.02	6.85	2706.87	2599.87
安 徽	45.87	2.61	89.70	0.02	5.91	1852.91	1783.95
福 建	16.43	1.53	73.75		3.36	1540.52	1307.56
江 西	29.06	2.59	57.37	0.01	4.04	1574.74	1340.44
山 东	98.20	5.41	223.27	0.15	13.86	3601.04	3525.89
河 南	56.15	2.11	138.44	0.03	8.63	3458.97	3360.46
湖 北	29.24	4.31	74.96	0.02	6.74	1976.07	1817.37
湖 南	21.05	3.66	72.09	0.02	4.76	1926.65	1723.61
广 东	55.37	9.13	219.67	0.88	10.28	5020.94	4546.72
广 西	27.37	3.50	71.73	0.02	3.68	1730.14	1421.76
海 南	2.27	0.85	17.86		0.89	323.53	265.74
重 庆	16.87	1.81	36.08		2.50	1058.14	945.80
四 川	35.18	4.75	100.07	0.01	6.31	2782.32	2405.87
贵 州	10.53	1.78	63.79		2.69	1249.17	1053.74
云 南	18.95	2.75	108.12	0.01	4.10	1740.25	1337.55
西 藏	4.39	1.79	15.50		0.60	78.95	74.07
陕 西	23.50	1.34	55.59	0.02	5.82	1371.53	1305.05
甘 肃	12.22	1.81	56.19		2.83	757.92	664.52
青 海	4.13	0.63	19.14		1.20	178.18	177.11
宁 夏	10.73	0.66	29.75		1.51	261.45	254.62
新 疆	22.64	2.15	63.19		4.44	821.60	766.75

7-5-30 私人汽车拥有量

单位：万辆

年份	私人汽车总计	载客汽车					载货汽车					其他汽车
			大型	中型	小型	微型		重型	中型	轻型	微型	
1985	28.49	1.93					26.48					
1990	81.62	24.07					57.48					
1995	249.96	114.15					131.83					
2000	625.33	365.09					259.09					
2001	770.78	469.85					298.95					
2002	968.98	623.76	9.89	35.87	408.49	169.51	341.29	48.27	84.40	158.67	49.95	3.94
2003	1219.23	845.87	7.36	42.51	586.90	209.10	367.35	44.47	95.20	176.58	51.09	6.00
2004	1481.66	1069.69	7.20	46.95	786.63	228.91	402.82	53.40	94.69	203.85	50.87	9.15
2005	1848.07	1383.93	7.61	50.88	1079.78	245.66	452.11	62.50	100.34	243.29	45.98	12.04
2006	2333.32	1823.57	11.19	56.20	1491.18	265.00	494.91	64.23	108.64	288.94	33.09	14.84
2007	2876.22	2316.91	7.91	55.73	1984.29	268.98	539.45	68.89	110.44	332.69	27.43	19.86
2008	3501.39	2880.50	8.57	57.97	2533.28	280.68	596.39	73.28	115.68	384.12	23.31	24.50
2009	4574.91	3808.33	8.72	59.96	3436.26	303.39	753.40	108.73	129.59	494.97	20.12	13.17
2010	5938.71	4989.50	9.34	61.00	4593.46	325.70	931.52	141.44	140.52	632.77	16.78	17.69
2011	7326.79	6237.46	9.99	62.34	5823.62	341.52	1067.43	164.28	144.52	744.39	14.24	21.90
2012	8838.60	7637.87	8.26	55.43	7226.48	347.71	1175.63	168.13	128.51	867.64	11.35	25.09
2013	10501.68	9198.23	6.95	46.95	8810.51	333.83	1275.49	174.39	111.85	978.73	10.52	27.95
2014	12339.36	10945.39	7.70	42.10	10590.75	304.83	1352.78	182.68	104.90	1050.60	14.59	41.20
2015	14099.10	12737.23	8.27	28.89	12432.26	267.81	1330.65	173.86	86.62	1060.70	9.47	31.22
2016	16330.22	14896.27	4.99	24.84	14645.61	220.83	1401.16	184.82	79.77	1129.13	7.45	32.79
2017	18515.11	17001.51	4.58	22.17	16788.42	186.35	1478.40	193.98	73.22	1205.66	5.54	35.19
2018	20574.93	18930.29	4.48	20.39	18731.80	173.62	1605.10	208.78	68.59	1323.25	4.48	39.55
2019	22508.99	20710.58	4.21	18.99	20527.27	160.11	1753.66	218.11	63.07	1469.04	3.44	44.76
2020	24291.19	22333.81	3.82	17.65	22165.13	147.21	1907.28	222.62	55.58	1626.49	2.60	50.10
2021	26152.02	24074.19	3.24	16.66	23919.16	135.14	2022.34	227.97	47.48	1745.07	1.82	55.49
2022	27792.11	25662.21	2.77	15.35	25520.30	123.78	2072.26	229.27	41.41	1800.36	1.22	57.64

7-5-31 各地区私人汽车拥有量(2022年)

单位：万辆

地　区	私人汽车总　计	载客汽车					载货汽车					其他汽车
			大型	中型	小型	微型		重型	中型	轻型	微型	
全　国	**27792.11**	**25662.21**	**2.77**	**15.35**	**25520.30**	**123.78**	**2072.26**	**229.27**	**41.41**	**1800.36**	**1.22**	**57.64**
北　京	534.88	501.45	0.32	5.31	493.70	2.12	30.92	0.48	0.11	30.19	0.15	2.50
天　津	339.09	317.12	0.08	0.37	314.94	1.73	21.20	0.45	0.08	20.65	0.02	0.78
河　北	1758.90	1585.07	0.36	0.45	1565.88	18.37	169.90	32.74	1.44	135.67	0.04	3.94
山　西	778.25	723.98	0.06	0.18	713.48	10.27	52.63	9.24	0.28	43.10	0.02	1.64
内蒙古	646.91	581.50	0.09	0.38	576.46	4.57	63.71	13.85	0.63	49.21	0.01	1.71
辽　宁	935.16	864.89	0.46	1.24	859.18	4.01	68.42	10.94	2.28	55.20	0.01	1.86
吉　林	489.18	450.81	0.26	0.34	448.08	2.12	37.40	8.05	0.92	28.43	0.01	0.96
黑龙江	571.62	510.65	0.41	0.69	507.50	2.05	59.90	12.11	2.53	45.25	0.01	1.07
上　海	395.72	394.82	0.04	0.43	393.82	0.52	0.61	0.16	0.06	0.39		0.29
江　苏	1965.06	1892.52	0.02	0.51	1886.32	5.67	68.74	18.17	3.62	46.95	0.01	3.80
浙　江	1814.26	1710.34	0.04	0.43	1704.04	5.83	102.22	3.08	0.86	98.26	0.02	1.70
安　徽	1002.12	926.06	0.03	0.34	923.50	2.19	73.80	3.75	1.07	68.97	0.01	2.25
福　建	720.68	663.77	0.02	0.21	661.41	2.13	56.05	2.21	0.58	53.25		0.87
江　西	685.47	633.16	0.01	0.09	631.68	1.38	51.04	3.54	1.38	46.11	0.01	1.27
山　东	2579.96	2374.40	0.20	1.29	2349.99	22.92	198.78	10.80	2.14	185.78	0.07	6.77
河　南	1834.49	1705.01	0.03	0.23	1693.68	11.06	125.50	6.38	0.93	118.16	0.02	3.98
湖　北	966.41	893.79	0.03	0.22	892.27	1.29	70.20	10.19	2.54	57.45	0.02	2.41
湖　南	1027.91	949.54	0.03	0.31	947.19	2.01	76.22	12.49	2.75	60.97	0.01	2.14
广　东	2543.86	2393.04	0.10	0.90	2386.98	5.06	147.69	8.20	3.48	135.27	0.73	3.12
广　西	824.13	749.11	0.03	0.24	745.75	3.09	73.30	10.45	2.34	60.50	0.01	1.72
海　南	159.84	145.59	0.01	0.08	145.25	0.25	13.97	0.73	0.57	12.66		0.28
重　庆	511.15	479.95	0.01	0.10	479.44	0.40	30.36	1.48	0.78	28.10		0.84
四　川	1288.54	1202.26	0.03	0.13	1198.23	3.88	83.99	6.67	2.09	75.23	0.01	2.29
贵　州	612.01	547.85	0.01	0.10	546.67	1.07	62.88	4.95	1.05	56.88		1.28
云　南	844.07	731.66	0.02	0.12	728.10	3.42	110.49	10.54	2.05	97.89		1.93
西　藏	61.52	43.27		0.02	43.10	0.14	18.05	3.73	1.60	12.72		0.20
陕　西	766.14	707.74	0.02	0.05	703.84	3.83	56.33	10.86	0.68	44.77	0.02	2.08
甘　肃	368.09	318.26	0.01	0.11	317.45	0.69	48.66	4.35	1.12	43.19		1.16
青　海	122.16	104.61		0.07	104.25	0.28	17.00	1.25	0.38	15.37		0.55
宁　夏	178.83	145.13	0.01	0.09	144.40	0.62	32.89	5.97	0.48	26.44		0.81
新　疆	465.71	414.85	0.02	0.31	413.70	0.81	49.42	1.44	0.60	47.37		1.44

7-5-32 进口汽车拥有量

单位：辆

年 份	汽车总计	载客汽车				
			大型	中型	小型	微型
2004	1360832	1129985	19009	66065	1029846	15065
2005	1697266	1454215	18754	79698	1337564	18199
2006	1780998	1590420	16159	69930	1487474	16857
2007	1964763	1799331	15628	67223	1701016	15464
2008	2225960	2098630	14896	63790	2005820	14124
2009	2527684	2449870	14700	61961	2357902	15307
2010	3162537	3098870	15062	59691	3005826	18291
2011	3982087	3925188	15799	57520	3825373	26496
2012	4935806	4887568	15152	48960	4783708	39748
2013	5967943	5922756	13616	36486	5820386	52268
2014	7015557	6958216	12004	27554	6852228	66430
2015	7794809	7752665	11965	22023	7643189	75488
2016	8835108	8788953	9567	20049	8670133	89204
2017	9925636	9871584	8753	18171	9742044	102616
2018	11017447	10956140	8293	16933	10815127	115787
2019	12116195	12044208	8129	16185	11897513	122381
2020	13068982	12989995	7866	15340	12844430	122359
2021	13952573	13870760	7330	14672	13726403	122355
2022	14702406	14617723	7114	13954	14474358	122297

7-5-32 续表 单位：辆

年 份	载货汽车					其他汽车
		重型	中型	轻型	微型	
2004	207798	49963	22836	129021	5978	23049
2005	213621	48905	22078	139741	2897	29430
2006	160552	33594	9808	116610	540	30026
2007	134672	28896	7452	98032	292	30760
2008	96597	20698	5318	70335	246	30733
2009	57515	22788	3534	31009	184	20299
2010	41073	19921	2532	18459	161	22594
2011	34567	18134	1991	14329	113	22332
2012	27090	13660	802	12543	85	21148
2013	26159	12432	838	12858	31	19028
2014	34780	15760	1177	17109	734	22561
2015	30107	12277	512	17290	28	12724
2016	35182	13988	523	20646	25	10973
2017	45844	19173	454	26191	26	8208
2018	53281	22194	453	30612	22	8026
2019	63383	25328	449	37584	22	8604
2020	71370	28496	450	42398	26	7617
2021	77145	32385	427	44309	24	4668
2022	80192	32993	418	46757	24	4491

7-5-33 各地区进口汽车拥有量(2022年)

单位：辆

地 区	汽车总计	载客汽车					载货汽车					其他汽车
			大型	中型	小型	微型		重型	中型	轻型	微型	
全 国	**14702406**	**14617723**	**7114**	**13954**	**14474358**	**122297**	**80192**	**32993**	**418**	**46757**	**24**	**4491**
北 京	835779	827073	591	661	821298	4523	8510	1878	28	6603	1	196
天 津	207378	205685	117	308	202908	2352	1625	834	9	782		68
河 北	429223	425187	229	304	419242	5412	3680	539	16	3120	5	356
山 西	242048	240734	429	408	235445	4452	1250	76	11	1163		64
内蒙古	348381	345282	299	421	341129	3433	2983	73	21	2889		116
辽 宁	566624	561234	597	463	557005	3169	5171	670	84	4416	1	219
吉 林	212463	210879	153	233	209216	1277	1482	143	13	1324	2	102
黑龙江	258037	254829	301	424	252951	1153	3008	928	39	2041		200
上 海	610895	607467	273	479	604763	1952	3285	2973	15	297		143
江 苏	1262749	1258959	402	1293	1239144	18120	3560	2178	9	1373		230
浙 江	1556766	1549037	283	1009	1531237	16508	7576	5472	10	2091	3	153
安 徽	325811	323379	128	245	319590	3416	2315	1598	4	713		117
福 建	543908	541524	145	525	534144	6710	2301	1595	6	700		83
江 西	231486	228676	124	168	227063	1321	2641	2057	3	581		169
山 东	929490	923873	641	1471	907698	14063	5369	1418	25	3922	4	248
河 南	485495	483532	359	639	478905	3629	1869	570	7	1291	1	94
湖 北	394832	393039	175	487	390428	1949	1705	707	4	994		88
湖 南	449685	448083	167	358	445035	2523	1342	479	6	857		260
广 东	2047571	2039974	408	873	2029499	9194	7415	5187	31	2197		182
广 西	273512	272673	83	363	270049	2178	738	309	3	426		101
海 南	82872	82617	97	138	81909	473	245	11	1	233		10
重 庆	288681	287727	51	151	286658	867	911	272	3	636		43
四 川	679731	676712	177	382	671949	4204	2844	951	17	1875	1	175
贵 州	197303	196583	81	164	195113	1225	627	102	6	519		93
云 南	343721	341310	117	458	336667	4068	2251	870	4	1377		160
西 藏	40248	39910	37	107	39727	39	319	1	1	312	5	19
陕 西	376592	374623	152	406	371333	2732	1847	406	6	1434	1	122
甘 肃	121483	120917	137	228	120017	535	447	49	1	397		119
青 海	53366	52801	78	184	52442	97	436	12	4	420		129
宁 夏	82228	81305	80	126	80684	415	854	234	7	613		69
新 疆	224048	222099	203	478	221110	308	1586	401	24	1161		363

7-5-34 新注册民用汽车数量

单位：辆

年 份	新注册民用汽车	载客汽车				
			大型	中型	小型	微型
2004	4511823	3332297	96462	138357	2841668	255810
2005	5286287	4157504	99489	105314	3712056	240645
2006	5730432	4678667	95428	82758	4382206	118275
2007	6079209	5000042	91087	72059	4772468	64428
2008	7631839	6226814	112811	64024	5928095	121884
2009	12459452	10248554	114984	69548	9794452	269570
2010	15288186	12546891	148234	76519	12086273	235865
2011	16242474	13694540	163258	76472	13244774	210036
2012	17725011	15248801	163517	71013	14875884	138387
2013	20309394	17522965	168946	81160	17173792	99067
2014	22051905	19366787	151405	79646	19050695	85041
2015	23317507	21202815	191034	67080	20862002	82699
2016	25665383	23209669	187487	57112	22914036	51034
2017	28003955	24802416	171474	46657	24507374	76911
2018	26521129	23139385	155760	39514	22876458	67653
2019	25445941	21845871	133357	35844	21648138	28532
2020	24001366	19724444	86902	23424	19608897	5221
2021	26179642	21961429	81366	28291	21850635	1137
2022	23191805	20695447	66735	17677	20610868	167

7-5-34 续表 单位：辆

年 份	载货汽车	重型	中型	轻型	微型	其他汽车
2004	1029497	228523	194438	564061	42475	150029
2005	1024034	162859	175576	639557	46042	104749
2006	925294	139120	147689	616910	21575	126471
2007	917603	155155	157867	591014	13567	161564
2008	1168226	236749	185338	733343	12796	236799
2009	2148355	500593	242679	1391249	13834	62543
2010	2637605	769644	238595	1614803	14563	103690
2011	2442601	726854	173140	1535590	7017	105333
2012	2386173	560063	139793	1681908	4409	90037
2013	2689898	739027	133402	1814385	3084	96531
2014	2542287	630588	104425	1805471	1803	142831
2015	2043257	454979	72274	1513773	2231	71435
2016	2371909	627015	73429	1670295	1170	83805
2017	3087575	980068	66974	2037906	2627	113964
2018	3238847	967089	49591	2220492	1675	142897
2019	3434877	1041421	55776	2337472	208	165193
2020	4102293	1436723	58835	2606241	494	174629
2021	4038153	1370833	68424	2598107	789	180060
2022	2379396	417423	36220	1924343	1410	116962

7-5-35 各地区新注册民用汽车数量(2022年)

单位：辆

地 区	新注册民用汽车	载客汽车					载货汽车					其他汽车
			大型	中型	小型	微型		重型	中型	轻型	微型	
全 国	**23191805**	**20695447**	**66735**	**17677**	**20610868**	**167**	**2379396**	**417423**	**36220**	**1924343**	**1410**	**116962**
北 京	464457	415486	3147	4464	407875		41571	6140	628	34619	184	7400
天 津	333509	305905	414	261	305230		26453	5217	413	20813	10	1151
河 北	1202547	993057	2464	434	990158	1	201417	57016	1799	142453	149	8073
山 西	517319	437447	1230	304	435913		75706	27426	594	47668	18	4166
内蒙古	341351	281393	1291	303	279799		57493	6897	559	50025	12	2465
辽 宁	544957	491500	886	687	489927		51124	11042	996	39079	7	2333
吉 林	300250	268411	1771	253	266387		30419	4182	578	25657	2	1420
黑龙江	310319	267763	1729	184	265850		40944	4639	967	35337	1	1612
上 海	633162	603795	3950	654	599191		27735	11429	908	15396	2	1632
江 苏	2014526	1868359	4924	1152	1862282	1	135881	33513	5375	96954	39	10286
浙 江	1959784	1816831	4580	1660	1810591		136569	16054	1635	118854	26	6384
安 徽	927946	821610	2954	339	818317		100653	20608	1557	78452	36	5683
福 建	643173	569649	1863	541	567245		70627	8503	955	61158	11	2897
江 西	586077	534896	1141	337	533418		47951	6907	596	40418	30	3230
山 东	1771184	1537533	5811	511	1531095	116	223436	51834	3172	167928	502	10215
河 南	1299405	1159027	2313	424	1156290		134231	23966	2424	107797	44	6147
湖 北	854868	773191	3511	337	769343		75649	11704	1336	62540	69	6028
湖 南	857833	784369	2695	667	781006	1	70855	7344	1132	62360	19	2609
广 东	2647038	2451376	6224	1106	2444024	22	187377	19443	3762	164089	83	8285
广 西	582323	522263	845	200	521199	19	58136	6297	676	51098	65	1924
海 南	186213	167139	429	103	166607		18379	1375	212	16786	6	695
重 庆	458824	411236	1722	348	409165	1	46069	4725	538	40795	11	1519
四 川	1157523	1027542	4472	624	1022445	1	125052	21579	1440	102001	32	4929
贵 州	511908	457508	1007	303	456198		52942	4307	772	47852	11	1458
云 南	642682	535916	1055	302	534554	5	104422	7063	555	96789	15	2344
西 藏	44816	32389	51	39	32299		12102	361	185	11556		325
陕 西	618982	551896	1262	340	550294		62679	10247	1103	51321	8	4407
甘 肃	257736	209095	1052	240	207803		46473	5444	327	40695	7	2168
青 海	67475	49420	139	99	49182		17463	1735	248	15478	2	592
宁 夏	113543	88498	918	50	87530		23891	5075	174	18639	3	1154
新 疆	340075	260947	885	411	259651		75697	15351	604	59736	6	3431

7-5-36 公路营运汽车拥有量

年份	汽车总计（万辆）	载客汽车		载货汽车			
		辆数（万辆）	客位（万客位）	辆数（万辆）	#普通载货汽车	吨位（万吨）	#普通载货汽车
1990	31.30	10.76	468.92	20.22	19.82	131.61	127.06
1995	27.49	13.73	480.61	13.75	13.12	103.13	94.56
2000	702.82	216.81	2524.45	486.02	475.24	1667.70	1573.73
2001	764.39	255.12	2701.68	509.27	496.65	1733.58	1621.40
2002	826.34	289.55	2972.32	536.78	520.27	1808.45	1674.79
2003	924.64	352.19	3430.64	572.45	553.23	1941.52	1788.86
2004	1067.18	439.09	3872.21	628.09	604.93	2338.61	2119.64
2005	733.22	128.40	1859.28	604.82	580.28	2537.75	2282.15
2006	802.58	161.92	2312.41	640.66	598.43	2822.69	2343.13
2007	849.22	164.73	2428.81	684.49	648.01	3135.69	2643.74
2008	930.61	169.64	2560.36	760.97	720.18	3686.20	3139.76
2009	1087.35	180.79	2799.71	906.56	859.27	4655.23	4002.80
2010	1133.32	83.13	2017.09	1050.19	996.43	5999.82	5223.23
2011	1263.75	84.34	2086.66	1179.41	1116.36	7261.20	6273.51
2012	1339.89	86.71	2166.55	1253.19	1184.58	8062.14	6963.29
2013	1504.73	85.26	2170.26	1419.48	1080.75	9613.91	5008.34
2014	1537.93	84.58	2189.55	1453.36	1091.32	10292.47	5241.45
2015	1473.12	83.93	2148.58	1389.19	1011.87	10366.50	4982.50
2016	1435.77	84.00	2140.26	1351.77	946.03	10826.78	4813.83
2017	1450.22	81.61	2099.18	1368.62	902.90	11774.81	4868.40
2018	1435.48	79.66	2048.11	1355.82	816.76	12872.97	4791.21
2019	1165.49	77.67	2002.53	1087.82	489.77	13587.00	4479.25
2020	1171.54	61.26	1840.89	1110.28	414.14	15784.17	4660.76
2021	1231.96	58.70	1751.03	1173.26	406.94	17099.50	4923.43
2022	1222.08	55.42	1647.24	1166.66	387.69	16967.33	4716.19

注：1.1999年以前数据仅为公路部门营运汽车，1999年为全国营运汽车。2000年起为全国运输汽车(含营运和非营运汽车)。2005年起为全国营运汽车（不含非营运汽车）（下表同）。

2.从2010年起，公路营运载客汽车不包括在公路运输管理部门管理并注册登记的公共汽车和出租汽车（下表同）。

7-5-37 各地区公路营运汽车拥有量(2022年)

地 区	汽车总计(万辆)	载客汽车		载货汽车			
		辆数(万辆)	客位(万客位)	辆数(万辆)	#普通载货汽车	吨位(万吨)	#普通载货汽车
全 国	**1222.08**	**55.42**	**1647.24**	**1166.66**	**387.69**	**16967.33**	**4716.19**
北 京	13.17	1.26	57.11	11.92	5.94	108.36	59.37
天 津	12.33	0.85	35.74	11.48	2.01	163.63	22.43
河 北	117.37	1.61	51.91	115.75	18.90	1883.57	249.21
山 西	57.38	0.95	29.25	56.43	8.81	893.98	122.11
内蒙古	27.29	1.02	34.33	26.26	7.03	341.29	90.28
辽 宁	52.83	2.00	74.70	50.83	16.21	728.35	169.47
吉 林	24.30	1.18	38.99	23.13	9.28	280.86	99.59
黑龙江	35.02	1.50	48.68	33.53	14.54	450.45	174.48
上 海	26.73	0.92	39.61	25.81	8.24	367.82	89.37
江 苏	77.50	2.97	123.83	74.52	34.48	1039.02	395.69
浙 江	39.63	1.71	63.36	37.92	13.24	562.13	172.99
安 徽	65.10	1.45	48.86	63.65	12.22	914.81	161.09
福 建	24.09	1.33	41.38	22.76	7.06	369.43	90.08
江 西	42.12	1.08	33.31	41.04	13.75	517.12	160.24
山 东	139.75	1.74	64.50	138.01	33.86	2132.42	428.86
河 南	83.39	2.80	87.82	80.59	21.48	1235.84	298.81
湖 北	35.98	2.55	66.54	33.43	15.10	475.46	184.27
湖 南	29.91	2.88	73.62	27.04	12.70	384.32	146.26
广 东	61.00	3.23	128.30	57.77	20.63	894.13	274.82
广 西	37.83	2.03	66.75	35.80	17.15	507.02	209.81
海 南	3.63	0.53	17.62	3.10	1.39	42.00	13.88
重 庆	25.74	1.43	36.46	24.31	13.76	293.54	138.00
四 川	50.74	4.53	101.42	46.21	24.11	643.28	292.24
贵 州	11.31	2.14	50.87	9.16	5.49	112.57	63.93
云 南	28.71	3.69	64.35	25.01	16.05	325.97	187.10
西 藏	5.28	0.43	8.19	4.85	3.85	59.95	46.19
陕 西	29.17	1.60	47.80	27.57	9.62	396.54	115.00
甘 肃	13.58	1.52	34.31	12.06	6.14	158.29	73.08
青 海	5.00	0.43	11.83	4.58	2.21	63.15	27.53
宁 夏	13.58	0.41	12.57	13.17	2.24	174.93	29.24
新 疆	32.62	3.64	53.26	28.98	10.22	447.10	130.78

7-5-38 内河航道年末里程

单位：公里

地区	2015	#等级航道	2016	#等级航道	2017	#等级航道	2018	#等级航道
全国	**127001**	**66257**	**127099**	**66409**	**127019**	**66160**	**127126**	**66442**
北京								
天津	88	88	88	88	88	88	88	88
河北								
山西	467	139	467	139	467	139	467	139
内蒙古	2403	2380	2403	2380	2403	2380	2403	2380
辽宁	413	413	413	413	413	413	413	413
吉林	1456	1381	1456	1381	1456	1381	1456	1381
黑龙江	5098	4723	5098	4723	5098	4723	5098	4723
上海	2176	983	2176	998	2142	1004	2091	1003
江苏	24389	8731	24383	8733	24383	8740	24380	8752
浙江	9765	4985	9765	4985	9761	4981	9761	5023
安徽	5641	5064	5641	5064	5641	5064	5641	5064
福建	3245	1269	3245	1269	3245	1269	3245	1269
江西	5638	2349	5638	2349	5638	2349	5638	2349
山东	1117	1030	1117	1030	1117	1029	1117	1029
河南	1403	1286	1403	1286	1403	1286	1403	1286
湖北	8433	5980	8433	5980	8433	5980	8470	6008
湖南	11496	4127	11496	4127	11496	4127	11496	4131
广东	12151	4668	12151	4668	12109	4411	12112	4414
广西	5707	3487	5707	3487	5707	3487	5707	3487
海南	343	76	343	76	343	76	343	76
重庆	4331	1801	4352	1852	4352	1852	4352	1863
四川	10818	3945	10818	3945	10818	3945	10818	3965
贵州	3664	2402	3664	2402	3664	2402	3740	2519
云南	3939	3203	3979	3244	3979	3244	4024	3289
西藏								
陕西	1146	558	1146	558	1146	558	1146	558
甘肃	914	456	911	456	911	456	911	456
青海	629	618	674	663	674	663	674	663
宁夏	130	115	130	115	130	115	130	115
新疆								

注：从2003年起，内河航道里程为内河航道通航里程数。

7-5-38 续表 单位：公里

地 区	2019	#等级航道	2020	#等级航道	2021	#等级航道	2022	#等级航道
全 国	**127298**	**66749**	**127686**	**67269**	**127642**	**67204**	**127968**	**67475**
北 京								
天 津	88	88	88	88	52	52	52	52
河 北					21.7	21.7	21.7	21.7
山 西	467	139	467	139	467	139	467	139
内蒙古	2403	2380	2403	2380	2403	2380	2403	2380
辽 宁	413	413	413	413	413	413	413	413
吉 林	1456	1381	1456	1381	1456	1381	1456	1381
黑龙江	5098	4723	5098	4723	5098	4723	5098	4723
上 海	2028	1002	1654	986	1662	918	1786	1002
江 苏	24372	8764	24372	8776	24386	8816	24408	8838
浙 江	9767	5029	9758	5023	9763	5034	9763	5034
安 徽	5651	5073	5651	5073	5645	5068	5645	5068
福 建	3245	1269	3245	1269	3245	1269	3245	1269
江 西	5638	2349	5638	2349	5638	2349	5638	2349
山 东	1117	1029	1117	1029	1117	1029	1117	1029
河 南	1403	1334	1403	1334	1403	1334	1491	1422
湖 北	8488	6031	8488	6031	8488	6031	8488	6031
湖 南	11496	4131	11496	4131	11496	4131	11496	4131
广 东	12112	4414	12251	4428	12265	4442	12265	4443
广 西	5707	3487	5707	3487	5707	3487	5707	3487
海 南	343	76	343	76	343	76	434	128
重 庆	4352	1863	4352	1882	4352	1882	4352	1882
四 川	10818	3965	10881	4028	10817	3984	10817	3984
贵 州	3751	2530	3954	2781	3954	2781	3954	2805
云 南	4223	3488	4589	3671	4590	3671	4590	3671
西 藏								
陕 西	1146	558	1146	558	1146	558	1146	558
甘 肃	911	456	911	456	911	456	911	456
青 海	674	663	674	663	674	663	674	663
宁 夏	130	115	130	115	130	115	130	115
新 疆								

7-5-39 民用运输船舶拥有量

年 份	机动船					驳 船		
	艘数（艘）	净载重量（吨）	载客量（客位）	总功率（千瓦）	#拖船功率	艘数（艘）	净载重量（吨）	载客量（客位）
2001	169329	45526726	1048915	20884813	1370221	41457	8968670	27902
2002	165936	48372587	945387	21995838	1433547	37041	8683075	33405
2003	163813	60745234	971514	26156815	1269607	40457	9871079	30631
2004	166854	75114059	961562	30527287	1197191	43846	11058522	34666
2005	165900	90756392	977846	36399287	1480381	41394	11030057	33496
2006	157805	98241489	1025861	39068361	1538957	36555	12015595	33355
2007	157544	106441173	1004546	39366720	1520924	34227	12373412	22316
2008	152247	111047702	994495	43550959	1564439	31943	13121439	14050
2009	149367	133384848	979384	46209122	1120381	27565	12702991	2166
2010	155624	168985654	1001395	53304379	1410719	22783	11422911	2260
2011	157950	202602789	1004622	59496603	1600896	21292	10040453	3768
2012	158309	218793742	1021260	63894591	1531873	20282	9692502	3798
2013	155340	234317614	1031711	64846571	1235661	17214	9692720	1287
2014	154974	247399826	1030973	70598481	1424950	17003	10452402	1334
2015	149659	261434867	1015939	72596807	1424426	16246	11007996	1391
2016	144568	255170820	999008	67018157	1445786	15576	11056320	3124
2017	131746	246750827	964377	66181982	1532698	13178	9765519	3122
2018	125754	242447129	960245	66799892	1465403	11221	8705726	3044
2019	121440	248626381	882764	68491250	1422199	10115	8223366	3044
2020	117931	263138418	857098	71746221	1586411	8874	7463162	2846
2021	118025	276926929	856146	73068425	1888557	7865	7399347	1622
2022	114507	290687729	861574	75348630	2029434	7361	7070420	200

7-5-40 各地区民用运输船舶拥有量(2022年)

地　区	机动船					驳　船		
	艘数(艘)	净载重量(吨)	载客量(客位)	总功率(千瓦)	#拖船功率	艘数(艘)	净载重量(吨)	载客量(客位)
全　国	**114507**	**290687729**	**861574**	**75348630**	**2029434**	**7361**	**7070420**	**200**
北　京								
天　津	313	4528109	3948	1241946	394011	4	7626	
河　北	630	2669035	14675	504877	1940			
山　西	216	7241	3925	16430				
内蒙古								
辽　宁	343	1213561	32024	602216	15884	6	28676	
吉　林	168		7578	24342	440	11	5860	
黑龙江	892	50361	24042	111299	24658	228	150765	
上　海	1426	28011498	33141	13380035	204249	11	50733	
江　苏	25327	36806697	39917	9605810	436218	2199	2600925	
浙　江	12511	32981183	93863	7643262	210533			
安　徽	23890	55490387	14924	11495989	25974	629	351632	
福　建	1901	18550933	31477	4431029	21390	1	90	
江　西	2426	6524132	14566	1429778	12872			
山　东	6751	12079181	74050	3507795	417372	3042	3236512	
河　南	4767	10736978	15354	2334137	3374	314	302979	
湖　北	2891	7058290	37959	1860815	41350	68	180545	
湖　南	4065	5042373	53841	1609574	2398	33	28154	200
广　东	6518	23202546	105326	6305016	121618	5	25147	
广　西	8038	18375696	33564	3009249		1	3758	
海　南	642	15078017	41416	2450203	51082			
重　庆	2716	10641151	39476	2561626	17083	25	44192	
四　川	3486	1251576	35498	720843	24711	776	49198	
贵　州	1862	162033	50503	179782	202	4	3278	
云　南	1042	201536	24802	161687	676	3	230	
西　藏								
陕　西	455	24898	10131	52840	385	1	120	
甘　肃	419	317	9260	47578				
青　海	147		3653	23621				
宁　夏	665		12661	36851	1014			
新　疆								
不分地区								

7-5-41 沿海港口码头泊位数(2022年底)

港口	总计			生产用			非生产用	
	码头长度(米)	泊位个数(个)	#万吨级	码头长度(米)	泊位个数(个)	#万吨级	码头长度(米)	泊位个数(个)
总计	**985096**	**6397**	**2300**	**921477**	**5441**	**2300**	**63619**	**956**
#大连	48211	257	114	44334	232	114	3877	25
营口	19609	92	61	18875	85	61	734	7
秦皇岛	17246	93	44	16013	73	44	1233	20
天津	47932	220	131	41854	164	131	6078	56
烟台	41263	239	110	40133	229	110	1130	10
威海	13786	84	37	12916	79	37	870	5
青岛	33225	129	97	32104	123	97	1121	6
日照	24004	89	77	23698	88	77	306	1
上海	109165	1013	187	76829	561	187	32336	452
连云港	21669	101	72	21372	99	72	297	2
宁波-舟山	106224	726	205	101306	630	205	4918	96
台州	12113	106	11	12113	106	11		
温州	15261	153	20	15123	152	20	138	1
福州	29255	172	76	28911	166	76	344	6
厦门	33274	196	79	32250	177	79	1024	19
汕头	5900	35	14	5900	35	14		
深圳	34925	172	76	33384	160	76	1541	12
广州	40265	493	83	38863	326	83	1402	167
湛江	23577	162	44	22542	149	44	1035	13
北海	8278	65	16	8218	64	16	60	1
防城	19795	142	51	19735	137	51	60	5
海口	9867	70	34	9676	69	34	191	1
八所	2488	12	9	2488	12	9		

注：1.从2006年起，宁波－舟山港统计范围包括原宁波港和舟山港。
2.从2007年起，烟台港统计范围包括原烟台港和龙口港。
3.从2011年起，厦门港统计范围包括原厦门港和漳州港。

7-5-42 内河港口码头泊位数(2022年底)

港口	总计			生产用			非生产用	
	码头长度(米)	泊位个数(个)	#万吨级	码头长度(米)	泊位个数(个)	#万吨级	码头长度(米)	泊位个数(个)
总计	**1167231**	**16304**	**451**	**1138922**	**15882**	**451**	**28309**	**422**
#重庆	54585	581		47067	458		7518	123
宜昌	30078	194		29633	191		445	3
武汉	20775	166		18038	144		2737	22
黄石	5315	48		5145	47		170	1
九江	21440	341		21199	339		241	2
安庆	4307	40		3865	36		442	4
池州	8990	85		8990	85			
铜陵	7467	72	3	7422	71	3	45	1
芜湖	13309	122	12	13309	122	12		
马鞍山	9441	113	1	9441	113	1		
南京	24606	188	58	24606	188	58		
镇江	24643	222	49	24523	220	49	120	2
泰州	22768	159	66	22768	159	66		
扬州	10228	53	32	10228	53	32		
江阴	17711	118	40	17711	118	40		
常州	3746	27	9	3746	27	9		
南通	21852	129	46	21508	125	46	344	4
上海	37727	741		37377	736		350	5

注：从2009年起，重庆港统计范围发生变化，包括原重庆、涪陵、万州、重庆航管处四个港区，与历史数据不可比。

7-5-43 沿海港口货物吞吐量

单位：万吨

港 口	2000	2005	2010	2015	2016	2017	2018	2019	2020	2021	2022
总 计	**125603**	**292777**	**548358**	**784578**	**810933**	**865464**	**922392**	**918774**	**948002**	**997259**	**1013102**
#大 连	9084	17085	31399	41482	43660	45517	46784	36641	33401	31553	30613
营 口	2268	7537	22579	33849	35217	36267	37001	23818	23821	22997	21118
秦皇岛	9743	16900	26297	25309	18682	24520	23119	21880	20061	20053	19269
天 津	9566	24069	41325	54051	55056	50056	50774	49220	50290	52954	54902
烟 台	1774	4506	15033	25163	26537	28816	44308	38632	39935	42337	46257
威 海	669	1015	2407	4213	4340	4468	5570	3730	3863	4273	4520
青 岛	8636	18678	35012	48453	50036	51031	54250	57736	60459	63029	65754
日 照	2674	8421	22597	33707	35007	36136	43763	46377	49615	54117	57057
上 海	20440	44317	56320	64906	64482	70542	68392	66351	65105	69827	66832
连云港	2708	6016	12739	19756	20082	20605	21443	23456	24182	26918	30111
宁波-舟山	11547	26881	63300	88929	92209	100933	108439	112009	117240	122405	126134
台 州	950	2067	4706	6237	6771	7057	7167	4901	5091	5938	6241
温 州	859	3097	6408	8490	8406	8926	8239	7541	7401	7976	8479
福 州	2426	7443	7125	13967	14516	14838	17876	21255	24897	27352	30164
厦 门	1965	4771	12728	21023	20911	21116	21720	21344	20750	22756	21940
汕 头	1284	1736	3509	5181	4985	4890	3963	3155	3351	4138	4019
深 圳	5697	15351	22098	21706	21410	24136	25127	25785	26506	27838	27243
广 州	11128	25036	41095	50053	52254	57003	59396	60616	61239	62367	62906
湛 江	2038	4647	13638	22036	25612	28209	30185	21570	23391	25555	25376
北 海	265	437	1251	2468	2750	3169	3387	3496	3736	4323	4418
防 城			7650	11504	10688	10355	10448	10141	12182	14800	15359
海 口	808	2118	5700	9204	9952	11297	11883	12447	11781	12159	11118
八 所	378	486	893	1767	1516	1605	1396	1507	1501	1652	1646

注：1.从2006年起，宁波-舟山港统计范围包括原宁波港和舟山港，以往年度数据为原宁波港数据。
2.从2007年起，烟台港统计范围包括原烟台港和龙口港，以往年度数据为原烟台港数据。
3.从2011年起，厦门港统计范围包括原厦门港和漳州港。

7-5-44 内河港口货物吞吐量

单位：万吨

港 口	2005	2006	2007	2008	2009	2010	2011	2012	2013
总 计	**101418**	**117510**	**138208**	**159481**	**221678**	**261822**	**295522**	**312228**	**336793**
#上 海	10749	6709	6918	7362	9738	9019	10326	9819	9301
南 京	10686	10091	10859	11125	12146	14719	17333	19197	20201
江 阴	4278	5739	7218	8740	10103	12522	12934	13248	12590
常 州	805	2347	2029	2282	2724	3156	2769	2667	3067
苏 州	11919	15085	18377	20348	24634				
南 通	8327	10386	12339	13214	13641	15070	17331	18526	20494
扬 州	1179	1398	1591	1938	2938	3642	4370	4841	6189
泰 州	1581	2787	2128	2592	7467	9890	12038	13210	15425
镇 江	5847	6318	7824	8705	8713	10634	11806	13460	14098
芜 湖	1850	3934	4681	5514	5710	6609	7473	8260	9313
马鞍山	2011	2393	3684	4697	4191	4826	5306	6809	7489
铜 陵	352	2405	2860	2872	3157	3914	4729	5507	5905
安 庆	1835	2839	2852	2800	2554	2813	3010	3225	3006
池 州	1752	1952	2101	2250	2244	2576	3137	3488	3914
九 江	928	760	733	596	2852	3291	3907	4827	6030
武 汉	4939	5034	5278	5592	5409	6620	7602	7632	7701
黄 石	1003	1195	962	1032	1520	1605	1781	1874	2098
宜 昌	226	518	734	715	653	818	770	682	554
重 庆	950	1073	1317	1470	8612	9668	11606	12502	13676

注：从2009年起，重庆港统计范围发生变化，包括原重庆、涪陵、万州、重庆航管处四个港区，与历史数据不可比。

7-5-44 续表

单位：万吨

港 口	2014	2015	2016	2017	2018	2019	2020	2021	2022
总 计	**349246**	**361804**	**377939**	**401710**	**412107**	**476309**	**506989**	**557275**	**555351**
#上 海	8575	6834	5695	4509	4656	5326	5999	7143	5945
南 京	21001	21454	21973	23637	25199	25689	25112	26855	27155
江 阴	12462	12228	13197	15971	17560	22393	24705	33757	35062
常 州	3314	3619	4031	4714	4863	5353	5442	5202	4672
苏 州		53990	57937	60456	53227	52275	55408	17668	57276
南 通	21599	21827	22614	23572	26702	33620	31014	30851	28508
扬 州	7866	7345	8163	9424	10129	9475	9759	10144	10646
泰 州	15822	16803	17000	19942	24509	28243	30111	35291	36444
镇 江	14061	13010	13137	14203	15331	32916	35064	23706	22542
芜 湖	10847	12009	13101	12806	12016	12778	13537	13475	13504
马鞍山	8101	9205	10571	11014	10355	10093	10226	11046	11639
铜 陵	7045	8011	11004	11095	10008	9621	8430	8498	9363
安 庆	3137	4002	2278	2401	2983	2511	2066	2438	2194
池 州	4279	4137	4548	4783	6723	9751	10139	12602	13063
九 江	8036	10425	11328	11717	11689	11358	12047	15175	18061
武 汉	8150	8455	9000	10018	10318	9166	10539	11679	13074
黄 石	2454	3643	3804	4039	4219	4509	4713	4992	6855
宜 昌	639	719	763	1010	6868	7971	8119	11470	12386
重 庆	14665	15750	17372	19722	20444	17127	16498	19804	12795

7-5-45 沿海港口分货类吞吐量

单位：万吨

货类名称	2019			2020		
	合计	出港	进港	合计	出港	进港
总　计	**918774**	**399808**	**518966**	**948002**	**407023**	**540980**
煤炭	166171	92282	73889	164638	90369	74269
石油、天然气及制品	106444	28934	77510	116956	31643	85312
#原油	61995	9078	52917	67533	9128	58404
金属矿石	154788	26573	128215	159214	25712	133502
钢铁	34206	21062	13144	37989	22460	15529
矿建材料	79243	39893	39351	84443	45732	38711
水泥	10597	3244	7353	12522	4240	8281
木材	6149	704	5445	6178	993	5184
非金属矿石	25028	9280	15748	27524	9807	17717
化肥和农药	3243	1943	1300	3276	2133	1144
盐	1150	221	929	984	229	755
粮食	20035	6415	13620	21946	6267	15679
机械、设备、电器	11824	6866	4958	12267	7007	5260
化工原料及制品	16540	7325	9215	18689	8433	10257
有色金属	1055	487	569	1188	400	787
轻工、医药产品	11647	6204	5443	11312	5181	6131
农林牧渔业产品	3908	1181	2727	4045	1197	2848
其他	266745	147194	119551	264833	145220	119613

7-5-45 续表

单位：万吨

货类名称	2021			2022		
	合计	出港	进港	合计	出港	进港
总　计	**997259**	**443570**	**553689**	**1013102**	**464113**	**548989**
煤炭	183178	98882	84296	182521	101213	81308
石油、天然气及制品	116986	31495	85491	115400	33408	81992
#原油	66727	9433	57294	65742	10271	55471
金属矿石	160718	27712	133006	162714	30737	131977
钢铁	37945	23659	14286	34953	22502	12451
矿建材料	94826	56070	38756	102891	62842	40049
水泥	12150	4320	7830	9430	2578	6852
木材	8123	1487	6636	8197	1200	6997
非金属矿石	26146	10384	15762	33057	12846	20211
化肥和农药	3484	2530	953	3306	2281	1025
盐	1167	393	774	1655	462	1193
粮食	24379	6709	17670	24509	7946	16563
机械、设备、电器	15420	9412	6008	15135	9639	5496
化工原料及制品	20401	9421	10980	20300	9843	10457
有色金属	1197	398	799	1130	327	803
轻工、医药产品	12918	6032	6886	13203	6433	6770
农林牧渔业产品	4154	1182	2972	4040	1366	2675
其他	274067	153484	120583	280661	158490	122171

7-5-46 内河港口分货类吞吐量

单位：万吨

货类名称	2019			2020		
	合计	出港	进港	合计	出港	进港
总　计	**476309**	**200679**	**275630**	**506989**	**212243**	**294746**
煤炭	96405	31353	65052	90956	28604	62352
石油、天然气及制品	14970	5276	9694	14050	4516	9534
#原油	3255	602	2654	1942	78	1864
金属矿石	67223	21863	45360	74900	23643	51256
钢铁	23154	10530	12624	28819	13012	15806
矿建材料	140900	58922	81979	160816	67066	93750
水泥	29117	23055	6062	31689	25141	6548
木材	4675	1237	3438	4171	1103	3068
非金属矿石	21433	10930	10503	23227	11835	11392
化肥和农药	3254	1877	1377	2992	1758	1234
盐	1392	735	657	1261	787	474
粮食	10042	2935	7108	10817	2976	7841
机械、设备、电器	1625	1355	270	1722	1398	323
化工原料及制品	13092	4843	8249	12709	4495	8214
有色金属	180	52	128	152	50	102
轻工、医药产品	1975	832	1143	1917	829	1088
农林牧渔业产品	1673	773	899	1449	518	931
其他	45199	24112	21087	45344	24511	20833

注：2018年统计口径为内河规模以上港口，从2019年起统计口径为全国内河港口。

7-5-46 续表

单位：万吨

货类名称	2021			2022		
	合计	出港	进港	合计	出港	进港
总　计	**557275**	**238914**	**318362**	**555351**	**238231**	**317120**
煤炭	99931	29919	70011	103916	31880	72037
石油、天然气及制品	14630	4894	9735	14320	4746	9575
#原油	1701	82	1619	2346	200	2146
金属矿石	79213	24790	54423	83851	27278	56572
钢铁	30656	14445	16211	30626	14211	16415
矿建材料	177720	79407	98313	174239	79328	94911
水泥	35974	27304	8669	33797	26146	7651
木材	4341	1156	3185	3478	1047	2431
非金属矿石	27419	14138	13281	27482	14128	13354
化肥和农药	3518	2162	1356	2906	1731	1175
盐	1604	979	624	1668	927	741
粮食	14474	4454	10020	14054	3925	10129
机械、设备、电器	2034	1776	259	1998	1725	273
化工原料及制品	13366	5162	8204	13671	5618	8053
有色金属	254	109	145	241	113	128
轻工、医药产品	1910	876	1034	1814	868	946
农林牧渔业产品	1692	636	1056	1534	674	860
其他	48541	26706	21835	45756	23888	21868

7-5-47 民用航空航线及飞机年末数

指　　标	2011	2012	2013	2014	2015	2016
定期航班航线条数　（条）	**2290**	**2457**	**2876**	**3142**	**3326**	**3794**
国际航线	443	381	427	490	660	739
国内航线	1847	2076	2449	2652	2666	3055
#港澳台地区航线	91	99	107	114	109	109
定期航班航线里程（公里）	**3490571**	**3280114**	**4106000**	**4637214**	**5317230**	**6348144**
国际航线	1494387	1284712	1503150	1767210	2394434	2828015
国内航线	1996184	1995402	2602850	2870004	2922796	3520129
#港澳台地区航线	135103	133333	168363	179320	171621	166812
定期航班通航机场　（个）	**178**	**180**	**190**	**200**	**206**	**216**
民用飞机期末架数　（架）	**3191**	**3589**	**4004**	**4168**	**4554**	**5046**
运输飞机	1764	1941	2145	2370	2650	2950
大中型飞机	1601	1769	1985	2218	2499	2789
#B737	700	756	854	958	1104	1216
B747	40	40	29	24	26	26
B757	51	46	45	41	35	33
B767	15	13	11	9	9	13
A320	357	432	503	579	645	728
小型飞机	163	172	160	152	151	161
通用航空飞机	1124	1320	1519	1798	1904	2096

注：2011年起民用航空航线条数改为定期航班航线条数，民航通航机场改为定期航班通航机场。

7-5-47　续表

指　　标	2017	2018	2019	2020	2021	2022
定期航班航线条数　（条）	**4418**	**4945**	**5521**	**5581**	**4864**	**4670**
国际航线	803	849	953	895	279	336
国内航线	3615	4096	4568	4686	4585	4334
#港澳台地区航线	96	100	111	94	25	27
定期航班航线里程（公里）	**7483033**	**8379833**	**9482204**	**9426313**	**6897750**	**6998940**
国际航线	3245859	3598911	4014686	3828748	1319643	1537440
国内航线	4237174	4780922	5467518	5597565	5578107	5461500
#港澳台地区航线	147537	153105	167104	136783	29426	35407
定期航班通航机场　（个）	**228**	**233**	**237**	**240**	**248**	**253**
民用飞机期末架数　（架）	**5593**	**6134**	**6525**	**6795**	**7072**	**7351**
运输飞机	3296	3639	3818	3903	4054	4165
大中型飞机	3120	3452	3626	3701	3840	3919
#B737	1357	1513	1509	1500	1506	1484
B747	27	24	25	23	23	23
B757	35	46	49	54	58	67
B767	12	5	8	8	13	19
A320	814	892	996	1045	1129	1171
小型飞机	176	187	192	202	214	246
通用航空飞机	2297	2495	2707	2892	3018	3186

7-5-48 民用航空运输量及通用航空飞行时间

指　　标	2011	2012	2013	2014	2015	2016
客运量　　　　（万人）	**29317**	**31936**	**35397**	**39195**	**43618**	**48796**
国际航线	2118	2336	2655	3155	4207	5162
国内航线	27199	29600	32742	36040	39411	43634
#港澳台地区航线	760	834	904	1005	1020	985
旅客周转量　（万人公里）	**45369629**	**50257366**	**56567596**	**63341903**	**72825513**	**83781348**
国际航线	8780512	9919798	11457554	13168010	17168359	21603850
国内航线	36589118	40337568	45110042	50173893	55657154	62177498
#港澳台地区航线	1116167	1238849	1317488	1496639	1517768	1441033
货(邮)运量　　　（吨）	**5574779**	**5450342**	**5612526**	**5940988**	**6292942**	**6680105**
国际航线	1780427	1565170	1545310	1684272	1868444	1931921
国内航线	3794352	3885173	4067216	4256716	4424498	4748184
#港澳台地区航线	210028	207678	198561	223332	221014	219608
货邮周转量　（万吨公里）	**1739131**	**1638894**	**1702918**	**1877715**	**2080683**	**2224493**
国际航线	1187527	1064527	1091742	1237182	1411425	1503386
国内航线	551604	574366	611176	640533	669258	721108
#港澳台地区航线	27607	27120	26156	29931	28465	27505
运输总周转量（万吨公里）	**5774427**	**6103217**	**6717231**	**7481156**	**8516516**	**9625107**
国际航线	1968352	1944881	2106757	2401117	2926107	3405834
国内航线	3806075	4158336	4610474	5080039	5590410	6219274
#港澳台地区航线	126425	136648	142276	161733	162201	154316
通用航空飞行时间（小时）	**502731**	**517037**	**590890**	**674944**	**778408**	**764685**

7-5-48 续表

指　　标	2017	2018	2019	2020	2021	2022
客运量　　　（万人）	**55156**	**61174**	**65993**	**41778**	**44056**	**25171**
国际航线	5545	6367	7425	957	148	186
国内航线	49611	54807	58568	40821	43908	24985
#港澳台地区航线	1027	1127	1108	96	59	47
旅客周转量　（万人公里）	**95130358**	**107123166**	**117052971**	**63112770**	**65296813**	**39138743**
国际航线	24765095	28226135	31850815	4424091	905627	1088690
国内航线	70365262	78897031	85202156	58688680	64391186	38050053
#港澳台地区航线	1482485	1650525	1604613	128296	81928	65140
货(邮)运量　　　（吨）	**7058921**	**7385098**	**7531426**	**6766070**	**7318402**	**6076086**
国际航线	2220776	2427234	2419050	2230742	2667008	2638211
国内航线	4838144	4957864	5112376	4535328	4651394	3437875
#港澳台地区航线	241502	234807	222169	175781	189891	147439
货邮周转量　（万吨公里）	**2435523**	**2624991**	**2631990**	**2402014**	**2781579**	**2540958**
国际航线	1705867	1870290	1846110	1723269	2075723	2017943
国内航线	729656	754701	785881	678745	705856	523035
#港澳台地区航线	30512	30150	28057	20662	22901	17258
运输总周转量（万吨公里）	**10830751**	**12065276**	**12932530**	**7985060**	**8567493**	**5992786**
国际航线	3884753	4350189	4637426	2108328	2156119	2114179
国内航线	6945998	7715087	8295104	5876731	6411375	3878607
#港澳台地区航线	160960	175130	168954	31866	30129	23020
通用航空飞行时间（小时）	**837496**	**937149**	**1065011**	**983988**	**1178412**	**1219450**

7-5-49 民用航空主要机型运输生产情况(2022年)

机　型	期末飞机架数(架)	运输飞行小时(小时)	运输飞行里程(万公里)	平均每可用机年生产飞行小时(小时/架)	平均每可用机日生产飞行小时(小时/架/日)	正班平均载运率(%)
总　　计	**4165**	**6275615**	**398989.7**	**1968**	**5.4**	**65.0**
#B737-700	131	217939	12706.1	1868	5.1	62.8
B737-800	1173	1948347	119295.4	2023	5.5	65.3
B737F	77	98022	5685.4	1724	4.7	64.8
B757-200F	67	84972	5266.8	1915	5.3	60.4
B777-300ER	63	96475	7717.8	1706	4.7	46.5
B777F	37	156876	13028.7	5277	14.5	80.5
B787-9	83	139285	11305.2	2611	7.2	52.2
A319	171	237449	14710.7	1712	4.7	55.8
A320	783	1248899	77831.2	1951	5.3	66.5
A320NEO	388	708570	44692.5	2227	6.1	63.6
A321	334	484359	29744.5	1731	4.7	59.9
A321NEO	137	223719	14060.0	2082	5.7	58.9
A330-200	98	94517	6609.4	1386	3.8	45.4
A330-300	129	168728	12126.8	1903	5.2	49.7
A350-900	61	87262	6808.7	2076	5.7	47.7
ARJ21-700	90	51925	2709.4	1016	2.8	68.5

注：期末飞机架数不含通用航空飞机数量。

7-5-50 各地区城市公共交通运营里程(2022年底)

单位：公里

地区	公共汽车、无轨电车	公交专用车道	轨道交通			
				地铁	轻轨	有轨电车
全国	**1664495**	**19870**	**9555**	**8448**	**263**	**437**
北京	30174	1005	797	766		21
天津	27865	194	293	233	52	8
河北	86512	521	74	74		
山西	50510	595	23	23		
内蒙古	47229	354	49	49		
辽宁	42584	1393	419	180	147	92
吉林	37132	336	107	43	64	
黑龙江	48757	275	78	78		
上海	24883	492	831	796		
江苏	119206	1903	1008	927		81
浙江	162339	1060	859	724		14
安徽	81143	834	217	171		
福建	46228	275	209	209		
江西	57691	576	129	129		
山东	186163	1634	407	399		8
河南	56554	1771	276	276		
湖北	43272	694	531	455		76
湖南	59522	624	210	191		
广东	127333	1682	1343	1203		63
广西	40487	361	128	128		
海南	13267	54	8			8
重庆	30161	263	435	336		
四川	65520	1235	558	519		39
贵州	27047	258	74	74		
云南	55335	260	153	139		13
西藏	3242	46				
陕西	28762	611	272	272		
甘肃	22838	129	38	26		13
青海	12200	75				
宁夏	10784	158				
新疆	19755	205	27	27		

注：上海市轨道交通合计中包括磁悬浮运营线路总长度29公里；含江苏(昆山)境内约6公里。

7-5-51 各地区城市公共交通运营车(船)拥有量(2022年底)

单位：辆

地区	公共汽电车、轨道交通配属车辆合计	公共汽电车	#天然气车	无轨电车	轨道交通	地铁	轻轨	有轨电车	巡游出租汽车	轮渡运营船数(艘)
全国	**765722**	**703165**	**93108**	**2441**	**62557**	**57791**	**1136**	**1754**	**1362041**	**183**
北京	30739	23465	6861	1096	7274	7164		50	70230	
天津	13233	11653	425		1580	1404	152	24	31779	
河北	33003	32517	5628	35	486	486			70273	
山西	15946	15802	562	78	144	144			41550	
内蒙古	11810	11498	2417		312	312			67965	
辽宁	24270	22596	5442	65	1674	1098	288	288	91577	
吉林	13050	12048	2160		1002	306	696		67876	
黑龙江	20389	19867	569		522	522			97955	21
上海	24616	17305	101	257	7311	7250			27515	35
江苏	58591	53419	6618		5172	4761		411	52937	11
浙江	50514	45767	3694	52	4747	4464		17	44092	3
安徽	29287	27785	2180		1502	1272			55205	
福建	22230	20950	1052		1280	1280			20998	20
江西	16727	15863	1006		864	864			17174	
山东	68531	66610	10328	389	1921	1900		21	69990	3
河南	37633	35869	2318	173	1764	1764			63465	
湖北	29071	25776	4460	39	3295	2868		427	43980	24
湖南	34415	33266	563		1149	1116			35481	4
广东	74640	66145	822	257	8495	7930		245	51668	52
广西	15252	14376	1421		876	876			20366	
海南	4901	4887	306		14			14	6278	
重庆	17813	15131	5168		2682	1776			24679	10
四川	38632	34010	12120		4622	4442		180	45792	
贵州	11769	11271	2341		498	498			46196	
云南	17186	16376	1144		810	750		60	31356	
西藏	884	884							2380	
陕西	20907	18681	3426		2226	2226			38580	
甘肃	10395	10222	2253		173	156		17	38874	
青海	3751	3751	1413						14127	
宁夏	4400	4400	1426						16469	
新疆	11137	10975	4884		162	162			55234	

注：1.轨道交通车辆中包括上海磁悬浮车辆17辆。
2.2014年起，公共汽电车、轨道交通车辆数为经过折算后的标准营运台数，与往年数据不可比（下表同）。
3.2018年起，不再统计轨道交通标准营运台数。

7-5-52 各地区城市公共交通客运量(2022年)

单位：万人次

地 区	客运总量	公共汽电车	城市轨道交通	巡游出租汽车	轮渡
全 国	**7551087**	**3533749**	**1930900**	**2081976**	**4461**
北 京	417411	172559	226183	18669	
天 津	79696	43959	31934	3803	
河 北	139983	69752	8640	61591	
山 西	136964	76213	2887	57865	
内蒙古	160965	46815	3308	110842	
辽 宁	364102	169694	44036	150373	
吉 林	197559	67211	12307	118041	
黑龙江	309528	106139	13431	189863	94
上 海	324182	76881	227926	17851	1524
江 苏	374471	186535	133733	53956	247
浙 江	361720	184520	125974	51199	27
安 徽	237360	111227	28986	97148	
福 建	213115	140129	31860	40045	1081
江 西	124971	65663	23897	35410	
山 东	325744	220930	33859	70954	2
河 南	205670	97229	32190	76251	
湖 北	346785	169999	89424	87029	334
湖 南	339861	180664	57783	101414	
广 东	802466	307811	417585	75974	1097
广 西	111412	66547	27335	17530	
海 南	19368	12824	76	6469	
重 庆	348799	185055	91242	72447	55
四 川	542377	256769	157176	128433	
贵 州	256041	120196	9303	126542	
云 南	162307	85711	17575	59021	
西 藏	10091	5088		5003	
陕 西	267372	116705	76889	73778	
甘 肃	136412	80613	3614	52185	
青 海	38086	21035		17050	
宁 夏	53985	22176		31810	
新 疆	142285	67102	1751	73432	

注：上海城市轨道交通客运量含江苏(昆山)境内约805万人次。

7-5-53 邮政主要业务量

指　　标		2013	2014	2015	2016	2017
邮政行业业务总量	(亿元)	2725.1	3696.1	5078.7	7397.2	9763.7
函件	(万件)	634148.8	560955.7	458142.2	361948.3	314841.0
包裹	(万件)	6924.8	6024.2	4243.4	2794.0	2657.2
快递	(万件)	918674.9	1395925.3	2066636.8	3128315.1	4005591.9
汇兑	(万笔)	18520.6	12527.4	8241.7	5804.4	3743.4
订销报纸累计份数	(万份)	1942934.7	1912277.3	1880361.3	1786989.7	1766328.4
订销杂志累计份数	(万份)	113720.0	107618.1	99977.1	84415.0	79261.4
报刊期发数	(万份)	15140.9	14936.8	15539.5	13617.5	12572.8
纪特邮票	(万枚)	118335.3	138990.4	157000.8	154320.6	140219.4

注：1.邮政行业业务总量、快递的统计口径2006年及以前为中国邮政集团，2007年起为规模以上(年业务收入200万元以上)邮政业法人企业数据，2013年起为全国邮政企业和获得快递业务经营许可的快递服务企业(下表同)。
2.邮政行业业务总量2000年及以前按1990年不变价格计算，2001-2010年按2000年不变价格计算，2011-2020年按2010年不变价格计算，2021年起按2020年不变价格计算（下表同）。

7-5-53　续表

指　　标		2018	2019	2020	2021	2022
邮政行业业务总量	(亿元)	12345.2	16229.6	21053.2	13698.3	14316.7
函件	(万件)	267100.8	216721.5	141836.8	108800.0	94062.2
包裹	(万件)	2407.6	2155.0	2030.6	1822.9	1757.3
快递	(万件)	5071042.8	6352291.0	8335789.4	10829641.3	11058122.0
汇兑	(万笔)	2520.0	1639.7	960.7	646.0	433.3
订销报纸累计份数	(万份)	1727899.1	1680708.2	1654230.4	1638906.5	1655562.6
订销杂志累计份数	(万份)	77496.9	72997.1	71321.3	68740.3	69216.6
报刊期发数	(万份)	12458.2	11429.0	11210.4	10907.7	10755.1
纪特邮票	(万枚)	118076.4	91800.9	71371.8	58335.0	53876.4

7-5-54 各地区邮政主要业务量(2022年)

地 区	邮政行业业务总量(2020年不变价格)(亿元)	函 件(亿件)	包 裹(万件)	汇 兑(万笔)	订销报纸累计份数(万份)	订销杂志累计份数(万份)	报刊期发 数(万份)	纪特邮票(万枚)
全 国	**14316.7**	**9.4**	**1757.3**	**433.3**	**1655562.6**	**69216.6**	**10755.1**	**53876.4**
北 京	281.4	1.1	109.1	24.3	62192.6	2213.1	398.4	5042.1
天 津	141.0	0.1	30.4	5.3	12986.3	681.8	87.6	1423.8
河 北	536.0	0.1	129.5	8.9	68121.2	2947.2	460.2	2190.6
山 西	124.9	0.1	11.1	12.2	57940.3	1729.0	326.4	1331.2
内蒙古	58.7		10.1	2.2	30986.2	1087.0	181.7	1188.1
辽 宁	225.9	0.1	44.4	17.1	45949.1	2636.5	358.7	2054.2
吉 林	104.7		14.9	1.5	26238.1	1355.3	184.6	1147.8
黑龙江	149.9	0.1	37.8	3.3	31840.7	1957.4	224.5	2338.9
上 海	1849.8	1.5	122.1	76.9	66492.3	1624.0	386.9	2474.1
江 苏	1022.1	1.3	128.2	49.2	144898.0	4430.0	797.7	3721.2
浙 江	2186.9	1.0	168.8	29.0	112818.9	3855.7	681.2	2113.6
安 徽	436.0	0.5	60.1	5.9	59508.8	3048.8	424.6	1987.0
福 建	514.0	0.3	64.7	11.5	63235.7	2114.0	394.5	1714.5
江 西	243.6	0.1	36.9	5.7	49031.9	1771.9	280.1	1602.3
山 东	669.3	0.3	115.6	13.4	102041.7	5714.2	706.7	2740.8
河 南	567.2	0.3	106.1	23.2	105843.7	3441.4	758.3	2387.0
湖 北	427.6	0.2	29.9	6.0	62210.1	2169.3	358.6	2218.5
湖 南	328.2	0.1	19.5	5.7	60483.3	3612.0	460.0	2177.1
广 东	3112.9	1.1	270.6	13.3	65850.7	5536.1	622.5	3286.6
广 西	168.8	0.1	21.0	11.4	33595.9	1857.9	250.8	782.5
海 南	32.6		11.7	1.0	15265.4	458.6	77.8	236.2
重 庆	189.5	0.1	32.8	7.9	25191.1	2996.2	261.0	1003.4
四 川	403.0	0.2	61.8	25.9	102763.6	3320.9	665.2	1763.8
贵 州	96.3	0.2	9.5	7.1	36330.9	1797.0	196.6	1119.2
云 南	130.3	0.1	16.6	29.5	45194.3	1481.8	244.6	1116.8
西 藏	4.7		10.5	4.5	15977.3	482.7	80.2	176.2
陕 西	183.9	0.1	25.3	12.0	46587.1	1489.1	280.3	1540.9
甘 肃	49.5	0.1	28.3	6.4	37843.8	1101.5	210.6	906.7
青 海	9.9		8.2	3.5	11072.4	366.5	61.0	367.5
宁 夏	21.8		4.6	0.7	7979.2	335.2	49.9	636.7
新 疆	46.2		17.3	8.9	49092.4	1604.8	284.1	1087.1

7-5-55 邮政业营业网点及邮路

指　　标		2011	2012	2013	2014	2015	2016
邮政业营业网点	(处)	78667	95572	125115	137562	188637	216708
信筒信箱	(个)	148206	150271	147351	142330	129572	127678
邮路总长度(单程)	(公里)	5140272	5855107	5897229	6305556	6376429	6585049
#航空邮路	(公里)	2718292	3160292	3334949	3622873	3558821	3712222
铁路邮路	(公里)	309027	320144	395809	232976	218014	203729
汽车邮路	(公里)	2017483	2289077	2070847	2361997	2486461	2644714
城市投递路线(单程)	(公里)	1171464	1327674	1282319	1435111	1371041	1474841
农村投递路线(单程)	(公里)	3632579	3731657	3744733	3775875	3756043	3767660

注：邮政业营业网点2007-2012年包括邮政企业和年业务收入200万元以上的快递企业；自2013年起，为全国邮政企业和获得快递业务经营许可的快递企业。

7-5-55 续表

指　　标		2017	2018	2019	2020	2021	2022
邮政业营业网点	(处)	278025	274635	318516	349075	412522	433525
信筒信箱	(个)	125409	122060	119234	99582	95186	92475
邮路总长度(单程)	(公里)	9384668	9851315	12227021	11874423	11927443	11424794
#航空邮路	(公里)	5996105	6544859	8724542	8257969	7522916	7120656
铁路邮路	(公里)	215205	220980	207900	240879	359307	384431
汽车邮路	(公里)	3156199	3072496	3282155	3364561	4040569	3915537
城市投递路线(单程)	(公里)	1628446	1711862	2209984	2193834	2338233	2374531
农村投递路线(单程)	(公里)	3805332	4030582	4198813	4104128	4155496	4146853

7-5-56 各地区邮政营业网点及邮路(2022年)

地区	邮政业营业网点(处)	信筒信箱(个)	邮路总长度(单程)(公里)	#航空邮路	#铁路邮路	#汽车邮路	城市投递路线(单程)(公里)	农村投递路线(单程)(公里)
全国	**433525**	**92475**	**11424794**	**7120656**	**384431**	**3915537**	**2374531**	**4146853**
北京	5000	3806	1439732	1273380	21086	145266	80366	27248
天津	5939	2427	107098	75833		28418	37571	23050
河北	18307	2660	168617	857		167700	99106	217967
山西	9429	1782	155847	76298	2301	77247	51445	97653
内蒙古	6985	1535	182874	91026	1308	90540	81688	157808
辽宁	11202	2166	227090	98081	2837	125799	98691	106596
吉林	7261	1371	144661	74167		70494	47220	93693
黑龙江	9419	1857	215179	72999	48247	93933	54318	88662
上海	7015	2554	187088	75519	22081	89488	82951	42876
江苏	30656	5200	384117	104175	1200	278742	157569	256541
浙江	37059	10710	668789	296974	34376	337437	131044	262187
安徽	16608	2156	253985	32160	2407	219414	81165	135374
福建	12047	7265	323166	170909	7070	145078	71236	118183
江西	13178	2077	180241	50320	12939	116982	49868	87065
山东	25041	3403	428755	162617	34525	231414	167616	279348
河南	23935	2974	630512	454277	12920	163315	153049	203243
湖北	16607	2188	242462	89131	12540	140791	81064	172586
湖南	16127	2794	197854	72782	5556	119472	95719	205620
广东	45149	4175	2916373	2543637	44769	327967	254319	294717
广西	14521	2290	206791	91496		115197	47810	116696
海南	2675	2900	172295	137620	13646	20605	19031	33125
重庆	11066	1937	115527	49465	3744	62318	47784	61850
四川	29998	6760	373183	146269	23903	203010	80249	223075
贵州	14058	1946	169044	82965	12613	73466	49800	158860
云南	13316	1871	384739	224215	25934	134590	53690	215526
西藏	1167	5387	63294	13567	1972	47755	10945	89075
陕西	15728	2111	179609	94032	2890	82687	58870	108373
甘肃	6682	1783	163816	77172	1945	84699	57723	133835
青海	1804	484	108587	57544	10112	40931	11352	47037
宁夏	1971	364	71123	53070	3690	14355	17877	19832
新疆	3575	1542	362347	278100	17820	66427	43395	69152

7-5-57 邮政通信服务水平

指　　标		2011	2012	2013	2014	2015	2016
已通邮的行政村比重	(%)	98.0	99.1	99.2	99.4	99.8	99.4
城区每日平均投递次数	(次)	2.1	2.0	2.0	2.1	1.9	2.0
农村每周平均投递次数	(次)	5.0	5.0	5.0	4.8	4.9	5.0
平均每一营业网点服务面积	(平方公里)	122.0	100.4	76.7	69.8	50.9	44.3
平均每一营业网点服务人口	(万人)	1.7	1.4	1.1	1.0	0.7	0.6
平均每人每年发函件数	(件)	5.5	5.2	4.7	4.1	3.3	2.7
平均每百人每年订报刊数	(份)	11.1	11.4	11.1	10.9	11.3	9.9

7-5-57　续表

指　　标		2017	2018	2019	2020	2021	2022
已通邮的行政村比重	(%)	100.0	100.0	100.0	100.0	100.0	100.0
城区每日平均投递次数	(次)	2.0	2.0	2.0	2.0	2.0	2.0
农村每周平均投递次数	(次)	5.1	5.2	5.0	5.0	5.0	5.0
平均每一营业网点服务面积	(平方公里)	34.5	35.0	30.1	27.5	23.3	22.1
平均每一营业网点服务人口	(万人)	0.5	0.5	0.4	0.4	0.3	0.3
平均每人每年发函件数	(件)	2.3	1.9	1.6	1.0	0.8	0.7
平均每百人每年订报刊数	(份)	9.0	8.9	8.2	7.9	7.8	7.6

7-5-58 各地区邮政通信服务水平(2022年)

地区	平均每一营业网点服务面积(平方公里)	平均每一营业网点服务人口(万人)	城区每日平均投递次数(次)	农村每周平均投递次数(次)
全国	**22.14**	**0.33**	**2.0**	**5.0**
北京	3.36	0.44	2.0	8.0
天津	1.85	0.23	2.0	7.0
河北	10.38	0.41	2.0	7.0
山西	15.91	0.37	2.0	6.0
内蒙古	157.48	0.34	2.0	4.0
辽宁	13.39	0.37	2.0	5.0
吉林	24.79	0.32	2.0	4.0
黑龙江	48.84	0.33	2.0	6.0
上海	0.83	0.35	3.0	12.0
江苏	3.26	0.28	2.0	8.0
浙江	2.70	0.18	2.0	8.0
安徽	7.83	0.37	2.0	6.0
福建	9.96	0.35	2.0	5.0
江西	12.14	0.34	2.0	4.0
山东	5.99	0.41	2.0	7.0
河南	6.68	0.41	2.0	7.0
湖北	10.84	0.35	2.0	5.0
湖南	13.02	0.41	2.0	4.0
广东	3.99	0.28	2.0	9.0
广西	15.84	0.35	2.0	4.0
海南	12.71	0.38	2.0	6.0
重庆	7.44	0.29	2.0	5.0
四川	16.00	0.28	2.0	4.0
贵州	12.09	0.27	2.0	5.0
云南	28.54	0.35	2.0	4.0
西藏	1028.28	0.31	2.0	4.0
陕西	12.08	0.25	2.0	5.0
甘肃	58.37	0.37	2.0	4.0
青海	399.11	0.33	2.0	4.0
宁夏	33.49	0.37	2.0	6.0
新疆	447.55	0.72	2.0	4.0

7-5-59　快递业务量

年　份	快　递 （万件）	快递业务收入 （万元）	年　份	快　递 （万件）	快递业务收入 （万元）
1991	566.7		2007	120189.6	3425851.6
1992	959.2		2008	151329.3	4084274.6
1993	2156.2		2009	185785.8	4790030.7
1994	4019.5		2010	233892.0	5746029.8
1995	5562.7		2011	367311.1	7579878.2
1996	7096.6		2012	568548.0	10553324.2
1997	6878.9		2013	918674.9	14416815.3
1998	7667.7		2014	1395925.3	20453586.2
1999	9091.3		2015	2066636.8	27696465.9
2000	11031.4		2016	3128315.1	39743601.3
2001	12652.7		2017	4005591.9	49571088.8
2002	14036.2		2018	5071042.8	60384253.8
2003	17237.8		2019	6352291.0	74978235.2
2004	19771.9		2020	8335789.4	87954342.4
2005	22880.3		2021	10829641.3	103323162.0
2006	26988.0		2022	11058122.0	105667264.6

注：快递业务量2006年及以前为邮政特快专递，2007年起为规模以上(年业务收入200万元以上)快递企业业务量，2013年起为获得快递业务经营许可的快递企业业务量。

7-5-59　续表

地　区	快　递 （万件）	快递业务收入 （万元）	地　区	快　递 （万件）	快递业务收入 （万元）
北　京	195628.5	2915532.3	河　南	445289.4	3313457.8
天　津	121552.9	1374733.2	湖　北	321241.6	2673822.6
河　北	526889.0	3802277.8	湖　南	231716.8	1786807.5
山　西	70585.0	794701.5	广　东	3013602.8	25103048.8
内蒙古	24213.5	483439.1	广　西	105450.9	1168930.0
			海　南	16561.0	299529.5
辽　宁	171216.7	1689150.5			
吉　林	58194.0	713756.7	重　庆	109176.8	1115136.6
黑龙江	72638.1	895306.0	四　川	286917.5	2782040.6
			贵　州	49204.6	726716.0
上　海	285770.4	18454342.2	云　南	88781.8	987788.3
江　苏	871160.7	8213333.3	西　藏	1219.3	44815.9
浙　江	2290410.3	12049381.1			
安　徽	353238.8	2374648.4	陕　西	112826.2	1251205.8
福　建	426376.5	3548369.1	甘　肃	19588.3	381585.5
江　西	182264.7	1617054.7	青　海	3103.6	83052.9
山　东	577179.8	4518325.9	宁　夏	9905.9	156235.8
			新　疆	16216.5	348739.4

【主要统计指标解释】

铁路营业里程 又称营业长度（包括正式营业里程和临时营业里程），指办理客货运输业务的铁路正线总长度。凡是全线或部分建成双线及以上的线路，以第一线的实际长度计算；复线、站线、段管线、岔线和特殊用途线以及不计算运费的联络线都不计算营业里程。

电气化铁路里程 指在全部铁路营业里程中已安装了供电线路及设备，可以供电力机车牵引列车运行的区段的总里程。

公路里程 指报告期末公路的实际长度。统计范围：包括城间、城乡间、乡（村）间能行驶汽车的公共道路，公路通过城镇街道的里程，公路桥梁长度、隧道长度、渡口宽度。不包括城市街道里程，断头路里程，农（林）业生产用道路里程，工（矿）企业等内部道路里程。统计原则：按已竣工验收或交付使用的实际里程计算；两条或多条公路共同经由同一路段的重复里程，只计算一次。

内河航道里程 指报告期末在江河、湖泊、水库、渠道和运河水域内，船舶、排筏在不同水位期可以通航的实际航道里程数。内河航道里程按主航道中心线实际长度计算。两省以河为界的航道里程，双方均按一半计算。

定期航班航线里程 指定期航班营运里程的总长度，以万公里为计算单位。航线里程的统计分为按重复距离计算和按不重复距离计算两种形式。“按重复距离计算”是指不同航线的相同航段距离可以重复累加；“按不重复距离计算”则不同航线相同航段只统计一次。

输油（气）管道长度 也称输油（气）里程，指油品（或天然气）的实际输送距离，一般按输油（气）管道的单线长度计算。若包括复线和备用线长度则称为输油（气）管道延展长度，是指管道铺设的实际长度。通常使用的是不包括复线的“输油（气）管道里程”。

货（客）运量 指在一定时期内，各种运输工具实际运送的货物（旅客）数量。货运按吨计算，客运按人计算。货物不论运输距离长短、货物类别，均按实际重量统计。旅客不论行程远近或票价多少，均按一人一次客运量统计；半价票、小孩票也按一人统计。

货物（旅客）周转量 指在一定时期内，由各种运输工具运送的货物（旅客）数量与其相应运输距离的乘积之总和。计算货物（旅客）周转量通常按发出站与到达站之间的最短距离，也就是计费距离计算。计算公式：货物（旅客）周转量=Σ（货物（旅客）运输量×运输距离）。

旅客运输平均运距 指报告期内平均每一位旅客的旅行距离。计算公式：旅客运输平均运距=旅客周转量/客运量。

货物运输平均运距 指报告期内平均每一吨货物的运输距离。计算公式：货物运输平均运距=货物周转量/货运量。

民用汽车拥有量 指报告期末，在公安交通管理部门按照《机动车注册登记工作规范》，已注册登记领有民用车辆牌照的全部汽车数量。汽车拥有量统计的主要分类：根据汽车结构分为载客汽车、载货汽车及其他汽车；根据汽车所有者不同分为个人（私人）汽车、单位汽车；根据汽车的使用性质分为营运汽车、非营运汽车；根据汽车大小规格不同，载客汽车分为大型、中型、小型和微型，载货汽车分为重型、中型、轻型和微型。

机动船 又称自航船，指装有各种发动机推进装置，以机械动力行驶的船舶。

驳船 指本身无动力装置，或只设简易动力装置，依靠拖船或推船带动的平底船。

拖船 指专门拖带其它船舶、船队、木排的船舶。

船舶净载重量 指报告期末所拥有船舶的总载重量减去燃（物）料、淡水、粮食及供应品、人员及其行李等的重量及船舶常数后，能够装载货物的实际重量。

沿海港口 指位于海沿岸，具有一定设施和条件，供船舶停靠、旅客上下、货物装卸、生活物料供应等作业的港口。

内河港口 指位于江、河、湖沿岸，具有一定设施和条件，供船舶停靠、旅客上下、货物装卸、生活物料供应等作业的港口。

港口货物吞吐量 指经由水路进出港区范围，并经过装卸的货物数量。按货物流向分为进港吞吐量和出港吞吐量；按货物贸易性质分为内贸货物吞吐量和外贸货物吞吐量；按货物的类别分，可根据现行的交通行业标准《运输货物分类和代码》分类。

定期航班航线条数 指定期航班营运的航线条数。按国内航线（其中：港澳台航线）、国际航线分类统计。

国际航线 指航线中任一航段的起讫点（技术经停点除外）在外国领土上的航线。

国内航线 指航线中各航段的起讫点（技术经停点除外）都在国内的航线。

港澳台地区航线 指航线中任一航段的起讫点在香港、澳门或台湾的航线（经香港、澳门、台湾飞往外国的航线统计为国际航线）。

飞机架数 指报告期末实有在册飞机数量，包括停场待修、在厂检修的飞机和租借飞机。

运输飞机 指从事公共航空运输的民用飞机。分为大中型飞机和小型飞机，大中型飞机指100座及以上的运输飞机，小型飞机指100座以下的运输飞机。

正班平均载运率 指报告期内正班飞行所完成的运输总周转量与可提供周转量之比。

城市公共交通 指城市中供公众乘用的、经济方便的各种交通方式的总称。包括公共汽车、电车、轨道交通（地铁、轻轨、有轨电车、磁悬浮、索道、缆车等）、出租汽车、公共轮渡等客运交通设施。

运营线路总长度 指全部运营线路长度之和。计算公式：运营线路长度=Σ各条运营线路长度=Σ〔1/2（上行起点至终点里程+下行起点至终点里程+上下行终点掉头里程〕。

单向行驶的环行线路长度等于起点至终点里程与终点下客站至起点里程之和的一半，不包括折返、试车、联络线等非运营线路。

公交专用车道 指为了调整公共交通车辆与其他社会车辆的路权使用分配关系，提高公共交通车辆运营速度和道路资源利用率，而科学、合理设置的公共交通优先车道、专用车道（路）、路口专用线（道）、专用街道、单向优先专用线（道）等。

运营车数 指城市中用于公共交通运营业务的全部车辆数。地铁和轻轨在统计时一自然节为一辆。出租汽车指已经领取出租汽车专用牌照的运营车辆，包括技术完好的、在修的、长期行驶的以及拟报废尚未经上级机关批准的车辆。

轮渡运营船数 指用于城市客渡运营业务的全部船舶数。不含旅游客轮（长途旅游、市内供游人游览江、河、湖泊的船只）。

城市公共交通客运总量 指报告期内城市公共交通各种运输方式运送乘客的总人次。

邮政行业业务总量 指以货币形式表示的邮政行业企业为社会提供各类邮政服务或其他服务的总数量，是用于观察邮政业务发展变化总趋势的综合性总量指标。邮政业务总量是以各类业务的实物量分别乘以相应的不变单价，求出各类业务的货币量加总求得。

营业网点 指拥有固定地址、直接对外营业，可收寄邮件和快件的营业场所和服务机构数量。

邮政局所 指经邮政部门审批许可，有固定的局所地址、领有上级发给的日戳或戳记，直接对外营业，至少办理出售邮票和收寄挂号信函两种业务的服务机构。按级别可分为邮政支局、自办邮政所、代办邮政所和其他局所。

邮路 指各邮政局所之间，邮政局所与车站、码头、机场、转运站、邮件处理中心、报刊社之间，邮区中心局与邮政局所及各邮区中心局之间由自办或委办人员按固定班期规定路线交换邮件（包括机要文件，下同）、报刊的路线。包括农村地区运邮兼投递的路线，不包括城市、农村地区纯投递路线。按运输方式可分为航空邮路、铁路邮路、汽车邮路、水路邮路和其他邮路等。

农村投递路线 指农村邮政支局所自办或委办人员按固定班期、规定路线至农村乡（镇）、行政村等收件单位投递邮件、报刊所走的路线。

营业网点服务面积 指报告期行政区域平均每一营业网点服务的面积。计算公式：

$$每一营业网点服务面积=\frac{行政区域土地面积（平方公里）}{营业网点总数（处）}$$

营业网点服务人口 指报告期行政区域平均每一营业网点服务的人口数。计算公式：

$$每一营业网点服务人口=\frac{行政区域总人口数（万人）}{营业网点总数（处）}$$

7 第三产业分行业主要指标

7-6 住宿和餐饮业

简要说明

一、主要内容

住宿和餐饮业法人单位财务状况和经营情况。

二、统计范围

限额以上住宿和餐饮业法人单位。

三、统计调查方法

对限额以上住宿和餐饮业法人单位采用全面调查的方法。

四、限额标准

住宿业法人单位，年主营业务收入200万元及以上。

餐饮业法人单位，年主营业务收入200万元及以上。

五、资料来源

本部分统计资料由国家统计局贸易外经统计司根据《住宿和餐饮业统计报表制度》搜集的资料加工整理而得。

7-6-1 限额以上住宿和餐饮业企业年末资产负债(2022年)

单位：亿元

项　　目	资产总计			负债合计	所有者权益合计
		#流动资产合计	#固定资产净额		
总　　计	**25226.8**	**11161.2**	**6022.6**	**19797.0**	**5308.8**
一、住宿业	**17642.1**	**7276.0**	**4737.9**	**13950.7**	**3580.6**
#国有控股	5951.4	1989.9	1753.9	3571.3	2328.0
(一)按登记注册类型分					
内资企业	**14751.6**	**6092.9**	**3882.6**	**11759.3**	**2875.3**
国有企业	920.7	274.1	339.6	547.5	365.1
集体企业	49.1	17.4	18.1	40.6	8.7
股份合作企业	14.3	5.5	2.3	11.1	3.2
联营企业	7.6	1.3	4.4	4.3	3.3
#国有联营企业	4.9	0.8	3.3	2.2	2.7
有限责任公司	7497.7	2966.7	1960.6	5491.6	1898.9
国有独资公司	1133.6	331.0	346.5	714.7	418.9
其他有限责任公司	6364.1	2635.7	1614.1	4776.9	1480.0
股份有限公司	336.2	144.5	82.0	192.6	143.7
私营企业	5923.6	2682.9	1474.3	5470.9	450.6
私营独资企业	160.9	63.0	40.0	120.4	40.4
私营合伙企业	24.3	10.4	7.4	13.3	10.6
私营有限责任公司	5554.4	2495.7	1379.5	5178.0	374.9
私营股份有限公司	184.0	113.8	47.3	159.2	24.8
其他企业	2.5	0.6	1.3	0.7	1.8
港、澳、台商投资企业	**1691.4**	**657.0**	**550.7**	**1421.6**	**276.3**
合资经营企业	706.5	300.1	192.3	667.8	39.5
合作经营企业	90.5	44.0	29.1	63.6	26.9
独资经营企业	850.7	291.8	323.5	663.8	192.7
投资股份有限公司	30.0	18.3	1.4	14.0	16.0
其他港澳台商投资企业	13.6	2.9	4.4	12.4	1.2
外商投资企业	**1199.1**	**526.1**	**304.5**	**769.8**	**429.0**
中外合资经营企业	613.0	255.5	124.3	352.6	260.4
中外合作经营企业	73.8	29.3	32.3	45.7	28.1
外资企业	471.4	217.2	141.0	341.1	130.0
外商投资股份有限公司	12.7	9.3	2.3	13.1	-0.4
其他外商投资企业	28.2	14.8	4.6	17.4	10.9
(二)按国民经济行业分					
旅游饭店	13979.1	5593.6	3889.4	10932.0	2943.9
一般旅馆	3172.5	1467.2	711.0	2618.4	546.6
民宿服务	70.5	32.2	12.9	39.1	31.3
露营地服务	16.8	8.3	2.7	11.0	5.2
其他住宿业	403.2	174.7	121.9	350.1	53.6

7-6-1 续表 单位：亿元

项目	资产总计	#流动资产合计	#固定资产净额	负债合计	所有者权益合计
二、餐饮业	**7584.7**	**3885.2**	**1284.7**	**5846.3**	**1728.3**
#国有控股	990.7	459.5	190.3	679.8	306.2
(一)按登记注册类型分					
内资企业	**5940.2**	**3164.5**	**1068.8**	**4699.8**	**1230.0**
国有企业	172.7	69.5	32.5	110.5	62.4
集体企业	15.1	6.4	3.2	7.4	7.5
股份合作企业	12.2	7.9	2.6	7.9	4.4
联营企业	10.9	3.9	3.3	8.7	2.1
有限责任公司	1664.1	844.5	341.0	1378.6	281.6
国有独资公司	282.2	117.8	62.9	192.7	84.8
其他有限责任公司	1381.9	726.7	278.1	1185.9	196.8
股份有限公司	189.1	79.8	25.6	89.0	100.2
私营企业	3873.6	2151.3	659.7	3096.7	770.3
私营独资企业	168.5	76.6	36.9	90.9	73.5
私营合伙企业	24.2	14.2	5.0	16.0	7.9
私营有限责任公司	3518.7	1977.0	603.1	2901.0	615.8
私营股份有限公司	162.2	83.5	14.6	88.8	73.1
其他企业	2.6	1.3	1.0	1.1	1.5
港、澳、台商投资企业	**869.2**	**385.5**	**132.8**	**608.8**	**261.0**
合资经营企业	148.7	50.7	27.7	101.5	47.4
合作经营企业	7.7	4.6	0.9	8.6	-0.9
独资经营企业	675.3	299.2	103.7	490.9	184.8
投资股份有限公司	2.1	1.4	0.1	2.2	-0.1
其他港澳台商投资企业	35.4	29.5	0.5	5.6	29.8
外商投资企业	**775.2**	**335.2**	**83.0**	**537.7**	**237.3**
中外合资经营企业	137.8	29.1	19.8	90.3	47.6
中外合作经营企业	0.3	0.1	0.0	0.8	-0.5
外资企业	615.0	293.4	62.2	428.6	186.0
外商投资股份有限公司	9.3	7.2	0.8	9.3	0.0
其他外商投资企业	12.8	5.4	0.3	8.6	4.2
(二)按国民经济行业分					
正餐服务	5478.5	2764.3	1054.4	4367.8	1102.8
快餐服务	1028.0	363.6	152.4	761.3	264.1
饮料及冷饮服务	480.3	321.9	35.5	290.8	190.2
餐饮配送及外卖送餐服务	301.0	236.6	28.1	212.2	88.5
其他餐饮业	297.0	198.8	14.3	214.2	82.6

7-6-2 各地区限额以上住宿和餐饮业企业年末资产负债(2022年)

单位：亿元

地 区	资产总计	#流动资产合计	#固定资产净额	负债合计	所有者权益合 计
全 国	**25226.8**	**11161.2**	**6022.6**	**19797.0**	**5308.8**
北 京	2784.2	1272.3	483.9	1820.3	972.1
天 津	410.1	215.5	86.3	370.4	40.1
河 北	550.8	244.6	149.4	536.5	12.9
山 西	374.4	148.3	117.1	341.2	31.9
内蒙古	199.4	72.7	80.0	179.2	21.1
辽 宁	369.0	141.3	109.0	376.3	-4.2
吉 林	180.5	71.4	54.4	155.3	25.2
黑龙江	130.9	41.4	59.7	104.6	26.1
上 海	2217.7	1110.7	417.2	1715.9	503.4
江 苏	2038.6	910.8	580.7	1592.8	444.1
浙 江	2044.2	812.1	578.5	1726.3	315.5
安 徽	567.9	228.4	142.9	406.8	160.0
福 建	1166.4	509.7	285.5	748.3	417.4
江 西	527.2	177.7	126.8	349.2	171.8
山 东	1071.6	474.0	297.5	925.7	147.6
河 南	540.5	226.7	138.6	388.0	146.9
湖 北	632.5	246.1	167.0	454.7	178.2
湖 南	594.1	204.1	151.8	427.4	163.2
广 东	3190.1	1734.7	542.8	2874.7	319.0
广 西	475.7	200.1	124.5	371.7	103.8
海 南	811.9	310.9	266.0	732.3	77.9
重 庆	497.4	213.1	97.1	377.8	113.9
四 川	1336.8	619.0	284.6	1002.5	270.5
贵 州	514.0	244.1	88.6	377.1	92.0
云 南	507.4	203.4	141.0	355.4	150.6
西 藏	75.5	15.1	24.8	25.0	49.0
陕 西	737.1	259.7	215.0	586.4	152.7
甘 肃	262.1	107.6	69.1	181.8	80.0
青 海	72.0	27.3	23.5	47.2	24.7
宁 夏	38.3	12.8	19.7	31.5	6.8
新 疆	308.5	105.7	99.4	214.8	94.5

7-6-3 各地区限额以上住宿业企业年末资产负债(2022年)

单位：亿元

地 区	资产总计	#流动资产合计	#固定资产净额	负债合计	所有者权益合 计
全 国	**17642.1**	**7276.0**	**4737.9**	**13950.7**	**3580.6**
北 京	2198.5	923.7	436.7	1303.2	898.4
天 津	292.1	154.9	63.9	275.2	17.0
河 北	388.4	153.3	122.4	379.6	7.6
山 西	211.6	76.9	79.2	203.0	7.4
内蒙古	123.5	40.6	56.5	107.5	17.2
辽 宁	261.0	96.8	91.6	274.7	-10.6
吉 林	149.9	54.3	48.4	126.7	23.3
黑龙江	109.4	30.1	55.6	86.8	22.4
上 海	1405.4	584.6	349.9	1080.3	326.2
江 苏	1206.5	503.7	367.0	950.5	253.3
浙 江	1464.0	558.2	457.2	1220.2	241.7
安 徽	302.2	110.4	91.9	242.7	58.5
福 建	979.6	413.8	258.1	624.5	355.4
江 西	398.0	120.1	94.1	265.8	126.8
山 东	626.4	280.3	193.0	546.6	80.6
河 南	417.2	166.7	115.6	314.1	99.7
湖 北	341.5	124.6	108.6	271.9	69.8
湖 南	396.5	122.5	113.2	301.3	93.4
广 东	2139.8	1142.7	420.4	2017.6	123.2
广 西	366.1	143.9	103.0	290.9	75.4
海 南	786.8	296.3	263.4	710.6	74.9
重 庆	307.1	127.9	68.4	268.7	37.9
四 川	832.0	363.3	203.4	653.6	119.3
贵 州	425.9	181.6	82.3	309.3	72.5
云 南	416.0	147.9	124.2	306.3	108.7
西 藏	67.1	12.6	23.2	22.2	44.9
陕 西	550.2	173.5	183.5	462.9	89.5
甘 肃	189.9	76.4	52.5	128.3	61.4
青 海	56.8	21.8	18.1	35.7	21.0
宁 夏	26.8	8.2	15.0	21.1	5.7
新 疆	206.0	64.4	77.5	148.8	58.0

7-6-4 各地区限额以上餐饮业企业年末资产负债(2022年)

单位：亿元

地 区	资产总计	#流动资产合计	#固定资产净额	负债合计	所有者权益合计
全 国	**7584.7**	**3885.2**	**1284.7**	**5846.3**	**1728.3**
北 京	585.7	348.6	47.2	517.1	73.7
天 津	118.0	60.6	22.4	95.2	23.1
河 北	162.4	91.3	27.0	156.9	5.4
山 西	162.8	71.5	37.9	138.2	24.5
内蒙古	75.9	32.1	23.4	71.7	4.0
辽 宁	108.0	44.5	17.5	101.6	6.4
吉 林	30.6	17.1	6.1	28.6	1.9
黑龙江	21.6	11.3	4.2	17.8	3.7
上 海	812.3	526.0	67.3	635.5	177.2
江 苏	832.1	407.1	213.7	642.3	190.8
浙 江	580.2	253.9	121.4	506.0	73.8
安 徽	265.7	117.9	50.9	164.1	101.5
福 建	186.8	95.9	27.3	123.7	62.0
江 西	129.3	57.6	32.7	83.5	45.0
山 东	445.3	193.7	104.5	379.1	67.0
河 南	123.3	60.0	23.0	73.8	47.2
湖 北	291.0	121.5	58.4	182.9	108.5
湖 南	197.5	81.6	38.5	126.1	69.8
广 东	1050.3	591.9	122.4	857.1	195.8
广 西	109.6	56.2	21.5	80.8	28.4
海 南	25.1	14.7	2.6	21.7	3.0
重 庆	190.3	85.2	28.7	109.0	76.0
四 川	504.7	255.7	81.2	348.9	151.2
贵 州	88.1	62.5	6.3	67.8	19.5
云 南	91.4	55.5	16.9	49.1	41.9
西 藏	8.4	2.5	1.6	2.8	4.1
陕 西	186.9	86.2	31.5	123.5	63.2
甘 肃	72.1	31.2	16.6	53.5	18.7
青 海	15.2	5.5	5.4	11.5	3.7
宁 夏	11.5	4.5	4.7	10.3	1.1
新 疆	102.4	41.3	21.9	66.0	36.5

7-6-5 限额以上住宿和餐饮业企业损益及分配(2022年)

单位：亿元

项目	营业收入	营业成本	销售费用	管理费用	财务费用	利润总额
总计	**11443.9**	**6408.2**	**3196.7**	**2215.4**	**297.6**	**-541.8**
一、住宿业	**3710.9**	**1875.6**	**975.1**	**1228.8**	**214.7**	**-480.0**
#国有控股	852.0	481.6	231.3	328.7	40.6	-123.4
(一)按登记注册类型分						
内资企业	**3364.5**	**1725.5**	**875.1**	**1086.7**	**169.4**	**-393.9**
国有企业	190.1	89.2	67.7	83.8	2.8	-42.9
集体企业	16.9	6.4	6.6	5.3	0.3	-2.0
股份合作企业	6.8	4.2	1.5	1.4	0.1	-0.1
联营企业	1.9	1.1	0.6	0.5		-0.3
有限责任公司	1187.7	625.5	324.9	424.0	77.8	-175.9
国有独资公司	182.7	107.7	45.0	67.0	8.1	-40.7
其他有限责任公司	1005.0	517.8	279.9	356.9	69.7	-135.1
股份有限公司	41.3	21.2	9.7	14.6	3.9	-7.9
私营企业	1919.2	977.5	464.1	557.0	84.5	-164.8
私营独资企业	95.1	60.1	15.1	17.0	2.0	0.5
私营合伙企业	17.0	10.2	3.0	2.8	0.3	0.6
私营有限责任公司	1783.4	894.9	441.0	528.6	80.9	-162.5
私营股份有限公司	23.7	12.4	5.0	8.6	1.4	-3.5
其他企业	0.7	0.4	0.1	0.1		
港、澳、台商投资企业	**211.1**	**89.4**	**67.5**	**87.8**	**31.2**	**-58.7**
合资经营企业	82.6	32.6	24.1	33.9	14.0	-18.2
合作经营企业	15.9	8.5	4.9	5.9	0.3	-3.0
独资经营企业	106.2	46.4	35.5	45.5	17.2	-36.0
投资股份有限公司	4.7	0.8	2.5	1.6	-0.4	-0.5
其他港澳台商投资企业	1.7	1.0	0.6	1.0	0.2	-1.0
外商投资企业	**135.2**	**60.6**	**32.4**	**54.3**	**14.2**	**-27.3**
中外合资经营企业	54.4	22.4	14.6	20.2	6.0	-10.9
中外合作经营企业	12.1	8.4	1.5	4.0	2.7	-3.8
外资企业	65.3	28.4	16.0	28.6	5.3	-12.0
外商投资股份有限公司	1.4	0.7	0.1	0.7	0.1	-0.3
其他外商投资企业	2.0	0.8	0.2	0.8		-0.3
(二)按国民经济行业分						
旅游饭店	2462.3	1198.2	696.2	867.4	178.5	-374.8
一般旅馆	1118.3	599.2	250.1	321.6	31.9	-84.7
民宿服务	19.1	12.2	2.5	5.9	0.2	-1.4
露营地服务	1.2	0.9	0.2	0.4		-0.3
其他住宿业	109.9	65.0	26.0	33.5	4.1	-18.8

7-6-5 续表 单位：亿元

项　　目	营业收入	营业成本	销售费用	管理费用	财务费用	利润总额
二、餐饮业	**7733.0**	**4532.6**	**2221.6**	**986.7**	**82.8**	**-61.8**
#国有控股	350.5	268.4	62.8	61.0	6.8	-20.3
(一)按登记注册类型分						
内资企业	**5959.1**	**3700.2**	**1456.3**	**812.6**	**64.5**	**-58.3**
国有企业	49.2	33.3	12.7	10.8	0.7	-2.5
集体企业	10.8	7.7	1.5	1.6		
股份合作企业	11.4	6.3	3.8	1.9		-0.1
联营企业	2.8	2.2	0.3	0.4	0.1	-0.1
有限责任公司	1261.9	762.4	364.5	185.9	17.0	-50.0
国有独资公司	97.9	74.6	15.9	16.6	3.7	-4.2
其他有限责任公司	1164.1	687.9	348.6	169.3	13.2	-45.8
股份有限公司	47.6	33.3	13.8	7.9	0.7	-0.9
私营企业	4573.1	2853.4	1059.3	603.8	46.0	-4.8
私营独资企业	268.5	189.3	32.6	26.2	2.2	13.7
私营合伙企业	41.8	24.1	11.1	5.0	0.3	1.1
私营有限责任公司	4104.6	2528.4	981.6	562.2	42.5	-23.2
私营股份有限公司	158.2	111.6	34.1	10.4	0.9	3.5
其他企业	2.2	1.6	0.3	0.3		0.1
港、澳、台商投资企业	**794.1**	**327.1**	**420.1**	**76.8**	**9.4**	**-33.0**
合资经营企业	130.9	58.4	57.8	13.9	2.5	-0.2
合作经营企业	8.5	4.6	4.1	1.4		-1.7
独资经营企业	646.2	261.2	353.0	59.7	7.7	-30.3
投资股份有限公司	1.9	0.9	0.9	0.4		-0.3
其他港澳台商投资企业	6.6	2.1	4.4	1.5	-0.8	-0.6
外商投资企业	**979.8**	**505.3**	**345.3**	**97.2**	**8.9**	**29.5**
中外合资经营企业	204.6	105.4	65.6	16.4	2.2	16.5
中外合作经营企业	0.5	0.2	0.3	0.1		-0.2
外资企业	755.6	391.4	269.0	79.2	6.4	13.4
外商投资股份有限公司	6.6	3.4	2.6	0.4	0.3	1.1
其他外商投资企业	12.6	4.9	7.7	1.1		-1.3
(二)按国民经济行业分						
正餐服务	4842.4	2873.4	1313.6	701.9	64.0	-96.9
快餐服务	1489.8	813.9	498.8	136.8	16.8	35.1
饮料及冷饮服务	489.2	208.7	243.6	48.4	-1.0	-8.3
餐饮配送及外卖送餐服务	526.1	414.1	46.5	60.6	1.6	3.8
其他餐饮业	385.6	222.5	119.3	39.0	1.4	4.4

7-6-6 各地区限额以上住宿和餐饮业企业损益及分配(2022年)

单位：亿元

地 区	营业收入	营业成本	销售费用	管理费用	财务费用	利润总额
全 国	**11443.9**	**6408.2**	**3196.7**	**2215.4**	**297.6**	**-541.8**
北 京	1020.5	509.1	384.9	206.9	24.1	-30.7
天 津	165.2	90.8	49.2	33.3	4.5	-10.2
河 北	149.0	80.6	48.7	36.4	9.6	-25.2
山 西	140.5	81.3	40.3	33.2	3.2	-19.2
内蒙古	64.2	29.6	21.9	20.3	3.2	-8.9
辽 宁	152.9	80.6	46.0	36.6	5.1	-15.3
吉 林	52.3	30.4	13.1	14.1	2.8	-7.3
黑龙江	36.3	16.4	11.9	12.7	1.4	-6.3
上 海	1147.8	577.9	439.8	211.1	26.1	-88.4
江 苏	1052.3	584.8	280.3	199.6	23.6	-28.4
浙 江	890.7	441.5	274.6	193.6	29.3	-30.8
安 徽	356.2	214.0	82.2	54.1	5.0	0.5
福 建	593.2	380.7	115.9	94.6	11.3	-7.1
江 西	256.4	164.9	38.4	41.7	6.2	0.4
山 东	507.5	286.4	135.4	111.9	11.3	-27.6
河 南	236.6	138.1	55.3	44.3	6.7	-9.4
湖 北	483.8	289.8	106.8	64.4	8.3	3.9
湖 南	383.8	253.2	61.3	56.6	8.2	1.0
广 东	1696.7	914.7	531.1	354.3	44.5	-128.0
广 西	185.4	104.5	47.7	45.4	5.6	-15.4
海 南	110.9	48.3	33.1	40.0	13.5	-23.9
重 庆	283.2	197.7	38.7	38.1	5.1	1.4
四 川	609.6	329.5	175.1	94.7	14.3	-1.5
贵 州	119.8	77.0	19.9	31.9	3.7	-12.8
云 南	178.1	114.1	28.6	39.4	5.5	-11.6
西 藏	10.4	5.5	2.3	4.4	0.2	-1.1
陕 西	389.9	257.2	73.6	61.0	8.9	-16.5
甘 肃	72.9	46.2	18.4	16.0	3.0	-8.8
青 海	11.0	6.4	3.3	3.9	0.7	-3.0
宁 夏	11.6	7.1	3.2	3.4	0.2	-1.5
新 疆	75.2	49.6	15.8	17.5	2.4	-9.9

7-6-7 各地区限额以上住宿业企业损益及分配(2022年)

单位：亿元

地 区	营业收入	营业成本	销售费用	管理费用	财务费用	利润总额
全 国	**3710.9**	**1875.6**	**975.1**	**1228.8**	**214.7**	**-480.0**
北 京	260.1	116.3	81.6	105.9	18.2	6.3
天 津	32.8	13.1	11.9	15.0	2.8	-8.0
河 北	68.2	31.3	25.5	23.9	7.8	-20.1
山 西	49.5	26.0	14.9	19.1	1.7	-13.1
内蒙古	29.2	11.9	10.2	11.5	2.6	-5.3
辽 宁	54.9	26.1	16.5	22.4	3.4	-13.5
吉 林	24.8	11.5	7.9	10.4	2.4	-6.6
黑龙江	20.7	7.7	7.1	10.3	1.1	-5.5
上 海	255.0	128.3	59.1	94.7	20.2	-37.8
江 苏	259.5	124.7	70.3	94.9	12.3	-37.2
浙 江	341.2	136.2	113.6	116.1	20.5	-36.5
安 徽	83.2	42.0	22.1	22.2	2.8	-6.1
福 建	231.0	129.7	52.2	60.3	9.3	-18.6
江 西	111.5	65.0	20.5	25.3	4.6	-5.5
山 东	184.7	85.0	58.4	59.5	6.5	-22.7
河 南	113.9	63.3	27.0	31.2	5.2	-14.0
湖 北	122.5	66.8	27.4	30.8	4.2	-11.7
湖 南	143.3	92.1	20.9	33.3	5.0	-9.6
广 东	493.9	243.0	138.7	175.8	33.7	-87.7
广 西	79.0	37.0	24.6	30.7	4.4	-16.0
海 南	88.2	36.9	24.8	36.6	13.2	-22.9
重 庆	83.6	48.6	16.6	22.6	3.3	-7.4
四 川	192.7	103.6	42.0	53.9	10.0	-15.6
贵 州	64.4	37.0	12.6	23.1	3.1	-11.2
云 南	86.1	50.0	15.2	28.4	5.0	-13.9
西 藏	8.1	4.3	2.0	4.2	0.2	-1.7
陕 西	145.1	86.2	30.9	39.1	6.6	-18.4
甘 肃	31.5	19.0	7.8	9.5	2.3	-6.5
青 海	7.6	4.3	2.3	3.0	0.3	-2.3
宁 夏	5.7	3.7	1.6	2.4	0.2	-1.3
新 疆	38.9	24.8	9.1	12.5	1.8	-9.5

7-6-8 各地区限额以上餐饮业企业损益及分配(2022年)

单位：亿元

地 区	营业收入	营业成本	销售费用	管理费用	财务费用	利润总额
全 国	**7733.0**	**4532.6**	**2221.6**	**986.7**	**82.8**	**-61.8**
北 京	760.5	392.8	303.3	101.0	5.9	-37.0
天 津	132.4	77.7	37.2	18.3	1.7	-2.2
河 北	80.8	49.2	23.2	12.5	1.8	-5.1
山 西	90.9	55.3	25.4	14.1	1.5	-6.1
内蒙古	35.0	17.7	11.7	8.8	0.6	-3.6
辽 宁	98.0	54.5	29.5	14.2	1.8	-1.8
吉 林	27.5	18.9	5.2	3.7	0.4	-0.7
黑龙江	15.6	8.8	4.8	2.4	0.3	-0.8
上 海	892.8	449.6	380.7	116.5	5.9	-50.6
江 苏	792.7	460.0	210.0	104.7	11.3	8.8
浙 江	549.5	305.2	161.0	77.5	8.8	5.6
安 徽	273.0	172.0	60.1	31.8	2.2	6.6
福 建	362.2	251.0	63.7	34.3	2.0	11.5
江 西	144.9	99.9	17.9	16.3	1.6	5.9
山 东	322.8	201.4	77.1	52.4	4.8	-4.9
河 南	122.7	74.8	28.3	13.1	1.5	4.6
湖 北	361.3	222.9	79.4	33.6	4.1	15.6
湖 南	240.5	161.1	40.4	23.3	3.2	10.6
广 东	1202.8	671.7	392.4	178.5	10.8	-40.3
广 西	106.4	67.5	23.1	14.7	1.3	0.6
海 南	22.7	11.4	8.3	3.4	0.3	-1.0
重 庆	199.6	149.1	22.1	15.5	1.8	8.8
四 川	416.9	225.9	133.1	40.8	4.3	14.1
贵 州	55.4	40.1	7.3	8.8	0.5	-1.6
云 南	92.0	64.1	13.5	11.0	0.5	2.3
西 藏	2.3	1.2	0.3	0.2		0.5
陕 西	244.8	171.0	42.6	21.9	2.2	1.9
甘 肃	41.4	27.3	10.5	6.6	0.7	-2.3
青 海	3.5	2.1	1.1	0.8	0.3	-0.7
宁 夏	5.9	3.4	1.6	1.0	0.1	-0.2
新 疆	36.3	24.8	6.7	5.0	0.5	-0.3

7-6-9 限额以上住宿和餐饮业企业经营情况(2022年)

单位：亿元

项　目	营业额	#客房收入	#餐费收入
总　计	**11902.6**	**2464.5**	**8436.0**
一、住宿业	**3831.8**	**2203.4**	**1120.9**
#国有控股	874.6	365.2	286.4
(一)按登记注册类型分			
内资企业	**3479.9**	**2036.1**	**1022.3**
国有企业	199.7	77.4	76.4
集体企业	17.8	8.2	5.7
股份合作企业	7.6	3.2	3.5
联营企业	1.9	1.2	0.7
有限责任公司	1216.6	618.1	377.4
国有独资公司	185.7	74.8	61.8
其他有限责任公司	1030.9	543.4	315.6
股份有限公司	42.9	21.5	12.6
私营企业	1992.7	1305.9	546.0
私营独资企业	98.9	61.7	29.9
私营合伙企业	18.5	10.4	6.9
私营有限责任公司	1850.3	1220.4	501.6
私营股份有限公司	25.1	13.5	7.5
其他企业	0.7	0.6	0.1
港、澳、台商投资企业	**220.1**	**104.3**	**65.7**
合资经营企业	85.8	40.3	24.3
合作经营企业	16.8	6.6	6.6
独资经营企业	110.6	55.0	33.0
投资股份有限公司	5.0	1.8	0.7
其他港澳台商投资企业	1.8	0.5	1.1
外商投资企业	**131.8**	**63.0**	**33.0**
中外合资经营企业	51.1	23.2	14.5
中外合作经营企业	12.8	3.5	1.2
外资企业	64.3	33.7	16.4
外商投资股份有限公司	1.4	0.9	0.5
其他外商投资企业	2.1	1.7	0.4
(二)按国民经济行业分			
旅游饭店	2534.4	1260.8	873.0
一般旅馆	1160.6	855.8	212.9
民宿服务	20.3	14.0	5.1
露营地服务	1.4	0.6	0.3
其他住宿业	115.2	72.2	29.5

7-6-9 续表 单位：亿元

项　目	营业额	#客房收入	#餐费收入
二、餐饮业	**8070.8**	**261.2**	**7315.2**
#国有控股	343.1	32.9	247.9
(一)按登记注册类型分			
内资企业	**6200.3**	**255.9**	**5561.1**
国有企业	52.2	9.8	35.9
集体企业	10.9	1.1	8.6
股份合作企业	12.5	0.3	10.4
联营企业	2.9	0.1	2.3
有限责任公司	1290.9	59.8	1126.2
国有独资公司	85.8	8.8	61.2
其他有限责任公司	1205.1	50.9	1065.0
股份有限公司	50.3	1.8	39.2
私营企业	4778.3	183.0	4336.6
私营独资企业	283.1	12.3	258.2
私营合伙企业	44.2	1.6	41.6
私营有限责任公司	4283.7	167.2	3891.2
私营股份有限公司	167.3	1.8	145.5
其他企业	2.4	0.1	1.8
港、澳、台商投资企业	**841.2**	**3.6**	**768.5**
合资经营企业	138.1	1.3	127.1
合作经营企业	9.2		8.2
独资经营企业	684.8	2.3	624.9
投资股份有限公司	2.0		1.9
其他投资企业	7.1		6.5
外商投资企业	**1029.3**	**1.6**	**985.6**
中外合资经营企业	216.4	0.4	208.7
中外合作经营企业	0.5		0.5
外资企业	793.2	1.1	758.3
外商投资股份有限公司	7.0		6.6
其他外商投资企业	12.3	0.1	11.4
(二)按国民经济行业分			
正餐服务	5029.4	258.9	4506.1
快餐服务	1578.2	0.5	1495.3
饮料及冷饮服务	509.1	0.2	467.7
餐饮配送及外卖送餐服务	549.1	0.5	476.3
其他餐饮业	405.0	1.1	369.9

7-6-10 各地区限额以上住宿和餐饮业企业经营情况(2022年)

单位：亿元

地区	合计			住宿业			餐饮业		
	营业额	#客房收入	#餐费收入	营业额	#客房收入	#餐费收入	营业额	#客房收入	#餐费收入
全　国	**11902.6**	**2464.5**	**8436.0**	**3831.8**	**2203.4**	**1120.9**	**8070.8**	**261.2**	**7315.2**
北　京	1073.9	142.5	781.9	272.7	139.5	49.1	801.2	3.0	732.8
天　津	170.7	27.8	125.3	33.4	24.3	5.2	137.2	3.5	120.1
河　北	154.3	37.3	98.5	70.5	31.4	28.3	83.8	5.9	70.1
山　西	145.1	32.7	101.3	51.3	25.7	18.8	93.7	7.0	82.5
内蒙古	67.3	22.1	38.4	30.6	17.6	10.3	36.8	4.5	28.1
辽　宁	159.0	34.2	105.8	56.8	31.7	14.2	102.2	2.5	91.6
吉　林	53.9	16.3	33.9	25.4	15.1	7.6	28.5	1.3	26.2
黑龙江	37.5	14.8	19.3	21.3	14.0	4.8	16.2	0.8	14.5
上　海	1188.7	157.6	936.2	258.3	156.0	49.0	930.5	1.6	887.2
江　苏	1098.7	199.5	831.2	267.9	150.7	91.0	830.8	48.8	740.2
浙　江	956.0	222.6	658.9	360.1	195.3	122.4	595.9	27.3	536.5
安　徽	372.4	57.4	281.9	87.4	44.2	29.8	284.9	13.1	252.1
福　建	614.1	124.5	448.8	237.7	119.0	100.2	376.4	5.4	348.6
江　西	259.2	77.6	166.8	112.7	67.2	36.5	146.5	10.4	130.3
山　东	530.8	131.6	352.8	192.6	106.8	62.9	338.2	24.8	289.9
河　南	245.7	69.9	160.4	118.4	65.5	41.8	127.4	4.4	118.6
湖　北	504.9	99.8	374.9	129.4	79.9	37.6	375.5	19.9	337.3
湖　南	400.8	99.7	277.7	149.8	86.1	51.5	251.0	13.7	226.2
广　东	1765.9	325.7	1261.0	512.9	311.8	118.0	1252.9	14.0	1143.0
广　西	191.8	58.0	112.3	82.3	55.0	18.7	109.5	3.0	93.6
海　南	114.7	61.4	42.2	90.4	61.0	20.4	24.3	0.4	21.8
重　庆	276.3	61.6	196.5	84.8	52.0	24.7	191.5	9.6	171.8
四　川	631.1	131.4	463.7	196.2	116.6	61.9	434.9	14.8	401.8
贵　州	120.1	45.0	65.3	63.8	43.8	13.3	56.3	1.2	52.0
云　南	184.2	60.3	106.7	89.4	58.4	19.3	94.7	1.8	87.3
西　藏	9.7	5.7	3.3	7.9	5.7	1.7	1.8	0.1	1.6
陕　西	401.4	87.3	289.1	143.9	75.6	58.1	257.5	11.7	231.0
甘　肃	75.0	24.7	46.4	31.9	21.0	9.2	43.0	3.7	37.3
青　海	11.5	6.4	4.6	7.6	5.8	1.4	3.9	0.6	3.2
宁　夏	12.0	4.4	5.9	5.8	3.6	1.7	6.2	0.8	4.2
新　疆	75.9	24.7	44.8	38.3	23.2	11.3	37.6	1.5	33.5

【主要统计指标解释】

营业额 指住宿和餐饮业单位在经营活动中，因提供服务或销售商品等取得的全部收入（含增值税），收入主要来源于提供客房、餐费服务、商品销售和其他服务，如商务服务。

客房收入 指住宿和餐饮业单位在经营活动中因提供住宿服务取得的收入（含增值税）。

餐费收入 指本单位为顾客提供就餐服务取得的收入（含增值税）。

7 第三产业分行业主要指标

7-7 信息传输、软件和信息技术服务业

简要说明

一、主要内容

1. 信息传输、软件和信息技术服务业企业法人单位分地区主要指标。

2. 电信主要财务情况，主要包括电信运营企业的资产、电信业务收入、电信业务成本和利润总额等指标。

3. 软件和信息技术服务业主要经济指标，主要包括软件业务收入等指标。

4. 电信资料主要包括电信主要电路及设备拥有量、电信主要业务量、电信主要通信能力、电信通信服务水平等。

二、统计范围

1. 电信业包括从事电信运营的中国电信、中国移动、中国联通三家基础电信企业，不含专用网业务资料。

2. 软件和信息技术服务业包括：（1）主营业务收入500万元以上的软件和信息技术服务业等企业。（2）主营业务收入1000万元以上，并有软件研发、系统集成及相关信息技术服务业务收入，且该收入占本企业主营业务30%以上的独立法人单位。（3）主要从事集成电路设计的企业或其集成电路设计和测试的收入占本企业主营业务60%以上，且主营业务收入500万元以上的独立法人单位。

自2022年起，统计范围调整为：（1）主要从事软件和信息技术服务业务、主营业务年收入2000万元以上且软件业务收入（包括但不限于嵌入式系统软件）占企业主营业务收入比例不低于30%、具有独立法人资格的企业；（2）主要从事集成电路设计的企业或其集成电路设计收入占本企业主营业务收入60%以上、主营业务年收入500万元以上的独立法人单位；（3）主要从事基础软件、工业软件、信息安全、工业互联网平台服务或数据服务，且主营业务年收入500万元以上的独立法人单位。

三、资料来源

本篇资料来源于工业和信息化部。

7-7-1 电信主要财务情况

单位：亿元

指　　标	2012	2013	2014	2015	2016
电信业务收入	10758.29	11668.67	11907.97	11665.16	12001.49
#互联网宽带接入业务收入	2802.46	2984.17	3314.00	3455.76	3417.95
#移动数据流量业务收入	7955.83	8684.49	8593.98	8209.39	8583.54
电信业务成本	5240.34	5780.65	6554.85	7698.89	8612.91
电信利润总额	1797.31	1774.14	1663.06	1657.46	1544.86
资产总额	25177.34	26519.94	28228.35	30641.19	31803.87

7-7-1 续表

单位：亿元

指　　标	2017	2018	2019	2020	2021	2022
电信业务收入	12636.94	13005.66	13096.10	13600.00	14701.12	15805.96
#互联网宽带接入业务收入	3545.12	3798.80	4152.10	4691.56	2243.06	2405.55
#移动数据流量业务收入	9091.82	9206.87	8944.00	8908.44	6380.65	6425.59
电信业务成本	8632.24	8744.04	8941.28	9312.40	10200.85	11090.01
电信利润总额	1658.14	1794.01	1860.96	1932.61	2049.00	2295.60
资产总额	31654.68	31751.72	33575.28	35106.76	37633.05	40181.00

注：从2021年起，电信业务收入统计分类发生变化，新增“互联网宽带接入业务收入”和“移动数据流量业务收入”，不再统计“固定电信业务收入”和“移动电信业务收入”；2020年及以前，所列数据为固定电信业务收入和移动电信业务收入。

7-7-2 各地区电信主要财务情况(2022年)

单位：亿元

地 区	电信业务收入	电信业务成本	电信利润总额	资产总额
全 国	**15805.96**	**11090.01**	**2295.60**	**40181.00**
北 京	733.83	497.41	166.45	1436.00
天 津	163.98	138.65	7.16	311.81
河 北	566.42	427.87	47.55	1072.98
山 西	291.26	230.77	14.69	555.38
内蒙古	245.56	209.98	-9.50	491.86
辽 宁	406.45	298.03	35.62	770.45
吉 林	185.84	162.17	-12.51	365.63
黑龙江	246.37	213.45	-5.46	491.66
上 海	671.96	451.05	109.19	1649.08
江 苏	1252.15	806.14	248.32	2377.36
浙 江	1058.78	710.18	207.94	2185.89
安 徽	501.90	332.77	83.57	927.18
福 建	503.56	357.53	71.77	1079.71
江 西	369.98	252.97	52.82	651.80
山 东	833.78	566.73	146.51	1449.71
河 南	781.83	549.54	122.33	1326.06
湖 北	525.00	354.80	91.34	983.57
湖 南	551.76	367.04	70.90	955.50
广 东	1972.84	1269.84	503.07	5425.44
广 西	417.58	317.30	36.03	755.55
海 南	126.97	92.80	12.78	228.78
重 庆	321.33	249.15	19.58	585.37
四 川	760.72	549.39	87.96	1325.79
贵 州	360.57	252.27	52.49	609.42
云 南	448.01	314.33	73.69	824.23
西 藏	61.65	60.37	-19.94	170.31
陕 西	421.07	304.69	42.45	700.62
甘 肃	221.77	178.48	-5.68	419.14
青 海	67.72	56.59	-6.56	136.50
宁 夏	73.56	64.06	-6.80	140.63
新 疆	279.23	237.89	-11.77	489.23
不分地区	382.52	215.76	69.59	9288.39

7-7-3 软件和信息技术服务业主要经济指标

年份 地区	软件业务 收入 (万元)	#软件产品 收入	#信息技术 服务收入	#信息安全 收入	#嵌入式系统 软件收入	#软件业务出口 (万美元)
2011	188489906.0	61921545.6	95830650.1		30737710.2	3461947.0
2012	247937523.5	78572418.6	129448959.2		39916145.7	3942380.0
2013	305874743.1	98768380.6	160305341.0		46801021.5	4691377.0
2014	370264197.3	121984961.7	187110900.5		61168335.2	4867057.8
2015	428479158.8	136561431.9	222109513.9		69808213.0	4948702.5
2016	482322235.0	150278252.4	260904232.5		71139750.1	4994607.7
2017	551031186.6	169835724.7	306037090.4		75158371.5	5411643.3
2018	619087337.7	173785598.1	375630759.6	11629202.6	58041777.4	5106629.0
2019	720718724.7	208572000.8	435803399.9	13017845.8	63325478.2	5693938.1
2020	815859101.5	210450057.4	525880061.2	12937782.0	66591200.9	6201679.3
2021	955019881.2	229703618.2	626910430.1	13970427.3	84435405.6	6299082.2
2022	1077901282.0	248629876.8	705975650.4	14689305.5	108606449.3	6426502.8
北京	224974365.1	55521331.9	162914624.0	5521555.0	1016854.2	856065.5
天津	28130788.2	6208807.7	21260561.0	28432.2	632987.4	24268.6
河北	5367599.2	610841.1	4522457.0	17627.3	216673.8	5421.4
山西	723336.3	159459.3	507666.0	18445.7	37765.3	
内蒙古	81150.4	22398.0	56604.9		2147.6	
辽宁	20703917.4	11811276.4	7996809.4	354361.1	541470.4	284064.7
吉林	4999550.0	1072959.7	3039665.9	224715.5	662209.0	17683.9
黑龙江	592884.7	232021.5	278049.3	35813.7	47000.2	2184.7
上海	89308212.9	16992142.0	71576796.8	730359.1	8914.9	562600.5
江苏	130159864.8	31546210.9	73774747.3	1494455.8	23344450.8	1112715.9
浙江	91529298.6	17209937.6	69602918.6	300431.3	4416011.1	424803.0
安徽	9423752.3	4488996.6	2643962.6	70175.2	2220618.0	57362.6
福建	27763216.7	6017897.0	18392081.9	147969.7	3205268.2	78771.8
江西	2747739.3	1135584.2	1467532.0	14589.2	130033.8	16155.6
山东	106104423.5	24501183.6	47882884.4	2346594.0	31373761.5	74153.6
河南	5964492.5	1480556.1	4088900.8	119487.6	275548.0	10655.5
湖北	25587017.2	6058632.1	18737743.6	240611.7	550029.7	36017.8
湖南	12289091.4	3098900.9	7119341.0	79103.6	1991745.9	62395.1
广东	176128877.0	35795496.5	116896860.1	1062920.4	22373600.1	2540672.4
广西	8196496.4	596143.9	7565465.7	6293.9	28592.8	340.2
海南	1264331.6	137562.0	1119422.0	7347.7		5598.4
重庆	27074809.5	6996564.6	17686246.3	548631.9	1843366.7	31832.7
四川	48415967.5	13013440.9	31128202.5	1210740.0	3063584.1	149202.3
贵州	7173233.3	552287.2	6490627.5	48801.7	81516.9	895.2
云南	1306259.8	126699.2	1159136.2	12285.3	8139.1	
西藏						
陕西	20443632.2	2839618.5	7058441.3	25786.3	10519786.2	72641.6
甘肃	420514.5	140816.5	263499.5	8782.9	7415.6	
青海	30561.9	1181.5	28472.2		908.2	
宁夏	426925.4	198240.2	222863.2	2130.7	3691.3	
新疆	568972.4	62689.1	493067.7	10857.0	2358.6	

注：西藏无统计数据。

7-7-4 电信主要业务量

指　　标		2012	2013	2014	2015	2016
电信业务总量	（亿元）	12982.4	15707.2	18138.3	23346.3	15617.0
固定电话用户合计	（万户）	27815.3	26698.5	24943.0	23099.6	20662.4
#住宅电话用户		11013.2	10474.3	9896.1	9240.8	8012.3
移动电话用户合计	（万户）	111215.5	122911.3	128609.3	127139.7	132193.4
#3G移动电话用户		23280.3	40161.1	48525.5	27573.0	17080.5
4G移动电话用户				9728.4	43038.1	76994.9
5G移动电话用户						
互联网宽带接入用户	（万户）	17518.3	18890.9	20048.3	25946.6	29720.7
固定电话主叫通话时长	（亿分钟）					
移动电话通话时长合计	（亿分钟）	55444.9	58229.7	59012.7	57648.9	56599.0
#去话通话时长		27603.5	28987.7	29270.1	28499.9	28072.8
移动短信业务量	（亿条）	8973.1	8921.0	7674.2	6991.8	6670.9

注：1.电信业务总量2000年及以前按1990年不变价格计算，2001-2010年按2000年不变价格计算。2011-2015年按2010年不变价格计算，2016-2020年按2015年不变价格计算，2021年起按上年不变价格计算（下表同）。
2.从2018年起，不再统计“固定本地电话通话时长”和“固定长途电话通话时长”，增设“固定电话主叫通话时长”。

7-7-4 续表

指　　标		2017	2018	2019	2020	2021	2022
电信业务总量	（亿元）	27596.7	65633.9	106810.7	136763.3	17197.5	17501.1
固定电话用户合计	（万户）	19375.7	19208.5	19103.3	18190.8	18070.1	17941.4
#住宅电话用户		7358.8	9901.1	2439.3	3979.8		
移动电话用户合计	（万户）	141748.7	156609.8	160134.5	159407.0	164282.5	168344.3
#3G移动电话用户		13463.2	14018.3	5876.3	3357.0		
4G移动电话用户		99688.9	116546.4	128197.5	128876.4	106862.9	94273.0
5G移动电话用户						35484.6	56071.8
互联网宽带接入用户	（万户）	34854.0	40738.2	44927.9	48355.0	53578.7	58964.8
固定电话主叫通话时长	（亿分钟）		1499.5	1206.5	1026.0	933.4	834.2
移动电话通话时长合计	（亿分钟）	54004.7	51125.2	47826.2	44964.5	45592.0	46267.9
#去话通话时长		26904.2	25441.5	23929.2	22448.5	22691.1	23022.8
移动短信业务量	（亿条）	6641.4	11398.6	15066.4	17795.7	17619.5	18748.1

注：从2021年起，不再统计“住宅电话用户”和“3G移动电话用户”。

7-7-5 各地区电信主要业务量(2022年)

地 区	固定电话主叫通话时长(亿分钟)	移动电话通话时长(亿分钟)	移动短信业务量(亿条)	电信业务总量(上年不变价格)(亿元)	固定电话用户(万户)	移动电话用户(万户)
全 国	**834.2**	**46267.9**	**18748.1**	**17501.1**	**17941.4**	**168344.3**
北 京	34.7	867.8	1632.3	561.2	474.2	3926.9
天 津	11.2	544.4	149.1	200.6	338.3	1810.1
河 北	42.4	1998.6	798.4	751.4	651.4	8733.3
山 西	8.8	1300.9	429.4	360.1	270.4	4141.0
内蒙古	7.8	882.4	197.2	295.5	208.4	3013.1
辽 宁	27.1	1411.6	396.8	405.3	586.3	5100.9
吉 林	14.3	781.9	235.0	231.2	383.7	3007.7
黑龙江	10.3	960.5	206.8	262.3	336.8	3828.6
上 海	68.7	846.3	865.5	575.4	622.1	4432.7
江 苏	63.6	2675.4	1020.1	1372.2	1165.7	10566.9
浙 江	56.6	2359.1	905.0	1119.7	1130.8	9023.7
安 徽	24.4	1476.3	574.2	610.2	521.4	6379.4
福 建	34.0	1484.7	1242.5	537.8	679.8	4894.4
江 西	14.2	1123.0	307.6	439.1	448.2	4694.5
山 东	66.8	3877.1	1275.5	1098.7	1134.2	11700.4
河 南	28.2	2880.9	1333.6	1015.5	648.4	10643.1
湖 北	14.7	1518.7	618.7	568.1	447.5	6055.9
湖 南	30.9	2195.6	597.6	666.8	548.6	7180.6
广 东	121.6	3858.7	2039.3	1950.3	1944.1	16650.8
广 西	23.3	1146.8	320.0	531.3	512.1	5805.3
海 南	4.0	360.5	98.5	140.2	177.4	1172.8
重 庆	18.1	1277.5	434.7	382.2	598.7	3962.2
四 川	44.1	3064.8	993.1	953.8	1954.3	9623.2
贵 州	9.7	1551.3	291.9	447.7	235.7	4447.9
云 南	14.5	1812.8	338.5	504.8	259.7	5132.4
西 藏	0.8	134.4	19.4	60.2	85.1	329.9
陕 西	18.6	1315.0	795.3	456.5	676.2	4834.4
甘 肃	6.4	780.4	229.0	297.9	299.9	2784.3
青 海	1.2	163.4	77.1	90.9	144.3	704.4
宁 夏	1.9	222.0	75.7	106.8	47.4	891.0
新 疆	11.5	1395.1	245.7	371.2	410.1	2872.6
不分地区			4.6	136.3		

7-7-6 各地区固定电话用户情况

单位：万户

地 区	2013	2014	2015	2016	2017	2018	2019	2020	2021	2022
全 国	**26698.5**	**24943.0**	**23099.6**	**20662.4**	**19375.7**	**19208.5**	**19103.3**	**18190.8**	**18070.1**	**17941.4**
北 京	867.6	831.3	784.6	695.0	649.4	577.4	543.1	480.6	485.2	474.2
天 津	352.8	360.6	343.8	311.3	295.9	337.1	349.1	325.8	331.1	338.3
河 北	1152.4	1085.1	978.2	850.6	763.8	698.0	705.2	652.1	671.1	651.4
山 西	584.4	554.2	444.6	343.7	302.3	276.6	266.2	244.4	262.7	270.4
内蒙古	377.2	359.1	324.5	268.1	232.3	213.5	214.4	198.7	203.7	208.4
辽 宁	1222.4	1151.2	1036.2	890.6	777.2	690.2	628.6	540.5	568.0	586.3
吉 林	579.0	574.8	572.3	520.3	497.6	477.9	457.4	417.8	376.1	383.7
黑龙江	747.8	640.5	596.0	497.4	430.3	360.2	339.9	298.8	316.9	336.8
上 海	869.2	840.2	797.3	731.6	690.9	663.2	643.4	636.5	642.0	622.1
江 苏	2289.8	2133.6	1973.0	1708.3	1512.1	1418.3	1329.1	1265.3	1205.5	1165.7
浙 江	1781.3	1641.9	1471.0	1287.2	1211.1	1260.9	1309.8	1264.8	1152.3	1130.8
安 徽	976.7	839.8	739.4	613.9	551.4	576.3	570.9	559.5	541.0	521.4
福 建	983.5	933.3	888.5	815.7	776.9	785.4	763.7	733.1	707.2	679.8
江 西	622.4	577.4	568.4	517.5	477.0	465.4	457.5	482.4	474.0	448.2
山 东	1707.6	1418.3	1118.0	970.4	883.5	1031.6	1185.2	1125.2	1107.5	1134.2
河 南	1224.4	1143.0	1009.7	798.6	735.0	777.2	757.8	667.2	677.5	648.4
湖 北	984.0	907.4	872.5	731.7	658.8	602.8	518.9	481.6	445.9	447.5
湖 南	914.4	844.1	787.0	682.7	674.4	646.8	623.1	592.4	568.3	548.6
广 东	3099.9	2950.6	2807.1	2609.7	2406.1	2211.4	2303.3	2131.9	2072.2	1944.1
广 西	546.3	499.9	439.7	348.9	307.7	331.1	330.7	333.6	422.9	512.1
海 南	173.6	170.0	171.0	169.2	160.5	171.7	171.1	166.4	173.7	177.4
重 庆	580.3	579.5	559.6	541.6	566.8	593.1	604.2	600.1	608.0	598.7
四 川	1313.7	1294.2	1353.4	1490.1	1636.0	1833.0	1871.8	1885.0	1918.6	1954.3
贵 州	363.0	339.1	312.5	258.7	247.9	244.1	229.7	223.1	239.5	235.7
云 南	485.4	429.8	377.5	335.0	301.1	303.6	287.8	274.6	268.8	259.7
西 藏	40.4	35.9	34.9	38.9	47.3	61.9	71.7	75.7	80.3	85.1
陕 西	769.3	750.8	723.3	679.9	622.8	650.7	641.7	637.0	661.0	676.2
甘 肃	364.3	341.3	326.0	312.3	326.8	332.8	331.8	309.8	301.2	299.9
青 海	101.8	100.2	104.2	102.1	106.7	119.9	125.4	132.1	136.3	144.3
宁 夏	104.7	102.7	84.4	70.5	62.2	56.0	53.9	51.4	48.0	47.4
新 疆	518.7	513.3	501.2	471.0	464.0	440.7	416.9	403.3	403.8	410.1
不分地区										

7-7-7 各地区移动电话用户情况

单位：万户

地 区	2013	2014	2015	2016	2017	2018	2019	2020	2021	2022
全 国	**122911.3**	**128609.3**	**127139.7**	**132193.4**	**141748.7**	**156609.8**	**160134.5**	**159407.0**	**164282.5**	**168344.3**
北 京	3373.8	4076.4	3944.4	3869.0	3752.1	4009.2	4019.8	3906.4	3972.0	3926.9
天 津	1323.2	1351.8	1369.7	1499.8	1580.1	1648.5	1704.7	1711.0	1745.1	1810.1
河 北	6006.2	6229.1	6135.6	7121.0	7581.8	8195.6	8315.6	8336.0	8643.5	8733.3
山 西	3105.5	3332.3	3241.4	3365.7	3647.9	3961.5	3987.2	4022.8	4126.0	4141.0
内蒙古	2690.6	2634.6	2377.1	2470.8	2841.2	3044.4	3011.7	2962.2	3016.9	3013.1
辽 宁	4583.6	4535.6	4289.8	4427.1	4755.7	4880.7	4883.6	4873.8	4975.2	5100.9
吉 林	2372.1	2612.3	2511.5	2654.8	2868.8	3001.1	2897.6	2870.1	2966.5	3007.7
黑龙江	3020.4	3457.8	3329.8	3445.6	3657.1	3833.6	3929.0	3844.4	3759.5	3828.6
上 海	3200.7	3292.7	3132.4	3156.1	3298.7	3722.3	4007.9	4277.6	4398.8	4432.7
江 苏	7942.0	8070.4	7993.1	8198.8	8807.7	9794.0	10165.9	9897.1	10179.5	10566.9
浙 江	7071.8	7370.6	7283.7	7225.9	7590.6	8308.8	8736.4	8585.2	8859.6	9023.7
安 徽	3958.9	4215.9	4188.3	4343.0	4884.3	5535.8	5844.2	6025.6	6192.6	6379.4
福 建	4303.3	4276.7	4154.0	4159.0	4295.0	4553.5	4720.3	4739.3	4824.3	4894.4
江 西	2806.9	2938.5	3030.4	3140.7	3449.2	4043.5	4157.1	4249.4	4496.8	4694.5
山 东	8333.4	8664.1	9088.8	9594.5	9943.9	10569.6	10785.5	10907.1	11248.5	11700.4
河 南	7200.2	7712.9	7537.4	7889.0	8553.4	9354.1	9841.1	10051.4	10352.6	10643.1
湖 北	4416.8	4606.8	4530.5	4683.8	4994.1	5569.8	5688.0	5681.1	5871.1	6055.9
湖 南	4570.0	4726.1	4692.0	4993.6	5683.4	6302.9	6648.1	6719.4	6942.3	7180.6
广 东	14706.1	14943.4	14479.7	14349.0	14796.2	16823.3	16533.0	15536.9	16267.8	16650.8
广 西	3285.6	3553.8	3594.9	3774.2	4385.1	5045.3	5127.5	5332.9	5511.4	5805.3
海 南	858.3	907.4	894.1	942.3	1007.5	1085.3	1135.6	1135.2	1158.9	1172.8
重 庆	2380.8	2589.9	2737.7	2880.1	3274.9	3650.7	3678.8	3640.1	3751.1	3962.2
四 川	6283.3	6608.5	6798.3	7294.5	7693.6	9068.6	9443.5	9124.6	9338.9	9623.2
贵 州	2662.6	2885.3	2941.5	3082.7	3485.6	3940.4	4049.7	4093.5	4269.9	4447.9
云 南	3395.8	3748.5	3740.1	3942.8	4228.4	4659.1	4863.0	4953.4	5045.7	5132.4
西 藏	265.6	291.8	268.7	284.4	290.3	312.3	321.4	321.9	333.4	329.9
陕 西	3512.5	3607.2	3567.1	3813.3	4220.6	4688.6	4640.5	4589.7	4777.8	4834.4
甘 肃	1976.2	2058.6	2105.3	2203.8	2526.4	2736.0	2751.2	2673.8	2744.7	2784.3
青 海	542.4	544.0	517.1	539.8	610.9	686.4	673.1	659.4	680.5	704.4
宁 夏	627.2	688.3	636.6	716.4	792.0	881.0	828.3	839.2	866.1	891.0
新 疆	2133.9	2077.4	2028.4	2132.1	2252.3	2703.8	2745.0	2846.6	2965.4	2872.6
不分地区	1.6		0.5							

7-7-8 电信主要通信能力

指 标		2012	2013	2014	2015	2016
光缆线路						
光缆线路长度	(公里)	14793300	17453709	20612529	24863348	30420755
#长途光缆线路长度	(公里)	868175	890018	928398	965283	994092
长途通信						
长途电话交换机容量	(万路端)	1579.7	1280.5	982.9	811.1	681.1
本地网通信						
局用交换机容量	(万门)	43749.3	41089.3	40517.1	26446.5	22441.6
互联网及其他数据通信						
互联网宽带接入端口	(万个)	32108.4	35945.3	40546.1	57709.4	71276.9
移动通信						
移动电话基站(万个)		206.6	241.0	339.7	466.8	559.4
移动电话交换机容量	(万户)	184023.8	196557.3	205024.9	218150.0	218540.0

注：2005-2011年长途电话业务电路采用将固定及移动长途电话业务电路、数据通信网长途电路和长途传输出租电路加总统计。

7-7-8 续表

指 标		2017	2018	2019	2020	2021	2022
光缆线路							
光缆线路长度	(公里)	37801073	43167888	47412442	51692051	54808233	59580032
#长途光缆线路长度	(公里)	1044998	994130	1084937	1117923	1120837	1094864
长途通信							
长途电话交换机容量	(万路端)	603.5	392.4	119.4			
本地网通信							
局用交换机容量	(万门)	18398.7	11440.4	7189.7	6923.8		
互联网及其他数据通信							
互联网宽带接入端口	(万个)	77599.1	86752.3	91578.0	94604.7	101784.7	107104.2
移动通信							
移动电话基站(万个)		618.7	667.2	841.0	931.0	996.3	1083.4
移动电话交换机容量	(万户)	242185.8	259453.1	272523.7	274567.1	275690.8	275194.1

7-7-9 各地区电信主要通信能力(2022年)

地区	长途光缆线路长度(公里)	移动电话交换机容量(万户)	移动电话基站(万个)	互联网宽带接入端口(万个)
全国	**1094864.3**	**275194.1**	**1083.4**	**107104.2**
北京	4274.9	10750.0	29.8	2114.5
天津	4442.5	3216.0	14.2	1420.4
河北	38449.9	15609.7	48.6	5321.7
山西	33698.6	7251.2	30.1	2760.2
内蒙古	71988.2	5863.0	21.5	1739.0
辽宁	24027.1	6813.2	33.8	3444.3
吉林	26769.4	4183.0	16.1	1830.9
黑龙江	52511.3	8093.0	21.0	2198.6
上海	4733.9	7099.0	22.3	2536.8
江苏	40960.5	22838.1	73.6	7705.0
浙江	29945.6	14907.8	69.4	6458.7
安徽	39371.3	8224.3	37.6	4242.2
福建	26927.8	7817.5	39.4	3726.2
江西	27646.4	6718.0	31.4	2705.3
山东	35556.2	14692.4	64.7	7438.5
河南	40451.9	14950.8	57.2	6228.6
湖北	35680.5	13282.0	38.2	4066.2
湖南	42164.2	10695.0	43.0	3728.0
广东	62060.4	24521.6	98.9	9892.2
广西	45746.6	9381.0	32.2	3836.1
海南	2893.3	1964.0	9.5	1044.7
重庆	7666.4	5285.0	27.4	2668.9
四川	64051.1	17564.0	53.3	6434.0
贵州	33091.9	6702.0	32.9	2386.4
云南	64415.8	6194.0	39.1	2655.4
西藏	44016.6	2060.1	6.1	284.8
陕西	49499.4	5071.3	33.7	3007.8
甘肃	40969.5	5009.1	21.5	1754.3
青海	41905.2	927.0	6.2	460.0
宁夏	10189.1	1503.0	6.3	663.7
新疆	48759.1	6008.3	24.2	2350.9

注：电话交换机容量中不包括用户交换机容量。

7-7-10 电信通信服务水平

指　　标		2012	2013	2014	2015	2016
电话普及率	(部/百人)	103.1	109.9	112.3	109.3	110.5
固定电话普及率	(部/百人)	20.6	19.6208	18.2	16.8	14.9
移动电话普及率	(部/百人)	82.5	90.3	94.0	92.5	95.6
互联网普及率	(%)	42.1	45.8	47.9	50.3	53.2
移动电话漫游国家和地区	(个)	258	258	258	255	258
互联网上网人数	(万人)	56400	61758	64875	68826	73125

注：2019年互联网上网人数、互联网普及率数据截止时点(间)为2020年3月30日。

7-7-10 续表

指　　标		2017	2018	2019	2020	2021	2022
电话普及率	(部/百人)	115.9	126.0	128.0	125.8	129.1	132.0
固定电话普及率	(部/百人)	13.9	13.8	13.6	12.9	12.8	12.7
移动电话普及率	(部/百人)	102.0	112.2	114.4	112.9	116.3	119.2
互联网普及率	(%)	55.8	59.6	64.5	70.4	73.0	75.6
移动电话漫游国家和地区	(个)	262	260	261	264	264	264
互联网上网人数	(万人)	77198	82851	90359	98899	103195	106744

7-7-11 各地区电信通信服务水平(2022年)

地区	电话普及率 (部/百人)	固定电话 普及率 (部/百人)	移动电话 普及率 (部/百人)
全国	**131.95**	**12.71**	**119.25**
北京	201.52	21.71	179.80
天津	157.62	24.82	132.80
河北	126.48	8.78	117.70
山西	126.72	7.77	118.95
内蒙古	134.17	8.68	125.49
辽宁	135.51	13.97	121.54
吉林	144.46	16.34	128.12
黑龙江	134.41	10.87	123.54
上海	204.16	25.13	179.04
江苏	137.79	13.69	124.10
浙江	154.40	17.19	137.20
安徽	112.63	8.51	104.12
福建	133.10	16.23	116.87
江西	113.58	9.90	103.68
山东	126.29	11.16	115.13
河南	114.38	6.57	107.81
湖北	111.28	7.66	103.63
湖南	117.04	8.31	108.73
广东	146.92	15.36	131.56
广西	125.17	10.15	115.02
海南	131.47	17.28	114.19
重庆	141.94	18.63	123.30
四川	138.25	23.34	114.92
贵州	121.46	6.11	115.35
云南	114.90	5.53	109.36
西藏	114.02	23.39	90.64
陕西	139.30	17.09	122.20
甘肃	123.77	12.03	111.73
青海	142.63	24.25	118.38
宁夏	128.90	6.51	122.38
新疆	126.89	15.85	111.04

7-7-12 互联网主要指标

年 份 地 区	域名数 (万个)	网页数 (万个)	互联网宽带接入端口 (万个)	移动互联网用户 (万户)	移动互联网接入流量 (万GB)
2008	1682.6	1608637.0	10890.4		
2009	1681.8	3360173.2	13835.7		
2010	865.6	6000806.0	18781.1		
2011	774.8	8658229.8	23239.4		
2012	1341.2	12274681.7	32108.4		
2013	1843.6	15004076.3	35945.3		
2014	2059.6	18991864.9	40546.1	87522.1	206193.6
2015	3101.4	21229622.4	57709.4	96447.2	418753.3
2016	4227.6	23599758.4	71276.9	109395.0	937863.5
2017	3848.0	26039903.0	77599.1	127153.7	2459380.3
2018	3792.8	28162240.6	86752.3	127481.5	7090039.3
2019	5094.2	29782991.5	91578.0	131852.6	12199200.6
2020	4197.8	31550109.8	94604.7	134851.9	16556817.2
2021	3593.1	33496371.3	101784.7	141564.9	22163224.3
2022	3440.0	35878144.3	107104.2	145385.1	26175867.1
北 京	738.9	13188570.0	2114.5	3246.4	584496.1
天 津	21.8	597982.0	1420.4	1572.1	289551.2
河 北	55.6	1368190.0	5321.7	7578.8	1072327.2
山 西	30.8	405285.4	2760.2	3463.3	539706.4
内蒙古	16.4	22454.0	1739.0	2577.0	439809.9
辽 宁	37.7	327083.7	3444.3	4462.6	580144.7
吉 林	17.5	204574.1	1830.9	2429.8	387109.1
黑龙江	23.1	180266.0	2198.6	3136.9	383908.9
上 海	130.3	2553669.4	2536.8	3680.1	463500.0
江 苏	150.7	1572148.5	7705.0	9039.4	1700147.2
浙 江	128.3	4280170.9	6458.7	7694.3	1607255.0
安 徽	98.4	309288.7	4242.2	5444.2	963562.0
福 建	405.0	1038339.9	3726.2	4281.8	717300.2
江 西	48.2	283554.8	2705.3	3974.7	699654.4
山 东	173.1	695905.1	7438.5	9770.6	1554418.5
河 南	94.2	2167118.4	6228.6	9400.9	1672922.1
湖 北	67.0	323635.9	4066.2	5195.2	864835.4
湖 南	74.8	203299.4	3728.0	6155.7	1180829.8
广 东	543.8	4617085.5	9892.2	15097.3	2956007.3
广 西	54.1	260835.1	3836.1	5177.8	961177.1
海 南	14.6	191067.0	1044.7	1044.4	224719.8
重 庆	38.0	59355.2	2668.9	3448.0	645971.7
四 川	140.2	615603.8	6434.0	8400.4	1475416.6
贵 州	181.2	13853.0	2386.4	4013.2	884710.2
云 南	34.1	181286.4	2655.4	4275.1	1022190.7
西 藏	1.3	421.7	284.8	301.1	93875.4
陕 西	42.7	182836.2	3007.8	4167.2	772196.9
甘 肃	10.3	19395.6	1754.3	2483.3	477928.2
青 海	2.3	3588.1	460.0	650.1	175508.7
宁 夏	4.4	2070.5	663.7	787.9	180398.8
新 疆	8.4	9209.9	2350.9	2435.4	604287.3
不分地区	52.8				

注：1.域名数含港、澳、台地区。
2.网页数指域名注册者在中国境内的网站，不包含“.EDU.CN”下网站。

7-7-12 续表

年份 地区	互联网宽带接入用户(万户)	#城市宽带接入用户	#农村宽带接入用户	#家庭宽带接入用户	#政企宽带接入用户
2008	8287.9				
2009	10397.8				
2010	12629.1	9963.5	2475.7		
2011	15000.1	11691.4	3308.8		
2012	17518.3	13442.4	4075.9		
2013	18890.9	14153.6	4737.3		
2014	20048.3	15174.6	4873.7	16333.6	3714.8
2015	25946.6	19547.2	6398.4	21716.4	4230.2
2016	29720.7	22266.6	7454.0	24926.8	4793.9
2017	34854.0	25476.7	9377.3	29552.2	5301.8
2018	40738.2	28996.5	11741.7	35351.6	5386.6
2019	44927.9	31450.5	13477.3	38857.8	6070.1
2020	48355.0	34165.3	14189.7	41833.9	6521.1
2021	53578.7	37808.2	15770.5	46368.7	7210.0
2022	58964.8	41332.6	17632.2	50699.5	8265.3
北 京	877.3	802.7	74.6	792.1	85.1
天 津	631.1	590.9	40.2	569.8	61.3
河 北	2992.6	1779.7	1212.8	2661.8	330.8
山 西	1470.6	1209.6	261.0	1305.7	164.9
内蒙古	868.0	777.5	90.5	758.1	109.9
辽 宁	1569.8	1384.0	185.8	1421.7	148.1
吉 林	779.2	634.5	144.6	695.2	84.0
黑龙江	1130.4	936.4	194.0	1008.1	122.3
上 海	1071.2	1052.8	18.4	954.9	116.3
江 苏	4451.6	3004.3	1447.3	3758.1	693.5
浙 江	3400.1	2178.2	1221.9	2688.6	711.5
安 徽	2666.6	1720.8	945.9	2157.5	509.2
福 建	2145.3	1382.5	762.8	1811.5	333.8
江 西	1958.3	1337.7	620.5	1636.5	321.7
山 东	4264.7	3116.8	1147.9	3730.8	534.0
河 南	3934.8	2825.2	1109.6	3491.3	443.5
湖 北	2290.8	1590.0	700.8	1921.7	369.1
湖 南	2475.1	1656.7	818.4	2183.0	292.1
广 东	4628.7	3529.1	1099.6	3915.6	713.1
广 西	2054.2	1174.3	879.9	1830.6	223.6
海 南	508.2	303.4	204.8	433.8	74.4
重 庆	1461.5	1054.8	406.7	1271.2	190.3
四 川	3566.1	2012.9	1553.2	3089.2	476.9
贵 州	1384.1	953.4	430.7	1222.8	161.3
云 南	1627.2	1105.4	521.8	1339.0	288.2
西 藏	130.3	104.4	25.9	107.1	23.2
陕 西	1760.5	1226.9	533.6	1550.0	210.4
甘 肃	1092.7	675.9	416.8	868.9	223.8
青 海	249.7	162.6	87.2	209.4	40.3
宁 夏	349.4	273.9	75.5	310.6	38.8
新 疆	1174.8	775.3	399.4	1005.1	169.7
不分地区					

【主要统计指标解释】

电信业务收入 指电信企业经营的基础电信业务和增值电信业务所取得的资费收入，以及电信企业之间网间互联电信业务的结算收入。

电信业务成本 指电信企业在通信生产过程中实际发生的与通信生产直接有关的各项费用支出。

电信利润总额 指报告期内电信企业在从事通信业务生产经营过程中实现的利润总额。。

资产总额 指过去的交易或事项形成并由电信企业拥有或控制的所有资源，该资源预期会给企业带来经济利益，按其流动性分为流动资产和非流动资产。

软件业务收入 指企业在报告期从事软件产品、信息技术服务、信息安全、嵌入式系统软件四项业务收入的合计。

电信业务总量 指以货币形式表示的电信企业为社会提供各类电信服务的总数量，是用于观察电信业务发展变化总趋势的综合性总量指标。电信业务总量是以各类业务的实物量分别乘以相应的不变单价，求出各类业务的货币量加总求得。

移动短信业务量 指移动电话用户通过移动通信网络短信平台使用短信业务的通信量。

移动电话用户 指在电信企业营业网点办理开户登记手续，通过移动电话交换机进入移动电话网，占用移动电话号码的各类电话用户。包括各类签约用户、智能网预付费用户、无线上网卡用户。

固定电话用户 指在电信企业营业网点办理开户登记手续并已接入固定电话网上的全部电话用户。包括普通电话用户、无线市话用户、公共电话用户、窄带综合业务数字网（N-ISDN）用户、智能网专用接入终端用户等。

住宅电话用户 指私人付费或安装在居民住宅并按照私人或住宅电话用户登记注册和收费的各类电话用户。

局用交换机容量 指安装在电信企业内用于接续本地固定电话的电话交换机容量。包括接入网设备容量（安装在电信运营企业用于连接话音用户的远端节点的设备容量）。

移动电话交换机容量 指移动电话交换机根据一定话务模型和交换机处理能力计算出来的最大同时服务用户的数量。按报告期末已割接入网正式投入使用的设备实际容量统计。

互联网宽带接入端口 指用于接入互联网用户的各类实际安装运行的接入端口的数量，包括xDSL用户接入端口、LAN接入端口、其他类型接入端口等，不包括窄带拨号接入端口。

电话普及率 指报告期行政区域总人口中，平均每百人拥有的话机数。计算公式：

$$电话普及率=\frac{电话机总数(包括移动电话)(部)}{行政区域总人口数(人)}\times 100$$

互联网上网人数 指过去半年内使用过互联网的6周岁及以上中国居民人数。

7 第三产业分行业主要指标

7-8 金融业

简要说明

一、主要内容

本篇反映我国金融、证券和保险业发展情况。有以下四个部分：一是金融机构金融活动情况；二是存贷款利率调整情况；三是直接融资情况；四是保险业务情况。

二、资料来源

1. 反映金融机构活动情况的资料包括："金融机构人民币信贷收支表（年底余额）""货币供应量（年底余额）""黄金和外汇储备""外资银行资产负债表（年底余额）""社会融资规模增量及构成""社会融资规模存量及增长率"。金融机构信贷收支表统计范围包括中国人民银行、银行业存款类金融机构、银行业非存款类金融机构。银行业存款类金融机构包括银行、信用社和财务公司；银行业非存款类金融机构包括信托投资公司、金融租赁公司、汽车金融公司和贷款公司。中国人民银行总行根据金融机构的基层单位全面填报、并按各自系统汇总的资料，进行归并和汇总，最后得到金融机构的信贷收支表。

2. 反映存贷款利率调整情况的"金融机构人民币存款基准利率""金融机构人民币贷款基准利率"，数据由中国人民银行提供。

3. 反映直接融资情况的"证券市场基本情况""上市公司数量""上市公司地区分布""证券市场发行情况""股票交易情况""全国期货交易所市场概况""全国交易所上市基金成交概况"，资料由中国证券监督管理委员会提供。

4. 反映保险业务情况的"保险公司业务经济技术指标""保险公司资产情况""保险公司资金运用情况""各地区原保险保费收入和赔付支出情况"，数据由国家金融监督管理总局提供。

7-8-1 金融机构人民币信贷收支表(年底余额)

单位：亿元

项　　目	2021	2022	项　　目	2021	2022
资金来源合计	**2831289**	**3121815**	**资金运用合计**	**2831289**	**3121815**
各项存款	2322500	2584998	各项贷款	1926903	2139853
境内存款	2307172	2568007	境内贷款	1919855	2130060
住户存款	1025012	1203387	住户贷款	711043	749323
非金融企业存款	696695	746574	企(事)业单位贷款	1204537	1375208
机关团体存款	311530	329814	非银行业金融机构贷款	4275	5529
财政性存款	50389	50013	境外贷款	7048	9792
非银行业金融机构存款	223546	238219	债券投资	503154	572977
境外存款	15329	16991	股权及其他投资	181387	186779
金融债券	122954	126587	黄金占款	2856	3107
流通中货币	90825	104706	中央银行外汇占款	212867	214712
对国际金融机构负债	5	5	在国际金融机构资产	4123	4387
其他	295005	305518			

注：1.本表机构包括中国人民银行、银行业存款类金融机构、银行业非存款类金融机构(以下相关表同)。
2.银行业存款类金融机构包括银行、信用社和财务公司。银行业非存款类金融机构包括信托投资公司、金融租赁公司、汽车金融公司和贷款公司等(以下相关表同)。
3.自2015年起，“各项存款”含非银行业金融机构存放款项，“各项贷款”含拆放给非银行业金融机构款项(以下相关表同)。

7-8-2 货币供应量(年底余额)

单位：亿元

年 份	货币和准货币(M_2)	货币(M_1)			准货币			
			流通中货币(M_0)	单位活期存款		单位定期存款	个人存款	其他存款
1993	34879.8	16280.4	5864.7	10415.7	18599.4	1247.9	15203.5	2148.0
1994	46923.5	20540.7	7288.6	13252.1	26382.8	1943.1	21518.8	2920.9
1995	60750.5	23987.1	7885.3	16101.8	36763.4	3324.2	29662.2	3777.0
1996	76094.9	28514.8	8802.0	19712.8	47580.1	5041.9	38520.8	4017.4
1997	90995.3	34826.3	10177.6	24648.7	56169.1	6738.5	46279.8	3150.7
1998	104498.5	38953.7	11204.2	27749.5	65544.9	8301.9	53407.5	3835.5
1999	119897.9	45837.3	13455.5	32381.8	74060.6	9476.8	59621.8	4962.0
2000	134610.3	53147.2	14652.7	38494.5	81463.1	11261.1	64332.4	5869.7
2001	158301.9	59871.6	15688.8	44182.8	98430.3	14180.1	73762.4	10487.8
2002	185007.0	70881.8	17278.0	53603.8	114125.2	16433.8	86910.7	10780.7
2003	221222.8	84118.6	19746.0	64372.6	137104.3	20940.4	103617.7	12546.2
2004	253207.7	95970.8	21468.3	74502.5	157236.9	25382.2	119555.4	12299.3
2005	298755.5	107278.6	24031.7	83246.9	191476.9	33100.0	141051.0	17325.9
2006	345577.9	126028.1	27072.6	98955.4	219549.9	38715.9	161587.3	19246.7
2007	403401.3	152519.2	30334.3	122184.9	250882.1	46932.5	172534.2	31415.4
2008	475166.6	166217.1	34219.0	131998.2	308949.5	60103.1	217885.4	30961.1
2009	610224.5	221445.8	38247.0	183198.8	388778.7	84819.5	260752.7	43206.5
2010	725851.8	266621.5	44628.2	221993.4	459230.3	105858.7	303302.5	50069.1
2011	851590.9	289847.7	50748.5	239099.2	561743.2	166616.0	352797.5	42329.7
2012	974148.8	308664.2	54659.8	254004.5	665484.6	195940.1	411362.6	58181.9
2013	1106525.0	337291.1	58574.4	278716.6	769233.9	232696.6	467031.1	69506.2
2014	1228374.8	348056.4	60259.5	287796.9	880318.4	264055.7	508878.1	107384.6
2015	1392278.1	400953.4	63216.6	337736.9	991324.7	288240.7	552073.5	151010.5
2016	1550066.7	486557.2	68303.9	418253.4	1063509.4	307989.6	603504.2	152015.6
2017	1690235.3	543790.1	70645.6	473144.5	1146445.2	320196.2	649341.5	176907.4
2018	1826744.2	551685.9	73208.4	478477.5	1275058.3	340178.9	721688.6	213190.8
2019	1986488.8	576009.2	77189.5	498819.7	1410479.7	363486.0	819161.8	227831.8
2020	2186795.9	625581.0	84314.5	541266.5	1561214.9	383837.3	932966.3	244411.2
2021	2382899.6	647443.4	90825.2	556618.2	1735456.2	412951.6	1032441.2	290063.5
2022	2664320.8	671674.8	104706.0	566968.7	1992646.1	462001.6	1211692.8	318951.6

注：1.1997年初，中国人民银行对金融统计制度进行了调整，因此自1997年起的数据与历史数据不完全可比。

2.2001年6月起，将证券公司客户保证金计入货币供应量(M_2)，含在其他存款项内。

3.2010年金融机构会计科目变动，因此对2009年末数据进行了相应调整。

4.自2011年10月起，货币供应量已包含住房公积金中心存款和非存款类金融机构在存款类金融机构的存款。

5.2018年1月，人民银行完善货币供应量中货币市场基金部分的统计方法，用非存款机构部门持有的货币市场基金取代货币市场基金存款(含存单)。表中2017年以来的M_2数据均为统计方法完善后的可比数据。

6.自2022年12月起，“流通中货币(M_0)”含流通中数字人民币。

7-8-3 金融机构人民币存款基准利率

单位：年利率%

调整时间	活期	定期					
		三个月	半年	一年	二年	三年	五年
1990.04.15	2.88	6.30	7.74	10.08	10.98	11.88	13.68
1990.08.21	2.16	4.32	6.48	8.64	9.36	10.08	11.52
1991.04.21	1.80	3.24	5.40	7.56	7.92	8.28	9.00
1993.05.15	2.16	4.86	7.20	9.18	9.90	10.80	12.06
1993.07.11	3.15	6.66	9.00	10.98	11.70	12.24	13.86
1996.05.01	2.97	4.86	7.20	9.18	9.90	10.80	12.06
1996.08.23	1.98	3.33	5.40	7.47	7.92	8.28	9.00
1997.10.23	1.71	2.88	4.14	5.67	5.94	6.21	6.66
1998.03.25	1.71	2.88	4.14	5.22	5.58	6.21	6.66
1998.07.01	1.44	2.79	3.96	4.77	4.86	4.95	5.22
1998.12.07	1.44	2.79	3.33	3.78	3.96	4.14	4.50
1999.06.10	0.99	1.98	2.16	2.25	2.43	2.70	2.88
2002.02.21	0.72	1.71	1.89	1.98	2.25	2.52	2.79
2004.10.29	0.72	1.71	2.07	2.25	2.70	3.24	3.60
2006.08.19	0.72	1.80	2.25	2.52	3.06	3.69	4.14
2007.03.18	0.72	1.98	2.43	2.79	3.33	3.96	4.41
2007.05.19	0.72	2.07	2.61	3.06	3.69	4.41	4.95
2007.07.21	0.81	2.34	2.88	3.33	3.96	4.68	5.22
2007.08.22	0.81	2.61	3.15	3.60	4.23	4.95	5.49
2007.09.15	0.81	2.88	3.42	3.87	4.50	5.22	5.76
2007.12.21	0.72	3.33	3.78	4.14	4.68	5.40	5.85
2008.10.09	0.72	3.15	3.51	3.87	4.41	5.13	5.58
2008.10.30	0.72	2.88	3.24	3.60	4.14	4.77	5.13
2008.11.27	0.36	1.98	2.25	2.52	3.06	3.60	3.87
2008.12.23	0.36	1.71	1.98	2.25	2.79	3.33	3.60
2010.10.20	0.36	1.91	2.20	2.50	3.25	3.85	4.20
2010.12.26	0.36	2.25	2.50	2.75	3.55	4.15	4.55
2011.02.09	0.40	2.60	2.80	3.00	3.90	4.50	5.00
2011.04.06	0.50	2.85	3.05	3.25	4.15	4.75	5.25
2011.07.07	0.50	3.10	3.30	3.50	4.40	5.00	5.50
2012.06.08	0.40	2.85	3.05	3.25	4.10	4.65	5.10
2012.07.06	0.35	2.60	2.80	3.00	3.75	4.25	4.75
2014.11.22	0.35	2.35	2.55	2.75	3.35	4.00	
2015.03.01	0.35	2.10	2.30	2.50	3.10	3.75	
2015.05.11	0.35	1.85	2.05	2.25	2.85	3.50	
2015.06.28	0.35	1.60	1.80	2.00	2.60	3.25	
2015.08.26	0.35	1.35	1.55	1.75	2.35	3.00	
2015.10.24	0.35	1.10	1.30	1.50	2.10	2.75	

注：自2014年11月22日起，人民银行不再公布金融机构人民币五年期定期存款基准利率。

7-8-4 金融机构人民币贷款基准利率

单位：年利率%

调整时间	短期贷款		中长期贷款		
	六个月以内（含六个月）	六个月至一年（含一年）	一年至三年（含三年）	三年至五年（含五年）	五年以上
1991.04.21	8.10	8.64	9.00	9.54	9.72
1993.05.15	8.82	9.36	10.80	12.06	12.24
1993.07.11	9.00	10.98	12.24	13.86	14.04
1995.01.01	9.00	10.98	12.96	14.58	14.76
1995.07.01	10.08	12.06	13.50	15.12	15.30
1996.05.01	9.72	10.98	13.14	14.94	15.12
1996.08.23	9.18	10.08	10.98	11.70	12.42
1997.10.23	7.65	8.64	9.36	9.90	10.53
1998.03.25	7.02	7.92	9.00	9.72	10.35
1998.07.01	6.57	6.93	7.11	7.65	8.01
1998.12.07	6.12	6.39	6.66	7.20	7.56
1999.06.10	5.58	5.85	5.94	6.03	6.21
2002.02.21	5.04	5.31	5.49	5.58	5.76
2004.10.29	5.22	5.58	5.76	5.85	6.12
2006.04.28	5.40	5.85	6.03	6.12	6.39
2006.08.19	5.58	6.12	6.30	6.48	6.84
2007.03.18	5.67	6.39	6.57	6.75	7.11
2007.05.19	5.85	6.57	6.75	6.93	7.20
2007.07.21	6.03	6.84	7.02	7.20	7.38
2007.08.22	6.21	7.02	7.20	7.38	7.56
2007.09.15	6.48	7.29	7.47	7.65	7.83
2007.12.21	6.57	7.47	7.56	7.74	7.83
2008.09.16	6.21	7.20	7.29	7.56	7.74
2008.10.09	6.12	6.93	7.02	7.29	7.47
2008.10.30	6.03	6.66	6.75	7.02	7.20
2008.11.27	5.04	5.58	5.67	5.94	6.12
2008.12.23	4.86	5.31	5.40	5.76	5.94
2010.10.20	5.10	5.56	5.60	5.96	6.14
2010.12.26	5.35	5.81	5.85	6.22	6.40
2011.02.09	5.60	6.06	6.10	6.45	6.60
2011.04.06	5.85	6.31	6.40	6.65	6.80
2011.07.07	6.10	6.56	6.65	6.90	7.05
2012.06.08	5.85	6.31	6.40	6.65	6.80
2012.07.06	5.60	6.00	6.15	6.40	6.55
2014.11.22	5.60	5.60	6.00	6.00	6.15
2015.03.01	5.35	5.35	5.75	5.75	5.90
2015.05.11	5.10	5.10	5.50	5.50	5.65
2015.06.28	4.85	4.85	5.25	5.25	5.40
2015.08.26	4.60	4.60	5.00	5.00	5.15
2015.10.24	4.35	4.35	4.75	4.75	4.90

注：自2014年11月22日起，贷款基准利率期限档次简并为一年期以内(含一年)、一至五年(含五年)和五年以上三个档次。

7-8-5 黄金和外汇储备

年份	黄金储备（万盎司）	外汇储备（亿美元）	年份	黄金储备（万盎司）	外汇储备（亿美元）
1981	1267	27.08	2002	1929	2864.07
1982	1267	69.86	2003	1929	4032.51
1983	1267	89.01	2004	1929	6099.32
1984	1267	82.20	2005	1929	8188.72
1985	1267	26.44	2006	1929	10663.44
1986	1267	20.72	2007	1929	15282.49
1987	1267	29.23	2008	1929	19460.30
1988	1267	33.72	2009	3389	23991.52
1989	1267	55.50	2010	3389	28473.38
1990	1267	110.93	2011	3389	31811.48
1991	1267	217.12	2012	3389	33115.89
1992	1267	194.43	2013	3389	38213.15
1993	1267	211.99	2014	3389	38430.18
1994	1267	516.20	2015	5666	33303.62
1995	1267	735.97	2016	5924	30105.17
1996	1267	1050.29	2017	5924	31399.49
1997	1267	1398.90	2018	5956	30727.12
1998	1267	1449.59	2019	6264	31079.24
1999	1267	1546.75	2020	6264	32165.22
2000	1267	1655.74	2021	6264	32501.66
2001	1608	2121.65	2022	6464	31276.91

7-8-6 外资银行资产负债表(年底余额)

单位：亿元

项　　目	2017	2018	2019	2020	2021	2022
总资产	**42483**	**44177**	**45071**	**47858**	**48091**	**49366**
国外资产	2222	2452	2950	3091	3767	3297
储备资产	3766	3287	3252	3203	2578	2800
准备金	3758	3281	3247	3199	2575	2798
库存现金	7	6	5	3	3	3
对政府债权	2230	2681	3388	4806	4421	5107
对中央银行债权					6	
对其他存款性公司债权	6505	5844	5186	4739	4540	4179
对其他金融性公司债权	3694	3745	3662	4395	4781	4857
对非金融性公司债权	11020	11649	12266	13299	13267	13444
对其他居民部门债权	1234	1452	1683	1873	2212	2186
其他资产	11812	13066	12684	12452	12519	13494
总负债	**42483**	**44177**	**45071**	**47858**	**48091**	**49366**
对非金融机构及住户负债	18357	18386	19486	22026	21225	21554
纳入广义货币的存款	13802	13700	14390	15505	15681	16014
单位活期存款	4886	4837	5347	5744	5516	5636
单位定期存款	7645	7565	7706	8362	8781	8799
个人存款	1270	1298	1338	1399	1383	1579
不纳入广义货币的存款	3373	3461	3953	4084	4192	4001
可转让存款	1761	1876	1946	2325	2649	2381
其他存款	1612	1586	2007	1759	1544	1620
其他负债	1182	1225	1143	2437	1352	1539
对中央银行负债	284	144	183	422	331	215
对其他存款性公司负债	2612	2342	2663	2257	2735	2190
对其他金融性公司负债	941	1116	1264	1403	2067	2469
#计入广义货币的存款	772	1004	1140	1205	1859	2301
国外负债	4884	4904	4041	4342	4066	3877
债券发行	226	549	859	845	884	1020
实收资本	1835	1878	1979	1999	2019	2054
其他负债	13344	14858	14597	14564	14765	15988

7-8-7 社会融资规模增量及构成

单位：亿元

年 份	社会融资规模增量	#人民币贷款	#外币贷款(折合人民币)	#委托贷款	#信托贷款	#未贴现银行承兑汇票	#企业债券	#政府债券	#非金融企业境内股票融资
2004	28629	22673	1381	3118		-290	467		673
2005	30008	23544	1415	1961		24	2010		339
2006	42696	31523	1459	2695	825	1500	2310		1536
2007	59663	36323	3864	3371	1702	6701	2284		4333
2008	69802	49041	1947	4262	3144	1064	5523		3324
2009	139104	95942	9265	6780	4364	4606	12367		3350
2010	140191	79451	4855	8748	3865	23346	11063		5786
2011	128286	74715	5712	12962	2034	10271	13658		4377
2012	157631	82038	9163	12838	12845	10499	22551		2508
2013	173169	88916	5848	25466	18404	7756	18111		2219
2014	158761	97452	1235	21740	5174	-1198	24329		4350
2015	154063	112693	-6427	15911	434	-10567	29388		7590
2016	177999	124372	-5640	21854	8593	-19514	29865		12416
2017	261536	138432	18	7994	22232	5364	6244	55804	8759
2018	224920	156712	-4201	-16062	-6975	-6343	26318	48531	3606
2019	256735	168835	-1275	-9396	-3467	-4757	33384	47204	3479
2020	347917	200310	1450	-3954	-11020	1746	43748	83217	8923
2021	313407	199403	1715	-1696	-20074	-4916	32866	70154	12133
2022	320101	209149	-5254	3579	-6003	-3411	20508	71228	11757

注：1.社会融资规模增量是指一定时期内实体经济从金融体系获得的资金额。数据来源于中国人民银行、中国银行保险监督管理委员会、中国证券监督管理委员会、中央国债登记结算有限责任公司和银行间市场交易商协会等部门。

2.2019年12月起，人民银行进一步完善社会融资规模统计，将“国债”和“地方政府一般债券”纳入社会融资规模统计，与原有“地方政府专项债券”合并为“政府债券”指标。指标数值为托管机构的托管面值。2019年9月起，人民银行完善“社会融资规模”中的“企业债券”统计，将“交易所企业资产支持证券”纳入“企业债券”指标。2018年9月起，人民银行将“地方政府专项债券”纳入社会融资规模统计。2018年7月起，人民银行完善社会融资规模统计方法，将“存款类金融机构资产支持证券”和“贷款核销”纳入社会融资规模统计，在“其他融资”项下单独列示。

7-8-8 社会融资规模存量及增长率

年份	社会融资规模存量(亿元)	社会融资规模存量同比增速(%)	#人民币贷款(%)	#外币贷款(折合人民币)(%)	#委托贷款(%)	#信托贷款(%)	#未贴现银行承兑汇票(%)	#企业债券(%)	#政府债券(%)	#非金融企业境内股票融资(%)
2004	204143	14.9	14.3	16.8	61.6		-8.0	4.0		8.5
2005	224265	13.5	13.3	11.0	11.8		0.7	129.1		4.2
2006	264500	18.1	16.3	9.0	20.0		44.9	68.7		12.5
2007	321326	21.5	16.4	21.9	29.9	84.0	138.4	41.0		45.8
2008	379765	20.5	18.7	5.1	29.1	84.3	9.2	78.7		17.7
2009	511835	34.8	31.3	55.5	35.8	63.4	36.5	86.2		18.3
2010	649869	27.0	19.9	15.9	44.2	34.4	135.5	42.3		30.9
2011	767791	18.3	16.1	13.1	21.2	13.5	25.6	36.2		17.7
2012	914675	19.1	15.0	27.2	17.1	75.0	21.0	44.4		8.6
2013	1075217	17.6	14.2	7.2	39.7	61.1	12.7	24.2		6.7
2014	1229386	14.3	13.6	4.1	29.2	10.8	-1.1	25.8		11.8
2015	1382824	12.5	13.9	-13.0	18.0	2.0	-14.8	25.1		20.2
2016	1559884	12.8	13.4	-12.9	19.8	15.8	-33.3	22.4		27.6
2017	2059098	14.1	13.2	-5.8	5.9	35.9	13.7	3.9	24.7	15.2
2018	2270356	10.3	13.2	-10.7	-11.5	-8.0	-14.3	9.8	17.2	5.4
2019	2514071	10.7	12.5	-4.6	-7.6	-4.4	-12.5	13.8	14.3	5.0
2020	2847526	13.3	13.2	-0.6	-3.4	-14.8	5.3	16.9	22.1	12.1
2021	3141163	10.3	11.6	6.3	-1.6	-31.3	-14.0	8.6	15.2	14.7
2022	3442180	9.6	10.9	-17.4	3.4	-14.0	-11.6	3.6	13.4	12.4

注：1.社会融资规模存量是指一定时期末(月末、季末或年末)实体经济从金融体系获得的资金余额。数据来源于中国人民银行、中国银行保险监督管理委员会、中国证券监督管理委员会、中央国债登记结算有限责任公司和银行间市场交易商协会等部门。

2.2019年12月起，人民银行进一步完善社会融资规模统计，将“国债”和“地方政府一般债券”纳入社会融资规模统计，与原有“地方政府专项债券”合并为“政府债券”指标。指标数值为托管机构的托管面值。2019年9月起，人民银行完善“社会融资规模”中的“企业债券”统计，将“交易所企业资产支持证券”纳入“企业债券”指标。2018年9月起，人民银行将“地方政府专项债券”纳入社会融资规模统计。2018年7月起，人民银行完善社会融资规模统计方法，将“存款类金融机构资产支持证券”和“贷款核销”纳入社会融资规模统计，在“其他融资”项下单独列示。2017年起，同比增速为可比口径计算。

7-8-9　证券市场基本情况

项　　目	2020	2021	2022
沪深股市上市公司数(A、B股)（家）	4154	4615	4917
沪深股市上市外资股公司数(B股)（家）	93	90	86
北交所市场上市公司数(家)		82	162
境外上市公司数(H股)（家）	291	323	316
沪深股市股票总发行股本(亿股)	65479.19	70694.39	73312.00
#流通股本(亿股)	56353.50	60755.13	64245.00
北交所市场股票总发行股本(亿股)		122.69	214.00
#流通股本(亿股)		57.27	111.00
沪深股市股票市价总值(亿元)	797238.17	916088.18	788006.00
#股票流通市值(亿元)	643605.29	751556.13	663429.00
北交所市场股票市价总值(亿元)		2722.75	2110.00
#股票流通市值(亿元)		1073.82	1148.00
沪深股市股票成交量(亿股)	167451.86	187425.90	185725.00
北交所市场股票成交量(亿股)		37.45	159.00
沪深股市股票成交金额(亿元)	2068252.52	2579734.10	2245095.00
北交所市场股票成交金额(亿元)		667.17	1980.00
上证综合指数(收盘)	3473.07	3639.78	3089.26
深证综合指数(收盘)	2329.37	2530.14	1975.61
期末投资者数(万个)	17777	19741	21214
静态市盈率(平均市盈率)			
上海	16.10	20.85	14.50
深圳	33.50	33.03	23.40
北京		46.66	18.90
年换手率(平均换手率)(%)			
上海	258.80	280.71	204.00
深圳	555.80	506.08	470.30
北京		62.55	173.00
债券发行金额(亿元)	569397.31	613838.51	614458.47
银行间市场债券成交金额(亿元)	11925194.88	12595637.53	16513779.25
银行间市场债券现货成交金额(亿元)	2327679.17	2143702.29	2712234.55
银行间市场债券回购成交金额(亿元)	9597515.72	10451935.24	13801546.70
交易所市场债券成交金额(亿元)	3075974.26	3791201.79	4416738.00
交易所市场债券现货成交金额(亿元)	201785.82	289275.35	381136.00
交易所市场债券回购成交金额(亿元)	2874188.44	3501926.44	4035602.00
证券投资基金只数(只)	7258	9152	10375
证券投资基金规模(亿份)	169974.29	218244.61	256438.00
证券投资基金成交金额(亿元)	136238.63	183234.05	231161.00
期货总成交量(万手)	602735.00	726880.86	634242.00
期货总成交额(亿元)	4373005.25	5806874.44	5343025.00

注：1.银行间市场债券指银行间市场交易的各类债券。包括记账式国债、地方政府债券、政策性银行债券、商业银行债券、非银行金融机构债券、资产支持证券、同业存单、政府支持机构债、企业债券、非金融企业债务融资工具、国际机构债券。

2.交易所债券包含由中国证监会审批或备案的公司债、可转债、可交换债、可分离债、企业资产支持证券，以及交易所招标发行的地方政府债、政策性金融债。

3.期末投资者数指持有未注销、未休眠的A股、B股、信用账户、衍生品合约账户的一码通账户数量。

4.期货成交数据按单边口径统计，包括商品期货和金融期货(自2022年起将商品期权和金融期权纳入统计口径，不包含沪深证券交易所金融期权产品)。

7-8-10 上市公司数量

单位：个

年 份	全国合计	上交所	深交所	北交所	发A股公司	发B股公司	同时发A股、B股公司
1993	183	106	77		177	41	35
1994	291	171	120		287	58	54
1995	323	188	135		311	70	58
1996	530	293	237		514	85	69
1997	745	383	362		720	101	76
1998	852	438	414		826	106	80
1999	949	484	465		922	108	81
2000	1088	572	516		1060	114	86
2001	1160	646	514		1140	112	92
2002	1224	715	509		1213	111	100
2003	1287	780	507		1277	111	101
2004	1377	837	540		1363	110	96
2005	1381	834	547		1358	109	86
2006	1434	842	592		1411	109	86
2007	1550	860	690		1527	109	86
2008	1625	864	761		1602	109	86
2009	1718	870	848		1696	108	86
2010	2063	894	1169		2041	108	86
2011	2342	931	1411		2320	108	86
2012	2494	954	1540		2472	107	85
2013	2489	953	1536		2468	106	85
2014	2613	995	1618		2592	104	83
2015	2827	1081	1746		2808	101	82
2016	3052	1182	1870		3034	100	82
2017	3485	1396	2089		3467	100	82
2018	3584	1450	2134		3567	99	82
2019	3777	1572	2205		3760	97	80
2020	4154	1800	2354		4140	96	82
2021	4697	2037	2578	82	4685	90	78
2022	5079	2174	2743	162	5067	86	74

注：发A股公司包括既发A股又发B股的公司，发B股公司包括既发A股又发B股的公司。

7-8-11 上市公司地区分布(2022年)

单位：家

地 区	上市公司家数	上交所	深交所	北交所
全 国	**5079**	**2174**	**2743**	**162**
北 京	460	228	217	15
天 津	70	37	31	2
河 北	74	26	43	5
山 西	40	21	17	2
内蒙古	26	15	10	1
辽 宁	86	40	43	3
吉 林	49	18	29	2
黑龙江	40	27	13	
上 海	422	306	109	7
江 苏	637	303	307	27
浙 江	657	313	330	14
安 徽	161	72	82	7
福 建	170	68	100	2
江 西	77	31	45	1
山 东	291	112	165	14
河 南	107	35	63	9
湖 北	138	55	78	5
湖 南	138	45	89	4
广 东	834	162	649	23
广 西	40	17	22	1
海 南	28	10	18	
重 庆	70	34	32	4
四 川	169	62	99	8
贵 州	35	19	16	
云 南	42	16	24	2
西 藏	22	9	13	
陕 西	75	37	35	3
甘 肃	36	16	20	
青 海	11	7	4	
宁 夏	15	5	9	1
新 疆	59	28	31	

注：1.上市公司数量按上市日口径统计。
2.上市公司辖区按上市公司注册地划分。

7-8-12 证券市场发行情况

单位：亿元

年 份	境内发行金额				境外股票发行金额	新三板股票发行金额	合计
	小计	沪深股市股票发行金额	北交所市场股票发行金额	交易所市场债券发行金额			
1994	213.63	213.63			188.75		402.38
1995	99.78	99.78			31.53		131.31
1996	308.04	308.04			100.57		408.61
1997	859.98	859.98			387.91		1247.89
1998	787.44	787.44			37.83		825.27
1999	873.63	873.63			47.11		920.74
2000	1515.82	1515.82			562.08		2077.90
2001	1238.14	1238.14			73.00		1311.14
2002	720.05	720.05			192.28		912.33
2003	665.51	665.51			537.32		1202.83
2004	650.53	650.53			647.72		1298.25
2005	339.03	339.03			1666.25		2005.28
2006	2374.50	2374.50			3072.57		5447.07
2007	8222.02	7814.74		407.28	927.46		9149.48
2008	4310.44	3312.39		998.05	311.38		4621.82
2009	5645.85	4834.34		811.51	1067.66		6713.51
2010	11120.10	9799.80		1320.30	2343.11		13463.21
2011	8884.13	7154.43		1729.70	732.41	6.48	9623.02
2012	7313.28	4542.40		2770.88	997.83	8.59	8319.70
2013	8086.40	4131.46		3954.94	1060.24	10.02	9156.66
2014	12671.90	8498.26		4173.64	2253.40	132.09	15057.39
2015	37983.36	16361.62		21621.74	7090.12	1216.17	46289.65
2016	56965.75	20297.39		36668.36	1271.48	1390.89	59628.12
2017	54681.89	15534.98		39146.91	1829.19	1336.25	57847.33
2018	68255.59	11377.88		56877.71	1387.61	604.43	70247.63
2019	84525.53	12538.82		71986.71	781.65	264.63	85571.81
2020	98998.96	14221.61		84777.35	1513.64	338.50	100851.10
2021	101974.58	15400.13	21.32	86553.13	1035.33	259.67	103269.58
2022	70517.13	14175.47	166.99	56174.67	650.47	232.28	71399.88

注：1.境内股票发行金额包括首发筹资金额和再筹资金额，均按股份上市日统计，再筹资包含公开增发、定向增发、配股、权证和优先股，其中权证为2008年之后开展的业务，优先股为2014年之后开展的业务。
2.境外股票发行金额指在港交所上市的H股的筹资金额，不含可转债。
3.新三板股票发行金额中不含优先股。

7-8-13 股票交易情况

项目	2014	2015	2016	2017	2018	2019	2020	2021	2022
沪深股市上市公司数 （家）	**2613**	**2827**	**3052**	**3485**	**3584**	**3777**	**4154**	**4615**	**4917**
北交所市场上市公司数 （家）								**82**	**162**
沪深股市上市股票数 （只）	**2696**	**2909**	**3134**	**3567**	**3666**	**3857**	**4233**	**4693**	**4991**
A股	2592	2808	3034	3467	3567	3760	4140	4603	4905
B股	104	101	100	100	99	97	93	90	86
北交所市场上市股票数 （只）								**82**	**162**
沪深股市股票总发行股本 （亿股）	**36795**	**43024**	**48750**	**53747**	**57581**	**61720**	**65479**	**70694**	**73312**
A股	36518	42753	48468	53462	57290	61428	65174	70390	73018
B股	277	271	282	285	291	292	305	304	294
#流通股本	32289	37043	41136	45045	49048	52488	56354	60755	64245
A股	32013	36774	40855	44761	48758	52197	56073	60475	63975
B股	276	270	281	283	289	291	281	281	270
北交所市场股票总发行股本 （亿股）								**123**	**214**
#流通股本								57	111
沪深股市股票市价总值（亿元）	**372547**	**531463**	**507686**	**567086**	**434924**	**592935**	**797238**	**916088**	**788006**
A股	370823	529252	505773	565255	433548	591623	796024	914671	786558
B股	1724	2211	1913	1831	1376	1311	1214	1418	1448
#股票流通市值	315624	417881	393402	449298	353794	483461	643605	751556	663429
A股	313910	415681	391499	447476	352428	482158	642396	750255	662159
B股	1714	2200	1903	1822	1366	1304	1209	1301	1269
北交所市场股票市价总值（亿元）								**2723**	**2110**
#股票流通市值								1074	1148
沪深股市股票成交金额（亿元）	**742385**	**2550541**	**1277680**	**1124625**	**901739**	**1274159**	**2068253**	**2579734**	**2245095**
A股	741378	2546838	1276194	1123648	901103	1273572	2067632	2579050	2244412
B股	1007	3704	1486	977	636	587	621	684	683
北交所市场股票成交金额 （亿元）								**667**	**1980**
沪深股市总成交股数 （亿股）	**73383**	**171039**	**95525**	**87781**	**82037**	**126624**	**167452**	**187426**	**185725**
A股	73188	170541	94481	87629	81927	126509	167324	187280	185588
B股	195	498	210	152	110	116	128	146	137
北交所市场总成交股数（亿股）								**37**	**159**
上证综合指数									
最高	3239.36	5178.19	3538.69	3450.50	3587.03	3288.45	3474.92	3731.69	3651.89
最低	1974.38	2850.71	2638.30	3016.53	2449.20	2440.91	2646.80	3312.72	2863.65
收盘	3234.68	3539.18	3103.64	3307.17	2493.90	3050.12	3473.07	3639.78	3089.26
深证综合指数									
最高	1504.48	3156.96	2304.49	2054.02	1966.15	1799.10	2340.89	2571.27	2542.99
最低	1004.93	1408.99	1618.12	1753.53	1212.23	1231.83	1552.96	2130.09	1724.92
收盘	1415.19	2308.91	1969.11	1899.34	1267.87	1722.95	2329.37	2530.14	1975.61

注：1.股票总成交金额中包含约定购回式证券成交金额，故总成交金额大于A股B股成交金额之和。
2.指数最高、最低点为盘中最高、最低点。

7-8-14 全国期货交易所市场概况

年 份	全年总成交额（亿元）	全年总成交量（万手）	全年总实物交割额（亿元）	全年总实物交割量（万手）
1993	2761.00	445.35		
1994	15800.71	6055.36		
1995	50282.65	31806.04	181.52	83.09
1996	42059.58	17128.39	174.13	78.33
1997	30585.33	7938.16	93.75	38.18
1998	18483.62	5222.79	48.04	20.56
1999	11171.51	3681.96	109.41	16.12
2000	8041.14	2730.54	65.16	8.40
2001	15071.76	6022.54	59.63	16.34
2002	19745.30	6971.50	100.99	23.32
2003	54194.67	13993.32	130.94	32.10
2004	73465.27	15283.27	183.21	32.70
2005	67224.19	16142.38	213.37	30.71
2006	105023.16	22473.70	225.47	30.66
2007	204861.23	36421.34	283.73	42.76
2008	359570.98	68194.36	339.26	54.94
2009	652553.80	107871.49	284.72	50.34
2010	1134883.54	152089.14	516.89	73.25
2011	937475.68	100367.68	490.15	64.93
2012	952824.54	134540.06	528.04	58.96
2013	1264673.31	186822.39	465.25	56.79
2014	1279712.53	228827.45	451.58	63.50
2015	1364707.05	323704.12	641.76	115.36
2016	1774124.99	411943.25	783.34	129.19
2017	1633003.86	304642.57	881.94	124.51
2018	1846750.81	298334.65	1018.52	136.52
2019	2209542.00	385507.22	1055.55	148.44
2020	3219785.23	592837.15	1515.04	224.90
2021	4627708.97	717701.69	1646.19	239.35
2022	4019035.98	661644.00	1589.03	203.99

注：1.本表数据仅反映商品期货市场情况(自2022年起将商品期权纳入统计口径)。
2.表中数据均按单边口径统计。
3.交割金额、交割量中包含期转现。

7-8-15 全国交易所上市基金成交概况

项 目		2021	2022	增减(%)
交易日数	(天)	243	242	-0.41
基金成交金额	(亿元)	183234	231615	26.40
基金日均成交金额	(亿元)	754	957	26.93
基金成交股数	(亿份)	67387	135551	101.15
上证基金指数开市		7490	7579	1.19
上证基金指数最高		7832	7581	-3.20
上证基金指数最低		7066	6108	-13.56
上证基金指数收市		7572	6466	-14.61
深证基金指数开市		8323	8879	6.68
深证基金指数最高		9263	8886	-4.07
深证基金指数最低		7749	6540	-15.61
深证基金指数收市		8867	7087	-20.08

注：基金成交数据包括证券投资基金、交易型货币基金、ETF和LOF。ETF是交易所交易基金的简称，LOF是一种可以在交易所挂牌交易的开放式基金。

7-8-16 保险公司业务经济技术指标(2022年)

单位：亿元

项 目	保 费	赔款及给付
合 计	**46957.2**	**15485.1**
财产保险公司	**14866.5**	**9078.2**
企业财产保险	553.4	256.8
家庭财产保险	164.1	32.5
机动车辆保险	8210.2	5138.1
工程保险	145.1	71.4
责任保险	1147.5	508.0
信用保险	236.8	105.6
保证保险	551.7	512.1
船舶保险	66.2	33.9
货物运输保险	177.9	82.5
特殊风险保险	61.0	27.9
农业保险	1219.3	868.9
健康险	1580.1	1121.9
意外伤害保险	574.1	199.3
其他险	179.1	119.2
人寿保险公司	**32090.6**	**6407.0**
寿险	24518.6	3791.4
健康险	7072.8	2477.7
人身意外伤害险	499.2	137.9

注：1.本表人寿保险公司中包括中华控股寿险业务。
2.2022年数据不包含风险处置机构。

7-8-17 保险公司资产情况

单位：亿元

年 份	总资产	#财产险公司	#寿险公司	#再保险公司	#中资公司	#外资公司
2002	6320.00	948.00	5161.00	211.00		
2003	9088.00	1176.00	7657.00	255.00		
2004	11953.68	1411.38	8352.90	262.37	11540.63	413.05
2005	15286.44	1718.81	13458.27	292.70	14630.97	665.64
2006	19704.19	2340.45	17446.26	311.31	18862.60	862.66
2007	28912.78	3880.51	23249.16	877.26	27656.26	1256.51
2008	33418.83	4687.03	27138.45	994.45	31893.93	1524.91
2009	40634.75	4892.62	33655.05	1162.01	38582.37	2052.39
2010	50481.61	5833.52	42642.66	1151.79	47860.49	2621.12
2011	59828.94	7919.95	49798.19	1579.11	56822.12	3006.83
2012	73545.73	9477.47	60991.22	1845.25	70080.33	3465.40
2013	82886.95	10941.45	68250.07	2103.93	78551.67	4335.28
2014	101591.47	14061.48	82487.20	3513.56	94950.98	6640.49
2015	123597.76	18481.13	99324.83	5187.38	115057.96	6539.80
2016	153764.66	23849.82	126557.51	2765.61	144646.59	9118.07
2017	169377.32	24901.04	131885.05	3150.32	158956.86	10420.46
2018	183305.24	23502.73	146032.48	3633.48	171695.83	11609.41
2019	205644.90	22939.60	169575.17	4261.12	192052.69	13592.21
2020	232984.30	23422.59	199789.74	4956.29	216367.12	17076.79
2021	248874.05	24512.74	213894.93	6057.45	228766.77	20107.28
2022	271467.47	26707.95	233744.86	6719.45	248909.94	22557.53

注：2021、2022年汇总数据不包含风险处置机构。

7-8-18 保险公司资金运用情况

单位：亿元

年 份	资金运用余 额	#银行存款	#国 债	#金融债券	#企业债券	#证券投资基金
2006	17785.40	5989.11	3647.01	2754.25	2121.56	912.08
2007	26647.81	6503.44	3956.56	4897.84	2799.76	2519.41
2008	30552.83	8087.49	4208.26	8754.06	4598.46	1646.46
2009	37417.12	10519.68	4053.82	8746.10	6074.56	2758.78
2010	46046.62	13909.97	4815.78	10038.75	7935.69	2620.73
2011	55192.98	17692.69	4741.90	12418.80	8755.86	2909.92
2012	68542.58	23446.00	4795.02	14832.57	10899.98	3625.58
2013	76873.41	22640.98	4776.73	14811.84	13727.75	3575.52
2014	93314.43	25310.73	5009.88	15067.12	15465.13	4714.28
2015	111795.49	24349.67	5831.12	15215.31	17307.38	8856.50
2016	133910.67	24844.21	7796.24	16260.35	18627.99	8554.46
2017	149206.21	19274.07	10167.99	19153.05	19436.76	7524.77
2018	164088.38	24363.50	14027.62	20215.82	21011.68	8650.55
2019	185270.58	25227.42	20672.01	20658.19	21462.84	9423.29
2020	216801.13	25973.45	32069.60	20940.95	23654.17	11040.41
2021	232280.06	26178.59	43054.84	20627.14	22639.22	12248.02
2022	250508.92	28347.87	51139.60	22254.57	22478.13	13971.79

注：2021、2022年汇总数据不包含风险处置机构。

7-8-19 各地区原保险保费收入和赔付支出情况(2022年)

单位：亿元

地区	原保险保费收入			赔付支出		
	小计	财产险业务	人身险业务	小计	财产险业务	人身险业务
全国	**46957.18**	**12712.38**	**34244.80**	**15485.14**	**7756.95**	**7728.20**
北京	2758.49	479.13	2279.36	776.02	280.07	495.95
天津	670.21	157.05	513.15	201.17	95.64	105.53
山西	1012.93	249.17	763.76	329.07	142.44	186.63
河北	2042.54	590.58	1451.96	658.44	342.89	315.55
内蒙古	667.02	223.02	444.00	240.05	139.69	100.36
辽宁	1000.70	311.32	689.38	401.48	204.29	197.20
吉林	677.70	187.07	490.64	225.62	116.10	109.52
黑龙江	982.44	218.44	763.99	324.51	133.96	190.55
上海	2095.01	554.58	1540.43	654.55	274.82	379.73
江苏	4317.72	1124.44	3193.28	1247.68	641.04	606.63
浙江	2713.01	819.35	1893.66	912.40	519.69	392.71
安徽	1418.24	486.96	931.28	562.55	319.10	243.44
福建	1104.21	279.97	824.24	362.82	173.21	189.61
江西	972.47	304.19	668.27	354.54	192.46	162.08
山东	2907.84	720.59	2187.25	988.84	458.38	530.46
河南	2369.53	579.26	1790.27	801.50	401.80	399.71
湖北	1952.47	423.15	1529.31	601.92	261.23	340.69
湖南	1613.74	430.10	1183.64	580.76	283.09	297.67
广东	4366.51	1147.53	3218.99	1304.48	662.27	642.21
广西	809.61	261.46	548.15	294.64	158.95	135.69
海南	200.90	79.24	121.67	81.92	50.84	31.08
重庆	981.09	226.63	754.45	342.99	145.19	197.80
四川	2297.79	598.04	1699.74	763.90	369.26	394.64
贵州	504.24	229.93	274.31	218.08	143.74	74.34
云南	725.02	277.47	447.56	314.36	170.23	144.13
西藏	39.44	27.78	11.67	27.86	22.97	4.88
陕西	1102.02	272.79	829.23	360.36	167.96	192.40
甘肃	490.90	139.59	351.32	158.04	86.25	71.79
青海	106.39	44.84	61.54	39.20	26.12	13.08
宁夏	215.83	70.84	144.99	72.16	43.18	28.98
新疆	681.30	232.04	449.26	259.28	144.60	114.68
集团、总公司本级	42.44	30.84	11.59	47.12	37.13	9.99

注：1.本表数据为各公司上报中国保险统计信息系统年报数据，未经审计。
2.集团、总公司本级是指集团、总公司直接开展的业务，不计入任何地区。
3.2022年数据不包含风险处置机构。

【主要统计指标解释】

各项存款 金融机构资金来源的主要项目，包括住户存款、非金融企业存款、机关团体存款、财政性存款、非银行业金融机构存款和境外存款。

各项贷款 金融机构资金运用的主要项目，包括住户贷款、企（事）业单位贷款、非银行业金融机构贷款和境外贷款。

保险公司 指在中国境内的、经过保险监督管理部门批准设立，并依法登记注册的各类商业保险公司。

保险金额 指保险人承担赔偿或者给付保险金责任的最高限额。

保费 指投保人为取得保险人在约定范围内所承担赔偿责任而支付给保险人的费用。

赔款 指保险人根据保险合同的规定，向被保险人支付的赔偿保险责任损失的金额。

给付 包括死伤医疗给付和满期给付。死伤医疗给付是指保险人根据人寿保险及长期健康保险合同的规定，因被保险人在保险期内发生保险责任范围内的保险事故支付给被保险人（或受益人）的金额。满期给付是指被保险人生存期满，保险人按人寿保险合同规定支付给被保险人的满期保险金额。

社会融资规模增量 指一定时期内实体经济从金融体系获得的资金额。主要包括：人民币贷款、外币贷款（折合人民币）、委托贷款、信托贷款、未贴现的银行承兑汇票、企业债券、政府债券、非金融企业境内股票融资、投资性房地产、保险公司赔偿等。

社会融资规模存量 指一定时期末（月末、季末或年末）实体经济从金融体系获得的资金余额。主要包括：人民币贷款、外币贷款（折合人民币）、委托贷款、信托贷款、未贴现的银行承兑汇票、企业债券、政府债券、非金融企业境内股票融资、投资性房地产等。

沪深股市上市公司数 指在统计期末其发行的股票在上交所、深交所上市的股份有限公司的数量。以股票上市日进行统计，同时发行A、B股的上市公司，按一家计算。

北交所市场上市公司数 指在统计期末其发行的股票在北交所上市的股份有限公司的数量。以股票上市日进行统计。

沪深股市股票总发行股本 指统计期末上市公司在沪、深股市发行的全部股份数量合计，包括A股股本、B股股本和其他不流通的境内股本。

北交所市场股票总发行股本 指统计期末北交所上市公司发行的全部股份数量合计。

沪深股市股票市价总值 指统计期末根据沪、深股市上市公司股票价格和对应股票数量计算的股权价值合计。具体统计口径和计算方法如下：如当日无交易价格，采用最后交易日的收盘价；暂停上市股票的价格以零计算；未股改公司的非流通股以流通A股价格计算市值；仅发行B股的上市公司，其非流通股不进行股票市值计算；对当日除权股票进行市值计算时需要包含在途股份（已登记未上市）的市值。

北交所市场股票市价总值 指统计期末根据北交所上市公司发行的股票价格和对应股票数量计算的股权价值合计。

债券发行金额 报告期各类债券发行金额的合计。包括国债、地方政府债券、中央银行票据、金融债券、公司信用类债券、国际机构债券。

证券投资基金只数 指统计期末基金市场上基金产品的只数。自基金合同生效日（基金成立日）纳入统计，自基金合同终止日从统计中剔除。一般根据证监会主代码（基金主合同）口径统计。

7 第三产业分行业主要指标

7-9　房地产业

简要说明

一、主要内容

本篇资料主要包括：房地产开发企业主要财务情况，房屋开竣工情况、商品房销售情况，土地购置情况等。还包括房地产业（不含房地产开发经营）企业法人单位分地区主要指标。

二、统计范围

本篇资料除了包含房地产业中的房地产开发行业资料外，还包括不含房地产开发经营的房地产企业法人单位主要情况。

三、统计调查方法

调查方法为全面调查和抽样调查。

四、统计口径变化

2004年，除财务指标、平均销售价格、住宅竣工与销售套数为经济普查数据外，其他指标均为快报数据。

商品房销售面积和销售额：2004年及以前的销售数据仅包括现房；2005年及以后的销售数据包括期房和现房。

本篇资料对2010年度以来房地产开发投资、商品房销售面积等指标数据进行了修订，主要原因是：（一）加强在库项目管理，对退房的商品房销售数据进行了修订。（二）加强统计执法，对统计执法检查中发现的问题数据，按照相关规定进行了改正。（三）加强数据质量管理，剔除非房地产开发性质的项目投资以及具有抵押性质的销售数据。

五、数据来源

本篇资料由国家统计局固定资产投资司根据联网直报房地产开发企业上报的基层数据整理。房地产企业法人单位分地区主要指标来源于《规模以上服务业统计报表制度》和《规模以下服务业抽样调查统计报表制度》调查结果。

7-9-1 房地产开发企业经营情况

单位：亿元

年 份 地 区	主营业务 收 入	土地转让 收 入	商 品 房 销售收入	房屋出租 收 入	其他收入	税金及附加	营业利润
2000	4515.71	129.61	3896.82	95.32	393.96		73.28
2001	5471.66	188.99	4729.42	117.35	435.90		125.47
2002	7077.85	225.13	6145.80	144.57	562.34		252.91
2003	9137.27	279.72	8153.69	164.33	539.53		430.37
2004	13314.46	410.09	11752.20	305.58	846.59		857.97
2005	14769.35	341.43	13316.77	290.29	820.86		1109.19
2006	18046.76	300.65	16621.36	316.79	807.96		1669.89
2007	23397.13	427.92	21604.21	386.81	978.19		2436.61
2008	26696.84	466.85	24394.12	521.47	1314.40		3432.23
2009	34606.23	498.05	32507.83	544.27	1056.08		4728.58
2010	42996.48	519.19	40585.33	742.92	1149.04		6111.48
2011	44491.28	664.66	41697.91	904.28	1224.43	3959.67	5798.58
2012	51028.41	819.39	47463.49	1151.55	1593.98	4731.04	6001.33
2013	70706.67	671.42	66697.99	1364.01	1973.25	6322.76	9562.67
2014	66463.80	571.95	62535.06	1464.10	1892.69	6239.00	6143.13
2015	70174.34	600.54	65861.30	1600.42	2112.08	6412.80	6165.54
2016	90091.51	666.32	85163.32	1786.97	2474.89	6875.67	8673.23
2017	95896.90	838.42	90609.15	1568.32	2881.01	6307.36	11728.11
2018	112924.68	1207.38	106688.38	1484.30	3544.62	7299.72	18543.71
2019	110239.78	874.14	104126.42	1539.29	3699.94	7420.57	15439.35
2020	118582.08	747.84	112267.54	1504.88	4061.83	6925.34	14022.99
2021	134342.24	769.29	127444.89	1651.80	4476.26	6723.74	11834.02
2022	123051.98	709.12	115936.21	1646.11	4760.53	5607.22	9262.81
北 京	4378.03	122.46	3409.14	142.13	704.30	149.98	176.47
天 津	2296.02	22.66	2201.11	27.30	44.95	63.25	-67.59
河 北	2676.52	12.53	2605.88	8.24	49.87	151.20	-5.87
山 西	1673.64	1.51	1584.78	10.21	77.14	45.91	19.16
内蒙古	1009.75	4.17	986.06	3.31	16.21	43.01	65.65
辽 宁	2366.59	20.81	2297.26	18.32	30.20	117.37	48.84
吉 林	894.90	1.53	878.81	4.04	10.51	25.29	43.82
黑龙江	772.15	0.47	746.94	5.42	19.33	35.02	47.56
上 海	5321.47	29.18	4419.72	464.98	407.60	447.02	975.67
江 苏	14807.06	85.15	14284.80	102.46	334.65	427.42	1050.74
浙 江	13677.91	81.26	13183.82	86.37	326.46	444.04	1390.34
安 徽	5342.51	27.77	5142.25	18.65	153.84	129.18	319.49
福 建	4773.34	8.06	4347.83	39.39	378.06	176.70	463.08
江 西	2947.73	8.70	2790.42	17.08	131.54	82.30	262.13
山 东	9592.92	35.51	9128.06	62.13	367.22	434.81	597.49
河 南	4713.20	4.09	4445.92	37.71	225.48	174.99	277.55
湖 北	5280.42	60.41	4995.76	51.18	173.06	233.24	479.22
湖 南	3397.10	32.33	3284.38	22.35	58.04	147.86	104.00
广 东	14847.98	10.62	14149.87	316.27	371.22	1250.28	1789.77
广 西	2697.97	22.02	2584.57	26.09	65.29	100.55	166.50
海 南	1245.08	14.49	1190.79	8.01	31.79	166.38	143.12
重 庆	2839.48	39.48	2639.50	50.63	109.87	94.62	341.94
四 川	6166.84	31.92	5896.61	45.94	192.36	304.17	390.24
贵 州	1609.00	3.72	1513.01	9.09	83.18	57.32	-7.61
云 南	2515.11	21.79	2367.79	29.81	95.72	117.06	-98.93
西 藏	117.83	0.17	66.92	1.51	49.24	2.72	11.50
陕 西	2602.03	1.45	2395.10	13.68	191.79	104.30	219.73
甘 肃	943.44	2.48	901.92	6.62	32.43	29.49	3.85
青 海	224.55	0.66	217.09	1.22	5.58	6.22	6.68
宁 夏	541.61	0.13	533.05	3.22	5.21	18.46	55.67
新 疆	779.77	1.60	747.04	12.74	18.39	27.05	-7.38

7-9-2 按登记注册类型分的房地产开发企业资产情况(2022年)

单位：亿元

地区	总计	内资								
			国有	集体	股份合作	国有联营	集体联营	国有与集体联营	其他联营	国有独资公司
全国	**1126529.36**	**1038070.42**	**36491.94**	**1108.55**	**746.89**	**390.29**	**21.16**	**230.91**	**325.32**	**135522.46**
北京	54270.26	50576.34		45.96	68.63					2639.74
天津	28238.36	26755.80	1886.55	13.41						4822.67
河北	30775.09	30237.02	146.66							781.52
山西	16756.69	16573.50	114.00	5.95						2025.76
内蒙古	9303.06	9297.38	31.32							310.37
辽宁	21860.37	18760.84	338.32	0.38						1029.66
吉林	8644.00	8443.15	30.73							635.46
黑龙江	9600.39	9388.86	260.12	0.35	10.96					971.57
上海	79788.64	69321.01	4298.72	170.25	23.76	20.94		7.97		14785.93
江苏	105198.43	93564.80	6276.91	87.04	256.84	132.41		177.50	11.83	12988.93
浙江	92834.74	85335.50	393.01	2.30	3.60					11563.14
安徽	37572.16	36922.33	1136.10	0.48	32.63				12.98	5922.10
福建	45384.30	39666.73	134.90	2.04	27.64	1.28				6604.68
江西	20831.98	19959.73	279.31	2.54	7.74	4.15			27.68	3207.83
山东	79722.19	75818.98	2641.86	301.30	87.86	7.70			28.46	14082.36
河南	47359.39	45952.41	513.46	0.21	2.69					2889.23
湖北	42793.59	40504.77	2553.50	57.27	71.89	35.30	21.16			4574.49
湖南	25677.00	24665.69	469.53	28.32	14.34					3369.53
广东	152244.04	128839.43	8902.92	357.62	101.90	153.98		29.20	244.37	9826.98
广西	24370.42	23356.59	45.47	2.17	0.91					4914.96
海南	14409.40	13201.31	376.48	7.50		14.89				2070.59
重庆	32304.52	28839.67	446.99		0.77	1.09		16.24		6219.31
四川	48733.40	47027.35	1338.23	0.42	23.73					6832.36
贵州	20634.96	20230.62	167.47	2.21						3234.56
云南	23690.51	22305.74	552.61	1.92	7.28					2064.28
西藏	1634.73	1634.73	60.93							1220.22
陕西	27932.21	27299.59	1816.65	5.05	2.86	4.87				3704.66
甘肃	9418.74	9413.87	938.72	13.58						637.96
青海	2178.00	2175.29	26.25		0.85					118.54
宁夏	3341.62	3259.88								118.07
新疆	9026.15	8741.53	314.22	0.26		13.68				1354.97

7-9-2 续表 1

单位：亿元

地 区								港澳台商投资		
	其他有限责任公司	股份有限公司	私营独资	私营合伙	私营有限责任公司	私营股份有限公司	其他内资企业		合资经营	合作经营
全 国	**528410.85**	**30300.73**	**4037.30**	**367.07**	**295678.39**	**4337.03**	**101.54**	**55125.85**	**20542.76**	**2312.82**
北 京	42457.45	4349.59			784.73	230.24		2007.77	577.80	218.41
天 津	14279.44	550.32	197.13	8.94	4955.95	41.40		1118.91	563.99	248.36
河 北	14114.53	864.04	10.16		14301.03	19.08		252.02	110.03	
山 西	8162.91			2.28	6226.86	35.74		39.53	20.06	0.59
内蒙古	4016.68	40.30			4883.94	14.79				
辽 宁	8183.83	428.36	462.94	11.65	8124.55	170.04	11.11	1896.30	792.32	12.25
吉 林	4400.44	76.59		0.40	3287.23	12.28		117.07	20.20	32.09
黑龙江	6155.39	169.99	27.57	0.43	1762.26	19.14	11.07	189.31	31.11	
上 海	32643.76	2388.10	13.65		14414.79	553.13		7302.27	3360.34	103.37
江 苏	35495.39	2043.24	690.04	89.10	34821.19	459.32	35.06	8545.30	4902.49	184.30
浙 江	45084.63	1194.60	209.46	18.96	26699.34	166.46		2406.08	1057.03	4.52
安 徽	22628.55	288.03	118.54	43.42	6601.83	137.64		544.31	161.61	
福 建	17749.29	91.60	3.51	6.54	15031.36	13.88		2581.57	1244.10	9.01
江 西	9025.54	254.02	99.60	8.02	6924.85	118.45		686.20	269.35	
山 东	37056.28	1117.85	184.18	28.89	19905.41	336.44	40.38	3103.69	1774.32	54.66
河 南	28918.35	440.87	52.94	3.67	13002.69	128.30		1137.40	68.13	152.80
湖 北	20152.52	1722.86	112.29	43.78	10886.03	273.70		1204.09	445.38	81.65
湖 南	10914.32	279.29	35.17	19.44	9481.41	54.35		714.94	219.02	10.22
广 东	61791.75	11125.68	1312.14	66.72	34284.62	641.47	0.09	13857.86	2508.94	941.14
广 西	12674.32	106.37	2.90		5593.66	15.83		522.83	147.74	26.53
海 南	8612.59	131.41	31.55		1827.94	126.84	1.52	1119.34	108.90	14.00
重 庆	8879.39	442.05	74.31		12622.92	136.59		2655.55	1194.31	147.05
四 川	27682.75	1274.42	112.84	2.85	9657.12	100.47	2.15	1051.88	321.56	71.85
贵 州	11242.55	354.25	12.53		5186.98	30.08		387.85	116.86	
云 南	12627.57	315.80	11.82	11.34	6484.37	228.75		1105.50	111.41	
西 藏	180.19	2.17	0.12		167.29	3.80				
陕 西	13441.08	95.71	139.67		8065.22	23.82		238.98	131.50	
甘 肃	4255.47	111.45	65.60		3265.46	125.64		0.35	0.35	
青 海	1118.22	12.26	19.05		874.86	5.25				
宁 夏	1419.54	0.51	0.45		1624.95	96.36		56.93	49.01	
新 疆	3046.14	29.00	37.16	0.64	3927.53	17.76	0.17	281.98	234.89	

7-9-2 续表 2 单位：亿元

地区	独资	股份有限公司	其他	外商投资	合资经营	合作经营	独资	股份有限公司	其他
全国	**29615.94**	**1764.85**	**889.49**	**33333.08**	**11121.79**	**1696.06**	**18126.81**	**1495.59**	**892.84**
北京	1082.57		129.00	1686.14	581.51	468.54	636.09		
天津	299.11		7.45	363.65	50.08		180.12	128.65	4.80
河北	129.28	5.70	7.02	286.05	28.53	14.63	242.88		
山西	18.88			143.66	3.02		140.64		
内蒙古				5.67			5.67		
辽宁	1066.22	25.51		1203.23	644.84		558.39		
吉林	64.78			83.78	30.21		53.57		
黑龙江	158.20			22.23	14.61		7.62		
上海	3669.54	71.90	97.12	3165.37	1104.03	504.07	1366.33	4.62	186.32
江苏	2838.68	315.09	304.74	3088.33	1535.70	49.49	1401.41	30.10	71.62
浙江	1333.42	11.12		5093.15	1404.04	9.15	3667.51		12.46
安徽	367.85		14.85	105.53	30.83		74.70		
福建	924.38	341.61	62.47	3136.00	495.44		2625.56	14.99	
江西	359.83	0.47	56.55	186.05	82.32		101.20		2.53
山东	1006.22	183.34	85.16	799.52	474.58	23.02	240.21	21.86	39.85
河南	916.47			269.58	78.25	1.59	189.74		
湖北	645.07	31.55	0.44	1084.74	281.47		597.82	52.36	153.09
湖南	485.69			296.37	212.40	11.83	65.23	0.31	6.61
广东	10159.45	141.11	107.22	9546.75	2999.15	511.06	4470.61	1191.45	374.48
广西	348.55			491.00	220.90		270.10		
海南	390.04	604.41	2.00	88.75	18.23	64.02	6.50		
重庆	1266.47	33.05	14.68	809.31	263.01	3.77	466.67	51.26	24.60
四川	658.47			654.17	234.98	31.45	387.75		
贵州	270.99			16.49	9.66	3.43	3.39		
云南	993.29		0.80	279.27	171.72		101.22		6.33
西藏									
陕西	107.48			393.63	143.42		240.05		10.16
甘肃				4.51	3.48		1.03		
青海				2.72	2.72				
宁夏	7.92			24.81			24.81		
新疆	47.09			2.65	2.65				

7-9-3 按资质等级分的房地产开发企业资产情况(2022年)

单位：亿元

地 区	总 计	一 级	二 级	三 级	四 级	暂 定	其 他
全 国	**1126529.36**	**101710.60**	**278393.95**	**114177.74**	**90223.48**	**412657.55**	**129366.03**
北 京	54270.26	8322.75	15210.29	3171.46	16205.77	9017.40	2342.60
天 津	28238.36	2768.01	8585.68	940.80	9828.55	3146.10	2969.22
河 北	30775.09	2847.61	7765.39	2846.64	5275.14	11272.05	768.27
山 西	16756.69	472.11	5721.35	834.16	4452.64	5076.81	199.61
内蒙古	9303.06	585.88	2623.17	1232.26	2831.53	1494.83	535.39
辽 宁	21860.37	785.74	4029.31	3971.38	294.56	8181.67	4597.70
吉 林	8644.00	218.11	1941.05	833.99	682.88	4825.23	142.74
黑龙江	9600.39	107.29	2179.49	3363.84	104.31	1832.85	2012.62
上 海	79788.64	13956.43	15676.56	3698.02	9.32	39239.35	7208.96
江 苏	105198.43	5616.79	36164.64	1433.76	19.74	49520.05	12443.44
浙 江	92834.74	6610.75	13755.46	8053.88	2838.91	33848.44	27727.30
安 徽	37572.16	2472.52	8174.40	4618.39	620.57	16721.11	4965.17
福 建	45384.30	6544.73	12701.53	5093.01	1939.23	15701.31	3404.49
江 西	20831.98	304.04	3856.98	3378.79	1089.14	10794.18	1408.85
山 东	79722.19	6588.92	17910.29	7416.97	6314.23	32733.34	8758.43
河 南	47359.39	4768.92	10644.40	3706.38	910.19	22233.41	5096.10
湖 北	42793.59	5656.26	9192.91	2141.67	2170.16	20575.47	3057.13
湖 南	25677.00	1289.34	4622.34	5240.69	4276.01	8920.26	1328.36
广 东	152244.04	16545.69	25381.16	19791.11	14516.78	50924.24	25085.06
广 西	24370.42	886.25	6246.54	3523.77	808.74	11725.86	1179.26
海 南	14409.40	741.10	2921.87	1089.71	824.49	7235.75	1596.48
重 庆	32304.52	5015.00	15035.85	1638.11	10.14	9926.82	678.60
四 川	48733.40	2801.08	20894.63	17224.07	73.95	5948.89	1790.79
贵 州	20634.96	287.16	6327.53	2709.05	920.25	9349.25	1041.72
云 南	23690.51	2483.32	5667.53	824.50	4309.61	7976.91	2428.63
西 藏	1634.73	4.01	1212.36	129.47	145.16	124.65	19.06
陕 西	27932.21	1604.81	7056.72	2169.24	4766.48	6479.41	5855.55
甘 肃	9418.74	580.26	1815.74	1679.83	2155.57	3035.52	151.83
青 海	2178.00	90.38	760.76	274.74	204.76	749.68	97.68
宁 夏	3341.62	233.90	2182.75	306.03	219.65	383.94	15.36
新 疆	9026.15	521.45	2135.29	842.02	1405.00	3662.77	459.62

7-9-4 按登记注册类型分的房地产开发企业负债情况(2022年)

单位：亿元

地区	总计	内资								
			国有	集体	股份合作	国有联营	集体联营	国有与集体联营	其他联营	国有独资公司
全国	**891499.10**	**829884.27**	**26645.34**	**937.95**	**587.15**	**303.90**	**18.18**	**176.09**	**279.93**	**89404.40**
北京	43382.13	40510.24		41.94	46.25					1326.11
天津	22222.38	21216.77	1398.11	12.93						3291.27
河北	27653.10	27202.93	128.67							641.38
山西	15209.17	15062.16	113.51	6.10						1499.35
内蒙古	8289.96	8287.95	28.21							245.85
辽宁	17786.91	15859.01	256.75	0.45						793.81
吉林	7394.90	7260.20	30.46							500.80
黑龙江	6569.55	6399.96	124.26	0.19	8.97					565.74
上海	54804.27	49152.14	3024.59	121.22	6.87	14.55		1.86		8185.09
江苏	81126.39	73635.06	4964.18	75.76	213.70	93.19		131.75	11.37	9148.89
浙江	72853.68	67516.29	302.87	1.39	3.61					8336.39
安徽	29269.05	28833.60	767.50	0.42	25.30				11.95	3870.88
福建	33660.98	29260.12	102.85	1.80	9.84	1.19				3914.76
江西	16274.69	15657.03	214.72	3.02	5.59	4.56			22.30	1683.18
山东	65336.02	62787.33	2009.99	299.30	83.45	8.83			19.52	9751.71
河南	40073.35	39091.85	349.32	0.05	2.69					1851.94
湖北	33313.43	31788.17	1958.67	43.00	67.88	35.01	18.18			2883.60
湖南	21348.26	20620.86	334.14	20.92	14.54					2567.56
广东	118742.07	100760.89	6028.19	280.60	68.80	113.92		29.33	214.80	6194.28
广西	18754.97	18023.83	37.53	1.87	1.00					3202.81
海南	11439.19	10469.56	283.47	6.97		17.48				1213.59
重庆	24081.98	21989.17	347.53		0.18			13.15		3816.98
四川	39649.78	38470.25	1001.15	0.09	18.26					4786.09
贵州	16890.36	16554.60	146.75	2.25						2483.86
云南	20027.30	18867.88	428.43	2.14	6.87					1354.32
西藏	1118.77	1118.77	39.20							782.65
陕西	23756.21	23269.25	1428.23	4.83	2.64	4.43				2752.18
甘肃	8044.58	8041.59	586.29	10.55						513.72
青海	1940.36	1938.76	23.52		0.72					91.13
宁夏	2839.88	2783.50								90.93
新疆	7645.43	7454.57	186.24	0.14		10.73				1063.56

7-9-4 续表 1　　　　单位：亿元

地　区	其他有限责任公司	股份有限公　　司	私营独资	私营合伙	私营有限责任公司	私营股份有限公司	其他内资企　　业	港澳台商投　　资	合资经营	合作经营
全　国	**427610.79**	**23768.13**	**3489.10**	**345.39**	**252788.00**	**3447.74**	**82.18**	**36534.88**	**12917.14**	**1511.94**
北　京	34860.99	3365.84			735.52	133.59		1517.57	436.98	130.77
天　津	11605.45	430.74	141.45	5.54	4295.64	35.64		803.10	400.56	228.91
河　北	12835.43	751.44	8.96		12817.99	19.05		193.98	94.83	
山　西	7485.00			2.20	5917.59	38.41		25.85	9.76	0.42
内蒙古	3418.79	38.72			4542.02	14.35				
辽　宁	6631.81	342.56	370.05	11.45	7279.65	157.30	15.19	1144.14	575.11	7.33
吉　林	3803.31	58.72		0.24	2856.24	10.43		63.97	5.38	14.40
黑龙江	4021.01	179.97	27.26	0.39	1444.87	15.36	11.93	160.33	18.57	
上　海	24280.87	1681.69	14.29		11403.35	417.74		3756.87	1446.74	61.49
江　苏	27778.13	1445.42	555.21	78.74	28717.40	394.42	26.91	5434.58	3044.75	135.87
浙　江	36084.15	872.35	189.23	17.10	21613.35	95.86		1177.44	549.64	2.92
安　徽	18110.70	187.63	113.45	40.41	5604.52	100.84		372.15	104.24	
福　建	13159.00	56.52	3.66	6.05	11995.35	9.09		1837.78	882.81	4.62
江　西	7233.91	224.66	92.42	7.99	6083.41	81.27		501.21	202.68	
山　东	31426.62	918.07	166.21	28.98	17755.84	294.32	24.50	1972.21	1173.65	46.82
河　南	24628.29	366.21	50.84	4.04	11704.20	134.29		745.60	30.47	23.52
湖　北	16261.35	1154.62	97.89	44.27	9016.69	207.00		703.19	311.74	46.17
湖　南	9184.20	225.41	29.73	18.47	8177.40	48.49		483.14	180.77	3.28
广　东	48490.63	9279.47	1174.23	65.72	28324.71	496.12	0.08	10455.48	1766.04	664.73
广　西	9972.71	60.51	2.60		4737.48	7.33		352.76	114.96	25.09
海　南	7209.47	103.12	19.74		1571.33	42.96	1.43	925.32	83.91	6.97
重　庆	6799.72	335.35	67.79		10497.61	110.86		1514.84	777.63	78.40
四　川	23150.23	1000.97	106.10	2.84	8307.50	95.02	1.99	712.32	196.69	30.24
贵　州	8818.69	216.01	13.12		4846.48	27.45		328.87	119.61	
云　南	10321.76	240.28	10.97	10.41	6262.62	230.08		956.04	102.76	
西　藏	162.86	1.80	0.01		131.68	0.57				
陕　西	11407.60	96.47	128.96		7424.13	19.78		169.57	115.01	
甘　肃	3730.91	97.29	60.06		2930.05	112.72		0.02	0.02	
青　海	974.41	11.84	17.99		814.18	4.97				
宁　夏	1178.62	-0.68	0.42		1439.92	74.29		36.64	34.27	
新　疆	2584.16	25.16	26.47	0.55	3539.27	18.14	0.14	189.90	137.55	

7-9-4 续表 2

单位：亿元

地 区									
	独 资	股份有限公 司	其 他	外商投资	合资经营	合作经营	独 资	股份有限公 司	其 他
全 国	**20254.65**	**1270.41**	**580.75**	**25079.95**	**8198.01**	**1229.56**	**13684.85**	**1272.77**	**694.75**
北 京	915.08		34.73	1354.32	427.38	415.09	511.85		
天 津	172.62		1.02	202.50	24.34		119.65	53.45	5.06
河 北	87.95	4.65	6.55	256.20	21.34	15.10	219.75		
山 西	15.67			121.17	2.78		118.39		
内蒙古				2.01			2.01		
辽 宁	553.79	7.92		783.75	483.16		300.59		
吉 林	44.19			70.73	33.01		37.72		
黑龙江	141.76			9.26	6.15		3.11		
上 海	2147.72	34.71	66.21	1895.26	650.39	325.73	789.30	2.74	127.11
江 苏	1873.50	179.68	200.78	2056.75	1009.74	21.21	952.43	24.50	48.87
浙 江	621.24	3.65		4159.95	1099.42	6.32	3045.06		9.15
安 徽	257.86		10.06	63.30	9.34		53.96		
福 建	686.98	214.50	48.87	2563.08	457.69		2104.08	1.30	
江 西	262.33	0.29	35.90	116.45	57.58		57.09		1.78
山 东	531.03	153.68	67.04	576.48	323.95	8.48	191.49	21.18	31.37
河 南	691.61			235.90	72.06	1.22	162.61		
湖 北	321.04	24.25	0.00	822.07	202.38		443.56	37.61	138.52
湖 南	299.08			244.26	158.79	9.26	70.01	0.31	5.90
广 东	7851.16	75.79	97.77	7525.70	2325.00	375.38	3445.01	1082.19	298.12
广 西	212.72			378.37	169.50		208.87		
海 南	286.58	546.74	1.13	44.31	13.87	26.23	4.21		
重 庆	624.17	24.55	10.08	577.97	183.44	0.61	331.39	49.49	13.04
四 川	485.38			467.22	202.40	23.81	241.01		
贵 州	209.26			6.89	4.21	1.12	1.56		
云 南	852.66		0.62	203.38	128.74		69.17		5.47
西 藏									
陕 西	54.56			317.39	126.78		180.25		10.36
甘 肃				2.97	2.01		0.97		
青 海				1.60	1.60				
宁 夏	2.38			19.73			19.73		
新 疆	52.34			0.97	0.97				

7-9-5 按资质等级分的房地产开发企业负债情况(2022年)

单位：亿元

地 区	总 计	一 级	二 级	三 级	四 级	暂 定	其 他
全 国	**891499.10**	**76927.35**	**216036.06**	**87296.00**	**74887.54**	**334663.59**	**101688.57**
北 京	43382.13	6592.12	10908.14	2756.52	13817.79	7498.52	1809.03
天 津	22222.38	2325.37	6094.77	660.11	8366.96	2470.91	2304.26
河 北	27653.10	2358.23	6991.81	2378.46	4708.08	10502.46	714.06
山 西	15209.17	421.77	5052.07	784.19	4094.96	4672.44	183.74
内蒙古	8289.96	485.92	2310.49	1086.48	2583.33	1362.94	460.80
辽 宁	17786.91	704.21	2941.49	3260.90	124.42	6802.97	3952.92
吉 林	7394.90	143.14	1702.69	677.82	543.22	4197.35	130.67
黑龙江	6569.55	83.93	1598.92	2094.97	85.21	1447.89	1258.63
上 海	54804.27	9496.61	10257.43	2440.00	4.15	28078.27	4527.81
江 苏	81126.39	4344.79	27473.50	991.23	17.33	38669.97	9629.57
浙 江	72853.68	4893.18	10621.89	6294.21	2108.49	27267.86	21668.05
安 徽	29269.05	1846.28	6336.87	3337.90	430.98	13541.01	3776.01
福 建	33660.98	4539.60	9028.98	3746.64	1418.82	12465.28	2461.65
江 西	16274.69	235.42	3030.15	2116.09	734.42	8940.72	1217.89
山 东	65336.02	5003.55	14662.90	5948.02	5290.89	26887.41	7543.24
河 南	40073.35	3878.16	8906.17	2874.90	801.47	19562.82	4049.82
湖 北	33313.43	3775.50	7165.43	1742.28	1736.08	16394.26	2499.89
湖 南	21348.26	1097.14	3882.23	4052.58	3481.97	7774.77	1059.58
广 东	118742.07	13058.84	19932.81	13536.61	11015.03	41246.00	19952.79
广 西	18754.97	696.87	4402.07	2668.81	597.85	9540.28	849.10
海 南	11439.19	583.95	2254.57	795.61	678.18	5805.99	1320.90
重 庆	24081.98	3614.85	10827.98	1277.86	8.66	7803.52	549.11
四 川	39649.78	2175.02	16915.00	14135.56	70.18	4928.32	1425.71
贵 州	16890.36	264.26	4910.38	2245.10	842.63	7736.73	891.25
云 南	20027.30	1960.07	4947.84	760.88	3764.47	6683.32	1910.71
西 藏	1118.77	3.91	832.12	110.21	48.74	112.93	10.85
陕 西	23756.21	1301.56	6210.89	1810.23	4037.53	5455.79	4940.21
甘 肃	8044.58	440.02	1596.03	1442.50	1854.30	2603.70	108.03
青 海	1940.36	75.62	629.96	259.09	194.03	694.58	87.08
宁 夏	2839.88	155.19	1877.33	263.38	197.81	333.40	12.77
新 疆	7645.43	372.27	1733.13	746.87	1229.53	3181.18	382.46

7-9-6 按登记注册类型分的房地产开发企业所有者权益(2022年)

单位：亿元

地区	总计	内资								
			国有	集体	股份合作	国有联营	集体联营	国有与集体联营	其他联营	国有独资公司
全国	**235030.25**	**208186.15**	**9846.60**	**170.60**	**159.73**	**86.39**	**2.98**	**54.82**	**45.39**	**46118.06**
北京	10888.14	10066.11		4.02	22.38					1313.64
天津	6015.98	5539.03	488.43	0.47						1531.40
河北	3121.99	3034.09	17.99							140.14
山西	1547.52	1511.34	0.48	-0.15						526.41
内蒙古	1013.10	1009.44	3.10							64.52
辽宁	4073.47	2901.83	81.57	-0.07						235.85
吉林	1249.10	1182.95	0.28							134.67
黑龙江	3030.84	2988.90	135.87	0.16	1.98					405.83
上海	24984.37	20168.87	1274.13	49.03	16.89	6.39		6.10		6600.84
江苏	24072.04	19929.74	1312.73	11.28	43.14	39.22		45.75	0.46	3840.04
浙江	19981.06	17819.21	90.14	0.90						3226.76
安徽	8303.11	8088.73	368.60	0.07	7.33				1.04	2051.22
福建	11723.32	10406.61	32.05	0.23	17.80	0.09				2689.92
江西	4557.29	4302.70	64.58	-0.48	2.15	-0.41			5.38	1524.65
山东	14386.17	13031.65	631.88	2.00	4.41	-1.13			8.94	4330.65
河南	7286.05	6860.56	164.14	0.17						1037.30
湖北	9480.16	8716.60	594.83	14.26	4.00	0.28	2.98			1690.89
湖南	4328.74	4044.83	135.38	7.41	-0.20					801.97
广东	33501.98	28078.55	2874.72	77.02	33.10	40.05		-0.13	29.57	3632.71
广西	5615.45	5332.76	7.94	0.30	-0.08					1712.15
海南	2970.21	2731.75	93.01	0.52		-2.59				857.00
重庆	8222.54	6850.50	99.47		0.59	1.09		3.09		2402.33
四川	9083.62	8557.10	337.08	0.33	5.48					2046.27
贵州	3744.61	3676.02	20.72	-0.04						750.70
云南	3663.21	3437.86	124.18	-0.22	0.41					709.97
西藏	515.96	515.96	21.73							437.57
陕西	4175.99	4030.34	388.42	0.22	0.23	0.44				952.48
甘肃	1374.16	1372.28	352.43	3.02						124.24
青海	237.65	236.53	2.73		0.13					27.41
宁夏	501.74	476.37								27.14
新疆	1380.72	1286.96	127.98	0.12		2.95				291.41

7-9-6 续表 1

单位：亿元

地　区	其他有限责任公司	股份有限公司	私营独资	私营合伙	私营有限责任公司	私营股份有限公司	其他内资企业	港澳台商投资	合资经营	合作经营
全　国	**100800.07**	**6532.60**	**548.19**	**21.68**	**42890.39**	**889.29**	**19.36**	**18590.97**	**7625.62**	**800.89**
北　京	7596.47	983.74			49.21	96.65		490.21	140.81	87.64
天　津	2673.99	119.57	55.68	3.40	660.31	5.76		315.81	163.43	19.45
河　北	1279.10	112.60	1.20		1483.03	0.03		58.04	15.20	
山　西	677.92			0.08	309.27	-2.67		13.69	10.30	0.17
内蒙古	597.89	1.58			341.91	0.43				
辽　宁	1552.02	85.80	92.89	0.20	844.90	12.75	-4.09	752.15	217.21	4.92
吉　林	597.13	17.87		0.16	430.99	1.85		53.11	14.82	17.69
黑龙江	2134.37	-9.98	0.30	0.04	317.39	3.78	-0.86	28.98	12.54	
上　海	8362.89	706.41	-0.65		3011.44	135.39		3545.40	1913.60	41.88
江　苏	7717.25	597.82	134.83	10.36	6103.79	64.90	8.15	3110.72	1857.74	48.43
浙　江	9000.48	322.25	20.24	1.85	5085.99	70.60		1228.64	507.39	1.60
安　徽	4517.85	100.41	5.09	3.01	997.31	36.80		172.15	57.37	
福　建	4590.29	35.08	-0.15	0.49	3036.01	4.79		743.79	361.29	4.39
江　西	1791.62	29.37	7.18	0.03	841.45	37.18		185.00	66.67	
山　东	5629.66	199.79	17.97	-0.09	2149.57	42.12	15.87	1131.48	600.67	7.84
河　南	4290.06	74.66	2.10	-0.37	1298.50	-5.99		391.81	37.66	129.28
湖　北	3891.17	568.24	14.40	-0.49	1869.34	66.70		500.90	133.64	35.48
湖　南	1730.12	53.88	5.44	0.97	1304.01	5.86		231.80	38.25	6.94
广　东	13301.12	1846.21	137.92	1.00	5959.90	145.35	0.01	3402.39	742.90	276.42
广　西	2701.60	45.87	0.31		856.18	8.49		170.06	32.79	1.44
海　南	1403.12	28.29	11.81		256.61	83.88	0.09	194.02	25.00	7.04
重　庆	2079.67	106.70	6.51		2125.31	25.73		1140.71	416.67	68.65
四　川	4532.52	273.46	6.74	0.01	1349.61	5.45	0.17	339.57	124.86	41.62
贵　州	2423.86	138.24	-0.59		340.50	2.64		58.98	-2.75	
云　南	2305.81	75.52	0.85	0.93	221.74	-1.34		149.46	8.65	
西　藏	17.33	0.37	0.10		35.61	3.24				
陕　西	2033.48	-0.76	10.70		641.09	4.04		69.41	16.49	
甘　肃	524.56	14.16	5.54		335.41	12.92		0.33	0.33	
青　海	143.80	0.42	1.06		60.68	0.29				
宁　夏	240.92	1.19	0.02		185.04	22.07		20.29	14.74	
新　疆	461.97	3.84	10.69	0.09	388.26	-0.38	0.03	92.08	97.34	

7-9-6 续表 2　　单位：亿元

地 区				外商投资					
	独 资	股份有限公 司	其 他		合资经营	合作经营	独 资	股份有限公 司	其 他
全 国	**9361.29**	**494.44**	**308.74**	**8253.13**	**2923.78**	**466.49**	**4441.96**	**222.82**	**198.09**
北 京	167.49		94.26	331.82	154.13	53.45	124.24		
天 津	126.50		6.43	161.15	25.74		60.47	75.20	-0.26
河 北	41.32	1.05	0.46	29.85	7.20	-0.47	23.13		
山 西	3.22			22.49	0.24		22.25		
内蒙古				3.66			3.66		
辽 宁	512.43	17.59		419.48	161.68		257.80		
吉 林	20.60			13.05	-2.80		15.84		
黑龙江	16.44			12.97	8.46		4.50		
上 海	1521.81	37.19	30.91	1270.10	453.65	178.35	577.03	1.87	59.21
江 苏	965.18	135.41	103.97	1031.58	525.96	28.28	448.98	5.60	22.75
浙 江	712.18	7.47		933.20	304.62	2.83	622.45		3.30
安 徽	109.99		4.79	42.23	21.49		20.74		
福 建	237.40	127.10	13.61	572.92	37.75		521.48	13.69	
江 西	97.50	0.18	20.65	69.59	24.74		44.10		0.75
山 东	475.19	29.66	18.12	223.04	150.64	14.53	48.72	0.67	8.47
河 南	224.87			33.68	6.19	0.37	27.12		
湖 北	324.03	7.31	0.44	262.67	79.09		154.26	14.75	14.57
湖 南	186.61			52.11	53.60	2.58	-4.78	0.00	0.71
广 东	2308.30	65.32	9.45	2021.04	674.14	135.69	1025.60	109.25	76.37
广 西	135.84			112.62	51.40		61.22		
海 南	103.45	57.67	0.87	44.44	4.36	37.79	2.29		
重 庆	642.30	8.49	4.60	231.33	79.57	3.16	135.27	1.77	11.56
四 川	173.09			186.95	32.58	7.63	146.74		
贵 州	61.73			9.60	5.45	2.31	1.84		
云 南	140.63		0.18	75.89	42.98		32.05		0.86
西 藏									
陕 西	52.92			76.24	16.64		59.79		-0.19
甘 肃				1.54	1.47		0.07		
青 海				1.12	1.12				
宁 夏	5.54			5.08			5.08		
新 疆	-5.26			1.68	1.68				

7-9-7 按资质等级分的房地产开发企业所有者权益(2022年)

单位：亿元

地 区	总 计	一 级	二 级	三 级	四 级	暂 定	其 他
全 国	**235030.25**	**24783.25**	**62357.89**	**26881.74**	**15335.94**	**77993.96**	**27677.47**
北 京	10888.14	1730.62	4302.15	414.94	2387.98	1518.88	533.57
天 津	6015.98	442.64	2490.91	280.69	1461.59	675.20	664.95
河 北	3121.99	489.38	773.58	468.18	567.06	769.59	54.21
山 西	1547.52	50.35	669.28	49.97	357.68	404.37	15.87
内蒙古	1013.10	99.96	312.67	145.78	248.20	131.89	74.59
辽 宁	4073.47	81.54	1087.82	710.48	170.14	1378.70	644.78
吉 林	1249.10	74.97	238.36	156.16	139.66	627.87	12.07
黑龙江	3030.84	23.36	580.57	1268.87	19.10	384.96	753.99
上 海	24984.37	4459.82	5419.13	1258.02	5.17	11161.08	2681.15
江 苏	24072.04	1271.99	8691.15	442.54	2.41	10850.08	2813.88
浙 江	19981.06	1717.56	3133.57	1759.67	730.42	6580.58	6059.25
安 徽	8303.11	626.24	1837.53	1280.49	189.59	3180.11	1189.16
福 建	11723.32	2005.13	3672.54	1346.36	520.41	3236.03	942.84
江 西	4557.29	68.62	826.82	1262.70	354.72	1853.46	190.96
山 东	14386.17	1585.37	3247.38	1468.95	1023.34	5845.93	1215.19
河 南	7286.05	890.76	1738.23	831.48	108.72	2670.59	1046.28
湖 北	9480.16	1880.76	2027.48	399.39	434.08	4181.21	557.24
湖 南	4328.74	192.20	740.11	1188.11	794.04	1145.49	268.78
广 东	33501.98	3486.85	5448.34	6254.50	3501.75	9678.25	5132.28
广 西	5615.45	189.38	1844.47	854.96	210.89	2185.58	330.16
海 南	2970.21	157.15	667.30	294.10	146.31	1429.76	275.58
重 庆	8222.54	1400.15	4207.87	360.25	1.47	2123.30	129.50
四 川	9083.62	626.05	3979.63	3088.51	3.77	1020.57	365.08
贵 州	3744.61	22.90	1417.15	463.95	77.62	1612.52	150.47
云 南	3663.21	523.25	719.69	63.62	545.15	1293.59	517.91
西 藏	515.96	0.10	380.24	19.26	96.42	11.72	8.21
陕 西	4175.99	303.24	845.83	359.01	728.94	1023.62	915.34
甘 肃	1374.16	140.25	219.71	237.33	301.26	431.82	43.80
青 海	237.65	14.76	130.80	15.65	10.73	55.10	10.61
宁 夏	501.74	78.71	305.42	42.65	21.83	50.55	2.59
新 疆	1380.72	149.18	402.16	95.15	175.48	481.58	77.17

7-9-8 按登记注册类型分的房地产开发企业营业利润(2022年)

单位：亿元

地区	总计	内资	国有	集体	股份合作	国有联营	集体联营	国有与集体联营	其他联营	国有独资公司
全国	**9262.81**	**7886.62**	**253.78**	**38.93**	**-2.00**	**1.22**	**-0.48**	**0.06**	**-0.20**	**700.68**
北京	176.47	184.08		1.68	1.39					13.65
天津	-67.59	-66.17	1.93	-0.08						11.94
河北	-5.87	-1.08	6.08							2.60
山西	19.16	19.04	-0.24	-0.05						22.40
内蒙古	65.65	64.62	0.39							-0.15
辽宁	48.84	36.29	2.10	-0.02						2.65
吉林	43.82	38.13	-0.03							1.40
黑龙江	47.56	46.42	2.00		0.87					15.13
上海	975.67	823.82	54.64	0.39	-0.32	-0.29		0.02		124.01
江苏	1050.74	826.89	19.57	0.79	-1.29	1.53		0.17	-0.34	70.86
浙江	1390.34	1259.75	5.44	-0.05	-0.08					16.62
安徽	319.49	304.09	-1.49	-0.01	-0.29				-0.28	21.99
福建	463.08	352.04	-0.50	-0.01	0.01	-0.01				69.29
江西	262.13	240.12	5.20	-0.06	-0.21	-0.22			-0.27	24.80
山东	597.49	546.69	3.04	22.57	-0.80	-0.02			0.06	31.52
河南	277.55	278.17	-3.05	-0.04	-0.01					19.17
湖北	479.22	444.31	52.82	-0.18	-0.09	-0.41	-0.48			10.24
湖南	104.00	112.38	2.00	-0.08	-0.10					-0.03
广东	1789.77	1405.63	61.00	13.65	-0.66	1.04		-0.09	0.64	149.80
广西	166.50	144.12	-1.33	0.03	-0.02					10.92
海南	143.12	109.58	16.78	-0.07		-0.11				-0.16
重庆	341.94	180.21	7.58		-0.01			-0.04		18.90
四川	390.24	377.57	13.73	0.01	-0.49					33.64
贵州	-7.61	-11.11	0.52	0.27						5.04
云南	-98.93	-80.42	-3.35	-0.02	0.12					-4.51
西藏	11.50	11.50	-1.04							6.34
陕西	219.73	190.19	8.44	0.06	0.01	-0.02				19.69
甘肃	3.85	3.51	1.29	0.14						-4.76
青海	6.68	6.65	0.12		-0.03					0.16
宁夏	55.67	43.67								7.63
新疆	-7.38	-4.03	0.15			-0.27				-0.10

7-9-8 续表 1

单位：亿元

地 区								港澳台商投资		
	其他有限责任公司	股份有限公司	私营独资	私营合伙	私营有限责任公司	私营股份有限公司	其他内资企业		合资经营	合作经营
全 国	**3935.51**	**354.48**	**6.25**	**2.04**	**2553.46**	**38.48**	**4.40**	**899.30**	**484.74**	**35.11**
北 京	142.36	16.46			12.43	-3.88		4.31	1.46	3.78
天 津	-25.87	-8.46	2.41	-0.02	-47.91	-0.10		4.04	4.85	-2.78
河 北	-35.30	-0.23	0.02		25.74	0.01		-1.10	0.76	
山 西	-8.93			-0.01	6.06	-0.17		-0.16	-0.02	
内蒙古	41.59	-0.14			22.64	0.29				
辽 宁	4.13	3.06	6.57	-0.25	19.46	-1.37	-0.04	-7.87	-6.53	-0.04
吉 林	32.40	0.65			3.68	0.04		5.09	3.55	0.13
黑龙江	9.94	0.45	-0.65	-0.01	19.33	-0.30	-0.34	1.22	-0.59	
上 海	497.27	41.01	-0.16		109.69	-2.43		105.41	98.71	-2.78
江 苏	274.60	23.37	4.29	0.99	430.45	2.05	-0.17	135.53	85.48	2.04
浙 江	614.69	26.02	2.37	2.23	579.26	13.24		35.77	8.59	-0.20
安 徽	229.14	14.43	1.20	0.80	34.40	4.19		15.82	1.78	
福 建	111.72	1.35	-0.06	-0.02	168.98	1.28		44.58	13.91	1.56
江 西	97.81	5.11	-1.34	-0.21	105.28	4.24		19.53	-0.56	
山 东	303.14	11.82	-0.80	-0.45	167.18	4.41	5.02	49.66	27.97	-0.56
河 南	72.64	0.37	0.46	-0.02	187.55	1.08		0.36	-1.32	1.23
湖 北	226.71	-4.01	3.12	-0.44	155.89	1.13		16.23	7.89	-0.07
湖 南	38.84	-0.89	-0.23	0.15	73.03	-0.31		-10.58	4.03	-1.24
广 东	696.15	223.80	-9.99	-0.87	257.50	13.66		259.25	53.33	31.86
广 西	97.34	-0.89			38.20	-0.13		12.50	0.19	-0.08
海 南	86.28	-3.15	-0.29		9.55	0.79	-0.02	31.67	5.20	1.41
重 庆	109.58	8.87	0.68		35.12	-0.47		173.56	159.26	0.88
四 川	197.78	5.62	0.34	-0.07	128.51	-1.46	-0.03	4.71	8.72	-0.03
贵 州	-18.09	0.62	-0.19		1.10	-0.37		2.22	2.81	
云 南	-11.01	-25.63	-0.08	0.23	-37.96	1.78		-17.61	-3.27	
西 藏	2.80	-0.03	0.06		3.37					
陕 西	113.88	-0.49	0.31		48.29	0.03		6.32	-1.41	
甘 肃	-11.87	13.69	-1.12		6.75	-0.61		-0.01	-0.01	
青 海	12.04	0.53	-0.16		-5.98	-0.03				
宁 夏	26.30	0.11			7.47	2.16		12.20	12.03	
新 疆	7.48	1.07	-0.51	0.01	-11.56	-0.29	-0.02	-3.35	-2.06	

7-9-8 续表 2 单位：亿元

地 区				外商投资					
	独 资	股份有限公 司	其 他		合资经营	合作经营	独 资	股份有限公 司	其 他
全 国	**348.33**	**9.10**	**22.03**	**476.90**	**138.87**	**15.24**	**345.05**	**-20.58**	**-1.69**
北 京	-0.87		-0.06	-11.92	-2.04	-4.38	-5.50		
天 津	2.08		-0.10	-5.46	-0.14		-4.52	-0.68	-0.11
河 北	-1.71	-0.15	-0.01	-3.69	-0.33	-0.42	-2.94		
山 西	-0.14			0.28	0.01		0.27		
内蒙古				1.03			1.03		
辽 宁	-1.94	0.64		20.42	7.39		13.03		
吉 林	1.41			0.60			0.60		
黑龙江	1.81			-0.08	0.12		-0.19		
上 海	2.76	-0.88	7.59	46.45	12.58	4.33	28.84	-0.02	0.72
江 苏	41.48	-4.73	11.25	88.33	44.38	6.48	34.12	0.30	3.05
浙 江	24.50	2.89		94.81	28.33	-0.06	66.61		-0.07
安 徽	12.64		1.40	-0.43	0.98		-1.41		
福 建	23.66	5.71	-0.26	66.46	-17.59		83.97	0.08	
江 西	15.97		4.12	2.48	-0.21		2.66		0.03
山 东	25.44	-1.96	-1.22	1.14	1.99	0.51	-0.87	-0.41	-0.08
河 南	0.45			-0.99	0.41	-0.01	-1.39		
湖 北	8.47	-0.05	-0.01	18.67	4.58		15.27	-0.31	-0.87
湖 南	-13.36			2.20	3.80	-0.49	-1.00		-0.11
广 东	167.47	7.49	-0.90	124.89	49.64	6.12	89.39	-16.93	-3.33
广 西	12.39			9.88	4.20		5.68		
海 南	25.70	-0.60	-0.04	1.87	-0.41	2.35	-0.07		
重 庆	12.42	0.75	0.25	-11.83	-0.34	0.11	-8.37	-2.60	-0.62
四 川	-3.98			7.96	-0.84	0.77	8.03		
贵 州	-0.59			1.29	1.39	-0.07	-0.03		
云 南	-14.34			-0.90	-0.60		-0.26		-0.04
西 藏									
陕 西	7.73			23.23	1.18		22.30		-0.25
甘 肃				0.36	0.35				
青 海				0.03	0.03				
宁 夏	0.17			-0.19			-0.19		
新 疆	-1.28			-0.01	-0.01				

7-9-9 按资质等级分的房地产开发企业营业利润(2022年)

单位：亿元

地 区	总 计	一 级	二 级	三 级	四 级	暂 定	其 他
全 国	**9262.81**	**1429.89**	**1507.44**	**1129.51**	**326.62**	**3803.18**	**1066.17**
北 京	176.47	45.95	45.60	-1.68	-34.95	116.97	4.58
天 津	-67.59	-9.94	3.12	7.13	-57.00	-1.29	-9.62
河 北	-5.87	8.33	-4.26	22.78	5.34	-34.93	-3.15
山 西	19.16	7.46	15.94	-0.21	10.54	-11.19	-3.38
内蒙古	65.65	5.61	8.10	9.05	26.60	8.24	8.05
辽 宁	48.84	-1.13	36.80	8.45	1.60	17.84	-14.72
吉 林	43.82	-1.48	4.91	3.78	0.83	37.05	-1.27
黑龙江	47.56	-1.43	17.86	20.13	-0.94	-1.28	13.22
上 海	975.67	213.35	144.09	67.51	0.47	483.13	67.11
江 苏	1050.74	76.70	290.22	21.43	-0.29	556.77	105.91
浙 江	1390.34	240.62	110.29	132.94	16.61	578.35	311.52
安 徽	319.49	38.35	63.98	24.36	0.22	177.63	14.94
福 建	463.08	93.69	101.37	40.68	5.10	199.49	22.74
江 西	262.13	1.83	30.01	34.11	25.36	150.48	20.35
山 东	597.49	105.23	99.62	73.56	28.61	255.67	34.80
河 南	277.55	12.68	16.95	24.86	8.24	152.18	62.64
湖 北	479.22	71.80	75.67	41.36	14.73	254.31	21.33
湖 南	104.00	-4.77	5.24	0.28	34.74	62.34	6.17
广 东	1789.77	264.11	227.76	280.76	199.68	479.55	337.91
广 西	166.50	15.55	37.20	18.06	3.53	105.30	-13.14
海 南	143.12	1.38	9.20	19.16	17.34	83.71	12.33
重 庆	341.94	234.69	63.75	3.15	-0.05	30.87	9.54
四 川	390.24	11.50	86.13	240.70	-1.69	27.96	25.65
贵 州	-7.61	-2.80	-4.83	17.13	-1.58	-13.40	-2.14
云 南	-98.93	-34.60	-70.98	-9.97	12.89	-2.98	6.72
西 藏	11.50		7.31	2.63	2.05	0.32	-0.80
陕 西	219.73	17.15	41.65	16.72	36.16	71.15	36.90
甘 肃	3.85	4.37	-1.75	10.93	-19.39	9.99	-0.30
青 海	6.68	1.22	4.44	-2.11	-1.42	3.58	0.97
宁 夏	55.67	15.57	41.07	-1.26	-4.68	5.07	-0.09
新 疆	-7.38	-1.11	0.99	3.09	-2.01	0.29	-8.63

7-9-10 按登记注册类型分的房地产开发企业主营业务收入(2022年)

单位：亿元

地　区	总　计	内　资	国　有	集　体	股份合作	国有联营	集体联营	国有与集体联营	其他联营	国有独资公司
全　国	**123051.98**	**115162.97**	**2628.81**	**299.36**	**35.30**	**44.58**	**0.01**	**19.13**	**4.50**	**6728.65**
北　京	4378.03	4205.22		4.12	3.17					145.04
天　津	2296.02	2199.11	111.40							174.72
河　北	2676.52	2650.15	43.77							40.91
山　西	1673.64	1667.38	14.60	0.04						173.90
内蒙古	1009.75	1004.44	6.77							27.24
辽　宁	2366.59	2114.19	30.02							41.88
吉　林	894.90	854.22	1.17							34.18
黑龙江	772.15	735.63	17.76		6.58					9.74
上　海	5321.47	4650.77	247.01	3.58	0.57	0.14		0.08		550.46
江　苏	14807.06	13125.80	534.22	8.83	2.79	34.25		14.08		776.00
浙　江	13677.91	13054.57	72.35	0.07	0.01					596.15
安　徽	5342.51	5250.24	72.36	0.01	0.06				0.42	353.62
福　建	4773.34	4278.21	5.06	0.10	0.29					440.55
江　西	2947.73	2807.04	47.32		0.11					172.58
山　东	9592.92	9015.48	189.60	194.23	9.54				0.03	540.97
河　南	4713.20	4681.72	10.40							153.03
湖　北	5280.42	5056.16	238.21	3.08	5.20	0.97	0.01			155.92
湖　南	3397.10	3291.55	22.83	1.51	0.01					145.77
广　东	14847.98	13139.87	492.98	77.04	1.83	6.01		4.84	4.05	604.02
广　西	2697.97	2548.65	8.11	0.66						142.37
海　南	1245.08	1131.25	55.03	0.08		3.20				25.03
重　庆	2839.48	2641.96	82.67		0.03			0.12		291.01
四　川	6166.84	6002.00	128.44	4.15	4.65					454.41
贵　州	1609.00	1588.75	26.18	0.09						102.42
云　南	2515.11	2446.49	11.62		0.41					110.19
西　藏	117.83	117.83	3.67							80.43
陕　西	2602.03	2469.91	103.60	0.86	0.05	0.01				226.68
甘　肃	943.44	942.20	31.57	0.82						51.29
青　海	224.55	224.49	3.74							9.28
宁　夏	541.61	500.06								54.57
新　疆	779.77	767.63	16.35	0.08						44.30

7-9-10 续表 1

单位：亿元

地 区								港澳台商投资		
	其他有限责任公司	股份有限公司	私营独资	私营合伙	私营有限责任公司	私营股份有限公司	其他内资企业		合资经营	合作经营
全 国	**60522.14**	**1599.89**	**359.49**	**69.86**	**42390.29**	**446.93**	**14.04**	**5122.19**	**2305.69**	**197.72**
北 京	3938.58	42.05			66.91	5.34		113.10	44.48	16.19
天 津	1318.66	12.13	26.12	0.44	555.64			55.05	14.54	4.35
河 北	1153.64	0.49	1.92		1409.08	0.34		17.17	6.03	
山 西	712.01				764.35	2.47		0.27		0.32
内蒙古	431.26	0.62			536.12	2.43				
辽 宁	973.86	44.79	83.94	0.85	937.01	1.74	0.09	163.35	81.22	3.20
吉 林	473.67	2.45		0.04	342.47	0.25		30.59	22.04	1.84
黑龙江	389.00	23.69	1.65	0.05	286.99	0.17		34.63	5.06	
上 海	2596.74	37.11			1139.01	76.07		429.83	240.97	11.14
江 苏	4730.57	305.78	59.75	44.83	6575.97	37.88	0.84	1131.61	713.83	10.64
浙 江	6636.12	70.63	24.13		5604.42	50.68		347.38	130.95	
安 徽	3660.25	24.84	12.38	16.06	1077.08	33.16		76.58	39.34	
福 建	1682.60	57.33			2087.75	4.54		213.90	88.02	4.37
江 西	1276.66	28.02	4.36	0.01	1253.41	24.57		120.24	18.02	
山 东	4903.58	131.90	16.67	0.02	2970.57	45.36	13.01	452.53	272.18	3.13
河 南	2375.63	47.72	8.37	0.16	2080.24	6.18		23.64	0.64	4.82
湖 北	2938.52	107.92	34.99	0.08	1543.32	27.95		110.69	53.46	0.69
湖 南	1456.35	19.55	4.03	5.10	1629.18	7.21		71.15	29.01	2.95
广 东	7649.52	366.62	51.94	0.14	3853.65	27.21		1161.97	356.04	123.47
广 西	1583.58	1.22			811.89	0.83		67.76	16.52	
海 南	854.68	7.52	0.07		179.71	5.83	0.10	101.23	22.81	3.77
重 庆	697.78	92.58	7.73		1452.99	17.04		154.34	45.58	3.36
四 川	3614.27	87.69	8.37	0.11	1684.36	15.54		94.42	29.32	3.46
贵 州	816.59	16.35	0.07		623.13	3.92		16.87	14.04	
云 南	1463.06	30.95	2.28	1.88	794.64	31.47		37.94	8.64	
西 藏	11.18		0.09		22.46					
陕 西	1227.15	4.85	5.57		898.46	2.68		43.31	0.67	
甘 肃	334.51	23.54	1.57		496.15	2.76				
青 海	117.35	6.43	1.96		85.73					
宁 夏	229.50	1.14			202.31	12.54		40.48	40.14	
新 疆	275.27	3.97	1.50	0.08	425.30	0.78		12.14	12.14	

7-9-10 续表 2

单位：亿元

地 区				外商投资					
	独 资	股份有限公 司	其 他		合资经营	合作经营	独 资	股份有限公 司	其 他
全 国	**2351.89**	**118.86**	**148.02**	**2766.82**	**1127.48**	**126.37**	**1438.68**	**22.17**	**52.12**
北 京	52.43			59.71	22.88	7.68	29.16		
天 津	36.01		0.14	41.87	1.01		28.10	4.69	8.06
河 北	10.97	0.17		9.19	0.06	8.10	1.03		
山 西	-0.05			5.99	0.07		5.91		
内蒙古				5.31			5.31		
辽 宁	76.75	2.18		89.05	35.19		53.86		
吉 林	6.71			10.08			10.08		
黑龙江	29.58			1.89	1.63		0.26		
上 海	140.11	1.54	36.06	240.87	66.16	24.43	149.67		0.60
江 苏	328.54	15.78	62.82	549.65	292.97	17.22	230.64	0.30	8.52
浙 江	192.92	23.52		275.96	179.64		96.32		
安 徽	23.15		14.08	15.70	6.28		9.42		
福 建	87.05	34.46		281.23	60.37		220.84	0.01	
江 西	70.65	0.05	31.52	20.45	3.97		14.99		1.49
山 东	176.60	0.61	0.01	124.91	98.23	1.49	25.18	0.01	
河 南	18.19			7.84	3.69		4.15		
湖 北	56.54			113.57	21.14		67.22		25.21
湖 南	39.19			34.41	25.40	1.82	6.88	0.31	
广 东	660.28	18.85	3.33	546.14	244.46	36.28	244.13	15.81	5.46
广 西	51.24			81.56	27.15		54.41		
海 南	58.37	16.28		12.60	0.13	12.40	0.07		
重 庆	99.93	5.42	0.06	43.18	15.57	0.35	23.44	1.03	2.78
四 川	61.63			70.43	2.26	15.83	52.34		
贵 州	2.83			3.38	2.63	0.76			
云 南	29.30			30.67	12.49		18.19		
西 藏									
陕 西	42.65			88.81	2.96		85.85		
甘 肃				1.24	1.10		0.14		
青 海				0.05	0.05				
宁 夏	0.34			1.07			1.07		
新 疆									

7-9-11 按资质等级分的房地产开发企业主营业务收入(2022年)

单位：亿元

地 区	总 计	一 级	二 级	三 级	四 级	暂 定	其 他
全 国	**123051.98**	**5012.76**	**23840.08**	**12301.68**	**9803.67**	**57921.68**	**14172.11**
北 京	4378.03	182.32	1164.89	100.63	867.98	1898.79	163.42
天 津	2296.02	11.76	445.82	65.78	1159.90	433.75	179.01
河 北	2676.52	194.47	642.74	332.95	443.83	965.89	96.63
山 西	1673.64	58.30	430.23	116.66	631.02	428.03	9.41
内蒙古	1009.75	41.04	203.87	106.45	408.49	144.85	105.04
辽 宁	2366.59	57.84	471.27	354.20	5.91	910.79	566.57
吉 林	894.90	10.82	110.05	93.68	67.35	603.34	9.66
黑龙江	772.15	8.55	118.16	325.23	17.26	208.57	94.39
上 海	5321.47	82.17	690.29	369.34	0.16	3757.57	421.95
江 苏	14807.06	460.49	3872.17	149.89	0.88	8979.78	1343.86
浙 江	13677.91	445.43	1081.00	1145.37	417.66	6941.73	3646.72
安 徽	5342.51	220.07	941.17	462.53	75.98	3170.00	472.77
福 建	4773.34	397.98	674.50	490.44	135.97	2676.63	397.82
江 西	2947.73	28.06	360.98	286.81	159.45	1865.97	246.47
山 东	9592.92	723.17	2061.86	902.42	667.63	4212.82	1025.02
河 南	4713.20	197.15	903.67	284.35	92.17	2615.83	620.03
湖 北	5280.42	377.20	844.54	313.68	318.68	3012.27	414.05
湖 南	3397.10	109.79	513.59	492.39	718.35	1448.24	114.74
广 东	14847.98	513.12	2060.82	1416.71	1866.11	6185.89	2805.33
广 西	2697.97	110.57	476.96	298.85	80.10	1682.88	48.61
海 南	1245.08	39.38	190.40	153.64	111.81	601.39	148.47
重 庆	2839.48	224.04	1268.16	153.97	2.58	1103.14	87.59
四 川	6166.84	185.52	1827.97	3071.80	3.85	775.64	302.06
贵 州	1609.00	17.68	365.33	254.79	97.92	841.29	32.00
云 南	2515.11	48.35	559.57	71.82	538.94	949.45	346.97
西 藏	117.83	0.11	87.68	9.03	12.05	8.54	0.43
陕 西	2602.03	83.54	611.85	209.35	554.03	712.22	431.05
甘 肃	943.44	45.76	246.26	146.67	193.13	310.39	1.23
青 海	224.55	13.25	92.99	23.10	15.82	65.25	14.15
宁 夏	541.61	80.42	376.75	19.36	19.16	44.19	1.74
新 疆	779.77	44.42	144.54	79.78	119.52	366.58	24.93

7-9-12 房地产开发企业土地开发及购置

年份 地区	待开发土地面积 (万平方米)	本年土地购置面积 (万平方米)	土地成交价款 (亿元)
2000	14754.77	16905.24	
2001	14582.13	23408.99	
2002	19178.65	31356.78	
2003	21782.58	35696.48	
2004	39635.30	39784.66	2888.57
2005	27522.00	38253.73	3269.32
2006	37523.65	36573.57	3318.04
2007	41483.97	40245.85	4573.18
2008	48161.07	39353.43	4831.68
2009	32816.54	31909.45	5150.14
2010	31457.95	39953.10	8206.71
2011	40220.76	44327.44	8894.03
2012	40195.99	35666.80	7409.64
2013	42280.47	38814.38	9918.29
2014	42136.28	33383.03	10019.88
2015	36638.48	22810.79	7621.61
2016	35121.01	22025.25	9129.31
2017	35747.29	25508.29	13643.39
2018	45804.02	29320.65	16154.08
2019	48976.94	25822.29	14709.28
2020	43514.51	25536.28	17268.83
2021	47490.09	21589.86	17756.28
2022	49827.72	10041.73	9163.79
北京	615.25	188.82	853.51
天津	644.35	182.88	125.32
河北	2256.29	224.46	85.43
山西	876.46	228.10	85.11
内蒙古	784.72	97.64	12.34
辽宁	1629.80	320.09	91.57
吉林	704.88	245.36	54.31
黑龙江	245.29	107.74	15.50
上海	247.63	148.02	840.24
江苏	4038.82	691.76	773.11
浙江	1083.54	972.32	1714.21
安徽	2951.08	1420.31	778.43
福建	853.03	299.08	473.92
江西	1229.05	252.33	117.64
山东	4587.41	872.10	440.49
河南	2582.09	234.24	129.82
湖北	2361.86	299.90	269.21
湖南	2433.19	297.11	134.76
广东	4740.14	738.18	1353.54
广西	1588.33	263.06	84.29
海南	386.88	60.76	38.34
重庆	2241.46	256.74	185.55
四川	2434.85	288.32	221.10
贵州	1815.77	136.31	25.07
云南	2408.15	207.46	50.48
西藏	156.17	5.85	0.64
陕西	917.53	112.89	72.84
甘肃	454.33	91.26	15.88
青海	159.95	77.49	22.26
宁夏	618.86	142.85	49.99
新疆	1780.58	578.29	48.89

7-9-13 按资质等级分房地产开发企业土地购置面积(2022年)

单位：万平方米

地 区	总 计	一 级	二 级	三 级	四 级	暂 定	其 他
全 国	**10041.73**	**261.90**	**5004.82**	**450.95**	**298.97**	**1971.17**	**2053.92**
北 京	188.82	4.72	157.91	2.07		4.87	19.24
天 津	182.88	33.08	78.24			1.33	70.23
河 北	224.46		142.07	14.44	21.53	43.96	2.46
山 西	228.10		90.07	25.90	34.24	46.69	31.21
内蒙古	97.64		40.86	1.08	16.15	11.89	27.66
辽 宁	320.09		221.79	19.00	1.90	21.28	56.12
吉 林	245.36		51.13	24.52	10.69	130.22	28.79
黑龙江	107.74		69.58	17.25	3.63	12.37	4.91
上 海	148.02		47.69			78.22	22.11
江 苏	691.76	79.54	341.80	29.48		135.92	105.03
浙 江	972.32	1.05	382.39	39.97	2.56	129.01	417.34
安 徽	1420.31	25.61	703.07	52.65	9.16	316.98	312.84
福 建	299.08	6.32	216.20	10.81		40.20	25.56
江 西	252.33	4.97	165.26	5.15		20.55	56.41
山 东	872.10	17.98	380.56	41.84	69.15	187.67	174.90
河 南	234.24	2.47	118.09		1.01	72.30	40.36
湖 北	299.90	0.94	137.37	3.36	23.93	99.03	35.28
湖 南	297.11		159.82	28.31	16.61	39.79	52.58
广 东	738.18	17.36	257.15	10.61	11.38	119.43	322.25
广 西	263.06	34.60	146.44	13.09	2.92	61.21	4.80
海 南	60.76		13.78			15.41	31.57
重 庆	256.74	1.54	188.83	11.74		47.20	7.43
四 川	288.32	9.63	238.40	22.52		11.18	6.60
贵 州	136.31	6.97	69.78	12.04		16.75	30.78
云 南	207.46		86.10	4.05	28.11	49.68	39.52
西 藏	5.85		1.00				4.85
陕 西	112.89		49.78	20.35	4.85	12.61	25.30
甘 肃	91.26		49.39		9.94	22.27	9.66
青 海	77.49		21.16	2.81	1.88	51.64	
宁 夏	142.85	6.84	97.03	13.33	2.46	19.03	4.16
新 疆	578.29	8.27	282.06	24.61	26.88	152.49	83.99

7-9-14 房地产开发企业房屋建筑面积和造价

年份 地区	房屋施工面积(万平方米)	房屋竣工面积(万平方米)	房屋竣工价值(亿元)	房屋竣工造价(元/平方米)
2000	65896.92	25104.86	2859.35	1139
2001	79411.68	29867.36	3369.45	1128
2002	94104.01	34975.75	4141.69	1184
2003	117525.99	41464.06	5279.95	1273
2004	140451.39	42464.87	5952.48	1402
2005	166053.26	53417.04	7752.24	1451
2006	194786.42	55830.92	8729.35	1564
2007	236318.24	60606.68	10039.89	1657
2008	283266.18	66544.77	11947.57	1795
2009	320368.16	72677.43	14689.37	2021
2010	405356.40	78743.88	17542.73	2228
2011	506775.48	92619.94	21975.91	2373
2012	573417.52	99424.96	24836.62	2498
2013	665571.89	101434.99	26805.38	2643
2014	726482.34	107459.05	30261.99	2816
2015	735693.37	100039.10	30552.38	3054
2016	758974.80	106127.71	32252.13	3039
2017	781483.73	101486.41	31512.46	3105
2018	822299.56	94421.15	30309.07	3210
2019	893820.89	95941.53	34045.90	3549
2020	926759.19	91218.23	34493.83	3781
2021	975386.51	101411.94	39458.15	3891
2022	904091.85	85857.30	35093.54	4087
北京	13333.15	1938.48	787.46	4062
天津	11085.10	1503.65	593.05	3944
河北	33651.79	2522.65	877.77	3480
山西	25350.51	2126.82	638.48	3002
内蒙古	15311.89	1100.98	325.08	2953
辽宁	22973.60	1946.07	688.16	3536
吉林	11579.54	724.10	257.04	3550
黑龙江	9968.32	731.66	227.06	3103
上海	16678.19	1676.40	1052.80	6280
江苏	62511.57	7892.16	3838.22	4863
浙江	55955.15	6130.27	3481.73	5680
安徽	40841.84	5945.19	2054.46	3456
福建	31669.64	4034.45	1672.91	4147
江西	22714.76	1462.76	414.33	2832
山东	75798.58	6686.02	2311.38	3457
河南	57196.64	6316.66	1653.11	2617
湖北	34919.29	3086.09	1205.08	3905
湖南	38367.00	3435.71	1228.68	3576
广东	88662.69	8161.12	4779.71	5857
广西	32203.25	2345.43	934.04	3982
海南	9057.16	750.94	385.70	5136
重庆	22646.90	2792.57	1332.65	4772
四川	51948.33	4073.40	1564.86	3842
贵州	26243.02	962.60	345.23	3586
云南	27403.46	2565.30	839.08	3271
西藏	697.56	35.79	12.98	3628
陕西	28711.61	1976.20	729.36	3691
甘肃	12268.44	917.80	293.84	3202
青海	3348.78	247.88	85.67	3456
宁夏	4918.44	627.13	184.14	2936
新疆	16075.67	1141.02	299.47	2625

7-9-15 房地产开发企业住宅建筑面积和造价

年份 地区	住宅施工面积(万平方米)	住宅竣工面积(万平方米)	住宅竣工价值(亿元)	住宅竣工造价(元/平方米)
2000	50498.25	20603.32	2173.60	1055
2001	61582.99	24625.40	2622.41	1065
2002	73208.65	28524.70	3190.99	1119
2003	91390.49	33374.61	4128.94	1222
2004	108196.54	34677.18	4688.36	1352
2005	129078.38	43682.85	6060.13	1387
2006	151742.72	45471.75	6717.23	1477
2007	186788.43	49831.35	7853.07	1576
2008	222891.80	54334.10	9295.26	1711
2009	251328.78	59628.71	11500.24	1929
2010	314760.12	63443.10	13527.53	2132
2011	387705.98	74319.05	16947.74	2280
2012	428964.05	79043.20	19147.45	2422
2013	486347.33	78740.62	20039.42	2545
2014	515096.45	80868.26	22079.17	2730
2015	511569.52	73777.36	21569.13	2924
2016	521310.22	77185.19	22827.22	2957
2017	536443.96	71815.12	21402.64	2980
2018	569879.39	66556.68	20764.09	3120
2019	627673.42	68011.11	23579.22	3467
2020	655557.72	65910.03	25119.36	3811
2021	690319.37	73016.20	28992.69	3971
2022	639067.29	62262.50	26182.30	4205
北京	6713.60	1096.22	460.56	4201
天津	7733.55	1086.13	438.09	4034
河北	26140.77	1901.95	673.66	3542
山西	19068.62	1636.59	510.03	3116
内蒙古	10988.27	838.16	259.19	3092
辽宁	17043.82	1567.01	562.61	3590
吉林	8172.35	516.97	194.48	3762
黑龙江	7299.76	552.86	155.48	2812
上海	7759.31	934.69	575.77	6160
江苏	46154.98	5901.62	3105.83	5263
浙江	34773.39	4064.23	2583.27	6356
安徽	30610.18	4315.37	1524.37	3532
福建	21354.02	2824.08	1257.45	4453
江西	17604.24	1114.71	314.78	2824
山东	55318.78	4909.83	1775.65	3617
河南	44775.13	5131.92	1332.21	2596
湖北	26062.48	2367.54	929.63	3927
湖南	28938.12	2572.89	871.75	3388
广东	59483.86	5641.97	3356.40	5949
广西	23818.31	1847.65	753.94	4081
海南	5997.67	600.63	312.29	5199
重庆	14984.24	1914.99	1049.78	5482
四川	34591.64	2735.31	1128.30	4125
贵州	18361.96	684.21	244.73	3577
云南	18509.16	1758.45	589.94	3355
西藏	483.08	24.58	9.08	3695
陕西	20656.45	1545.82	576.76	3731
甘肃	8953.59	727.86	226.17	3107
青海	2377.54	186.92	66.26	3545
宁夏	3402.57	483.13	143.43	2969
新疆	10935.84	778.19	200.41	2575

7-9-16 按用途分房地产开发企业房屋施工面积

单位：万平方米

年份 地区	房屋 施工面积	住宅	办公楼	商业营业用房	其他
2000	65896.92	50498.25	4058.51	7825.67	3514.48
2001	79411.68	61582.99	4120.00	9573.81	4134.88
2002	94104.01	73208.65	4392.30	11501.45	5001.61
2003	117525.99	91390.49	5088.41	14708.90	6338.19
2004	140451.39	108196.54	5982.43	18293.23	7979.20
2005	166053.26	129078.38	6618.80	20926.59	9429.49
2006	194786.42	151742.72	7395.39	23712.76	11935.55
2007	236318.24	186788.43	8321.51	25941.12	15267.18
2008	283266.18	222891.80	9582.06	30465.05	20329.71
2009	320368.16	251328.78	9996.19	34543.72	24499.46
2010	405356.40	314760.12	12144.40	44631.92	33819.96
2011	506775.48	387705.98	15991.01	55949.59	47128.90
2012	573417.52	428964.05	19434.17	65813.91	59205.39
2013	665571.89	486347.33	24577.41	80626.76	74020.40
2014	726482.34	515096.45	29927.54	94320.05	87138.30
2015	735693.37	511569.52	33044.37	100111.38	90968.10
2016	758974.80	521310.22	35029.37	104571.86	98063.36
2017	781483.73	536443.96	36014.62	105232.50	103792.65
2018	822299.56	569879.39	35839.17	102539.37	114041.63
2019	893820.89	627673.42	37251.82	100389.49	128506.16
2020	926759.19	655557.72	37083.58	93197.68	140920.20
2021	975386.51	690319.37	37729.60	90676.74	156660.79
2022	904091.85	639067.29	34900.42	79817.92	150306.23
北京	13333.15	6713.60	1307.26	832.96	4479.32
天津	11085.10	7733.55	403.38	1039.69	1908.47
河北	33651.79	26140.77	615.79	2150.56	4744.66
山西	25350.51	19068.62	526.99	1836.01	3918.88
内蒙古	15311.89	10988.27	178.85	1912.08	2232.69
辽宁	22973.60	17043.82	480.30	2699.28	2750.20
吉林	11579.54	8172.35	553.16	1373.15	1480.88
黑龙江	9968.32	7299.76	202.31	1308.49	1157.76
上海	16678.19	7759.31	2494.76	1698.50	4725.62
江苏	62511.57	46154.98	2223.62	4822.00	9310.97
浙江	55955.15	34773.39	2805.55	4450.93	13925.28
安徽	40841.84	30610.18	1046.85	3544.15	5640.67
福建	31669.64	21354.02	1372.26	2376.20	6567.16
江西	22714.76	17604.24	493.30	2364.30	2252.91
山东	75798.58	55318.78	2811.00	5824.48	11844.32
河南	57196.64	44775.13	1688.61	4254.67	6478.23
湖北	34919.29	26062.48	1635.23	2744.33	4477.26
湖南	38367.00	28938.12	802.36	3812.77	4813.75
广东	88662.69	59483.86	5751.13	7185.81	16241.89
广西	32203.25	23818.31	710.21	2473.50	5201.23
海南	9057.16	5997.67	528.75	1150.50	1380.25
重庆	22646.90	14984.24	538.01	2432.86	4691.78
四川	51948.33	34591.64	2037.56	4538.37	10780.76
贵州	26243.02	18361.96	507.01	2958.34	4415.71
云南	27403.46	18509.16	919.11	2706.77	5268.41
西藏	697.56	483.08	29.17	88.30	97.01
陕西	28711.61	20656.45	1358.33	2477.13	4219.70
甘肃	12268.44	8953.59	262.88	1027.12	2024.86
青海	3348.78	2377.54	81.38	387.10	502.76
宁夏	4918.44	3402.57	114.83	591.41	809.63
新疆	16075.67	10935.84	420.44	2756.17	1963.22

7-9-17 按用途分房地产开发企业房屋新开工面积

单位：万平方米

年份 地区	本年房屋新开工面积	住宅	办公楼	商业营业用房	其他
2000	29582.64	24401.15	898.81	3034.77	1247.91
2001	37394.18	30532.72	1072.98	4105.40	1683.08
2002	42800.52	34719.35	1254.24	4926.48	1900.45
2003	54707.53	43853.88	1466.89	6706.80	2679.96
2004	60413.86	47949.01	1704.19	7790.81	2969.85
2005	68064.44	55185.07	1671.10	7675.47	3532.79
2006	79252.83	64403.80	2134.94	8473.23	4240.86
2007	95401.53	78795.51	2141.44	9093.89	5370.70
2008	102553.37	83642.12	2471.95	10040.69	6398.62
2009	116422.05	93298.41	2860.76	12415.03	7847.84
2010	163646.87	129359.31	3668.07	17472.58	13146.91
2011	191236.87	147163.11	5399.20	20730.78	17943.77
2012	177333.62	130695.42	5986.46	22006.85	18644.89
2013	201207.84	145844.80	6887.24	25902.00	22573.80
2014	179592.49	124877.00	7349.10	25047.73	22318.66
2015	154453.68	106651.30	6569.12	22530.29	18702.96
2016	166928.13	115910.60	6415.29	22316.63	22285.61
2017	178653.77	128097.78	6139.66	20483.93	23932.41
2018	209537.16	153485.36	6101.51	19995.39	29954.91
2019	227153.58	167463.43	7083.59	18936.28	33670.29
2020	224433.13	164328.53	6603.71	18012.32	35488.57
2021	198895.05	146378.56	5223.89	14105.53	33187.08
2022	120107.43	87748.71	3176.10	8155.03	21027.59
北　京	1774.41	978.36	64.47	71.80	659.78
天　津	667.20	501.12	11.88	38.32	115.88
河　北	5395.28	4300.12	64.13	263.44	767.59
山　西	3453.91	2734.91	29.58	170.40	519.03
内蒙古	1629.07	1137.06	23.09	149.59	319.34
辽　宁	2378.60	1799.40	50.70	189.30	339.20
吉　林	869.50	699.99	16.90	55.26	97.35
黑龙江	991.14	800.38	2.52	89.27	98.97
上　海	2939.74	1602.02	314.01	162.29	861.43
江　苏	9907.30	7298.02	292.45	659.10	1657.72
浙　江	7988.56	4988.31	332.52	569.00	2098.73
安　徽	6843.01	5237.57	89.05	430.36	1086.04
福　建	4133.58	2815.33	127.79	219.93	970.53
江　西	3629.35	2946.66	30.61	259.84	392.23
山　东	10520.58	7765.74	307.80	644.91	1802.12
河　南	8525.14	7029.62	128.07	519.94	847.51
湖　北	4269.46	3163.14	176.46	335.55	594.32
湖　南	5522.54	4545.30	53.50	385.55	538.19
广　东	8535.40	5688.99	465.10	601.35	1779.96
广　西	3033.98	2347.79	28.87	174.34	482.97
海　南	1058.04	737.71	54.71	106.35	159.27
重　庆	2222.44	1537.53	35.07	166.46	483.38
四　川	8329.75	5838.46	147.10	586.61	1757.58
贵　州	2155.41	1584.65	44.28	144.84	381.64
云　南	2922.93	2076.48	48.57	229.88	567.99
西　藏	80.60	55.96	0.75	11.92	11.97
陕　西	4413.39	3075.58	191.16	279.76	866.89
甘　肃	2105.32	1660.79	5.09	119.60	319.83
青　海	422.52	310.68	14.54	42.02	55.29
宁　夏	766.18	598.19	11.35	44.40	112.24
新　疆	2623.10	1892.86	13.97	433.64	282.62

7-9-18 按用途分房地产开发企业房屋竣工面积

单位：万平方米

年份 地区	本年房屋竣工面积	住宅	办公楼	商业营业用房	其他
2000	25104.86	20603.32	952.01	2561.97	987.57
2001	29867.36	24625.40	974.03	3111.66	1156.27
2002	34975.75	28524.70	1013.65	3939.75	1497.65
2003	41464.06	33774.61	1077.14	4825.06	1787.25
2004	42464.87	34677.18	1034.60	4945.95	1807.14
2005	53417.04	43682.85	1416.70	5888.03	2429.46
2006	55830.92	45471.75	1393.71	6285.75	2679.72
2007	60606.68	49831.35	1545.02	6096.49	3133.82
2008	66544.77	54334.10	1824.64	6410.65	3975.38
2009	72677.43	59628.71	1652.55	6823.72	4572.46
2010	78743.88	63443.10	1815.85	8282.63	5202.30
2011	92619.94	74319.05	2266.79	9472.65	6561.45
2012	99424.96	79043.20	2315.36	10226.45	7839.94
2013	101434.99	78740.62	2789.40	10852.42	9052.56
2014	107459.05	80868.26	3144.18	12084.08	11362.54
2015	100039.10	73777.36	3419.49	12026.67	10815.59
2016	106127.71	77185.19	3629.27	12518.08	12795.18
2017	101486.41	71815.12	4006.54	12670.26	12994.49
2018	94421.15	66556.68	3928.18	11335.09	12601.20
2019	95941.53	68011.11	3923.39	10814.18	13192.86
2020	91218.23	65910.03	3041.59	8620.62	13645.98
2021	101411.94	73016.20	3375.76	8717.91	16302.07
2022	85857.30	62262.50	2607.42	6755.45	14231.92
北京	1938.48	1096.22	177.79	106.66	557.82
天津	1503.65	1086.13	24.14	86.01	307.37
河北	2522.65	1901.95	61.63	209.49	349.58
山西	2126.82	1636.59	29.79	141.06	319.39
内蒙古	1100.98	838.16	14.25	95.28	153.28
辽宁	1946.07	1567.01	16.28	167.03	195.74
吉林	724.10	516.97	17.48	106.05	83.60
黑龙江	731.66	552.86	17.45	93.41	67.94
上海	1676.40	934.69	197.82	153.26	390.64
江苏	7892.16	5901.62	281.74	618.70	1090.10
浙江	6130.27	4064.23	190.51	370.77	1504.76
安徽	5945.19	4315.37	225.67	404.91	999.23
福建	4034.45	2824.08	120.10	228.59	861.67
江西	1462.76	1114.71	27.10	160.48	160.47
山东	6686.02	4909.83	162.58	540.32	1073.28
河南	6316.66	5131.92	105.98	443.18	635.57
湖北	3086.09	2367.54	69.14	247.05	402.36
湖南	3435.71	2572.89	106.99	328.67	427.16
广东	8161.12	5641.97	378.22	668.40	1472.54
广西	2345.43	1847.65	86.55	124.72	286.51
海南	750.94	600.63	32.71	36.68	80.91
重庆	2792.57	1914.99	44.09	238.55	594.93
四川	4073.40	2735.31	75.55	381.80	880.74
贵州	962.60	684.21	24.41	114.49	139.49
云南	2565.30	1758.45	68.01	208.60	530.24
西藏	35.79	24.58	0.50	4.47	6.24
陕西	1976.20	1545.82	15.59	154.21	260.58
甘肃	917.80	727.86	18.25	51.81	119.89
青海	247.88	186.92	0.77	26.81	33.39
宁夏	627.13	483.13	3.56	37.59	102.85
新疆	1141.02	778.19	12.78	206.38	143.66

7-9-19 按用途分房地产开发企业房屋竣工价值

单位：亿元

年份 地区	房屋 竣工价值	住宅	办公楼	商业营业用房	其他
2000	2859.35	2173.60	188.75	343.56	153.43
2001	3369.45	2622.41	179.47	397.29	170.28
2002	4141.69	3190.99	182.11	542.18	226.42
2003	5279.95	4128.94	217.98	670.79	262.24
2004	5952.48	4688.37	233.41	744.32	286.38
2005	7752.24	6060.13	333.07	944.22	414.81
2006	8729.35	6717.23	381.28	1152.33	478.51
2007	10039.89	7853.07	411.75	1199.65	575.43
2008	11947.57	9295.26	499.63	1365.19	787.49
2009	14689.37	11500.24	523.32	1669.02	996.79
2010	17542.73	13527.53	603.91	2243.35	1167.95
2011	21975.91	16947.74	831.90	2617.65	1578.63
2012	24836.62	19147.45	855.46	2899.27	1934.44
2013	26805.38	20039.42	1095.72	3275.66	2394.58
2014	30261.99	22079.17	1187.41	3927.74	3067.67
2015	30552.38	21569.13	1554.10	4414.16	3014.98
2016	32252.13	22827.22	1463.76	4336.63	3624.53
2017	31512.46	21402.64	1866.01	4502.72	3741.08
2018	30309.07	20764.09	1826.17	4142.51	3576.31
2019	34045.90	23579.22	2106.12	4380.68	3979.88
2020	34493.83	25119.36	1587.87	3616.76	4169.84
2021	39458.15	28992.69	1838.77	3603.89	5022.81
2022	35093.54	26182.30	1500.80	3045.77	4364.66
北　京	787.46	460.56	81.69	46.63	198.58
天　津	593.05	438.09	12.22	55.40	87.33
河　北	877.77	673.66	34.23	77.69	92.19
山　西	638.48	510.03	9.60	51.74	67.11
内蒙古	325.08	259.19	6.19	25.54	34.16
辽　宁	688.16	562.61	5.06	68.91	51.59
吉　林	257.04	194.48	4.01	34.78	23.77
黑龙江	227.06	155.48	14.78	28.83	27.97
上　海	1052.80	575.77	196.57	108.82	171.64
江　苏	3838.22	3105.83	146.40	265.29	320.70
浙　江	3481.73	2583.27	105.46	238.34	554.67
安　徽	2054.46	1524.37	81.91	175.65	272.53
福　建	1672.91	1257.45	38.13	104.66	272.68
江　西	414.33	314.78	8.07	50.64	40.83
山　东	2311.38	1775.65	60.39	192.99	282.36
河　南	1653.11	1332.21	36.12	115.57	169.21
湖　北	1205.08	929.63	50.65	118.05	106.75
湖　南	1228.68	871.75	78.19	155.93	122.82
广　东	4779.71	3356.40	371.95	484.53	566.83
广　西	934.04	753.94	46.01	56.28	77.82
海　南	385.70	312.29	7.44	22.40	43.57
重　庆	1332.65	1049.78	21.07	108.74	153.06
四　川	1564.86	1128.30	33.36	157.72	245.48
贵　州	345.23	244.73	6.10	61.44	32.96
云　南	839.08	589.94	23.49	70.20	155.45
西　藏	12.98	9.08	0.65	1.68	1.57
陕　西	729.36	576.76	6.00	59.79	86.81
甘　肃	293.84	226.17	9.40	22.13	36.14
青　海	85.67	66.26	0.08	9.21	10.11
宁　夏	184.14	143.43	1.39	12.27	27.04
新　疆	299.47	200.41	4.20	63.92	30.94

7-9-20 房地产开发企业商品房销售情况

年份 地区	商品房销售面积 （万平方米）	#住宅	商品房销售额 （亿元）	#住宅
2000	18637.13	16570.28	3935.44	3228.60
2001	22411.90	19938.75	4862.75	4021.15
2002	26808.29	23702.31	6032.34	4957.85
2003	33717.63	29778.85	7955.66	6543.45
2004	38231.64	33819.89	10375.71	8619.37
2005	55486.22	49587.83	17576.13	14563.76
2006	61857.07	55422.95	20825.96	17287.81
2007	77354.72	70135.88	29889.12	25565.81
2008	65969.83	59280.35	25068.18	21196.00
2009	94755.00	86184.89	44355.17	38432.90
2010	104482.76	93180.59	52572.11	44099.67
2011	108662.07	95973.60	58302.60	48085.64
2012	110074.67	97433.13	64020.59	53227.49
2013	128347.07	113808.43	80531.21	67076.20
2014	118336.00	103218.58	75377.21	61809.86
2015	125475.76	109798.66	86010.17	71835.88
2016	152578.53	133398.85	115425.65	97348.59
2017	163427.03	139713.12	130874.14	108095.47
2018	164947.34	142185.13	146129.88	123617.80
2019	164531.42	144040.23	155801.67	136180.74
2020	168560.41	148315.87	169069.01	150673.23
2021	171414.60	149602.34	176945.57	158428.03
2022	129766.39	109564.45	129655.57	113669.68
北　京	1039.98	741.93	3976.92	3545.26
天　津	973.77	895.54	1516.37	1421.55
河　北	4615.74	4317.51	3702.12	3488.78
山　西	2256.71	2152.16	1514.98	1418.42
内蒙古	1380.53	1289.04	868.02	808.70
辽　宁	2182.47	1983.20	1814.74	1659.71
吉　林	1001.14	905.36	696.27	631.05
黑龙江	925.51	839.55	569.37	506.69
上　海	1852.88	1561.51	7467.53	6937.77
江　苏	12115.15	10165.13	14811.63	13176.99
浙　江	6815.33	5466.95	12660.14	11061.36
安　徽	6756.92	5872.99	5160.32	4691.16
福　建	5452.22	3906.05	5872.42	4761.00
江　西	6702.65	5663.06	4905.16	4138.59
山　东	11685.56	9821.68	9807.70	8481.28
河　南	9259.98	8576.27	5679.32	5208.23
湖　北	6083.53	5426.66	5203.35	4625.53
湖　南	6652.58	5979.51	4238.70	3748.23
广　东	10591.11	8568.72	15870.47	13428.51
广　西	4192.78	3176.13	2294.60	1831.74
海　南	643.99	530.50	1098.02	924.86
重　庆	4142.92	2723.02	2954.87	2321.69
四　川	9321.37	7315.51	7599.51	6488.27
贵　州	2908.17	2614.67	1686.45	1501.93
云　南	2938.37	2469.58	1999.37	1736.07
西　藏	59.59	53.52	50.72	43.66
陕　西	3308.72	2954.14	3270.48	2958.75
甘　肃	1470.42	1388.16	835.48	780.54
青　海	204.42	177.76	144.99	127.73
宁　夏	715.60	650.74	502.07	450.95
新　疆	1516.24	1377.89	883.49	764.68

7-9-21 房地产开发企业成套住宅竣工与销售情况

单位：套

年 份 地 区	住宅竣工套数 合 计	住宅销售套数 合 计
2000	2139702	
2001	2414392	
2002	2629616	
2003	3021134	
2004	4042219	
2005	3682523	4235372
2006	4005305	5049094
2007	4401203	6251263
2008	4939189	5565827
2009	5548897	8040470
2010	6019767	8757840
2011	7219163	9053368
2012	7642379	9334017
2013	7493133	10855462
2014	7659418	9911037
2015	7050109	10340955
2016	7455409	12419487
2017	6770598	12901534
2018	6229216	12811223
2019	6452838	12734356
2020	5976595	13036452
2021	6468266	13156175
2022	6502402	9597561
北 京	108978	67160
天 津	97353	84728
河 北	168330	378643
山 西	137528	187048
内蒙古	68728	106660
辽 宁	147966	190692
吉 林	49426	87388
黑龙江	59497	83735
上 海	299847	155726
江 苏	476689	859761
浙 江	337133	463337
安 徽	464655	523163
福 建	256447	362727
江 西	93456	474845
山 东	392006	794187
河 南	426226	738413
湖 北	278332	480140
湖 南	202436	494600
广 东	1202867	789720
广 西	161039	279231
海 南	108732	50156
重 庆	188346	261624
四 川	265300	706761
贵 州	60075	224019
云 南	142741	200218
西 藏	2553	4137
陕 西	128045	248594
甘 肃	58920	117834
青 海	17308	15747
宁 夏	38981	50494
新 疆	62462	116073

7-9-22 按用途分房地产开发企业商品房销售面积

单位：万平方米

年 份 地 区	商品房销售面积	住 宅	办公楼	商业营业用房	其 他
2000	18637.13	16570.28	436.98	1399.31	230.56
2001	22411.90	19938.75	502.57	1696.15	274.44
2002	26808.29	23702.31	538.92	2218.58	348.47
2003	33717.63	29778.85	630.49	2833.10	475.19
2004	38231.64	33819.89	692.84	3100.29	618.62
2005	55486.22	49587.83	1096.23	4081.38	720.78
2006	61857.07	55422.95	1231.04	4337.79	865.29
2007	77354.72	70135.88	1465.23	4644.61	1109.01
2008	65969.83	59280.35	1157.05	4206.06	1326.37
2009	94755.00	86184.89	1544.43	5328.03	1697.65
2010	104482.76	93180.59	1889.97	6936.95	2475.25
2011	108662.07	95973.60	2004.97	7762.97	2920.53
2012	110074.67	97433.13	2253.65	7619.63	2768.26
2013	128347.07	113808.43	2883.35	8267.71	3387.58
2014	118336.00	103218.58	2505.45	8840.33	3771.64
2015	125475.76	109798.66	2912.59	8973.77	3790.74
2016	152578.53	133398.85	3798.23	10410.45	4971.00
2017	163427.03	139713.12	4697.13	12297.79	6719.00
2018	164947.34	142185.13	4299.63	11398.64	7063.94
2019	164531.42	144040.23	3654.97	9687.60	7148.62
2020	168560.41	148315.87	3267.53	8828.94	8148.08
2021	171414.60	149602.34	3300.52	8580.39	9931.34
2022	129766.39	109564.45	3191.81	7815.75	9194.38
北 京	1039.98	741.93	74.76	64.46	158.83
天 津	973.77	895.54	14.66	47.46	16.12
河 北	4615.74	4317.51	43.03	155.43	99.77
山 西	2256.71	2152.16	14.53	64.38	25.64
内蒙古	1380.53	1289.04	6.41	57.27	27.81
辽 宁	2182.47	1983.20	17.42	139.47	42.38
吉 林	1001.14	905.36	13.88	41.59	40.32
黑龙江	925.51	839.55	7.08	58.87	20.02
上 海	1852.88	1561.51	75.33	44.17	171.88
江 苏	12115.15	10165.13	312.45	779.64	857.93
浙 江	6815.33	5466.95	381.47	482.35	484.55
安 徽	6756.92	5872.99	89.00	328.26	466.68
福 建	5452.22	3906.05	206.06	368.97	971.14
江 西	6702.65	5663.06	184.62	616.70	238.27
山 东	11685.56	9821.68	379.61	693.99	790.28
河 南	9259.98	8576.27	76.63	456.47	150.62
湖 北	6083.53	5426.66	128.67	313.22	214.98
湖 南	6652.58	5979.51	60.43	426.53	186.11
广 东	10591.11	8568.72	454.02	656.75	911.62
广 西	4192.78	3176.13	96.09	301.68	618.88
海 南	643.99	530.50	35.31	39.80	38.38
重 庆	4142.92	2723.02	102.83	336.28	980.80
四 川	9321.37	7315.51	212.61	610.98	1182.27
贵 州	2908.17	2614.67	35.42	162.52	95.56
云 南	2938.37	2469.58	52.37	207.65	208.78
西 藏	59.59	53.52	0.38	5.50	0.19
陕 西	3308.72	2954.14	78.54	130.39	145.66
甘 肃	1470.42	1388.16	10.62	48.22	23.42
青 海	204.42	177.76	2.90	8.83	14.94
宁 夏	715.60	650.74	10.50	51.02	3.33
新 疆	1516.24	1377.89	14.19	116.92	7.26

7-9-23 按用途分房地产开发企业商品房平均销售价格

单位：元/平方米

年份 地区	商品房平均销售价格	住宅	办公楼	商业营业用房	其他
2000	2112	1948	4751	3260	1864
2001	2170	2017	4588	3274	2033
2002	2250	2092	4336	3489	1919
2003	2359	2197	4196	3675	2241
2004	2778	2608	5744	3884	2235
2005	3168	2937	6923	5022	2829
2006	3367	3119	8053	5247	3131
2007	3864	3645	8667	5774	3351
2008	3800	3576	8378	5886	3219
2009	4681	4459	10608	6871	3671
2010	5032	4733	11406	7650	4081
2011	5365	5010	12327	8408	4171
2012	5816	5463	12306	8961	4306
2013	6274	5894	12997	9727	4916
2014	6370	5988	11826	9780	5193
2015	6855	6543	12914	9547	4868
2016	7565	7298	14376	9795	4869
2017	8008	7737	13620	10359	5419
2018	8859	8694	14471	10948	5395
2019	9469	9454	14431	11017	5139
2020	10030	10159	15264	10712	4849
2021	10323	10590	14060	10792	4649
2022	9991	10375	14003	9934	4081
北京	38240	47784	26366	14713	8796
天津	15572	15874	11979	13558	8010
河北	8021	8081	10156	8714	3428
山西	6713	6591	10675	10593	5012
内蒙古	6288	6274	7137	7407	4430
辽宁	8315	8369	8712	8910	3680
吉林	6955	6970	10603	9043	3202
黑龙江	6152	6035	8556	7818	5298
上海	40302	44430	40033	26028	6588
江苏	12226	12963	10961	11545	4570
浙江	18576	20233	16503	14064	6003
安徽	7637	7988	7526	8469	2661
福建	10771	12189	9645	11423	5058
江西	7318	7308	8074	8171	4768
山东	8393	8635	11046	8981	3591
河南	6133	6073	10665	7107	4313
湖北	8553	8524	12036	9645	5621
湖南	6372	6268	9011	8454	4054
广东	14985	15672	23726	12915	5666
广西	5473	5767	9027	7516	2414
海南	17050	17434	19371	16205	10490
重庆	7132	8526	10936	7811	2631
四川	8153	8869	9561	9953	2536
贵州	5799	5744	6823	8515	2298
云南	6804	7030	8455	7761	2772
西藏	8510	8157	8585	12114	3516
陕西	9884	10016	14203	10026	4768
甘肃	5682	5623	8835	8100	2773
青海	7093	7186	7016	9363	4661
宁夏	7016	6930	6354	8587	1897
新疆	5827	5550	6839	9058	4407

7-9-24 房地产业(不含房地产开发经营)企业法人单位分地区主要指标

地区	营业收入(亿元)	资产总计(亿元)	从业人员(万人)
全国	**23476.8**	**225224.1**	**989.0**
北京	3426.4	35375.6	66.5
天津	415.2	11006.0	18.3
河北	366.9	2339.5	30.5
山西	197.5	1743.0	18.1
内蒙古	109.1	991.7	10.4
辽宁	414.2	5565.3	24.7
吉林	87.4	450.7	7.8
黑龙江	127.1	774.5	9.3
上海	2294.0	18905.8	49.7
江苏	1716.9	17011.3	84.1
浙江	1589.0	16985.6	73.2
安徽	514.0	2323.6	30.4
福建	695.2	4603.4	29.6
江西	361.2	3157.9	16.3
山东	1052.9	6346.5	55.0
河南	924.3	3073.4	42.2
湖北	838.9	5336.1	41.3
湖南	510.7	2450.1	24.2
广东	4660.2	50814.7	160.5
广西	281.5	4177.7	20.5
海南	256.4	2295.8	11.5
重庆	627.3	3969.2	33.9
四川	880.3	12378.6	49.3
贵州	179.5	3649.0	12.7
云南	202.9	1725.9	17.6
西藏	35.1	173.2	1.2
陕西	362.6	3988.1	22.0
甘肃	103.9	1044.9	8.6
青海	31.5	264.9	3.4
宁夏	44.4	374.5	4.2
新疆	170.2	1927.7	12.1

【主要统计指标解释】

主营业务收入 指企业经营主要业务所实现的收入。如果会计“利润表”列示“主营业务收入”项目，则根据其本年累计数填报；或者，根据会计“主营业务收入”科目的本年各月贷方余额（结转前）之和填报，如未设置该科目，以“营业收入”代替填报。

土地转让收入 指房地产开发企业按国家规定在报告期转让已经开发的土地和未经开发的土地所得到的收入。根据会计“利润表”和相关核算资料计算填报。

商品房销售收入 指房地产开发企业在报告期售出商品房屋的收入，一次收款的，一次性全部计入销售收入，按合同规定分期收款的，可按合同规定的时间分次计入收入。根据会计“利润表”和相关核算资料计算填报。

房屋出租收入 指房地产开发企业在报告期内，在不改变现有财产所有权关系的条件下，将企业的全部或部分房屋出租给其他单位或个人使用所得到的租金收入。根据会计“利润表”和相关核算资料计算填报。

其他收入 指房地产开发企业在报告期内从事除以上收入外的其他业务活动所得到的收入，包括配套设施销售收入、代建工程结算收入等。根据会计“利润表”和相关核算资料计算填报。

营业利润 指企业从事生产经营活动所取得的利润。执行企业会计准则或《小企业会计准则》的企业，根据会计“利润表”中“营业利润”项目的本年累计数填报；执行其他企业会计制度的企业，根据会计“损益表”中“营业利润”项目、“投资收益”项目的本年累计数之和填报。

房屋施工面积 指报告期内施工的全部房屋建筑面积。包括本期新开工的房屋建筑面积、上期跨入本期继续施工的房屋建筑面积、上期停缓建在本期恢复施工的房屋建筑面积、本期竣工的房屋建筑面积以及本期施工后又停缓建的房屋建筑面积。多层建筑应填各层建筑面积之和。

房屋新开工面积 指报告期内新开工建设的房屋面积，以单位工程为核算对象，即整栋房屋的全部建筑面积，不能分割计算。不包括在上期开工跨入报告期继续施工的房屋建筑面积和上期停缓建而在本期复工的建筑面积。房屋的开工应以房屋正式开始破土刨槽（地基处理或打永久桩）的日期为准。

房屋竣工面积 指报告期内房屋建筑按照设计要求已全部完工，达到住人和使用条件，经验收鉴定合格或达到竣工验收标准，可正式移交使用的各栋房屋建筑面积的总和。竣工面积以房屋单位工程（栋）为核算对象，在整栋房屋符合竣工条件后按其全部建筑面积一次性计算，而不是按各栋施工房屋中已完成的部分或层次分割计算。

商品房销售面积 指报告期内出售商品房屋的合同总面积（即双方签署的正式买卖合同中所确定的建筑面积）。商品房销售面积由现房销售面积和期房销售面积两部分组成。

商品房销售额 指报告期内出售商品房屋的合同总价款（即双方签署的正式买卖合同中所确定的合同总价）。该指标与商品房销售面积同口径，由现房销售额和期房销售额两部分组成。

住宅竣工套数 指报告期内按照设计要求已全部完工，经验收合格，达到住人或使用条件的正式交给开发公司的成套住宅数量（以设计图纸为准）。

商品住宅销售套数 指报告期内出售商品房屋合同中总的成套住宅数量（即双方签署的正式买卖合同中所确定的成套住宅数量）。由现房销售套数和期房销售套数两部分组成。

房屋竣工价值 指报告期内按规定已经上报竣工的房屋本身的建造价值。一般按房屋设计和预算规定的内容计算。包括竣工房屋本身的基础、结构、屋面、装修以及水、电、卫等附属工程的建筑价值；也包括作为房屋建筑组成部分而列入房屋建筑工程预算内的设备（如电梯、通风设备等）的购置和安装费用。不包括厂房内的工艺设备、工艺管线的购置和安装，工艺设备基础的建造；室外的水、暖、电、卫、道路工程、挡土墙等环境工程的费用；办公和生活用家具的购置等费用；购置土地的费用；迁移补偿费和场地平整的费用及城市建设配套投资。

房屋竣工价值不仅包括该竣工房屋在报告期内完成的价值，也包括跨年施工的房屋在本期以前完成的价值。未竣工而转让给其他单位的房屋建筑工程，出让单位不计算竣工价值，待接受单位继续施工并符合竣工条件后，由接受单位计算其竣工价值，包括出让单位在出让前所完成的价值。房屋竣工价值一般按结算价格（或中标价）计算。

待开发土地面积 指经有关部门批准，通过各种方式获得土地使用权，但尚未开工建设的土地面积。

本年土地购置面积 指在本年内通过各种方式获得土地使用权的土地面积。

7 第三产业分行业主要指标

7-10 租赁和商务服务业

简要说明

一、主要内容

本篇资料主要包括租赁和商务服务业企业法人单位分地区主要指标和律师、公证、调解等情况。

二、资料来源

租赁和商务服务业企业法人单位分地区主要指标来源于《规模以上服务业统计报表制度》和《规模以下服务业抽样调查统计报表制度》调查结果。

律师、公证、调解等情况资料由司法部提供。

7-10-1 租赁和商务服务业企业法人单位分地区主要指标(2022年)

地 区	营业收入(亿元)	资产总计(亿元)	从业人员(万人)
全 国	**112405.2**	**1440493.7**	**2632.4**
北 京	15301.7	203478.0	197.1
天 津	2132.6	41712.0	46.6
河 北	2722.0	33911.7	71.5
山 西	985.8	26090.8	40.1
内蒙古	554.2	20776.9	21.8
辽 宁	1220.8	27777.3	52.7
吉 林	384.8	13145.9	14.5
黑龙江	484.1	6988.0	21.8
上 海	17125.1	103255.2	158.0
江 苏	10085.9	141161.4	252.2
浙 江	8167.4	123471.3	225.4
安 徽	3600.5	59759.8	97.2
福 建	3466.6	31179.9	99.5
江 西	1859.6	14014.4	56.3
山 东	5059.5	60459.0	135.1
河 南	3563.9	26560.0	120.4
湖 北	3664.7	34029.7	107.0
湖 南	3021.4	35608.6	69.6
广 东	13328.9	147744.5	365.1
广 西	1571.1	22482.4	55.7
海 南	534.5	13090.9	11.0
重 庆	2944.0	25873.7	74.9
四 川	4455.3	67943.2	137.3
贵 州	1508.0	52968.4	39.6
云 南	1159.0	34098.9	48.6
西 藏	272.0	6927.7	6.3
陕 西	1387.7	23826.9	47.4
甘 肃	412.1	9020.6	14.2
青 海	158.9	4565.6	8.2
宁 夏	197.6	4090.6	8.9
新 疆	1075.7	24480.3	28.2

7-10-2 律师、公证和调解工作基本情况

项目		2013	2014	2015	2016	2017	2018	2019	2020	2021	2022
律师工作											
律师事务所	（家）	20609	22166	24425	26150	28382	30647	32621	34441	36504	38547
律师人数	（人）	248623	271452	297175	325540	357193	423758	473036	522510	574042	650312
#专职律师		225000	244000	267536	293586	316771	364345	397329	424475	457378	503638
兼职律师		10550	10545	11199	11567	12369	12002	12589	13515	14400	15462
担任法律顾问	（家）	456847	507289	548260	579360	629742	700027	736917	779760	846336	876338
民事案件代理	（件）	1887156	2100102	2476112	2744896	3872852	3969240	4792176	5327052	6601598	6975417
刑事案件辩护及代理	（件）	592486	667391	717283	704447	705213	814570	1094423	1049632	1228117	990440
行政案件代理	（件）	57659	64545	86455	98989	156971	165840	189342	208030	262246	254756
非诉讼法律事务	（件）	817703	673080	784264	844414	848806	1058594	1336860	1233002	1679879	1416481
咨询和代书	（万件）	452.3	464.3	508.2	530.2	452.4	322.6	309.8	253.7	249.2	229.8
公证工作											
公证机构	（家）	2987	3006	3001	3002	2952	2956	2956	2942	2947	2948
公证员	（人）	12725	12960	13147	13175	13231	13335	13428	13620	14600	14869
办理公证(出证)总数	（万件）	1258.9	1221.6	1246.8	1399.7	1448.7	1337.3	1374.3	1173.8	1210.0	1104.5
人民调解工作											
人民调解委员会	（万个）	82.0	80.3	79.8	78.4	75.9	75.2	73.5	70.8	68.9	69.3
调解人员	（万人）	422.9	394.1	391.1	385.2	362.9	349.7	337.8	320.9	316.2	317.6
调解案件总数	（万件）	943.9	933.0	933.1	901.9	874.1	953.2	931.5	819.6	874.4	892.3

7-10-3　公证业务分类情况(2022年)

分　类	办证件数 (件)	比 重 (%)
合　计	**11045234**	**100.00**
合同(协议)	509480	4.61
继承	1233546	11.17
其中：小额继承	201878	1.83
委托	2656907	24.05
声明	1073352	9.72
赠与	37597	0.34
遗嘱	106627	0.97
现场监督	175488	1.59
婚姻状况、亲属关系、收养关系	306378	2.77
出生、生存、死亡	230103	2.08
身份、经历、学历、学位、职务、职称	93059	0.84
有无违法犯罪记录	336293	3.04
公司章程	2368	0.02
保全证据	671122	6.08
证书、执照	799265	7.24
签名、印鉴	279559	2.53
文本相符	731033	6.62
赋予强制执行效力	1316637	11.92
执行证书	39377	0.36
抵押登记	24317	0.22
提存	11470	0.10
保管	4186	0.04
其他	407070	3.69

7-10-4　调解民间纠纷分类

项　目	调解纠纷 (万件)		各类纠纷所占比重 (%)	
	2021	2022	2021	2022
合　计	**874.4**	**892.3**	**100.0**	**100.0**
#婚姻家庭	121.8	123.0	13.9	13.8
房屋、宅基地	32.4	30.4	3.7	3.4
邻　里	210.4	225.9	24.1	25.3
损害赔偿	70.9	73.4	8.1	8.2
医　疗	6.3	6.5	0.7	0.7
道路交通事故	72.8	69.9	8.3	7.8

【主要统计指标解释】

公证（出证） 指公证处根据当事人申请，依照事实和法律，按照法定程序制作的，具有法律效力的司法证明文书。

调解人员 指在人民调解委员会担负调解民间纠纷工作的人员，包括调解委员会的委员和调解小组的调解员。

调解民间纠纷 指调解委员会按照法律规定，根据自愿原则，用说服教育的方法调解民间发生的有关民事权利和义务争执的件数，包括调解成功数和调解未成功数。

7 第三产业分行业主要指标

7-11　科学研究和技术服务业

简要说明

一、主要内容

科技活动基本情况，包括 R&D 人员、R&D 经费、科技成果和专利情况；气象、地震、测绘、质量监督等综合技术服务部门业务活动情况；全国技术市场成交合同额情况以及科学研究与技术服务业企业法人单位分地区主要指标等。

二、统计范围

科技活动统计资料范围为全社会有研究与试验发展（R&D）活动的企事业单位，具体包括地级及以上独立核算的政府属科学研究与技术开发机构及科技信息与文献机构、全日制普通高等学校及附属医院、研究与试验发展（R&D）活动相对密集行业（包括农、林、牧、渔业，采矿业、制造业、电力、热力、燃气及水生产和供应业，建筑业，交通运输、仓储和邮政业，信息传输、软件和信息技术服务业，金融业，租赁和商务服务业，科学研究和技术服务业，水利、环境和公共设施管理业，卫生和社会工作，文化、体育和娱乐业等）中从事研究与试验发展（R&D）活动的企事业单位。

三、资料来源

科技活动基本情况资料由国家统计局、科技部、国防科工局、教育部、国家知识产权局等部门提供；高校研究与试验发展（R&D）课题学科分组情况由教育部提供；气象、地震、测绘、产品质量监督等资料，分别由中国气象局、中国地震局、自然资源部、国家市场监督管理总局等部门提供；技术市场资料由科技部提供。

科学研究和技术服务业企业法人单位分地区主要指标来源于《规模以上服务业统计报表制度》和《规模以下服务业抽样调查统计报表制度》调查结果。

四、统计调查方法

研究与试验发展（R&D）活动情况采用全面调查和抽样调查等方法取得；科协、测绘、气象、地震、产品质量监督和专利资料采用抽样等多种调查方法取得。

五、科技活动统计资料口径变动说明

2000 年以前研究与试验发展（R&D）活动统计资料只包括大中型工业企业、政府属研究机构、普通高等学校，2000 年及以后年份扩大到了全社会范围。

7-11-1 科技活动基本情况

指　　标	2007	2008	2009	2010	2011	2012	2013	2014
研究与试验发展(R&D)投入情况								
R&D人员全时当量　(万人年)	173.6	196.5	229.1	255.4	288.3	324.7	353.3	371.1
#基础研究	13.8	15.4	16.5	17.4	19.3	21.2	22.3	23.5
应用研究	28.6	28.9	31.5	33.6	35.3	38.4	39.6	40.7
试验发展	131.2	152.2	181.1	204.5	233.7	265.1	291.4	306.8
R&D经费支出　(亿元)	3710.2	4616.0	5802.1	7062.6	8687.0	10298.4	11846.6	13015.6
#基础研究	174.5	220.8	270.3	324.5	411.8	498.8	555.0	613.5
应用研究	492.9	575.2	730.8	893.8	1028.4	1162.0	1269.1	1398.5
试验发展	3042.8	3820.0	4801.0	5844.3	7246.8	8637.6	10022.5	11003.6
#政府资金	913.5	1088.9	1358.3	1696.3	1883.0	2221.4	2500.6	2636.1
企业资金	2611.0	3311.5	4162.7	5063.1	6420.6	7625.0	8837.7	9816.5
R&D经费支出	1.37	1.45	1.66	1.71	1.78	1.91	2.00	2.02
与国内生产总值之比　(%)								
科技成果及获奖数　(项)								
科技成果登记数	34170	35971	38688	42108	44208	51723	52477	53140
国家技术发明奖	51	55	55	46	55	77	71	70
国家科学技术进步奖	255	254	282	273	283	212	188	202
技术市场成交额　(亿元)	2227	2665	3039	3907	4764	6437	7469	8577
专利申请数　(件)	693917	828328	976686	1222286	1633347	2050649	2377061	2361243
#发明	245161	289838	314573	391177	526412	652777	825136	928177
实用新型	181324	225586	310771	409836	585467	740290	892362	868511
外观设计	267432	312904	351342	421273	521468	657582	659563	564555
专利授权数　(件)	351782	411982	581992	814825	960513	1255138	1313000	1302687
#发明	67948	93706	128489	135110	172113	217105	207688	233228
实用新型	150036	176675	203802	344472	408110	571175	692845	707883
外观设计	133798	141601	249701	335243	380290	466858	412467	361576

注：1.2017年起专利申请受理数改为专利申请数(以下相关表同)。

2.全国R&D经费支出与国内生产总值之比已根据国内生产总值最新数据进行了修订（以下相关表同）。

7-11-1 续表

指　　标	2015	2016	2017	2018	2019	2020	2021	2022
研究与试验发展(R&D)投入情况								
R&D人员全时当量 （万人年）	375.9	387.8	403.4	438.1	480.1	523.5	571.6	635.4
#基础研究	25.3	27.5	29.0	30.5	39.2	42.7	47.2	50.9
应用研究	43.0	43.9	49.0	53.9	61.5	64.3	69.1	74.1
试验发展	307.5	316.4	325.4	353.8	379.4	416.5	455.3	510.3
R&D经费支出 （亿元）	14169.9	15676.7	17606.1	19677.9	22143.6	24393.1	27956.3	30782.9
#基础研究	716.1	822.9	975.5	1090.4	1335.6	1467.0	1817.0	2023.5
应用研究	1528.6	1610.5	1849.2	2190.9	2498.5	2757.2	3145.4	3482.5
试验发展	11925.1	13243.4	14781.4	16396.7	18309.5	20168.9	22995.9	25276.9
#政府资金	3013.2	3140.8	3487.4	3978.6	4537.3	4825.6	5299.7	5470.9
企业资金	10588.6	11923.5	13464.9	15079.3	16887.2	18895.0	21808.8	24323.3
R&D经费支出与国内生产总值之比 （%）	2.06	2.10	2.12	2.14	2.24	2.41	2.43	2.54
科技成果及获奖数 （项）								
科技成果登记数	55284	58779	59792	65720	68562	76521	78655	84324
国家技术发明奖	66	66	66	67	65	61		
国家科学技术进步奖	187	171	170	173	185	157		
技术市场成交额 （亿元）	9836	11407	13424	17697	22398	28252	37294	47791
专利申请数 （件）	2798500	3464824	3697845	4323112	4380468	5194154	5243592	5364639
#发明	1101864	1338503	1381594	1542002	1400661	1497159	1585663	1619268
实用新型	1127577	1475977	1687593	2072311	2268190	2926633	2852219	2950653
外观设计	569059	650344	628658	708799	711617	770362	805710	794718
专利授权数 （件）	1718192	1753763	1836434	2447460	2591607	3639268	4601457	4323409
#发明	359316	404208	420144	432147	452804	530127	695946	798347
实用新型	876217	903420	973294	1479062	1582274	2377223	3119990	2804155
外观设计	482659	446135	442996	536251	556529	731918	785521	720907

7-11-2 全国研究与试验发展(R&D)经费支出

单位：亿元

年 份	R&D经费支 出	基础研究	应用研究	试验发展	与国内生产总值之比(%)	R&D经费支出现价增长(%)
1996	404.5	20.2	99.1	285.1	0.56	16.0
1997	509.2	27.4	132.5	349.3	0.64	25.9
1998	551.1	29.0	124.6	397.5	0.65	8.2
1999	678.9	33.9	151.6	493.5	0.75	23.2
2000	895.7	46.7	151.9	697.0	0.89	31.9
2001	1042.5	55.6	184.9	802.0	0.94	16.4
2002	1287.6	73.8	246.7	967.2	1.06	23.5
2003	1539.6	87.7	311.4	1140.5	1.12	19.6
2004	1966.3	117.2	400.5	1448.7	1.21	27.7
2005	2450.0	131.2	433.5	1885.2	1.31	24.6
2006	3003.1	155.8	489.0	2358.4	1.37	22.6
2007	3710.2	174.5	492.9	3042.8	1.37	23.5
2008	4616.0	220.8	575.2	3820.0	1.45	24.4
2009	5802.1	270.3	730.8	4801.0	1.66	25.7
2010	7062.6	324.5	893.8	5844.3	1.71	21.7
2011	8687.0	411.8	1028.4	7246.8	1.78	23.0
2012	10298.4	498.8	1162.0	8637.6	1.91	18.5
2013	11846.6	555.0	1269.1	10022.5	2.00	15.0
2014	13015.6	613.5	1398.5	11003.6	2.02	9.9
2015	14169.9	716.1	1528.6	11925.1	2.06	8.9
2016	15676.7	822.9	1610.5	13243.4	2.10	10.6
2017	17606.1	975.5	1849.2	14781.4	2.12	12.3
2018	19677.9	1090.4	2190.9	16396.7	2.14	11.8
2019	22143.6	1335.6	2498.5	18309.5	2.24	12.5
2020	24393.1	1467.0	2757.2	20168.9	2.41	10.2
2021	27956.3	1817.0	3145.4	22995.9	2.43	14.6
2022	30782.9	2023.5	3482.5	25276.9	2.54	7.7

7-11-3 全国研究与试验发展(R&D)人员全时当量

单位：万人年

年 份	R&D人员全时当量	基础研究	比重（%）	应用研究	比重（%）	试验发展	比重（%）
1996	80.40	6.96	8.65	23.65	29.42	49.79	61.93
1997	83.12	7.17	8.63	25.27	30.40	50.68	60.97
1998	75.52	7.87	10.42	24.97	33.06	42.68	56.51
1999	82.17	7.60	9.25	24.15	29.39	50.42	61.36
2000	92.21	7.96	8.63	21.96	23.82	62.28	67.54
2001	95.65	7.88	8.24	22.60	23.63	65.17	68.13
2002	103.51	8.40	8.12	24.73	23.89	70.39	68.00
2003	109.48	8.97	8.19	26.03	23.77	74.49	68.03
2004	115.26	11.07	9.61	27.86	24.17	76.33	66.22
2005	136.48	11.54	8.46	29.71	21.77	95.23	69.78
2006	150.25	13.13	8.74	29.97	19.95	107.14	71.31
2007	173.62	13.81	7.95	28.60	16.47	131.21	75.57
2008	196.54	15.40	7.83	28.94	14.72	152.20	77.44
2009	229.13	16.46	7.18	31.53	13.76	181.14	79.06
2010	255.38	17.37	6.80	33.56	13.14	204.46	80.06
2011	288.29	19.32	6.70	35.28	12.24	233.73	81.07
2012	324.68	21.22	6.53	38.38	11.82	265.09	81.65
2013	353.28	22.32	6.32	39.56	11.20	291.40	82.49
2014	371.06	23.54	6.34	40.70	10.97	306.82	82.69
2015	375.88	25.32	6.73	43.04	11.45	307.53	81.81
2016	387.81	27.47	7.08	43.89	11.32	316.44	81.60
2017	403.36	29.01	7.19	48.96	12.14	325.39	80.67
2018	438.14	30.50	6.96	53.88	12.30	353.77	80.74
2019	480.08	39.20	8.16	61.54	12.82	379.37	79.02
2020	523.45	42.68	8.15	64.31	12.29	416.46	79.56
2021	571.60	47.19	8.26	69.10	12.09	455.35	79.66
2022	635.36	50.91	8.01	74.10	11.66	510.34	80.32

7-11-4 各地区研究与试验发展(R&D)经费支出(2022年)

单位：万元

地 区	R&D经费支出	基础研究	应用研究	试验发展	R&D经费支出与国内(地区)生产总值之比（%）
全 国	**307828823**	**20234599**	**34825174**	**252769051**	**2.54**
北 京	28433394	4706662	7311006	16415727	6.83
天 津	5686565	248128	765958	4672480	3.49
河 北	8489080	273048	764351	7451681	2.00
山 西	2737192	115121	361699	2260372	1.07
内蒙古	2095130	80886	167585	1846659	0.90
辽 宁	6209177	413712	1019596	4775869	2.14
吉 林	1872794	239512	326213	1307069	1.43
黑龙江	2177941	287093	658841	1232007	1.37
上 海	19815785	1805940	2013508	15996336	4.44
江 苏	38354282	1587931	1964067	34802285	3.12
浙 江	24167668	1102584	1703006	21362077	3.11
安 徽	11525148	1036810	967678	9520660	2.56
福 建	10821348	356525	638889	9825934	2.04
江 西	5581520	262631	515274	4803615	1.74
山 东	21804089	895391	1638164	19270535	2.49
河 南	11432586	374897	984860	10072829	1.86
湖 北	12546696	561436	1727646	10257615	2.33
湖 南	11752512	772349	1270860	9709303	2.41
广 东	44118955	2396152	4157427	37565376	3.42
广 西	2179354	171275	223658	1784421	0.83
海 南	683660	130569	113676	439415	1.00
重 庆	6866481	350799	840965	5674717	2.36
四 川	12150136	718225	1952800	9479111	2.14
贵 州	1993394	183489	261679	1548226	0.99
云 南	3135272	345055	368287	2421931	1.08
西 藏	69590	29967	9339	30284	0.33
陕 西	7695512	416157	1504321	5775033	2.35
甘 肃	1441494	202176	312317	927001	1.29
青 海	288425	29001	48263	211162	0.80
宁 夏	793795	42227	60920	690647	1.57
新 疆	909849	98852	172321	638676	0.51

7-11-5 各地区研究与试验发展(R&D)人员全时当量(2022年)

单位：人年

地区	R&D人员全时当量	#研究人员	基础研究	应用研究	试验发展
全国	**6353570**	**2637193**	**509114**	**741040**	**5103431**
北京	373235	249171	84525	110283	178429
天津	103499	53963	10908	15969	76620
河北	158713	67198	9270	21825	127620
山西	62219	28059	8610	11207	42404
内蒙古	37724	15726	3855	5018	28851
辽宁	124163	67123	14513	22713	86937
吉林	48947	33201	14747	13955	20245
黑龙江	56938	39193	13401	17944	25594
上海	264054	145098	39564	37255	187237
江苏	824682	305590	37739	40027	746917
浙江	642274	185901	19739	36500	586037
安徽	252476	99839	19790	24982	207703
福建	260296	87276	8390	19908	232000
江西	131673	43063	8476	11889	111309
山东	514497	182034	32295	47827	434375
河南	236800	86823	8934	22534	205334
湖北	261382	116350	16768	36208	208404
湖南	250171	105163	17360	28160	204654
广东	972492	328001	41991	80531	849970
广西	70398	33375	11860	12996	45541
海南	17063	8836	3585	3520	9957
重庆	128878	58065	8474	19641	100764
四川	227141	112489	20170	35744	171227
贵州	47156	21832	6124	8251	32780
云南	64555	32386	12471	11265	40819
西藏	1871	1400	791	253	827
陕西	142503	87460	19223	27878	95403
甘肃	34325	21128	7927	8615	17781
青海	5329	2826	871	1348	3109
宁夏	16282	6627	1730	1780	12773
新疆	21838	11999	5012	5453	11372

7-11-6 国家财政科技支出

单位：亿元

年 份	国家公共财政支出	国家财政科技拨款	中 央	地 方	科技拨款与公共财政支出之比(%)
1991	3386.6	160.7	115.4	45.3	4.74
1992	3742.2	189.3	133.6	55.7	5.06
1993	4642.3	225.6	167.6	58.0	4.86
1994	5792.6	268.3	199.0	69.3	4.63
1995	6823.7	302.4	215.6	86.8	4.43
1996	7937.6	348.6	242.8	105.8	4.39
1997	9233.6	408.9	273.9	134.0	4.43
1998	10798.2	438.6	289.7	148.9	4.06
1999	13187.7	543.9	355.6	188.3	4.12
2000	15886.5	575.6	349.6	226.0	3.62
2001	18902.6	703.3	444.3	258.9	3.72
2002	22053.2	816.2	511.2	305.0	3.70
2003	24650.0	944.6	609.9	335.6	3.83
2004	28486.9	1095.3	692.4	402.9	3.84
2005	33930.3	1334.9	807.8	527.1	3.93
2006	40422.7	1688.5	1009.7	678.8	4.18
2007	49781.4	2135.7	1044.1	1091.6	4.29
2008	62592.7	2611.0	1287.2	1323.8	4.17
2009	76299.9	3276.8	1653.3	1623.5	4.29
2010	89874.2	4196.7	2052.5	2144.2	4.67
2011	109247.8	4797.0	2343.3	2453.7	4.39
2012	125953.0	5600.1	2613.6	2986.5	4.45
2013	140212.1	6184.9	2728.5	3456.4	4.41
2014	151785.6	6454.5	2899.2	3555.4	4.25
2015	175877.8	7005.8	3012.1	3993.7	3.98
2016	187755.2	7760.7	3269.3	4491.4	4.13
2017	203085.5	8383.6	3421.4	4962.1	4.13
2018	220904.1	9518.2	3738.5	5779.7	4.31
2019	238858.4	10717.4	4173.2	6544.2	4.49
2020	245679.0	10095.0	3758.2	6336.8	4.11
2021	245673.0	10766.7	3794.9	6971.8	4.38
2022	260552.1	11128.4	3803.4	7325.0	4.27

7-11-7 科学研究与技术服务业企业法人单位分地区主要指标(2022年)

地区	营业收入(亿元)	资产总计(亿元)	从业人员(万人)
全国	**67320.0**	**213595.8**	**1210.8**
北京	12553.8	44953.7	132.2
天津	1988.5	6722.3	22.0
河北	1458.3	3826.1	42.9
山西	564.9	2521.7	17.5
内蒙古	261.4	2074.0	8.8
辽宁	810.0	2751.8	19.7
吉林	283.3	880.6	8.2
黑龙江	439.1	1395.9	8.7
上海	6098.5	16700.5	61.2
江苏	7041.5	20257.5	129.1
浙江	3862.7	10045.3	79.5
安徽	1672.8	3987.4	38.8
福建	1429.5	3311.0	35.2
江西	974.9	8129.8	19.0
山东	3775.8	11271.0	76.5
河南	2849.5	4713.7	74.6
湖北	3001.3	7819.4	57.4
湖南	2086.4	4435.0	41.4
广东	7350.7	18501.7	157.0
广西	544.3	2598.3	18.1
海南	249.6	2239.3	4.8
重庆	1202.7	2962.7	24.0
四川	3229.7	11687.4	52.6
贵州	561.1	4255.7	12.0
云南	579.1	3558.1	17.7
西藏	55.9	1575.9	1.7
陕西	1398.0	5292.3	25.0
甘肃	329.0	1634.9	8.5
青海	81.9	870.0	3.1
宁夏	116.8	529.1	3.3
新疆	469.1	2093.5	10.1

7-11-8 研究与开发机构科技活动情况

指 标	2007	2008	2009	2010	2011	2012	2013	2014
机构基本情况								
机构数 （个）	3775	3727	3707	3696	3673	3674	3651	3677
#中央属	674	678	691	686	686	710	711	720
地方属	3101	3049	3016	3010	2987	2964	2940	2957
研究与试验发展(R&D)投入情况								
R&D人员 （万人）	29.0	30.4	32.3	34.2	36.2	38.8	40.9	42.3
R&D人员全时当量 （万人年）	25.5	26.0	27.7	29.3	31.6	34.4	36.4	37.4
#基础研究	3.6	3.8	4.1	4.2	5.0	5.7	6.1	6.6
应用研究	9.3	9.7	10.3	10.9	11.3	12.1	13.0	12.8
试验发展	12.6	12.5	13.4	14.2	15.2	16.5	17.3	18.0
R&D经费支出 （亿元）	687.9	811.3	996.0	1186.4	1306.7	1548.9	1781.4	1926.2
#基础研究	74.7	92.7	110.6	129.9	160.2	197.9	221.6	258.9
应用研究	227.1	271.3	350.9	387.6	417.2	469.3	525.8	552.9
试验发展	386.1	447.2	534.4	668.9	729.3	881.7	1034.0	1114.4
#政府资金	592.9	699.7	849.5	1036.5	1106.1	1292.7	1481.2	1581.0
企业资金	26.2	28.2	29.8	34.2	39.9	47.4	60.9	62.9
国外资金	3.4	4.0	4.2	3.4	4.9	5.1	5.7	9.1
其他资金	65.3	79.3	112.4	112.2	155.8	203.8	233.5	273.8
研究与试验发展(R&D)项目(课题)情况								
R&D项目(课题)数 （项）	49453	54900	61135	67050	70967	79343	85069	91465
R&D项目(课题)人员全时当量 （万人年）	22.2	22.9	23.7	25.4	27.3	31.1	32.7	34.0
R&D项目(课题)经费支出 （亿元）	451.7	537.7	579.8	681.5	807.1	1078.3	1221.7	1272.7
科技产出及成果情况								
发表科技论文 （篇）	126527	132072	138119	140818	148039	158647	164440	171928
#国外发表	19596	21498	25882	26862	31598	35173	41072	47032
出版科技著作 （种）	4134	4691	4788	3922	4292	4458	4619	5023
专利申请数 （件）	9802	12536	15773	19192	24059	30418	37040	41966
#发明专利	7782	9864	12361	14979	18227	23406	28628	32265
专利授权数 （件）	4036	5048	6391	8698	12126	16551	20095	24870
#发明专利	2467	3102	4077	5249	7862	10935	12542	15786

7-11-8 续表

指　标	2015	2016	2017	2018	2019	2020	2021	2022
机构基本情况								
机构数 （个）	3650	3611	3547	3306	3217	3109	2962	2871
#中央属	715	734	728	717	726	731	746	743
地方属	2935	2877	2819	2589	2491	2378	2216	2128
研究与试验发展(R&D)投入情况								
R&D人员 （万人）	43.6	45.0	46.2	46.4	48.5	51.9	52.9	55.9
R&D人员全时当量 （万人年）	38.4	39.0	40.6	41.3	42.5	45.4	46.1	48.7
#基础研究	7.1	8.4	8.4	8.5	9.2	10.3	10.9	12.0
应用研究	13.1	12.7	14.3	14.8	14.8	15.5	16.1	16.9
试验发展	18.1	17.9	17.8	18.0	18.4	19.6	19.1	19.9
R&D经费支出 （亿元）	2136.5	2260.2	2435.7	2698.4	3080.8	3408.8	3717.9	3814.4
#基础研究	295.3	337.4	384.4	423.8	510.3	573.9	646.1	725.1
应用研究	618.4	642.1	699.4	797.6	933.6	1084.5	1196.3	1266.9
试验发展	1222.8	1280.7	1351.9	1476.9	1636.9	1750.4	1877.4	1822.4
#政府资金	1802.7	1851.6	2025.9	2284.9	2582.4	2847.4	3007.1	2996.2
企业资金	65.4	90.4	91.9	102.6	118.7	135.1	203.9	210.9
国外资金	5.0	3.9	4.4	5.2	5.0	3.7	4.3	7.0
其他资金	263.4	314.2	313.6	305.6	374.7	422.6	502.6	600.4
研究与试验发展(R&D)项目(课题)情况								
R&D项目(课题)数 （项）	99559	100925	112472	117872	125642	130089	135867	142572
R&D项目(课题)人员全时当量 （万人年）	34.9	34.4	35.9	36.8	37.8	39.6	40.7	42.3
R&D项目(课题)经费支出 （亿元）	1513.8	1592.5	1720.8	1930.2	2119.5	2420.4	2577.0	2683.5
科技产出及成果情况								
发表科技论文 （篇）	169989	175169	177572	176003	185978	193947	195668	199791
出版科技著作 （种）	5662	5714	5459	5722	5469	5706	5619	5397
专利申请数 （件）	46559	52331	56267	61404	67302	74601	81879	89945
#发明专利	35092	39854	43426	47740	52185	57477	64132	71636
专利授权数 （件）	30104	32442	35350	36778	38476	47029	55387	62590
#发明专利	19720	21816	24283	23098	24486	29205	35838	43341

7-11-9　高等学校科技活动情况

指　　标		2007	2008	2009	2010	2011	2012	2013	2014
高等学校基本情况									
学校数	（个）	1908	2263	2305	2358	2409	2442	2491	2529
#理工农医		786	827	1003	970	975	1039	1070	1356
人文社科		840	869	954	963	997	1090	1150	1540
R&D机构	（个）	4502	5159	5784	7833	8630	9225	9842	10632
研究与试验发展(R&D）投入情况									
R&D人员	（万人）	44.8	47.8	50.9	59.4	63.2	67.8	71.5	76.3
R&D人员全时当量	（万人年）	25.4	26.6	27.5	29.0	29.9	31.4	32.5	33.5
#基础研究		9.4	10.9	11.3	12.0	12.9	14.0	14.7	15.5
应用研究		12.0	13.7	14.1	14.8	15.0	15.4	15.9	16.1
试验发展		4.0	2.0	2.1	2.1	2.0	1.9	1.9	1.9
R&D经费支出	（亿元）	314.7	390.2	468.2	597.3	688.8	780.6	856.7	898.1
#基础研究		86.8	114.8	145.5	179.9	226.7	275.7	307.6	328.6
应用研究		161.8	208.9	250.0	337.0	372.4	402.7	441.3	476.4
试验发展		66.1	66.5	72.6	80.3	89.8	102.2	107.8	93.1
#政府资金		177.7	225.5	262.2	358.8	405.1	474.1	516.9	536.5
企业资金		110.3	134.9	171.7	198.5	242.9	260.5	289.3	302.7
研究与试验发展(R&D)项目(课题)情况									
R&D项目(课题)数	（项）	375425	429096	476708	547717	604107	657027	711010	766731
R&D项目(课题)人员全时当量	（万人年）	25.2	26.6	27.4	28.9	29.9	31.3	32.4	33.5
R&D项目(课题)经费支出	（亿元）	258.2	323.2	363.5	467.0	535.3	607.3	662.7	701.8
科技产出及成果情况									
发表科技论文	（篇）	905985	964877	1016354	1062512	1109965	1117742	1127210	1152147
#国外发表		108727	134058	156750	182247	218301	226097	249637	278599
出版科技著作	（种）	35733	37541	40919	38101	37472	38760	37866	39326
专利申请数	（件）	29860	40610	56641	72744	95592	113430	133865	149961
#发明专利		21864	29337	36241	44132	54362	66755	81251	93415
专利授权数	（件）	14111	19248	25570	37490	53055	74550	84930	85006
#发明专利		8251	10216	14408	18055	25064	34441	35873	39468

7-11-9 续表

指　　标		2015	2016	2017	2018	2019	2020	2021	2022
高等学校基本情况									
学校数	(个)	2560	2596	2631	2663	2688	2738	2756	2760
#理工农医		1713	2021	2162	2211	2294	2342	2381	2451
人文社科		1814	2199	2325	2346	2376	2447	2546	2590
R&D机构	(个)	11732	13062	14971	16280	18379	19988	22859	24745
研究与试验发展(R&D) 投入情况									
R&D人员	(万人)	83.9	85.2	91.4	98.4	123.3	127.4	140.8	151.9
R&D人员全时当量	(万人年)	35.5	36.0	38.2	41.1	56.5	61.5	67.2	72.6
#基础研究		16.4	16.7	18.1	19.1	26.7	28.5	31.9	34.8
应用研究		17.2	17.3	18.3	19.7	25.8	28.9	30.7	32.8
试验发展		1.9	2.0	1.9	2.3	4.1	4.1	4.6	4.9
R&D经费支出	(亿元)	998.6	1072.2	1266.0	1457.9	1796.6	1882.5	2180.5	2412.4
#基础研究		391.0	432.5	531.1	589.9	722.2	724.8	904.5	997.0
应用研究		516.3	528.4	623.1	711.5	879.3	964.2	1054.1	1177.1
试验发展		91.3	111.4	111.8	156.5	195.1	193.5	221.9	238.3
#政府资金		637.3	687.8	804.5	972.3	1048.5	1128.0	1249.2	1384.2
企业资金		301.5	310.5	360.4	387.2	471.0	666.0	710.4	779.7
研究与试验发展(R&D)项目(课题)情况									
R&D项目(课题)数	(项)	841520	894279	966780	1076903	1188769	1288633	1436251	1539845
R&D项目(课题)人员全时当量	(万人年)	35.4	36.0	38.2	41.1	56.5	61.5	67.2	72.6
R&D项目(课题)经费支出	(亿元)	765.6	777.2	877.0	988.8	1154.0	1202.2	1343.6	1441.3
科技产出及成果情况									
发表科技论文	(篇)	1220467	1267881	1308110	1389912	1447336	1503531	1577932	1657992
出版科技著作	(种)	43136	44518	45591	44794	43331	42970	44039	40646
专利申请数	(件)	190351	236665	277524	320790	340685	340360	381565	354852
#发明专利		109911	137755	157131	191964	210885	194612	220640	235572
专利授权数	(件)	127329	149524	169679	193027	213163	278016	319514	300633
#发明专利		55021	66419	78254	79773	92394	116633	145352	177413

7-11-10 高等学校研究与试验发展(R&D)课题学科分组情况(2022年)

学科	R&D课题数(个)	R&D课题参加人员全时当量(人年)	R&D项目(课题)经费支出(万元)
全国	**1539845**	**725846**	**14412878**
数学	17663	11142	158503
信息科学与系统科学	19400	11805	343504
力学	5788	4166	129657
物理学	22349	16328	478892
化学	33392	23009	485547
天文学	832	771	17478
地球科学	25658	16578	344413
生物学	35701	25425	639392
心理学	1405	1158	14714
农学	27652	17224	375657
林学	6735	4468	76922
畜牧、兽医科学	10633	7000	150615
水产学	3525	1948	52081
基础医学	45745	35467	461798
临床医学	111226	88007	992944
预防医学与公共卫生学	6990	5636	77196
军事医学与特种医学	250	224	4518
药学	13878	8479	151843
中医学与中药学	31329	23202	179274
工程与技术科学基础学科	12255	8107	280150
信息与系统科学相关工程与技术	14441	8639	308315
自然科学相关工程与技术	8361	5584	225424
测绘科学技术	4194	2738	61402
材料科学	48934	30663	860598
矿山工程技术	11562	7025	187293
冶金工程技术	3875	2594	81313
机械工程	48217	28530	844126
动力与电气工程	24356	17095	513199
能源科学技术	11305	7562	241375
核科学技术	2068	1792	86899
电子与通信技术	38340	25471	885674
计算机科学技术	51168	31867	809353
化学工程	18154	10878	302620
产品应用相关工程与技术	3535	1458	31501
纺织科学技术	3215	1433	34737
食品科学技术	13116	7274	138761
土木建筑工程	34547	19094	489562
水利工程	5587	4339	105208
交通运输工程	15667	9304	288401
航空、航天科学技术	10891	8727	465115
环境科学技术及资源科学技术	25042	15052	368415
安全科学技术	3896	2647	81385
管理学	137564	30470	380828
马克思主义	43933	10339	52839
哲学	8251	1886	16188
宗教学	1220	319	3381
语言学	34678	8489	51759
文学	27889	6484	47516
艺术学	66342	15651	184204
历史学	14675	3443	34790
考古学	5560	770	53502
经济学	74617	16659	164377
政治学	14151	3054	22296
法学	36239	7719	71192
社会学	30801	6915	58414
民族学与文化学	10947	2782	18442
新闻学与传播学	17736	3726	40564
图书馆、情报与文献学	7924	1969	16701
教育学	121873	28351	148141
体育科学	22132	5716	48262
统计学	5116	1252	15813
其他	6415	1457	25129

7-11-11 全国气象部门基本情况

项 目		2007	2008	2009	2010	2011	2012	2013	2014
气象观测业务台站	**(个)**								
地面观测		2431	2438	2416	2418	2419	2423	2424	2423
高空探测		123	121	118	120	120	120	120	120
自动气象站		23130	28235	31553	30693	33259	45926	53184	55488
天气雷达观测		304	313	330	342	259	230	212	224
大气成分观测		31	35	35	28	28	28	28	28
太阳辐射观测		103	142	157	100	100	100	100	100
农业气象观测		739	635	653	653	653	653	653	653
生态与农业气象观测试验		69	67	68	68	68	68	68	68
卫星云图接收		496	621	311	361	363	363	364	364
大气本底站		7	7	7	7	7	7	7	7
闪电定位监测		354	387	417	425	319	334	334	391
沙尘暴监测		31	194	182	29	29	29	29	29
紫外线观测		174	203	149	164	160	153	157	168
风廓线雷达观测									61
空间天气观测									17
酸雨观测		334	330	337	342	342	365	365	365
臭氧观测		4	20	17	22	36	36	41	48
气象科学数据共享服务数据量	**(GB)**	**11250858**	**5198905**	**245739555**	**3583171**	**398134**	**4409824**	**505077**	**348736**
装备									
拥有计算机数	(台)	63350	72133	79349	90040	98101	108370	113208	108521
#高性能计算机		65	61	72	106	108	143	96	100
服务器及工作站		1046	1196	1751	2428	3124	4249	5005	6169
个人计算机(含个人服务器)		59610	67853	73750	82744	89530	97250	100368	102252
云图接收机数	(台)	438	453	407	421	453	453	542	698
人工影响天气作业									
设备高炮	(门)	6969	6311	6973	6902	6636	6654	6761	6593
火箭发射系统	(部)	5039	4862	6355	7034	7109	7213	7632	7507
人员	**(人)**								
全国气象部门职工总数		53321	53265	53180	53606	53665	53956	54426	54155

注：1.2006年起气象科学数据共享服务数据量是全国气象部门利用网络向社会提供气象资料的数据量，2005年以前是国家气象信息中心气象科学数据共享服务网的数据量。

2.2018年地面观测站变动较大，系将部分省级气象观测站纳入国家级气象观测站统计范围所致（以下相关表同）。

7-11-11 续表

项 目		2015	2016	2017	2018	2019	2020	2021	2022
气象观测业务台站	（个）								
地面观测		2422	2423	2425	10602	10701	10648	10955	10930
高空探测		120	120	120	120	123	124	120	120
省级常规气象观测站		57405	57435	57435	53395	54534	53064	55719	59982
天气雷达观测		233	242	242	275	294	296	303	359
大气成分观测		28	28	28	166	261	270	315	466
太阳辐射观测		100	100	100	103	137	138	140	114
农业气象观测		653	653	653	653	653	653	653	653
生态与农业气象观测试验		70	70	70	69	69	72	72	72
卫星云图接收		364	380	380	329	330	309	300	274
大气本底站		7	7	7	7	7	7	7	7
闪电定位监测		490	490	490	476	489	499	499	471
沙尘暴监测		29	29	29	29	29	28	26	37
紫外线观测		158	164	155	111	108	108	108	110
风廓线雷达观测		31	31	69	123	145	156	156	162
空间天气观测		44	84	87	56	56	55	57	57
酸雨观测		376	376	376	398	399	345	339	338
臭氧观测		71	53	68	53	60	60	59	60
气象科学数据共享服务数据量	（GB）	**901068**	**274157**	**339876**	**1213193**	**545609**	**1893058**	**10802175**	**2375651**
装备									
拥有计算机数	（台）	126982	136952	143876	144715	148640	154234	152990	171814
#高性能计算机		233	341	274	251	276	331	493	53
服务器及工作站		7584	15862	16945	18270	18816	19093	20123	23688
个人计算机（含个人服务器）		119165	120749	126657	126194	129548	134810	132374	148073
云图接收机数	（台）	812	747	840	1000	984	572	421	
人工影响天气作业(次)						20307	34316	22442	31861
设备高炮	（门）	6542	6320	6183	5909	5858	5562	5207	5165
火箭发射系统	（部）	8209	7950	8311	7358	7411	7122	7814	7133
人员	（人）								
全国气象部门职工总数		53587	53153	52495	65460	64657	64039	57867	58034

7-11-12 各地区气象业务站点及观测项目情况(2022年)

单位：个

地区和单位	地面观测业务	高空探测业务	省级常规气象观测站	天气雷达观测业务	农业气象观测站	环境气象观测站	闪电定位监测业务	卫星云图接收业务
全国	**10930**	**120**	**59982**	**359**	**653**	**1344**	**471**	**274**
北京	54	1	558	12	7	69	2	1
天津	36		292	2	5	32	2	3
河北	411	3	2819	12	30	62	12	7
山西	262	1	1619	7	31	72	8	16
内蒙古	706	12	1805	13	29	36	53	11
辽宁	298	2	1379	6	25	77	10	2
吉林	388	3	1073	7	22	31	8	8
黑龙江	485	4	849	12	36	42	31	7
上海	46	1	267	5	1	24		4
江苏	264	3	1638	18	19	120	10	8
浙江	262	3	6381	16	13	53	12	20
安徽	294	2	3165	11	22	24	8	2
福建	300	3	1913	11	23	36	10	8
江西	379	2	2178	12	18	37	13	11
山东	426	3	1516	10	19	54	14	9
河南	369	3	2357	13	35	80	20	21
湖北	325	3	2491	11	30	77	14	18
湖南	421	3	3006	14	22	17	11	10
广东	433	4	2432	33	26	79	10	10
广西	518	6	2505	13	24	24	12	11
海南	120	3	507	6	6	39	7	5
重庆	159	1	1949	6	13	22	6	5
四川	504	7	5838	23	45	34	20	7
贵州	364	2	1743	14	18	17	13	10
云南	570	5	3285	13	22	20	23	10
西藏	501	5	356	14	4	21	25	10
陕西	393	4	1433	11	21	35	12	12
甘肃	341	9	1840	9	23	26	21	10
青海	233	7	634	5	17	19	34	2
宁夏	112	1	881	4	7	11	6	7
新疆	712	14	1232	14	40	46	39	9
其他	244		41	2		8	5	

7-11-13　地震台、网基本情况(2022年)

单位：个

地　区	地震台数总　数	全国地震监测台站				市、县地震台		宏观观测点
		国家地震台	省地震台	中心站	一般监测站	市、县级台	企业台	
全　国	**6542**	**1**	**31**	**140**	**4279**	**1714**	**377**	**35032**
北　京	297	1	1	1	277	17		129
天　津	162		1	2	159			187
河　北	381		1	7	297	74	2	5727
山　西	251		1	5	141	98	6	1562
内蒙古	149		1	7	95	46		1962
辽　宁	186		1	6	129	49	1	620
吉　林	123		1	3	74	45		943
黑龙江	117		1	5	66	43	2	1662
上　海	93		1	1	84	7		
江　苏	248		1	5	101	139	2	691
浙　江	255		1	3	135	103	13	463
安　徽	144		1	5	47	91		947
福　建	295		1	5	254	23	12	277
江　西	48		1	3	41	3		911
山　东	421		1	7	218	190	5	1797
河　南	170		1	5	58	89	17	2377
湖　北	101		1	4	59	12	25	460
湖　南	84		1	2	34	34	13	479
广　东	231		1	5	125	95	5	186
广　西	135		1	4	48	42	40	612
海　南	65		1	3	50	11		314
重　庆	57		1	1	47	1	7	3292
四　川	417		1	7	324	80	5	2897
贵　州	28		1	1	21	5		297
云　南	819		1	8	453	172	185	1711
西　藏	32		1	3	28			55
陕　西	245		1	5	146	86	7	1271
甘　肃	460		1	8	367	77	7	2091
青　海	119		1	5	81	12	20	83
宁　夏	89		1	3	72	13		306
新　疆	320		1	11	248	57	3	723

7-11-14 各地区测绘生产完成和资料提供情况(2022年)

地区和单位	地形图提供合计(张)	1:10000	1:50000	提供测绘基准成果(点)	提供航摄成果(平方千米)
全国	**386246**	**93377**	**9650**	**121988**	**1131657**
北京	639			3371	
天津				1024	
河北	6031	5800	231	693	25570
山西	2989	2821	168	625	
内蒙古				15114	232271
辽宁	86	86		6502	
吉林	195		195	1785	
黑龙江	918	720	198	2521	
上海	160539			10061	
江苏	36	36		4030	2012
浙江	19	19		1674	21289
安徽	600		600	1801	667
福建				1459	20
江西	176	99	77	591	
山东	64246	48532	1407	3575	
河南	453	339	110		
湖北	12		12	351	
湖南	130791	23106	891	2227	
广东	944	786	135	4600	
广西				3210	950
海南				332	
重庆	202	106	60	694	
四川				1665	
贵州				12629	6820
云南	4237	3953	282	3606	
西藏	2779	832	1220	387	
陕西	14	14		12825	
甘肃	4929	4441	482	4057	249570
青海	26		26	628	69220
宁夏	527	475	52	123	
新疆	1635	1212	423	4353	36212
国家基础地理信息中心	3223		3081	15475	487056

7-11-15 产品质量国家监督抽查情况(2022年)

项目	抽查企业(家)	检验产品(批次)	不合格产品(批)
合计	**18397**	**19440**	**1827**
食品相关产品	1505	1505	66
工业品	16892	17935	1761

7-11-16 各地区产品质量情况(2022年)

单位：%

地 区	制造业产品质量合格率	
	2021	2022
全 国	**93.08**	**93.29**
北 京	96.92	96.87
天 津	94.41	95.46
河 北	91.95	92.49
山 西	92.11	92.79
内蒙古	93.14	93.42
辽 宁	93.88	94.03
吉 林	91.28	92.37
黑龙江	92.19	92.53
上 海	96.39	96.04
江 苏	93.93	94.59
浙 江	93.18	93.61
安 徽	95.10	95.33
福 建	95.56	94.52
江 西	93.30	92.95
山 东	93.35	94.12
河 南	93.04	92.86
湖 北	93.26	93.58
湖 南	93.48	93.90
广 东	94.85	94.49
广 西	91.02	91.49
海 南	90.85	92.08
重 庆	93.91	93.33
四 川	92.80	93.21
贵 州	91.36	91.10
云 南	92.93	92.45
西 藏	88.89	87.12
陕 西	92.69	91.65
甘 肃	90.46	91.69
青 海	89.19	88.64
宁 夏	90.60	89.06
新 疆	89.87	90.64

注：本资料由75个重点工业城市抽样数据汇总而成。

7-11-17 各地区技术市场成交额

单位：万元

地 区	2008	2009	2010	2011	2012	2013	2014
全 国	**26652288**	**30390024**	**39065753**	**47635589**	**64370683**	**74691254**	**85771790**
北 京	10272173	12362450	15795367	18902752	24585034	28517239	31371854
天 津	866122	1054611	1193390	1693819	2323275	2761575	3885631
河 北	165906	172112	192931	262471	378178	315581	292228
山 西	128425	162068	184911	224825	306088	527681	484595
内蒙古	94423	147651	271464	226719	1060962	387390	139393
辽 宁	997290	1197095	1306811	1596633	2306648	1733775	2174648
吉 林	196066	197598	188090	262614	251180	347167	285756
黑龙江	412565	488550	529123	620682	1004473	1017747	1202776
上 海	3861695	4354108	4314374	4807491	5187473	5316804	5924481
江 苏	940246	1082184	2493406	3334316	4009141	5275020	5431585
浙 江	589189	564581	603478	718968	813079	814958	872527
安 徽	324865	356174	461470	650337	861592	1308253	1698313
福 建	179690	232594	356569	345712	500920	446885	391913
江 西	77641	97893	230479	341861	397796	430552	507593
山 东	660126	719391	1006769	1263778	1400153	1793981	2492942
河 南	254425	263046	272002	387602	399435	402406	407919
湖 北	628971	770329	907218	1256876	1963922	3976158	5806801
湖 南	477024	440432	400940	353901	422420	772098	979342
广 东	2016319	1709850	2358949	2750647	3649384	5293936	4132478
广 西	26996	17662	41362	56377	25238	73449	115833
海 南	35602	5556	32651	34584	5666	38693	6525
重 庆	621884	383158	794410	681453	540188	902760	1562007
四 川	435313	545977	547393	678330	1112438	1485752	1990506
贵 州	20356	17806	77191	136483	96743	183972	200392
云 南	50547	102469	108827	117144	454779	420003	479233
西 藏							
陕 西	438300	698074	1024140	2153664	3348153	5332787	6400198
甘 肃	297560	356287	430845	526386	730619	999936	1145162
青 海	77033	84967	114051	168443	192989	268863	291001
宁 夏	8898	8982	9972	39447	29135	14289	31823
新 疆	73963	12078	45188	43783	53853	29953	28223
港澳台	49309	124063	126750	249756	353197	67307	91608
国 外	1373366	1660227	2645234	2747738	5606534	3434284	4946503

7-11-17 续表

单位：万元

地 区	2015	2016	2017	2018	2019	2020	2021	2022
全 国	**98357896**	**114069816**	**134242245**	**176974213**	**223983882**	**282515092**	**372943030**	**477910166**
北 京	34538855	39409752	44868872	49578246	56952843	63161622	70056517	79475111
天 津	5034369	5526361	5514411	6855875	9092549	10895598	12568262	16508667
河 北	395438	589959	889245	2759840	3811904	5549646	7473182	10038253
山 西	512007	425622	941471	1507567	1095227	449791	1344737	1614346
内蒙古	153872	120492	196087	198398	224793	359540	411478	512988
辽 宁	2674927	3232180	3858317	4744910	5575904	6328126	7551240	9713459
吉 林	264697	1164198	2199199	3419460	4741327	4621541	1081468	369481
黑龙江	1272637	1258091	1467121	1659200	2328823	2652015	3501428	4601814
上 海	6637838	7809858	8106177	12251857	14223539	15832248	25454910	38707329
江 苏	5729178	6356425	7784223	9914475	14715193	20878468	26061663	29867776
浙 江	980966	1983716	3247310	5906641	8880078	14033228	18557774	24350738
安 徽	1904669	2173748	2495697	3213131	4496068	6595728	17877084	28754545
福 建	521448	432204	754634	845235	1395883	1635367	1967976	2595179
江 西	648484	790077	962096	1158231	1486137	2334099	4093849	7338839
山 东	3075545	3959453	5116448	8199520	11100178	19038906	24777895	32318349
河 南	450442	587075	768528	1492840	2318885	3797786	6073260	10207498
湖 北	7893407	9038371	10330773	12040937	14298358	16658080	20907763	30099979
湖 南	1050578	1056287	2031915	2816126	4906932	7359497	12612640	25428885
广 东	6625775	7581650	9370755	13654186	22230844	32672142	40996121	39674797
广 西	73132	339922	394228	614077	775572	916691	9405765	2269901
海 南	21861	34431	41079	69407	91077	201902	284162	315522
重 庆	572366	1471870	513581	1883529	566518	1177865	1845180	5594685
四 川	2823202	2993006	4058307	9967010	12119539	12445928	13886947	16435301
贵 州	259626	204437	807409	1710975	2271758	2491150	2892651	3907245
云 南	518364	582559	847625	894879	827040	499498	1060953	2189452
西 藏			440	394	9577	7783	17269	62143
陕 西	7218211	8027887	9209395	11252908	14673473	17587198	23434411	30487345
甘 肃	1296958	1506615	1629587	1808778	1964171	2331559	2803921	3358410
青 海	468849	569190	677186	793553	90969	105626	141042	160342
宁 夏	35202	40526	66679	121058	149033	168054	250947	340474
新 疆	30322	42755	57554	39215	78214	151123	188537	311791
港澳台	158797	678396	604530	174241	864897	271843	599483	1696168
国 外	4515877	4082703	4431367	5427512	5626577	9305442	12762515	18603353

【主要统计指标解释】

研究与试验发展（R&D） 指为增加知识存量（也包括有关人类、文化和社会的知识）以及设计已有知识的新应用而进行的创造性、系统性工作，包括基础研究、应用研究和试验发展三种类型。国际上通常采用R&D活动的规模和强度指标反映一国的科技实力和核心竞争力。

基础研究 指一种不预设任何特定应用或使用目的的实验性或理论性工作，其主要目的是为获得（已发生）现象和可观察事实的基本原理、规律和新知识。其成果通常表现为提出一般原理、理论或规律，并以论文、著作、研究报告等形式为主。

应用研究 指为获取新知识，达到某一特定的实际目的或目标而开展的初始性研究。应用研究是为了确定基础研究成果的可能用途，或确定实现特定和预定目标的新方法。其研究成果以论文、著作、研究报告、原理性模型或发明专利等形式为主。

试验发展 指利用从科学研究、实际经验中获取的知识和研究过程中产生的其他知识，开发新的产品、工艺或改进现有产品、工艺而进行的系统性研究。其研究成果以专利、专有技术，以及具有新颖性的产品原型、原始样机及装置等形式为主。

R&D人员 指报告期R&D活动单位中从事基础研究、应用研究和试验发展活动的人员。包括直接参加上述三类R&D活动的人员，以及与上述三类R&D活动相关的管理人员和直接服务人员，即直接为R&D活动提供资料文献、材料供应、设备维护等服务的人员。不包括为R&D活动提供间接服务的人员，如餐饮服务、安保人员等。

R&D人员全时当量 指报告期R&D人员按实际从事R&D活动时间计算的工作量，以“人年”为计量单位。为国际上比较科技人力投入而制定的可比指标。

R&D经费支出 指报告期调查单位内部为实施R&D活动而实际发生的全部经费，按支出性质分为日常性支出和资产性支出。不包括调查单位委托其他单位或与其他单位合作开展R&D活动而转拨给其他单位的全部经费。

政府资金 指R&D经费支出中来自各级政府财政的各类资金，包括财政科学技术支出和财政其他功能支出的资金用于R&D活动的实际支出。

企业资金 指R&D经费支出中来自企业的各类资金。对企业而言，企业资金指企业自有资金、接受其他企业委托开展R&D活动而获得的资金，以及从金融机构贷款获得的开展R&D活动的资金；对科研院所、高校等事业单位而言，企业资金是指因接受从企业委托开展R&D活动而获得的各类资金。

专利 是专利权的简称，是对发明人的发明创造经审查合格后，由国家知识产权局依据专利法授予发明人和设计人对该项发明创造享有的专有权。包括发明、实用新型和外观设计。反映拥有自主知识产权的科技和设计成果情况。

发明专利 指对产品、方法或者其改进所提出的新的技术方案。是国际通行的反映拥有自主知识产权技术的核心指标。

实用新型专利 指对产品的形状、构造或者其结合所提出的适于实用的新的技术方案。

反映具有一定技术含量的技术成果情况。

外观设计专利 指对产品的形状、图案、色彩或者其结合所作出的富有美感并适于工业上应用的新设计。反映拥有自主知识产权的外观设计成果情况。

7 第三产业分行业主要指标

7-12 水利、环境和公共设施管理业

简要说明

一、主要内容

本篇主要反映我国水环境、大气环境、工业固体废物、生态环境、自然灾害和突发环境事件、环境污染治理投资、城市环境、农村环境等情况。水利、环境和公共设施管理业企业法人单位分地区主要指标。

二、资料来源

水资源、供水和用水情况由水利部提供；“三废”排放及处理、空气质量、噪声监测、海水水质和突发环境事件等情况由生态环境部提供；地质灾害和海洋灾害情况由自然资源部提供；自然保护区和森林有害生物防治情况由国家林业和草原局提供；森林火灾、地震灾害情况由应急管理部提供；城市市政设施、垃圾、污水、园林绿地情况由住房和城乡建设部提供。

水利、环境和公共设施管理业企业法人单位分地区主要指标来源于《规模以上服务业统计报表制度》和《规模以下服务业抽样调查统计报表制度》调查结果。

7-12-1 水利、环境和公共设施管理业企业法人单位分地区主要指标(2022年)

地区	营业收入 (亿元)	资产总计 (亿元)	从业人员 (万人)
全国	**13790.2**	**252770.4**	**281.5**
北京	1004.9	6600.4	13.7
天津	285.3	11146.0	2.8
河北	241.9	5400.0	13.3
山西	130.7	2288.6	7.1
内蒙古	76.5	1713.5	3.5
辽宁	126.2	4788.5	7.3
吉林	37.5	1238.9	2.0
黑龙江	32.4	1190.9	2.2
上海	758.6	8925.6	11.7
江苏	1612.6	30833.1	22.3
浙江	1457.1	25539.2	22.8
安徽	453.4	7104.3	10.6
福建	343.4	4917.5	10.8
江西	273.2	7443.3	7.0
山东	893.9	11462.4	24.9
河南	581.0	6625.3	19.4
湖北	693.8	15499.0	10.9
湖南	910.1	16776.8	7.2
广东	840.8	9284.4	21.9
广西	180.2	4671.3	3.8
海南	129.3	1641.2	5.1
重庆	986.8	26564.6	8.8
四川	784.8	15103.8	13.4
贵州	277.6	8744.6	6.6
云南	144.1	4913.1	6.6
西藏	11.0	48.3	0.8
陕西	349.4	6609.7	7.4
甘肃	45.4	3236.4	2.2
青海	18.1	797.7	1.0
宁夏	26.0	447.7	0.9
新疆	84.2	1214.2	3.5

7-12-2 环境保护基本情况(2022年)

指 标		2007	2008	2009	2010	2011	2012	2013	2014
水环境									
水资源总量	(亿立方米)	25255	27434	24180	30906	23257	29529	27958	27267
地表水		24242	26377	23125	29798	22214	28373	26839	26264
地下水		7617	8122	7267	8417	7215	8296	8081	7745
地表水与地下水资源重复量		6604	7065	6212	7308	6171	7141	6963	6742
人均水资源量	(立方米/人)	1916	2071	1816	2310	1729	2181	2051	1988
供水总量	(亿立方米)	5819	5910	5965	6022	6107	6131	6183	6095
#地表水		4724	4796	4839	4882	4953	4953	5007	4920
地下水		1069	1085	1095	1107	1109	1134	1126	1117
用水总量	(亿立方米)	5819	5910	5965	6022	6107	6131	6183	6095
#农业		3600	3663	3723	3689	3744	3903	3922	3869
工业		1403	1397	1391	1447	1462	1381	1406	1356
生活		710	729	748	766	790	740	750	767
废水排放总量	(亿吨)	557	572	589	617	659	685	695	716
#工业废水排放量		247	242	234	237	231	222	210	205
生活污水排放量		310	330	355	380	428	463	485	510
化学需氧量排放量	(万吨)	1382	1321	1278	1238	2500	2424	2353	2295
#工业		511	458	440	435	355	338	319	311
生活		871	863	838	803	939	913	890	864
农业						1186	1154	1126	1102
氨氮排放量	(万吨)	132	127	123	120	260	254	246	239
#工业		34	30	27	27	28	26	25	23
生活		98	97	95	93	148	145	141	138
农业						83	81	78	76
大气环境									
工业废气排放量	(亿立方米)	388169	403866	436064	519168	674509	635519	669361	694190
二氧化硫排放量	(万吨)	2468	2321	2214	2185	2218	2118	2044	1974
#工业		2140	1991	1866	1864	2017	1912	1835	1740
生活		328	330	348	321	200	206	209	234
氮氧化物排放量	(万吨)					2404	2338	2227	2078
#工业						1730	1658	1546	1405
生活						37	39	41	45
机动车						638	640	641	628
颗粒物排放总量	(万吨)					1279	1236	1278	1741
#工业						1101	1029	1095	1456
生活						115	143	124	227
机动车						63	64	59	57
固体废物									
一般工业固体废物产生量	(万吨)					322772	329044	327702	325620
危险废物产生量	(万吨)					3431	3465	3157	3634

7-12-2 续表 1

指 标	2007	2008	2009	2010	2011	2012	2013	2014
一般工业固体废物综合利用量（万吨）					195215	202462	205916	204330
危险废物综合利用量 （万吨）					1773	2005	1700	2062
一般工业固体废物综合利用率 (%)					60.5	61.5	62.8	62.1
危险废物综合利用率 (%)					51.7	57.8	53.9	56.4
一般工业固体废物处置量 （万吨）					70465	70745	82969	80388
危险废物处置量 （万吨）					916	698	701	929
一般工业固体废物贮存量 （万吨）					60424	59786	42634	45033
危险废物贮存量 （万吨）					824	847	811	691
一般工业固体废物倾倒丢弃量（万吨）					433	144	129	59
生态环境								
森林面积 （万公顷）	19545	19545	20769	20769	20769	20769	20769	22045
森林覆盖率 (%)	20.36	20.36	21.63	21.63	21.63	21.63	21.63	22.96
当年造林面积 （万公顷）	391	535	626	591	600	560	610	555
自然保护区数 （个）	2531	2538	2541	2588	2640	2669	2697	2729
#国家级	303	303	319	319	335	363	407	428
自然保护区面积 （万公顷）	15188	14894	14775	14944	14971	14979	14631	14699
湿地面积 （万公顷）	3848.6	3848.6	5360.3	5360.3	5360.3	5360.3	5360.3	
湿地面积占国土面积比重 (%)	4.0	4.0	5.6	5.6	5.6	5.6	5.6	
自然灾害								
发生地质灾害次数 （处）	25364	26580	10580	30670	15804	14675	15374	10937
#滑坡	15478	13450	6310	22250	11504	11112	9832	8149
崩塌	7722	8080	2378	5688	2445	2152	3288	1860
泥石流	1215	843	1442	1981	1358	952	1547	554
发生地震灾害次数 （次）	3	17	8	12	18	12	14	20
#5.0级以上	2	12	7	5	14	11	14	19
森林火灾次数 （次）	9260	14144	8859	7723	5550	3966	3929	3703
#重大	4	13	35	22	9	1		2
特大			1	4				1
森林火灾受害森林面积 （万公顷）	2.9	5.3	4.6	4.6	2.7	1.4	1.4	1.9
森林有害生物发生面积 （万公顷）	1209.7	1141.8	1142.0	1164.2	1168.1	1176.9	1223.0	1206.4
森林有害生物防治面积 （万公顷）	801.2	784.0	819.4	812.4	728.5	782.6	766.8	787.4
森林有害生物防治率 (%)	66.2	68.7	71.8	69.8	62.4	66.5	62.7	65.3
环境污染								
突发环境事件次数 （次）	462	474	418	420	542	542	712	471
环境污染治理投资								
环境污染治理投资 （亿元）	3668.8	4937.0	5258.4	7612.2	7114.0	8253.5	9037.2	9575.5
环境污染治理投资占国内生产总值比重 (%)	1.36	1.55	1.51	1.85	1.46	1.53	1.52	1.49
城镇环境基础设施建设投资 （亿元）	1749.0	2247.7	3245.1	5182.2	4557.2	5062.7	5223.0	5463.9
#燃气	187.0	199.2	219.2	357.9	444.1	551.8	607.9	574.0

7-12-2 续表 2

指　　标	2007	2008	2009	2010	2011	2012	2013	2014
集中供热	272.4	328.2	441.5	557.5	593.3	798.1	819.5	763.0
排水	517.1	637.2	1035.5	1172.7	971.6	934.1	1055.0	1196.1
园林绿化	601.6	823.9	1137.6	2670.6	1991.9	2380.0	2234.9	2338.5
市容环境卫生	171.0	259.2	411.2	423.5	556.2	398.6	505.7	592.2
工业污染治理投资 (亿元)	552.4	542.6	442.6	397.0	444.4	500.5	849.7	997.7
#治理废水	196.1	194.6	149.5	129.6	157.7	140.3	124.9	115.2
治理废气	275.3	265.7	232.5	188.2	211.7	257.7	640.9	789.4
治理固体废物	18.3	19.7	21.9	14.3	31.4	24.7	14.0	15.1
治理噪声	1.8	2.8	1.4	1.4	2.2	1.2	1.8	1.1
治理其他	60.7	59.8	37.4	62.0	41.4	76.5	68.1	76.9
当年完成环保验收项目环保投资 (亿元)	1367.4	2146.7	1570.7	2033.0	2112.4	2690.4	2964.5	3113.9
城市环境情况								
城区面积 (万平方公里)	17.6	17.8	17.5	17.9	18.4	18.3	18.3	18.4
城市污水处理率 (%)	62.9	70.2	75.3	82.3	83.6	87.3	89.3	90.2
城市燃气普及率 (%)	87.4	89.6	91.4	92.0	92.4	93.2	94.3	94.6
城市生活垃圾清运量 (万吨)	15215	15438	15734	15805	16395	17081	17239	17860
城市生活垃圾无害化处理率 (%)	62.0	66.8	71.4	77.9	79.7	84.8	89.3	91.8
城市人均公园绿地面积 (平方米)	8.98	9.71	10.66	11.18	11.80	12.26	12.64	13.08
城市公园个数 (个)	7913	8557	9050	9955	10780	11604	12401	13037
农村环境情况								
农村累计使用卫生厕所户数(万户)	14442	15166	16056	17138	18019	18628	19401	19939
农村卫生厕所普及率 (%)	57.0	59.7	63.2	67.4	69.2	71.7	74.1	76.1
农村累计使用卫生公厕户数(万户)	2049.0	2739.5	2970.7	2827.7	2972.8	2896.6	3165.1	3990.9
农村沼气池产气量 (亿立方米)	101.7	118.4	130.8	139.6	152.8	157.6	157.8	155.0
农村太阳能热水器 (万平方米)	4286.4	4758.7	4997.1	5488.9	6231.9	6801.8	7294.6	7782.9
农村太阳灶数 (万台)	111.9	135.7	148.4	161.7	213.9	220.7	226.4	230.0

7-12-2 续表 3

指 标		2015	2016	2017	2018	2019	2020	2021	2022
水环境									
水资源总量	（亿立方米）	27963	32466	28761	27463	29041	31605	29638	27088
地表水		26901	31274	27746	26323	27993	30407	28311	25984
地下水		7797	8855	8310	8247	8192	8554	8196	7924
地表水与地下水资源重复量		6735	7662	7295	7107	7144	7355	6868	6821
人均水资源量	（立方米/人）	2026	2339	2060	1958	2063	2240	2098	1918
供水总量	（亿立方米）	6103	6040	6043	6016	6021	5813	5920	5998
#地表水		4970	4912	4946	4953	4983	4792	4928	4994
地下水		1069	1057	1017	976	934	893	854	828
用水总量	（亿立方米）	6103	6040	6043	6016	6021	5813	5920	5998
#农业		3852	3768	3766	3693	3682	3612	3644	3781
工业		1335	1308	1277	1262	1218	1030	1050	968
生活		794	822	838	860	872	863	909	906
废水排放总量	（亿吨）	735							
#工业废水排放量		199							
生活污水排放量		535							
化学需氧量排放量	（万吨）	2224	658	609	584	567	2565	2531	2596
#工业		293	123	91	81	77	50	42	37
生活		847	474	484	477	470	919	812	772
农业		1069	57	32	25	19	1593	1676	1786
氨氮排放量	（万吨）	230	57	51	49	46	98	87	82
#工业		22	6	4	4	3	2	2	1
生活		134	48	45	45	42	71	58	53
农业		73	1	1	0	0	25	27	28
大气环境									
工业废气排放量	（亿立方米）	685190							
二氧化硫排放量	（万吨）	1859	855	611	516	457	318	275	244
#工业		1557	770	530	447	395	253	210	183
生活		297	84	81	69	61	65	65	60
氮氧化物排放量	（万吨）	1851	1503	1348	1288	1234	1182	988	896
#工业		1181	809	646	589	548	417	369	333
生活		65	62	59	53	50	33	36	34
机动车		585	632	641	645	634	729	582	527
颗粒物排放总量	（万吨）	1538	1608	1285	1132	1088	613	537	493
#工业		1233	1376	1067	949	926	401	325	306
生活		250	219	206	173	155	202	205	182
机动车		56	12	11	10	7	10	7	5
固体废物									
一般工业固体废物产生量	（万吨）	327079	371237	386707	407799	440810	367546	397006	397006
危险废物产生量	（万吨）	3976	5220	6581	7470	8126	7282	8654	8654

7-12-2 续表 4

指　　标	2015	2016	2017	2018	2019	2020	2021	2022
一般工业固体废物综合利用量（万吨）	198807	210995	206159	216860	232079	203798	226659	237025
危险废物综合利用量（万吨）	2050	4317	5973	6788	7539	8074	8461	9444
一般工业固体废物综合利用率（%）	60.3							
危险废物综合利用率（%）	51.2							
一般工业固体废物处置量（万吨）	73034	85232	94314	103283	110359	91749	88876	88761
危险废物处置量（万吨）	1174							
一般工业固体废物贮存量（万吨）	58365					80798	89412	93953
危险废物贮存量（万吨）	810					11900	11949	8775
一般工业固体废物倾倒丢弃量（万吨）	56					113	26	5
生态环境								
森林面积（万公顷）	22045	22045	22045	22045				
森林覆盖率（%）	22.96	22.96	22.96	22.96				
当年造林面积（万公顷）	768	720	768	730	739	693	375	420
自然保护区数（个）	2740	2750	2750					
#国家级	428			474	474	474	474	
自然保护区面积（万公顷）	14703	14733	14717					
湿地面积（万公顷）								
湿地面积占国土面积比重（%）								
自然灾害								
发生地质灾害次数（处）	8355	10997	7521	2966	6181	7840	4761	5659
#滑坡	5668	8194	5524	1631	4220	4810	2335	3919
崩塌	1870	1905	1356	858	1238	1797	1746	1366
泥石流	483	652	387	339	599	899	374	202
发生地震灾害次数（次）	14	16	12	11	16			
#5.0级以上	14	12	8	7	11	5	19	27
森林火灾次数（次）	2936	2034	3223	2478	2345	1153	616	709
#重大	6	1	4	3	8	7		4
特大			3	2	1			
森林火灾受害森林面积（万公顷）	1.3	0.6	2.5	1.6	1.4	0.9	0.4	0.7
森林有害生物发生面积（万公顷）	1218.4	1211.3	1253.1	1219.5	1236.8	1278.4	1255.4	1428.0
森林有害生物防治面积（万公顷）	877.8	833.8	962.2	948.9	1015.3	1009.2	1008.8	1168.3
森林有害生物防治率（%）	72.0	68.8	76.8	77.8	82.1	78.9	80.4	81.8
环境污染								
突发环境事件次数（次）	334	304	302	286	261	208	199	113
环境污染治理投资								
环境污染治理投资（亿元）	8806.3	9219.836	9539.0	8911.5	9258.5	9690.0	9491.8	9013.5
环境污染治理投资占国内生产总值比重（%）	1.28	1.24	1.15	0.97	0.94	0.96	0.83	0.74
城镇环境基础设施建设投资（亿元）	4946.8	5412.0	6085.7	5893.2	6017.8	6842.2	6578.3	5972.0
#燃气	463.1	532.0	566.7	398.6	376.5	318.3	305.2	370.5

注：2016年起，危险废物综合利用量数据为危险废物利用处置量。

7-12-2 续表 5

指　　标	2015	2016	2017	2018	2019	2020	2021	2022
集中供热	687.8	662.5	778.3	578.6	699.6	523.6	558.3	517.1
排水	1248.5	1485.5	1727.5	1897.5	1930.0	2675.7	2714.7	2676.8
园林绿化	2075.4	2170.9	2390.2	2413.4	2327.3	2194.5	2003.1	1700.2
市容环境卫生	472.0	561.1	623.0	605.1	684.4	1130.0	997.0	707.5
工业污染治理投资　(亿元)	773.7	819.0	681.5	621.3	615.2	454.3	335.2	285.7
#治理废水	118.4	108.2	76.4	64.0	69.9	57.4	36.1	37.7
治理废气	521.8	561.5	446.3	393.1	367.7	242.4	222.1	198.4
治理固体废物	16.1	46.7	12.7	18.4	17.1	17.3	7.9	12.6
治理噪声	2.8	0.6	1.3	1.5	1.4	0.7	0.5	0.4
治理其他	114.5	102.0	144.9	144.2	159.1	136.5	68.5	36.6
当年完成环保验收项目环保投资　(亿元)	3085.8	2988.8	2771.7	2397.0	2750.1	3342.5	2578.3	2755.8
城市环境情况								
城区面积　(万平方公里)	19.2	19.8	19.8	20.1	20.1	18.7	18.8	19.1
城市污水处理率　(%)	91.9	93.4	94.5	95.5	96.8	97.5	97.9	98.1
城市燃气普及率　(%)	95.3	95.8	96.3	96.7	97.3	97.9	98.0	98.1
城市生活垃圾清运量　(万吨)	19142	20362	21521	22802	24206	23512	24869	24445
城市生活垃圾无害化处理率　(%)	94.1	96.6	97.7	99.0	99.2	99.7	99.9	99.9
城市人均公园绿地面积　(平方米)	13.35	13.70	14.01	14.11	14.36	14.78	14.87	15.29
城市公园个数　(个)	13834	15370	15633	16735	18038	19823	22062	24841
农村环境情况								
农村累计使用卫生厕所户数(万户)	20684	21460	21701					
农村卫生厕所普及率　(%)	78.4	80.3	81.7					
农村累计使用卫生公厕户数(万户)	3879.5	3502.6	2997.7					
农村沼气池产气量　(亿立方米)	153.9	144.9	123.8	112.2				
农村太阳能热水器　(万平方米)	8232.6	8623.7	8723.5	8805.4	8476.7	8420.7	8084.1	7791.8
农村太阳灶数　(万台)	232.6	227.9	222.3	213.6	183.6	170.6	133.4	80.2

注：1. 2011年生态环境部对统计制度中的指标体系、调查方法及相关技术规定等进行了修订，统计范围扩展为工业源、农业源、城镇生活源、机动车、集中式污染治理设施5个部分。

2. 以第二次全国污染源普查成果为基准，生态环境部依法组织对2016-2019年污染源统计初步数据进行了更新，2016年之后数据与以前年份不可比。统计调查对象为全国排放污染物的工业源、农业源、生活源、集中式污染治理设施、机动车。其中，农业源包括大型畜禽养殖场，生活源包括第三产业以及城镇居民生活源；此外，生活源废气污染物排放还包括农村生活源；危险废物综合利用量和处置量指标合并为危险废物利用处置量；烟(粉)尘指标改为颗粒物。

3. 自2020年起，生态环境部对排放源统计调查的部分调查范围、指标及方式方法进行了修订。其中工业源大气污染物非重点调查单位排放量统计调整至生活及其他大气污染物排放量统计中，生活源名称相应改为生活及其他；农业源由大型畜禽养殖场扩展至种植业、畜禽养殖业(含规模养殖场及规模以下养殖户)和水产养殖业；生活源由第三产业以及城镇居民生活源扩展至第三产业以及城镇、农村居民生活源。危险废物贮存量改为危险废物本年末贮存量。

4. 2012年起，生活用水量中的牲畜用水量调整至农业用水量中。

5. 森林面积和森林覆盖率2014-2020年为第九次全国森林资源清查数(2014-2018年)；2009-2013年为第八次全国森林资源清查数(2009-2013年)；2005-2008年为第七次清查数(2004-2008年)。包括香港、澳门特别行政区和台湾省数据。

6. 2007年起，造林总面积中增加无林地和疏林地新封山育林面积；2015年起，造林面积包括人工造林、飞播造林、新封山育林、退化林修复和人工更新。

7. 湿地面积和湿地面积占国土面积比重2009-2013年为第二次全国湿地资源调查(2009-2013)资料，包括台湾省和香港、澳门特别行政区数据；2005-2008年为全国首次湿地调查(1995-2003)资料，不包括台湾省和香港、澳门特别行政区数据。

7-12-3 水资源情况(2022年)

地区	水资源总量(亿立方米)	地表水资源量	地下水资源量	地表水与地下水资源重复量	人均水资源量(立方米/人)
全国	**27088.1**	**25984.4**	**7924.4**	**6820.7**	**1918.2**
北京	23.7	7.4	26.8	10.5	108.4
天津	16.6	11.0	6.8	1.2	121.3
河北	188.0	88.5	152.8	53.3	252.9
山西	153.5	108.2	112.6	67.3	441.0
内蒙古	509.2	365.9	223.1	79.8	2121.2
辽宁	561.7	513.8	154.3	106.4	1333.3
吉林	705.1	625.2	192.6	112.7	2985.8
黑龙江	918.5	771.4	307.1	160.0	2951.5
上海	33.1	27.6	8.4	2.9	133.4
江苏	192.8	142.5	102.7	52.4	226.6
浙江	934.3	918.0	208.3	192.0	1424.6
安徽	545.2	476.7	159.0	90.5	890.8
福建	1174.7	1173.1	303.7	302.1	2805.3
江西	1556.2	1533.6	363.7	341.1	3441.0
山东	508.9	391.1	225.4	107.6	500.6
河南	249.4	172.2	140.4	63.2	252.5
湖北	714.2	690.1	258.1	234.0	1223.6
湖南	1683.8	1677.2	416.2	409.6	2546.2
广东	2223.6	2213.3	546.2	535.9	1754.9
广西	2208.5	2207.6	436.9	436.0	4380.2
海南	363.8	356.1	100.3	92.6	3554.5
重庆	373.5	373.5	82.6	82.6	1162.6
四川	2209.2	2207.8	547.2	545.8	2638.5
贵州	912.4	912.4	246.5	246.5	2367.4
云南	1742.8	1742.8	602.6	602.6	3714.8
西藏	4139.7	4139.7	928.1	928.1	113416.4
陕西	365.8	330.6	139.9	104.7	924.9
甘肃	231.0	221.6	112.7	103.3	927.3
青海	725.7	707.5	319.8	301.6	12206.9
宁夏	8.9	7.1	15.3	13.5	122.5
新疆	914.1	871.0	484.3	441.2	3532.1

7-12-4 供水用水情况(2022年)

地 区	供水总量(亿立方米)	地表水	地下水	其 他	用水总量(亿立方米)	农 业	工 业	生 活	人工生态环境补水	人均用水量(立方米/人)
全 国	**5998.2**	**4994.2**	**828.2**	**175.8**	**5998.2**	**3781.3**	**968.4**	**905.7**	**342.8**	**424.7**
北 京	40.0	15.8	12.2	12.1	40.0	2.6	2.4	18.6	16.4	182.9
天 津	33.6	24.8	2.7	6.0	33.6	10.0	4.6	7.2	11.7	245.6
河 北	182.4	95.8	72.2	14.4	182.4	100.4	16.3	27.8	37.9	245.4
山 西	72.1	38.2	27.5	6.4	72.1	40.5	11.6	15.1	4.9	207.2
内蒙古	191.5	95.8	88.7	6.9	191.5	143.4	13.2	11.3	23.5	797.8
辽 宁	126.0	73.8	45.0	7.2	126.0	75.2	15.0	26.4	9.4	299.1
吉 林	104.5	70.3	31.5	2.7	104.5	76.6	8.7	12.8	6.4	442.5
黑龙江	307.7	193.8	111.3	2.6	307.7	273.8	14.6	15.4	3.9	988.8
上 海	105.7	104.7		0.9	105.7	17.2	63.0	23.8	1.6	425.9
江 苏	611.8	595.0	2.8	14.0	611.8	285.8	245.5	65.6	14.9	718.9
浙 江	167.8	162.7	0.2	5.0	167.8	73.4	35.4	52.5	6.6	255.9
安 徽	300.5	269.0	24.1	7.4	300.5	175.7	78.9	36.1	9.8	491.0
福 建	167.9	159.5	2.9	5.4	167.9	97.2	24.4	31.8	14.5	401.0
江 西	269.8	260.6	6.1	3.0	269.8	194.5	42.2	29.2	3.8	596.6
山 东	217.0	130.3	69.3	17.3	217.0	122.7	33.1	41.3	19.9	213.4
河 南	228.0	118.0	99.4	10.6	228.0	135.5	21.3	43.6	27.6	230.8
湖 北	353.1	343.4	5.0	4.7	353.1	195.7	80.9	51.7	24.7	604.9
湖 南	331.0	319.7	6.8	4.5	331.0	220.0	50.9	45.9	14.2	500.5
广 东	401.7	383.5	6.5	11.7	401.7	198.7	73.4	116.7	12.9	317.0
广 西	264.0	253.7	6.6	3.8	264.0	190.0	31.6	36.1	6.3	523.6
海 南	45.6	43.8	1.2	0.6	45.6	33.9	1.4	9.1	1.2	445.5
重 庆	68.8	65.8	0.5	2.5	68.8	27.5	17.1	22.4	1.8	214.2
四 川	251.6	242.0	5.9	3.6	251.6	164.8	21.2	57.8	7.8	300.5
贵 州	96.3	94.0	1.1	1.2	96.3	63.1	11.2	20.3	1.7	249.9
云 南	163.4	156.1	3.3	4.0	163.4	111.5	14.2	27.6	10.0	348.3
西 藏	31.8	29.0	2.7	0.1	31.8	27.1	1.1	3.3	0.4	871.2
陕 西	94.9	60.7	28.9	5.3	94.9	57.5	10.7	20.2	6.5	239.9
甘 肃	112.9	85.2	24.3	3.4	112.9	82.3	6.3	10.3	13.9	453.2
青 海	24.5	18.5	5.1	0.8	24.5	17.1	2.7	2.9	1.8	412.1
宁 夏	66.3	60.1	4.9	1.3	66.3	53.6	4.5	3.7	4.5	912.6
新 疆	566.4	430.7	129.5	6.2	566.4	513.9	10.9	19.0	22.5	2188.6

7-12-5 各地区废水中主要污染物排放情况

地 区	废水中主要污染物排放量							
	COD (万吨)	氨氮 (万吨)	总氮 (万吨)	总磷 (万吨)	石油类 (吨)	挥发酚 (千克)	氰化物 (千克)	重金属 (千克)
全 国	**2595.8**	**82.0**	**317.2**	**34.6**	**1557.6**	**45205**	**22337**	**48124**
北 京	4.5	0.2	1.0	0.0	5.2	29	22	42
天 津	15.5	0.2	1.7	0.2	7.2	11	60	132
河 北	152.8	3.3	12.7	1.5	110.0	5175	4030	672
山 西	68.1	1.5	5.7	0.7	24.5	1192	848	1512
内蒙古	79.1	1.6	6.3	0.4	26.0	312	15	204
辽 宁	121.5	1.5	10.1	1.3	111.6	8236	882	251
吉 林	88.7	1.2	6.3	0.8	19.1	434	245	516
黑龙江	88.7	1.3	8.2	0.8	15.5	745	253	75
上 海	7.8	0.3	2.7	0.1	114.0	390	296	490
江 苏	124.0	4.0	17.4	1.8	126.7	3008	1795	1274
浙 江	46.9	2.9	12.0	1.0	109.0	1334	580	2833
安 徽	134.6	4.3	16.3	2.0	64.4	761	992	2305
福 建	56.3	3.6	11.6	1.3	47.1	716	749	2186
江 西	107.6	4.4	13.5	1.7	94.3	9318	1941	5148
山 东	142.1	4.5	15.9	1.4	148.2	2316	1080	3357
河 南	184.8	4.7	19.0	2.1	33.5	245	364	1391
湖 北	154.1	5.5	19.9	2.6	48.6	845	2318	729
湖 南	159.4	5.7	20.0	2.6	54.0	1936	1569	5424
广 东	154.5	7.5	29.1	2.9	121.1	917	1598	5881
广 西	92.3	4.8	19.4	2.3	17.5	399	612	2988
海 南	18.3	0.7	3.0	0.4	1.0	268	11	79
重 庆	32.6	1.8	5.7	0.5	48.5	3040	313	241
四 川	126.9	5.8	18.8	1.7	61.5	320	29	856
贵 州	118.0	2.4	10.2	1.5	15.5	279	335	674
云 南	65.9	2.2	10.6	1.0	46.2	371	159	2094
西 藏	13.3	0.4	0.9	0.1	0.1	0		18
陕 西	45.3	2.4	6.7	0.5	24.8	464	560	671
甘 肃	68.3	0.5	3.4	0.5	18.4	309	206	848
青 海	29.4	0.6	1.9	0.1	5.4	240	153	4605
宁 夏	25.8	0.2	1.4	0.2	2.2	144	151	57
新 疆	69.1	2.2	5.8	0.6	36.7	1450	170	570

注：本表数据为初步数。

7-12-6 管辖海域未达到第一类海水水质标准的海域面积(2022年)

单位：平方公里

海 区	第二类水质海域面积	第三类水质海域面积	第四类水质海域面积	劣于第四类水质海域面积
全 国	**34390**	**11030**	**6540**	**24880**
渤 海	10910	3790	2150	7800
黄 海	9850	1650	1000	1210
东 海	11190	4030	2370	11350
南 海	2440	1560	1020	4520

7-12-7 主要城市空气质量情况(2022年)

单位：微克/立方米

城市	二氧化硫年平均浓度	二氧化氮年平均浓度	可吸入颗粒物(PM_{10})年平均浓度	一氧化碳日均值第95百分位浓度(毫克/立方米)	臭氧日最大8小时第90百分位浓度	细颗粒物($PM_{2.5}$)年平均浓度	空气质量达到或好于二级的天数(天)
北京	3	23	54	1.0	171	30	286
天津	9	32	65	1.2	176	37	267
石家庄	8	33	81	1.3	189	46	234
太原	12	40	83	1.4	175	44	241
呼和浩特	10	29	50	1.1	146	24	329
沈阳	14	30	56	1.4	145	32	320
长春	9	26	48	1.0	124	28	336
哈尔滨	14	27	57	1.2	116	37	310
上海	6	27	39	0.9	164	25	318
南京	5	27	51	0.9	170	28	291
杭州	6	32	52	0.9	170	30	304
合肥	8	31	63	1.0	152	32	314
福州	4	16	32	0.7	142	18	356
南昌	8	24	56	1.1	156	30	313
济南	11	31	71	1.2	182	37	239
郑州	8	27	77	1.3	178	45	222
武汉	9	34	55	1.2	162	35	294
长沙	6	24	50	1.0	160	38	302
广州	6	29	39	1.0	179	22	306
南宁	8	23	42	1.0	136	26	353
海口	4	9	26	0.8	125	13	355
重庆	10	29	48	1.0	144	31	332
成都	4	30	58	0.9	181	39	282
贵阳	7	16	35	0.8	113	21	365
昆明	8	20	33	0.7	126	20	365
拉萨	8	12	18	0.7	131	8	364
西安	7	38	85	1.4	176	51	190
兰州	15	38	68	1.7	149	33	301
西宁	17	28	56	1.7	140	30	338
银川	14	31	66	1.5	149	31	306
乌鲁木齐	7	31	71	1.8	135	41	285

7-12-8 各地区废气中主要污染物排放情况

地区	废气中主要污染物排放量		
	二氧化硫（万吨）	氮氧化物（万吨）	颗粒物（万吨）
全 国	**243.52**	**895.74**	**493.38**
北 京	0.11	7.42	0.41
天 津	0.65	8.84	0.90
河 北	14.62	75.45	23.65
山 西	12.85	38.72	26.63
内蒙古	20.27	39.53	99.30
辽 宁	13.05	52.39	21.77
吉 林	5.51	20.07	16.61
黑龙江	10.26	26.64	34.76
上 海	0.67	12.55	0.83
江 苏	7.48	45.00	9.09
浙 江	4.06	35.71	6.61
安 徽	7.11	35.94	9.73
福 建	6.00	22.12	7.98
江 西	7.60	27.65	10.68
山 东	14.59	76.96	19.11
河 南	5.89	44.33	6.93
湖 北	8.50	30.43	12.70
湖 南	6.96	22.82	12.89
广 东	8.82	60.77	13.40
广 西	6.16	24.07	7.11
海 南	0.36	3.49	0.75
重 庆	4.59	15.30	4.96
四 川	12.22	31.07	15.19
贵 州	12.25	20.69	9.26
云 南	18.46	27.58	24.43
西 藏	0.27	4.52	0.73
陕 西	6.72	22.78	21.08
甘 肃	7.67	17.94	12.14
青 海	4.10	6.19	4.99
宁 夏	5.48	13.53	5.83
新 疆	10.20	25.24	52.90

注：本表数据为初步数。

7-12-9 各地区工业固体废物产生及利用情况

单位：万吨

地区	一般工业固体废物产生量	一般工业固体废物综合利用量	一般工业固体废物处置量	危险废物产生量	危险废物利用处置量
全国	**411371**	**237025**	**88761**	**9515**	**9444**
北京	171	143	28	27	27
天津	1946	1936	10	83	83
河北	37092	20457	6775	544	549
山西	48014	18743	23287	383	382
内蒙古	41323	16753	15662	679	684
辽宁	26372	12177	8531	222	206
吉林	4820	2609	1460	247	247
黑龙江	10118	4110	850	93	104
上海	2084	1961	124	140	140
江苏	13278	12364	947	647	648
浙江	5503	5494	23	595	598
安徽	15164	14159	526	240	238
福建	6618	5671	731	181	178
江西	12714	6286	675	204	208
山东	25787	20079	1744	1109	1136
河南	17854	14558	1427	342	331
湖北	9786	7847	871	176	177
湖南	4790	3729	546	254	257
广东	8423	7135	900	546	548
广西	10282	5227	1181	407	407
海南	714	517	196	27	27
重庆	2472	1971	373	110	111
四川	15127	6798	2517	529	534
贵州	11497	7569	1975	95	92
云南	16923	9292	4224	317	316
西藏	6467	452	7		
陕西	13745	7206	5197	201	236
甘肃	7002	3077	2387	192	186
青海	16663	9387	193	319	177
宁夏	7888	4598	2994	128	132
新疆	10730	4720	2397	479	484

注：本表数据为初步数。

7-12-10 各地区城市生活垃圾清运和处理情况(2022年)

地 区	生活垃圾清运量(万吨)	无害化处理厂数(座)				无害化处理能力(吨/日)	
			卫生填埋	焚烧	其他		卫生填埋
全 国	**24444.7**	**1399**	**444**	**648**	**307**	**1109435**	**215167**
北 京	740.6	37	7	11	19	31461	4491
天 津	309.1	19		13	6	19550	
河 北	749.0	47	11	30	6	37631	3761
山 西	466.7	28	14	12	2	19870	5170
内蒙古	348.6	30	23	7		14728	7628
辽 宁	994.4	49	23	18	8	38324	13172
吉 林	435.7	40	23	14	3	22210	9280
黑龙江	507.9	42	27	11	4	22447	8697
上 海	890.1	26	1	13	12	37012	5000
江 苏	1958.7	74	12	44	18	78539	6905
浙 江	1553.5	81	2	51	28	82166	1418
安 徽	745.4	53	11	26	16	36779	6896
福 建	874.5	37	4	24	9	31223	2250
江 西	527.7	30	2	18	10	23289	1150
山 东	1724.0	107	24	61	22	75849	12239
河 南	1087.9	48	16	30	2	46735	6575
湖 北	1032.6	67	21	34	12	41223	7982
湖 南	860.8	48	23	16	9	38153	13532
广 东	3280.6	174	32	74	68	178697	35666
广 西	601.4	43	19	18	6	30459	8159
海 南	264.8	12	1	9	2	15000	500
重 庆	678.8	38	15	16	7	28956	5384
四 川	1259.2	48	13	27	8	45580	7980
贵 州	415.9	46	14	22	10	24517	6427
云 南	538.1	35	16	17	2	16970	3588
西 藏	62.2	8	7	1		2330	1630
陕 西	654.9	41	24	10	7	32046	14146
甘 肃	266.3	31	16	10	5	12342	3742
青 海	117.7	10	9		1	2152	2032
宁 夏	117.2	10	3	4	3	7270	1590
新 疆	380.4	40	31	7	2	15926	8176

7-12-10 续表

地 区			无害化处理量(万吨)				生活垃圾无害化处理率(%)
	焚烧	其他		卫生填埋	焚烧	其他	
全 国	**804670**	**89598**	**24419.3**	**3043.2**	**19502.1**	**1874.0**	**99.9**
北 京	17150	9820	740.6	43.1	491.2	206.3	100.0
天 津	18200	1350	309.1		287.4	21.7	100.0
河 北	31850	2020	749.0	78.2	630.2	40.6	100.0
山 西	14100	600	466.7	137.9	316.9	11.9	100.0
内蒙古	7100		348.5	188.0	160.6		100.0
辽 宁	23330	1822	990.2	265.1	672.4	52.7	99.6
吉 林	12250	680	435.7	86.2	343.0	6.5	100.0
黑龙江	12750	1000	507.9	195.3	301.8	10.8	100.0
上 海	23000	9012	876.2	16.5	664.4	195.4	98.4
江 苏	64028	7606	1958.7	27.4	1734.9	196.5	100.0
浙 江	72700	8048	1553.5		1366.4	187.1	100.0
安 徽	27160	2723	745.4	4.2	683.1	58.1	100.0
福 建	26178	2795	874.5	33.0	786.0	55.5	100.0
江 西	20850	1289	527.7	20.3	485.0	22.4	100.0
山 东	59660	3950	1724.0	17.0	1629.6	77.4	100.0
河 南	39410	750	1084.4	177.9	903.2	3.3	99.7
湖 北	30347	2894	1032.6	179.3	791.0	62.3	100.0
湖 南	21631	2990	860.8	208.1	599.5	53.2	100.0
广 东	127935	15096	3279.0	289.8	2664.1	325.2	100.0
广 西	19950	2350	601.4	95.2	478.6	27.6	100.0
海 南	13400	1100	264.8		248.4	16.4	100.0
重 庆	19422	4150	678.8	60.4	527.7	90.7	100.0
四 川	36112	1488	1258.9	101.4	1112.9	44.7	100.0
贵 州	16750	1340	415.4	72.7	320.2	22.5	99.9
云 南	12707	675	537.4	97.7	427.1	12.5	99.9
西 藏	700		62.1	38.3	23.8		99.8
陕 西	15950	1950	654.9	205.2	422.1	27.6	100.0
甘 肃	7650	950	266.3	69.9	184.2	12.2	100.0
青 海		120	117.0	108.0		9.1	99.5
宁 夏	5000	680	117.2	18.1	80.4	18.7	100.0
新 疆	7400	350	380.4	209.1	166.1	5.2	100.0

7-12-11　主要城市噪声监测情况(2022年)

城　　市	道路交通噪声等效声级 dB(A)	区域环境噪声等效声级 dB(A)
北　　京	68.7	52.8
天　　津	65.5	53.2
石 家 庄	66.5	52.6
太　　原	66.1	50.0
呼和浩特	67.5	52.4
沈　　阳	68.6	54.9
长　　春	69.5	53.7
哈 尔 滨	67.5	52.5
上　　海	68.1	54.0
南　　京	67.2	53.9
杭　　州	66.5	55.7
合　　肥	68.8	58.5
福　　州	68.3	56.6
南　　昌	65.8	54.5
济　　南	66.5	55.0
郑　　州	66.9	54.2
武　　汉	69.3	58.2
长　　沙	68.3	53.9
广　　州	68.8	56.1
南　　宁	68.6	55.3
海　　口	67.8	59.1
重　　庆	66.2	52.5
成　　都	68.0	55.9
贵　　阳	69.7	54.5
昆　　明	64.1	51.7
拉　　萨	63.2	51.5
西　　安	66.0	54.4
兰　　州	66.8	51.8
西　　宁	67.5	50.6
银　　川	66.7	52.7
乌鲁木齐	65.9	

7-12-12 各地区自然保护基本情况(2021年)

地 区	国家级自然保护区数 (个)	国家级自然保护区面积 (万公顷)
全 国	**474**	**9821.3**
北 京	2	2.9
天 津	3	3.1
河 北	14	27.1
山 西	8	14.1
内蒙古	29	434.9
辽 宁	19	90.5
吉 林	24	122.8
黑龙江	49	389.4
上 海	2	6.5
江 苏	3	30.2
浙 江	11	14.8
安 徽	8	14.4
福 建	17	22.7
江 西	16	26.1
山 东	7	22.1
河 南	13	44.2
湖 北	22	54.6
湖 南	23	60.6
广 东	15	33.9
广 西	23	37.2
海 南	10	16.3
重 庆	7	25.5
四 川	32	304.9
贵 州	11	29.0
云 南	21	152.2
西 藏	11	3712.3
陕 西	26	62.8
甘 肃	21	671.7
青 海	7	2116.2
宁 夏	9	46.6
新 疆	15	1232.0

7-12-13 地质灾害及防治情况(2022年)

地 区	发生地质灾害数量(处)	#滑坡	#崩塌	#泥石流	#地面塌陷	人员伤亡(人)	#死亡人数	直接经济损失(万元)
全 国	**5659**	**3919**	**1366**	**202**	**153**	**140**	**90**	**150281**
北 京	12		12					141
天 津								
河 北	5		2		3			12
山 西	1	1						90
内蒙古	2	2						4
辽 宁	4		1	2	1			23
吉 林	56	1	44	10	1			170
黑龙江								
上 海								
江 苏								
浙 江	120	86	26	8		2	2	2303
安 徽	54	13	39	1	1			260
福 建	202	76	123	2	1	16	13	3435
江 西	435	356	65	2	12	13	10	1777
山 东	1		1					
河 南	7	2	5					190
湖 北	22	15	7			2	2	418
湖 南	2884	2561	247	34	25	13	12	34164
广 东	352	203	133	8	7	11	7	16261
广 西	816	262	482	5	67	25	12	5366
海 南	5	2	3					64
重 庆	128	61	37	4	26	8	3	4137
四 川	148	54	35	58	1	1		9262
贵 州	21	15	5	1		3	1	6212
云 南	95	66	13	13	3	24	12	10941
西 藏	31	10	8	13		6	4	787
陕 西	25	13	12			4	4	950
甘 肃	65	53	9	3				9103
青 海	143	62	51	25	4	12	8	43541
宁 夏	3	2	1					93
新 疆	22	3	5	13	1			578

7-12-14 各地区森林火灾情况(2022年)

地 区	森林火灾次数(次)	一般火灾	较大火灾	重大火灾	特别重大火灾	火场总面积(公顷)	受害森林面积(公顷)	公益林	商品林	伤亡人数(人)	#死亡人数	其他损失折款(万元)
全 国	**709**	**370**	**335**	**4**		**28285**	**6854**	**1843**	**5002**	**44**	**17**	**38846**
北 京	3	2	1			27	27	27				9
天 津												
河 北	1	1				26	1	1				10
山 西	3		3			149	60	60				
内蒙古	21	9	12			175	94	84	9			72
辽 宁	13	8	5			222	141	87	54			70
吉 林												
黑龙江	26	24	2			100	47	38				
上 海												
江 苏												
浙 江	20	5	15			557	206	72	134	2	2	34
安 徽	8	8				9	2		2	1	1	
福 建	20	8	12			441	268	82	186			126
江 西	90	38	52			3748	477	113	364	1	1	288
山 东	8	4	4			463	76	76				412
河 南	12	11	1			25	9	2	7			11
湖 北	49	33	16			444	134	69	65	1	1	37
湖 南	173	86	86	1		8136	1773	358	1415	35	8	1106
广 东	45	22	23			626	270	170	101	1	1	23619
广 西	114	55	57	2		10543	2369	102	2267			11886
海 南	2	1	1			47	10		10			9
重 庆	32	17	15			241	113	72	41	1	1	300
四 川	16	5	11			481	262	227	35			643
贵 州	10	5	4	1		423	320	48	273	2	2	31
云 南	16	11	5			418	114	73	41			24
西 藏	2	1	1			18	12	13				
陕 西	9	4	5			30	19	19				4
甘 肃	5	3	2			45	35	35				13
青 海	1		1			1	1	1				5
宁 夏												
新 疆	10	9	1			893	14	14				136

7-12-15 森林有害生物防治情况(2022年)

地 区	合 计			森林病害		森林虫害		森林鼠(兔)害		有害植物	
	发生面积(公顷)	防治面积(公顷)	防治率(%)	发生面积(公顷)	防治面积(公顷)	发生面积(公顷)	防治面积(公顷)	发生面积(公顷)	防治面积(公顷)	发生面积(公顷)	防治面积(公顷)
全 国	**14279576**	**11682878**	**81.8**	**2629535**	**2050731**	**7297390**	**6040117**	**1770143**	**1382091**	**173832**	**126922**
北 京	32631	32631	100.0	1688	1688	28723	28723				
天 津	73792	73792	100.0	4076	4076	44329	44329				
河 北	629312	597947	95.0	21463	19934	386083	368824	27564	21542		
山 西	249899	215035	86.0	13298	11197	150044	129891	59470	49905	1170	403
内蒙古	1018098	586290	57.6	174905	86174	663414	400720	170030	89858		
辽 宁	629208	599746	95.3	33692	29610	434480	412084	6616	5943		
吉 林	285283	275750	96.7	17707	15731	224427	217124	42432	42431		
黑龙江	406320	386709	95.2	29087	21502	228923	211911	148310	153296		
上 海	10693	10671	99.8	1065	1065	9196	9181				
江 苏	131018	122616	93.6	12891	11897	68708	62320			1117	1117
浙 江	792299	703982	88.9	372999	331363	48350	43319				
安 徽	497117	435976	87.7	111285	90234	261354	240153				
福 建	339734	329829	97.1	77403	77403	189463	179558				
江 西	732662	711667	97.1	266611	264941	219177	200606			35	18
山 东	754304	683090	90.6	106144	79315	362176	349329				
河 南	518168	467502	90.2	95571	86038	365048	329645				
湖 北	542906	316545	58.3	109419	17992	272325	240399	4348	4092	68593	53708
湖 南	455009	188373	41.4	85896	14451	300166	172099				
广 东	783787	747711	95.4	279547	279546	124704	101016			43091	39865
广 西	426726	150134	35.2	74970	44676	274896	57590	270	258	15684	10095
海 南	34180	6323	18.5	8	8	8487	4313			19248	1121
重 庆	471464	471464	100.0	122979	122979	218877	218877	12392	12392	1466	1466
四 川	644941	511912	79.4	118810	89951	442244	343825	30951	27444	103	103
贵 州	183414	173800	94.8	24409	20329	150065	144794	2419	2419	2372	2372
云 南	383747	381040	99.3	59497	59193	275598	273709	13645	13472	16301	16158
西 藏	229199	75943	33.1	65933	21846	121273	40183	40527	13428	733	243
陕 西	413280	321005	77.7	88075	57003	210055	179467	79562	67133	53	53
甘 肃	380266	281969	74.2	72777	54737	171475	125670	136012	101562	2	
青 海	257900	202247	78.4	29299	22078	107661	82799	117169	97203	3771	167
宁 夏	251249	123307	49.1	777	543	78044	48151	172335	74580	93	33
新 疆	1573840	1461422	92.9	130964	107260	833572	771291	609304	582871		
大兴安岭	147130	36450	24.8	26290	5971	24053	8217	96787	22262		

7-12-16 地震灾害情况(2022年)

年 份 地 区	地震灾害次数 (次)				人员伤亡 (人)		直接经济损失 (亿元)
		5.0-5.9级	6.0-6.9级	7.0级以上		#死亡人数	
2001	12	8	2	1	750	9	14.84
2002	5	4			362	2	1.48
2003	21	10	6	1	7465	319	46.60
2004	11	8	1		696	8	9.50
2005	13	9	2		882	15	26.28
2006	10	9			229	25	8.00
2007	3	1	1		422	3	20.19
2008	17	6	4	2	446293	69283	8594.96
2009	8	5	2		407	3	27.38
2010	12	4		1	13795	2705	236.11
2011	18	11	2	1	540	32	602.09
2012	12	8	3		1279	86	82.88
2013	14	10	3	1	15965	294	995.36
2014	20	14	4	1	3666	623	332.61
2015	14	13	1		1192	30	179.19
2016	16	8	4		104	1	66.87
2017	12	4	3	1	676	38	147.66
2018	11	7			85		30.27
2019	16	9	2		428	17	91.00
2020	5	3	2		35	5	20.54
2021	19	16	2	1		9	106.52
2022	27	22	5			122	224.56
河 北							0.02
内蒙古							0.01
广 东							0.01
广 西							0.03
四 川	7	4	3			122	188.4
贵 州							0.02
云 南	2	2					3.37
西 藏	1	1					0.13
甘 肃	1	1					7.09
青 海	9	7	2				25.47
新 疆	7	7					0.01

注：2020年起，地震灾害数据为全国5.0级及以上地震情况。

7-12-17 主要海洋灾害情况(2022年)

地 区	发生次数 (次)	因灾死亡人口 (人)	因灾失踪人口 (人)	受损海堤、护岸		直接经济损失 (万元)
				数量(处)	长度(千米)	
合 计	**12**	**4**	**5**	**76**	**53.21**	**241155**
天 津						
河 北						
辽 宁						
上 海	1					74
江 苏	3		3	1	1.12	10661
浙 江	2			23	3.37	28064
福 建	4	4	2			1417
山 东	3			6	33.47	119973
广 东	2			6	2.12	76483
广 西	3			40	13.13	4483
海 南						

7-12-18 各地区突发环境事件情况(2022年)

地区	突发环境事件次数(次)	特别重大环境事件	重大环境事件	较大环境事件	一般环境事件
全国	**113**		**2**		**111**
北京					
天津					
河北					
山西	15				15
内蒙古					
辽宁	1				1
吉林					
黑龙江					
上海	1				1
江苏	6				6
浙江	3				3
安徽	3				3
福建	3				3
江西	4		1		3
山东	1				1
河南	3				3
湖北	11				11
湖南	7				7
广东	8				8
广西	7				7
海南					
重庆	3				3
四川	5				5
贵州	5		1		4
云南	7				7
西藏					
陕西	6				6
甘肃	3				3
青海	2				2
宁夏	4				4
新疆	5				5

7-12-19 各地区城市市政设施情况(2022年)

地 区	道路长度（公里）	道路面积（万平方米）	城市桥梁（座）	城市道路照明灯（千盏）	排水管道长度（公里）
全 国	**552163**	**1089330**	**86260**	**33525**	**913508**
北 京	8681	15375	2401	317	20137
天 津	9669	18687	1312	435	23910
河 北	19753	42488	2491	1125	23531
山 西	10191	23955	1451	557	14644
内蒙古	11311	22990	546	658	15457
辽 宁	24900	45381	2066	1388	25589
吉 林	11538	20579	1025	623	14137
黑龙江	14388	22897	1214	794	13120
上 海	5988	12375	3098	709	22289
江 苏	54234	95086	14521	3924	94107
浙 江	32946	63786	14247	1983	64373
安 徽	20372	48037	2414	1263	37867
福 建	16812	33167	2657	1050	23723
江 西	14797	31552	1276	1024	23120
山 东	53808	109957	6134	2269	74568
河 南	19532	48220	1973	1160	34497
湖 北	23970	47876	2564	1054	39303
湖 南	18907	39463	1454	958	26431
广 东	58666	99182	9350	3850	140221
广 西	15822	32557	1402	818	22537
海 南	5236	8422	249	180	7611
重 庆	12531	26922	2754	921	25504
四 川	29333	58437	4158	2133	49484
贵 州	14084	24325	1148	859	15035
云 南	9417	18751	1436	815	19461
西 藏	1126	2113	65	35	999
陕 西	11032	26027	916	788	14757
甘 肃	7213	15177	715	461	8980
青 海	1671	4184	239	153	3778
宁 夏	3010	8290	226	277	2454
新 疆	11226	23072	758	945	11887

7-12-20 各地区城市污水处理情况(2022年)

地区	污水处理厂(座)	污水处理厂处理能力(万立方米/日)	污水处理厂处理量(万立方米)	污水处理装置处理能力(万立方米/日)	污水处理装置处理量(万立方米)	市政再生水利用量(万立方米)	城市污水处理率(%)	#污水处理厂集中处理率
全国	**2894**	**21606.1**	**6165942**	**998.9**	**102946**	**1795475**	**98.1**	**96.5**
北京	78	712.1	204244	21.4	4014	120540	98.1	96.2
天津	46	344.5	111424	4.2	1256	41679	98.4	97.3
河北	97	715.2	181923			91682	99.1	99.1
山西	53	367.0	107083	4.0	985	25132	98.5	97.6
内蒙古	40	246.2	62992			30167	97.6	97.6
辽宁	142	1108.3	325713	14.6	2528	71356	98.0	97.3
吉林	52	459.2	136930			29244	97.8	97.8
黑龙江	73	433.3	125592	41.5	3765	17900	97.0	94.1
上海	42	896.8	215438				98.0	98.0
江苏	213	1684.6	489605	197.0	22560	146353	97.4	93.1
浙江	116	1341.4	382647	17.7	5436	47121	98.1	96.8
安徽	98	813.6	218797	37.4	4079	70216	98.1	96.3
福建	63	552.2	160662	51.8	8783	43187	98.6	93.5
江西	79	456.8	130378	4.1	949	301	97.6	96.9
山东	233	1493.1	363946	5.7	515	189665	98.5	98.4
河南	127	1043.3	258802	2.0	2	117129	99.5	99.5
湖北	118	962.2	296252	68.4	17474	62356	97.6	92.1
湖南	100	860.1	259377	14.5	170	38660	98.2	98.1
广东	342	2936.0	939520	35.2	4520	384749	98.5	98.1
广西	76	515.1	163849	359.8	10307	32192	98.8	92.9
海南	31	137.7	44790	0.5	119	3016	99.2	98.9
重庆	85	461.0	152498	2.9	455	1997	98.4	98.1
四川	193	955.0	286406	85.9	12774	78341	96.2	92.1
贵州	118	408.1	80053	1.1	307	4967	98.9	98.5
云南	72	371.1	121237	16.7	1912	36628	99.0	97.5
西藏	11	33.2	9432			23	96.6	96.6
陕西	72	573.1	167964			44098	97.1	97.1
甘肃	31	213.0	45454	8.0		9299	97.8	97.8
青海	14	62.9	17850			4490	95.9	95.9
宁夏	23	139.8	28867			13077	99.0	99.0
新疆	56	310.6	76214	4.6	37	39914	98.1	98.1

7-12-21 各地区城市绿地和园林(2022年)

地　区	城市绿地面积(公顷)	#公园绿地	公　园(个)	公园面积(公顷)	建成区绿化覆盖率(%)
全　国	**3586020**	**868508**	**24841**	**672753**	**43.0**
北　京	93558	36900	612	36397	49.8
天　津	47713	11580	170	3438	38.4
河　北	100563	30776	1032	22491	43.8
山　西	58288	17559	441	14574	44.0
内蒙古	71573	18220	479	15238	41.9
辽　宁	150462	31357	746	22580	40.9
吉　林	99451	17329	482	13029	42.7
黑龙江	74527	19333	479	13125	38.0
上　海	172647	22976	473	4227	38.1
江　苏	319725	59388	1424	35678	44.1
浙　江	189757	44861	1902	26013	42.1
安　徽	132363	33198	834	22931	45.3
福　建	91088	23077	725	15523	44.1
江　西	80560	20701	902	16930	46.6
山　东	280650	75582	1496	51148	43.8
河　南	135170	44627	681	22114	40.3
湖　北	117985	37428	737	22383	42.9
湖　南	99439	25315	756	19448	42.3
广　东	539604	118509	4969	165322	44.6
广　西	81236	15570	474	16921	42.2
海　南	19683	4075	167	3337	42.4
重　庆	76584	28516	594	16671	44.6
四　川	143459	44715	946	28692	43.5
贵　州	100487	14958	451	15587	42.1
云　南	63270	15027	1372	12701	43.1
西　藏	6858	1557	167	1281	40.8
陕　西	80269	18900	451	12271	42.6
甘　肃	32834	11183	225	7057	36.2
青　海	9160	2830	71	1854	36.5
宁　夏	26418	6762	149	3865	42.2
新　疆	90639	15696	434	9930	41.4

7-12-22 各地区城市设施水平(2022年)

地区	城市供水普及率(%)	城市燃气普及率(%)	每万人拥有公共汽电车数(标台)	人均城市道路面积(平方米)	人均公园绿地面积(平方米)	每万人拥有公共厕所(座)
全国	**99.39**	**98.06**	**14.06**	**19.28**	**15.29**	**3.43**
北京	99.81	100.00	16.34	8.04	16.63	3.36
天津	100.00	100.00	11.25	16.11	9.98	3.93
河北	100.00	99.55	17.58	21.20	15.35	4.12
山西	98.66	97.56	13.96	18.71	13.72	3.46
内蒙古	99.70	97.96	12.87	24.57	19.47	7.43
辽宁	98.99	97.73	11.52	19.37	13.39	2.45
吉林	96.46	96.54	11.23	17.15	14.45	4.01
黑龙江	99.10	93.22	16.78	16.63	14.04	4.35
上海	100.00	100.00	8.84	5.00	9.28	2.53
江苏	100.00	99.92	16.51	25.66	16.02	3.95
浙江	100.00	99.97	14.87	19.60	13.79	3.13
安徽	99.76	99.42	16.02	24.57	16.98	3.63
福建	99.97	99.67	15.11	21.96	15.28	4.59
江西	99.37	98.82	14.06	25.92	17.01	4.97
山东	99.92	99.47	17.71	26.45	18.18	2.61
河南	99.30	98.21	13.96	16.86	15.60	4.44
湖北	99.93	99.50	12.24	19.67	15.38	3.24
湖南	99.01	97.70	19.11	20.35	13.06	2.67
广东	99.74	98.61	11.21	15.02	17.95	2.05
广西	99.91	99.44	11.56	24.40	11.67	2.28
海南	99.95	99.53	15.21	25.27	12.23	4.43
重庆	98.57	98.82	10.82	16.64	17.63	3.09
四川	97.18	96.55	12.30	18.28	13.99	3.06
贵州	98.88	93.26	14.25	26.69	16.41	4.74
云南	99.01	71.75	15.48	17.40	13.94	6.03
西藏	99.70	74.26	8.99	22.03	16.23	9.35
陕西	98.25	99.03	15.23	18.11	13.15	4.65
甘肃	99.50	96.93	16.59	22.21	16.36	4.52
青海	99.57	94.72	19.34	19.58	13.24	3.90
宁夏	99.99	98.48	17.33	28.00	22.84	3.06
新疆	99.49	98.63	14.07	23.86	16.23	2.80

注：每万人拥有公共汽电车数统计范围为城市和县城。

【主要统计指标解释】

水资源总量 指当地降水形成的地表和地下产水量，即地表产流量与降水入渗补给地下水量之和。

地表水资源量 指河流、湖泊、冰川等地表水体逐年更新的动态水量，即当地天然河川径流量。

地下水资源量 指地下饱和含水层逐年更新的动态水量，即降水和地表水入渗对地下水的补给量。

地表水与地下水资源重复量 指地表水和地下水相互转化的部分，即天然河川径流量中的地下水排泄量和地下水补给量中来源于地表水的入渗补给量。

供水总量 指各种水源提供的包括输水损失在内的水量之和。

地表水源供水量 指地表水工程的取水量，按蓄水工程、引水工程、提水工程、调水工程四种形式统计。

地下水源供水量 指水井工程的开采量，按浅层淡水、深层承压水和微咸水分别统计。

其他水源供水量 包括再生水厂、集雨工程、海水淡化设施供水量及矿坑水利用量。

用水总量 指各类河道外用水户取用的包括输水损失在内的毛水量之和。不包括海水直接利用量以及水力发电、航运等河道内用水量。

农业用水 包括耕地和林地、园地、牧草地灌溉，鱼塘补水及牲畜用水。

工业用水 指工矿企业在生产过程中用于制造、加工、冷却、空调、净化、洗涤等方面的用水，按新水取用量计，不包括企业内部的重复利用水量。

生活用水 包括城镇生活用水和农村生活用水。城镇生活用水由城镇居民生活用水和公共用水（含第三产业及建筑业等用水）组成；农村生活用水指农村居民生活用水。

人工生态环境补水 仅包括人为措施供给的城镇环境用水和部分河湖、湿地补水，而不包括降水、径流自然满足的水量。

一般工业固体废物产生量 指当年全年调查对象实际产生的一般工业固体废物的量。一般工业固体废物指企业在工业生产过程中产生且不属于危险废物的工业固体废物。

一般工业固体废物综合利用量 指调查年度企业通过回收、加工、循环、交换等方式，从固体废物中提取或者使其转化为可以利用的资源、能源和其他原材料的固体废物量（包括当年利用的往年工业固体废物累计贮存量）。如用作农业肥料、生产建筑材料、筑路、用作充填回填材料等。综合利用量由原产生固体废物的单位统计。

一般工业固体废物处置量 指调查年度企业将工业固体废物焚烧和用其他改变工业固体废物的物理、化学、生物特性的方法，达到减少或者消除其危险成分的活动，或者将工业固体废物最终置于符合环境保护规定要求的填埋场的活动中，所消纳固体废物的量（包括当年处置的往年工业固体废物累计贮存量）。

一般工业固体废物贮存量 指调查年度企业以综合利用或处置为目的，将固体废物暂时贮存或堆存在专设的贮存设施或专设的集中堆存场所内的量。专设的固体废物贮存场所或贮存设施必须有防扩散、防流失、防渗漏、防止污染大气、水体的措施。

一般工业固体废物倾倒丢弃量　指调查年度企业将所产生的固体废物倾倒或者丢弃到固体废物污染防治设施、场所以外的量。

危险废物产生量　指调查年度调查对象实际产生的危险废物的量，包括利用处置危险废物过程中二次产生的危险废物的量。危险废物指列入国家危险废物名录或者根据国家规定的危险废物鉴别标准和鉴别方法认定的具有危险特性的废物。按《国家危险废物名录》（2016）填报。

危险废物利用处置量　指调查年度调查对象从危险废物中提取物质作为原材料或者燃料的活动中消纳危险废物的量，以及将危险废物焚烧和用其他改变危险废物物理、化学、生物特性的方法，达到减少或者消除其危险成分的活动，或者将危险废物最终置于符合环境保护规定要求的填埋场的活动中，所消纳危险废物的量。包括本单位自行处置利用的本单位产生和接收外单位危险废物量。

危险废物本年末贮存量　指截至调查年度年末，调查对象将危险废物以一定包装方式暂时存放在专设的贮存设施内的量。专设的贮存设施应符合《危险废物贮存污染控制标准》（GB18597-2001）等相关环保法律法规要求，具有防扩散、防流失、防渗漏、防止污染大气和水体措施的设施。包括本单位自行贮存的本单位产生的和接收外单位的危险废物量。

自然保护区　指保护典型的自然生态系统、珍稀濒危野生动植物种的天然集中分布区、有特殊意义的自然遗迹的区域。具有较大面积，确保主要保护对象安全，维持和恢复珍稀濒危野生动植物种群数量及赖以生存的栖息环境。

突发环境事件　指突然发生，造成或者可能造成重大人员伤亡、重大财产损失和对全国或者某一地区的经济社会稳定、政治安定构成重大威胁和损害，有重大社会影响的涉及公共安全的环境事件。

燃气普及率　指报告期末使用燃气的城市人口数与城市人口总数的比率。其中燃气包括人工煤气、天然气、液化石油气三种。计算公式为：

$$燃气普及率=\frac{城区用气人口数（含暂住人口）}{城区人口+城区暂住人口}\times 100\%$$

生活垃圾清运量　指报告期内收集和运送到垃圾处理厂(场)和生活垃圾最终消纳点的生活垃圾数量。生活垃圾指城市日常生活或为城市日常生活提供服务的活动中产生的固体废物以及法律行政规定的视为城市生活垃圾的固体废物。包括：居民生活垃圾、商业垃圾、集市贸易市场垃圾、街道清扫垃圾、公共场所垃圾和机关、学校、厂矿等单位的生活垃圾。

生活垃圾无害化处理率　指报告期生活垃圾无害化处理量与生活垃圾产生量的比率。在统计上，由于生活垃圾产生量不易取得，可用清运量代替。计算公式为：

$$生活垃圾无害化处理率=\frac{生活垃圾无害化处理量}{生活垃圾产生量}\times 100\%$$

公园绿地　向公众开放，以游憩为主要功能，兼具生态、景观、文教和应急避险等功能，有一定游憩和服务设施的绿地。

7 第三产业分行业主要指标

7-13 居民服务、修理和其他服务业

简要说明

一、主要内容

本篇资料主要包括居民服务、修理和其他服务业企业法人单位分地区主要指标和婚姻登记情况等。

二、资料来源

婚姻登记情况资料由民政部提供。

居民服务、修理和其他服务业企业法人单位分地区主要指标来源于国家统计局服务业统计司《规模以上服务业统计报表制度》和《规模以下服务业抽样调查统计报表制度》调查结果。

7-13-1 居民服务、修理和其他服务业企业法人单位分地区主要指标(2022年)

地 区	营业收入(亿元)	资产总计(亿元)	从业人员(万人)
全 国	**9600.3**	**16992.2**	**516.1**
北 京	697.4	1377.8	34.4
天 津	204.7	475.9	10.8
河 北	175.8	352.8	15.1
山 西	105.6	280.9	8.1
内蒙古	53.2	126.9	4.5
辽 宁	140.4	538.6	9.3
吉 林	49.9	144.0	3.9
黑龙江	63.4	161.8	3.1
上 海	735.1	1184.3	27.2
江 苏	774.5	1180.1	37.6
浙 江	651.8	772.8	35.0
安 徽	357.0	627.1	18.3
福 建	541.9	647.9	26.8
江 西	217.1	318.7	10.5
山 东	598.3	914.3	28.9
河 南	624.6	819.4	28.6
湖 北	458.0	650.6	21.1
湖 南	388.3	479.2	16.4
广 东	1138.1	1423.2	72.9
广 西	134.4	1064.4	9.0
海 南	35.5	127.2	2.4
重 庆	360.9	468.3	18.7
四 川	404.7	772.1	24.9
贵 州	201.9	528.6	12.8
云 南	178.9	707.6	14.6
西 藏	14.2	36.6	1.1
陕 西	152.9	430.0	10.3
甘 肃	42.2	141.3	3.6
青 海	9.7	35.2	1.4
宁 夏	23.7	61.4	1.6
新 疆	66.1	143.2	3.3

7-13-2 婚姻登记情况

年份 地区	结婚登记 (万对)	内地居民	涉外、华侨及 港澳台居民	初婚 (万人)	再婚 (万人)	离婚 (万对)	离婚率 (‰)
2000	848.50	842.00	6.49	1581.39	102.62	121.29	0.96
2005	823.10	816.60	6.43	1483.00	163.10	178.50	1.37
2006	945.00	938.20	6.82	1705.60	184.40	191.30	1.46
2007	991.40	986.30	5.11	1779.70	203.10	209.80	1.59
2008	1098.30	1093.20	5.10	1972.50	224.10	226.90	1.71
2009	1212.40	1207.50	4.92	2168.80	256.00	246.80	1.85
2010	1241.00	1236.10	4.90	2200.90	281.10	267.80	2.00
2011	1302.36	1297.48	4.88	2309.88	294.85	287.40	2.13
2012	1323.59	1318.27	5.33	2361.17	286.02	310.38	2.29
2013	1346.93	1341.43	5.50	2385.96	307.89	350.01	2.57
2014	1306.74	1302.04	4.70	2286.81	326.68	363.68	2.67
2015	1224.71	1220.59	4.12	2108.97	340.44	384.14	2.79
2016	1142.82	1138.61	4.22	1913.26	372.39	415.82	3.02
2017	1063.10	1059.04	4.05	1746.33	379.86	437.40	3.15
2018	1013.94	1009.11	4.84	1598.67	429.22	446.08	3.20
2019	927.33	922.39	4.94	1398.71	455.94	470.06	3.36
2020	814.33	812.60	1.74	1228.60	400.07	433.90	3.09
2021	764.30	762.70	1.60	1157.80	370.80	283.93	2.01
2022	683.50	681.86	1.64	1051.76	315.24	287.92	2.04
北京	9.13	9.09	0.04	11.81	6.45	4.42	2.02
天津	6.89	6.88	0.01	8.21	5.56	4.03	2.95
河北	30.21	30.18	0.03	43.35	17.07	12.95	1.75
山西	18.19	18.18	0.01	30.22	6.16	5.72	1.64
内蒙古	11.46	11.46	0.01	15.58	7.34	5.24	2.18
辽宁	19.09	19.06	0.03	30.42	7.76	9.26	2.21
吉林	11.40	11.39	0.02	14.33	8.48	5.93	2.52
黑龙江	15.05	15.03	0.03	17.93	12.18	8.06	2.60
上海	7.20	7.12	0.08	10.04	4.37	3.04	1.23
江苏	41.20	41.12	0.07	68.81	13.58	17.59	2.07
浙江	30.43	30.36	0.07	49.29	11.58	10.54	1.60
安徽	33.89	33.83	0.05	50.93	16.84	14.63	2.39
福建	16.62	16.48	0.14	25.64	7.60	7.54	1.80
江西	21.04	21.01	0.03	33.43	8.64	8.60	1.90
山东	42.06	42.02	0.04	61.21	22.90	18.52	1.82
河南	48.90	48.87	0.03	76.49	21.32	19.06	1.93
湖北	28.43	28.38	0.05	45.38	11.47	13.02	2.23
湖南	28.44	28.38	0.06	46.49	10.39	14.12	2.14
广东	57.31	56.76	0.54	96.88	17.73	18.45	1.46
广西	24.87	24.79	0.08	42.45	7.29	10.03	1.99
海南	5.14	5.13	0.02	8.54	1.74	1.52	1.48
重庆	17.40	17.38	0.02	23.64	11.17	8.97	2.79
四川	46.39	46.32	0.07	67.31	25.47	21.67	2.59
贵州	29.38	29.36	0.02	45.53	13.24	12.02	3.12
云南	27.38	27.32	0.06	41.96	12.80	11.11	2.37
西藏	2.47	2.47		4.59	0.35	0.46	1.26
陕西	20.04	20.02	0.02	30.51	9.58	7.99	2.02
甘肃	13.42	13.41	0.01	22.47	4.37	4.09	1.64
青海	3.37	3.37		5.42	1.31	1.14	1.92
宁夏	4.16	4.16		6.52	1.80	1.65	2.26
新疆	12.53	12.53		16.38	8.69	6.57	2.54

【主要统计指标解释】

离婚率 指当年离婚对数占年平均人口的比重，计算公式为：

$$离婚率=\frac{当年离婚对数}{年平均人口数}\times 1000‰$$

7 第三产业分行业主要指标

7-14 教 育

简要说明

一、主要内容

教育事业统计资料包括高等教育、高中阶段教育、义务教育阶段教育、学前教育、特殊教育等资料。主要指标包括学校数、在校学生数、招生数、毕业生数、教职工数和专任教师数等。

教育经费统计资料主要反映国家教育经费投入情况，主要指标包括教育经费总投入及国家财政性教育经费等。

教育企业法人单位分地区主要指标、15 岁及以上人口受教育程度分地区、分性别主要指标。

二、资料来源

教育事业统计资料由教育部提供，详细资料见《中国教育统计年鉴》(教育部发展规划司编)；技工学校统计资料由人力资源和社会保障部提供。

教育经费统计资料由教育部提供，详细资料见《中国教育经费统计年鉴》(教育部财务司编)。

教育企业法人单位分地区数据来源于国家统计局服务业统计司《规模以上服务业统计报表制度》和《规模以下服务业抽样调查统计报表制度》调查结果。

15 岁及以上人口受教育程度数据由国家统计局人口和就业统计司提供。

7-14-1 教育经费情况

单位：万元

年份 地区	合 计	国家财政性教育经费	#一般公共预算教育经费	民办学校中举办者投入	捐赠收入	事业收入	#学费	其他教育经费
2000	38490806	25626056	21917652	858537	1139557	9382717	5948304	1483939
2001	46376626	30570100	27056548	1280895	1128852	11575137	7456014	1821643
2002	54800278	34914048	32549425	1725549	1272791	14609169	9227792	2278722
2003	62082653	38506237	36190977	2590148	1045927	17218399	11214985	2721943
2004	72425989	44658575	42444209	3478529	934204	20114268	13465517	3240414
2005	84188391	51610759	49460379	4522185	931613	23399991	15530545	3723842
2006	98153087	63483648	61353481	5490583	899078	24073042	15523301	4206736
2007	121480663	82802142	80943369	809337	930584	31772357	21309082	5166242
2008	145007374	104496296	102129675	698479	1026663	33670711	23492983	5115225
2009	165027065	122310935	119749753	749829	1254991	35275939	25155983	5435371
2010	195618471	146700670	141639029	1054254	1078839	41060664	30155593	5724045
2011	238692936	185867009	178217380	1119320	1118675	44246927	33169742	6341005
2012	286553052	231475698	203141685	1281753	956919	46198404	35048301	6640278
2013	303647182	244882177	214056715	1474089	855445	49262087	37376869	7173384
2014	328064609	264205820	225760099	1313476	796700	54271581	40530393	7477031
2015	361291927	292214511	258618740	1876620	869960	58097239	43173611	8233597
2016	388883850	313962519	277006325	2032733	810447	62768292	47709339	9309860
2017	425620069	342077546	299197838	2250061	849974	69575734	52932815	10866754
2018	461429980	369957704	319927298	2406210	947574	77382499	58958343	10735993
2019	501781166	400465452	346485685	2201304	1013752	87235021	66863024	10865637
2020	530338681	429081543	363104728	2292516	1172355	87041177	67614302	10751091
2021	578736693	458353089	374633647	2423821	1426654	104575160	81306525	11957969
中 央	58450754	42474568	16908237		671350	11826626	3964789	3478210
地 方	520285939	415878521	357725410	2423821	755304	92748534	77341736	8479758
北 京	15325981	13130243	11351611	13689	5027	2056343	1689286	120679
天 津	6664572	5355015	4729800	80931	6758	1095100	926576	126767
河 北	21927812	17431028	16210113	99392	56533	4243325	3646113	97535
山 西	11140175	9093489	7757390	51423	9481	1876751	1549375	109031
内蒙古	8595861	7650998	6336925	16992	5921	868304	734111	53646
辽 宁	11110019	8672192	7077888	25382	19616	2270581	1825191	122250
吉 林	7092031	5653622	4839493	9807	4292	1241231	1066088	183079
黑龙江	8440981	7258878	6073051	9612	609	1113765	952025	58116
上 海	15764758	12531779	10133529	8974	9399	2921891	2416143	292714
江 苏	37333811	30041739	25051278	102283	75676	6082574	5019246	1031538
浙 江	31651797	23799795	20299029	198888	58987	6390878	5190215	1203249
安 徽	18979388	15407270	13154212	92546	7879	3065476	2530514	406218
福 建	15320230	12155937	10620751	113868	73418	2627766	2203720	349241
江 西	16514212	13343489	12508316	119531	23246	2816514	2213926	211433
山 东	34007897	26990467	23870113	208320	26529	6332926	5416670	449656
河 南	27674810	20831756	17430919	230999	22411	6307523	5347948	282120
湖 北	17932016	13741979	12249819	118143	21015	3833183	3222210	217696
湖 南	20038528	15212719	14247764	121344	24968	4350441	3520409	329055
广 东	60188062	44990678	37933726	390055	122302	14108149	12349447	576877
广 西	16448664	13378366	11050418	73813	9797	2757641	2160454	229047
海 南	4648209	3773504	3026888	18850	2293	794353	663419	59207
重 庆	12761688	10349977	8050201	50483	15961	2069281	1625812	275987
四 川	25912560	20478094	17412417	117482	49083	4964005	4117338	303896
贵 州	15080783	12782891	11256781	54707	11238	1840404	1521417	391543
云 南	16694079	14103896	11470150	35573	46410	2269195	1915886	239005
西 藏	3335508	3294482	2903571		2599	32693	17333	5734
陕 西	14151375	11157023	10336811	43747	14725	2695819	2119122	240062
甘 肃	8498438	7638508	6619192	8553	5668	770476	630469	75234
青 海	3066904	2853321	2303601	589	11182	156527	111541	45285
宁 夏	2838672	2431303	1990368	6132	1943	308369	252520	90925
新 疆	11146119	10344083	9429284	1715	10339	487049	387212	302932

注：1.“民办学校中举办者投入”2006年前数据为社会团体和公民个人办学总经费。

2. 从2017年起，“公共财政教育经费”改为“一般公共预算教育经费”。“一般公共预算教育经费”数据2011年前包括教育事业费、基本建设经费、教育费附加、科研经费和其他经费，2012年起仅包括教育事业费、基本建设经费和教育费附加，2015年起教育事业费包含地方教育附加和土地出让收益计提的教育资金。

7-14-2 教育企业法人单位分地区主要指标(2022年)

地 区	营业收入(亿元)	资产总计(亿元)	从业人员(万人)
全 国	**6224.1**	**13947.5**	**433.3**
北 京	681.4	1279.6	24.2
天 津	42.2	132.9	2.6
河 北	86.5	324.1	12.3
山 西	48.5	205.6	7.9
内蒙古	17.9	55.4	2.9
辽 宁	70.4	246.9	7.4
吉 林	28.8	106.5	3.2
黑龙江	26.5	93.0	3.9
上 海	304.6	634.5	10.2
江 苏	442.8	733.6	26.3
浙 江	338.3	562.9	30.4
安 徽	259.3	522.3	19.9
福 建	280.5	379.7	16.7
江 西	196.8	332.1	14.2
山 东	321.9	764.4	22.4
河 南	564.2	997.2	36.8
湖 北	287.0	633.1	19.1
湖 南	361.3	709.9	22.3
广 东	855.7	1761.4	59.7
广 西	75.6	173.8	10.7
海 南	31.5	167.2	2.7
重 庆	207.8	525.2	13.5
四 川	328.6	1223.2	25.9
贵 州	117.5	425.8	10.9
云 南	98.1	436.6	9.3
西 藏	2.4	22.6	0.2
陕 西	80.6	234.6	8.0
甘 肃	25.5	117.5	3.6
青 海	3.9	17.7	0.8
宁 夏	14.6	48.6	2.1
新 疆	23.7	79.5	3.0

7-14-3 各级各类学校和教职工情况(2022年)

项 目	学校数(所)	教职工数(人)
高等教育学校	**3013**	**2870866**
普通本科学校	1239	1976562
#独立学院	164	83915
本科层次职业学校	32	34196
高职(专科)学校	1489	832026
成人高等学校	253	27873
其他普通高教机构	(4)	209
高中阶段学校	**22227**	**4072921**
普通高中	15026	3224457
完全中学	5285	1176612
高级中学	7978	1570696
十二年一贯制学校	1763	477149
中等职业教育	7201	848464
中等职业学校	7201	836587
其他中职机构	(269)	11877
义务教育阶段学校	**201597**	**10998201**
初中学校	52480	4751232
初级中学	34304	2945431
九年一贯制学校	18168	1805590
职业初中	8	211
普通小学	149117	6246969
小学	149117	5899451
小学教学点	(76933)	347518
特殊教育学校	**2314**	**85989**
幼儿园	**289222**	**5756829**
专门学校	**119**	**3620**

注：1.完全中学的学校数和教职工数计入高中阶段教育，九年一贯制学校的校数和教职工数计入初中阶段教育，十二年一贯制学校的校数和教职工数计入高中阶段教育(以下相关表同)。
2.2021年起，中等职业教育数据不含人社部管理的技工学校(以下相关表同)。
3.“()”内数据为不计校数(以下相关表同)。

7-14-4 各级各类学历教育学生情况(2022年)

单位：人

项　　目	毕业生数	招生数	在校生数
高等教育			
研究生	862165	1242479	3653613
博　士	82320	138951	556065
硕　士	779845	1103528	3097548
普通本科	4715658	4679358	19656436
职业本专科	4956907	5466063	16937739
本　科	9229	76302	228740
专　科	4947678	5389761	16708999
成人本专科	3300668	4400196	9336481
本　科	1732128	2446444	5277598
专　科	1568540	1953752	4058883
网络本专科生	2618888	2808900	8446500
本　科	1048500	1289961	3419642
专　科	1570388	1518939	5026858
高中阶段教育	**12697176**	**14553013**	**40891128**
#普通高中	8241028	9475448	27138747
完全中学	2505450	2805115	8106884
高级中学	5291660	6027036	17342205
十二年一贯制学校	419793	611519	1609055
附设普通高中班	24125	31778	80603
#中等职业教育	3992725	4847810	13392903
中等职业学校	3643436	4544517	12424538
附设中职班	349289	303293	968365
义务教育阶段教育	**33645363**	**34327685**	**158526559**
初中阶段	16239236	17313811	51205965
初级中学	10931077	11701021	34305553
九年一贯制学校	2782794	3081503	9141608
十二年一贯制学校	534715	478043	1588544
完全中学	1949906	2023524	6073135
职业初中	299	228	715
附设普通初中班	40399	29492	96354
附设职业初中班	46		56
小学阶段	17406127	17013874	107320594
小学	14524425	14227134	89894656
九年一贯制学校	2202222	2027725	13015991
十二年一贯制学校	295704	229406	1627608
小学教学点	303084	515265	2607423
附设小学班	80692	14344	174916
特殊教育	**158703**	**146257**	**918502**
#特殊教育学校	50581	47646	335659
学前教育	**16783163**	**13604348**	**46275486**
幼儿园	15513861	12764113	44015367
附设幼儿班	1269302	840235	2260119
专门学校	**4295**	**5291**	**8109**

注：1.完全中学、九年一贯制学校、十二年一贯制学校和附设教学班的学生数按教育层次分别计入对应教育阶段的学生数中(以下相关表同)。
2.特殊教育涵盖特殊教育学校、附设特教班、随班就读和送教上门等各类形式(以下相关表同)。
3.2019年起，学前教育招生数仅包括首次入园的适龄儿童，不再包括复学、转入等情况(以下相关表同)。
4.2017年起，研究生招生数包含全日制和非全日制研究生，在校生数包含全日制、非全日制研究生和在职人员攻读硕士学位学生(以下相关表同)。
5.高中阶段教育学生数含国家开放大学中职部(以下相关表同)。

7-14-5 各级各类民办教育学生情况(2022年)

单位：人

项　目	毕业生数	招生数	在校生数
高等教育			
研究生	950	1694	3878
普通本科	1227825	1149728	5128458
职业本专科	1074575	1398300	4120444
本　科	8338	49619	182514
专　科	1066237	1348681	3937930
成人本专科	299781	513810	986717
本　科	54125	104112	193526
专　科	245656	409698	793191
高中阶段教育	**2067690**	**2884388**	**7740302**
普通高中	1277318	1879119	4977894
完全中学	327298	394298	1119349
高级中学	615199	992123	2563698
十二年一贯制学校	334821	492698	1294847
中等职业教育	790372	1005269	2762408
义务教育阶段教育	**3775719**	**2470213**	**13568495**
初中阶段	2140733	1595788	5819863
初级中学	461057	283069	1106413
九年一贯制学校	886162	758806	2629067
十二年一贯制学校	434739	345631	1222967
完全中学	358753	208282	861360
职业初中	22		56
小学阶段	1634986	874425	7748632
小学	646690	336905	3116407
九年一贯制学校	744492	394390	3446617
十二年一贯制学校	243804	143130	1185608
特殊教育	**1579**	**1642**	**10086**
学前教育	**7897188**	**5851052**	**21267768**
专门学校	**240**	**411**	**1068**

7-14-6 各级各类学校校数情况

单位：所

年 份	普通、职业高等学校	#高职(专科)院校	普通高中	中等职业教育	初中学校	普通小学	特殊教育学校	幼儿园
1980	675		31300	3459	87077	917316	292	170419
1985	1016		17318	14190	77529	832309	375	172262
1990	1075		15678	20763	73462	766072	746	172322
1995	1054		13991	22072	68564	668685	1379	180438
2000	1041	442	14564	19727	63898	553622	1539	175836
2001	1225	628	14907	17580	66590	491273	1531	111706
2002	1396	767	15406	15919	65645	456903	1540	111752
2003	1552	908	15779	14682	64730	425846	1551	116390
2004	1731	1047	15998	14454	63757	394183	1560	117899
2005	1792	1091	16092	14466	62486	366213	1593	124402
2006	1867	1147	16153	14693	60885	341639	1605	130495
2007	1908	1168	15681	14832	59384	320061	1618	129086
2008	2263	1184	15206	14847	57914	300854	1640	133722
2009	2305	1215	14607	14388	56320	280184	1672	138209
2010	2358	1246	14058	13862	54890	257410	1706	150420
2011	2409	1280	13688	13083	54117	241249	1767	166750
2012	2442	1297	13509	12654	53216	228585	1853	181251
2013	2491	1321	13352	12262	52804	213529	1933	198553
2014	2529	1327	13253	11878	52623	201377	2000	209881
2015	2560	1341	13240	11202	52405	190525	2053	223683
2016	2596	1359	13383	10893	52118	177633	2080	239812
2017	2631	1388	13555	10671	51894	167009	2107	254950
2018	2663	1418	13737	10229	51982	161811	2152	266677
2019	2688	1423	13964	10078	52415	160148	2192	281174
2020	2738	1468	14235	9896	52805	157979	2244	291715
2021	2756	1486	14585	7294	52871	154279	2288	294832
2022	2760	1489	15026	7201	52480	149117	2314	289222

7-14-7 各级各类教育专任教师情况

单位：万人

年 份	普通、职业高等学校	#高职(专科)学 校	普通高中	中等职业教 育	初中阶段	小学阶段	特殊教育	学前教育
1980	24.7		57.1	13.3	244.9	549.9	0.5	41.1
1985	34.4		49.2	35.5	216.0	537.7	0.7	55.0
1990	39.5		56.2	66.3	249.9	558.2	1.4	75.0
1995	40.1		55.1	74.0	282.1	566.4	2.5	87.5
2000	46.3	8.7	75.7	79.7	328.7	586.0	3.2	85.6
2001	53.2	12.4	84.0	73.8	338.6	579.8	2.9	54.6
2002	61.8	15.6	94.6	69.1	346.8	577.9	3.0	57.1
2003	72.5	19.7	107.1	71.3	349.8	570.3	3.0	61.3
2004	85.8	23.8	119.1	73.6	350.0	562.9	3.1	65.6
2005	96.6	26.8	129.9	75.0	349.2	559.2	3.2	72.2
2006	107.6	31.6	138.7	79.9	347.5	558.8	3.3	77.6
2007	116.8	35.5	144.3	85.9	347.3	561.3	3.5	82.7
2008	123.7	37.7	147.6	89.5	347.6	562.2	3.6	89.9
2009	129.5	39.5	149.3	86.7	351.8	563.3	3.8	98.6
2010	134.3	40.4	151.8	87.1	352.5	561.7	4.0	114.4
2011	139.3	41.3	155.7	88.1	352.5	560.5	4.1	131.6
2012	144.0	41.3	159.5	88.0	350.4	558.5	4.4	147.9
2013	149.7	43.7	162.9	86.8	348.1	558.5	4.6	166.3
2014	153.5	43.8	166.3	85.8	348.8	563.4	4.8	184.4
2015	157.3	45.5	169.5	84.4	347.6	568.5	5.0	205.1
2016	160.2	46.7	173.3	84.0	348.8	578.9	5.3	223.2
2017	163.3	48.2	177.4	83.9	354.9	594.5	5.6	243.2
2018	167.3	49.8	181.3	83.4	363.9	609.2	5.9	258.1
2019	174.0	51.4	185.9	84.3	374.7	626.9	6.2	276.3
2020	183.3	55.6	193.3	85.7	386.1	643.4	6.6	291.3
2021	186.6	57.0	202.8	69.5	397.1	660.1	6.9	319.1
2022	196.3	62.0	213.3	71.8	402.5	662.9	7.3	324.4

7-14-8 各级各类教育招生情况

单位：万人

年 份	研究生	普通、职业本专科	#专科	普通高中	中等职业教育	初中阶段	小学阶段	特殊教育	学前教育
1980	0.4	28.1	7.7	383.4	58.3	1557.6	2942.3	0.6	
1985	4.7	61.9	30.2	257.5	234.2	1367.0	2298.2	0.9	
1990	3.0	60.9	29.2	249.8	286.1	1389.3	2064.0	1.6	
1995	5.1	92.6	47.8	273.6	498.6	1781.1	2531.8	5.6	1972.4
2000	12.8	220.6	48.7	472.7	408.3	2295.6	1946.5	5.3	1531.1
2001	16.5	268.3	66.6	558.0	399.9	2287.9	1944.2	5.6	1398.2
2002	20.3	320.5	89.1	676.7	473.6	2281.8	1952.8	5.3	1373.6
2003	26.9	382.2	199.6	752.1	515.8	2220.1	1829.4	4.9	1316.8
2004	32.6	447.3	237.4	821.5	566.2	2094.6	1747.0	5.1	1350.3
2005	36.5	504.5	268.1	877.7	655.7	1987.6	1671.7	4.9	1356.2
2006	39.8	546.1	293.0	871.2	747.8	1929.5	1729.4	5.0	1391.3
2007	41.9	565.9	283.8	840.2	810.0	1868.5	1736.1	6.3	1433.6
2008	44.6	607.7	310.6	837.0	812.1	1859.6	1695.7	6.2	1482.7
2009	51.1	639.5	313.4	830.3	868.2	1788.5	1637.8	6.4	1546.9
2010	53.8	661.8	310.5	836.2	870.4	1716.6	1691.7	6.5	1700.4
2011	56.0	681.5	324.9	850.8	813.9	1634.7	1736.8	6.4	1827.3
2012	59.0	688.8	314.8	844.6	754.1	1570.8	1714.7	6.6	1911.9
2013	61.1	699.8	318.4	822.7	674.8	1496.1	1695.4	6.6	1970.0
2014	62.1	721.4	338.0	796.6	619.8	1447.8	1658.4	7.1	1987.8
2015	64.5	737.8	348.4	796.6	601.2	1411.0	1729.0	8.3	2008.8
2016	66.7	748.6	343.2	802.9	593.3	1487.2	1752.5	9.2	1922.1
2017	80.6	761.5	350.7	800.1	582.4	1547.2	1766.6	11.1	1938.0
2018	85.8	791.0	368.8	792.7	557.0	1602.6	1867.3	12.4	1863.9
2019	91.7	914.9	483.6	839.5	600.4	1638.8	1869.0	14.4	1688.2
2020	110.7	967.5	524.3	876.4	644.7	1632.1	1808.1	14.9	1791.4
2021	117.7	1001.3	552.6	905.0	489.0	1705.4	1782.6	14.9	1526.2
2022	124.2	1014.5	539.0	947.5	484.8	1731.4	1701.4	14.6	1360.4

7-14-9 各级各类教育在校学生情况

单位：万人

年份	研究生	普通、职业本专科	#专科	普通高中	中等职业教育	初中阶段	小学阶段	特殊教育	学前教育
1980	2.2	114.4	28.2	969.8	586.3	4551.8	14627.0	3.3	1150.8
1985	8.7	170.3	58.0	741.1	476.1	4010.1	13370.2	4.2	1479.7
1990	9.3	206.3	74.3	717.3	763.5	3916.6	12241.4	7.2	1972.2
1995	14.5	290.6	126.8	713.2	1230.2	4727.5	13195.2	29.6	2711.2
2000	30.1	556.1	100.9	1201.3	1284.5	6256.3	13013.3	37.8	2244.2
2001	39.3	719.1	146.8	1405.0	1164.9	6514.4	12543.5	38.6	2021.8
2002	50.1	903.4	193.4	1683.8	1190.8	6687.4	12156.7	37.5	2036.0
2003	65.1	1108.6	479.4	1964.8	1256.7	6690.8	11689.7	36.5	2003.9
2004	82.0	1333.5	595.7	2220.4	1409.2	6527.5	11246.2	37.2	2089.4
2005	97.9	1561.8	713.0	2409.1	1600.0	6214.9	10864.1	36.4	2179.0
2006	110.5	1738.8	795.5	2514.5	1809.9	5957.9	10711.5	36.3	2263.9
2007	119.5	1884.9	860.6	2522.4	1987.0	5736.2	10564.0	41.9	2348.8
2008	128.3	2021.0	916.8	2476.3	2087.1	5585.0	10331.5	41.7	2475.0
2009	140.5	2144.7	964.8	2434.3	2195.2	5440.9	10071.5	42.8	2657.8
2010	153.8	2231.8	966.2	2427.3	2238.5	5279.3	9940.7	42.6	2976.7
2011	164.6	2308.5	958.9	2454.8	2205.3	5066.8	9926.4	39.9	3424.5
2012	172.0	2391.3	964.2	2467.2	2113.7	4763.1	9695.9	37.9	3685.8
2013	179.4	2468.1	973.6	2435.9	1923.0	4440.1	9360.5	36.8	3894.7
2014	184.8	2547.7	1006.6	2400.5	1755.3	4384.6	9451.1	39.5	4050.7
2015	191.1	2625.3	1048.6	2374.4	1656.7	4312.0	9692.2	44.2	4264.8
2016	198.1	2695.8	1082.9	2366.6	1599.0	4329.4	9913.0	49.2	4413.9
2017	264.0	2753.6	1105.0	2374.5	1592.5	4442.1	10093.7	57.9	4600.1
2018	273.1	2831.0	1133.7	2375.4	1555.3	4652.6	10339.3	66.6	4656.4
2019	286.4	3031.5	1280.7	2414.3	1576.5	4827.1	10561.2	79.5	4713.9
2020	314.0	3285.3	1459.5	2494.5	1663.4	4914.1	10725.4	88.1	4818.3
2021	333.2	3496.1	1590.1	2605.0	1311.8	5018.4	10779.9	92.0	4805.2
2022	365.4	3659.4	1670.9	2713.9	1339.3	5120.6	10732.1	91.9	4627.5

7-14-10 各级各类教育毕业生情况

单位：万人

年　份	研究生	普通、职业本专科	#专科	普通高中	中等职业教　育	初中阶段	小学阶段	特殊教育	学前教育
1980		14.7		616.2	73.3	964.8	2053.3	0.4	
1985	1.7	31.6	14.4	196.6	92.5	1007.2	1999.9	0.4	
1990	3.5	61.4	30.6	233.0	240.6	1123.0	1863.1	0.5	
1995	3.2	80.5	48.0	201.6	348.4	1244.4	1961.5	1.9	
2000	5.9	95.0	17.9	301.5	476.7	1633.5	2419.2	4.3	
2001	6.8	103.6	19.3	340.5	430.6	1731.5	2396.9	4.6	1160.2
2002	8.1	133.7	27.7	383.8	380.1	1903.7	2351.9	4.4	1152.7
2003	11.1	187.7	94.8	458.1	346.4	2018.5	2267.9	4.5	1072.0
2004	15.1	239.1	119.5	546.9	359.2	2087.3	2135.2	4.7	1059.7
2005	19.0	306.8	160.2	661.6	418.2	2123.4	2019.5	4.3	1025.4
2006	25.6	377.5	204.8	727.1	479.1	2071.6	1928.5	4.5	1045.1
2007	31.2	447.8	248.2	788.3	530.9	1963.7	1870.2	5.0	1049.1
2008	34.5	511.9	286.3	836.1	580.7	1868.0	1865.0	5.2	1040.5
2009	37.1	531.1	285.6	823.7	624.9	1797.7	1805.2	5.7	1040.6
2010	38.4	575.4	316.4	794.4	665.0	1750.4	1739.6	5.9	1057.6
2011	43.0	608.2	328.5	787.7	660.0	1736.7	1662.8	4.4	1184.7
2012	48.6	624.7	320.9	791.5	674.6	1660.8	1641.6	4.9	1433.6
2013	51.4	638.7	318.7	799.0	674.4	1561.5	1581.1	5.1	1491.7
2014	53.6	659.4	318.0	799.6	622.9	1413.5	1476.6	4.9	1527.2
2015	55.2	680.9	322.3	797.7	567.9	1417.6	1437.3	5.3	1590.3
2016	56.4	704.2	329.8	792.4	533.6	1423.9	1507.4	5.9	1623.2
2017	57.8	735.8	351.6	775.7	496.9	1397.5	1565.9	6.9	1652.7
2018	60.4	753.3	366.5	779.2	487.3	1367.8	1616.5	8.1	1790.6
2019	64.0	758.5	363.8	789.2	493.5	1454.1	1647.9	9.8	1765.2
2020	72.9	797.2	376.7	786.5	484.9	1535.3	1640.3	12.1	1779.4
2021	77.3	826.5	398.4	780.2	375.4	1587.1	1718.0	14.6	1714.8
2022	86.2	967.3	494.8	824.1	399.3	1623.9	1740.6	15.9	1678.3

7-14-11　技工学校情况

年　份	学校数（所）	教职工数（万人）	毕业生数（万人）	招生数（万人）	在校学生数（万人）
1987	3952	26.2	26.5	42.3	103.1
1988	3996	28.0	31.1	46.1	116.1
1989	4102	29.6	36.8	47.0	125.8
1990	4184	30.8	41.3	50.6	133.2
1991	4269	32.5	45.4	54.4	142.2
1992	4392	33.6	45.7	60.2	155.6
1993	4477	33.5	49.7	66.4	171.7
1994	4430	34.0	55.7	71.4	187.1
1995	4521	33.7	68.5	74.6	189.0
1996	4467	33.5	68.1	72.7	191.8
1997	4395	31.0	69.9	73.4	193.1
1998	4362	31.0	68.2	59.4	181.3
1999	4098	26.9	66.2	51.5	156.0
2000	3792	24.0	64.6	50.4	140.1
2001	3470	22.0	47.7	55.1	134.7
2002	3075	20.3	45.4	73.3	153.0
2003	2970	20.2	45.3	91.6	193.1
2004	2884	20.4	53.5	109.7	234.4
2005	2855	20.4	69.0	118.4	275.3
2006	2880	21.5	86.4	134.8	320.8
2007	2995	24.0	99.7	158.5	367.1
2008	3075	24.7	109.0	161.4	397.5
2009	3064	25.8	115.2	156.4	414.3
2010	2998	26.5	121.3	158.6	421.0
2011	2914	26.5	118.9	163.5	429.4
2012	2892	26.7	120.2	156.8	422.8
2013	2882	26.9	116.9	133.5	386.6
2014	2818	26.5	106.8	124.4	339.0
2015	2545	26.0	94.6	121.4	321.5
2016	2526	26.5	93.1	127.2	323.2
2017	2490	26.9	90.5	130.9	338.2
2018	2379	26.7	90.3	128.5	341.6
2019	2392	27.2	98.4	143.0	360.3
2020	2423	27.9	101.4	160.1	395.5
2021	2492	29.8	108.7	167.2	426.7
2022	2551	31.3	120.0	166.0	445.4

7-14-12 进城务工人员随迁子女在校情况(2022年)

单位：人

项 目	进城务工人员随迁子女	外省迁入	本省外县迁入
普通小学			
毕业生数	1527399	658572	868827
招生数	1477912	626259	851653
在校学生数	9698568	4135759	5562809
#女	4422020	1868350	2553670
初中			
毕业生数	1151331	459326	692005
招生数	1355415	558514	796901
在校学生数	3948277	1605083	2343194
#女	1780057	714259	1065798

7-14-13 义务教育巩固率、高中阶段和高等教育毛入学率

单位：%

年 份	九年义务教育巩固率	高中阶段毛入学率	高等教育毛入学率
1996		38.0	8.3
1997		40.6	9.1
1998		40.7	9.8
1999		41.0	10.5
2000		42.8	12.5
2001		42.8	13.3
2002		42.8	15.0
2003		43.8	17.0
2004		48.1	19.0
2005		52.7	21.0
2006		59.8	22.0
2007		66.0	23.0
2008		74.0	23.3
2009		79.2	24.2
2010	91.1	82.5	26.5
2011	91.5	84.0	26.9
2012	91.8	85.0	30.0
2013	92.3	86.0	34.5
2014	92.6	86.5	37.5
2015	93.0	87.0	40.0
2016	93.4	87.5	42.7
2017	93.8	88.3	45.7
2018	94.2	88.8	48.1
2019	94.8	89.5	51.6
2020	95.2	91.2	54.4
2021	95.4	91.4	57.8
2022	95.5	91.6	59.6

7-14-14 分地区普通、职业本专科学生情况(2022年)

单位：人

地区	招生数	普通本科	职业本科	专科	在校生数	普通本科	职业本科	专科
全国	**10145421**	**4679358**	**76302**	**5389761**	**36594175**	**19656436**	**228740**	**16708999**
北京	162631	139992		22639	626590	559191		67399
天津	161448	91509		69939	594505	375558		218947
河北	502184	229050	6721	266413	1773693	962736	7728	803229
山西	268650	124931	5882	137837	945710	543231	11607	390872
内蒙古	145766	64386		81380	534509	288595		245914
辽宁	295006	181027	1350	112629	1180201	752201	4148	423852
吉林	222706	129460		93246	788677	528199		260478
黑龙江	257345	141679		115666	912011	587214		324797
上海	140386	100446	1378	38562	554807	413570	2744	138493
江苏	609922	300057	3541	306324	2219114	1239560	8450	971104
浙江	325437	167592	4374	153471	1253265	705515	9503	538247
安徽	402234	181943		220291	1553535	767426		786109
福建	299961	137430	2504	160027	1076050	578208	9207	488635
江西	440586	172715	6994	260877	1464437	698423	19850	746164
山东	700405	280081	7623	412701	2527073	1222647	31984	1272442
河南	800432	315204	3392	481836	2823270	1357256	14157	1451857
湖北	497821	237094		260727	1772611	1003610		769001
湖南	515747	224788	1251	289708	1685091	867601	1580	815910
广东	715658	310912	5307	399439	2670913	1321922	24610	1324381
广西	417760	146205	6130	265425	1407503	627621	21704	758178
海南	72808	30793	2380	39635	258146	129941	11160	117045
重庆	295510	122690	3383	169437	1066133	532586	11372	522175
四川	606090	262142	2494	341454	2051526	1091431	8942	951153
贵州	261312	89941	2982	168389	894725	407741	3964	483020
云南	287063	123643		163420	1100290	540756		559534
西藏	11706	7033		4673	42518	29442		13076
陕西	331424	181413	3793	146218	1304356	764831	13371	526154
甘肃	150168	75506	3480	71182	648141	329384	7840	310917
青海	24130	12262		11868	80915	47456		33459
宁夏	46253	25265		20988	172457	101366		71091
新疆	176872	72169	1343	103360	611403	281218	4819	325366

7-14-14 续表 单位：人

地区	毕业生数	普通本科	职业本科	专科	授予学位数	预计毕业生数	普通本科	职业本科	专科
全国	**9672565**	**4715658**	**9229**	**4947678**	**4706170**	**10853349**	**5044832**	**40159**	**5768358**
北京	158466	131477		26989	131871	165049	141389		23660
天津	155972	90370		65602	90800	177479	95314		82165
河北	488044	225861		262183	225588	515789	246194		269595
山西	248174	136315		111859	135484	263728	139568		124160
内蒙古	140259	70626		69633	69876	161289	76775		84514
辽宁	318591	177447		141144	177277	383932	188722	35	195175
吉林	218140	125940		92200	125445	208135	133087		75048
黑龙江	252541	140769		111772	140722	256795	146864		109931
上海	147299	98317	37	48945	97945	158095	105706	107	52282
江苏	573573	301245	891	271437	299386	660535	317437	1346	341752
浙江	346264	171415	184	174665	171003	373298	183125	313	189860
安徽	418913	190427		228486	189913	472525	199381		273144
福建	280932	137182		143750	137174	306727	148460	2000	156267
江西	379138	165267	519	213352	164776	434844	177378	4177	253289
山东	734267	301424		432843	302139	756683	328913	6399	421371
河南	777999	343007	600	434392	343510	851776	354291	3008	494477
湖北	471608	249208		222400	247343	520343	261769		258574
湖南	449235	194962		254273	193759	470601	209721		260880
广东	633760	316869	4154	312737	320671	896265	342311	6573	547381
广西	361942	144425	1039	216478	144475	390976	160603	3975	226398
海南	68865	31335	289	37241	31164	76764	33148	3190	40426
重庆	271002	122605	789	147608	123229	314990	137224	2936	174830
四川	510447	253299		257148	253835	585035	280799	2212	302024
贵州	251248	100642		150606	99352	263710	108483		155227
云南	297432	136465		160967	135814	338538	139591		198947
西藏	10218	6326		3892	6249	12126	6970		5156
陕西	353446	184287	206	168953	182415	398681	194035	3008	201638
甘肃	165898	80494		85404	79605	197634	86002		111632
青海	20759	10439		10320	10381	23084	11763		11321
宁夏	40486	21476		19010	21023	47383	24441		22942
新疆	127647	55737	521	71389	53946	170540	65368	880	104292

7-14-15 分地区普通、职业高等学校情况(2022年)

单位：人

地区	学校数(所)	教职工数	#专任教师	正高级	副高级	中级	初级	未定职级	#行政人员	#教辅人员	#工勤人员
全国	**2760**	**2842993**	**1963121**	**252482**	**576772**	**729755**	**214092**	**190020**	**398791**	**241006**	**121457**
北京	92	160279	76154	22211	28217	21619	1942	2165	29632	19505	11443
天津	56	48963	33386	5086	10691	13429	2773	1407	8667	4645	1249
河北	124	126794	94803	11200	27091	36133	8868	11511	15705	8669	6110
山西	82	64500	42613	3156	12074	18228	6382	2773	8885	6497	3015
内蒙古	54	42496	27672	3398	9168	11208	1874	2024	6937	4197	1714
辽宁	114	97619	64439	9967	21196	26490	4514	2272	16900	10087	4364
吉林	66	61381	40140	6803	13172	14246	4788	1131	10657	6332	3311
黑龙江	78	75431	49282	8536	16634	17551	3921	2640	12666	6546	4523
上海	64	85665	50426	10281	16531	18825	3146	1643	16119	11777	2700
江苏	168	178829	123856	18716	42029	46712	9124	7275	27667	14855	6141
浙江	109	113909	78392	11670	22116	32469	6234	5903	18132	9850	2149
安徽	121	98428	74959	7734	20379	27873	10649	8324	10784	5799	3283
福建	89	82618	57103	6741	18018	20820	7228	4296	13832	6585	2619
江西	106	97316	73347	5815	17276	26530	10576	13150	8519	9840	3248
山东	153	182225	135492	15401	40520	52840	18124	8607	22028	14645	4493
河南	156	192046	145492	11146	36120	55673	25613	16940	18479	9728	8661
湖北	130	143420	95300	13286	32007	32486	9440	8081	21357	13777	7948
湖南	130	117276	84418	9578	23798	33057	7324	10661	14557	9703	4763
广东	161	198115	135907	17153	35418	51025	12077	20234	27482	16581	7181
广西	85	84175	61696	6144	15485	22602	3615	13850	11144	5880	4653
海南	21	20330	13865	1859	3874	4696	1286	2150	2918	1741	1488
重庆	70	74377	55304	6312	15099	22150	6051	5692	9705	4308	2394
四川	134	147550	103109	10537	26425	38162	19210	8775	19058	11042	6943
贵州	75	57882	43403	4303	12908	13856	5770	6566	7510	4399	1910
云南	82	64942	45946	4832	12603	16017	6075	6419	8700	5282	3566
西藏	7	4042	2834	409	845	1055	379	146	654	291	155
陕西	97	115106	78461	11041	25459	28650	8220	5091	16870	10292	4473
甘肃	49	45682	34021	4717	11138	11941	3823	2402	5018	2935	1733
青海	12	8218	5029	686	1553	1526	627	637	1128	825	960
宁夏	20	13537	9631	1625	2642	2818	1441	1105	2065	1093	395
新疆	55	39842	26641	2139	6286	9068	2998	6150	5016	3300	3872

7-14-16 分地区普通高中情况(2022年)

单位：人

地区	学校数(所)	教职工数	#专任教师	毕业生数	招生数	在校学生数
全国	**15026**	**3224457**	**2133159**	**8241028**	**9475448**	**27138747**
北京	351	68899	22789	49775	74681	198928
天津	201	34214	17959	58108	71652	209086
河北	775	199162	134101	500372	598825	1752465
山西	508	106257	64989	224880	228491	686908
内蒙古	311	62062	40737	129220	144285	425686
辽宁	434	69291	54275	200196	211826	618553
吉林	266	48233	35129	145802	148060	449767
黑龙江	363	58992	44979	188628	187916	570246
上海	280	37748	20127	53461	72813	192936
江苏	644	157268	121392	380642	486602	1350908
浙江	641	106205	78339	269212	299950	864408
安徽	679	132600	90183	380654	420893	1200980
福建	578	121866	57662	206117	268921	746398
江西	561	122203	81583	373189	421740	1206507
山东	753	199958	161771	570297	673587	1902982
河南	1050	238239	184224	742170	884485	2504510
湖北	563	103258	76048	298814	355972	1002594
湖南	726	142017	102263	425201	504382	1422277
广东	1121	303581	164739	631295	749127	2117786
广西	537	120459	83638	380141	440538	1260477
海南	135	34505	15909	59821	71721	204564
重庆	277	80875	44213	205272	232081	663252
四川	809	207071	111409	474281	503117	1464997
贵州	494	99393	71721	313442	308531	950612
云南	641	118204	76425	312794	371435	1052863
西藏	40	7652	6588	23397	27583	79265
陕西	444	86422	57339	210877	238624	677049
甘肃	368	63762	47955	170330	181958	525737
青海	106	15081	10789	41573	45752	133924
宁夏	70	15834	13063	53161	58653	172385
新疆	300	63146	40821	167906	191247	529697

7-14-17 分地区中等职业教育情况(2022年)

单位：人

地区	学校数(所)	教职工数	#专任教师	毕业生数	招生数	在校生数	预计毕业生数
全国	**7201**	**848464**	**718306**	**3992725**	**4847810**	**13392903**	**4261152**
北京	77	8390	5930	12515	19571	54596	15730
天津	58	7054	5286	24853	27386	82867	28085
河北	622	68139	56521	287782	326559	922712	317976
山西	340	31270	26088	99445	118028	332805	101387
内蒙古	174	17869	14694	51229	66452	187098	58663
辽宁	267	25381	19595	78006	93365	276285	88779
吉林	237	17594	13611	41466	45857	132660	41762
黑龙江	190	15611	12039	55290	62452	178287	56112
上海	81	11105	8021	36441	39282	112571	40442
江苏	201	53280	46334	194742	235122	673401	208552
浙江	247	42168	38837	177633	173590	532324	186347
安徽	249	35772	32263	238826	276133	727997	253071
福建	167	21987	19480	110034	143517	395217	118762
江西	263	25858	21865	142125	195219	557069	165088
山东	414	62874	56263	253917	299584	880975	291712
河南	535	60011	54150	373566	430983	1193613	375054
湖北	255	27906	23127	139894	140076	438156	142668
湖南	495	45745	39648	226792	260676	746324	228763
广东	372	57553	45885	271921	349075	942235	281943
广西	241	28890	22397	187836	227023	652704	219009
海南	57	5062	3735	33839	47685	128311	37007
重庆	128	19986	18208	106766	138144	379710	114203
四川	363	51260	42886	261971	345628	907951	288961
贵州	183	21270	17773	114579	283821	524361	111874
云南	364	23762	20957	192777	158216	485528	212817
西藏	13	2624	2518	11750	12702	32956	9104
陕西	225	22362	18200	90232	107806	301382	91758
甘肃	177	16268	13775	51665	79215	200563	49904
青海	33	2759	2308	21866	30527	90251	25588
宁夏	32	4301	3746	23672	28930	77874	22429
新疆	141	14353	12166	79295	85186	244120	77602

7-14-18　分地区初中情况(2022年)

单位：人

地　区	学校数(所)	初中阶段专任教师数	城区	镇区	乡村	初中阶段在校生数	城区	镇区	乡村
全　国	**52480**	**4025197**	**1630482**	**1882053**	**512662**	**51205965**	**21233052**	**24065858**	**5907055**
北　京	333	40078	33300	3907	2871	355820	310466	26722	18632
天　津	341	30737	22500	5692	2545	361994	273258	62159	26577
河　北	2517	235970	72978	125153	37839	3201373	1001213	1707805	492355
山　西	1403	103536	43697	48043	11796	1093643	510739	477834	105070
内蒙古	721	63969	25387	34200	4382	667936	292604	340180	35152
辽　宁	1532	99425	56425	32645	10355	960797	595641	282856	82300
吉　林	1180	65834	27914	25812	12108	592175	294365	223780	74030
黑龙江	1405	84557	37516	36355	10686	799675	413311	321125	65239
上　海	608	47295	40962	4979	1354	524383	465157	45885	13341
江　苏	2304	228398	118950	100465	8983	2702990	1388828	1218783	95379
浙　江	1782	136717	79395	48468	8854	1692936	996508	596671	99757
安　徽	2780	171110	47838	93386	29886	2287654	661230	1278240	348184
福　建	1262	116146	49439	50868	15839	1565702	723102	669221	173379
江　西	2233	152405	49039	78764	24602	2083521	703606	1090994	288921
山　东	3302	316572	141932	147042	27598	3973359	1794700	1844273	334386
河　南	4658	360795	99228	197551	64016	4930153	1415283	2723676	791194
湖　北	2168	143911	66774	62679	14458	1830472	875830	788789	165853
湖　南	3419	199076	60918	106618	31540	2637410	857514	1431970	347926
广　东	3903	327891	193794	106549	27548	4536040	2665751	1505131	365158
广　西	1746	162141	49362	94756	18023	2361962	731205	1388220	242537
海　南	410	30258	12686	13467	4105	405256	177681	176213	51362
重　庆	843	85541	41689	36367	7485	1087521	565346	433798	88377
四　川	3353	223840	79361	118971	25508	2775296	1050270	1469203	255823
贵　州	1902	131513	36608	77430	17475	1898517	540737	1120133	237647
云　南	1696	138550	32651	70049	35850	1863347	449234	949533	464580
西　藏	105	12614	3498	6285	2831	150557	41079	73532	35946
陕　西	1666	106155	44437	52995	8723	1271445	610608	579145	81692
甘　肃	1453	82617	21629	47662	13326	903571	267478	525004	111089
青　海	263	16777	5701	7914	3162	228255	78456	108639	41160
宁　夏	250	21441	9199	9554	2688	284170	130419	124884	28867
新　疆	942	89328	25675	37427	26226	1178035	351433	481460	345142

7-14-19　分地区小学情况(2022年)

单位：人

地　区	普通小学数(所)	小学阶段专任教师数	城区	镇区	乡村	小学阶段在校生数	城区	镇区	乡村
全　国	**149117**	**6629421**	**2629557**	**2423093**	**1576771**	**107320594**	**46943898**	**40079874**	**20296822**
北　京	719	76699	65137	6407	5155	1083813	953306	76252	54255
天　津	884	49450	37834	4994	6622	770925	623734	71315	75876
河　北	11460	408243	115126	161018	132099	6635977	2138439	2699406	1798132
山　西	4208	167962	66189	67588	34185	2301805	1126007	922228	253570
内蒙古	1651	109852	39144	52386	18322	1383339	624830	627686	130823
辽　宁	2455	140268	78481	39401	22386	1964323	1377876	411514	174933
吉　林	2483	101527	39935	36601	24991	1111689	573614	412849	125226
黑龙江	1350	99354	43249	40788	15317	1102580	626813	400328	75439
上　海	671	65407	56528	7106	1773	917002	796325	96249	24428
江　苏	4088	362408	202718	136657	23033	5856288	3331114	2206288	318886
浙　江	3204	232205	135765	72369	24071	3931337	2389466	1195742	346129
安　徽	6509	269668	79163	118343	72162	4702546	1516553	2215959	970034
福　建	5001	204204	87828	77504	38872	3590926	1658091	1402812	530023
江　西	6324	242473	75325	106111	61037	3839179	1379995	1804619	654565
山　东	9063	467563	202886	170099	94578	7606235	3556716	2796224	1253295
河　南	16925	607249	154155	245596	207498	9873924	2918927	4324396	2630601
湖　北	5244	222126	102117	79168	40841	3846253	1930236	1394517	521500
湖　南	6835	313275	102963	143038	67274	5230990	1925872	2501127	803991
广　东	10614	602033	356385	144064	101584	10840519	6619077	2707564	1513878
广　西	7948	297824	83872	105381	108571	5158569	1605576	1920959	1632034
海　南	1358	57673	21420	19785	16468	869033	376176	316830	176027
重　庆	2637	134050	65495	45370	23185	2031938	1167513	659194	205231
四　川	5213	349535	126771	157355	65409	5450163	2256980	2407069	786114
贵　州	6470	215230	57571	93237	64422	3915423	1143065	1800227	972131
云　南	10349	232483	50379	69139	112965	3797273	945351	1195978	1655944
西　藏	825	25409	4832	6568	14009	375623	76996	94493	204134
陕　西	4407	187963	82458	78401	27104	2988032	1521541	1199369	267122
甘　肃	4782	151868	33277	65834	52757	2020074	591166	971149	457759
青　海	729	29732	8624	11202	9906	517320	155426	205732	156162
宁　夏	1101	35926	13759	12434	9733	609840	269799	216261	123780
新　疆	3610	169762	40171	49149	80442	2997656	767318	825538	1404800

7-14-20 分地区特殊教育情况(2022年)

单位：人

地区	学校数(所)	专任教师数	毕业生数	招生数	在校学生数	
						#女
全国	**2314**	**72714**	**158703**	**146257**	**918502**	**335358**
北京	20	999	1666	1110	7722	2548
天津	20	636	683	508	4502	1558
河北	163	3840	6407	5225	39697	14767
山西	87	2122	3614	3487	20738	8068
内蒙古	52	1889	2720	2062	13519	5234
辽宁	86	2308	2214	2041	16255	5632
吉林	54	1777	2159	1780	12381	4321
黑龙江	73	2224	2430	1453	14926	5351
上海	31	1630	1726	1272	9117	3141
江苏	108	3970	7181	6774	42782	14546
浙江	86	3081	4207	4526	24868	8590
安徽	77	2225	6102	6564	42421	15050
福建	76	2647	5100	5174	29513	9761
江西	91	2163	8338	6882	39321	14029
山东	157	6433	9078	8511	53554	18817
河南	151	4523	7981	10388	69849	26527
湖北	88	2065	4343	3945	29045	9700
湖南	100	3086	7553	7385	53573	18681
广东	152	7328	10241	13087	74455	24724
广西	90	2581	7472	7360	43605	15634
海南	17	492	897	1056	6423	2032
重庆	39	1152	6067	4605	26605	10180
四川	137	3607	14259	11870	64476	24868
贵州	78	2085	8048	6881	41295	15777
云南	84	2555	10521	7282	46069	18526
西藏	7	317	1452	1125	6946	3323
陕西	79	1791	3875	2807	18810	7220
甘肃	47	1152	3757	3258	20822	8108
青海	15	230	1578	1369	7615	3217
宁夏	15	420	1500	1169	7127	2797
新疆	34	1386	5534	5301	30471	12631

7-14-21 各级教育生师比

(教师人数=1)

年份 地区	小学阶段	初中阶段	普通高中	中等职业教育	高等教育
2006	19.17	17.15	18.13	22.65	17.93
2007	18.82	16.52	17.48	23.13	17.28
2008	18.38	16.07	16.78	23.32	17.23
2009	17.88	15.47	16.30	25.27	17.27
2010	17.70	14.98	15.99	25.69	17.33
2011	17.71	14.38	15.77	24.97	17.42
2012	17.36	13.59	15.47	24.19	17.52
2013	16.76	12.76	14.95	22.97	17.53
2014	16.78	12.57	14.44	21.34	17.68
2015	17.05	12.41	14.01	20.47	17.73
2016	17.12	12.41	13.65	19.84	17.07
2017	16.98	12.52	13.39	18.98	17.52
2018	16.97	12.79	13.10	19.10	17.56
2019	16.85	12.88	12.99	18.94	17.95
2020	16.67	12.73	12.90	19.54	18.37
2021	16.33	12.64	12.84	18.86	18.54
2022	16.19	12.72	12.72	18.65	18.32
北　京	14.13	8.88	8.73	9.21	16.05
天　津	15.59	11.78	11.64	15.68	18.42
河　北	16.25	13.57	13.07	16.33	17.55
山　西	13.70	10.56	10.57	12.76	21.44
内蒙古	12.59	10.44	10.45	12.73	18.17
辽　宁	14.00	9.66	11.40	14.10	19.68
吉　林	10.95	8.99	12.80	9.75	19.48
黑龙江	11.10	9.46	12.68	14.81	18.37
上　海	14.02	11.09	9.59	14.03	15.08
江　苏	16.16	11.83	11.13	14.53	16.97
浙　江	16.93	12.38	11.03	13.71	15.91
安　徽	17.44	13.37	13.32	22.56	19.53
福　建	17.58	13.48	12.94	20.29	17.26
江　西	15.83	13.67	14.79	25.48	18.46
山　东	16.27	12.55	11.76	15.66	17.44
河　南	16.26	13.66	13.59	22.04	18.26
湖　北	17.32	12.72	13.18	18.95	18.49
湖　南	16.70	13.25	13.91	18.82	18.19
广　东	18.01	13.83	12.86	20.53	18.83
广　西	17.32	14.57	15.07	29.14	19.75
海　南	15.07	13.39	12.86	34.35	18.05
重　庆	15.16	12.71	15.00	20.85	18.31
四　川	15.59	12.40	13.15	21.17	19.81
贵　州	18.19	14.44	13.25	29.50	18.91
云　南	16.33	13.45	13.78	23.17	21.24
西　藏	14.78	11.94	12.03	13.09	17.91
陕　西	15.90	11.98	11.81	16.56	18.82
甘　肃	13.30	10.94	10.96	14.56	19.39
青　海	17.40	13.61	12.41	39.10	18.29
宁　夏	16.97	13.25	13.20	20.79	18.37
新　疆	17.66	13.19	12.98	20.07	20.96

7-14-22 每十万人口各级教育平均在校生数

单位：人

年 份 地 区	学前教育	小学阶段	初中阶段	高中阶段	高等教育
2001	1602	9937	5161	2021	931
2002	1595	9525	5240	2283	1146
2003	1560	9100	5209	2523	1298
2004	1617	8725	5058	2824	1420
2005	1676	8358	4781	3070	1613
2006	1731	8192	4557	3321	1816
2007	1787	8037	4364	3409	1924
2008	1873	7819	4227	3463	2042
2009	2001	7584	4097	3495	2128
2010	2230	7448	3955	3504	2189
2011	2554	7403	3779	3495	2253
2012	2736	7196	3535	3411	2335
2013	2876	6913	3279	3227	2418
2014	2977	6946	3222	3100	2488
2015	3118	7086	3152	2965	2524
2016	3211	7211	3150	2887	2530
2017	3327	7300	3213	2861	2576
2018	3350	7438	3347	2828	2658
2019	3378	7569	3459	2850	2857
2020	3441	7661	3510	2948	3126
2021	3403	7634	3554	2774	3301
2022	3276	7597	3625	2895	3510
北 京	2623	4951	1625	2800	5397
天 津	2327	5615	2637	2126	5428
河 北	3128	8910	4298	3592	3070
山 西	2864	6614	3143	2930	3388
内蒙古	2531	5764	2783	2553	2493
辽 宁	1935	4645	2272	2116	3931
吉 林	1685	4681	2493	2452	4989
黑龙江	1480	3528	2559	2395	3734
上 海	2146	3684	2107	1227	3756
江 苏	2788	6886	3178	2380	3726
浙 江	3016	6011	2589	2145	2763
安 徽	3342	7693	3742	3156	3283
福 建	3743	8576	3739	2727	3277
江 西	3340	8499	4613	3904	4423
山 东	3822	7479	3907	2737	3663
河 南	3759	9991	4989	3742	3652
湖 北	2969	6597	3140	2471	4110
湖 南	3262	7899	3983	3275	3738
广 东	3927	8547	3576	2413	3129
广 西	4308	10241	4689	3798	3651
海 南	3739	8520	3973	3263	2999
重 庆	2993	6326	3386	3247	3838
四 川	3034	6510	3315	2834	3127
贵 州	4304	10165	4929	3829	2608
云 南	3856	8097	3973	3280	3097
西 藏	4258	10263	4114	3066	1666
陕 西	3352	7557	3216	2475	4409
甘 肃	3804	8113	3629	2917	3215
青 海	3700	8709	3843	3774	1738
宁 夏	3528	8412	3920	3452	3271
新 疆	3377	11578	4550	2989	2773

注：1.高等教育在校生数包括研究生、普通本科、职业本专科、成人本专科，不含网络本专科生。
2.2021年起，高中阶段在校生数不含人社部管理的技工学校。
3.2022年起，高中阶段在校生数含国家开放大学中职部。

【主要统计指标解释】

国家财政性教育经费 包括一般公共预算安排的教育经费，政府性基金预算安排的教育经费，企业办学中的企业拨款，校办产业和社会服务收入用于教育的经费，其他属于国家财政性教育经费。

一般公共预算教育经费 指学校（单位）以同级财政部门取得的一般公共预算拨款。包括教育事业费、基建经费和教育费附加。

普通、职业高等学校 指国家依法审批的，实施高等学历教育的全日制大学、独立设置的学院、独立学院、本科层次职业学校、高等专科学校、高等职业学校及其他普通高教机构。

大学、独立设置的学院主要实施本科及本科层次以上的教育。独立学院主要实施普通本科层次的教育。本科层次职业学校主要实施本科层次职业教育。高等专科学校、高等职业学校实施专科层次的教育。

其他普通高教机构是指承担国家普通招生计划任务不计校数的机构，包括普通高等学校分校、大专班等。

成人高等学校 指国家依法审批的，招收具有高中毕业或同等学力的人员为主要培养对象，利用函授、业余、脱产等多种形式，对其实施高等学历教育的学校。包括：职工高等学校、农民高等学校、管理干部学院、教育学院、独立函授学院、广播电视大学、其他成人高教机构等。其他成人高教机构是指承担国家成人招生计划任务不计校数的机构。

7 第三产业分行业主要指标

7-15 卫生和社会工作

简要说明

一、主要内容

本篇资料主要包括卫生事业、民政事业等内容。

卫生费用资料包括卫生总费用、政府卫生支出等。

民政事业费资料包括民政事业费总支出、社会福利支出、社会救助支出等。

卫生事业统计资料主要包括医疗卫生机构、卫生人员、卫生设施以及各级各类医疗卫生机构服务、妇幼保健、居民病伤死亡原因等情况。

社会服务统计资料主要包括民政机构床位数、社会救助、医疗救助、社区服务机构、社会工作师等情况。

卫生和社会工作企业法人单位分地区主要指标。

二、资料来源

卫生统计资料由国家卫生健康委员会提供。社会服务统计资料由民政部和国家医疗保障局提供。

详细资料分别见《中国卫生健康统计年鉴》（国家卫生健康委员会编）、《中国民政统计年鉴》（中华人民共和国民政部编）和《中国医疗保障统计年鉴》（国家医疗保障局编）。

卫生和社会工作企业法人单位分地区主要指标来源于国家统计局服务业统计司《规模以上服务业统计报表制度》和《规模以下服务业抽样调查统计报表制度》调查结果。

7-15-1 卫生总费用

年 份	卫生总费用（亿元）				卫生总费用构成（%）			人均卫生总费用（元）	卫生总费用与GDP之比（%）
	合计	政府卫生支出	社会卫生支出	个人卫生支出	政府卫生支出	社会卫生支出	个人卫生支出		
1985	279.00	107.65	91.96	79.39	38.58	32.96	28.46	26.36	3.07
1986	315.90	122.23	110.35	83.32	38.69	34.93	26.37	29.38	3.04
1987	379.58	127.28	137.25	115.05	33.53	36.16	30.31	34.73	3.12
1988	488.04	145.39	189.99	152.66	29.79	38.93	31.28	43.96	3.21
1989	615.50	167.83	237.84	209.83	27.27	38.64	34.09	54.61	3.58
1990	747.39	187.28	293.10	267.01	25.06	39.22	35.73	65.37	3.96
1991	893.49	204.05	354.41	335.02	22.84	39.67	37.50	77.14	4.06
1992	1096.86	228.61	431.55	436.70	20.84	39.34	39.81	93.61	4.03
1993	1377.78	272.06	524.75	580.97	19.75	38.09	42.17	116.25	3.86
1994	1761.24	342.28	644.91	774.06	19.43	36.62	43.95	146.95	3.62
1995	2155.13	387.34	767.81	999.98	17.97	35.63	46.40	177.93	3.51
1996	2709.42	461.61	875.66	1372.15	17.04	32.32	50.64	221.38	3.77
1997	3196.71	523.56	984.06	1689.09	16.38	30.78	52.84	258.58	4.01
1998	3678.72	590.06	1071.03	2017.63	16.04	29.11	54.85	294.86	4.32
1999	4047.50	640.96	1145.99	2260.56	15.84	28.31	55.85	321.78	4.47
2000	4586.63	709.52	1171.94	2705.17	15.47	25.55	58.98	361.88	4.57
2001	5025.93	800.61	1211.43	3013.88	15.93	24.10	59.97	393.80	4.53
2002	5790.03	908.51	1539.38	3342.14	15.69	26.59	57.72	450.75	4.76
2003	6584.10	1116.94	1788.50	3678.67	16.96	27.16	55.87	509.50	4.79
2004	7590.29	1293.58	2225.35	4071.35	17.04	29.32	53.64	583.92	4.69
2005	8659.91	1552.53	2586.41	4520.98	17.93	29.87	52.21	662.30	4.62
2006	9843.34	1778.86	3210.92	4853.56	18.07	32.62	49.31	748.84	4.49
2007	11573.97	2581.58	3893.72	5098.66	22.31	33.64	44.05	875.96	4.29
2008	14535.40	3593.94	5065.60	5875.86	24.73	34.85	40.42	1094.52	4.55
2009	17541.92	4816.26	6154.49	6571.16	27.46	35.08	37.46	1314.49	5.03
2010	19980.39	5732.49	7196.61	7051.29	28.69	36.02	35.29	1490.06	4.85
2011	24345.91	7464.18	8416.45	8465.28	30.66	34.57	34.77	1804.52	4.99
2012	28119.00	8431.98	10030.70	9656.32	29.99	35.67	34.34	2068.76	5.22
2013	31668.95	9545.81	11393.79	10729.34	30.14	35.98	33.88	2316.23	5.34
2014	35312.40	10579.23	13437.75	11295.41	29.96	38.05	31.99	2565.45	5.49
2015	40974.64	12475.28	16506.71	11992.65	30.45	40.29	29.27	2962.18	5.95
2016	46344.88	13910.31	19096.68	13337.90	30.01	41.21	28.78	3328.61	6.21
2017	52598.28	15205.87	22258.81	15133.60	28.91	42.32	28.77	3756.72	6.32
2018	59121.91	16399.13	25810.78	16911.99	27.74	43.66	28.61	4206.74	6.43
2019	65841.39	18016.95	29150.57	18673.87	27.36	44.27	28.36	4669.34	6.67
2020	72175.00	21941.90	30273.67	19959.43	30.40	41.94	27.65	5112.34	7.10
2021	76844.99	20676.06	34963.26	21205.67	26.91	45.50	27.60	5439.97	6.69
2022	85327.49	24040.89	38345.67	22940.94	28.17	44.94	26.89	6044.09	7.05

注：1.本表系按当年价格核算数，2022年为初步测算数。
2.2001年起卫生总费用不含高等医学教育经费，2006年起包括城乡医疗救助经费。

7-15-2 各地区卫生总费用(2022年)

地 区	卫生总费用构成(%)			卫生总费用与GDP之比(%)	人均卫生总费用(元)
	政府卫生支 出	社会卫生支 出	个人卫生支 出		
全 国	**28.17**	**44.94**	**26.89**	**7.05**	**6044.09**
北 京	25.76	60.69	13.56	8.77	16707.27
天 津	17.72	56.15	26.14	6.81	8145.25
河 北	27.17	43.93	28.90	8.43	4815.35
山 西	30.45	40.63	28.92	6.65	4899.31
内蒙古	31.03	40.35	28.62	6.41	6182.80
辽 宁	23.48	47.93	28.59	7.10	4899.84
吉 林	33.17	38.90	27.93	9.47	5272.34
黑龙江	25.11	46.01	28.88	11.49	5895.28
上 海	34.67	51.43	13.91	8.97	16177.16
江 苏	23.22	53.35	23.43	5.33	7690.73
浙 江	26.16	52.06	21.78	6.49	7673.91
安 徽	29.80	41.69	28.52	6.24	4589.96
福 建	28.36	46.84	24.81	4.26	5401.48
江 西	36.62	35.76	27.63	6.27	4443.33
山 东	22.03	50.53	27.43	6.62	5693.07
河 南	26.92	43.94	29.13	7.27	4514.77
湖 北	25.47	45.89	28.64	6.30	5794.81
湖 南	24.63	48.17	27.20	6.94	5116.87
广 东	24.82	51.15	24.02	6.82	6956.63
广 西	31.61	41.01	27.39	7.92	4124.92
海 南	45.57	33.98	20.45	8.59	5705.34
重 庆	27.02	46.00	26.98	6.44	5838.84
四 川	26.55	46.55	26.91	8.27	5601.38
贵 州	38.56	37.31	24.14	7.86	4110.08
云 南	34.66	38.41	26.94	7.58	4678.65
西 藏	71.04	20.44	8.52	12.96	7595.58
陕 西	28.66	42.88	28.46	7.35	6087.87
甘 肃	37.11	34.97	27.92	10.06	4522.16
青 海	46.23	32.66	21.11	11.05	6702.61
宁 夏	32.59	42.57	24.85	8.95	6229.83
新 疆	38.07	40.40	21.52	9.48	6502.35

7-15-3 民政事业费支出情况

单位：亿元

年份 地区	民政 事业费 总支出	社会福利	社会救助	民政管理 事务支出	行政事业 单位养老支出	其他
2005	718.4	55.6	279.6		13.7	74.4
2006	915.4	65.3	372.0		14.0	90.6
2007	1215.5	87.6	509.7		24.8	137.8
2008	2146.5	103.1	806.7		26.5	166.2
2009	2181.9	124.1	1098.1		30.0	194.5
2010	2697.5	109.9	1302.0		30.4	386.3
2011	3229.1	232.2	1766.3	220.8	35.3	115.3
2012	3683.7	319.5	1866.1	248.5	39.0	158.2
2013	4276.5	397.6	2172.4	296.7	43.6	133.8
2014	4404.1	480.9	2197.5	330.5	44.2	133.1
2015	4926.4	562.8	2347.4	399.6	50.1	148.5
2016	5440.2	753.4	2492.8	441.7	48.4	152.2
2017	5932.7	920.5	2609.8	501.0	47.9	175.0
2018	4076.9	1064.8	2224.0	500.3	38.2	249.6
2019	4279.2	1228.8	2281.4	497.7	46.1	225.2
2020	4808.2	1327.3	2711.9	501.2	47.6	220.3
2021	4679.0	1402.4	2549.4	493.8	33.3	200.1
2022	5090.4	1582.7	2707.9	536.0	41.6	222.2
中央级	22.0			4.3	0.7	17.0
北　京	181.9	115.6	26.6	18.6	2.9	18.2
天　津	63.8	17.5	23.8	19.8	0.6	2.1
河　北	161.8	47.0	92.3	19.1	2.4	1.0
山　西	132.5	32.9	77.7	11.4	0.8	9.7
内蒙古	138.7	32.5	90.6	8.9	1.0	5.7
辽　宁	131.9	23.8	72.2	30.2	1.1	4.5
吉　林	90.4	19.8	56.2	10.3	0.4	3.8
黑龙江	109.4	21.1	77.6	8.7	1.0	1.0
上　海	208.8	110.5	58.8	27.1	0.8	11.5
江　苏	281.4	154.8	83.7	26.0	3.9	13.0
浙　江	242.5	112.1	78.4	41.5	2.5	8.1
安　徽	244.7	63.6	162.2	13.7	1.2	3.9
福　建	115.2	41.6	54.3	12.2	1.7	5.5
江　西	171.2	39.5	112.0	17.6	0.4	1.7
山　东	274.3	89.4	146.4	31.6	1.6	5.3
河　南	236.6	69.5	141.6	14.1	1.6	9.9
湖　北	221.0	61.6	125.8	27.5	1.2	4.9
湖　南	189.3	47.0	111.3	21.0	0.8	9.3
广　东	354.1	143.4	125.5	55.3	5.8	24.0
广　西	180.4	38.2	115.3	10.3	0.9	15.6
海　南	26.1	7.8	13.2	3.3	0.2	1.7
重　庆	123.1	26.3	78.3	13.6	1.2	3.7
四　川	309.4	95.8	178.7	20.7	2.7	11.5
贵　州	157.9	28.6	113.2	11.3	0.8	4.1
云　南	187.5	37.4	127.9	14.1	1.1	7.0
西　藏	26.7	6.1	10.6	6.0	0.4	3.6
陕　西	148.0	31.0	92.0	20.1	0.5	4.4
甘　肃	144.7	23.7	111.8	4.9	0.3	3.9
青　海	47.0	10.9	30.6	3.2	0.2	2.1
宁　夏	41.4	8.7	26.0	4.2	0.4	2.2
新　疆	126.5	25.0	93.5	5.4	0.5	2.1

注：1.2010年起，其他民政事业费支出不包含民政管理事务支出。

2.2018年起，民政事业费支出不包含抚恤支出、退役安置支出、医疗救助支出、自然灾害生活救助支出；社会救助支出不包含医疗救助支出。

3.2018年民政系统机构改革，优抚安置、防灾减灾、医疗救助等职能转隶，民政事业费支出、社会救助支出等较以前年度出现较大减幅。

7-15-4 卫生和社会工作企业法人单位分地区主要指标(2022年)

地区	营业收入(亿元)	资产总计(亿元)	从业人员(万人)
全国	**8459.0**	**18117.6**	**308.8**
北京	556.0	947.8	11.7
天津	99.8	233.1	3.5
河北	197.5	483.3	9.8
山西	153.2	364.7	7.8
内蒙古	63.9	188.8	3.1
辽宁	292.9	747.8	12.5
吉林	82.6	268.9	4.9
黑龙江	156.9	346.0	6.9
上海	428.8	873.0	8.5
江苏	643.1	1163.3	21.3
浙江	577.6	995.1	20.7
安徽	338.5	734.7	13.4
福建	237.1	459.7	7.8
江西	353.6	605.1	12.1
山东	514.9	1193.2	17.7
河南	564.0	1271.1	20.5
湖北	357.2	861.6	13.9
湖南	372.1	793.9	12.3
广东	741.1	1358.1	24.0
广西	93.8	230.4	4.3
海南	49.2	263.1	2.1
重庆	302.1	456.5	10.5
四川	558.6	1131.3	23.0
贵州	216.3	520.8	9.6
云南	159.9	446.3	8.9
西藏	9.4	24.3	0.5
陕西	193.9	661.1	8.8
甘肃	58.6	183.5	3.3
青海	14.7	37.7	1.0
宁夏	26.6	156.2	1.5
新疆	45.0	117.3	2.8

7-15-5 医疗卫生机构情况

单位：个

年 份	合计	#医院				#基层医疗卫生机构		
			#综合医院	#中医医院	#专科医院		#社区卫生服务中心(站)	#乡 镇卫生院
1960	261195	6020	5173	330	401			24849
1965	224266	5330	4747	131	339			36965
1970	149823	5964	5353	117	385			56568
1975	151733	7654	6817	160	543			54026
1978	169732	9293	7539	447	643			55018
1980	180553	9902	7859	678	694			55413
1981	800205	10252	8044	781	718			55500
1982	801869	10471	8146	878	731			55496
1983	870686	10901	8370	1009	772			55559
1984	905424	11381	8545	1218	810			55549
1985	978540	11955	9197	1485	938			47387
1986	999102	12442	9363	1646	1030			46967
1987	1012804	12962	9657	1790	1097			47177
1988	1012485	13544	9916	1932	1190			47529
1989	1027522	14090	10242	2046	1265			47523
1990	1012690	14377	10424	2115	1362			47749
1991	1003769	14628	10562	2195	1345			48140
1992	1001310	14889	10774	2269	1376			46117
1993	1000531	15436	11426	2298	1438			45024
1994	1005271	15595	11549	2336	1440			51929
1995	994409	15663	11586	2361	1445			51797
1996	1078131	15833	11696	2405	1473			51277
1997	1048657	15944	11771	2413	1488			50981
1998	1042885	16001	11779	2443	1495			50071
1999	1017673	16678	11868	2441	1533			49694
2000	1034229	16318	11872	2453	1543	1000169		49229
2001	1029314	16197	11834	2478	1576	995670		48090
2002	1005004	17844	12716	2492	2237	973098	8211	44992
2003	806243	17764	12599	2518	2271	774693	10101	44279
2004	849140	18393	12900	2611	2492	817018	14153	41626
2005	882206	18703	12982	2620	2682	849488	17128	40907
2006	918097	19246	13120	2665	3022	884818	22656	39975
2007	912263	19852	13372	2720	3282	878686	27069	39876
2008	891480	19712	13119	2688	3437	858015	24260	39080
2009	916571	20291	13364	2728	3716	882153	27308	38475
2010	936927	20918	13681	2778	3956	901709	32739	37836
2011	954389	21979	14328	2831	4283	918003	32860	37295
2012	950297	23170	15021	2889	4665	912620	33562	37097
2013	974398	24709	15887	3015	5127	915368	33965	37015
2014	981432	25860	16524	3115	5478	917335	34238	36902
2015	983528	27587	17430	3267	6023	920770	34321	36817
2016	983394	29140	18020	3462	6642	926518	34327	36795
2017	986649	31056	18921	3695	7220	933024	34652	36551
2018	997433	33009	19693	3977	7900	943639	34997	36461
2019	1007579	34354	19963	4221	8531	954390	35013	36112
2020	1022922	35394	20133	4426	9021	970036	35365	35762
2021	1030935	36570	20307	4630	9699	977790	36160	34943
2022	1032918	36976	20190	4779	10000	979768	36448	33917

7-15-5 续表 单位：个

年 份	#村卫生室	#门诊部(所)	#专业公共卫生机构	#疾病预防控制中心	#专科疾病防治院(所/站)	#妇幼保健院(所/站)	#卫生监督所(中心)
1960		213823		1866	683	4213	
1965		170430		2499	822	2910	
1970		79600		1714	607	1124	
1975		80739		2912	683	2128	
1978		94395		2989	887	2571	
1980		102474		3105	1138	2745	
1981	610079	111189		3202	1197	2789	
1982	608431	113916		3271	1272	2827	
1983	674669	115826		3274	1326	2851	
1984	707168	117028		3339	1458	2955	
1985	777674	126604		3410	1566	2996	
1986	795963	127575		3475	1635	3059	
1987	807844	128459		3512	1697	3082	
1988	806497	128422		3532	1727	3103	
1989	820798	128112		3591	1747	3112	
1990	803956	129332		3618	1781	3148	
1991	794733	128665		3652	1818	3187	
1992	796523	125873		3673	1845	3187	
1993	806945	115161		3729	1872	3115	
1994	813529	105984		3711	1905	3190	
1995	804352	104406		3729	1895	3179	
1996	755565	237153		3737	1887	3172	
1997	733624	229474		3747	1893	3180	
1998	728788	229349		3746	1889	3191	
1999	716677	226588		3763	1877	3180	
2000	709458	240934	11386	3741	1839	3163	
2001	698966	248061	11471	3813	1783	3132	
2002	698966	219907	10787	3580	1839	3067	571
2003	514920	204468	10792	3584	1749	3033	838
2004	551600	208794	10878	3588	1583	2998	1284
2005	583209	207457	11177	3585	1502	3021	1702
2006	609128	212243	11269	3548	1402	3003	2097
2007	613855	197083	11528	3585	1365	3051	2553
2008	613143	180752	11485	3534	1310	3011	2675
2009	632770	182448	11665	3536	1291	3020	2809
2010	648424	181781	11835	3513	1274	3025	2992
2011	662894	184287	11926	3484	1294	3036	3022
2012	653419	187932	12083	3490	1289	3044	3088
2013	648619	195176	31155	3516	1271	3144	2967
2014	645470	200130	35029	3490	1242	3098	2975
2015	640536	208572	31927	3478	1234	3078	2986
2016	638763	216187	24866	3481	1213	3063	2986
2017	632057	229221	19896	3456	1200	3077	2992
2018	622001	249654	18033	3443	1161	3080	2949
2019	616094	266659	15958	3403	1128	3071	2869
2020	608828	289542	14492	3384	1048	3052	2934
2021	599292	306883	13276	3376	932	3032	3010
2022	587749	321123	12436	3386	856	3031	2944

注：1.村卫生室数计入医疗卫生机构数中。
2.2008年社区卫生服务中心(站)减少的原因是江苏省约5000家农村社区卫生服务站划归村卫生室。
3.2002年起,医疗卫生机构数不再包括高中等医学院校本部、药检机构、国境卫生检疫所和非卫生部门举办的计划生育指导站。
4.2013年起，医疗卫生机构数包括原计生部门主管的计划生育技术服务机构。
5.1996年以前门诊部(所)不包括私人诊所。

7-15-6 各地区医疗卫生机构情况(2022年)

单位：个

地区	合计	医院				基层医疗卫生机构		
		小计	#综合医院	#中医医院	#专科医院	小计	#社区卫生服务中心(站)	#乡镇卫生院
全国	**1032918**	**36976**	**20190**	**4779**	**10000**	**979768**	**36448**	**33917**
北京	10897	662	211	176	211	9915	1995	
天津	6282	435	274	58	99	5686	674	132
河北	90194	2423	1591	281	492	87019	1598	1970
山西	39661	1376	646	210	475	37816	1040	1303
内蒙古	25062	810	378	141	175	23751	1240	1249
辽宁	32679	1477	771	215	456	30549	1389	1019
吉林	25031	825	403	150	258	23844	322	762
黑龙江	20599	1212	775	185	236	18805	621	966
上海	6404	443	179	25	136	5726	1191	
江苏	37001	2087	971	162	551	33947	2654	938
浙江	35967	1519	607	190	581	33806	4382	1033
安徽	30176	1338	741	148	357	28205	1827	1339
福建	29116	719	388	89	222	27940	731	880
江西	35683	964	572	126	234	34111	597	1592
山东	86026	2666	1429	367	748	82485	2433	1480
河南	81694	2470	1399	455	524	78320	1875	1995
湖北	36782	1182	592	150	403	35030	1053	1104
湖南	55338	1739	831	216	643	52977	986	2085
广东	59531	1813	967	189	595	56635	2729	1162
广西	34500	850	444	119	251	33086	346	1267
海南	6384	270	163	21	77	5982	225	274
重庆	22259	857	434	138	216	21161	638	805
四川	74041	2465	1441	268	660	70671	1134	2799
贵州	29150	1456	981	122	325	27294	921	1320
云南	27528	1400	866	165	346	25512	661	1368
西藏	6906	182	115	1	12	6597	16	673
陕西	34779	1280	747	174	335	32978	719	1516
甘肃	25266	704	354	120	179	24072	701	1354
青海	6376	212	113	16	37	5993	276	407
宁夏	4607	211	125	32	48	4277	242	204
新疆	16999	929	682	70	118	15578	1232	921

7-15-6 续表

单位：个

地 区			专业公共卫生机构				
	#村卫生室	#门诊部(所)	小计	#疾病预防控制中心	#专科疾病防治院(所/站)	#妇 幼保健院(所/站)	#卫生监督所(中心)
全 国	**587749**	**321123**	**12436**	**3386**	**856**	**3031**	**2944**
北 京	2584	5336	98	27	17	17	18
天 津	2199	2676	73	20	3	17	18
河 北	59547	23904	638	187	12	184	180
山 西	25056	10173	422	132	8	129	114
内蒙古	12824	8437	428	122	11	115	118
辽 宁	16202	11924	498	113	46	84	106
吉 林	8831	13929	281	67	55	70	48
黑龙江	9982	7229	504	147	28	116	132
上 海	1142	3393	101	19	15	19	17
江 苏	14750	15598	510	115	25	118	113
浙 江	11388	16990	409	102	14	97	100
安 徽	15601	9430	475	124	41	127	112
福 建	16755	9574	324	101	21	94	85
江 西	26136	5781	507	141	83	111	108
山 东	52387	26140	640	191	77	158	140
河 南	59974	14464	746	180	21	164	180
湖 北	22906	9940	450	117	58	100	107
湖 南	36129	13777	538	145	69	138	137
广 东	25304	27433	731	145	124	132	147
广 西	18938	12535	493	122	29	106	126
海 南	2702	2781	109	28	15	25	
重 庆	9629	10084	153	41	12	41	39
四 川	43823	22903	686	211	21	202	162
贵 州	19739	5264	344	101	4	99	94
云 南	13572	9884	548	150	28	147	143
西 藏	5250	657	126	82		34	3
陕 西	21951	8756	407	119	5	117	115
甘 肃	16265	5749	463	104	9	99	95
青 海	4475	835	168	55	2	50	48
宁 夏	2150	1681	99	25		23	24
新 疆	9558	3866	467	153	3	98	115

7-15-7 村卫生室情况

单位：个

年份 地区	合计	村办	乡卫生院设点	联合办	私人办	其他
1990	803956	266137	29963	87149	381844	38863
1995	804352	297462	36388	90681	354981	22876
2000	709458	300864	47101	89828	255179	16486
2005	583209	313633	32396	38561	180403	18216
2006	609128	333790	34803	36805	186524	17206
2007	613855	340082	33633	33649	186841	19650
2008	613143	342692	40248	31698	180157	18348
2009	632770	350515	45434	31035	183699	22087
2010	648424	365153	49678	32650	177080	23863
2011	662894	372661	56128	33639	175747	24719
2012	653419	370099	58317	32278	167025	25700
2013	648619	371579	59896	32690	158811	25643
2014	645470	349428	59396	29180	160549	46917
2015	640536	353196	60231	29208	153353	44548
2016	638763	351016	60419	29336	152164	45828
2017	632057	349025	63598	28687	147046	43701
2018	622001	342062	65495	28353	141623	44468
2019	616094	339525	69091	27626	134575	45277
2020	608828	337868	71858	26817	125503	46782
2021	599292	338065	67551	26751	118322	48603
2022	587749	335704	64325	25367	109640	52713
北　京	2584	2383	6	1	179	15
天　津	2199	538	787	112	132	630
河　北	59547	31670	4199	1194	18057	4427
山　西	25056	17211	1166	653	2595	3431
内蒙古	12824	4784	2704	279	3689	1368
辽　宁	16202	7259	382	124	7443	994
吉　林	8831	3582	1749	1130	1802	568
黑龙江	9982	6985	1434	148	917	498
上　海	1142	753				389
江　苏	14750	7928	3510	1942	47	1323
浙　江	11388	6268	2169	125	1594	1232
安　徽	15601	9169	105	2520	766	3041
福　建	16755	10665	948	210	3249	1683
江　西	26136	12605	614	1480	10400	1037
山　东	52387	26976	12962	4178	4777	3494
河　南	59974	35923	1250	2769	15719	4313
湖　北	22906	14027	4019	2712	1007	1141
湖　南	36129	24624	1477	709	5977	3342
广　东	25304	12749	2619	180	5653	4103
广　西	18938	12839	1057	127	4515	400
海　南	2702	819	381	35	1254	213
重　庆	9629	6754	842	191	793	1049
四　川	43823	24043	3227	1246	10358	4949
贵　州	19739	11940	63	304	4098	3334
云　南	13572	10083	1724	557	206	1002
西　藏	5250	2052	2011	17		1170
陕　西	21951	20793	172	115	840	31
甘　肃	16265	5854	5612	745	2446	1608
青　海	4475	1761	770	585	709	650
宁　夏	2150	868	673	145	198	266
新　疆	9558	1799	5693	834	220	1012

7-15-8 卫生人员情况

单位：人

年 份	卫生人员	卫生技术人员	#执业(助理)医师	#执业医师	#注册护士	#药师(士)	乡村医生和卫生员	其他技术人员	管理人员	工勤技能人员
1960	1769205	1504894	596109	427498	170143	119293			132034	132277
1965	1872300	1531600	762804	510091	234546	117314		10996	168845	160899
1970	6571795	1453247	702304	446251	295147		4779280	10813	156862	171593
1975	7435212	2057068	877716	521617	379545	219904	4841695	14122	251420	270907
1978	7883041	2463931	978152	609608	405223	266570	4777469	22950	298104	320587
1980	7355483	2798241	1153234	709473	465798	308438	3820776	27834	310805	397827
1981	7199133	3011038	1243787	620291	525311	323786	3403012	29622	318721	436740
1982	6954413	3142943	1307205	668010	563912	342451	2996609	32207	326883	455771
1983	6757244	3252836	1352651	704060	595569	351002	2667214	37830	326927	472437
1984	6622973	3343998	1381456	716365	616080	358969	2409327	42539	341271	485838
1985	5606105	3410910	1413281	724238	636974	365145	1293094	46052	358812	497237
1986	5725854	3506517	1444150	745592	680583	372760	1279935	50957	370056	518389
1987	5842621	3608618	1481754	777333	717596	382121	1278499	57255	371167	527082
1988	5924557	3723756	1618174	1095926	829261	394287	1247045	65063	368227	520466
1989	6028234	3809097	1718018	1257668	921687	401098	1241275	73530	384890	519442
1990	6137711	3897921	1763086	1302997	974541	405978	1231510	85504	396694	526082
1991	6278458	3984974	1779545	1310933	1011943	409325	1253324	91265	408819	540076
1992	6409307	4073986	1808194	1327875	1039674	413598	1269061	99177	417670	549413
1993	6540522	4117067	1831665	1372471	1056096	413025	1325106	113138	432903	552311
1994	6630710	4199217	1882180	1425375	1093544	417166	1323701	116921	438084	552787
1995	6704395	4256923	1917772	1454926	1125661	418520	1331017	120782	450013	545660
1996	6735097	4311845	1941235	1475232	1162609	424952	1316095	125480	444571	537106
1997	6833962	4397805	1984867	1505342	1198228	428295	1317786	133369	448047	536955
1998	6863315	4423721	1999521	1513975	1218836	423644	1327633	145060	435507	531394
1999	6894985	4458669	2044672	1561584	1244844	418574	1324937	150041	434997	526341
2000	6910383	4490803	2075843	1603266	1266838	414408	1319357	157533	426789	515901
2001	6874527	4507700	2099658	1637337	1286938	404087	1290595	157961	412757	505514
2002	6528674	4269779	1843995	1463573	1246545	357659	1290595	179962	332628	455710
2003	6216971	4380878	1942364	1534046	1265959	357378	867778	199331	318692	450292
2004	6332739	4485983	1999457	1582442	1308433	355451	883075	209422	315595	438664
2005	6447246	4564050	2042135	1622684	1349589	349533	916532	225697	312826	428141
2006	6681184	4728350	2099064	1678031	1426339	353565	957459	235466	323705	436204
2007	6964389	4913186	2122925	1715460	1558822	325212	931761	243460	356569	519413
2008	7251803	5174478	2201904	1791881	1678091	330525	938313	255149	356854	527009
2009	7781448	5535124	2329206	1905436	1854818	341910	1050991	275006	362665	557662
2010	8207502	5876158	2413259	1972840	2048071	353916	1091863	290161	370548	578772
2011	8616040	6202858	2466094	2020154	2244020	363993	1126443	305981	374885	605873
2012	9115705	6675549	2616064	2138836	2496599	377398	1094419	319117	372997	653623
2013	9790483	7210578	2794754	2285794	2783121	395578	1081063	359819	420971	718052
2014	10234213	7589790	2892518	2374917	3004144	409595	1058182	379740	451250	755251
2015	10693881	8007537	3039135	2508408	3241469	423294	1031525	399712	472620	782487
2016	11172945	8454403	3191005	2651398	3507166	439246	1000324	426171	483198	808849
2017	11748972	8988230	3390034	2828999	3804021	452968	968611	451480	509093	831558
2018	12300325	9529179	3607156	3010376	4098630	467685	907098	476569	529045	858434
2019	12928335	10154010	3866916	3210515	4445047	483420	842302	503947	543750	884326
2020	13474992	10678019	4085689	3401672	4708717	496793	795510	529601	561157	910705
2021	13985363	11244217	4287604	3590846	5019422	520865	696749	599026	460012	985359
2022	14410844	11657878	4434728	3721811	5224244	531221	664543	605684	492467	990272

注：1. 卫生人员和卫生技术人员包括获得“卫生监督员”证书的公务员1万人。
2. 2013年起，卫生人员数包括原卫生计生部门主管的计划生育技术服务机构人员数。
3. 执业(助理)医师数包括村卫生室执业(助理)医师数。
4. 1985年以前乡村医生和卫生员系赤脚医生数。
5. 2021年起，管理人员指仅从事管理的人员数，不含同时担负临床或监督工作的管理人员。

7-15-9 各地区卫生人员情况(2022年)

单位：人

地区	合计	卫生技术人员					乡村医生和卫生员	其他技术人员	管理人员	工勤技能人员
		小计	#执业(助理)医师	#执业医师	#注册护士	#药师(士)				
全国	**14410844**	**11657878**	**4434728**	**3721811**	**5224244**	**531221**	**664543**	**605684**	**492467**	**990272**
北京	368629	295489	114792	108375	126111	15857	2362	19403	20008	31367
天津	154995	124415	52550	49392	48254	7371	2893	8273	9847	9567
河北	732878	583380	262303	204423	238241	21500	55518	31469	21169	41342
山西	364389	283864	113359	96076	126222	11409	28852	16330	12447	22896
内蒙古	267794	216995	85970	73773	91540	11732	13050	13652	10455	13642
辽宁	425459	340317	133348	120304	157806	13833	15541	19685	16237	33679
吉林	278762	217979	86661	75242	98639	8731	12014	13825	12040	22904
黑龙江	320904	253134	98275	84177	110654	10928	12510	14628	14196	26436
上海	288355	235954	86042	82264	106373	11292	465	13201	12971	25764
江苏	875278	713660	279242	237189	318294	35710	20022	42070	29177	70349
浙江	731748	612766	246606	220014	267048	32959	6381	29066	24869	58666
安徽	553360	471176	185983	151268	221426	17136	24607	20095	13388	24094
福建	379562	307954	116090	100198	136663	17203	15966	17282	10569	27791
江西	390802	314008	113311	94799	144440	17568	28739	13790	9745	24520
山东	1078756	876465	350039	289152	387142	39370	68178	54659	28196	51258
河南	1015585	805432	316255	241922	353912	31945	70298	45153	30107	64595
湖北	576995	468605	176839	149851	217550	19135	29377	26558	19781	32674
湖南	632008	519159	198718	157996	244214	22865	27660	25641	19853	39695
广东	1109644	916284	333221	284607	420399	48708	18898	36672	40223	97567
广西	517122	415179	138636	115238	192854	22986	27171	20209	14202	40361
海南	102276	82611	30559	26293	39336	3666	2560	3950	4576	8579
重庆	315851	253183	94589	79072	117308	10676	13124	10111	14059	25374
四川	887497	698227	258182	216030	318267	31435	46524	33385	32640	76721
贵州	398296	321438	109411	88542	147126	11949	24180	14190	16525	21963
云南	486258	396334	132426	110142	189852	14486	31044	20291	11647	26942
西藏	42199	26420	11087	8735	8137	1230	9396	2372	1117	2894
陕西	455872	378222	125594	102056	163112	16262	17725	5420	25080	29425
甘肃	254041	207244	72312	59908	94689	8266	16184	11472	6053	13088
青海	66976	52054	18978	16085	21547	2616	5923	3627	1335	4037
宁夏	74347	61815	22728	19931	28111	3338	2641	2451	2723	4717
新疆	264206	208115	70622	58757	88977	9059	14740	16754	7232	17365

7-15-10 每千人口卫生技术人员数

单位：人

年 份	卫生技术人员			执业(助理)医师			注册护士		
	合计	城市	农村	合计	城市	农村	合计	城市	农村
1960	2.37	5.67	1.85	1.04	1.97	0.90	0.23	1.04	0.07
1965	2.11	5.37	1.46	1.05	2.22	0.82	0.32	1.45	0.10
1970	1.76	4.88	1.22	0.85	1.97	0.66	0.29	1.10	0.14
1975	2.24	6.92	1.41	0.95	2.66	0.65	0.41	1.74	0.18
1980	2.85	8.03	1.81	1.17	3.22	0.76	0.47	1.83	0.20
1985	3.28	7.92	2.09	1.36	3.35	0.85	0.61	1.85	0.30
1990	3.45	6.59	2.15	1.56	2.95	0.98	0.86	1.91	0.43
1995	3.59	5.36	2.32	1.62	2.39	1.07	0.95	1.59	0.49
1998	3.64	5.30	2.35	1.65	2.34	1.11	1.00	1.64	0.51
1999	3.64	5.24	2.38	1.67	2.33	1.14	1.02	1.64	0.52
2000	3.63	5.17	2.41	1.68	2.31	1.17	1.02	1.64	0.54
2001	3.62	5.15	2.38	1.69	2.32	1.17	1.03	1.65	0.54
2002	3.41			1.47			1.00		
2003	3.48	4.88	2.26	1.54	2.13	1.04	1.00	1.59	0.50
2004	3.53	4.99	2.24	1.57	2.18	1.04	1.03	1.63	0.50
2005	3.50	5.82	2.69	1.56	2.46	1.26	1.03	2.10	0.65
2006	3.60	6.09	2.70	1.60	2.56	1.26	1.09	2.22	0.66
2007	3.72	6.44	2.69	1.61	2.61	1.23	1.18	2.42	0.70
2008	3.90	6.68	2.80	1.66	2.68	1.26	1.27	2.54	0.76
2009	4.15	7.15	2.94	1.75	2.83	1.31	1.39	2.82	0.81
2010	4.39	7.62	3.04	1.80	2.97	1.32	1.53	3.09	0.89
2011	4.58	7.90	3.19	1.82	3.00	1.33	1.66	3.29	0.98
2012	4.94	8.54	3.41	1.94	3.19	1.40	1.85	3.65	1.09
2013	5.27	9.18	3.64	2.04	3.39	1.48	2.04	4.00	1.22
2014	5.56	9.70	3.77	2.12	3.54	1.51	2.20	4.30	1.31
2015	5.84	10.21	3.90	2.22	3.72	1.55	2.37	4.58	1.39
2016	6.12	10.42	4.08	2.31	3.79	1.61	2.54	4.75	1.50
2017	6.47	10.87	4.28	2.44	3.97	1.68	2.74	5.01	1.62
2018	6.83	10.91	4.63	2.59	4.01	1.82	2.94	5.08	1.80
2019	7.26	11.10	4.96	2.77	4.10	1.96	3.18	5.22	1.99
2020	7.57	11.46	5.18	2.90	4.25	2.06	3.34	5.40	2.10
2021	7.97	9.87	6.27	3.04	3.73	2.42	3.56	4.58	2.64
2022	8.27	10.20	6.55	3.15	3.84	2.53	3.71	4.74	2.79

注：1.2002年以前，执业(助理)医师系医生，执业医师系医师，注册护士系护师(士)。
2.城市包括直辖市区和地级市辖区，农村包括县及县级市。
3.合计分母系常住人口数，分城乡分母2020年及以前系户籍人口数，2021年起系推算常住人口数。

7-15-11 各地区每千人口卫生技术人员数(2022年)

单位：人

地 区	卫生技术人员			执业(助理)医师			注册护士		
	合计	城市	农村	合计	城市	农村	合计	城市	农村
全 国	**8.27**	**10.20**	**6.55**	**3.15**	**3.84**	**2.53**	**3.71**	**4.74**	**2.79**
北 京	13.53	13.53		5.26	5.26		5.77	5.77	
天 津	9.13	9.13		3.86	3.86		3.54	3.54	
河 北	7.86	10.90	6.21	3.54	4.67	2.92	3.21	4.80	2.35
山 西	8.15	11.60	5.72	3.26	4.41	2.45	3.63	5.55	2.27
内蒙古	9.04	11.88	7.11	3.58	4.55	2.92	3.81	5.43	2.71
辽 宁	8.11	9.93	5.43	3.18	3.81	2.24	3.76	4.79	2.25
吉 林	9.29	9.97	8.71	3.69	3.83	3.58	4.20	4.77	3.72
黑龙江	8.17	10.35	6.10	3.17	3.91	2.47	3.57	4.89	2.31
上 海	9.54	9.54		3.48	3.48		4.30	4.30	
江 苏	8.38	9.59	6.88	3.28	3.63	2.84	3.74	4.39	2.93
浙 江	9.32	11.16	7.64	3.75	4.37	3.18	4.06	4.97	3.23
安 徽	7.69	10.15	6.08	3.04	3.86	2.50	3.61	4.94	2.75
福 建	7.35	9.67	5.47	2.77	3.69	2.02	3.26	4.40	2.34
江 西	6.93	9.57	5.49	2.50	3.35	2.04	3.19	4.66	2.38
山 东	8.62	10.97	6.66	3.44	4.34	2.69	3.81	5.00	2.81
河 南	8.16	12.49	6.29	3.20	4.69	2.56	3.59	5.91	2.58
湖 北	8.02	9.77	6.74	3.03	3.59	2.61	3.72	4.73	2.99
湖 南	7.86	11.51	6.37	3.01	4.18	2.53	3.70	5.74	2.86
广 东	7.24	7.87	5.62	2.63	2.90	1.95	3.32	3.64	2.51
广 西	8.23	10.83	6.32	2.75	3.79	1.99	3.82	5.18	2.83
海 南	8.05	9.59	6.61	2.98	3.49	2.50	3.83	4.74	2.98
重 庆	7.88	7.87	7.91	2.94	2.95	2.91	3.65	3.69	3.51
四 川	8.34	10.37	6.67	3.08	3.81	2.49	3.80	4.95	2.86
贵 州	8.34	10.52	7.36	2.84	3.77	2.42	3.82	5.01	3.28
云 南	8.45	12.41	7.20	2.82	4.38	2.33	4.05	6.19	3.37
西 藏	7.26	15.23	4.60	3.04	6.44	1.92	2.23	5.68	1.09
陕 西	9.56	10.39	8.63	3.18	3.59	2.71	4.12	4.80	3.36
甘 肃	8.32	11.47	6.43	2.90	3.95	2.28	3.80	5.57	2.74
青 海	8.75	12.48	6.36	3.19	4.42	2.40	3.62	5.81	2.22
宁 夏	8.49	10.51	6.09	3.12	3.90	2.20	3.86	4.91	2.61
新 疆	8.04	11.83	7.18	2.73	4.44	2.34	3.44	5.37	3.00

7-15-12 医疗卫生机构床位数

单位：万张

年 份	合计	#医院	#综合医院	#中医医院	#专科医院	#基层医疗卫生机构	#社区卫生服务中心(站)	#乡 镇卫生院	#专业公共卫生机构	#妇 幼保健院(所/站)	#专科疾病防治院(所/站)
1960	97.68	59.14	44.74	1.42	7.95			4.63		0.88	1.74
1965	103.33	61.20	48.04	1.04	7.49			13.25		0.92	
1970	126.15	70.50	57.21	1.01	7.79			36.80		0.70	
1975	176.43	94.02	76.33	1.37	11.11			62.03		0.97	2.88
1978	204.17	110.00	87.33	3.40	12.10			74.73		1.16	2.63
1980	218.44	119.58	94.11	5.00	12.87			77.54		1.64	2.73
1981	223.38	124.09	96.80	5.79	13.49			76.31		1.97	2.71
1982	228.03	128.52	99.83	6.40	13.90			75.32		2.33	2.73
1983	234.16	134.53	103.99	7.24	14.58			74.62		2.75	2.85
1984	241.24	141.24	108.00	8.65	15.29			73.14		3.18	2.96
1985	248.71	150.86	112.77	11.23	16.56			72.06		3.46	2.95
1986	256.25	155.98	117.52	12.52	17.71			71.12		3.67	3.06
1987	268.50	165.34	123.71	14.21	19.03			72.30		4.00	3.07
1988	279.49	174.70	129.06	15.55	20.23			72.61		4.35	3.00
1989	286.70	181.46	133.60	16.60	20.93			72.30		4.50	3.10
1990	292.54	186.89	136.90	17.57	21.95			72.29		4.66	3.10
1991	299.19	192.61	140.55	18.82	22.26			72.92		4.80	3.17
1992	304.94	197.66	144.10	20.04	22.71			73.28		5.00	3.22
1993	309.90	203.64	156.63	21.35	24.37			73.08		4.50	3.03
1994	313.40	207.04	158.70	22.18	24.85			73.24		4.80	2.98
1995	314.06	206.33	158.72	22.72	24.51			73.31		5.13	3.07
1996	309.96	209.65	159.73	23.75	24.86			73.47		5.60	2.83
1997	313.45	211.92	161.21	24.46	24.97			74.24		6.02	3.06
1998	314.30	213.41	162.00	24.95	25.01			73.77		6.30	2.90
1999	315.90	215.07	163.25	25.33	25.03			73.40		6.63	2.93
2000	317.70	216.67	164.09	25.93	25.08	76.65		73.48	11.86	7.12	2.84
2001	320.12	215.56	150.50	24.60	25.65	77.14		74.00	12.02	7.40	2.70
2002	313.61	222.18	168.38	24.67	26.21	71.05	1.20	67.13	12.37	7.98	3.18
2003	316.40	226.95	171.34	26.02	26.72	71.05	1.21	67.27	12.61	8.09	3.38
2004	326.84	236.35	177.68	27.55	28.26	71.44	1.81	66.89	12.73	8.70	3.12
2005	336.75	244.50	183.47	28.77	29.21	72.58	2.50	67.82	13.58	9.41	3.34
2006	351.18	256.04	190.29	30.32	32.05	76.19	4.12	69.62	13.50	9.93	2.80
2007	370.11	267.51	197.16	32.16	34.37	85.03	7.66	74.72	13.29	10.62	2.59
2008	403.87	288.29	211.28	35.03	37.77	97.10	9.80	84.69	14.66	11.73	2.64
2009	441.66	312.08	227.11	38.56	41.67	109.98	13.13	93.34	15.40	12.61	2.71
2010	478.68	338.74	244.95	42.42	45.95	119.22	16.88	99.43	16.45	13.44	2.93
2011	515.99	370.51	267.07	47.71	49.65	123.37	18.71	102.63	17.81	14.59	3.14
2012	572.48	416.15	297.99	54.80	55.74	132.43	20.32	109.93	19.82	16.16	3.57
2013	618.19	457.86	325.52	60.88	62.11	134.99	19.42	113.65	21.49	17.55	3.85
2014	660.12	496.12	349.99	66.50	68.58	138.12	19.59	116.72	22.30	18.48	3.76
2015	701.52	533.06	372.10	71.54	76.25	141.38	20.10	119.61	23.63	19.54	4.03
2016	741.05	568.89	392.79	76.18	84.46	144.19	20.27	122.39	24.72	20.65	4.00
2017	794.03	612.05	417.24	81.82	94.56	152.85	21.84	129.21	26.26	22.11	4.08
2018	840.41	651.97	437.89	87.21	105.41	158.36	23.13	133.39	27.44	23.28	4.08
2019	880.70	686.65	453.27	93.26	115.81	163.11	23.74	136.99	28.50	24.32	4.11
2020	910.07	713.12	462.25	98.11	125.83	164.94	23.83	139.03	29.61	25.29	4.23
2021	945.01	741.42	469.97	102.28	139.84	169.98	25.17	141.74	30.16	26.01	4.06
2022	974.99	766.29	479.15	107.88	148.54	175.11	26.31	145.59	31.36	27.35	3.91

7-15-13 各地区医疗卫生机构床位数(2022年)

单位：张

地区	合计	#医院	#基层医疗卫生机构	#社区卫生服务中心(站)	#乡镇卫生院	#专业公共卫生机构	#妇幼保健院(所/站)	#专科疾病防治院(所/站)
全国	**9749933**	**7662929**	**1751081**	**263054**	**1455876**	**313558**	**273477**	**39133**
北京	133932	126309	5229	5229		2394	1830	564
天津	68538	62185	5833	1878	3845	320		320
河北	485658	382583	87319	8946	77091	15400	15133	196
山西	228353	186214	37073	4298	29877	4608	4146	460
内蒙古	167692	135193	27504	5159	21205	4908	4542	366
辽宁	326159	284073	35756	6511	29021	3079	1880	1061
吉林	177175	154158	19254	3119	15129	2573	1765	808
黑龙江	261301	223245	32337	6906	23995	5719	3552	2147
上海	165344	148243	14890	14890		1346	1142	204
江苏	562961	443686	106090	24374	79673	11086	9586	1416
浙江	381687	339270	29273	9951	18781	11875	11390	427
安徽	443964	339157	92410	11323	79985	11287	9767	1514
福建	232425	184774	38349	4795	33554	8482	6628	1808
江西	314472	227271	68054	3945	63430	17419	13871	3542
山东	693626	538439	126471	20453	101341	26599	21065	5474
河南	752209	561076	161552	20730	138079	29331	27480	1755
湖北	450327	324090	106762	17885	86741	19245	16812	2429
湖南	544503	397502	128864	19334	108767	17773	14089	3684
广东	608272	497130	76087	8953	66431	34421	27642	6765
广西	341716	236649	86621	3647	82913	17526	17051	474
海南	61209	48555	10044	1392	8008	2600	2564	28
重庆	250832	186135	59183	12565	45659	5201	5069	132
四川	683873	516961	151184	20487	129852	14345	13610	679
贵州	309703	242023	56261	7729	47137	11199	10924	275
云南	341232	263406	65797	6165	57660	11058	10208	605
西藏	19992	15371	4181	121	3748	440	440	
陕西	289556	238281	41222	3692	36616	9541	8458	1083
甘肃	188914	144533	34976	4566	29641	8743	7893	832
青海	42946	36281	5966	741	4885	619	589	30
宁夏	41782	36256	3950	494	3399	1544	1544	
新疆	179580	143880	32589	2776	29413	2877	2807	55

7-15-14 各地区医疗卫生机构门诊服务情况(2022年)

地 区	诊 疗人次数(亿人次)	#门急诊	观察室留观病例数(万人)	健康检查人次数(万人次)	急 诊病死率(%)	观察室病死率(%)	居民年平均就诊次数(次)
全 国	**84.16**	**79.80**	**3411.13**	**50268.05**	**0.09**	**0.16**	**5.97**
北 京	2.20	2.19	121.68	905.20	0.20	0.62	10.08
天 津	1.00	0.95	110.82	485.32	0.13	0.21	7.37
河 北	3.87	3.60	95.58	1692.76	0.21	0.26	5.21
山 西	1.27	1.17	41.64	995.14	0.14	0.31	3.66
内蒙古	0.99	0.90	36.32	670.48	0.16	0.48	4.12
辽 宁	1.58	1.44	131.66	1038.47	0.19	0.29	3.77
吉 林	0.91	0.77	40.90	543.95	0.15	0.39	3.86
黑龙江	0.95	0.86	28.05	650.93	0.15	0.45	3.06
上 海	2.26	2.22	9.25	1243.71	0.21	2.88	9.12
江 苏	5.61	5.45	100.05	3818.27	0.06	0.11	6.59
浙 江	6.95	6.69	116.18	3639.69	0.04	0.32	10.56
安 徽	3.70	3.43	77.62	2140.34	0.08	0.10	6.04
福 建	2.62	2.47	47.02	1608.84	0.04	0.09	6.26
江 西	2.33	2.23	107.94	1463.83	0.04	0.04	5.14
山 东	6.67	6.20	259.74	3232.42	0.16	0.26	6.56
河 南	6.14	5.83	148.09	2920.52	0.12	0.10	6.22
湖 北	3.43	3.23	183.55	2181.72	0.09	0.07	5.87
湖 南	3.44	3.11	331.01	2199.05	0.04	0.05	5.21
广 东	8.06	7.78	317.37	6372.11	0.04	0.11	6.37
广 西	2.63	2.54	75.13	1845.43	0.04	0.08	5.20
海 南	0.50	0.47	11.81	282.79	0.04	0.08	4.91
重 庆	1.97	1.89	159.74	985.10	0.08	0.02	6.13
四 川	5.49	5.17	210.88	3237.13	0.11	0.10	6.56
贵 州	1.92	1.88	115.36	1170.30	0.04	0.04	4.98
云 南	3.10	3.03	317.14	1421.44	0.04	0.07	6.60
西 藏	0.14	0.12	6.29	164.07	0.06	0.18	3.76
陕 西	1.81	1.77	23.30	1094.62	0.10	0.30	4.58
甘 肃	1.01	0.95	74.78	736.23	0.09	0.04	4.05
青 海	0.24	0.22	20.56	173.86	0.16	0.20	3.99
宁 夏	0.41	0.39	38.00	252.04	0.12	0.02	5.67
新 疆	0.96	0.87	53.67	1102.29	0.26	0.42	3.71

7-15-15 各地区医疗卫生机构住院服务情况(2022年)

地区	入院人次数(万人次)	出院人次数(万人次)	住院病人手术人次(万人次)	病死率(%)	每床出院人次数(人次)	每百门急诊入院人次数(人次)	居民年住院率(%)
全国	**24686.2**	**24484.8**	**8271.7**	**0.5**	**25.2**	**4.2**	**17.5**
北京	337.9	336.6	147.1	1.4	25.3	1.6	15.5
天津	159.3	157.8	89.0	0.8	23.0	1.9	11.7
河北	1002.7	992.4	252.5	0.5	20.5	4.4	13.5
山西	416.1	414.9	136.5	0.3	18.2	4.5	12.0
内蒙古	304.6	302.5	77.0	0.8	18.1	4.2	12.7
辽宁	607.1	601.0	185.5	1.3	18.5	5.0	14.5
吉林	308.2	303.2	83.7	1.3	17.2	5.0	13.1
黑龙江	473.1	469.1	152.4	1.1	18.1	6.4	15.3
上海	362.5	362.9	359.7	1.7	22.0	1.8	14.6
江苏	1434.6	1429.5	563.8	0.2	25.5	3.3	16.8
浙江	1140.9	1134.5	439.6	0.4	29.8	2.1	17.3
安徽	974.8	963.3	295.1	0.4	21.8	4.0	15.9
福建	565.0	566.4	220.1	0.2	24.6	3.2	13.5
江西	833.9	823.4	262.8	0.3	26.2	5.5	18.4
山东	1820.9	1809.9	567.1	0.5	26.1	4.6	17.9
河南	1870.3	1848.7	477.5	0.3	24.6	4.7	18.9
湖北	1249.1	1234.4	418.7	0.5	27.4	5.5	21.4
湖南	1474.8	1457.2	342.7	0.2	26.8	6.8	22.3
广东	1757.3	1752.6	1009.6	0.6	28.8	2.9	13.9
广西	1122.9	1113.5	256.9	0.4	32.6	5.6	22.2
海南	122.4	121.7	43.3	0.3	20.0	3.2	11.9
重庆	735.9	728.2	190.1	0.6	29.1	6.0	22.9
四川	1901.1	1877.6	686.4	0.6	27.5	5.3	22.7
贵州	877.0	868.5	220.0	0.2	28.1	6.1	22.7
云南	1014.1	1011.3	265.0	0.3	29.7	4.6	21.6
西藏	29.8	29.8	6.8	0.2	14.9	3.3	8.2
陕西	736.3	728.2	269.1	0.4	25.2	5.7	18.6
甘肃	412.1	408.0	80.2	0.2	21.6	5.9	16.5
青海	87.6	87.2	21.3	0.5	20.3	5.0	14.7
宁夏	107.9	107.5	32.4	0.2	25.7	3.3	14.8
新疆	445.8	442.8	120.0	0.5	24.7	5.8	17.2

7-15-16 社区卫生服务中心(站)医疗服务情况

年份 地区	社区卫生服务中心					社区卫生服务站	
	诊疗人次数(万人次)	入院人次数(万人次)	病床使用率(%)	平均住院日(日)	医师日均担负诊疗人次(人次)	诊疗人次数(万人次)	医师日均担负诊疗人次(人次)
2005	5938.5	26.6	60.7	17.2	13.7	6281.5	11.0
2006	8285.5	43.6	57.9	15.5	13.0	9378.9	13.1
2007	12712.4	74.3	59.6	13.1	13.1	9875.0	14.6
2008	17247.3	103.3	58.7	13.4	12.9	8425.1	12.5
2009	26080.2	164.2	59.8	10.6	14.0	11617.3	13.7
2010	34740.4	218.1	56.1	10.4	13.6	13711.1	13.6
2011	40950.0	247.3	54.4	10.2	14.0	13703.8	13.7
2012	45475.1	268.7	55.5	10.1	14.8	14393.6	14.0
2013	50788.6	292.1	57.0	9.8	15.7	14921.2	14.3
2014	53618.8	298.1	55.6	9.9	16.1	14912.0	14.4
2015	55902.6	305.5	54.7	9.8	16.3	14742.5	14.1
2016	56327.0	313.7	54.6	9.7	15.9	15561.9	14.5
2017	60743.2	344.2	54.8	9.5	16.2	15982.4	14.1
2018	63897.9	339.5	52.0	9.9	16.1	16011.5	13.7
2019	69110.7	339.5	49.7	9.7	16.5	16805.7	14.0
2020	62068.4	292.7	42.8	10.3	13.9	13403.7	10.8
2021	69596.6	319.3	43.2	9.8	14.6	14005.9	11.0
2022	69330.3	333.8	41.1	9.9	13.9	13919.9	11.0
北京	5649.7	1.5	22.0	23.6	16.5	861.9	20.5
天津	1444.3	0.1	16.8	22.6	14.7	167.0	18.9
河北	704.2	4.3	27.3	9.4	7.2	754.9	6.1
山西	469.1	1.9	16.8	10.1	7.3	390.6	5.6
内蒙古	588.3	2.0	16.8	7.4	7.5	245.5	4.8
辽宁	802.7	2.6	18.7	10.3	7.0	328.6	5.3
吉林	511.4	1.2	20.8	12.6	6.6	26.0	4.4
黑龙江	595.3	2.4	13.4	7.9	5.6	20.9	3.3
上海	5653.3	2.5	64.0	221.0	15.8		
江苏	6427.5	28.8	37.4	9.5	12.7	1057.4	15.6
浙江	10733.7	9.0	42.8	14.2	20.7	282.1	19.8
安徽	2055.7	11.1	27.7	6.2	14.2	1264.1	12.1
福建	2417.8	4.4	24.3	8.8	19.8	359.4	10.5
江西	501.4	3.7	32.2	6.7	10.9	317.1	11.6
山东	3773.7	28.1	43.1	8.7	12.3	2386.4	17.0
河南	2476.5	25.6	41.4	8.9	10.6	795.0	9.2
湖北	1660.6	26.0	45.8	8.6	8.9	479.9	12.6
湖南	2831.7	39.8	48.0	6.5	14.0	413.2	10.6
广东	10531.5	9.9	34.8	9.4	18.5	946.8	15.7
广西	980.9	7.8	51.9	7.9	12.2	196.6	10.8
海南	156.7	0.8	26.2	7.3	9.0	246.7	14.5
重庆	1379.6	36.4	61.7	7.6	10.3	189.0	10.4
四川	3480.2	49.1	58.5	7.7	14.0	456.3	12.9
贵州	1037.0	15.9	39.3	6.0	11.2	399.7	11.2
云南	903.8	11.3	48.5	8.1	12.8	310.9	9.7
西藏	17.8		7.7		5.7	3.2	3.7
陕西	528.8	3.5	23.7	7.7	9.5	249.2	7.6
甘肃	327.9	2.8	35.7	7.2	6.8	223.4	7.1
青海	70.6	0.4	19.8	8.9	6.0	116.9	10.4
宁夏	174.2	0.1	14.3	10.2	16.4	282.7	22.2
新疆	444.5	0.9	16.1	9.2	11.4	148.6	3.6

7-15-17 监测地区5岁以下儿童和孕产妇死亡率

年 份	新生儿死亡率(‰)			婴儿死亡率(‰)			5岁以下儿童死亡率(‰)			孕产妇死亡率(1/10万)		
	合计	城市	农村	合计	城市	农村	合计	城市	农村	合计	城市	农村
1992	32.5	13.9	36.8	46.7	18.4	53.2	57.4	20.7	65.6	76.5	42.7	97.9
1993	31.2	12.9	35.4	43.6	15.9	50.0	53.1	18.3	61.6	67.3	38.5	85.1
1994	28.5	12.2	32.3	39.9	15.5	45.6	49.6	18.0	56.9	64.8	44.1	77.5
1995	27.3	10.6	31.1	36.4	14.2	41.6	44.5	16.4	51.1	61.9	39.2	76.0
1996	24.0	12.2	26.7	36.0	14.8	40.9	45.0	16.9	51.4	63.9	29.2	86.4
1997	24.2	10.3	27.5	33.1	13.1	37.7	42.3	15.5	48.5	63.6	38.3	80.4
1998	22.3	10.0	25.1	33.2	13.5	37.7	42.0	16.2	47.9	56.2	28.6	74.1
1999	22.2	9.5	25.1	33.3	11.9	38.2	41.4	14.3	47.7	58.7	26.2	79.7
2000	22.8	9.5	25.8	32.2	11.8	37.0	39.7	13.8	45.7	53.0	29.3	69.6
2001	21.4	10.6	23.9	30.0	13.6	33.8	35.9	16.3	40.4	50.2	33.1	61.9
2002	20.7	9.7	23.2	29.2	12.2	33.1	34.9	14.6	39.6	43.2	22.3	58.2
2003	18.0	8.9	20.1	25.5	11.3	28.7	29.9	14.8	33.4	51.3	27.6	65.4
2004	15.4	8.4	17.3	21.5	10.1	24.5	25.0	12.0	28.5	48.3	26.1	63.0
2005	13.2	7.5	14.7	19.0	9.1	21.6	22.5	10.7	25.7	47.7	25.0	53.8
2006	12.0	6.8	13.4	17.2	8.0	19.7	20.6	9.6	23.6	41.1	24.8	45.5
2007	10.7	5.5	12.8	15.3	7.7	18.6	18.1	9.0	21.8	36.6	25.2	41.3
2008	10.2	5.0	12.3	14.9	6.5	18.4	18.5	7.9	22.7	34.2	29.2	36.1
2009	9.0	4.5	10.8	13.8	6.2	17.0	17.2	7.6	21.1	31.9	26.6	34.0
2010	8.3	4.1	10.0	13.1	5.8	16.1	16.4	7.3	20.1	30.0	29.7	30.1
2011	7.8	4.0	9.4	12.1	5.8	14.7	15.6	7.1	19.1	26.1	25.2	26.5
2012	6.9	3.9	8.1	10.3	5.2	12.4	13.2	5.9	16.2	24.5	22.2	25.6
2013	6.3	3.7	7.3	9.5	5.2	11.3	12.0	6.0	14.5	23.2	22.4	23.6
2014	5.9	3.5	6.9	8.9	4.8	10.7	11.7	5.9	14.2	21.7	20.5	22.2
2015	5.4	3.3	6.4	8.1	4.7	9.6	10.7	5.8	12.9	20.1	19.8	20.2
2016	4.9	2.9	5.7	7.5	4.2	9.0	10.2	5.2	12.4	19.9	19.5	20.0
2017	4.5	2.6	5.3	6.8	4.1	7.9	9.1	4.8	10.9	19.6	16.6	21.1
2018	3.9	2.2	4.7	6.1	3.6	7.3	8.4	4.4	10.2	18.3	15.5	19.9
2019	3.5	2.0	4.1	5.6	3.4	6.6	7.8	4.1	9.4	17.8	16.5	18.6
2020	3.4	2.1	3.9	5.4	3.6	6.2	7.5	4.4	8.9	16.9	14.1	18.5
2021	3.1	1.9	3.6	5.0	3.2	5.8	7.1	4.1	8.5	16.1	15.4	16.5
2022	3.1	1.8	3.6	4.9	3.1	5.7	6.8	4.2	8.0	15.7	14.3	16.6

7-15-18 部分地区城市居民主要疾病死亡率及死因构成(2021年)

疾病名称	合计			男			女		
	死亡率(1/10万)	构成(%)	位次	死亡率(1/10万)	构成(%)	位次	死亡率(1/10万)	构成(%)	位次
传染病(含肺结核)	5.30	0.82	10	7.36	1.00	10	3.21	0.58	11
寄生虫病	0.07	0.01	16	0.06	0.01	16	0.08	0.01	16
恶性肿瘤	158.70	24.61	2	200.10	27.20	1	116.76	21.11	3
血液,造血器官及免疫疾病	1.33	0.21	13	1.39	0.19	13	1.27	0.23	13
内分泌,营养和代谢疾病	24.15	3.74	6	24.31	3.30	6	23.99	4.34	6
精神障碍	3.45	0.54	11	3.07	0.42	11	3.84	0.70	10
神经系统疾病	9.44	1.46	8	9.36	1.27	8	9.53	1.72	8
心脏病	165.37	25.64	1	171.26	23.28	2	159.40	28.83	1
脑血管病	140.02	21.71	3	155.32	21.11	3	124.52	22.52	2
呼吸系统疾病	54.49	8.45	4	67.30	9.15	4	41.51	7.51	4
消化系统疾病	15.41	2.39	7	18.76	2.55	7	12.01	2.17	7
肌肉骨骼和结缔组织疾病	1.95	0.30	12	1.48	0.20	12	2.43	0.44	12
泌尿生殖系统疾病	6.75	1.05	9	7.94	1.08	9	5.56	1.00	9
妊娠,分娩产褥期并发症	0.02		17				0.04	0.01	17
围生期疾病	0.69	0.11	15	0.79	0.11	15	0.58	0.11	15
先天畸形,变形和染色体异常	0.87	0.13	14	0.86	0.12	14	0.88	0.16	14
损伤和中毒外部原因	35.22	5.46	5	42.93	5.83	5	27.41	4.96	5
诊断不明	3.19	0.50		4.32	0.59		2.05	0.37	
其他疾病	5.57	0.86		4.56	0.62		6.60	1.19	

注：本表系605个死因监测点结果（下表同）。

7-15-19　部分地区农村居民主要疾病死亡率及死因构成(2021年)

疾病名称	合计			男			女		
	死亡率(1/10万)	构成(%)	位次	死亡率(1/10万)	构成(%)	位次	死亡率(1/10万)	构成(%)	位次
传染病(含肺结核)	6.52	0.88	10	8.96	1.06	10	3.99	0.62	10
寄生虫病	0.04	0.01	17	0.05	0.01	16	0.03		17
恶性肿瘤	167.06	22.47	3	213.11	25.30	1	119.11	18.60	3
血液,造血器官及免疫疾病	1.36	0.18	13	1.44	0.17	13	1.27	0.20	13
内分泌营养和代谢疾病	21.09	2.84	6	19.42	2.31	7	22.83	3.56	6
精神障碍	3.54	0.48	11	3.29	0.39	11	3.81	0.59	11
神经系统疾病	10.15	1.37	8	9.71	1.15	8	10.61	1.66	8
心脏病	188.58	25.36	1	192.09	22.80	3	184.93	28.87	1
脑血管病	175.58	23.62	2	192.41	22.84	2	158.06	24.68	2
呼吸系统疾病	65.23	8.77	4	77.67	9.22	4	52.27	8.16	4
消化系统疾病	15.98	2.15	7	20.19	2.40	6	11.60	1.81	7
肌肉骨骼和结缔组织疾病	2.48	0.33	12	2.17	0.26	12	2.81	0.44	12
泌尿生殖系统疾病	7.86	1.06	9	9.34	1.11	9	6.32	0.99	9
妊娠分娩产褥期并发症	0.04	0.01	16				0.08	0.01	16
围生期疾病	0.79	0.11	15	0.88	0.10	15	0.69	0.11	15
先天畸形,变形和染色体异常	1.04	0.14	14	1.15	0.14	14	0.93	0.15	14
损伤和中毒外部原因	52.98	7.13	5	66.62	7.91	5	38.77	6.05	5
诊断不明	2.61	0.35		3.43	0.41		1.75	0.27	
其他疾病	6.91	0.93		5.45	0.65		8.42	1.32	

注：农村包括县及县级市。

7-15-20 分地区民政机构床位数(2022年)

单位：万张

地区	提供住宿的民政机构床位数	养老	儿童福利和救助	精神疾病	其他	每千老年人口养老床位数(张)
全国	**545.2**	**518.3**	**10.1**	**7.2**	**9.5**	**29.6**
北京	11.5	11.0	0.3		0.2	27.2
天津	5.8	5.6	0.1	0.1		21.5
河北	23.7	23.3	0.1	0.1	0.2	28.5
山西	9.6	9.1	0.2	0.2	0.2	24.7
内蒙古	8.7	8.1	0.2	0.2	0.2	42.3
辽宁	19.4	18.9	0.1		0.4	21.8
吉林	15.3	14.3	0.3	0.5	0.2	26.8
黑龙江	20.1	19.0	0.4	0.5	0.2	28.0
上海	15.2	14.6	0.1	0.2	0.3	27.4
江苏	45.8	44.3	0.4	0.5	0.6	37.5
浙江	26.7	25.9	0.4	0.1	0.3	29.0
安徽	37.7	36.6	0.6		0.5	35.5
福建	12.9	12.0	0.2	0.4	0.2	41.3
江西	19.1	18.7	0.1	0.1	0.2	33.9
山东	42.1	41.4	0.4		0.3	30.8
河南	40.9	39.8	0.4	0.1	0.6	29.1
湖北	29.7	28.8	0.4	0.1	0.4	37.5
湖南	27.0	25.4	0.3	0.7	0.6	31.1
广东	26.3	24.7	0.6	0.2	0.9	26.6
广西	10.3	9.4	0.4	0.3	0.2	29.8
海南	1.0	0.9			0.1	8.3
重庆	13.4	12.5	0.3	0.3	0.3	28.9
四川	35.1	31.6	0.9	1.7	0.9	24.3
贵州	9.4	8.3	0.4	0.4	0.2	25.4
云南	10.1	9.4	0.3	0.2	0.2	17.6
西藏	1.6	1.1	0.5			36.3
陕西	11.6	10.9	0.3	0.1	0.3	26.4
甘肃	4.0	3.4	0.3	0.1	0.3	33.5
青海	1.0	0.7	0.2			23.0
宁夏	2.9	2.7	0.1		0.1	33.8
新疆	7.3	5.7	0.9	0.4	0.2	27.8

注：老年人口指60岁及以上人口。

7-15-21 社会救助情况

单位：万人

年份 地区	城市居民最低生活保障人数	农村居民最低生活保障人数	农村特困人员集中供养人数	农村特困人员分散供养人数
2008	2334.8	4305.5	155.6	393.0
2009	2345.6	4760.0	171.8	381.6
2010	2310.5	5214.0	177.4	378.9
2011	2276.8	5305.7	184.5	366.5
2012	2143.5	5344.5	185.3	360.3
2013	2064.0	5388.0	183.5	353.8
2014	1877.0	5207.0	174.3	354.8
2015	1701.1	4903.6	162.3	354.4
2016	1480.2	4586.5	139.7	357.2
2017	1261.0	4045.2	99.6	367.2
2018	1007.0	3519.1	86.2	368.8
2019	860.9	3455.4	75.0	364.1
2020	805.1	3620.8	73.9	372.4
2021	737.8	3474.5	69.2	368.1
2022	682.4	3349.6	64.4	370.1
北京	7.0	3.7	0.2	0.4
天津	6.5	5.9	0.1	0.9
河北	14.7	148.1	2.7	22.3
山西	19.5	90.8	1.5	11.1
内蒙古	25.4	128.9	1.1	7.2
辽宁	27.6	64.2	1.6	10.9
吉林	30.7	51.9	1.0	6.5
黑龙江	45.1	82.5	1.3	7.9
上海	13.1	3.2	0.1	0.1
江苏	8.4	55.7	3.4	15.8
浙江	5.7	50.7	1.4	1.7
安徽	27.6	169.9	4.8	27.6
福建	6.8	50.5	1.1	4.9
江西	29.4	144.0	3.3	9.2
山东	9.3	128.9	5.5	27.7
河南	32.1	274.2	6.9	41.0
湖北	25.7	130.6	4.1	19.5
湖南	34.5	142.1	4.6	30.5
广东	14.8	115.8	1.4	18.6
广西	38.5	238.4	0.6	23.1
海南	3.2	14.3	0.2	2.1
重庆	21.8	55.8	1.1	8.7
四川	52.1	342.6	6.6	33.9
贵州	57.9	170.2	1.5	7.7
云南	37.0	225.5	1.5	10.4
西藏	2.3	13.1	0.6	0.7
陕西	16.5	110.6	3.7	8.8
甘肃	31.6	149.5	0.9	8.6
青海	6.7	28.4	0.3	1.3
宁夏	6.9	35.3	0.3	0.5
新疆	24.0	124.5	1.1	0.5

7-15-22 分地区医疗救助情况(2022年)

地区	资助参加基本医疗保险人数(万人)	门诊和住院医疗救助人次数(万人次)	资助参加基本医疗保险资金数(万元)	门诊和住院医疗救助资金数(万元)
全国	**8186.4**	**11828.6**	**1809499.4**	**4010430.3**
北京	9.8	25.6	4131.0	33680.0
天津	15.8	99.7	5063.9	25299.4
河北	390.3	579.7	97356.8	144220.5
山西	153.0	67.4	41260.1	50090.2
内蒙古	148.2	185.0	22572.0	92645.0
辽宁	130.2	195.3	42936.5	82093.3
吉林	122.2	122.4	29364.0	55110.0
黑龙江	175.1	181.3	44316.6	108583.7
上海	11.8	361.0	7671.5	56008.2
江苏	336.6	1842.0	135048.2	328535.0
浙江	67.2	1402.2	42589.0	160886.0
安徽	264.1	747.7	71779.3	270591.3
福建	114.3	460.4	36747.7	105929.8
江西	123.6	421.6	4031.4	192545.7
山东	205.3	425.0	58619.2	170635.2
河南	555.2	409.6	86279.0	211636.6
湖北	314.0	306.0	88506.7	187670.3
湖南	282.0	203.7	64294.4	187143.0
广东	263.7	638.0	88556.0	261248.4
广西	299.9	414.9	63901.3	223133.5
海南	23.0	97.6	7263.0	17278.0
重庆	141.8	609.0	40932.0	50984.0
四川	841.1	456.0	199813.8	254305.8
贵州	872.0	382.9	131045.7	158822.7
云南	989.1	521.7	158157.5	192569.9
西藏	28.5	7.5	6457.8	10174.0
陕西	91.4	53.5	13812.0	69916.0
甘肃	652.8	259.6	90101.8	146780.8
青海	38.5	70.9	6948.6	35226.2
宁夏	108.8	66.0	27378.2	27659.4
新疆	417.0	215.7	92564.4	99028.7

注：1.2016年起，将资助参加合作医疗保险合并到资助参加基本医疗保险统计。
2.2018年起，直接医疗救助修改为门诊和住院医疗救助，统计口径不变。

7-15-23 社区服务机构、社会工作师情况(2022年)

地区	社区综合服务机构和设施(个)	社区养老服务机构和设施(个)	社会工作师累计合格人数(人)	助理社会工作师累计合格人数(人)
全国	**590762**	**346823**	**204367**	**724875**
北京	8528	1534	10306	28820
天津	5747	1430	3126	10078
河北	51995	30706	4544	11877
山西	21131	7360	3391	9458
内蒙古	2690	2845	4088	8069
辽宁	17131	8345	6704	18871
吉林	12352	3941	3199	13191
黑龙江	13791	3944	2772	9166
上海	8269	13328	8743	23826
江苏	27815	17755	21455	78396
浙江	32507	27794	30684	125374
安徽	19320	8021	5512	18459
福建	20833	17695	8596	30103
江西	22229	22265	2343	10587
山东	65780	26674	18122	41805
河南	49864	14539	4481	14145
湖北	25800	20442	6290	30171
湖南	31961	28979	4761	15655
广东	31950	21808	27454	119381
广西	14417	12127	2011	8407
海南	3250	273	346	1851
重庆	12383	5623	4038	16521
四川	18176	12117	8186	35189
贵州	19811	9325	949	4714
云南	15877	3934	2416	11035
西藏	5340	15	46	229
陕西	4313	10447	5819	15689
甘肃	5686	9486	1499	5332
青海	5178	1318	227	957
宁夏	3019	1496	883	3257
新疆	13619	1257	1376	4262

【主要统计指标解释】

卫生总费用 指一个国家或地区在一定时期内，为开展卫生服务活动从全社会筹集的卫生资源的货币总额，按来源法核算。它反映一定经济条件下，政府、社会和居民个人对卫生保健的重视程度和费用负担水平，以及卫生筹资模式的主要特征和卫生筹资的公平性合理性。

政府卫生支出 指各级政府用于医疗卫生服务、医疗保障补助、卫生和医疗保障行政管理、人口与计划生育事务支出等各项事业的经费。

社会卫生支出 指政府支出外的社会各界对卫生事业的资金投入。包括社会医疗保障支出、商业健康保险费、社会办医支出、社会捐赠援助、行政事业性收费收入等。

个人卫生支出 指城乡居民在接受各类医疗卫生服务时的现金支付，包括享受各种医疗保险制度的居民就医时自付的费用。

人均卫生总费用 即某年卫生总费用与同期平均人口数之比。

卫生总费用与GDP之比 指某年卫生总费用与同期国内生产总值（GDP）之比。是用来反映一定时期，一定经济条件下，国家对卫生事业的资金投入力度，以及政府和全社会对居民卫生健康的重视程度。

民政事业费总支出 包括社会福利支出、社会救助支出、民政管理事务支出、行政事业单位养老支出，以及财政从预算内经费中安排的其他用于民政事业的经费支出。

社会福利支出 指各级列入政府收支分类科目中20810项预算指标，用于社会福利支出。包括儿童福利、老年人福利、残疾人福利、殡葬、社会福利事业单位和其他社会福利支出。

医疗卫生机构 指从卫生健康行政部门取得《医疗机构执业许可证》，或从民政、工商行政、机构编制管理部门取得法人单位登记证书，为社会提供医疗保健、疾病控制、卫生监督服务或从事医学科研和医学在职培训等工作的单位。医疗卫生机构包括医院、基层医疗卫生机构、专业公共卫生机构、其他医疗卫生机构。

基层医疗卫生机构 包括社区卫生服务中心(站)、街道卫生院、乡镇卫生院、村卫生室、门诊部、诊所(医务室)。

专业公共卫生机构 包括疾病预防控制中心、专科疾病防治机构、妇幼保健机构、健康教育机构、急救中心(站)、采供血机构、卫生监督机构、卫生健康部门主管的计划生育技术服务机构。不包括传染病院、结核病医院、血防医院、精神病医院、卫生监督(监测、检测)机构。

卫生人员 指在医院、基层医疗卫生机构、专业公共卫生机构及其他医疗卫生机构工作的职工，包括卫生技术人员、乡村医生和卫生员、其他技术人员、管理人员和工勤人员等。

卫生技术人员 包括执业医师、执业助理医师、注册护士、药师（士）、检验技师（士）、影像技师（士）、卫生监督员和见习医（药、护、技）师（士）等卫生专业人员。不包括从事管理工作的卫生技术人员。

执业医师 指《医师执业证》“级别”为“执业医师”且实际从事医疗、预防保健工作的人员，不包括实际从事管理工作的执业医师。执业医师类别分为临床、中医、口腔和公共卫生四类。

每千人口执业(助理)医师 每千人口执业(助理)医师=(执业医师数+执业助理医师数)/人口数×1000。

新生儿死亡率 指年内新生儿死亡数与活产数之比，一般以‰表示。新生儿死亡指出生至28天以内(即0-27天)死亡人数。

5岁以下儿童死亡率 指年内未满5岁儿童死亡人数与活产数之比，一般以‰表示。

孕产妇死亡率 指年内每10万名孕产妇的死亡人数。孕产妇死亡指从妊娠期至产后42天内，由于任何妊娠或妊娠处理有关的原因导致的死亡，但不包括意外原因死亡者。按国际通用计算方法，“孕产妇总数”以“活产数”代替计算。

城市居民最低生活保障人数 指在报告期末共同生活的家庭成员人均收入低于当地最低生活保障标准，且家庭财产状况符合相关规定的城镇居民，并已发放补助经费的人数。

农村居民最低生活保障人数 指报告期末共同生活的家庭成员人均收入低于当地最低生活保障标准，得到当地政府给予最低生活保障待遇的农业人口家庭人数。

社区综合服务机构和设施数 是面向全体城乡居民提供社区综合服务的机构和设施。原则上，城乡社区综合服务机构和设施应能提供以公共服务为主体的综合性服务，城乡社区服务设施面积应能满足社区组织办公和社区综合服务所需，并配置多功能社区居民活动场所。在此基础上可根据社区居民的实际需求，重点强化若干类服务功能。社区综合服务机构和设施包括（1）社区服务指导中心；（2）社区服务中心；（3）社区服务站；（4）社区专项服务机构和设施。

7 第三产业分行业主要指标

7-16　文化、体育和娱乐业

简要说明

一、主要内容

本篇主要反映新闻出版、广电、文化、文物、档案、体育事业发展情况。

内容包括广播电视业和文化事业财务情况；图书、期刊、报纸、音像制品的出版、印刷以及引进和输出版权情况；广播电视覆盖、节目制作、财务收支等方面的情况；艺术表演团体、公共图书馆、群众文化机构、博物馆以及国家档案馆等单位的机构、人员、经费和业务活动情况；体育系统机构人员、运动员获世界冠军以及创世界记录情况。

文化、体育和娱乐业企业法人单位分地区主要指标。

二、资料来源

新闻出版资料由国家新闻出版署提供；广播、电视资料由国家广播电视总局提供；电影资料由国家电影局提供；文化资料由文化和旅游部提供；文物资料由国家文物局提供；档案资料由国家档案局提供；体育资料由国家体育总局提供。

详细资料分别见《中国新闻出版统计资料汇编》（国家新闻出版署编）、《全国广播电视服务业统计数据》（国家广播电视总局编）、《中国文化文物统计年鉴》（文化和旅游部编）。

文化、体育和娱乐业企业法人单位分地区主要指标来源于国家统计局服务业统计司《规模以上服务业统计报表制度》和《规模以下服务业抽样调查统计报表制度》调查结果。

7-16-1 各地区广播电视行政事业单位财务收支情况(2022年)

单位：万元

地区	总收入	财政补助收入	事业收入	经营收入	其它收入	总支出
全国合计	**11956381**	**9255061**	**1815856**	**477761**	**407703**	**12172643**
国家广播电视总局	407198	325869	62180		19150	430798
中央广播电视总台						
其他部门所属单位	128311	16729	91655	12883	7044	124953
北京	540475	334331	181253	3864	21027	575205
天津	102075	45527	31673	5231	19644	117533
河北	294452	269628	19938	3218	1668	286793
山西	492327	450629	29032	1859	10806	478375
内蒙古	357181	354529	200	1285	1167	353488
辽宁	247946	216499	27628	3408	412	342188
吉林	275268	267670	1863	3379	2356	271201
黑龙江	318515	300543	3790	9357	4826	284243
上海	269980	254121	1814	636	13410	274103
江苏	548212	235112	154764	100210	58125	581265
浙江	705201	465197	151364	59173	29467	725671
安徽	612806	475390	102550	24057	10809	635003
福建	328082	254434	42957	5338	25353	320930
江西	506592	458330	16895	17661	13706	506772
山东	721628	433717	249862	18292	19756	735664
河南	501585	350547	133255	4212	13571	481729
湖北	290963	232172	47703	2717	8371	299103
湖南	370582	288385	56911	13400	11886	371027
广东	491331	258863	149182	49621	33665	650525
广西	429086	346209	70673	1698	10506	411689
海南	128089	107858	13857	228	6146	121249
重庆	102615	94830	297	6361	1127	103700
四川	961482	860615	40149	50324	10395	966441
贵州	205561	193832	6534	59	5136	210466
云南	317195	225080	76794	3440	11881	313523
西藏	146577	144405	1010		1162	126235
陕西	259009	200285	15590	40644	2490	285029
甘肃	263504	240293	12386	1576	9249	253810
青海	107926	103881	2342		1703	95886
宁夏	103427	81120	14712	2198	5398	105524
新疆	421197	368431	5045	31432	16289	332523

7-16-2 各地区广播电视企业单位经营情况(2022年)

单位：万元

地 区	总收入	#营业收入	本年应缴税金	营业利润	本年新增固定资产
全国合计	**112237017**	**110377361**	**4067183**	**2544936**	**5579595**
国家广播电视总局	363776	354763	29511	-25913	175995
中央广播电视总台	5757887	5410438	245982	497860	309966
其他部门所属单位	228589	218432	9366	24307	1771
北 京	46844194	46600960	1268853	321089	3250110
天 津	595920	581563	25529	7354	19721
河 北	616534	543128	13517	11135	21756
山 西	257833	252426	10444	-7660	9413
内 蒙 古	128456	123501	1038	-32349	30940
辽 宁	354820	320582	6600	-52585	25084
吉 林	265576	259823	3438	81707	77327
黑 龙 江	312413	293520	4158	-26934	33893
上 海	16680151	16572873	1293351	-358863	137768
江 苏	3272585	3075658	163958	312023	295873
浙 江	6152837	6034073	172453	508525	214506
安 徽	925064	905839	16063	10529	40520
福 建	2813831	2734767	61904	108052	105734
江 西	436500	374669	9711	-7800	43008
山 东	1688258	1647465	47704	55421	62399
河 南	272467	264179	4738	-63347	9205
湖 北	1584472	1510423	138726	-108458	109719
湖 南	2734746	2682833	130579	61246	78168
广 东	13727404	13597732	154144	1229999	143215
广 西	363689	354920	8878	-35963	25031
海 南	485587	473662	39665	34189	15982
重 庆	718701	698667	20693	5018	29950
四 川	1791124	1729125	67534	123021	85473
贵 州	758648	699969	25111	30856	64547
云 南	471217	465822	30468	-107407	35601
西 藏	101816	99581	2127	13658	20702
陕 西	651165	640398	27808	16172	88763
甘 肃	80074	77953	1053	-59087	2101
青 海	19922	18593	1820	-4898	932
宁 夏	60065	41389	679	-3717	737
新 疆	720696	717634	29583	-12243	13683

7-16-3 各地区广播电视企业资产负债情况(2022年)

单位：万元

地　区	资产总额	#固定资产净值	负债总额
全国合计	**262182759**	**23566242**	**150636596**
国家广播电视总局	8205399	241390	1290482
中央广播电视总台	20757106	2147871	3679036
其他部门所属单位	677900	13780	192255
北　京	63846960	2188393	51215121
天　津	2335670	170216	1794513
河　北	2211138	582671	1345419
山　西	715597	151728	527528
内蒙古	675324	209147	374309
辽　宁	1019824	434159	573889
吉　林	2979178	771944	1428491
黑龙江	1314667	398457	926794
上　海	37391298	1347360	27670722
江　苏	18124564	2745174	9187817
浙　江	23218596	1609704	11746938
安　徽	1640704	422651	961851
福　建	3815957	510026	2503212
江　西	1085575	242057	727203
山　东	5404677	1387332	2258499
河　南	1589074	366658	1415982
湖　北	4293274	1037296	3326467
湖　南	10183151	904207	4398904
广　东	26365403	1424819	7115816
广　西	1295392	509349	813626
海　南	1025754	114131	650746
重　庆	1473264	349011	937767
四　川	5222492	823149	3110267
贵　州	3851955	735489	2553307
云　南	2792211	513159	1989789
西　藏	204988	32468	126893
陕　西	2738198	537617	1754716
甘　肃	1353982	348391	1251630
青　海	62832	48465	24392
宁　夏	320563	121078	219628
新　疆	3990092	126894	2542589

7-16-4 文化、体育和娱乐业企业法人单位分地区主要指标(2022年)

地　区	营业收入 (亿元)	资产总计 (亿元)	从业人员 (万人)
全　国	**12123.8**	**45667.8**	**375.0**
北　京	2084.2	7131.4	31.7
天　津	269.4	1068.5	3.3
河　北	171.7	1059.9	11.8
山　西	79.4	558.8	7.3
内蒙古	33.2	326.5	2.2
辽　宁	104.6	759.3	5.5
吉　林	47.8	325.6	2.4
黑龙江	47.7	229.8	3.0
上　海	846.7	3869.6	11.7
江　苏	995.0	4039.9	28.4
浙　江	1085.5	4371.5	26.6
安　徽	319.7	1055.2	14.0
福　建	496.8	1124.1	18.5
江　西	253.4	620.6	9.8
山　东	549.8	1907.7	19.6
河　南	611.2	1486.0	27.2
湖　北	586.7	2352.4	19.7
湖　南	738.3	1869.2	19.3
广　东	1024.7	3382.2	37.4
广　西	101.4	494.7	6.5
海　南	66.4	462.2	2.5
重　庆	325.8	1047.0	13.8
四　川	427.5	1135.1	19.4
贵　州	127.8	980.9	6.9
云　南	124.6	719.3	8.3
西　藏	10.6	71.4	0.7
陕　西	200.6	1684.9	9.2
甘　肃	46.8	445.6	3.8
青　海	10.0	90.9	1.0
宁　夏	18.2	84.1	1.2
新　疆	318.2	913.3	2.3

7-16-5 电影综合情况

单位：部

年 份	生产故事影片	生产动画影片	生产科教影片	生产纪录影片	生产特种影片
1981	105	33	277	276	
1982	112	33	284	259	
1983	127	37	343	299	
1984	144	37	387	337	
1985	127	45	357	419	
1986	134	46	383	417	
1987	146	45	353	347	
1988	158	38	344	350	
1989	136	53	334	259	
1990	134	51	326	296	
1991	130	46	351	283	
1992	170	56	354	307	
1993	154	47	252	300	
1994	148	32	182	22	
1995	146	37	40	111	
1996	110	58	33	39	
1997	88	28	34	95	
1998	82	9	30	54	
1999	99	3	20	14	
2000	91	1	49	10	
2001	88	1	56	9	
2002	100	2	60	7	
2003	140	2	53	6	
2004	212	4	30	10	
2005	260	7	33	2	
2006	330	13	36	13	
2007	402	6	34	9	
2008	406	16	39	16	2
2009	456	27	52	19	4
2010	526	16	54	16	9
2011	558	24	76	26	5
2012	745	33	74	15	26
2013	638	29	121	18	18
2014	618	40	52	25	23
2015	686	51	96	38	17
2016	772	49	67	32	24
2017	798	32	68	44	28
2018	902	51	61	57	11
2019	850	51	74	47	15
2020	531	45	25	31	18
2021	565	47	54	55	19
2022	380	25	37	30	13

注：2005年及以前动画片数为美术片数。

7-16-6 主要文化机构情况

单位：个

年 份	公共图书馆	文化馆(站)	省级、地市级文化馆	县市级文化馆	乡镇(街道)文化站	博物馆	艺术表演团 体	艺术表演场 馆
1986	2406	8913	337	2993	5583	777	3195	2058
1987	2440	8974	348	2973	5653	827	3094	2148
1988	2485	9045	358	2975	5712	903	2985	2081
1989	2512	9037	366	2955	5716	967	2850	2050
1990	2527	9216	366	2955	5895	1013	2805	1955
1991	2535	10507	371	2894	7242	1075	2772	2068
1992	2558	9564	372	2900	6292	1106	2753	2037
1993	2572	10155	370	2886	6899	1130	2707	2024
1994	2589	11276	374	2887	8015	1161	2698	1998
1995	2615	13487	373	2886	10228	1194	2682	1958
1996	2620	45253	392	2892	41969	1219	2664	1934
1997	2628	45449	385	2901	42163	1282	2663	1947
1998	2662	45834	386	2901	42547	1339	2652	1929
1999	2669	45837	389	2905	42543	1363	2632	1911
2000	2675	45321	390	2907	42024	1392	2619	1900
2001	2696	43379	399	2842	40138	1461	2605	1854
2002	2697	42516	389	2854	39273	1511	2587	1829
2003	2709	41816	382	2846	38588	1515	2601	1900
2004	2720	41402	380	2841	38181	1548	2759	1928
2005	2762	41588	375	2851	38362	1581	2805	1866
2006	2778	40088	395	2819	36874	1617	2866	1839
2007	2799	40601	411	2806	37384	1722	4512	1732
2008	2820	41156	389	2829	37938	1893	5114	1662
2009	2850	41959	361	2862	38736	2252	6139	1499
2010	2884	43382	374	2890	40118	2435	6864	1461
2011	2952	43675	379	2906	40390	2650	7055	1429
2012	3076	43876	382	2919	40575	3069	7321	1279
2013	3112	44260	385	2930	40945	3473	8180	1344
2014	3117	44423	385	2928	41110	3658	8769	1338
2015	3139	44291	386	2929	40976	3852	10787	2143
2016	3153	44497	389	2933	41175	4109	12301	2285
2017	3166	44521	390	2938	41193	4721	15742	2455
2018	3176	44464	390	2936	41138	4918	17123	2478
2019	3196	44073	390	2936	40747	5132	17795	2716
2020	3212	43687	390	2931	40366	5452	17581	2770
2021	3215	43531	390	2926	40215	5772	18370	3093
2022	3303	45623	404	3099	42120	6091	19739	3199

注：1.1996年以前文化站数据未包括其他部门所属乡镇文化站。1996-1998年包括其他部门所属文化站，1999年以后，其他部门所属文化站划归文化部门管理。

2.2007年以前艺术表演团体为系统内数据，2007年起含系统外单位。

3.2015年以前艺术表演场馆为公有制艺术表演场馆，2015年起含民营艺术表演场馆。

7-16-7　文化文物机构人员情况(2022年)

机构类别	机构(个)	文化部门	其他部门	从业人员(人)	文化部门	其他部门
总　计	**328879**	**68080**	**260799**	**4483665**	**724936**	**3758729**
一、文化和旅游合计	**317539**	**59207**	**258332**	**4293377**	**569623**	**3723754**
艺术表演团体	19739	1934	17805	415207	107139	308068
艺术表演场馆	3199	1052	2147	66814	18724	48090
公共图书馆	3303	3303		60740	60740	
文化馆	3503	3503		55753	55753	
文化站	42120	42120		140073	140073	
艺术展览创作机构	851	802	49	7572	6984	588
文化和旅游部门教育机构	100	100		12618	12618	
文化和旅游科研机构	172	172		4342	4342	
文化市场经营机构	183085		183085	994857		994857
文化和旅游行政部门	3253	3253		114579	114579	
其他文化和旅游机构	58214	2968	55246	2420822	48671	2372151
二、文物合计	**11340**	**8873**	**2467**	**190288**	**155313**	**34975**
博物馆	6091	3782	2309	131461	100465	30996
文物保护管理机构	2663	2608	55	32131	29456	2675
文物科研机构	129	128	1	6501	6489	12
其他文物机构	2457	2355	102	20195	18903	1292

注：文化市场经营机构不包括非公有制院团和场馆。

7-16-8 各地区出版物印刷机构情况(2022年)

地区	企业数(个)	从业人员(万人)	印刷产量		装订产量(万令)	用纸量(万令)
			黑白(万令)	彩色(万对开色令)		
全国	**9409**	**34.22**	**17485.2**	**119798.2**	**27449.6**	**36570.3**
北京	989	2.39	1299.9	12149.3	2351.0	3003.7
天津	178	0.58	299.8	2680.6	462.3	794.1
河北	780	2.56	2103.3	6903.5	3306.4	3188.6
山西	137	0.49	140.7	1155.5	215.5	326.2
内蒙古	172	0.27	82.8	833.6	103.2	241.0
辽宁	185	0.47	359.5	2090.9	502.4	663.8
吉林	209	0.50	339.9	1784.6	289.2	645.4
黑龙江	155	0.34	153.9	908.5	178.6	287.7
上海	165	1.22	306.0	3900.4	473.0	1188.2
江苏	433	2.39	1407.2	8470.9	2158.6	2981.2
浙江	638	2.45	1590.5	13207.0	2357.6	3463.8
安徽	354	1.06	441.2	4312.3	875.9	1047.4
福建	295	1.32	634.6	2853.5	688.8	1029.8
江西	141	0.51	544.8	1401.2	631.8	755.4
山东	619	3.40	2030.0	8156.8	2760.3	3359.8
河南	458	1.15	720.1	4681.0	1178.0	1353.4
湖北	341	1.22	962.8	4248.8	1340.2	1616.5
湖南	517	1.59	688.2	6463.3	1240.9	1643.6
广东	793	5.72	1517.9	17784.7	3467.8	4776.7
广西	262	0.64	252.6	3437.2	551.8	785.6
海南	51	0.16	51.7	576.5	32.8	130.4
重庆	128	0.45	183.0	1463.1	306.9	400.7
四川	309	0.88	488.3	3514.5	717.8	991.9
贵州	162	0.32	66.8	1306.7	138.0	249.9
云南	164	0.44	152.6	1396.6	232.7	350.1
西藏	24	0.06	25.0	263.7	30.7	58.2
陕西	299	0.74	371.4	2100.8	505.7	723.6
甘肃	140	0.31	131.6	408.6	140.0	183.1
青海	61	0.13	28.8	129.6	30.1	49.4
宁夏	115	0.10	37.2	125.8	35.7	54.1
新疆	135	0.37	73.1	1088.8	146.0	227.2

7-16-9 图书出版情况(2022年)

类　别	种　数 (种)	印　数 (万册)
图书总计	**502246**	**1139832**
使用“中国标准书号”部分合计	**501976**	**1137675**
马列主义、毛泽东思想	951	1585
哲学	9189	9481
社会科学总论	4939	2810
政治、法律	16855	42986
军事	1205	1142
经济	32734	13192
文化、科学、教育、体育	207999	876116
语言、文字	16724	22930
文学	49905	81073
艺术	22618	19305
历史、地理	17701	17998
自然科学总论	1002	800
数理科学、化学	12065	6371
天文学、地球科学	4083	2278
生物科学	5051	3336
医学、卫生	22271	10055
农业科学	5028	1441
工业技术	56313	16627
交通运输	6827	2095
航空、航天	1167	396
环境科学	3332	1645
综合性图书	4017	4013
不使用“中国标准书号”部分合计	**270**	**2157**
图片	270	274
国标(GB)、部标(BB)等标准类文件印品		1015
活页文选、活页歌篇、小件印品等		868

7-16-10 图书、期刊和报纸出版情况

年份 地区	图书			期刊		报纸	
	种数（种）	#新出版	总印数（亿册、亿张）	种数（种）	总印数（亿册）	种数（种）	总印数（亿份）
1995	101381	59159	63.2	7583	23.4	2089	263.3
2000	143376	84235	62.7	8725	29.4	2007	329.3
2005	222473	128578	64.7	9468	27.6	1931	412.6
2006	233971	160757	64.1	9468	28.5	1938	424.5
2007	248283	136226	62.9	9468	30.4	1938	438.0
2008	274123	148978	70.6	9549	31.0	1943	442.9
2009	301719	168296	70.4	9851	31.5	1937	439.1
2010	328387	189295	71.7	9884	32.2	1939	452.1
2011	369523	207506	77.0	9849	32.9	1928	467.4
2012	414005	241986	79.2	9867	33.5	1918	482.3
2013	444427	255981	83.1	9877	32.7	1915	482.4
2014	448431	255890	81.8	9966	30.9	1912	463.9
2015	475768	260426	86.6	10014	28.8	1906	430.1
2016	499884	262415	90.4	10084	27.0	1894	390.1
2017	512487	255106	92.4	10130	24.9	1884	362.5
2018	519250	247108	100.1	10139	22.9	1871	337.3
2019	505979	224762	106.0	10171	21.9	1851	317.6
2020	489051	213636	103.7	10192	20.4	1810	289.1
2021	529197	225253	118.6	10185	20.1	1752	283.0
2022	502246	205261	114.0	10139	19.3	1709	271.0
中央	206199	80851	29.5	3219	7.1	197	75.1
北京	12354	5256	2.7	171	0.2	30	2.6
天津	7937	3749	1.1	236	0.2	15	1.7
河北	9472	2605	3.5	216	0.3	60	9.2
山西	3011	1768	1.2	198	0.2	54	21.2
内蒙古	2274	949	0.6	150	0.1	52	2.2
辽宁	10694	5149	1.7	312	0.5	66	4.5
吉林	25523	12083	2.9	239	0.3	46	5.3
黑龙江	8302	5403	1.2	315	0.2	49	3.1
上海	26897	10638	4.6	632	0.6	67	6.3
江苏	25957	9044	6.8	453	1.2	74	19.0
浙江	16546	7797	5.1	235	0.6	66	16.4
安徽	10181	3285	3.3	181	0.3	48	5.1
福建	4784	2073	1.7	174	0.2	42	6.4
江西	10146	4049	3.3	165	0.7	37	7.0
山东	14699	4902	5.9	268	0.6	78	13.1
河南	9761	4061	4.3	245	0.6	77	12.3
湖北	16878	6208	3.8	416	0.7	68	5.8
湖南	11012	4216	6.1	253	0.9	44	5.3
广东	10557	4938	5.1	380	0.9	92	13.2
广西	6797	2399	3.6	177	0.3	42	4.5
海南	4317	1393	0.8	41		13	1.5
重庆	5412	1839	1.4	139	0.3	27	1.6
四川	12477	6613	4.1	354	0.5	70	9.8
贵州	1165	756	1.3	93	0.1	26	2.1
云南	5348	2738	1.9	127	0.2	40	3.1
西藏	405	224	0.1	40		24	0.9
陕西	12918	5263	2.7	269	0.3	43	4.5
甘肃	3667	1764	1.2	131	0.9	44	2.7
青海	616	303	0.1	55		25	0.7
宁夏	2085	965	0.5	37		13	0.9
新疆	3855	1980	1.9	218	0.1	80	4.1

7-16-11 各地区少年儿童读物和课本出版情况(2022年)

地区	种数(种)		总印数（万册）		总印张(千印张)	
	少儿读物	课本	少儿读物	课本	少儿读物	课本
全国	**43560**	**88682**	**104579**	**435831**	**5528385**	**33137458**
中央	10872	55414	27772	106944	1520331	10313027
北京	2774	904	7564	2595	461714	252164
天津	1034	494	1917	1992	108622	147543
河北	673	258	1260	17203	61305	1090391
山西	207	139	106	5881	9670	416311
内蒙古	260	613	107	4491	3876	322181
辽宁	1119	2384	1400	6203	89348	504349
吉林	2603	580	2587	4116	162677	296919
黑龙江	456	968	1590	3713	29053	274953
上海	1764	6035	7545	15731	281455	1366300
江苏	1463	3504	2156	25865	155648	1759706
浙江	2435	1502	4126	20566	257599	1236809
安徽	1249	739	2298	14591	158447	1049611
福建	618	425	2628	7306	82265	507685
江西	1862	288	6476	9675	391931	761429
山东	1771	1262	4332	24926	250142	1630765
河南	502	1040	1209	25117	34831	1681384
湖北	2417	2758	5204	9986	301624	806736
湖南	920	967	2466	20410	150695	1251880
广东	922	1674	3407	29882	155624	1888931
广西	2027	543	4043	12737	194211	883744
海南	183	37	322	2409	15019	150146
重庆	123	2032	155	7274	7844	519713
四川	2572	1679	7692	13659	396478	1004031
贵州	356	86	2066	8141	54046	590145
云南	552	130	947	9720	73747	683841
西藏	52	54	30	1072	832	74693
陕西	765	1864	2396	8466	65581	638108
甘肃	199	45	320	4101	31006	299222
青海	28	130	11	1045	577	81899
宁夏	49	17	71	1204	4127	88728
新疆	733	117	376	8810	18060	564114

7-16-12 课本出版情况(2022年)

项　目	种数(种)	#新出版	总印数(万册)	总印张(千印张)	定价总金额(万元)
总　计	**88682**	**21022**	**435831**	**33137458**	**4836295**
大专及以上课本	66185	17373	30116	5310960	1424706
中专、技校课本	7030	1537	9689	1402866	311502
中学课本	4991	563	191069	15411189	1654222
小学课本	4557	419	201418	10397864	1261167
业余教育课本	1953	634	1160	220546	62540
扫盲课本	5		1	89	16
教学用书	3961	496	2378	393944	122142

7-16-13 分地区音像制品及电子出版物情况(2022年)

地　区	录像制品出版品种(种)	录像制品出版数量(万盒、万张)	录音制品出版品种(种)	录音制品出版数量(万盒、万张)	电子出版物出版品种(种)	电子出版物出版数量(万张)
全　国	**2941**	**2730.0**	**3671**	**7369.0**	**8072**	**11924.3**
中　央	1236	1639.7	1375	4816.8	3485	7865.6
北　京	47	9.8	244	136.2	55	10.5
天　津	10	1.9	10	0.7	10	0.8
河　北			42	811.4	102	97.6
山　西	42	2.5	62	85.3	20	0.9
内蒙古	2	0.2	6	1.3	56	44.2
辽　宁	39	2.4	111	164.7	534	137.1
吉　林	62	24.3	47	78.9	69	6.2
黑龙江	8	0.1			1	
上　海	245	434.0	378	444.4	350	676.5
江　苏	11	2.4	74	68.3	416	1413.7
浙　江	57	46.5	55	126.8	243	477.5
安　徽	12	0.9	18	0.8	12	0.4
福　建	31	5.4	14	1.9	16	3.5
江　西	174	255.1	56	84.7	68	47.7
山　东	95	17.3	54	5.0	1039	182.2
河　南	112	21.9	1	0.1	458	153.4
湖　北	20	5.4	16	1.1	151	8.4
湖　南	70	31.5	92	88.3	92	106.6
广　东	239	14.3	756	362.6	357	640.0
广　西	14	2.1	124	58.9	9	1.1
海　南	5	0.3	15	0.7	6	0.2
重　庆	26	3.2	10	0.8	78	18.2
四　川	41	4.8	13	1.8	292	18.3
贵　州	2	0.2			4	2.0
云　南	152	4.1	25	2.3	92	7.9
西　藏	8	4.5	2	0.4		
陕　西	46	13.2	48	5.3	34	2.3
甘　肃	12	0.8	3	0.1	18	1.3
青　海	15	0.3	1		3	0.3
宁　夏	4				2	
新　疆	104	181.0	19	19.4		

7-16-14 全国图书、期刊、报纸进出口情况(2022年)

指　　标	出　口		进　口	
	数量（万册、份）	金额（万美元）	数量（万册、份）	金额（万美元）
总　计	**622.2**	**3271.8**	**3902.0**	**33201.4**
图书	512.3	3085.1	3158.0	21631.3
哲学、社会科学	84.3	741.2	88.7	1823.8
文化、教育	96.0	499.9	316.6	2885.0
文学、艺术	77.0	579.0	985.7	6182.7
自然、科学技术	20.9	201.2	203.3	2970.2
少儿读物	85.8	183.0	1010.9	3855.4
综合性图书	148.2	881.0	552.9	3914.2
期刊	103.5	182.7	208.4	10625.7
报纸	6.4	4.0	535.6	944.4

7-16-15 全国音像、电子出版物进出口情况(2022年)

指　　标	出　口		进　口	
	数量（盒、张）	金额（万美元）	数量（盒、张）	金额（万美元）
总　计	**828**	**124.2**	**151131**	**43501.5**
录音合计	805	2.5	149380	155.1
录像合计	8	0.3	1751	3.6
电子出版物	15	31.7		
数字出版物		89.7		43342.8

7-16-16 版权引进和输出情况(2022年)

单位：项

项目	合计	图书	录音制品	录像制品	电子出版物
本年引进版权总计	**10904**	**10791**	**39**	**72**	**2**
美国	3411	3397	14		
英国	2326	2313	10	3	
德国	687	685		2	
法国	610	602	1	7	
俄罗斯	73	72		1	
加拿大	112	108		4	
新加坡	203	197		5	1
日本	1695	1679	9	7	
韩国	455	428		27	
中国香港	78	70	3	4	1
中国澳门	6	6			
中国台湾	331	328	1	2	
其他	917	906	1	10	
本年输出版权总计	**11908**	**11072**	**247**	**18**	**571**
美国	686	653			33
英国	426	394			32
德国	462	413			49
法国	211	194			17
俄罗斯	816	794	6		16
加拿大	224	208			16
新加坡	536	468	3	12	53
日本	352	341			11
韩国	439	404		1	34
中国香港	1326	1083	228		15
中国澳门	9	9			
中国台湾	956	880			76
其他	5465	5231	10	5	219

7-16-17 国家综合档案馆基本情况

年份	馆藏档案（万卷、万件）	照片档案（万张）	开放档案（万卷、万件）	利用档案（万卷、万件次）	档案馆建筑面积（万平方米）
1991	9637.4	371.0	2094.3	937.0	348.1
1992	10003.5	402.4	2018.7	773.8	255.7
1993	10726.8	435.5	2140.7	891.9	275.9
1994	10782.9	449.6	2454.6	674.4	268.3
1995	11318.3	485.5	2790.3	529.3	282.5
1996	11341.4	494.6	2939.2	485.4	297.5
1997	12222.9	553.0	3304.6	501.0	347.6
1998	12276.5	579.7	3556.5	446.5	310.7
1999	12866.8	584.5	3808.2	508.5	328.4
2000	13314.0	631.7	4072.0	494.4	336.2
2001	13756.6	642.8	4129.7	575.4	342.0
2002	14790.7	720.5	4301.1	548.8	351.0
2003	15945.9	797.4	4618.4	602.6	361.4
2004	17601.5	827.9	4868.3	813.9	376.8
2005	18688.7	908.8	5132.3	868.0	393.1
2006	21656.5	1277.2	5746.3	1166.4	406.1
2007	23675.3	1393.3	5875.5	1244.9	421.9
2008	25051.0	1505.3	6072.2	1257.4	465.4
2009	28089.2	1646.3	6687.4	1308.0	473.3
2010	32198.6	1809.2	7428.6	1417.3	504.4
2011	35445.5	1965.8	7828.4	1564.5	551.1
2012	40547.7	1827.4	8254.6	1521.1	627.1
2013	42454.5	1927.6	8900.5	1477.8	709.3
2014	53470.3	2041.8	9179.7	1688.8	736.0
2015	58641.7	2102.4	9266.3	1978.3	785.5
2016	65062.5	2228.2	9707.9	2033.7	859.8
2017	65371.1	2336.5	10151.7	2078.0	949.3
2018	75051.1	2056.0	11222.1	1819.1	1050.9
2019	82850.7	2203.8	13171.6	2140.0	1164.6
2020	91789.8	2401.0	14584.5	2064.4	1268.4
2021	104671.1	2676.6	17549.7	2407.4	1410.8
2022	117148.7	2737.7	20976.6	2283.0	1536.1

7-16-18　档案馆机构和人员情况

单位：个、人

年　份	国家综合档案馆		国家专门档案馆		部门档案馆		企业档案馆数	事业单位档案馆数	科技事业单位档案馆数
	馆数	专职人员	馆数	专职人员	馆数	专职人员			
1991	2957	21657	211	2038	128	2171	229	19	28
1992	2962	22226	206	2082	122	2258	231	19	28
1993	2980	23624	200	2245	122	1448	221	20	31
1994	2983	23568	205	2294	136	2160	209	20	36
1995	3024	24777	216	2484	144	2168	213	27	38
1996	3011	24542	226	2658	134	2072	232	23	44
1997	3021	24904	223	2578	162	2521	228	26	46
1998	3034	24197	232	3200	149	2411	245	27	46
1999	3046	23530	225	3436	142	2123	304	40	59
2000	3070	23701	234	3319	141	1865	307	53	80
2001	3100	23652	243	3448	142	2086	286	47	84
2002	3110	22825	253	3435	148	2109	299	75	93
2003	3121	23086	260	3514	141	1770	300	75	85
2004	3127	23401	258	3591	149	1932	300	79	99
2005	3142	23413	238	3452	145	2020	301	105	63
2006	3154	22689	239	3537	137	1699	216	110	95
2007	3161	21399	245	3737	146	1985	215	126	94
2008	3170	21414	240	3663	154	1886	241	141	87
2009	3191	20949	241	3626	149	1814	233	167	96
2010	3194	19750	252	3833	167	1747	223	160	111
2011	3196	19985	255	3843	170	2121	183	179	124
2012	3237	18009	238	3577	183	2161	204	260	
2013	3325	18106	240	3579	218	2182	189	274	
2014	3319	17863	247	3538	209	2129	169	252	
2015	3322	18386	234	3457	237	2263	176	224	
2016	3336	17511	236	3521	213	2021	180	272	
2017	3333	16799	234	3275	202	1939	167	274	
2018	3315	22584	211	3119	143	1739	158	309	
2019	3337	34349	256	3300	140	1566	181	320	
2020	3341	35028	260	3413	133	1584	177	322	
2021	3320	35833	256	3372	130	1573	118	312	
2022	3301	36582	261	3429	106	1338	135	351	

注：2012年以前的事业单位档案馆数指文化事业档案馆数，2012年新修订的《全国档案事业统计年报制度》不再细分事业单位的属性，统称“省部属事业单位档案馆”，包括文化事业档案馆和科技事业单位档案馆。

7-16-19 各地区广播电视节目综合人口覆盖及播出情况(2022年)

地　区	广播节目综合人口覆盖率(%)	电视节目综合人口覆盖率(%)	公共广播节目套数(套)	公共电视节目套数(套)
全　国	**99.65**	**99.75**	**2927**	**3559**
中央广播电视总台			23	31
其他部门所属单位				5
北　京	100.00	100.00	19	27
天　津	100.00	100.00	22	26
河　北	99.79	99.86	184	187
山　西	98.97	99.29	126	135
内蒙古	99.75	99.75	125	119
辽　宁	99.50	99.48	109	112
吉　林	99.56	99.63	83	77
黑龙江	99.96	99.95	105	102
上　海	100.00	100.00	21	21
江　苏	100.00	100.00	120	122
浙　江	99.81	99.88	112	113
安　徽	99.95	99.94	111	133
福　建	99.87	99.90	93	99
江　西	99.47	99.75	95	126
山　东	99.66	99.71	173	267
河　南	99.70	99.69	161	171
湖　北	99.90	99.88	100	114
湖　南	99.42	99.76	123	143
广　东	99.98	99.98	140	148
广　西	98.80	99.45	77	117
海　南	99.45	99.48	25	16
重　庆	99.55	99.65	31	45
四　川	99.39	99.72	154	212
贵　州	99.02	99.24	47	112
云　南	99.64	99.67	80	172
西　藏	99.41	99.56	30	82
陕　西	99.48	99.71	109	126
甘　肃	99.46	99.52	99	115
青　海	99.15	99.20	47	50
宁　夏	99.93	99.98	23	29
新　疆	99.20	99.30	160	205

7-16-20 各地区广播电视从业人员情况(2022年)

单位：人

地 区	从业人员	#编辑、记者	#播音员、主持人	#工程技术人员
全国合计	**1047549**	**180843**	**30862**	**148791**
国家广播电视总局	9741	161	1	5409
中央广播电视总台	42197	8705	599	4592
其他部门所属单位	3684	1416	36	426
北 京	118299	8012	1458	13361
天 津	8585	2762	252	1235
河 北	35270	6603	1445	4851
山 西	26196	6615	689	3126
内蒙古	18339	5492	985	3466
辽 宁	24885	5230	1073	3986
吉 林	19655	4517	770	3372
黑龙江	22563	4906	736	3845
上 海	38222	3809	631	4690
江 苏	65440	11801	1909	8668
浙 江	63445	9845	1588	9694
安 徽	27914	5221	1222	4024
福 建	35890	5544	841	4866
江 西	21223	3477	765	2279
山 东	62364	13147	2773	8928
河 南	37411	9251	1653	4620
湖 北	36821	6175	999	5187
湖 南	44548	6194	981	5882
广 东	79703	9212	2040	12339
广 西	19264	3918	673	3376
海 南	7615	1468	287	662
重 庆	15445	2849	399	1770
四 川	51324	8303	1460	5683
贵 州	20214	4031	679	2723
云 南	22974	6293	889	4840
西 藏	5154	1185	381	852
陕 西	21350	4524	796	2788
甘 肃	15023	3487	644	2016
青 海	4516	986	304	1035
宁 夏	5374	1374	215	896
新 疆	16901	4330	689	3304

7-16-21 广播电视节目制作时间

单位：小时

项目	2012	2013	2014	2015	2016	2017	2018	2019	2020	2021	2022
广播节目制作	**7188245**	**7391245**	**7647267**	**7718163**	**7820296**	**7888254**	**8017573**	**8018667**	**8210448**	**8127066**	**7876547**
新闻	1333084	1397353	1443464	1436129	1457302	1426059	1432069	1418838	1452701	1457219	1427331
专题	2044073	2091787	2120517	2072348	2096407	2144051	2166880	2179937	2241754	2226133	2167907
综艺	1973796	1976162	2020456	2078791	2103561	2106228	2080201	1995132	1977798	1938630	1890869
广播剧	140493	178163	185405	183124	172558	231143	218013	224078	218581	223858	201393
广告	796009	785278	808148	752705	761747	766344	749168	719208	684014	712183	654182
其他	900790	962502	1069277	1195065	1228720	1214428	1371241	1481473	1635600	1569044	1534865
电视节目制作	**3436301**	**3397834**	**3277394**	**3520190**	**3507217**	**3651775**	**3577444**	**3455809**	**3282440**	**3059642**	**2852115**
新闻	886905	866756	918296	978801	989934	1085110	1079491	1086112	1097543	1093688	1091683
专题	892521	854124	848276	930283	899782	909003	897248	870307	899825	792714	743000
综艺	483174	464977	468355	511398	484081	474273	439081	399761	341886	300189	279907
影视剧	163348	201117	116750	120604	119102	153062	117810	120295	95403	75241	60738
广告	555192	542823	510275	481973	483620	534911	472188	437437	389655	379452	346682
其他	455161	468035	415441	497131	530698	495417	571626	541898	458128	418358	330104

7-16-22 公共广播电视节目播出时间(2022年)

单位：小时

指标	总计	新闻资讯类节目	专题服务类节目	综艺益智类节目	广播(影视)剧类节目	广告类节目	其他类节目
广播	16021508	3185854	3349359	3584601	994278	1404904	3502513
电视	20036401	2904968	2771032	1042427	8789486	2191037	2337451

7-16-23 各地区有线广播电视实际用户情况(2022年)

地 区	有线广播电视用户数(万户)	#乡村	#数字电视	有线广播电视用户数占家庭总户数的比重(%)
全 国	**19964.2**	**6585.0**	**19198.7**	**43.7**
北 京	612.5	97.8	575.0	112.3
天 津	362.4	50.6	357.5	85.0
河 北	607.4	145.4	587.4	23.9
山 西	383.6	106.7	322.8	109.8
内蒙古	269.6	43.0	267.1	29.9
辽 宁	508.7	127.1	483.5	34.8
吉 林	622.7	209.2	622.7	63.2
黑龙江	549.8	103.2	544.7	39.1
上 海	755.1		740.8	195.9
江 苏	1248.2	438.3	1243.1	48.4
浙 江	1251.4	706.3	1243.6	71.0
安 徽	810.3	277.1	615.7	36.7
福 建	730.2	479.8	730.2	64.5
江 西	536.3	292.6	506.4	36.2
山 东	1471.9	661.8	1400.7	42.8
河 南	636.7	168.9	619.1	19.2
湖 北	1272.0	567.2	1260.9	60.9
湖 南	639.2	129.3	613.7	27.4
广 东	1535.9	327.0	1476.9	43.3
广 西	782.5	312.1	782.5	46.4
海 南	126.0	40.7	117.2	46.6
重 庆	613.7	153.1	549.2	50.9
四 川	889.1	276.0	858.6	28.1
贵 州	909.9	478.0	909.9	67.5
云 南	392.8	118.6	369.0	25.9
西 藏	24.6		23.9	24.3
陕 西	751.0	246.7	748.4	55.3
甘 肃	156.5	13.8	118.1	17.9
青 海	99.0	0.4	99.0	48.5
宁 夏	122.9	11.3	122.1	44.8
新 疆	292.2	3.2	289.1	33.4

7-16-24 电视节目进口情况(2022年)

指标		合计	欧洲	非洲	美洲	#美国	亚洲
全年电视节目进口总额	**(万元)**	**69243**	**16553**	**33**	**22997**	**21718**	**29343**
#电视剧		33144	4463		16182	15579	12440
动画电视		23218	7278		1917	1803	13995
纪录片		5272	3515	33	1167	1161	499
全年电视节目进口量	**(小时)**	**35281**	**1390**	**5**	**2706**	**2246**	**31083**
#电视剧	(部/集)	418/5591	100/483		126/1245	119/1202	190/3861
动画电视	(小时)	1116	367		387	337	350
纪录片	(小时)	1314	431	5	806	805	64

7-16-24 续表

指标		#日本	#韩国	#东南亚	#中国香港	#中国台湾	大洋洲
全年电视节目进口总额	**(万元)**	**17059**	**4235**	**776**	**5003**	**1525**	**316**
#电视剧		5742	4235	711	539	484	59
动画电视		11262		27	1711	995	28
纪录片				38	456		58
全年电视节目进口量	**(小时)**	**427**	**104**	**122**	**30212**	**116**	**98**
#电视剧	(部/集)	34/316	5/89	5/146	122/2949	4/76	2/2
动画电视	(小时)	183		9	101	56	11
纪录片	(小时)			4	60		8

7-16-25 艺术表演场馆基本情况(2022年)

项 目	机构数(个)	从业人员(人)	座席数(个)	演(映)出场次(万场次)	#艺术演出	观众人次(万人次)
总 计	**3199**	**66814**	**2468261**	**87.9**	**58.5**	**9816**
按登记注册类型分						
国 有	1017	18126	734277	24.5	5.3	3836
集 体	20	155	10764	0.2		16
其 他	2162	48533	1723220	63.1	53.2	5963
按性质分						
执行事业会计制度	717	9350	478539	11.0	3.0	1326
执行企业会计制度	2482	57464	1989722	76.9	55.6	8490
按机构类型分						
剧场	1103	32760	1019967	13.6	10.2	4286
影剧院	613	9296	492306	59.9	38.5	1490
书场、曲艺场	49	894	8426	1.1	0.9	45
杂技、马戏场	14	700	32971	0.2	0.2	1614
音乐厅	113	2338	56078	1.2	1.0	252
综合性	288	12493	596803	8.3	4.9	1650
其他艺术表演场馆	1019	8333	261710	3.6	2.9	479
按隶属关系分						
中央	7	154	5563	0.1		27
省、区、市	121	3709	132130	3.4	0.9	554
地、市	321	10368	253177	15.1	3.4	2395
县、市及以下	2750	52583	2077391	69.3	54.1	6839

7-16-25 续表

项 目	#艺术演出	收入合计(万元)	#财政拨款	#演出收入	支出合计(万元)
总 计	**5856**	**1791421**	**350556**	**407682**	**1925389**
按登记注册类型分					
国 有	1363	571095	155138	61599	600431
集 体	9	3805	1922	616	3471
其 他	4484	1216521	193496	345467	1321487
按性质分					
执行事业会计制度	842	331825	101077	8197	328666
执行企业会计制度	5014	1459595	249479	399485	1596723
按机构类型分					
剧场	3529	1017159	235413	276375	1106068
影剧院	726	176409	48767	45267	178085
书场、曲艺场	35	7018	142	5351	8305
杂技、马戏场	90	15434	1134	4519	17336
音乐厅	191	47785	15210	15630	48701
综合性	938	369616	43230	40663	413590
其他艺术表演场馆	347	158000	6660	19878	153304
按隶属关系分					
中央	23	4479		4239	4347
省、区、市	429	125057	47068	33139	139800
地、市	450	239931	77403	29180	265371
县、市及以下	4953	1421954	226086	341124	1515871

7-16-26 各地区艺术表演场馆基本情况(2022年)

地 区	机构数(个)	从业人员(人)	座席数(个)	演(映)出场次合计(万场次)	#艺术演出	观众人次合计(万人次)	#艺术演出观众人次
全 国	**3199**	**66814**	**2468261**	**87.9**	**58.5**	**9815.9**	**5855.8**
中央本级	7	154	5563	0.1		27.4	23.4
北 京	59	1400	42116	2.3	1.8	203.3	166.2
天 津	118	1857	69726	2.8	2.5	193.1	129.5
河 北	130	2314	67350	3.5	0.7	168.2	118.1
山 西	158	1741	66423	6.4	1.9	288.9	97.7
内蒙古	27	412	24079	0.8	0.1	53.5	25.9
辽 宁	99	2404	43232	4.0	4.0	251.6	157.8
吉 林	95	877	22867	1.5	0.4	47.8	23.5
黑龙江	48	515	20793	0.2	0.2	15.7	14.6
上 海	101	4306	190478	1.4	1.2	737.7	714.8
江 苏	335	9403	287308	9.8	3.0	974.7	481.0
浙 江	300	6206	280722	11.6	8.5	1136.9	818.8
安 徽	150	1733	70145	3.6	3.4	221.7	169.0
福 建	75	3116	144265	3.4	1.4	297.7	153.1
江 西	63	845	31834	4.6	3.0	129.1	88.0
山 东	223	4324	228557	14.3	12.6	405.5	311.2
河 南	237	4896	123697	2.8	2.6	769.8	625.8
湖 北	95	1788	84811	1.4	1.2	1801.1	202.2
湖 南	117	3198	76737	1.9	1.5	642.9	469.5
广 东	140	4317	211254	1.3	0.5	318.3	258.2
广 西	38	683	16525	1.1	1.1	94.3	84.0
海 南	34	697	14547	0.2	0.2	142.7	138.6
重 庆	67	1706	105243	0.7	0.6	113.8	91.3
四 川	169	2400	105225	1.6	1.5	133.1	88.3
贵 州	25	650	7636	0.3	0.1	51.4	12.1
云 南	45	1255	24995	1.1	1.0	207.6	186.6
西 藏	14	9	2961			1.3	0.4
陕 西	102	1359	48122	3.4	2.3	176.0	117.2
甘 肃	44	1158	21355	0.7	0.5	66.1	59.6
青 海	50	444	9450	0.4	0.3	79.9	15.2
宁 夏	4	47	1720			3.7	2.4
新 疆	30	600	18525	0.8	0.7	61.4	12.1

7-16-26 续表

地区	收入合计（万元）	#财政拨款	#演出收入	支出合计（万元）	#人员支出	资产总计（万元）	#固定资产原价
全国	**1791421**	**350556**	**407682**	**1925389**	**568234**	**12793730**	**1706943**
中央本级	4479		4239	4347	1462	3326	1196
北京	56097.4	4171	14602.8	58520.2	14797	385610	10930
天津	61733	237	5172	74529	17470	343277	2396
河北	32320	14307	8996	39085	13509	495609	49427
山西	26957	7492	7007	25646	9637	113161	63072
内蒙古	5364	979	1435	5350	2530	94469	70908
辽宁	42170	8426	13016	48061	11061	276557	8466
吉林	13172	4633	2005	10038	6069	81430	1777
黑龙江	4642	2369	562	4212	3003	34829	7538
上海	224930	34434	56885	248865	65293	1108820	95574
江苏	269533	68733	48396	283944	84950	1543338	383559
浙江	185237	36583	61983	187065	56195	1100007	175701
安徽	34460	8577	6845	23139	9807	164280	42602
福建	73396	20522	17223	75221	27237	385312	14394
江西	19429	9050	6102	17619	9150	127538	24818
山东	91620	34407	22637	99483	29625	499224	35884
河南	53062	10386	18172	61896	20032	595928	40331
湖北	40335	8209	15622	51837	17097	717662	32632
湖南	70487	22153	16614	103319	28436	850301	100985
广东	119901	30043	28352	136221	41203	892446	138608
广西	8989	37	3718	12759	2619	111874	1867
海南	15042	670	8816	13823	4284	137972	3828
重庆	29996	4149	4586	35664	14842	342907	2731
四川	40009	7134	12730	46683	13947	802856	78599
贵州	4712	18	1170	7100	3060	50460	1533
云南	11637	640	5952	15795	6084	71444	20952
西藏	59	59		37	4	135	106
陕西	209249	6766	7166	191386	41281	793020	256788
甘肃	11848	886	5658	16140	5921	122773	15615
青海	943	96	360	1509	796	13223	10982
宁夏	780	591	63	471	359	580	99
新疆	28832	3799	1598	25625	6477	533363	13046

7-16-27 艺术表演团体基本情况(2022年)

项 目	机构(个)	从业人员(人)	演出场次(万场次)	#国内演出	国内演出观众人次(万人次)	收入合计(万元)
总 计	**19739**	**415207**	**166.1**	**165.6**	**74021**	**3917486**
按登记注册类型分						
国有	1616	94294	20.7	20.3	16306	1882391
集体	134	4898	2.3	2.3	1271	73949
其他	17989	316015	143.0	143.0	56444	1961146
按隶属关系分						
中央	9	3424	0.1	0.1	119	156308
省、区、市	218	30346	3.3	3.3	1900	808553
地、市	494	37676	6.2	6.0	6536	747408
县、市及以下	19018	343761	156.5	156.2	65465	2205217
按性质分						
执行事业会计制度	1364	73595	17.5	17.2	11707	1573308
执行企业会计制度	18375	341612	148.5	148.4	62314	2344178
按管理部门分						
文化和旅游部门	1934	107139	25.2	24.8	18787	2034811
其他部门	17805	308068	140.9	140.8	55234	1882674
按剧种分						
话剧、儿童剧、滑稽剧类	247	11097	2.5	2.5	2356	244931
歌舞、音乐类	2984	88863	28.7	28.6	21145	1187853
京剧、昆曲类	164	9374	1.3	1.3	731	186603
地方戏曲类	9927	157596	46.4	46.3	27359	1003745
杂技、魔术、马戏类	776	16901	18.9	18.9	7572	148833
曲艺类	987	19101	9.4	9.4	2503	149870
综合性艺术表演团体	4654	112275	58.7	58.6	12354	995649

7-16-27 续表

项 目			支出合计（万元）	政府采购的公益演出活动	
	#财政拨款	#演出收入		演出场次（万场次）	观众人次（万人次）
总 计	**2311118**	**809523**	**3730445**	**13.2**	**9898**
按登记注册类型分					
国有	1488298	173181	1875382	10.8	8478
集体	56336	9466	75511	1.0	620
其他	766484	626877	1779553	1.4	800
按隶属关系分					
中央	100987	17511	127043		10
省、区、市	580307	97575	821446	1.0	481
地、市	617121	66289	765005	2.8	3800
县、市及以下	1012703	628148	2016952	9.3	5606
按性质分					
执行事业会计制度	1343173	99905	1555775	8.7	5249
执行企业会计制度	967945	709618	2174670	4.5	4649
按管理部门分					
文化和旅游部门	1557218	212789	2033265	12.8	9617
其他部门	753900	596734	1697180	0.4	281
按剧种分					
话剧、儿童剧、滑稽剧类	142785	55809	251979	0.3	94
歌舞、音乐类	681822	263280	1265277	3.0	1581
京剧、昆曲类	142973	13974	201083	0.4	192
地方戏曲类	620168	192513	976056	7.2	5169
杂技、魔术、马戏类	69278	49871	156501	0.3	1679
曲艺类	51192	27314	122898	0.4	255
综合性艺术表演团体	602900	206762	756653	1.6	927

7-16-28 各地区艺术表演团体基本情况(2022年)

地 区	机构(个)	从业人员(人)	演出场次(万场次)	#国内演出	国内演出观众人次(万人次)	收入合计(万元)
全 国	**19739**	**415207**	**166.1**	**165.6**	**74021**	**3917486**
中央本级	9	3424	0.1	0.1	119	156308
北 京	456	13189	1.6	1.6	2710	162493
天 津	111	4199	0.5	0.5	150	54545
河 北	921	14686	4.2	4.2	2157	74812
山 西	766	21928	4.9	4.8	3437	108541
内蒙古	229	9100	1.8	1.8	896	115487
辽 宁	150	5931	0.5	0.5	213	55262
吉 林	114	3343	0.4	0.4	189	38861
黑龙江	103	5128	0.5	0.5	410	66978
上 海	282	11026	2.3	2.3	1038	255267
江 苏	634	15443	7.4	7.4	2200	269710
浙 江	1247	38468	19.3	19.3	4449	275767
安 徽	3806	40665	33.7	33.7	5229	156047
福 建	671	14619	7.9	7.9	2128	211345
江 西	356	8498	2.8	2.8	1440	55122
山 东	1971	29497	14.6	14.6	5343	494568
河 南	2323	47554	16.9	16.9	8373	143928
湖 北	602	11678	4.8	4.8	16467	154010
湖 南	655	16215	5.4	5.4	2418	126743
广 东	545	13276	2.9	2.9	1376	178401
广 西	74	3054	0.7	0.7	280	36702
海 南	137	4099	1.1	1.1	374	44152
重 庆	1190	17442	11.3	11.3	1449	81534
四 川	734	11885	3.6	3.6	1504	120546
贵 州	126	4650	2.1	2.1	592	43282
云 南	284	7663	5.8	5.8	4106	99201
西 藏	86	2626	0.6	0.6	346	47195
陕 西	533	15246	3.9	3.9	2534	104873
甘 肃	370	11380	2.0	2.0	1394	60783
青 海	105	2638	0.3	0.3	146	14567
宁 夏	30	1551	0.4	0.4	134	13560
新 疆	119	5106	1.5	1.4	421	96897

7-16-28 续表

地区	#财政补贴收入	#演出收入	支出合计（万元）	#人员支出	资产总计（万元）	#固定资产原价
全国	**2311118**	**809523**	**3730445**	**2025426**	**9699444**	**1782742**
中央本级	100987	17511	127043	69971	305091	114288
北京	80466	52531	162402	86172	609251	144347
天津	34296	9542	57428	37971	66329	23154
河北	44474	17818	76432	48573	134974	31522
山西	50566	31718	100872	54636	138904	32803
内蒙古	105325	4476	116265	80022	243512	156310
辽宁	38247	9616	61543	30785	274185	35861
吉林	29765	5219	40387	25197	39176	19881
黑龙江	54732	1193	68066	45883	65472	43012
上海	120755	47695	311347	141344	686249	130568
江苏	128516	42615	241581	126298	539008	45661
浙江	109988	93042	251813	129366	1043410	44536
安徽	36703	72729	134184	79250	415085	35312
福建	123230	49034	253228	157227	362577	86099
江西	27469	16875	53759	26146	175970	29474
山东	428407	28816	211333	108128	718223	34738
河南	66338	50632	149068	80074	676224	37523
湖北	95801	23226	161159	73058	484684	80780
湖南	74439	29574	157374	90697	198620	42317
广东	113684	35472	195618	96440	353595	131484
广西	22267	10023	37674	18263	110415	16862
海南	12484	12732	71672	23103	582667	8890
重庆	23812	32710	72742	36263	238254	29030
四川	73255	27387	116165	60522	171126	30905
贵州	15285	8684	58926	19271	194685	48324
云南	59750	23152	96930	60567	178337	18807
西藏	44004	442	40337	29093	65026	56507
陕西	53472	32657	100730	57792	208717	91257
甘肃	33968	16816	73075	43412	257471	68343
青海	11556	2255	16365	8755	32524	17849
宁夏	9297	2654	15375	5384	31938	15385
新疆	87781	680	99554	75765	97746	80915

7-16-29 群众文化机构基本情况(2022年)

指　　标		总　计	省、区、直辖市(级)	地市级	县市级	#县文化馆	乡镇(街道)文化站	#乡镇文化站
机构数	(个)	45623	33	371	3099	1584	42120	33932
从业人员	(人)	195826	1809	10587	43357	21533	140073	108952
组织文艺活动	(万次)	160.7	0.1	2.6	28.2	13.8	129.9	91.8
参加文艺活动人次	(万人次)	68474	188	2748	25813	12531	39725	28772
举办训练班	(万次)	88.0	0.5	9.1	28.9	8.9	49.5	31.4
参加培训人次	(万人次)	6811	37	513	1853	622	4408	2725
举办展览个数	(万个)	17.8		0.4	3.5	1.5	13.8	10.4
参观展览人次	(万人次)	19872	134	1441	7183	2497	11113	7338
组织各类理论研讨和讲座次数	(万次)	4.2		0.6	3.7	1.3		
参加研讨和讲座人次	(万人次)	762.0	6.3	95.3	660.4	253.3		
拥有计算机台数	(万台)	36.5	0.2	1.1	4.9	2.1	30.3	23.6
本年收入合计	(亿元)	341.6	14.9	37.6	97.7	35.8	191.3	129.5
本年支出合计	(亿元)	344.5	14.6	37.7	98.1	35.9	194.0	131.9
馆办文艺团体	(个)	9322	95	1208	8019	3440		
馆办文艺团体演出场次	(万场次)	10.3		0.7	9.5	5.1		
馆办老年大学	(个)	643	9	60	574	320		
群众业余文艺团体	(万个)	46.4	0.1	0.8	9.9	4.3	35.6	27.2

7-16-30 各地区群众文化机构基本情况(2022年)

地区	机构数(个)	从业人员(人)	收入合计(万元)	支出合计(万元)	资产总计(万元)	#固定资产净值
全国	**45623**	**195826**	**3416190**	**3444820**	**13617410**	**8921907**
北京	357	4273	96228	95196	109217	76736
天津	274	1732	26967	26495	90117	79653
河北	2467	8284	68369	68390	158090	130067
山西	1431	4335	42813	42337	158227	120619
内蒙古	1201	5003	54000	53946	120926	90438
辽宁	1477	4244	36023	38361	104003	83208
吉林	990	4190	45600	45597	88176	73843
黑龙江	1398	5256	53904	54118	80010	62151
上海	237	4804	233746	231616	1225506	649584
江苏	1366	7498	202768	202265	747461	640407
浙江	1463	9951	398294	415061	977870	775594
安徽	1635	6246	66866	66995	294510	221085
福建	1207	4010	64849	63180	197256	150451
江西	1854	6521	57452	57608	292087	247904
山东	1981	9122	121509	132603	398284	337623
河南	2705	13104	83792	91966	151374	130297
湖北	1427	5495	94960	94347	457572	270586
湖南	2316	10946	108016	103623	1325531	1167530
广东	1761	15352	426306	417373	918367	580388
广西	1300	5602	62950	64732	96125	78939
海南	242	767	32719	32835	75797	21880
重庆	1072	4988	81804	83196	249092	203376
四川	4289	11462	123573	124378	407895	327722
贵州	1702	6851	57313	57748	149818	114218
云南	1611	7620	382446	380876	1179937	1026921
西藏	779	5501	54053	48929	106206	88663
陕西	1467	6846	100735	100681	359127	255884
甘肃	1458	5806	46332	46335	241892	162168
青海	444	1664	30800	31921	43257	33405
宁夏	272	1270	39403	32155	2439331	441992
新疆	3440	7083	121602	139957	374348	278579

7-16-31 公共图书馆基本情况(2022年)

指标	总计	#少儿图书馆	按隶属关系分			
			省、区、直辖市(级)	地市级	县市级	#县图书馆
机构数 (个)	3303	146	37	393	2872	1547
从业人员 (人)	60740	2696	7732	16291	35380	14782
总藏量 (万册件)	135959	5644	23296	34684	73652	25938
当年购买的报刊种类 (万种)	100.4	3.7	13.9	31.1	53.9	20.2
实际持证读者数 (万个)	12229	351	1464	4460	5670	1290
总流通人次 (万人次)	78970	3583	5038	22045	51711	19014
#书刊文献外借人次	24894	1131	965	6367	17544	7319
书刊文献外借册次 (万册次)	60719	3637	3457	18279	38952	13484
组织各类讲座次数 (次)	85592	5608	2181	20410	62974	25111
举办展览 (个)	55537	2255	1441	10388	43690	21009
举办培训班 (个)	71144	4283	2258	19256	49165	17253
计算机 (台)	222810	8280	20575	52115	145997	66277
#电子阅览室终端数	137380	4797	8908	28463	99499	47531
阅览室坐席数 (万个)	155.2	6.1	10.1	41.9	102.6	44.8

7-16-32　各地区公共图书馆基本情况(2022年)

地　区	机构数（个）	从业人员（人）	总藏量（万册件）	人均拥有公共图书馆藏量（册件）	实际持证读者数（万个）	总流通人次（万人次）	#书刊文献外借人次	书刊文献外借册次（万册次）	阅览室座席数（个）
全　国	**3303**	**60740**	**135959.2**	**1.0**	**122291643**	**78969.8**	**24894.0**	**60718.5**	**1551536**
北　京	20	1306	3491.8	1.6	2446441	677.7	125.4	578.6	18020
天　津	20	1041	2390.6	1.8	1472861	661.0	197.1	570.5	22107
河　北	180	2250	4641.4	0.6	2440800	2936.8	1222.5	2410.9	77922
山　西	127	1798	2519.1	0.7	2064640	1348.1	479.7	924.2	45478
内蒙古	117	1826	2314.0	1.0	1082972	894.8	237.4	531.9	39644
辽　宁	129	2136	4821.7	1.1	2260250	1522.3	406.9	1848.8	47143
吉　林	67	1494	2545.4	1.1	1238373	490.1	148.6	425.9	23974
黑龙江	104	1521	2507.3	0.8	772560	375.0	132.6	314.3	28860
上　海	20	2112	8239.8	3.3	6157566	585.5	135.1	856.0	28401
江　苏	122	3937	11506.9	1.4	29606196	10797.5	4804.4	8507.4	82941
浙　江	103	3993	11545.4	1.8	8534371	11631.9	1848.1	8098.7	108115
安　徽	133	1736	4202.6	0.7	3555179	5196.9	1239.4	2501.0	63069
福　建	95	1748	5622.5	1.3	2649836	2374.3	1039.9	3562.3	51568
江　西	114	1461	3403.5	0.8	2179721	2903.5	878.4	1768.5	59992
山　东	153	3182	8180.4	0.8	6817504	4816.1	1885.3	3296.5	91046
河　南	175	3101	4576.8	0.5	2988303	3232.8	1323.6	2302.9	80824
湖　北	118	2177	4992.6	0.9	3055883	2252.5	959.5	1859.1	60005
湖　南	148	2256	5471.6	0.8	3480812	5194.3	2006.5	3781.8	60196
广　东	150	5444	14253.5	1.1	18044453	9239.1	2076.7	8822.2	155195
广　西	116	1821	3168.4	0.6	2612906	1975.2	435.3	952.4	40994
海　南	24	367	736.0	0.7	395147	407.3	81.2	196.7	7860
重　庆	43	1045	2727.0	0.8	3050320	1552.1	465.5	1149.5	36878
四　川	209	2578	5065.9	0.6	3926172	2369.0	994.3	1802.7	86008
贵　州	99	1258	1955.7	0.5	1192224	1219.3	422.3	706.2	37974
云　南	151	1773	2546.6	0.5	958351	1053.0	378.2	1002.0	39326
西　藏	82	202	264.3	0.7	16373	38.9	3.2	8.7	3651
陕　西	117	2128	2502.2	0.6	900480	1347.5	390.9	805.7	45710
甘　肃	104	1489	2023.5	0.8	612214	637.8	212.8	451.6	38795
青　海	50	492	621.9	1.0	211158	99.1	19.9	33.9	8612
宁　夏	27	580	859.6	1.2	385423	423.9	128.6	232.7	16417
新　疆	185	1151	1934.4	0.7	824638	539.8	196.9	383.7	39472

注：全国合计数中包括中央级公共图书馆。

7-16-32 续表

地 区	每万人拥有公共图书馆建筑面积(平方米)	计算机(台)	#电子阅览室终端数	收入合计(万元)	支出合计(万元)	资产总计(万元)	#固定资产净值
全 国	**148.6**	**222810**	**137380**	**1931241**	**1990741**	**14322345**	**12409671**
北 京	157.3	4406	1841	75531	76693	244098	159376
天 津	335.8	4445	2775	44069	43115	131113	112674
河 北	127.3	8551	5951	49126	50185	176836	132724
山 西	172.4	6868	4276	41436	39629	247618	203220
内蒙古	213.6	6109	3821	42596	42631	139971	125982
辽 宁	151.2	8962	5505	45248	45117	326452	277885
吉 林	142.7	4259	2486	31612	32246	98515	75791
黑龙江	117.6	4989	2970	34748	32875	106311	91153
上 海	229.9	6565	2720	133185	156825	858244	711196
江 苏	191.3	13189	6863	138858	148469	459875	372416
浙 江	247.8	11645	6824	158467	155941	506923	417838
安 徽	116.5	8100	5472	56169	56135	294762	249863
福 建	170.4	7079	4415	67684	67930	284254	215037
江 西	141.8	7274	5236	44016	44739	160624	141091
山 东	139.4	11786	7568	88617	89297	242243	178887
河 南	97.1	10435	6950	53658	53426	204317	162211
湖 北	142.9	7453	4428	69568	69732	270225	215691
湖 南	126.1	8199	5484	50434	70857	118246	92481
广 东	151.0	20108	12376	236134	236382	7424727	6974663
广 西	101.4	6558	4390	35035	34907	132427	107917
海 南	103.0	1579	976	19363	19297	58286	19962
重 庆	127.8	4058	2615	35570	35015	114471	66948
四 川	112.6	10538	7426	61339	62033	184603	154112
贵 州	110.4	5352	3520	30627	31273	269873	189011
云 南	94.6	7504	4869	41073	46158	137468	93805
西 藏	206.9	1408	1008	7398	6387	24046	18391
陕 西	143.8	6369	4133	78714	74900	169827	86774
甘 肃	161.3	5296	3336	30264	31308	143596	66665
青 海	221.7	1869	1082	13546	13923	37750	25529
宁 夏	220.9	2181	1529	17435	17330	54487	43831
新 疆	184.8	5553	4025	33442	32547	155010	134745

7-16-33 文物业基本情况(2022年)

项目	机构(个)	从业人员(人)	本年收入合计(万元)	本年支出合计(万元)	资产总计(万元)	实际使用房屋建筑面积(万平方米)
总计	**11340**	**190288**	**7101229**	**7683281**	**57765175**	**5195**
按单位性质分						
文物科研机构	129	6501	474397	662664	714546	51
文物保护管理机构	2663	32131	928170	1076284	16239414	1326
博物馆	6091	131461	3493999	3810329	36865074	3668
其他文物机构	2457	20195	2204664	2134004	3946141	150
按隶属关系分						
中　央	13	3674	226616	223191	684380	58
省、区、市	310	22543	1350871	1493828	4789978	375
地、市	1803	54731	2237192	2312317	7622478	1110
县、市	9214	109340	3286551	3653945	44668339	3652
按管理部门分						
文物部门	8873	155313	6388994	6710462	39890354	4064
其他部门	2467	34975	712235	972819	17874820	1131

7-16-33 续表

项目	藏品(件/套)	#一级品	本年从有关部门接收文物数(件/套)	本年藏品征集数(件/套)	举办陈列展览(个)	参观人次(万人次)
总计	**56304279**	**101919**	**111146**	**348019**	**32357**	**63973**
按单位性质分						
文物科研机构	1693953	1789	862	22	76	360
文物保护管理机构	1588643	8522	3132	5901	983	6565
博物馆	46916129	87423	105670	257554	31298	57048
其他文物机构	6105554	4185	1482	84542		
按隶属关系分						
中　央	3452977	14983		3114	140	582
省、区、市	16891024	40197	26046	112616	1419	4723
地、市	11120287	18818	18389	70743	8115	18431
县、市	24839991	27921	66711	161546	22683	40237
按管理部门分						
文物部门	42909477	96107	107907	273494	22917	52109
其他部门	13394802	5812	3239	74525	9440	11864

7-16-34 各地区博物馆基本情况(2022年)

地区	机构数(个)	从业人员(人)	藏品(件/套)	基本陈列展览(个)	参观人次(万人次)	门票销售总额(万元)
总计	**6091**	**131461**	**46916129**	**31298**	**57048**	**215356**
中央	5	2994	3437627	140	582	17822
北京	82	4809	2883920	462	917	4621
天津	72	1465	775685	404	338	485
河北	185	4686	447894	921	1513	782
山西	176	4375	1617812	534	837	1714
内蒙古	166	3113	1319239	633	563	108
辽宁	65	2512	522274	367	680	3526
吉林	105	2032	855723	557	346	1246
黑龙江	177	2701	908487	860	980	18
上海	116	4180	3420876	658	784	5920
江苏	373	8080	1984968	2062	5425	9385
浙江	432	7257	1628948	2570	3518	2004
安徽	225	3358	916154	1299	1405	161
福建	140	2773	759826	1184	1379	195
江西	203	4309	714036	1336	3400	7102
山东	665	10391	4865568	3464	4332	4253
河南	400	8191	1456847	1664	3919	7852
湖北	228	4882	2221930	1277	2359	2287
湖南	180	4513	804960	1021	6937	2447
广东	340	6702	2627413	2353	2884	3543
广西	141	2896	441625	537	1359	15961
海南	44	759	183727	212	200	63
重庆	130	3322	757163	771	1691	4759
四川	316	7248	4708922	1355	3939	72550
贵州	124	2288	268108	460	1110	202
云南	178	2230	1667305	1046	901	151
西藏	15	298	79700	46	81	
陕西	321	10537	3291895	1131	1710	38326
甘肃	230	5530	600938	1166	1993	7874
青海	24	411	74567	80	46	
宁夏	64	939	379068	217	351	2
新疆	169	1680	292924	511	568	

7-16-34 续表

地区	收入合计（万元）	支出合计（万元）	资产总计（万元）	#固定资产净值
总计	**3493999**	**3810329**	**36865074**	**24251998**
中央	171132	167379	514927	227323
北京	210380	202021	890753	509302
天津	52467	54235	401584	243727
河北	79717	81878	278363	210925
山西	82046	83888	563844	257624
内蒙古	67480	69270	636129	539533
辽宁	61816	61382	947331	719134
吉林	36347	46899	124720	88549
黑龙江	64997	63997	420407	314449
上海	213984	235380	1352418	592337
江苏	257841	293562	7030066	2777615
浙江	242869	247760	741274	436015
安徽	69466	73760	288744	204560
福建	68451	69510	230851	159451
江西	103510	101967	378721	262639
山东	180555	234604	1422699	965560
河南	143219	152658	633132	280295
湖北	125742	138727	962903	894804
湖南	123335	122364	905272	389674
广东	233844	240369	788903	515991
广西	62503	61973	265026	176889
海南	19904	16703	197373	161463
重庆	87744	88597	343134	134621
四川	152967	152475	6045143	5737765
贵州	36305	53581	636479	427339
云南	99811	89444	298036	162434
西藏	16338	9815	74337	6595
陕西	204394	269919	6678453	6159215
甘肃	150092	150859	510576	297771
青海	15231	13335	60985	50623
宁夏	14216	117840	2089251	264052
新疆	45302	44181	153241	83728

7-16-35 各地区文物保护管理机构基本情况(2022年)

地区	机构数(个)	从业人员(人)	藏品数(件/套)	收入合计(万元)	支出合计(万元)	资产总计(万元)	#固定资产净值
全国	**2663**	**32131**	**1588643**	**928170**	**1076284**	**16239414**	**14889557**
北京	20	818	29360	48563	52643	45469	11195
天津	6	99	44	4772	4827	7700	3010
河北	157	3700	97657	54908	56190	92130	43678
山西	82	1687	134299	50541	52061	142267	93543
内蒙古	83	787	62567	18365	18977	40001	27441
辽宁	61	1063	37235	19359	23047	22590	18249
吉林	52	270	9871	6231	6614	3733	1977
黑龙江	54	205	13362	4294	4288	3950	3074
上海	5	105	2028	22339	24016	9355	2924
江苏	47	357	9461	31950	32442	40852	5511
浙江	85	2879	101500	129167	136223	790911	229771
安徽	80	483	34936	18934	19096	23850	6344
福建	57	393	3845	16113	16731	10166	1340
江西	53	239	2174	12853	12960	873	538
山东	83	2645	92248	73429	92311	100448	14154
河南	126	2063	114378	36453	38459	158157	25307
湖北	41	693	27411	14101	14896	46252	22203
湖南	28	569	10621	12887	12734	71990	37627
广东	26	316	12118	11705	11888	15974	8725
广西	69	373	30387	8975	8594	11971	2889
海南	12	309	1143	3457	2843	5798	5492
重庆	38	137	11255	6697	7535	6620	3967
四川	173	2101	129313	84648	87513	134864	60289
贵州	64	436	33645	51607	50366	6015	3126
云南	137	951	99637	27657	28039	48829	18498
西藏	635	2964	335215	38553	131688	4452644	4439697
陕西	186	3718	109433	75680	81188	199476	117703
甘肃	55	845	1606	13616	14263	49196	24913
青海	28	71	12789	3043	3829	8492	7880
宁夏	20	252	23400	9556	9324	89026	63006
新疆	100	603	5705	17717	20701	9599815	9585486

7-16-36 各地区娱乐场所基本情况(2022年)

单位：万元

地区	机构数(个)	从业人员(人)	资产总计	营业收入	营业成本	营业利润
全国	**66506**	**441730**	**12473868**	**4144794**	**4147065**	**-2254**
北京	406	4057	126172	31520	46994	-15474
天津	560	3493	59453	22116	30848	-8731
河北	2374	8845	131824	53456	50647	2808
山西	1335	7344	299903	168199	93171	75029
内蒙古	1056	4028	70360	73026	135936	-62911
辽宁	2241	8283	191610	52605	50561	2045
吉林	1247	3561	73838	21933	21443	489
黑龙江	1850	5192	95228	37351	33477	3875
上海	999	11804	674070	151728	193006	-41280
江苏	7491	26110	476776	301199	297368	3833
浙江	2762	38440	1011783	518617	492610	26007
安徽	4035	14656	313325	132196	128942	3255
福建	2660	30578	790885	284948	273440	11509
江西	1531	11182	185816	97732	92892	4841
山东	3821	11441	204182	94918	94041	877
河南	2525	12662	177967	67628	70413	-2785
湖北	2780	13237	253920	120081	122519	-2439
湖南	2233	24289	853280	212726	218704	-5977
广东	4889	67138	3445744	566030	592942	-26910
广西	945	15434	283831	113938	114250	-312
海南	629	5105	92965	33319	35021	-1703
重庆	1546	12611	212980	126745	120494	6251
四川	6371	31974	502729	302231	275617	26616
贵州	1870	21779	374550	198200	193547	4655
云南	4163	29414	610162	218547	220254	-1701
西藏	168					
陕西	1209	6036	125592	51223	50085	1140
甘肃	1735	8184	735864	54899	59093	-4192
青海	253	2186	43705	12074	17242	-5168
宁夏	450	1830	32043	17251	13957	3294
新疆	372	837	23314	8358	7552	806

7-16-37 各地区网吧基本情况(2022年)

单位：万元

地 区	机构数(个)	从业人员(人)	资产总计	营业收入	营业成本	营业利润
全 国	**95494**	**163257**	**3302334**	**1273551**	**1447620**	**-174069**
北 京	230	885	12715	4136	8883	-4748
天 津	726	1234	84132	5419	12410	-6991
河 北	4191	4538	62701	25181	29964	-4784
山 西	2293	3402	50108	19573	22642	-3069
内蒙古	789	1885	33638	12037	13292	-1255
辽 宁	1378	2629	135253	15227	25568	-10342
吉 林	1432	2037	37694	14167	18708	-4541
黑龙江	1530	2904	62496	17745	20155	-2410
上 海	585	2374	49553	21048	38737	-17689
江 苏	9523	10903	183929	105489	116122	-10633
浙 江	2388	7844	134145	84545	93847	-9304
安 徽	6970	9387	168834	85104	87404	-2301
福 建	2038	3169	46206	29448	32610	-3163
江 西	2346	5521	133740	48985	50060	-1075
山 东	10180	8121	370653	62395	74035	-11638
河 南	9664	12162	170720	58196	73475	-15279
湖 北	6997	7950	132902	60528	70333	-9805
湖 南	5228	14989	355395	132326	133131	-804
广 东	5638	13336	339113	120257	141435	-21178
广 西	934	5105	51270	28867	29729	-863
海 南	776	1326	16694	9234	9785	-550
重 庆	1921	7564	117329	65612	66846	-1234
四 川	9204	16127	236484	124778	131787	-7009
贵 州	1444	5233	92850	42816	45162	-2346
云 南	2504	4774	77870	32357	35932	-3574
西 藏	87	25	655	209	261	-52
陕 西	2314	3936	65501	25281	33870	-8590
甘 肃	1199	1908	40010	11969	16107	-4139
青 海	233	1068	23955	4852	8782	-3931
宁 夏	208	611	9257	3837	4063	-227
新 疆	544	310	6534	1935	2483	-547

7-16-38 体育系统机构人员情况(2022年)

单位：个、人

指 标	合 计		国家级		省级		地级		县级	
	机构	人员	机构	人员	机构	人员	机构	人员	机构	人员
总 计	**6682**	**153202**	**44**	**5340**	**560**	**56652**	**1708**	**49095**	**4370**	**42115**
体育行政机关	3069	29503	1	237	33	1667	443	7045	2592	20554
运动项目管理部门	273	34831	20	1386	215	31056	37	2352	1	37
本科院校	8	5619	1	1168	7	4451				
职业、运动技术学院	16	5627			14	5147	2	480		
体育运动学校	220	16181			23	2024	160	13449	37	708
竞技体校	19	761			1	18	3	162	15	581
少儿体育运动学校(业余体校)	1201	18433			4	124	282	8851	915	9458
单项运动学校	14	329			2	30	8	247	4	52
体育中学	33	1707			1	151	15	858	17	698
训练基地	60	2960	5	720	22	1767	31	428	2	45
体育场馆	509	11041	1	460	38	2216	290	6416	180	1949
体育科研机构	46	1326	1	148	25	949	20	229		
其他事业单位	1141	22167	13	709	158	5866	393	7846	577	7746
其他	73	2717	2	512	17	1186	24	732	30	287

7-16-39 运动员获世界冠军情况

年 份	项 数 (项)	人 数 (人)	个 数 (个)
1981	25	53	25
1982	12	31	13
1983	37	50	39
1984	33	46	37
1985	42	70	46
1986	26	56	26
1987	64	72	69
1988	54	59	54
1989	80	83	82
1990	54	61	54
1991	88	86	93
1992	86	68	89
1993	101	106	103
1994	79	86	79
1995	98	187	102
1996	72	58	75
1997	87	96	92
1998	75	89	83
1999	91	129	92
2000	92	109	110
2001	79	138	90
2002	99	123	110
2003	17	94	84
2004	27	175	101
2005	22	159	106
2006	24	169	141
2007	22	217	123
2008	24	151	120
2009	30	223	142
2010	22	180	108
2011	24	198	138
2012	24	140	107
2013	22	164	124
2014	22	206	98
2015	25	214	127
2016	23	154	107
2017	24	248	106
2018	27	222	118
2019	33	305	128
2020	3	4	4
2021	16	90	67
2022	15	117	93

注：自2003年起，我国运动员获世界冠军项数开始按照大项统计。

7-16-40 运动员分项创世界纪录情况(2022年)

项目	项数(项)	人数(人)	次数(次)
总计	**11**	**7**	**11**
射击	9	5	9
举重	1	1	1
游泳	1	1	1

7-16-41 分地区按等级和文化程度分在岗专职教练员情况(2022年)

单位：人

地区	合计	按岗位分			按文化程度分			
		#一级	#二级	#三级	研究生及以上	本科	专科	中专(中学)及以下
全国	**25802**	**9567**	**6736**	**1856**	**994**	**19773**	**4442**	**593**
国家直属	121	15	7	6	45	70	5	1
北京	696	242	228	26	35	593	67	1
天津	572	210	168	19	51	439	68	14
河北	1052	416	267	81	39	865	126	22
山西	716	263	228	49	15	512	164	25
内蒙古	587	217	109	28	14	416	134	23
辽宁	1255	466	240	115	67	992	179	17
吉林	795	237	194	46	37	592	147	19
黑龙江	996	342	148	42	26	750	199	21
上海	1154	449	326	83	46	1039	66	3
江苏	1452	500	383	82	97	1236	104	15
浙江	1105	398	252	66	20	979	100	6
安徽	640	236	198	35	22	443	165	10
福建	1089	415	278	105	12	868	202	7
江西	509	173	161	56	9	322	157	21
山东	2700	1098	795	105	81	2167	371	81
河南	926	376	256	45	45	729	138	14
湖北	853	250	205	97	55	527	214	57
湖南	925	356	317	100	20	590	285	30
广东	1803	666	439	130	50	1500	219	34
广西	782	318	217	73	24	539	191	28
海南	124	50	37	7	1	102	11	10
重庆	278	109	101	13	8	221	47	2
四川	1222	483	340	74	68	856	275	23
贵州	316	108	47	42	12	216	72	16
云南	850	362	189	52	12	626	193	19
西藏	57	20	12	7	6	33	18	
陕西	815	318	235	76	39	576	175	25
甘肃	510	203	139	25	22	387	94	7
青海	157	54	46	10	5	112	35	5
宁夏	142	50	36	11	4	104	32	2
新疆	603	167	138	150	7	372	189	35

【主要统计指标解释】

资产合计 指是指文化事业单位占有或者使用的能以货币计量的经济资源，包括各种财产、债权和其他权利。包括流动资产、固定资产、在建工程、无形资产和对外投资等。

固定资产原价 反映填表机构使用年限在一年以上、单位价值在规定标准以上，并在使用过程中基本保持原来物质形态的资产，包括房屋及构筑物，专用设备，通用设备，文物和陈列品，图书，档案，家具，用具，装具及动植物等，按原值（计提折旧的，按净值）进行反映。该指标根据“资产负债表”中的“固定资产原价”年（期）末数填列。

收入合计 反映行政事业单位在本年取得的全部收入，包括行政事业类资金收入和基本建设类收入，具体有财政拨款、上级补助收入、事业收入、经营收入、附属单位上缴收入和其他收入。根据“收入决算表”中的“本年收入合计”项填报。

财政补贴收入 反映填表单位本年度实际收到的本级财政拨款。包括一般预算财政拨款和政府性基金预算财政拨款。一级预算单位收到的应拨给下级单位使用的款项，年终时尚未拨出的，在编制财务决算表和填报统计报表时，应列为本单位的财政拨款。

事业收入 反映事业单位开展专业业务活动及辅助活动取得的收入。根据“收入决算表”中的“事业收入”项填报。

经营收入 反映事业单位在专业业务活动及辅助活动之外开展非独立核算经营活动取得的收入。根据“收入决算表”中的“经营收入”项填报。在确认经营收入时，应注意两个问题：一是经营收入是经营活动取得的收入，而不是专业业务活动及辅助活动取得的收入；二是经营收入是非独立核算的经营活动取得的收入，而不是独立核算的经营活动取得的收入。

支出合计 反映填表机构在业务活动中发生的各项资产耗费和损失等支出情况，包括基本支出、项目支出、经营支出等内容。按经济功能分类，还可分为工资福利支出、商品和服务支出、对个人和家庭补助支出、其他资本性支出等内容。

使用“中国标准书号”合计 使用统一书号的主要有两类：1.各级技术标准文献；2.年画、年历画、台历、无书名页的单张美术印刷品或折页美术印刷品，不另加封面的出版物（如活页文选、活页歌篇、小件印品）等。

不使用“中国标准书号”部分合计 指图片、图标（GB）、部标（BB）等标准类文件印品、活页文选、活页歌篇、小件印品等。

少年儿童读物类图书和课本出版种数 少年儿童读物是指供初中及初中以下少年儿童阅读的书籍，课本是指供大、中、小学生及业余教育使用的书籍。

国家综合档案馆 按行政区划或历史时期设置的，收集和管理所辖范围内多种门类档案的档案馆。

公共广播节目套数 指经国家广播电视总局批准的、广播电视播出机构开办的不向听众收取收听费用，以为大众提供公共广播服务为主要目的，用固定频率播出，并编有整套自办节目时间表的广播节目套数。

全年制作广播节目时间 指广播电视节目制作机构全年自采、自编、自录的及合作制作、加工制作的各类广播节目，包括直播广播节目。

公共电视节目套数 指经国家广播电视总局批准的、广播电视播出机构开办的不向观众收取收看费用，以为大众提供公共电视服务为主要目的，用固定频率播出的自办电视节目套数。

全年制作电视节目时间 指广播电视节目制作机构全年自采、自编、自录的及合作制作、加工制作的各类电视节目，包括直播电视节目。

全年公共电视节目播出时间 指广播电视播出机构自办节目频道内全年播出公共电视节目的时间（含重复播出时间）。

有线广播电视实际用户数 指通过广播电视有线传输网收看电视节目的家庭用户数，包括接收模拟信号和接收数字信号的有线电视用户数。

数字电视用户数 指通过广播电视有线传输网收看数字信号电视节目的家庭用户数。

广播综合人口覆盖率 根据国家广播电视总局制定的《广播电视人口覆盖率统计技术标准和方法》进行统计调查的，在对象区内能接收到中央、省、地市或县通过无线、有线或卫星等各种技术方式转播的各级广播节目的人口数占对象区总人口的比重。

电视节目综合人口覆盖率 根据国家广播电视总局制定的《广播电视人口覆盖率统计技术标准和方法》进行统计调查的，在对象区内能接收到中央、省、地市、或县通过无线、有线或卫星等各种技术方式转播的中央电视节目的人口数占对象区总人口的比重。

艺术表演团体 指由文化部门主办或实行行业管理（经文化市场行政部门审批或已申报登记并领取相关许可证），专门从事表演艺术等活动的各类专业艺术表演团体，含民间职业剧团。不包括群众业余文艺表演团体。

艺术表演场馆 指由文化部门主办或实行行业管理（经文化市场行政部门审批或已申报登记并领取相关许可证），有观众席、舞台、灯光设备，公开售票、专供文艺团体演出的文化活动场所。

博物馆 指为了研究、教育、欣赏的目的，收藏、保护、展示人类活动和自然环境的见证物，向公众开放，非营利性、永久性社会服务机构，包括以博物馆（院）、纪念馆（舍）、美术（艺术）馆、科技馆、陈列馆等专有名称开展活动的单位。

总藏量 指图书馆已编目的古籍、图书、期刊和报纸的合订本、小册子、手稿，以及缩微制品、录像带、录音带、光盘等视听文献资料数量之和。

藏品 是文博机构根据收藏品的文化属性、自然属性等情况，所划分的文物藏品、标本藏品、模型藏品（含具有收藏、展示价值的雕塑、绘画等艺术作品）和复制品藏品的总和。本指标所统计的藏品是指报告期末，该机构已经整理并登记入账的藏品数。

7 第三产业分行业主要指标

7-17 公共管理、社会保障和社会组织

简要说明

一、主要内容

本篇资料主要包括社会活动参与、公检法、社会保险等内容。

社会活动参与资料主要包括历届全国人大代表情况、历届全国政协委员情况、全国工会组织情况。

公检法统计资料主要包括公安机关的刑事案件立案情况和治安案件查处情况，交通事故情况，人民检察机关办案情况，人民法院审理案件和收结案情况。

社会保险统计资料主要包括参加社会保险人员情况、社会保险基金收支情况。

二、资料来源

全国人大代表数由全国人大办公厅联络局提供，依全国人大换届情况每五年更新一次；全国政协委员数由全国政协办公厅人事局提供，依全国政协换届情况每五年更新一次；全国工会组织情况由全国总工会提供。

公检法统计资料分别由公安部、最高人民检察院、最高人民法院提供。

社会保险资料由人力资源和社会保障部与国家医疗保障局提供。

7-17-1 公安机关受理和查处治安案件数(2022年)

单位：起

案件类别	受　理	查　处	每万人口受理案件数
总　　计	**8648819**	**7828809**	**61.1**
扰乱单位秩序	47352	44939	0.3
扰乱公共场所秩序	135485	134064	1.0
寻衅滋事	113011	106502	0.8
阻碍执行职务	34347	32531	0.2
非法携带枪支、弹药、管制器具	19147	18272	0.1
违反危险物质管理规定	46991	45694	0.3
殴打他人	2195005	2037514	15.5
故意伤害	100032	88027	0.7
盗窃	2285899	1925142	16.1
敲诈勒索	47241	42074	0.3
抢夺	4571	3944	
盗窃、损毁公共设施	13154	11185	0.1
伪造、变造、倒卖有价票证、凭证	1162	1012	
违反旅馆业管理	72146	71234	0.5
违反房屋出租管理	123405	122618	0.9
诈骗	542576	453034	3.8
卖淫、嫖娼	152130	149454	1.1
赌博、为赌博提供条件	307175	298653	2.2
毒品违法活动	161979	160030	1.1
其他	2246011	2082886	15.9

7-17-2　公安机关立案的刑事案件及构成

案件类别	立　案（起）		构　成（%）	
	2021	2022	2021	2022
总　计	**5027829**	**4423259**	**100.00**	**100.00**
杀人	6522	5293	0.13	0.12
伤害	82476	73212	1.64	1.66
抢劫	9700	6797	0.19	0.15
强奸	39577	39693	0.79	0.90
拐卖妇女儿童	2860	2887	0.06	0.07
盗窃	1602450	1203989	31.87	27.22
诈骗	1954276	1599914	38.87	36.17
走私	5057	4518	0.10	0.10
伪造、变造货币,出售、购买运输、持有、使用假币	713	785	0.01	0.02
其他	1324198	1486171	26.34	33.60

7-17-3　道路交通事故情况(2022年)

类　别	发生数（起）	死亡人数（人）	受伤人数（人）	直接财产损失（万元）
总　计	**256409**	**60676**	**263621**	**123925.5**
机动车	215627	54305	216677	113699.9
#汽　车	157407	42012	149650	99129.5
摩托车	48518	9923	56701	11421.1
拖拉机	1136	390	1075	436.7
非机动车	36701	4934	43830	7695.0
#自行车	3315	726	3262	765.5
行人乘车人	3907	1409	2954	2470.2
其他	174	28	160	60.4

7-17-4 各地区交通事故情况(2022年)

地 区	发生数(起)	死亡人数(人)	受伤人数(人)	直接财产损失(万元)
全 国	**256409**	**60676**	**263621**	**123925.5**
北 京	5251	1053	4088	3171.9
天 津	6562	915	6116	3639.1
河 北	4080	2339	2882	3026.6
山 西	7015	2147	6848	5119.9
内蒙古	3359	865	3324	1917.2
辽 宁	4934	1816	4412	1757.8
吉 林	7541	1594	7933	2325.6
黑龙江	4522	954	5034	2408.2
上 海	1242	757	739	538.8
江 苏	10529	3861	8425	5477.0
浙 江	10812	2822	10518	7357.6
安 徽	8712	2217	9263	4267.9
福 建	7645	1603	7275	1981.1
江 西	3842	1671	3621	3364.0
山 东	12404	3272	11640	5038.3
河 南	23568	2683	31306	9779.5
湖 北	30164	4739	34940	15019.2
湖 南	11879	3834	12005	9920.8
广 东	25353	4717	23582	6246.6
广 西	16185	3142	17599	4714.3
海 南	2664	535	2983	1979.2
重 庆	4127	917	4349	3632.3
四 川	7569	2355	7927	7331.8
贵 州	14554	2886	16140	5803.5
云 南	6307	2345	5107	2038.6
西 藏	507	157	548	862.7
陕 西	4413	919	4627	2421.4
甘 肃	2888	1308	2592	681.8
青 海	1490	469	1406	839.3
宁 夏	1639	457	1613	335.4
新 疆	4652	1327	4779	928.3

7-17-5 人民检察院审查逮捕、审查起诉情况(2022年)

单位：人

案件分类	批捕、决定逮捕	决定起诉
合　计	**493770**	**1438918**
危害公共安全案	23961	365335
破坏社会主义市场经济秩序案	36295	100555
侵犯公民人身、民主权利案	78076	135245
侵犯财产案	144153	277584
妨害社会管理秩序案	202111	543156
贪污贿赂案	7767	14285
渎职侵权案	750	1803
其他	657	955

7-17-6 人民检察院办理刑事抗诉案件情况(2022年)

案件类别	提出抗诉(件)	审判结果合计(件)	改判		维持原判(件)	发回重审(件)
			(件)	(人)		
合 计	**6839**	**5779**	**3109**	**4499**	**1550**	**1120**
危害公共安全案	818	664	353	381	225	86
破坏社会主义市场经济秩序案	901	765	340	582	204	221
侵犯公民人身、民主权利案	1110	959	538	660	253	168
侵犯财产案	1381	1212	679	897	312	221
妨害社会管理秩序案	2257	1841	1024	1607	453	364
贪污贿赂案	287	252	142	159	70	40
渎职侵权案	66	77	29	42	33	15
其他刑事案	19	9	4	171		5

7-17-7 人民检察院办理民事、行政判决裁定调解书监督情况(2022年)

单位：件

案件类别	合 计	民事案件	行政案件
提出抗诉	4701	4529	172
抗诉案件再审	4024	3889	135
改 判	2680	2617	63
调 解	280	279	1
发回重审	578	550	28
和解撤诉	136	121	15
维持原判	316	291	25
其 他	34	31	3
提出再审检察建议	9986	9520	466
采纳再审检察建议再审情况	5331	5195	136
改 判	4108	4044	64
调 解	357	334	23
发回重审	91	88	3
和解撤诉	237	212	25
维持原判	115	110	5
其 他	423	407	16

7-17-8 人民检察院办理民事、行政公益诉讼案件情况（2022年）

单位：件

项 目	合 计	民事案件	行政案件
案件线索受理	212223	32885	179338
立案	195342	28886	166456
诉前检察建议	151972	25045	126927
起诉	12949	12227	722
法院审结	11496	10742	754
#一审判决支持	9946	9393	553

7-17-9 人民检察院办理刑事申诉案件情况(2022年)

单位：件

案件分类	受理	办理结果		提出抗诉	提出再审检察建议
		改变原决定	纠正原决定		
合　计	**5845**	**96**	**2197**	**23**	**277**
不服检察机关处理决定	2703	96	2197		
不服不批捕	134	1	100		
不服不起诉	2457	93	2066		
不服撤案	11		5		
不服其他诉讼终结的刑事处理决定	101	2	26		
不服法院刑事判决裁定	3142			23	277

7-17-10 人民检察院刑事诉讼监督和刑事执行检察情况(2022年)

项　目	2021	2022
立案监督小计 (件)	54244	82932
监督立案	24951	36951
监督撤案	29293	45981
建议行政执法机关移送案件 (件)	5103	8779
已纠正漏捕漏诉小计 (人)	57098	76689
纠正漏捕	24853	17273
纠正漏诉	32245	59416
已纠正侦查活动违法小计 (件次)	72791	201315
提出检察建议合计 (件次)	39988	53324
纠正违法类检察建议	15871	23149
社会治理类检察建议	13978	23810
其他问题	10139	6365
减刑、假释、暂予监外执行检察小计(人)	58026	58039
监外执行和社区矫正监管活动检察 (人)	70946	102083

7-17-11 人民法院审理一审案件情况

单位：件

年 份	收 案	刑 事	民事	行 政	行政赔偿
1984	1355460	431357	838307	983	
1985	1319741	246655	846391	916	
1986	1611282	299720	989409	632	
1987	1875229	289614	1213219	5940	
1988	2290624	313306	1455130	8573	
1989	2913515	392564	1815385	9934	
1990	2916774	459656	1851897	13006	
1991	2901685	427840	1880635	25667	
1992	3051157	422991	1948786	27125	
1993	3414845	403267	2089257	27911	
1994	3955475	482927	2383764	35083	
1995	4545676	495741	2718533	52596	
1996	5312580	618826	3093995	79966	
1997	5288379	436894	3277572	90557	
1998	5410798	482164	3375069	98350	
1999	5692434	540008	3519244	97569	
2000	5356294	560432	3412259	85760	
2001	5344934	628996	3459025	100921	
2002	5132199	631348	4420123	80728	
2003	5130760	632605	4410236	87919	
2004	5072881	647541	4332727	92613	
2005	5161170	684897	4380095	96178	
2006	5183794	702445	4385732	95617	
2007	5550062	724112	4724440	101510	
2008	6288831	767842	5412591	108398	
2009	6688963	768507	5800144	120312	
2010	6999350	779595	6090622	129133	
2011	7596116	845714	6614049	136353	
2012	8442657	996611	7316463	129583	
2013	8876733	971567	7781972	123194	
2014	9489787	1040457	8307450	141880	
2015	11444950	1126748	10097804	220398	
2016	12088800	1101191	10762124	225485	
2017	12907729	1294377	11373753	230432	9167
2018	13920964	1203055	12449685	256656	11568
2019	15439600	1293911	13852052	279574	14063
2020	14518468	1107610	13136436	260220	14202
2021	18226928	1277197	16612893	319977	16861
2022	17158605	1039612	15827199	278304	13490

注：1.一审案件指人民法院按照诉讼级别管辖按第一审程序审理的案件。
2.2002年起，经济纠纷和海事海商并入民事案件中。
3.2017年起，行政赔偿案件从行政案件中分离出来。

7-17-12 人民法院审理刑事一审案件收结案情况(2022年)

单位：件

项 目	收 案	结 案
合 计	**1039612**	**1038523**
危害公共安全罪	349753	350290
破坏社会主义市场经济秩序罪	51807	53902
侵犯公民人身权利民主权利罪	117364	115982
侵犯财产罪	205494	205573
妨害社会管理秩序罪	300622	298803
危害国防利益罪	285	290
贪污贿赂罪	12460	11858
渎职罪	1567	1607
其他	260	218
合计中含自诉案件	8617	8683

注：结案中含上年旧存(以下各表同)。

7-17-13 人民法院审理刑事案件罪犯情况

单位：人

年 份	刑事罪犯总 数	#青少年罪犯			青少年罪犯占刑事罪犯比重(%)
			不满18岁	18岁至25岁	
2000	639814	220981	41709	179272	34.5
2001	746328	253465	49883	203582	34.0
2002	701858	217909	50030	167879	31.0
2003	742261	231715	58870	172845	31.2
2004	764441	248834	70086	178748	32.6
2005	842545	285801	82692	203109	33.9
2006	889042	303631	83697	219934	34.2
2007	931745	316298	87506	228792	33.9
2008	1007304	322061	88891	233170	32.0
2009	996666	302023	77604	224419	30.3
2010	1006420	287978	68193	219785	28.6
2011	1050747	282429	67280	215149	26.9
2012	1173406	282990	63782	219208	24.1
2013	1157784	265439	55817	209622	22.9
2014	1183784	249576	50415	199161	21.1
2015	1231656	236341	43839	192502	19.2
2016	1219569	204657	35743	168914	16.8
2017	1268985	183471	32778	150693	14.5
2018	1428772	243275	34365	208910	17.0
2019	1659550	281860	43038	238822	17.0
2020	1526811	245074	33768	211306	16.1
2021	1714942	283565	34616	248949	16.5
2022	1430865	247785	27757	220028	17.3

7-17-14　人民法院审理婚姻家庭、继承一审案件收结案情况(2022年)

单位：件

项　　目	收　案	结　案						
			判 决	不予受理	驳回起诉	撤 诉	调 解	其 他
合　　计	**1791301**	**1816025**	**667002**	**1818**	**19223**	**335466**	**776502**	**16014**
婚姻家庭纠纷	1689844	1711949	632701	1661	16208	316433	729923	15023
离婚纠纷	1415385	1431282	521116	1049	11218	251983	635322	10594
抚养纠纷	115929	118377	45059	151	1616	24976	45058	1517
扶养纠纷	3003	3111	1335	6	48	786	896	40
赡养纠纷	19753	20112	8201	19	311	5324	5786	471
收养关系纠纷	1392	1435	536	8	38	310	528	15
监护权纠纷	614	626	212	3	20	270	115	6
探望权纠纷	6660	6842	2681	22	92	1494	2441	112
其他	127108	130164	53561	403	2865	31290	39777	2268
继承纠纷	99604	101953	33615	148	2978	18574	45679	959
法定继承纠纷	38860	39354	8709	37	759	6317	23272	260
遗嘱继承纠纷	6426	6594	2952	2	180	1261	2138	61
其他	54318	56005	21954	109	2039	10996	20269	638
其他	1853	2123	686	9	37	459	900	32

7-17-15　人民法院审理民事一审案件情况(2022年)

单位：件

项　　目	收 案	结 案						
			判决	不予受理	驳回起诉	撤 诉	调解	其 他
合　　计	**15827199**	**16113798**	**7657032**	**43125**	**401041**	**4261618**	**3547192**	**203790**
人格权纠纷	165278	169370	90074	505	3380	39272	35095	1044
婚姻家庭、继承纠纷	1791301	1816025	667002	1818	19223	335466	776502	16014
物权纠纷	320131	331164	152819	2742	26614	100070	45398	3521
合同、无因管理、不当得利纠纷	10909728	11120124	5358544	32376	291084	3117351	2212434	108335
知识产权与竞争纠纷	438480	457805	148117	499	5421	243934	44155	15679
劳动争议、人事争议	506858	508852	269312	2315	18076	86063	115090	17996
海事海商纠纷	15577	15426	6020	21	294	4796	3434	861
与公司、证券、保险、票据等有关的民事纠纷	624795	610433	340548	1384	16701	130077	86843	34880
侵权责任纠纷	974044	1002322	567393	1128	14800	188332	226584	4085
其他	81007	82277	57203	337	5448	16257	1657	1375

7-17-16 人民法院审理行政一审案件收结案情况(2022年)

单位：件

项目	收案	结案	判决	不予立案	驳回起诉	撤诉	调解	其他
合计	**278304**	**283532**	**139373**	**13998**	**56614**	**62537**	**1965**	**9045**
公安	28216	28475	14064	1575	4092	8175	52	517
资源	38070	39569	17098	2393	10786	7308	340	1644
城乡建设	49887	53506	23999	2691	13678	10066	505	2567
计划生育	63	70	22	9	23	15		1
工商	5841	6387	2411	507	1391	1887	56	135
卫生	1238	1215	578	100	293	223	9	12
环境保护	2454	2627	1702	36	257	496	49	87
交通运输	1670	1802	680	95	338	652	12	25
税务	990	1018	419	59	293	219	1	27
劳动和社会保障	24975	25314	16478	506	1985	6025	64	256
乡政府	20635	21627	10077	1161	4806	4284	228	1071
其他	104265	101922	51845	4866	18672	23187	649	2703

7-17-17 各地区工会组织情况(2022年)

单位：万人

年份	工会基层组织数(万个)	全国已建工会组织的基层单位的职工与会员人数				工会专职工作人员人数
		职工人数	#女性	会员人数	#女性	
全国	**222.3**	**26714.4**	**10403.2**	**25562.8**	**9994.7**	**81.8**
北京	3.4	645.7	218.3	566.8	196.5	1.5
天津	1.7	281.6	108.1	278.4	107.4	0.6
河北	12.5	1433.6	475.5	1411.0	470.3	4.8
山西	5.2	693.3	242.5	668.0	232.3	3.6
内蒙古	4.4	406.2	143.6	389.1	137.8	1.6
辽宁	5.9	1050.7	406.6	1008.9	390.8	2.5
吉林	2.9	404.4	158.4	394.1	155.3	1.3
黑龙江	4.1	484.1	168.2	462.4	162.2	2.4
上海	4.8	747.5	285.9	711.2	271.7	1.2
江苏	14.4	2126.4	904.2	2023.1	861.1	2.9
浙江	13.7	1890.3	808.9	1820.6	786.7	2.8
安徽	11.5	1061.4	395.1	1013.1	379.4	3.8
福建	9.6	782.6	335.8	763.0	329.2	1.4
江西	7.9	851.4	310.9	806.7	303.0	5.3
山东	10.8	1467.3	569.1	1407.1	548.2	6.5
河南	13.4	1445.8	547.9	1360.5	518.6	9.7
湖北	10.1	1104.0	411.1	1057.7	397.2	2.6
湖南	11.3	1089.0	396.9	1037.2	377.5	5.6
广东	14.6	2256.8	985.1	2093.2	904.6	6.2
广西	6.1	577.9	241.7	560.0	236.3	1.4
海南	1.6	164.1	68.2	155.5	64.7	0.3
重庆	4.4	552.6	215.6	528.8	206.6	1.7
四川	14.1	1928.7	754.1	1883.5	739.2	3.1
贵州	5.5	711.0	266.4	694.0	262.3	1.4
云南	6.4	439.9	187.1	420.3	179.6	1.3
西藏	0.9	68.6	27.7	61.7	24.7	0.2
陕西	10.8	924.5	331.5	901.9	324.9	3.3
甘肃	3.6	374.5	140.2	364.6	137.2	1.0
青海	1.4	122.7	49.4	119.5	48.0	0.3
宁夏	1.2	124.9	51.4	122.5	50.4	0.2
新疆	3.9	457.6	178.1	434.6	171.8	1.2

7-17-18 社会保险基金收支及累计结余

单位：亿元

年 份	合 计	基本养老保险	失业保险	基本医疗保险	工伤保险	生育保险
基金收入						
2003	4882.9	3680.0	249.5	890.0	37.6	25.8
2004	5780.3	4258.4	290.8	1140.5	58.3	32.1
2005	6975.2	5093.3	340.3	1405.3	92.5	43.8
2006	8643.2	6309.8	402.4	1747.1	121.8	62.1
2007	10812.3	7834.2	471.7	2257.2	165.6	83.6
2008	13696.1	9740.2	585.1	3040.4	216.7	113.7
2009	16115.6	11490.8	580.4	3671.9	240.1	132.4
2010	19276.1	13872.9	649.8	4308.9	284.9	159.6
2011	25153.3	18004.8	923.1	5539.2	466.4	219.8
2012	30738.8	21830.2	1138.9	6938.7	526.7	304.2
2013	35252.9	24732.6	1288.9	8248.3	614.8	368.4
2014	39827.7	27619.9	1379.8	9687.2	694.8	446.1
2015	46012.1	32195.5	1367.8	11192.9	754.2	501.7
2016	53562.7	37990.8	1228.9	13084.3	736.9	521.9
2017	67154.5	46613.8	1112.6	17931.3	853.8	643.0
2018	79254.8	55005.3	1171.1	21384.4	913.0	781.0
2019	83550.4	57025.9	1284.2	24420.9	819.4	
2020	75512.5	49228.6	951.5	24846.1	486.3	
2021	96936.8	65793.3	1459.6	28732.0	951.9	
2022	102504.8	68933.2	1596.1	30922.2	1053.3	
基金支出						
2003	4016.4	3122.1	199.8	653.9	27.1	13.5
2004	4627.4	3502.1	211.3	862.2	33.3	18.8
2005	5400.8	4040.3	206.9	1078.7	47.5	27.4
2006	6477.4	4896.7	198.0	1276.7	68.5	37.5
2007	7887.8	5964.9	217.7	1561.8	87.9	55.6
2008	9925.1	7389.6	253.5	2083.6	126.9	71.5
2009	12302.6	8894.4	366.8	2797.4	155.7	88.3
2010	15018.9	10755.3	423.3	3538.1	192.4	109.9
2011	18652.9	13363.2	432.8	4431.4	286.4	139.2
2012	23331.3	16711.5	450.6	5543.6	406.3	219.3
2013	27916.3	19818.7	531.6	6801.0	482.1	282.8
2014	33002.7	23325.8	614.7	8133.6	560.5	368.1
2015	38988.1	27929.4	736.4	9312.1	598.7	411.5
2016	46888.4	34004.3	976.1	10767.1	610.3	530.6
2017	57145.6	40423.8	893.8	14421.8	662.3	744.0
2018	67792.7	47550.4	915.3	17823.0	742.0	762.0
2019	75346.6	52342.3	1333.2	20854.2	816.9	
2020	78611.8	54656.5	2103.0	21032.1	820.3	
2021	86734.9	60196.5	1500.0	24048.2	990.2	
2022	90719.1	63079.0	2017.8	24597.2	1025.0	
累计结余						
2003	3313.8	2206.5	303.5	670.6	91.2	42.0
2004	4493.4	2975.0	385.8	957.9	118.6	55.9
2005	6073.7	4041.0	519.0	1278.1	163.5	72.1
2006	8255.9	5488.9	724.8	1752.4	192.9	96.9
2007	11236.6	7391.4	979.1	2476.9	262.6	126.6
2008	15225.6	9931.0	1310.1	3431.7	384.6	168.2
2009	19006.5	12526.1	1523.6	4275.9	468.8	212.1
2010	23407.5	15787.8	1749.8	5047.1	561.4	261.4
2011	30233.1	20727.8	2240.2	6180.0	742.6	342.5
2012	38106.6	26243.5	2929.0	7644.5	861.9	427.6
2013	45588.1	31274.8	3685.9	9116.5	996.2	514.7
2014	52462.3	35644.5	4451.5	10644.8	1128.8	592.7
2015	59532.5	39937.1	5083.0	12542.8	1285.3	684.4
2016	66349.7	43965.2	5333.3	14964.3	1410.9	675.9
2017	77312.1	50202.2	5552.4	19385.6	1606.9	565.0
2018	89775.5	58151.6	5817.0	23440.0	1784.9	582.0
2019	96977.8	62872.6	4625.4	27696.7	1783.2	
2020	94378.7	58075.2	3354.1	31500.0	1449.3	
2021	104872.1	63970.0	3312.5	36178.3	1411.2	
2022	116822.0	69851.3	2890.8	42639.9	1440.1	

注：1.2007年及以后基本医疗保险基金中包括职工基本医疗保险和城乡居民基本医疗保险。

2.2010年及以后基本养老保险基金中包括城镇职工基本养老保险和城乡居民基本养老保险。

3.工伤保险累计结余中含储备金。

4.2019年起，基本医疗保险基金包含生育保险基金(下同)。

7-17-19 参加基本养老保险人数

单位：万人

年 份	年末参加基本养老保险人数	城镇职工基本养老保险					城乡居民基本养老保险
		合 计	职 工	#企业	离退休(职)人 员	#企业	
1990	6166.0	6166.0	5200.7	5200.7	965.3	965.3	
1991	6740.3	6740.3	5653.7	5653.7	1086.6	1086.6	
1992	9456.2	9456.2	7774.7	7774.7	1681.5	1681.5	
1993	9847.6	9847.6	8008.2	8008.2	1839.4	1839.4	
1994	10573.5	10573.5	8494.1	8494.1	2079.4	2079.4	
1995	10979.0	10979.0	8737.8	8737.8	2241.2	2241.2	
1996	11116.7	11116.7	8758.4	8758.4	2358.3	2358.3	
1997	11203.9	11203.9	8670.9	8670.9	2533.0	2533.0	
1998	11203.1	11203.1	8475.8	8475.8	2727.3	2727.3	
1999	12485.4	12485.4	9501.8	8859.2	2983.6	2863.8	
2000	13617.4	13617.4	10447.5	9469.9	3169.9	3016.5	
2001	14182.5	14182.5	10801.9	9733.0	3380.6	3171.3	
2002	14736.6	14736.6	11128.8	9929.4	3607.8	3349.2	
2003	15506.7	15506.7	11646.5	10324.5	3860.2	3556.9	
2004	16352.9	16352.9	12250.3	10903.9	4102.6	3775.0	
2005	17487.9	17487.9	13120.4	11710.6	4367.5	4005.2	
2006	18766.3	18766.3	14130.9	12618.0	4635.4	4238.6	
2007	20136.9	20136.9	15183.2	13690.6	4953.7	4544.0	
2008	21891.1	21891.1	16587.5	15083.4	5303.6	4868.0	
2009	23549.9	23549.9	17743.0	16219.0	5806.9	5348.0	
2010	35984.1	25707.3	19402.3	17822.7	6305.0	5811.6	10276.8
2011	61573.3	28391.3	21565.0	19970.0	6826.2	6314.0	33182.0
2012	78796.3	30426.8	22981.1	21360.9	7445.7	6910.9	48369.5
2013	81968.4	32218.4	24177.3	22564.7	8041.0	7484.8	49750.1
2014	84231.9	34124.4	25531.0	23932.3	8593.4	8013.6	50107.5
2015	85833.4	35361.2	26219.2	24586.8	9141.9	8536.5	50472.2
2016	88776.8	37929.7	27826.3	25239.6	10103.4	9023.9	50847.1
2017	91548.3	40293.3	29267.6	25856.3	11025.7	9460.4	51255.0
2018	94293.3	41901.6	30104.0	26502.6	11797.7	9980.5	52391.7
2019	96753.9	43487.9	31177.5	27508.7	12310.4	10396.3	53266.0
2020	99864.9	45621.1	32858.7	29123.6	12762.3	10784.2	54243.8
2021	102871.4	48074.0	34917.1	31101.5	13157.0	11126.5	54797.4
2022	105307.3	50355.0	36711.0	32871.5	13644.0	11530.9	54952.3

7-17-20 社会保险基本情况

年份	失业保险			基本医疗保险			工伤保险		年末参加生育保险人数（万人）
	年末参保人数（万人）	全年发放失业保险金人数（万人）	全年发放失业保险金（亿元）	年末参保人数（万人）	年末参保职工	年末参保城乡居民	年末参保人数（万人）	年末享受工伤待遇的人数（万人）	
1995	8237.7	261.3	8.2	745.9	745.9		2614.8	7.1	1500.2
1996	8333.1	330.8	13.9	855.7	855.7		3102.6	10.1	2015.6
1997	7961.4	319.0	18.7	1762.0	1762.0		3507.8	12.5	2485.9
1998	7927.9	158.1	20.4	1877.6	1877.6		3781.3	15.3	2776.7
1999	9852.0	271.4	31.9	2065.3	2065.3		3912.3	15.1	2929.8
2000	10408.4	329.7	56.2	3786.9	3786.9		4350.3	18.8	3001.6
2001	10354.6	468.5	83.3	7285.9	7285.9		4345.3	18.7	3455.1
2002	10181.6	657.0	116.8	9401.2	9401.2		4405.6	26.5	3488.2
2003	10372.9	741.6	133.4	10901.7	10901.7		4574.8	32.9	3655.4
2004	10583.9	753.5	137.5	12403.6	12403.6		6845.2	51.9	4383.8
2005	10647.7	677.8	132.4	13782.9	13782.9		8478.0	65.1	5408.5
2006	11186.6	598.1	125.8	15731.8	15731.8		10268.5	77.8	6458.9
2007	11644.6	538.5	129.4	22311.1	18020.0	4291.1	12173.3	96.0	7775.3
2008	12399.8	516.7	139.5	31821.6	19995.6	11826.0	13787.2	117.8	9254.1
2009	12715.5	483.9	145.8	40147.0	21937.4	18209.6	14895.5	129.6	10875.7
2010	13375.6	431.6	140.4	43262.9	23734.7	19528.3	16160.7	147.5	12335.9
2011	14317.1	394.4	159.9	47343.2	25227.1	22116.1	17695.9	163.0	13892.0
2012	15224.7	390.1	181.3	53641.3	26485.6	27155.7	19010.1	190.5	15428.7
2013	16416.8	416.7	203.2	57072.6	27443.1	29629.4	19917.2	195.2	16392.0
2014	17042.6	422.0	233.3	59746.9	28296.0	31450.9	20639.2	198.2	17038.7
2015	17326.0	456.8	269.8	66581.6	28893.1	37688.5	21432.5	201.9	17771.0
2016	18088.8	483.9	309.4	74391.6	29531.5	44860.0	21889.3	196.0	18451.0
2017	18784.2	458.1	318.2	117681.4	30322.7	87358.7	22723.7	192.8	19300.2
2018	19643.5	452.3	357.6	134458.6	31680.8	102777.8	23874.4	198.5	20434.1
2019	20542.7	461.2	396.8	135407.4	32924.7	102482.7	25478.4	194.4	21417.3
2020	21689.5	515.1	413.9	136131.1	34455.1	101676.0	26763.4	187.6	23567.3
2021	22957.9	607.6	530.7	136296.7	35430.9	100865.9	28286.5	206.2	23751.7
2022	23806.6	615.6	592.3	134592.5	36243.4	98349.1	29116.6	203.7	24621.5

7-17-21 各地区城镇职工基本养老保险情况(2022年)

地 区	年末参加城镇职工基本养老保险人数(万人)			基金收支情况(亿元)		
		职 工	离退休(职)人员	基金收入	基金支出	累计结余
全 国	**50355.0**	**36711.0**	**13644.0**	**63323.8**	**59034.7**	**56889.6**
北 京	1867.8	1539.6	328.2	3435.8	2341.8	7286.0
天 津	800.1	556.4	243.6	1225.0	1257.5	355.2
河 北	1867.7	1364.4	503.3	2293.8	2319.9	615.2
山 西	1065.8	751.2	314.7	1413.0	1480.9	1525.2
内蒙古	895.2	559.8	335.3	1248.3	1454.1	350.1
辽 宁	2114.4	1240.6	873.9	2761.0	3513.5	234.8
吉 林	941.1	535.3	405.8	1216.2	1544.1	260.5
黑龙江	1507.3	851.1	656.2	1851.8	2492.9	-102.1
上 海	1659.4	1123.7	535.6	3705.5	3470.4	1427.8
江 苏	3690.3	2639.0	1051.3	4846.9	4206.2	4878.0
浙 江	3472.8	2525.3	947.5	3796.8	3952.0	1882.8
安 徽	1580.9	1183.0	397.9	1883.8	1547.7	2349.3
福 建	1673.8	1442.4	231.4	1220.7	1014.8	831.9
江 西	1362.0	976.9	385.1	1389.9	1379.2	878.3
山 东	3333.6	2511.0	822.6	3558.8	3662.2	1320.8
河 南	2484.9	1919.9	565.0	2292.0	2193.8	1310.4
湖 北	1959.7	1318.8	640.9	2549.7	2710.7	958.8
湖 南	1892.9	1352.3	540.6	2019.5	2003.5	1862.6
广 东	5229.2	4431.9	797.3	6419.7	3649.0	15722.7
广 西	1032.6	746.0	286.6	1313.1	1222.0	768.9
海 南	352.8	274.0	78.8	428.7	332.3	381.9
重 庆	1431.8	980.1	451.7	1688.2	1495.7	1507.3
四 川	3327.2	2320.7	1006.6	3701.9	3441.1	3881.0
贵 州	770.1	598.9	171.2	928.6	749.6	1145.0
云 南	807.0	611.1	195.9	1153.9	939.0	1688.7
西 藏	61.9	50.8	11.1	171.5	132.9	238.5
陕 西	1285.4	991.7	293.7	1696.2	1487.0	1001.7
甘 肃	517.6	343.1	174.5	718.2	792.7	343.4
青 海	175.8	124.0	51.9	291.0	318.0	22.1
宁 夏	283.8	210.6	73.2	347.7	331.8	246.7
新 疆	816.9	581.5	235.4	1407.8	1225.5	1624.0
不分地区	93.4	56.0	37.4	348.8	372.8	92.2

注：不分地区数据包括中央国家机关事业单位、中国人民银行、中国农业发展银行和中央调剂金账户。

7-17-22 各地区城乡居民基本养老保险情况(2022年)

地 区	参保人数(万人)	#实际领取待遇人数	基金收支情况(亿元) 基金收入	基金支出	累计结余
全 国	**54952.3**	**16464.2**	**5609.3**	**4044.3**	**12961.7**
北 京	188.3	61.5	101.4	107.0	174.3
天 津	171.6	84.6	47.0	52.4	317.7
河 北	3568.5	1123.7	248.5	187.5	637.2
山 西	1628.2	422.2	159.4	81.4	396.7
内蒙古	798.7	256.3	84.6	67.6	166.0
辽 宁	1041.3	434.1	84.4	79.3	98.1
吉 林	946.7	283.5	50.9	45.2	105.1
黑龙江	889.2	231.8	65.0	49.4	152.3
上 海	73.1	52.2	97.5	97.2	91.8
江 苏	2340.7	1110.0	548.8	440.0	1002.2
浙 江	1047.3	547.5	343.7	284.7	413.4
安 徽	3465.8	962.5	389.5	183.6	932.1
福 建	1598.8	506.7	144.9	115.0	291.5
江 西	2081.0	525.7	161.3	120.5	392.4
山 东	4636.2	1623.9	560.3	409.8	1656.6
河 南	5296.0	1448.4	335.6	239.2	836.0
湖 北	2600.5	796.0	293.8	166.4	653.2
湖 南	3421.5	880.0	248.8	162.9	579.3
广 东	2764.3	869.5	366.4	293.4	579.4
广 西	2671.8	592.8	145.1	109.3	312.3
海 南	336.4	82.6	35.9	24.1	142.5
重 庆	1140.3	331.2	96.2	64.1	223.9
四 川	3185.3	1065.4	390.3	243.8	932.0
贵 州	1935.5	474.8	107.8	77.2	217.9
云 南	2479.7	566.6	152.3	104.3	601.9
西 藏	174.8	27.3	12.8	8.6	43.4
陕 西	1822.6	558.5	146.5	114.8	372.5
甘 肃	1386.6	331.1	95.7	59.1	334.5
青 海	263.0	43.7	22.7	13.3	75.4
宁 夏	235.9	45.2	20.0	13.5	57.7
新 疆	762.8	124.9	52.5	29.9	172.5

注：2012年8月起，新型农村社会养老保险和城镇居民社会养老保险制度全覆盖工作全面启动，合并为城乡居民社会养老保险。

7-17-23 各地区失业保险情况(2022年)

地 区	年末参加失业保险人数(万人)	年末领取失业保险金人数(万人)	基金收支情况(亿元)		
			基金收入	基金支出	累计结余
全 国	**23806.6**	**296.5**	**1596.1**	**2017.8**	**2890.8**
北 京	1391.4	16.6	144.6	153.6	104.9
天 津	392.2	9.3	31.3	49.5	25.3
河 北	795.4	6.5	49.0	67.1	123.2
山 西	531.5	3.2	33.9	46.5	149.7
内蒙古	308.4	3.2	27.0	37.3	107.2
辽 宁	677.9	19.9	44.4	69.6	93.0
吉 林	281.1	3.1	22.2	33.1	66.9
黑龙江	332.2	3.3	23.5	23.4	109.4
上 海	1014.7	20.3	138.6	102.8	87.1
江 苏	2027.1	28.3	156.2	166.0	238.6
浙 江	1850.9	25.9	123.3	188.5	134.5
安 徽	663.6	8.0	46.3	52.2	81.8
福 建	761.3	6.2	37.6	36.7	85.5
江 西	357.5	2.6	21.6	27.6	60.2
山 东	1593.5	24.6	108.9	104.9	182.4
河 南	1092.7	9.1	50.8	40.5	91.5
湖 北	735.6	8.2	52.6	43.5	116.6
湖 南	723.9	7.3	34.6	42.2	105.8
广 东	3751.1	32.8	134.8	393.6	179.9
广 西	509.4	7.3	35.4	40.1	88.2
海 南	220.4	3.6	11.0	17.8	14.2
重 庆	614.2	8.4	32.6	35.6	38.9
四 川	1179.0	16.1	81.7	69.8	191.0
贵 州	338.7	3.9	24.0	30.4	55.5
云 南	357.5	7.6	27.1	31.8	89.7
西 藏	31.0	0.1	4.3	3.1	26.5
陕 西	492.5	4.1	37.4	33.6	55.7
甘 肃	202.8	0.8	16.1	19.1	70.4
青 海	63.4	0.4	6.0	6.1	24.7
宁 夏	117.4	1.6	8.2	8.1	23.3
新 疆	398.1	4.1	30.9	43.8	69.2

7-17-24 各地区基本医疗保险参保人数(2022年)

单位：万人

地区	年末参保人数合计	职工基本医疗保险	职工	退休人员	城乡居民基本医疗保险
全国	**134592.5**	**36243.4**	**26604.3**	**9639.1**	**98349.1**
北京	1900.5	1496.2	1164.5	331.6	404.3
天津	1176.4	642.6	417.0	225.6	533.8
河北	7020.3	1238.3	862.2	376.1	5782.0
山西	3222.7	739.2	498.6	240.6	2483.5
内蒙古	2169.9	586.8	395.1	191.8	1583.1
辽宁	3748.6	1580.9	899.9	680.9	2167.7
吉林	2262.6	545.2	335.6	209.6	1717.5
黑龙江	2767.8	890.2	480.5	409.7	1877.5
上海	1989.6	1623.7	1087.8	535.9	365.8
江苏	8119.5	3388.5	2506.4	882.1	4731.0
浙江	5577.2	2855.8	2267.2	588.6	2721.4
安徽	6506.7	1063.3	772.4	290.9	5443.4
福建	3863.5	972.2	789.1	183.1	2891.3
江西	4648.2	646.1	424.0	222.1	4002.2
山东	9633.1	2498.3	1843.6	654.7	7134.8
河南	10093.9	1395.7	977.6	418.1	8698.2
湖北	5593.0	1240.4	851.7	388.8	4352.6
湖南	6523.2	1052.6	731.6	321.0	5470.6
广东	11153.2	4856.0	4281.3	574.7	6297.2
广西	5201.9	730.4	542.0	188.4	4471.5
海南	920.9	250.5	182.3	68.3	670.3
重庆	3206.6	808.5	596.8	211.7	2398.2
四川	8393.9	1967.2	1434.4	532.8	6426.7
贵州	4221.2	494.1	366.7	127.4	3727.2
云南	4559.8	584.0	418.7	165.3	3975.8
西藏	339.6	55.6	44.3	11.3	284.0
陕西	3668.3	720.2	499.8	220.4	2948.1
甘肃	2555.1	381.0	257.7	123.3	2174.2
青海	559.6	116.3	76.8	39.5	443.3
宁夏	662.8	162.4	121.2	41.2	500.4
新疆	2332.9	661.2	477.4	183.7	1671.7

7-17-25 分地区基本医疗保险基金收支情况(2022年)

单位：亿元

地区	基金收入			基金支出			累计结余		
	合计	职工	居民	合计	职工	居民	合计	职工	居民
全国	**30922.2**	**20793.3**	**10128.9**	**24597.2**	**15243.8**	**9353.4**	**42639.9**	**35105.8**	**7534.1**
北京	1873.0	1758.6	114.3	1263.4	1164.4	99.0	2283.8	2207.3	76.5
天津	479.8	424.4	55.5	405.7	335.3	70.4	541.9	463.3	78.6
河北	1216.7	666.3	550.4	992.1	485.7	506.4	1609.6	1248.6	361.0
山西	592.9	354.7	238.2	477.8	274.1	203.7	785.1	587.5	197.6
内蒙古	511.2	339.4	171.7	369.3	238.0	131.3	738.4	580.9	157.5
辽宁	865.7	654.4	211.3	772.5	571.7	200.8	974.5	762.1	212.4
吉林	373.6	224.0	149.7	333.9	187.4	146.5	580.9	449.0	131.9
黑龙江	590.1	388.4	201.7	503.2	330.9	172.4	868.9	647.3	221.6
上海	1820.3	1719.4	100.9	1184.1	1089.4	94.7	4539.5	4506.0	33.5
江苏	2316.0	1760.5	555.5	1912.3	1362.0	550.3	3029.4	2747.3	282.1
浙江	2156.0	1657.8	498.3	1664.6	1198.3	466.2	3363.9	3070.9	293.0
安徽	969.2	463.9	505.2	793.4	315.1	478.3	1043.3	781.2	262.1
福建	789.6	499.9	289.7	652.4	383.2	269.2	1100.8	970.7	130.1
江西	698.2	296.8	401.4	592.4	234.9	357.5	836.7	494.4	342.3
山东	2102.0	1393.5	708.5	1810.0	1113.7	696.4	2051.1	1615.2	436.0
河南	1455.9	631.0	824.9	1293.0	497.8	795.2	1343.9	994.1	349.8
湖北	1107.5	685.3	422.2	906.8	513.1	393.7	1243.4	926.5	316.9
湖南	1073.6	536.6	537.0	873.9	398.5	475.4	1260.2	905.5	354.7
广东	2907.8	2207.4	700.4	2315.7	1674.4	641.2	4785.9	3955.7	830.2
广西	785.3	365.9	419.4	702.8	290.0	412.8	996.4	589.3	407.1
海南	203.8	137.8	66.0	146.7	87.5	59.2	334.9	265.6	69.3
重庆	707.8	461.0	246.8	587.6	343.3	244.3	736.0	563.0	172.9
四川	1714.4	1087.4	627.0	1328.8	736.3	592.5	2636.0	2100.4	535.6
贵州	649.8	287.7	362.1	535.4	222.0	313.3	761.6	445.2	316.4
云南	782.4	394.4	388.0	678.5	316.7	361.8	957.7	691.5	266.2
西藏	90.5	65.5	25.0	43.9	27.3	16.7	240.8	213.1	27.7
陕西	798.4	508.4	290.0	538.5	305.3	233.3	1030.6	808.7	221.9
甘肃	402.1	197.9	204.2	282.7	133.5	149.2	491.1	318.2	172.9
青海	150.9	103.5	47.4	103.3	66.8	36.5	262.9	205.4	57.4
宁夏	167.6	116.3	51.3	99.5	58.1	41.4	246.4	198.9	47.5
新疆	570.2	405.2	165.0	433.2	289.1	144.1	964.2	792.6	171.6

7-17-26 各地区工伤保险情况(2022年)

地 区	年末参加工伤保险人数(万人)	享受工伤保险待遇人数(万人)	基金收支情况(亿元)		
			基金收入	基金支出	累计结余
全 国	**29116.6**	**203.7**	**1053.3**	**1025.0**	**1440.1**
北 京	1337.0	4.6	54.2	53.2	37.8
天 津	410.5	4.1	15.7	13.9	14.5
河 北	1105.9	9.5	62.9	50.5	59.1
山 西	664.4	8.2	49.5	49.4	36.4
内蒙古	349.9	2.3	13.4	13.2	37.8
辽 宁	810.3	11.4	43.7	36.1	60.4
吉 林	394.5	5.6	8.9	12.1	32.7
黑龙江	448.8	3.2	27.4	25.9	33.4
上 海	1072.0	5.3	45.6	39.2	48.8
江 苏	2401.0	18.1	102.8	97.5	126.3
浙 江	2766.7	20.3	91.9	92.7	70.2
安 徽	818.1	6.9	33.1	33.6	32.3
福 建	1040.0	5.2	30.2	33.0	45.2
江 西	558.0	4.8	17.5	20.0	51.7
山 东	2020.8	13.6	72.8	63.6	99.1
河 南	1068.1	6.7	34.9	29.4	67.4
湖 北	872.9	5.6	21.2	21.8	35.3
湖 南	895.5	14.4	47.0	50.4	83.4
广 东	4083.4	18.9	67.0	105.5	152.3
广 西	601.3	2.1	13.4	12.2	48.9
海 南	194.5	0.4	3.7	2.7	20.3
重 庆	752.8	6.3	30.5	24.2	13.7
四 川	1544.8	8.8	50.4	47.4	75.9
贵 州	593.8	3.8	25.3	20.6	19.0
云 南	575.7	4.0	19.6	19.9	20.4
西 藏	51.5	0.1	2.2	1.1	8.3
陕 西	652.4	3.8	26.2	22.4	42.9
甘 肃	287.2	1.7	13.1	8.7	22.2
青 海	111.7	0.5	2.6	3.3	9.0
宁 夏	147.3	1.1	5.8	5.7	9.0
新 疆	485.5	2.2	20.8	15.9	26.2

注：工伤保险累计结余中含储备金。

7-17-27 各地区生育保险情况(2022年)

地 区	年末参加生育保险人数(万人)	生育保险基金待遇支出(亿元)
全 国	**24621.5**	**951.4**
北 京	1082.7	70.3
天 津	365.2	16.7
河 北	882.3	30.2
山 西	480.2	12.1
内蒙古	343.3	9.9
辽 宁	693.1	29.3
吉 林	335.6	7.1
黑龙江	390.1	6.1
上 海	1087.8	96.9
江 苏	2156.4	86.4
浙 江	2186.5	61.9
安 徽	757.1	24.1
福 建	741.7	23.6
江 西	405.9	12.9
山 东	1646.9	59.4
河 南	922.6	36.9
湖 北	748.0	24.0
湖 南	723.6	23.3
广 东	4062.0	155.7
广 西	508.3	14.4
海 南	182.3	5.7
重 庆	547.9	19.6
四 川	1216.8	35.9
贵 州	348.6	16.8
云 南	406.3	20.4
西 藏	42.4	2.5
陕 西	496.1	15.6
甘 肃	256.9	7.2
青 海	71.3	3.0
宁 夏	114.1	6.3
新 疆	419.4	17.4

【主要统计指标解释】

城镇职工基本养老保险

1. **参保职工人数** 指报告期末按照国家法律、法规和有关政策规定参加城镇职工基本养老保险并在社保经办机构已建立缴费记录档案的职工人数，包括中断缴费但未终止养老保险关系的职工人数，不包括只登记未建立缴费记录档案的人数。

2. **离退休（职）人员人数** 指报告期末参加城镇职工基本养老保险的离休、退休和退职人员的人数。

3. **基金收入** 指根据国家有关规定，由纳入基本养老保险范围的缴费单位和个人按国家规定的缴费基数和缴费比例缴纳的养老保险费，以及通过其他方式取得的形成基金来源的收入。包括单位和职工个人缴纳的基本养老保险费、基本养老保险基金利息收入、上级补助收入、下级上解收入、转移收入、财政补贴和其他收入。

4. **基金支出** 指按照国家政策规定的开支范围和开支标准从职工基本养老保险基金中支付给参加职工基本养老保险的个人养老保险待遇支出，以及由于保险关系转移、上下级之间补助、上解等原因而发生的支出。其他支出包括基本养老金、医疗补助金、丧葬补助金和抚恤金、病残津贴、补助下级支出、上解上级支出、转移支出和其他支出等。

5. **基金累计结余** 指职工基本养老保险基金收支相抵后的期末累计余额。

城乡居民基本养老保险

1. **参保人数** 指报告期末，参加城乡居民养老保险（在经办机构参保登记并已建立缴费记录以及制度实施当年已经年满60周岁并在经办机构参保登记）的人数（不包括已经办理注销登记手续的人数）。

2. **实际领取待遇人数** 指报告期末，实际领取城乡居民养老保险待遇的人数，不包括未足额发放的人数。

3. **基金收入** 指根据国家有关规定，由参加城乡居民基本养老保险的个人按规定缴费的城乡居民基本养老保险费，以及通过集体补助、财政补助等其他方式取得的形成基金来源的收入。包括个人缴费收入、集体补助收入、政府补贴收入、利息收入、委托投资收益、转移收入、上级补助收入、下级上解收入和其他收入。

4. **基金支出** 指按照国家政策规定的开支范围和开支标准从城乡居民基本养老保险基金中支付给参加城乡居民基本养老保险的个人养老金待遇支出，以及由于参保人员跨统筹地区或跨制度流动而发生的支出等。包括养老保险待遇支出、转移支出、补助下级支出、上解上级支出、其他支出。

5. **基金累计结余** 指城乡居民基本养老保险基金收支相抵后的期末累计余额。

基本医疗保险

1. **参保人数** 指报告期末按国家有关规定参加职工基本医疗保险和城乡居民基本医疗保险人员的合计。

2. 基金收入（含生育保险） 指由用人单位和个人按照国家规定的缴费基数、缴费比例或缴费标准缴纳的基本医疗保险费（含生育保险），财政补贴资金以及通过其他方式取得的形成基金来源的款项，包括：单位缴纳收入、个人缴纳收入、财政补贴收入、利息收入、上级补助收入、下级上解收入和其他收入。

3. 基金支出（含生育保险） 指按照国家政策规定的开支范围和开支标准，从基本医疗保险基金（含生育保险）中支付给参保人员的医疗保险待遇支出，生育保险待遇支出以及其他支出。包括住院费用支出、门诊费用支出、大病保险支出、补助下级支出，上解上级支出和其他支出。

4. 基金累计结余（含生育保险） 指基本医疗保险基金（含生育保险）收支相抵后的期末累计结余金额。

失业保险

1. 参保人数 指报告期末按照国家法律、法规和有关政策规定参加了失业保险的城镇企业、事业单位的职工及地方政府规定参加失业保险的其他人员的人数。

2. 基金收入 指报告期内筹集的失业保险基金的总额，包括失业保险费收入、利息收入、财政补贴收入、其他收入、转移收入。

3. 基金支出 指报告期内为保障失业人员基本生活、预防失业、促进再就业等支出的基金总额，包括失业保险金支出、医疗补助金支出、丧葬补助金和抚恤金支出、职业培训和职业介绍补贴支出、其他费用支出、技能提升补贴支出、稳定岗位补贴支出、转移支出、其他支出。

4. 基金累计结余 指截止报告期末失业保险基金收支相抵后的累计余额。

工伤保险

1. 参加保险人数 指报告期末依据国家有关规定参加工伤保险的职工人数和有雇工的个体工商户的雇工数。

2. 享受工伤保险待遇人数 指年报告期内因工伤或职业病而享受工伤保险待遇的职工人数。为享受工伤医疗待遇中未评定等级的人数、享受伤残待遇人数以及享受因工死亡待遇人数之和。

3. 基金收入 指根据国家有关规定，由参加工伤保险的单位按国家规定的缴费基数和缴费比例缴纳及难以直接按照工资总额计算缴纳工伤保险费的部分行业企业按规定方式缴纳的工伤保险费，以及依法通过其他形式取得的形成基金来源的款项。包括：工伤保险费收入、利息收入、上级补助收入、下级上解收入和其他收入。

4. 基金支出 指按照国家政策规定的开支范围和开支标准从工伤保险基金中支付给参加工伤保险的人员及供养直系亲属工伤保险待遇支出及其他支出。包括工伤医疗待遇支出、伤残待遇支出、工亡待遇支出、劳动能力鉴定支出、工伤预防费用支出、补助下级支出、上解上级支出和其他支出。

5. 基金累计结余 指工伤保险基金收支相抵后的期末累计结余金额。

8 派生产业情况

8-1　旅游及相关产业

简要说明

一、主要内容

旅游及相关产业增加值，国内游客，入境游客（外国人、港澳同胞和台湾同胞），以及国际、国内旅游收入等。

二、统计范围

国内旅游和国际旅游。

旅游及相关产业增加值的核算范围包括《国家旅游及相关产业统计分类》中规定的全部旅游及相关活动。

三、统计调查方法

国内游客、国际旅游收入和国内旅游收入等指标采取抽样调查方法，其余指标均为全面调查统计取得。

旅游及相关产业增加值按照生产法、收入法核算。核算所需的数据来源于全国经济普查数据、国民经济核算数据和旅游及相关产业消费结构调查数据等资料。

四、资料来源

本篇资料由国家统计局贸易外经统计司根据国家移民管理局、文化和旅游部的资料编制。

入境游客人数和国内居民出境人数来自国家移民管理局；各地区接待入境过夜游客人数、国内游客人数和国内旅游收入资料来自文化和旅游部；国际旅游收入，1994 年以前由国家统计局贸易外经统计司根据国际旅游者在华花费外汇券统计资料整理提供，1994 年及以后由国家旅游局整理提供，2018 年及以后由文化和旅游部整理提供。

旅游及相关产业增加值由国家统计局国民经济核算司提供。

8-1-1 旅游及相关产业增加值

年　份	增加值(亿元)	占GDP比重(%)
2014	27433	4.26
2015	30017	4.36
2016	32979	4.42
2017	37081	4.46
2018	41478	4.51
2019	44989	4.56
2020	40628	4.01
2021	45484	3.96

注：第四次全国经济普查后，对2014年以来GDP和旅游及相关产业增加值历史数据进行了修订。

8-1-2 国内旅游情况

年　份	国内游客(百万人次)	城镇居民	农村居民	旅游总花费(亿元)	城镇居民	农村居民
1996	640	256	383	1638.38	1368.36	270.02
1997	644	259	385	2112.70	1551.83	560.87
1998	694	250	445	2391.18	1515.10	876.05
1999	719	284	435	2831.92	1748.23	1083.69
2000	744	329	415	3175.54	2235.26	940.28
2001	784	375	409	3522.37	2651.68	870.69
2002	878	385	493	3878.36	2848.09	1030.27
2003	870	351	519	3442.27	2404.08	1038.19
2004	1102	459	643	4710.71	3359.04	1351.67
2005	1212	496	716	5285.86	3656.13	1629.73
2006	1394	576	818	6229.70	4414.70	1815.00
2007	1610	612	998	7770.60	5550.40	2220.20
2008	1712	703	1009	8749.30	5971.75	2777.55
2009	1902	903	999	10183.69	7233.79	2949.90
2010	2103	1065	1038	12579.77	9403.81	3175.96
2011	2641	1687	954	19305.39	14808.61	4496.78
2012	2957	1933	1024	22706.22	17678.03	5028.19
2013	3262	2186	1076	26276.12	20692.59	5583.53
2014	3611	2483	1128	30311.86	24219.76	6092.11
2015	3990	2802	1188	34195.05	27610.90	6584.15
2016	4435	3195	1240	39389.82	32241.95	7147.87
2017	5001	3677	1324	45660.77	37673.03	7987.74
2018	5539	4119	1420	51278.29	42589.99	8688.30
2019	6006	4471	1535	57250.92	47508.99	9741.93
2020	2879	2065	814	22286.30	17966.50	4319.80
2021	3246	2342	904	29190.74	23644.17	5546.57
2022	2530	1928	601	20444.00	16881.32	3562.68

8-1-3 历年入境游客

单位：万人次

年份	合计	#入境过夜游客	外国人	港澳台同胞	#台湾同胞
1981	776.71	376.70	67.52	705.31	
1982	792.43	392.40	76.45	711.70	
1983	947.70	379.10	87.25	856.41	
1984	1285.22	514.10	113.43	1167.04	
1985	1783.31	713.30	137.05	1637.78	
1986	2281.95	900.10	148.23	2126.90	
1987	2690.23	1076.00	172.78	2508.74	
1988	3169.48	1236.10	184.22	2977.33	43.77
1989	2450.14	936.10	146.10	2297.19	54.10
1990	2746.18	1048.40	174.73	2562.34	94.80
1991	3334.98	1246.40	271.01	3050.62	94.66
1992	3811.49	1651.20	400.64	3394.34	131.78
1993	4152.69	1898.20	465.59	3670.49	152.70
1994	4368.45	2107.00	518.21	3838.72	139.02
1995	4638.65	2003.40	588.67	4038.40	153.23
1996	5112.75	2276.50	674.43	4422.86	173.39
1997	5758.79	2377.00	742.80	5006.09	211.76
1998	6347.84	2507.29	710.77	5625.00	217.46
1999	7279.56	2704.66	843.23	6425.52	258.46
2000	8344.39	3122.88	1016.04	7320.80	310.86
2001	8901.29	3316.67	1122.64	7778.65	344.20
2002	9790.83	3680.26	1343.95	8446.88	366.06
2003	9166.21	3297.05	1140.29	8025.92	273.19
2004	10903.82	4176.14	1693.25	9210.57	368.53
2005	12029.23	4680.90	2025.51	10003.71	410.92
2006	12494.21	4991.34	2221.03	10273.19	441.35
2007	13187.33	5471.98	2610.97	10576.36	462.79
2008	13002.74	5304.92	2432.53	10570.21	438.56
2009	12647.59	5087.52	2193.75	10453.84	448.40
2010	13376.22	5566.45	2612.69	10763.53	514.06
2011	13542.35	5758.07	2711.20	10831.15	526.30
2012	13240.53	5772.49	2719.16	10521.37	534.02
2013	12907.78	5568.59	2629.03	10278.75	516.25
2014	12849.83	5562.20	2636.08	10213.75	536.59
2015	13382.04	5688.57	2598.54	10783.50	549.86
2016	13844.38	5926.73	2815.12	11029.26	573.00
2017	13948.24	6073.84	2916.53	11031.71	587.13
2018	14119.83	6289.57	3054.29	11065.53	613.61
2019	14530.78	6572.52	3188.34	11342.43	613.42

8-1-4 历年入境游客增长速度

单位：%

年 份	合 计	#入境过夜游客	外国人	港澳台同胞	#台湾同胞
1981	36.2	7.6	27.6	37.2	
1982	2.0	4.2	13.2	0.9	
1983	19.6	-3.4	14.1	20.3	
1984	35.6	35.6	30.0	36.3	
1985	38.8	38.7	20.8	40.3	
1986	28.0	26.2	8.2	29.9	
1987	17.9	19.5	16.6	18.0	
1988	17.8	14.9	6.6	18.7	
1989	-22.7	-24.3	-20.7	-22.8	23.6
1990	12.1	12.0	19.6	11.5	75.2
1991	21.4	18.9	55.1	19.1	-0.1
1992	14.3	32.5	47.8	11.3	39.2
1993	9.0	15.0	16.2	8.1	15.9
1994	5.2	11.0	11.3	4.6	-9.0
1995	6.2	-4.9	13.6	5.2	10.2
1996	10.2	13.6	14.6	9.5	13.2
1997	12.6	4.4	10.1	13.2	22.1
1998	10.2	5.5	-4.3	12.4	2.7
1999	14.7	7.9	18.6	14.2	18.9
2000	14.6	15.5	20.5	13.9	20.3
2001	6.7	6.2	10.5	6.3	10.7
2002	10.0	11.0	19.7	8.6	6.4
2003	-6.4	-10.4	-15.2	-5.0	-25.4
2004	19.0	26.7	48.5	14.8	34.9
2005	10.3	12.1	19.6	8.6	11.5
2006	3.9	6.6	9.7	2.7	7.4
2007	5.5	9.6	17.6	3.0	4.9
2008	-1.4	-3.1	-6.8	-0.1	-5.2
2009	-2.7	-4.1	-9.8	-1.1	2.2
2010	5.8	9.4	19.1	3.0	14.6
2011	1.2	3.4	3.8	0.6	2.4
2012	-2.3	0.3	0.3	-2.9	1.5
2013	-2.5	-3.5	-3.3	-2.3	-3.3
2014	-0.5	-0.1	0.3	-0.6	3.9
2015	4.1	2.3	-1.4	5.6	2.5
2016	3.5	4.2	8.3	2.3	4.2
2017	0.8	2.5	3.6		2.5
2018	1.2	3.6	4.7	0.3	4.5
2019	2.9	4.5	4.4	2.5	

8-1-5 历年国际旅游收入及增长速度

单位：亿美元

年 份	收入合计			增长速度(%)		
		商品收入	劳务收入		商品收入	劳务收入
1981	7.85	4.06	3.79	27.2	28.9	25.5
1982	8.43	4.31	4.12	7.4	6.2	8.7
1983	9.41	4.66	4.75	11.6	8.1	15.3
1984	11.31	5.65	5.66	20.2	21.2	19.2
1985	12.50	5.30	7.20	10.5	-6.2	27.2
1986	15.31	6.66	8.65	22.5	25.7	20.1
1987	18.62	7.78	10.84	21.6	16.8	25.3
1988	22.47	8.95	13.52	20.7	15.0	24.7
1989	18.60	6.30	12.30	-17.2	-29.6	-9.0
1990	22.18	7.75	14.43	19.2	23.0	17.3
1991	28.45	9.89	18.56	28.3	27.6	28.6
1992	39.47	12.90	26.57	38.7	30.4	43.2
1993	46.83	13.09	33.74	18.6	1.5	27.0
1994	73.23	26.45	46.78	56.4	102.1	38.6
1995	87.33	32.99	54.34	19.3	24.7	16.2
1996	102.00	34.50	67.50	16.8	4.6	24.2
1997	120.74	40.24	80.50	18.4	16.6	19.3
1998	126.02	41.39	84.63	4.4	2.9	5.1
1999	140.99	42.99	98.00	11.9	3.9	15.8
2000	162.24	47.54	114.70	15.1	10.6	17.0
2001	177.92	52.93	124.99	9.7	11.3	9.0
2002	203.85	58.71	145.14	14.6	10.9	16.1
2003	174.06	50.51	123.55	-14.6	-14.0	-14.9
2004	257.39	77.40	179.99	47.9	53.2	45.7
2005	292.96	91.26	201.70	13.8	17.9	12.1
2006	339.49	147.19	192.30	15.9	61.3	-4.7
2007	419.19	142.42	276.77	23.5	-3.2	43.9
2008	408.43	124.07	284.35	-2.6	-12.9	2.7
2009	396.75	127.63	269.12	-2.9	2.9	-5.4
2010	458.14	157.05	301.09	15.5	23.1	11.9
2011	484.64	154.54	330.09	5.8	-1.6	9.6
2012	500.28	149.01	351.26	3.2	-3.6	6.4
2013	516.64	153.10	363.54	3.3	2.7	3.5
2014	569.13	161.56	407.58	10.2	5.5	12.1
2015	1136.50	291.60	844.90			
2016	1200.00	305.70	894.30	5.6	4.8	5.8
2017	1234.17	333.02	901.15	2.8	8.9	0.8
2018	1271.03	470.16	800.85	3.0	41.2	-11.1
2019	1312.54	463.38	849.16	3.3	-1.4	6.0

注：2015年起“国际旅游收入”补充完善了停留时间为3-12个月的入境游客花费和游客在华短期旅居的花费，与以前年度不可比(以下表同)。

8-1-6　入境外国游客分组构成

单位：万人次

指　　标	2019		2018	
	人数	比重(%)	人数	比重(%)
总　　计	**4911.36**	**100.0**	**4795.11**	**100.0**
按性别分				
男	2881.29	58.7	2859.71	59.6
女	2030.07	41.3	1935.39	40.4
按年龄分				
14岁及以下	184.92	3.8	161.18	3.4
15-24岁	686.20	14.0	656.71	13.7
25-44岁	2439.71	49.7	2394.69	49.9
45-64岁	1365.75	27.8	1363.24	28.4
65岁以上	234.77	4.8	219.28	4.6
按事由分				
会议/商务	628.47	12.8	614.70	12.8
观光/休闲	1740.31	35.4	1608.57	33.5
探亲/访友	143.17	2.9	132.24	2.8
服务员工	714.01	14.5	744.86	15.5
其他	1685.40	34.3	1694.74	35.3
按入境方式分				
船舶	260.67	5.3	276.26	5.8
飞机	1912.14	38.9	1827.17	38.1
火车	68.96	1.4	51.72	1.1
汽车	756.44	15.4	790.17	16.5
徒步	1913.15	39.0	1849.78	38.6

8-1-7　国际旅游收入

单位：亿美元

指　　标	2009	2010	2011	2012	2013	2014	2015	2016	2017	2018	2019
总　　计	**396.75**	**458.14**	**484.64**	**500.28**	**516.64**	**569.13**	**1136.50**	**1200.00**	**1234.17**	**1271.03**	**1312.54**
商品收入	**127.63**	**157.05**	**154.54**	**149.01**	**153.10**	**161.56**	**291.60**	**305.70**	**333.02**	**470.16**	**463.38**
商品销售	91.49	115.90	118.56	111.54	111.82	113.28	209.00	209.50	229.95	327.61	302.97
餐饮	36.14	41.15	35.98	37.47	41.28	48.28	82.60	96.20	103.07	142.55	160.41
劳务收入	**269.12**	**301.09**	**330.09**	**351.26**	**363.54**	**407.58**	**844.90**	**894.30**	**901.15**	**800.85**	**849.16**
长途交通	117.41	130.91	151.17	172.78	174.57	195.95	448.50	446.50	449.46	366.31	401.91
民航	85.84	98.08	114.70	131.64	134.10	145.79	294.80	290.60	304.87	333.53	369.02
铁路	12.77	12.47	14.06	16.46	16.00	20.90	43.20	53.20	49.52	13.52	14.10
汽车	9.58	10.81	14.06	15.54	13.65	15.68	32.50	31.60	29.43	13.72	15.93
轮船	9.22	9.56	8.35	9.14	10.82	13.59	78.00	71.00	65.65	5.54	2.85
游览	20.80	21.07	25.32	25.55	30.92	32.54	44.80	67.10	65.04	53.71	58.66
住宿	44.34	51.95	50.98	52.11	59.76	69.50	132.90	116.30	122.08	181.09	200.49
娱乐	28.82	31.72	34.66	36.13	35.91	36.74	53.90	77.10	74.16	45.82	44.21
邮电通讯	9.55	14.60	10.36	7.91	7.92	11.04	23.90	28.90	27.57	11.62	7.47
市内交通	13.29	10.68	16.19	16.10	14.44	16.04	22.40	40.40	39.20	27.76	34.53
其他服务	34.91	40.15	41.41	40.68	40.01	45.77	118.60	118.00	123.64	114.54	101.89

8-1-8 各地区接待入境过夜游客情况

地区	2019				2018			
	人数(万人次)	#外国人	人天数(万人天)	#外国人	人数(万人次)	#外国人	人天数(万人天)	#外国人
北京	376.90	320.71	1714.71	1459.08	400.41	339.77	1721.75	1461.00
天津	56.10	50.76	401.64	361.16	58.96	55.93	378.61	373.16
河北	97.08	73.56	385.10	385.10	98.86	74.50	366.65	288.50
山西	76.22	49.80	201.89	136.22	71.35	46.60	187.15	125.78
内蒙古	195.83	186.56	602.40	565.13	188.08	178.82	592.40	550.88
辽宁	294.14	236.93	890.47	715.00	287.70	229.84	779.06	640.05
吉林	136.58	121.11	383.80	338.23	143.75	123.84	409.79	361.23
黑龙江	110.69	99.29	405.29	353.64	109.16	104.13	261.97	252.37
上海	734.69	599.16	2867.79	2336.72	742.04	601.99	2741.47	2227.36
江苏	399.46	266.46	1533.44	940.00	400.85	264.69	1523.91	926.00
浙江	467.11	329.83	1160.66	866.07	456.76	323.41	1134.77	850.91
安徽	379.74	210.74	1022.74	556.13	370.75	218.79	939.24	548.30
福建	566.03	239.98	1456.72	694.86	513.55	218.29	1324.59	639.44
江西	197.17	61.14	391.07	121.71	191.78	57.25	396.63	120.33
山东	404.22	294.41	1291.39	803.63	422.00	306.20	1383.03	1017.57
河南	180.35	113.76	455.62	301.74	167.25	105.02	390.01	250.89
湖北	450.02	349.94	1131.94	881.90	405.11	307.03	1020.90	793.19
湖南	466.95	250.14	1088.55	610.81	365.08	178.74	781.01	402.90
广东	3731.39	856.96	10507.31	2612.65	3748.06	862.37	9496.44	2602.70
广西	623.96	294.80	1456.86	712.15	562.33	270.19	1245.89	610.40
海南	143.59	107.91	438.19	373.82	126.36	89.68	338.94	273.48
重庆	297.11	169.72	1473.67	841.81	279.98	159.00	1357.89	771.15
四川	414.78	313.09	753.79	579.03	369.82	276.47	675.77	509.37
贵州	47.18	23.50	125.76	62.04	39.69	17.53	87.65	40.33
云南	739.02	586.50	1546.12	1227.07	706.08	549.94	1451.27	1137.34
西藏	54.19	36.91	202.13	137.69	47.62	24.16	135.79	78.06
陕西	465.72	329.61	1342.85	1027.88	437.14	307.30	1396.31	1068.96
甘肃	19.82	11.37	31.84	18.98	10.01	5.69	15.80	9.11
青海	7.31	4.70	21.93	15.03	6.92	5.36	21.44	17.37
宁夏	12.66	3.61	46.69	11.55	8.82	3.43	32.71	9.61
新疆	34.67	25.78	177.99	135.95	99.30	85.63	421.20	361.47

8-1-9 各地区入境过夜游客人均天花费额

单位：美元/人天

地区	人均天花费		外国人		香港同胞		澳门同胞		台湾同胞	
	2019	2018	2019	2018	2019	2018	2019	2018	2019	2018
北京	309.66	286.38	316.70	300.10	250.71	234.98	258.96	298.36	283.97	255.87
天津	256.83	250.34	265.56	262.31	210.47	208.16	241.41	207.34	244.50	210.06
河北	200.16	180.51	199.24	183.90	208.54	185.70	173.39	164.48	181.52	165.52
山西	161.81	197.11	163.96	203.97	143.55	215.19	140.70	210.65	151.85	180.36
内蒙古	200.40	200.07	205.96	210.86	186.26	195.63	228.56	191.62	185.27	205.46
辽宁	213.04	197.42	221.03	195.87	265.34	228.32	219.56	190.16	196.83	201.78
吉林	194.46	189.75	209.70	191.70	170.68	181.07	135.57	159.25	153.98	166.63
黑龙江	193.47	206.07	191.04	206.02	208.59	228.20	181.05	224.40	200.29	202.70
上海	288.75	266.63	293.08	267.00	251.39	265.34	236.04	243.30	271.05	250.14
江苏	295.99	269.62	307.04	275.38	287.21	262.25	243.49	252.62	273.63	253.43
浙江	247.39	233.52	250.99	226.96	230.91	217.19	216.76	253.14	230.11	221.36
安徽	204.48	212.78	208.83	214.37	174.31	190.15	166.72	195.32	160.63	198.21
福建	241.69	223.05	278.54	242.28	174.25	181.92	180.44	199.56	195.60	184.79
江西	230.77	192.93	231.11	196.28	215.08	184.13	211.26	179.07	224.60	189.44
山东	260.09	235.47	282.58	242.23	200.59	228.78	185.82	205.76	198.48	199.64
河南	205.50	185.04	199.87	186.03	230.73	193.75	219.02	184.04	219.97	193.13
湖北	211.63	218.10	223.08	221.46	187.06	189.28	197.61	200.77	214.31	212.96
湖南	206.64	197.17	214.95	198.54	168.81	184.02	179.87	196.22	207.28	204.57
广东	200.34	190.50	220.74	205.15	179.28	170.06	154.96	163.93	211.79	191.14
广西	216.35	215.26	219.17	219.16	195.86	199.13	215.78	207.23	224.15	213.23
海南	211.46	209.27	209.00	207.43	212.67	238.19	234.03	191.71	216.39	315.06
重庆	239.09	215.81	241.94	224.88	224.75	214.39	232.88	223.36	251.74	223.99
四川	195.31	193.82	199.84	200.44	185.82	178.12	174.39	189.99	189.71	187.66
贵州	181.41	213.90	208.09	221.03	163.90	195.48	153.19	179.04	152.52	179.85
云南	283.29	245.51	300.74	273.68	236.00	198.60	263.72	233.05	269.41	239.27
西藏	259.55	227.38	257.48	231.02	207.51	193.49	259.84	187.26	239.16	211.63
陕西	250.73	224.85	248.88	223.68	259.75	221.35	241.58	233.28	263.99	223.45
甘肃	194.83	181.03	197.22	190.69	194.77	166.81	180.23	179.88	149.45	158.70
青海	157.25	172.20	162.09	180.42	145.05	163.44	140.42	145.31	144.52	167.55
宁夏	162.45	200.15	180.80	204.36	124.15	135.06	153.75	170.94	145.40	158.27
新疆	250.30	197.49	258.70	197.49					230.88	

【主要统计指标解释】

旅游人数

1. 入境游客：指报告期内来我国观光、度假、探亲访友、就医疗养、购物、参加会议或从事经济、文化、体育、宗教活动的外国人、港澳台同胞等入境游客。统计时，外国人、港澳台同胞每入境一次统计1人次。

2. 国内游客：指报告期内在中国（大陆）观光游览、度假、探亲访友、就医疗养、购物、参加会议或从事经济、文化、体育、宗教活动的中国（大陆）居民人数，其出游的目的不是通过所从事的活动谋取报酬。统计时，国内游客按每出游一次统计1人次。

国际旅游收入 指入境游客在中国（大陆）境内旅行、游览过程中用于交通、参观游览、住宿、餐饮、购物、娱乐等全部花费。

国内旅游总花费 指国内游客在国内旅行、游览过程中用于交通、参观游览、住宿、餐馆、购物、娱乐等全部花费。

旅游及相关产业 指在国民经济活动中为游客直接提供行、住、吃、游、购、娱等旅游服务，以及为旅游提供相关服务活动的集合。《国家旅游及相关产业统计分类》中规定，游客是指以游览观光、休闲娱乐、探亲访友、文化体育、健康医疗、短期教育（培训）、宗教朝拜，或因公务、商务等为目的，前往惯常环境以外，出行持续时间不足一年的出行者。旅游是指游客的活动，即游客的出行、住宿、餐饮、游览、购物、娱乐等活动。

旅游及相关产业增加值 指一个国家所有常住单位一定时期内进行旅游及相关产业生产活动而创造的增加值。常住单位指在我国的经济领土上具有经济利益中心的经济单位。生产是指在机构单位的控制和组织下，利用劳动、资本、货物和服务投入，创造新的货物和服务产出的活动。

8 派生产业情况

8-2 文化及相关产业

简要说明

一、主要内容

本篇资料反映全国及分地区文化服务业的发展情况，主要内容包括 2021 年文化及相关产业增加值，2022 年文化服务业企业的资产、收入、税金、利润等指标。

二、统计范围

文化及相关产业增加值的核算范围包括《文化及相关产业分类（2018）》中规定的全部文化及相关活动。

三、资料来源

本篇资料由国家统计局社会科技和文化产业统计司根据 2022 年规模以上文化服务业企业有关资料整理提供，其中，文化及相关产业增加值数据由国家统计局国民经济核算司提供。

8-2-1 文化及相关产业增加值

年 份	增加值(亿元)	占GDP比重(%)
2005	4253	2.27
2006	5123	2.33
2007	6455	2.39
2008	7630	2.39
2009	8786	2.52
2010	11052	2.68
2011	13479	2.75
2012	18071	3.34
2013	21870	3.67
2014	24538	3.81
2015	27235	3.95
2016	30785	4.12
2017	35427	4.26
2018	41171	4.48
2019	44363	4.50
2020	44945	4.43
2021	52385	4.56

注：1.2004-2011年执行《文化及相关产业分类》，2012-2016年执行《文化及相关产业分类(2012)》，2017-2021年执行《文化及相关产业分类(2018)》。

2.第四次全国经济普查后，对2014年以来的GDP和文化及相关产业增加值历史数据进行了修订。

8-2-2 各地区文化及相关产业增加值(2021年)

地 区	增加值(亿元)	占地区生产总值比重(%)
北 京	4509	10.99
天 津	397	2.53
河 北	1039	2.57
山 西	479	2.09
内蒙古	424	2.01
辽 宁	730	2.65
吉 林	165	1.25
黑龙江	236	1.59
上 海	2756	6.31
江 苏	5907	5.03
浙 江	5145	6.95
安 徽	1890	4.44
福 建	2562	5.17
江 西	1316	4.41
山 东	3207	3.87
河 南	2591	4.46
湖 北	2157	4.31
湖 南	2394	5.24
广 东	6910	5.54
广 西	568	2.25
海 南	254	3.90
重 庆	1105	3.94
四 川	2441	4.51
贵 州	503	2.59
云 南	739	2.72
西 藏	91	4.37
陕 西	843	2.80
甘 肃	217	2.12
青 海	61	1.81
宁 夏	122	2.66
新 疆	313	1.92

8-2-3 规模以上文化服务业企业基本情况(2022年)

单位：万元

指　标	企业单位数(个)	年末从业人员(人)	资产总计	营业收入	税金及附加	利润总额	应交增值税
总　计	**36805**	**3539719**	**1323359785**	**603033814**	**3123798**	**65954671**	**10762128**
按单位规模分							
大型	1368	1540098	596334373	260543007	1462319	47816776	5881558
中型	4688	1023813	309145168	142118075	681839	9621549	2242368
小微型	30749	975808	417880244	200372733	979640	8516347	2638202
按登记注册类型分							
内资企业	35295	3070138	978677097	424667535	2418670	26378063	6517762
港、澳、台商投资企业	819	314302	291577685	131503706	561933	37500073	3812643
外商投资企业	691	155279	53105003	46862573	143196	2076535	431722
按企业控股情况分							
国有控股	6253	1139158	573064254	111443876	872409	5361876	2121887
集体控股	350	43672	12817326	3001563	26650	368230	88344
私人控股	28779	1932010	405615975	314446379	1548954	19904299	4408802
港澳台商控股	783	294435	289929373	129502112	552541	37421644	3814228
外商控股	596	128081	41452133	44543070	122701	2895255	325250
其他	44	2363	480724	96815	542	3368	3615
按地区分							
北　京	4658	483818	273129141	153253444	634100	18591269	2463205
天　津	611	38994	15166795	8169485	39774	490008	151700
河　北	560	53012	15252897	2586360	18830	-92876	54194
山　西	221	23434	10059996	2440550	20260	-22424	40506
内蒙古	103	11137	2800962	496383	4551	-63931	-10764
辽　宁	547	83489	10601950	3708003	25375	51554	74096
吉　林	149	18555	5515990	902426	7577	67897	14678
黑龙江	115	15051	2474742	632095	4412	-30226	-10512
上　海	2602	305412	134064490	69755114	287333	4580855	1211758
江　苏	4874	498714	183066985	43274981	285112	3396306	1021717
浙　江	2176	238583	159800076	86892163	333799	14599349	1432817
安　徽	977	85260	21033602	8050210	40667	285340	126435
福　建	1538	106131	18581314	16670133	136610	1454265	244309
江　西	1137	58905	12955304	6488813	29846	264694	79751
山　东	1196	130080	25974579	10587347	74689	509017	176236
河　南	1281	124852	19762927	7405739	83487	355612	141848
湖　北	1698	193555	47900321	26124870	156608	1450636	461410
湖　南	2321	125536	26783587	10282060	129828	391165	115075
广　东	4636	443080	172607617	84299191	437707	12454982	1517182
广　西	427	37581	8321490	5684170	18010	618929	74905
海　南	236	23512	8003579	8625969	36910	334214	220436
重　庆	788	82800	34012510	11813582	67464	1624783	167325
四　川	1716	179047	56561655	22486888	173454	4721584	783346
贵　州	340	28594	15719285	1518203	10887	-72717	29571
云　南	438	40368	10048123	2827754	16875	-39501	53519
西　藏	24	1689	633151	89942	278	-8600	2671
陕　西	1073	76847	24161391	5795424	35193	114268	75821
甘　肃	115	12036	2366749	599935	5271	-80120	11265
青　海	29	3248	656485	71637	703	-48488	10387
宁　夏	37	5373	763870	158216	2247	-13961	3676
新　疆	182	11026	4578224	1342729	5943	70790	23567

注：本表数据根据《文化及相关产业分类(2018)》中文化服务业企业年报数据汇总得出。

【主要统计指标解释】

营业收入 指企业经营主要业务和其他业务所确认的收入总额。

营业利润 指企业从事生产经营活动所取得的利润。

营业税金及附加 指企业因从事生产经营活动按税法规定缴纳的应从经营收入中抵扣的税金和附加，包括营业税、消费税、城市维护建设税、教育费附加等。

应交增值税 指企业按税法规定，从事货物销售或提供加工、修理修配劳务等增加货物价值的活动本期应交纳的税金，不含期初未抵扣税额。

资产总计 指企业过去的交易或者事项形成的、由企业拥有或者控制的、预期会给企业带来经济利益的资源。

文化及相关产业 指为社会公众提供文化产品和文化相关产品的生产活动的集合。按照《文化及相关产业分类（2018）》的规定,文化及相关产业包括:

（一）以文化为核心内容，为直接满足人们的精神需要而进行的创作、制造、传播、展示等文化产品（包括货物和服务）的生产活动。具体包括新闻信息服务、内容创作生产、创意设计服务、文化传播渠道、文化投资运营和文化娱乐休闲服务等活动。

（二）为实现文化产品的生产活动所需的文化辅助生产和中介服务、文化装备生产和文化消费终端生产（包括制造和销售）等活动。

文化及相关产业增加值 指一个国家所有常住单位一定时期内进行文化及相关产业生产活动而创造的新增价值。常住单位指在我国的经济领土上具有经济利益中心的经济单位。生产是指在机构单位的控制和组织下，利用劳动、资本、货物和服务投入，创造新的货物和服务产出的活动。

8 派生产业情况

8-3 体育产业

简要说明

一、主要内容

体育产业增加值。

二、统计范围

体育产业增加值的核算范围包括《体育产业统计分类》中规定的全部体育及相关活动。

三、资料来源

本篇资料由国家统计局国民经济核算司提供。体育产业总产出和增加值采用生产法和收入法核算。核算所需的数据主要来源于三大部分：一是普查资料和专项调查资料，包括全国经济普查资料、全国体育产业专项调查资料等；二是国家统计局统计资料，包括国民经济核算资料、有关专业统计年报资料等；三是行政管理资料，如国家体育总局的部门统计资料等。

8-3-1 体育产业增加值(2021年)

单位：亿元

分类名称	总产出	增加值
体育产业	**31175**	**12245**
体育服务业	16591	8576
体育管理活动	975	515
体育竞赛表演活动	343	129
体育健身休闲活动	1877	892
体育场地和设施管理	2833	1031
体育经纪与代理、广告与会展、表演与设计服务	378	119
体育教育与培训	2272	1795
体育传媒与信息服务	1045	406
体育用品及相关产品销售、出租与贸易代理	5145	2955
其他体育服务	1725	733
体育用品及相关产品制造	13572	3433
体育场地设施建设	1012	236

注：2021年执行《体育产业统计分类（2019）》。

【主要统计指标解释】

体育产业 指为社会提供各种体育产品（货物和服务）和体育相关产品的生产活动的集合。

体育产业增加值 指一个国家所有常住单位一定时期内进行体育产业生产活动而创造的增加值。常住单位指在我国的经济领土上具有经济利益中心的经济单位。生产是指在机构单位的控制和组织下，利用劳动、资本、货物和服务投入，创造新的货物和服务产出的活动。

8 派生产业情况

8-4　企业信息化和电子商务

简要说明

一、主要内容

企业生产经营中应用信息技术的基本情况和电子商务交易活动情况。

二、统计范围

辖区内规模以上工业、有资质的建筑业、限额以上批发和零售业、限额以上住宿和餐饮业、有开发经营活动的全部房地产开发经营业和规模以上服务业的法人单位。

三、调查方法

以联网直报的方式对统计范围内的企业进行全面调查。

四、企业标准

规模以上工业：年主营业务收入2000万元及以上的工业法人单位。

有资质的建筑业：有总承包或专业承包资质的建筑业法人单位。

限额以上批发和零售业：年主营业务收入2000万元及以上的批发业和年主营业务收入500万元及以上的零售业法人单位。

限额以上住宿和餐饮业：年主营业务收入200万元及以上的住宿和餐饮业法人单位。

有开发经营活动的全部房地产开发经营业：有开发经营活动的全部房地产开发经营业法人单位。

规模以上服务业：年营业收入2000万元及以上服务业法人单位，包括：交通运输、仓储和邮政业，信息传输、软件和信息技术服务业，水利、环境和公共设施管理业三个门类和卫生行业大类；年营业收入1000万元及以上服务业法人单位，包括租赁和商务服务业，科学研究和技术服务业，教育三个门类，以及物业管理、房地产中介服务、房地产租赁经营和其他房地产业四个行业小类；年营业收入500万元及以上服务业法人单位，包括：居民服务、修理和其他服务业，文化、体育和娱乐业两个门类，以及社会工作行业大类。

五、资料来源

本部分资料由国家统计局服务业统计司根据《信息通信技术应用和数字化转型情况》调查结果进行加工整理而得。

8-4-1 分地区企业信息化情况(2022年)

单位：个

地 区	企业数	使用计算机的企业	比重(%)	有网站的企业	比重(%)	采用信息化管理的企业	比重(%)
全 国	**1368152**	**1345094**	**98.3**	**490973**	**35.9**	**1264122**	**92.4**
北 京	40699	40351	99.1	17866	43.9	38445	94.5
天 津	25506	24293	95.2	7182	28.2	21869	85.7
河 北	39475	38692	98.0	14473	36.7	36129	91.5
山 西	25777	25310	98.2	5579	21.6	23943	92.9
内蒙古	11498	11344	98.7	3104	27.0	10957	95.3
辽 宁	29992	28845	96.2	9810	32.7	27079	90.3
吉 林	12605	12376	98.2	3698	29.3	11742	93.2
黑龙江	14195	13676	96.3	3797	26.7	12618	88.9
上 海	51573	50476	97.9	23490	45.5	48148	93.4
江 苏	154761	152177	98.3	62088	40.1	141775	91.6
浙 江	123293	122070	99.0	46614	37.8	117937	95.7
安 徽	52245	51662	98.9	20236	38.7	48732	93.3
福 建	63816	63238	99.1	19135	30.0	58884	92.3
江 西	44292	43639	98.5	15174	34.3	42274	95.4
山 东	98861	98263	99.4	36162	36.6	95391	96.5
河 南	68415	67589	98.8	20953	30.6	63247	92.4
湖 北	52824	52000	98.4	21883	41.4	48725	92.2
湖 南	49864	49317	98.9	19069	38.2	46957	94.2
广 东	185659	180515	97.2	73607	39.6	160770	86.6
广 西	26654	26045	97.7	5703	21.4	24169	90.7
海 南	5522	5344	96.8	1567	28.4	4989	90.3
重 庆	26486	26225	99.0	9534	36.0	24959	94.2
四 川	57360	56705	98.9	20105	35.1	54336	94.7
贵 州	18833	18507	98.3	4711	25.0	17927	95.2
云 南	22072	21685	98.2	5698	25.8	20671	93.7
西 藏	1509	1470	97.4	464	30.7	1387	91.9
陕 西	29424	28937	98.3	10539	35.8	27702	94.1
甘 肃	11145	11007	98.8	3547	31.8	10410	93.4
青 海	2501	2471	98.8	809	32.3	2421	96.8
宁 夏	4209	4146	98.5	1338	31.8	3960	94.1
新 疆	17087	16719	97.8	3038	17.8	15569	91.1

8-4-2 分地区电子商务应用情况(2022年)

地 区	企业数(个)	有电子商务交易的企业(个)	比重(%)	有电子商务销售的企业(个)	比重(%)	有电子商务采购的企业(个)	比重(%)	企业电子商务销售额(亿元)	企业电子商务采购额(亿元)
全 国	**1368152**	**141680**	**10.4**	**125074**	**9.1**	**42630**	**3.1**	**302219.5**	**149228.3**
北 京	40699	10061	24.7	7315	18.0	4463	11.0	36792.5	21284.9
天 津	25506	1982	7.8	1698	6.7	660	2.6	6974.9	4385.8
河 北	39475	2669	6.8	2480	6.3	629	1.6	3524.8	2061.0
山 西	25777	1498	5.8	1355	5.3	352	1.4	5629.4	1768.9
内蒙古	11498	921	8.0	808	7.0	214	1.9	4466.6	2863.8
辽 宁	29992	1919	6.4	1709	5.7	488	1.6	6702.4	3438.3
吉 林	12605	603	4.8	556	4.4	123	1.0	608.9	331.2
黑龙江	14195	792	5.6	751	5.3	151	1.1	1180.0	676.0
上 海	51573	6111	11.8	5338	10.4	1718	3.3	39597.8	24329.0
江 苏	154761	14897	9.6	13571	8.8	4490	2.9	22553.6	10566.5
浙 江	123293	13539	11.0	12544	10.2	3384	2.7	18144.1	5841.2
安 徽	52245	5877	11.2	5335	10.2	1791	3.4	8780.4	3944.2
福 建	63816	6587	10.3	6349	9.9	1093	1.7	8465.2	2240.8
江 西	44292	4337	9.8	4208	9.5	979	2.2	3908.3	1275.1
山 东	98861	12676	12.8	8291	8.4	6702	6.8	24263.8	11298.2
河 南	68415	3850	5.6	3543	5.2	1039	1.5	5947.0	3205.6
湖 北	52824	5018	9.5	4763	9.0	1445	2.7	8356.7	4157.4
湖 南	49864	4671	9.4	4359	8.7	1318	2.6	6070.1	3244.4
广 东	185659	21827	11.8	19867	10.7	6119	3.3	47419.7	23038.7
广 西	26654	2318	8.7	2138	8.0	536	2.0	3703.8	1634.5
海 南	5522	735	13.3	687	12.4	167	3.0	1585.9	498.8
重 庆	26486	3265	12.3	3054	11.5	906	3.4	14206.3	4338.5
四 川	57360	6136	10.7	5624	9.8	1729	3.0	9092.5	5430.7
贵 州	18833	1655	8.8	1550	8.2	362	1.9	3520.5	994.5
云 南	22072	2077	9.4	1938	8.8	415	1.9	2326.3	912.3
西 藏	1509	126	8.3	119	7.9	35	2.3	174.7	33.2
陕 西	29424	2968	10.1	2790	9.5	691	2.3	4034.5	2208.7
甘 肃	11145	855	7.7	787	7.1	198	1.8	1174.2	1136.2
青 海	2501	305	12.2	295	11.8	58	2.3	820.0	315.8
宁 夏	4209	358	8.5	320	7.6	98	2.3	468.6	341.5
新 疆	17087	1047	6.1	932	5.5	277	1.6	1725.9	1432.3

8-4-3 按行业分企业信息化情况(2022年)

单位：个

行业	企业数	使用计算机的企业	比重(%)	有网站的企业	比重(%)	采用信息化管理的企业	比重(%)
总　计	**1368152**	**1345094**	**98.3**	**490973**	**35.9**	**1264122**	**92.4**
采矿业	11480	11305	98.5	2564	22.3	10831	94.3
制造业	429631	426362	99.2	220043	51.2	407690	94.9
电力、热力、燃气及水的生产和供应业	18717	18458	98.6	6594	35.2	17869	95.5
建筑业	153756	151335	98.4	40061	26.1	142333	92.6
批发和零售业	356365	348729	97.9	85948	24.1	319696	89.7
交通运输、仓储和邮政业	43073	42282	98.2	12944	30.1	39738	92.3
住宿和餐饮业	74354	72794	97.9	17199	23.1	66214	89.1
信息传输、软件和信息技术服务业	28206	27947	99.1	19572	69.4	27190	96.4
房地产业	124582	120030	96.3	32062	25.7	114415	91.8
租赁和商务服务业	54363	53017	97.5	19445	35.8	49046	90.2
科学研究和技术服务业	29303	29093	99.3	16709	57.0	27746	94.7
水利、环境和公共设施管理业	5994	5938	99.1	2373	39.6	5712	95.3
居民服务、修理和其他服务业	10449	10290	98.5	2796	26.8	9521	91.1
教育	5326	5277	99.1	2835	53.2	5051	94.8
卫生和社会工作	7633	7598	99.5	4331	56.7	7394	96.9
文化、体育和娱乐业	14920	14639	98.1	5497	36.8	13676	91.7

8-4-4 按行业分企业电子商务应用情况(2022年)

行业	企业数(个)	有电子商务交易的企业(个)	比重(%)	有电子商务销售的企业(个)	比重(%)	有电子商务采购的企业(个)	比重(%)	企业电子商务销售额(亿元)	企业电子商务采购额(亿元)
总　计	**1368152**	**141680**	**10.4**	**125074**	**9.1**	**42630**	**3.1**	**302219.5**	**149228.3**
采矿业	11480	271	2.4	146	1.3	172	1.5	1648.5	998.7
制造业	429631	41252	9.6	34990	8.1	16270	3.8	94737.6	52822.0
电力、热力、燃气及水的生产和供应业	18717	1283	6.9	737	3.9	695	3.7	6079.1	2633.0
建筑业	153756	2601	1.7	958	0.6	1947	1.3	566.0	10193.3
批发和零售业	356365	49343	13.8	46951	13.2	11775	3.3	149385.1	73145.0
交通运输、仓储和邮政业	43073	2701	6.3	2017	4.7	1132	2.6	11863.4	2489.0
住宿和餐饮业	74354	24504	33.0	24230	32.6	2772	3.7	2007.7	75.8
信息传输、软件和信息技术服务业	28206	5772	20.5	4757	16.9	2239	7.9	26512.0	2559.3
房地产业	124582	2379	1.9	1214	1.0	1428	1.1	911.5	81.7
租赁和商务服务业	54363	3991	7.3	3055	5.6	1523	2.8	5923.3	2831.9
科学研究和技术服务业	29303	1951	6.7	1002	3.4	1192	4.1	1193.8	1264.5
水利、环境和公共设施管理业	5994	612	10.2	497	8.3	215	3.6	78.2	17.1
居民服务、修理和其他服务业	10449	731	7.0	596	5.7	261	2.5	117.2	23.1
教育	5326	435	8.2	380	7.1	131	2.5	476.5	12.8
卫生和社会工作	7633	810	10.6	688	9.0	235	3.1	103.8	35.4
文化、体育和娱乐业	14920	3044	20.4	2856	19.1	643	4.3	615.7	45.8

【主要统计指标解释】

计算机（数） 指企业（单位）在生产经营中使用的计算机，包括台式机、笔记本电脑和平板电脑。

互联网 指在世界范围内的公共计算机网络。它提供一系列通信服务（包括万维网）的接入，并传送电子邮件、新闻、娱乐和数据文件等。

网站 指在公共互联网上，面向公众使用的，基于TCP/IP协议的计算机系统，以域名本身或者“WWW.+域名”为网址的web站点，由地址、软件、硬件和内容组成。

企业电子商务销售额 指报告期内企业（单位）借助网络订单而销售的商品和服务总额（包括增值税）。借助网络订单指通过网络接受订单，付款和配送可以不借助于网络。

企业电子商务采购额 指报告期内企业（单位）借助网络订单而采购的商品和服务总额（包括增值税）。借助网络订单指通过网络发送订单，付款和配送可以不借助于网络。

9 港澳台第三产业情况

9-1 香港第三产业情况

简要说明

一、本章资料反映香港特别行政区主要社会、经济发展情况。内容包括:土地、人口、就业、国民收入、国际收支平衡、工业、能源、建筑、运输、对外贸易、政府收支及金融、教育、房屋、卫生、社会保障等方面。

二、本章由香港特别行政区政府统计处向有关政府决策局/部门及公营机构搜集数据，国家统计局国际统计信息中心负责整理、编辑。

三、在统计工作方面，按《中华人民共和国香港特别行政区基本法》的有关原则，香港特别行政区保留其单独运作的统计系统，并负责编制和发布反映香港特别行政区情况的统计数据。由于香港和内地在使用统计名词及概念方面会有所不同，读者在比较两地数据时，请参考本章末的“主要统计指标解释”。

四、香港特别行政区是单独的关税地区，香港与内地之间的贸易，亦需办理进出口报关。在贸易统计方面，香港特别行政区对外贸易统计数据亦包括香港特别行政区与内地的贸易。

五、在外汇统计及与之有关的各方面，港币是香港特别行政区的法定货币，因此，除港币以外的货币（包括人民币）均视作外币。

六、更详细的统计资料及有关的技术细节，可参阅香港特别行政区政府统计处出版的《香港统计月刊》、《香港统计年刊》及各专题统计出版物。

七、本章节表中的符号使用说明:

本章节表中使用的符号含义如下: “-”表示不适用;“空格”表示没有数字;“#”表示临时数字;“§”表示由于数值较不显著，数字不予公布; “@”表示数字在日后会作出修订。

9-1-1 主要统计指标概况

项　　目		2018	2019	2020	2021	2022
香港陆地面积①	**（平方公里）**	**1106**	**1106**	**1110**	**1114**	**1114**
香港岛		81	81	81	81	81
九龙		47	47	47	47	47
新界		978	978	982	985	986
人口						
年中人口	（万人）	745.3	750.8	748.1	741.3	734.6
粗出生率	（‰）	7.2	7.0	5.8	5.0	4.4 #
粗死亡率	（‰）	6.4	6.5	6.8	6.9	8.4 #
婴儿死亡率	（‰）	1.5	1.5	1.9	1.4	1.5 #
（按每千名登记活产婴儿计算）						
劳工						
劳动人口	（万人）	399.7	398.8	391.8	387.0	377.6
劳动人口参与率	（%）	61.3	60.7	59.7	59.4	58.2
失业率	（%）	2.8	2.9	5.8	5.2	4.3
就业人数	（万人）	388.5	387.1	369.1	367.0	361.3
选定行业的就业人数	（万人）					
制造		10.4	10.5	10.4	9.4	9.2
建筑		35.2	33.9	31.1	32.6	33.2
进出口贸易及批发		44.7	39.1	33.1	31.6	31.9
零售、住宿②及膳食服务③		63.3	61.2	52.0	51.6	51.1
运输、仓库、邮政及速递服务、资讯及通讯		45.3	45.2	43.8	43.0	41.2
金融、保险、地产、专业及商用服务		79.7	84.0	85.3	86.2	83.0
公共行政、社会及个人服务		107.4	110.8	111.1	110.2	109.1
实际工资指数④	（1992年9月=100）	124.5	123.6	126.4	125.0	125.6
对外贸易						
商品贸易						
进口	（亿港元）	47214	44154	42698	53078	49275
整体出口	（亿港元）	41581	39887	39275	49607	45316
服务贸易						
服务出口⑤	（亿港元）	8869	7991	5192	6151	6493 @
服务进口⑤	（亿港元）	6399	6342	4263	4800	4937 @
国民收入及国际收支平衡						
本地生产总值						
按2021年环比物量计算⑥						
年增长率	（%）	2.8	-1.7	-6.5	6.4 @	-3.5 @
本地生产总值	（亿港元）	29318	28827	26941	28676 @	27679 @
人均本地生产总值	（港元）	393390	383962	360123	386832 @	376790 @
按当年价格计算						
年增长率	（%）	6.6	0.3	-5.9	7.2 @	-1.7 @
本地生产总值	（亿港元）	28354	28450	26758	28676 @	28180 @
人均本地生产总值	（港元）	380462	378937	357679	386832 @	383611 @
本地居民总收入						
按当年价格计算						
本地居民总收入	（亿港元）	29702	29887	28319	30664 @	30176 @
人均本地居民总收入	（港元）	398551	398079	378542	413640 @	410772 @
对外初次收入流量净值	（亿港元）	1348	1437	1561	1987	1995 @

9-1-1 续表 1

项　　目		2018	2019	2020	2021	2022
国际收支平衡						
经常账户	（亿港元）	1059	1665	1870	3394 @	2969 @
资本账户	（亿港元）	-16	-7	-1	-104 @	13 @
金融账户	（亿港元）	1735	2368	2438	3632 @	2911 @
净误差及遗漏	（亿港元）	691	710	569	342 @	-70 @
整体的国际收支	（亿港元）	76	-89	2630	-91 @	-3672 @
国际投资头寸⑦						
国际投资头寸净值⑧	（亿港元）	100473	122972	164519	164633	137520 @
对外金融资产	（亿港元）	425477	439324	487770	499180	474378 @
对外金融负债	（亿港元）	325004	316353	323252	334547	336858 @
消费物价指数						
（2019年10月至2020年9月=100）						
综合消费物价指数		96.8	99.6	99.9	101.4	103.3
甲类消费物价指数		97.2	100.5	99.8	102.7	104.9
乙类消费物价指数		96.6	99.2	99.8	100.8	102.5
丙类消费物价指数		96.7	99.1	99.9	100.8	102.6
工业生产						
工业生产指数	（2015年=100）					
制造业		101.3	101.7	95.8	101.0	101.2
工业电力消费量	（太焦耳）	11081	10815	10672	11163	11087
工业煤气消费量	（太焦耳）	1717	1824	1653	1596	1704
房屋及物业						
永久性居住屋宇单位⑨	（万个）					
公营租住房屋⑩		81.29	83.01	83.21	84.31	85.07
资助出售单位⑪		40.90	41.88	42.41	42.98	44.17
私人永久性房屋⑪		158.25	160.36	164.15	166.99	169.19
总计		280.44	285.25	289.76	294.28	298.42
新落成私人楼宇						
楼宇数目	（栋）	732	656	628	361	490
实用楼面面积	（万平方米）					
住宅⑫		79.3	47.4	70.5	45.3	71.2
非住宅		61.7	67.0	38.3	27.8	109.1
获批准可动工兴建私人楼宇	（栋）					
初次呈交		238	254	205	164	136
重大修改		199	149	174	148	87
政府收支、金融、保险	**（亿港元）**					
政府储备结余⑬⑭		11709	11603	9278	9571	8348
政府收入总额⑭⑮		5998	5909	5642	6936	6221
政府开支总额⑭⑮		5318	6078	8161	6933	8105
货币供应量M_3						
港元⑯		72843	74547	79370	80574	81085
外币⑰		71194	73317	77070	82535	84604
总计		144037	147864	156440	163109	165689
港汇指数(贸易总值(进口及整体出口)加权)（2020年1月=100)⑱		96.2	99.4	100.0	95.5	100.1

9-1-1 续表 2

项 目		2018	2019	2020	2021	2022
运输、通讯、旅游						
进出香港货物						
总卸下	(万吨)	17543	18567	18380	15011	12904
总装上	(万吨)	10975	10276	8900	8842	7637
集装箱吞吐量	(万标准集装箱)	1960	1830	1797	1780	1669
电话服务	(万条操作线路)	410	405	393	383	367
访港旅客	(万人次)	6514.8	5591.3	356.9	9.1	60.5
教育	**(人)**					
小学学生人数		372465	373228	364257	348994	333551
中学学生人数⑲		327023	328743	330305	327326	322563
教资会资助大学学生人数		193469	189484	186882	191240	195847
卫生						
医生	(人)	14651	15004	15298	15546	15815
注册中医	(人)	7409	7582	7919	8080	8296
病床	(张)	34460	35347	35715	36126	36564
社会保障						
综合社会保障援助⑬						
个案数目	(个)	224603	222691	223792	216688	205592
发放款项	(亿港元)	223	227	229	229	232 #
公共福利金⑬						
个案数目	(个)	957595	1015187	1076990	1135572	1206321
发放款项	(亿港元)	393	366	382	398	437 #
交通意外伤亡援助⑬						
获批个案数目	(个)	7334	6820	9013	8320	8848

注：①2014年起的数字是该年10月底的数据。面积包括不在区议会分区内的落马州河套。
②住宿服务包括酒店、宾馆、旅舍及其他提供短期住宿服务的机构单位。
③零售、住宿及膳食服务业合计通常被称为「与消费及旅游相关行业」。
④实际工资指数是按其名义指数扣除以2019/20年为基期的甲类消费物价指数而计算出来。
⑤数字已采纳《2010年国际服务贸易统计手册》内最新的国际建议。
⑥以环比物量计算的本地生产总值及其组成部分的参照年，已由2020年重订为2021年。重订参照年会影响以环比物量计算但不会影响其变动率。
⑦期末头寸。
⑧国际投资头寸净值是对外金融资产总值与对外金融负债总值之间的差额。
⑨数字包括所有住宅屋宇单位及非住宅楼宇内已知作居所用途的屋宇单位，但不包括非住宅用途、酒店及院舍内供住院或居住的屋宇单位。
⑩数字不包括香港房屋委员会售出的公营租住房屋单位。
⑪数字包括香港房屋委员会、香港房屋协会及市区重建局售出而不可在公开市场买卖的屋宇单位。可在公开市场买卖的资助出售单位则归类为私人永久性房屋。
⑫数字包括住宅楼宇内用作非住宅用途的实用楼面面积，例如：会所/娱乐设施、管理员办事处/宿舍、电机房等。
⑬数字是以相应的财政年度为根据。例如2022年的数字代表2022/23财政年度终结时的数字。
⑭2022/23年度的数字有待审计署署长核实。
⑮数字不包括“政府一般收入帐目及各基金之间的转拨”。
⑯所列数字已包括外币掉期存款。
⑰所列数字已扣除外币掉期存款。《中华人民共和国香港特别行政区基本法》说明，港元是香港特别行政区的法定货币。港元以外的其他货币，因而人民币亦视作外币。
⑱由2022年1月3日起公布的重订基期后数列。数字是指年内每日电汇或现钞收市中间兑换价的平均值。
⑲数字包括日、夜间课程。

9-1-2 按当时价格计算的生产法本地生产总值

单位：亿港元

经济活动	2017	2018	2019	2020	2021@
农业、渔业、采矿及采石①	**17.36**	**17.62**	**20.57**	**26.48**	**21.68**
工业	**1919.91**	**1837.04**	**1779.48**	**1651.12**	**1717.77**
制造	272.99	275.71	293.66	255.25	261.75
电力、燃气和自来水供应及废弃物管理	349.78	356.60	340.83	353.25	363.48
建筑	1297.14	1204.73	1144.99	1042.62	1092.54
服务	**23573.57**	**25149.47**	**25607.16**	**23928.95**	**25719.00**
进出口贸易、批发及零售	5486.36	5751.03	5333.52	4712.46	5327.15
住宿及膳食服务	835.07	915.25	759.18	369.34	453.94
运输、仓库、邮政及速递服务	1533.59	1584.40	1515.74	1139.51	2009.86
资讯及通讯	868.91	914.49	955.57	937.59	995.14
金融及保险	4804.88	5351.26	5814.99	5997.97	5836.13
地产、专业及商用服务	2748.22	2808.43	2764.97	2443.37	2503.06
公共行政、社会及个人服务	4654.88	4994.33	5372.38	5294.57	5615.57
楼宇业权	2641.66	2830.28	3090.81	3034.14	2978.16
以基本价格计算的本地生产总值	**25510.86**	**27004.13**	**27407.21**	**25606.55**	**27458.46**
产品税	**1106.98**	**1178.25**	**936.23**	**1020.66**	**1387.57**
统计差额② (%)	**-0.1**	**0.6**	**0.4**	**0.5**	**-0.6**
以当时市价计算的本地生产总值	**26596.11**	**28354.29**	**28450.22**	**26757.93**	**28676.22**

注：以上的统计数字是按“香港标准行业分类2.0版”编制。
①由于要为采矿及采石业个别机构单位的数据保密，因此采矿及采石业的数字会包括在「农业、渔业、采矿及采石」内。
②统计差额是以当时价格计算,以支出法编制的本地生产总值与以生产法编制的本地生产总值之间的差额。这差额是由于在编制过程中数据来源及估算方法有所不同而引致的。统计差额是以其占当时市价计算的本地生产总值的百分比来表示。

9-1-3 按行业划分的就业人数

单位：万人

行　　业	2018	2019	2020	2021	2022
制造	10.4	10.5	10.4	9.4	9.2
建筑	35.2	33.9	31.1	32.6	33.2
进出口贸易及批发	44.7	39.1	33.1	31.6	31.9
零售、住宿①及膳食服务②	63.3	61.2	52.0	51.6	51.1
运输、仓库、邮政及速递服务、资讯及通讯	45.3	45.2	43.8	43.0	41.2
金融、保险、地产、专业及商用服务	79.7	84.0	85.3	86.2	83.0
公共行政、社会及个人服务	107.4	110.8	111.1	110.2	109.1
其他	2.4	2.6	2.3	2.3	2.6
总计	**388.5**	**387.1**	**369.1**	**367.0**	**361.3**

注：数字是根据该年1月至12月进行的“综合住户统计调查”结果，以及年中人口估计数字而编制。
① 住宿服务包括酒店、宾馆、旅舍及其他提供短期住宿服务的机构单位。
② 零售、住宿及膳食服务业合计通常被称为「与消费及旅游相关行业」。

9-1-4 按行业划分督导级

(1992年9月=100)

行业主类	2018	2019	2020	2021	2022
名义工资指数					
制造	223.4	229.7	233.5	237.8	243.3
进出口贸易、批发及零售	229.5	233.1	234.7	238.6	243.0
运输	212.7	220.0	216.8	216.3	224.1
住宿及膳食服务活动①	214.0	221.0	223.1	227.8	233.5
金融及保险活动	247.3	254.7	260.6	267.9	276.6
地产租赁及保养管理	261.4	270.6	278.0	286.7	294.9
专业及商业服务	269.8	277.9	282.2	288.2	295.6
个人服务	326.1	335.5	336.7	339.8	344.9
所有选定行业②	237.3	243.9	246.5	251.0	257.5
实际工资指数③					
制造	117.2	116.4	119.8	118.4	118.7
进出口贸易、批发及零售	120.4	118.1	120.4	118.8	118.5
运输	111.6	111.4	111.2	107.7	109.3
住宿及膳食服务活动①	112.3	111.9	114.4	113.4	113.9
金融及保险活动	129.7	129.0	133.7	133.4	134.9
地产租赁及保养管理	137.1	137.1	142.6	142.8	143.9
专业及商业服务	141.5	140.8	144.7	143.5	144.2
个人服务	171.1	169.9	172.7	169.2	168.2
所有选定行业②	124.5	123.6	126.4	125.0	125.6

注：指有关年度12月份的数字。
①住宿服务包括酒店、宾馆、旅舍及其他提供短期住宿服务的机构单位。
②指“劳工收入统计调查”内工资统计调查所涵盖的所有行业，包括并没有列出其统计数字的电力及燃气供应业、污水处理及废弃物管理业与出版活动业。
③实际工资指数是按其名义指数扣除以2019/20年为基期的甲类消费价格指数而计算出来。

9-1-5 商品进出口贸易总额

单位：亿港元

贸易种类	2018	2019	2020	2021	2022
进口	47214	44154	42698	53078	49275
整体出口	41581	39887	39275	49607	45316
贸易总额	88795	84041	81973	102684	94591
商品贸易差额	-5633	-4268	-3422	-3471	-3958

9-1-6 商品进口及商品整体出口的主要供应地和目的地

单位：亿港元

贸易种类／主要国家／地区	2018	2019	2020	2021	2022
进口(供应地)	**47214**	**44154**	**42698**	**53078**	**49275**
中国内地	21863	20581	19235	24335	20777
中国台湾	3384	3305	4057	5475	5874
新加坡	3141	2907	3141	4138	3985
韩国	2783	2201	2472	3246	2898
日本	2600	2526	2400	2708	2428
整体出口(目的地)	**41581**	**39887**	**39275**	**49607**	**45316**
中国内地	22873	22109	23245	29520	25708
美国	3568	3040	2588	3096	2927
印度	1343	1182	974	1331	1717
中国台湾	862	883	985	1438	1542
越南	832	802	845	1033	1124

9-1-7 商品转口的主要来源地和目的地

单位：亿港元

贸易种类／主要国家／地区	2018	2019	2020	2021	2022
转口(目的地)	**41118**	**39409**	**38801**	**48861**	**44690**
中国内地	22668	21902	23024	29229	25475
美国	3532	3003	2539	3023	2853
印度	1337	1177	971	1322	1708
中国台湾	837	863	957	1355	1476
越南	807	782	830	1007	1105
转口(来源地)	**41118**	**39409**	**38801**	**48861**	**44690**
中国内地	23460	21547	20530	25138	20807
中国台湾	3974	4151	4900	6682	7069
韩国	2618	2511	2580	3725	3264
日本	1974	1982	1953	2348	2046
马来西亚	1339	1152	1258	1474	1653

9-1-8 按标准国际贸易分类划分商品进口和出口

单位：亿港元

标准国际贸易分类	2017	2018	2019	2020	2021	2022
进口	**43570**	**47214**	**44154**	**42698**	**53078**	**49275**
0 粮食及活动物	1820	1906	1809	1648	1763	1539
1 饮料及烟叶	317	339	296	236	276	252
2 除燃料外的非食用未加工材料	162	166	193	149	211	204
3 矿物燃料、润滑油及有关物质	973	1236	1126	686	880	1144
4 动物及植物油、脂肪及蜡	15	15	15	14	19	22
5 未列明的化学及有关产品	1584	1696	1520	1669	1812	1548
6 主要按材料分类的制成品	3771	3810	3463	2883	3726	3173
7 机械和运输设备	28769	31462	29456	30140	37766	34464
8 杂项制成品	6113	6523	6204	5181	6508	6817
9 未列入其他分类的货物及交易	46	62	73	91	117	112
整体出口	**38759**	**41581**	**39887**	**39275**	**49607**	**45316**
0 粮食及活动物	702	751	689	533	588	554
1 饮料及烟叶	179	191	163	95	115	98
2 除燃料外的非食用未加工材料	128	160	166	120	277	259
3 矿物燃料、润滑油及有关物质	46	54	49	37	50	59
4 动物及植物油、脂肪及蜡	3	3	3	3	4	4
5 未列明的化学及有关产品	1222	1267	1219	1295	1469	1065
6 主要按材料分类的制成品	3637	3237	2841	2557	3455	2954
7 机械和运输设备	27025	29779	28907	29775	37830	34355
8 杂项制成品	5766	6093	5799	4800	5733	5884
9 未列入其他分类的货物及交易	50	46	51	60	86	83

9-1-9 按服务组成部分划分的服务出口及进口

单位：亿港元

服务组成部分	2018	2019	2020	2021	2022
服务出口					
制造服务	§	§	§	§	
保养及维修服务	29	28	19	18	
运输	2588	2467	1859	2561	
旅游	2890	2266	222	144	
建筑	8	7	3	2	
保险及退休金服务	117	111	91	94	
金融服务	1741	1693	1688	1856	
知识产权使用费	58	59	54	56	
电子通讯、计算机及资讯服务	231	242	257	292	
其他商业服务	1173	1084	971	1105	
个人、文化及康乐服务	27	27	21	17	
政府货品及服务	8	7	8	7	
总计	**8869**	**7991**	**5192**	**6151**	**6493** @
服务进口					
制造服务	932	881	790	948	
保养及维修服务	14	16	16	15	
运输	1453	1437	1153	1564	
旅游	2072	2106	428	261	
建筑	8	5	3	2	
保险及退休金服务	118	120	128	152	
金融服务	486	506	560	567	
知识产权使用费	156	155	137	158	
电子通讯、计算机及资讯服务	157	161	178	199	
其他商业服务	980	932	844	907	
个人、文化及康乐服务	11	11	17	18	
政府货品及服务	13	13	10	8	
总计	**6399**	**6342**	**4263**	**4800**	**4937** @
服务出口净额	**2469**	**1649**	**929**	**1350**	**1556** @

注：数字已采纳《2010年国际服务贸易统计手册》内最新的国际建议。由于统计表内数字经四舍五入，分项总和未必与总数相等。

9-1-10 按主要目的地和来源地划分的服务出口及进口

单位：亿港元

目的地／来源地	2017	2018	2019	2020	2021
服务出口①					
美国	1106	1200	1137	1108	1432
中国内地	3103	3401	2865	967	1001
英国	635	688	675	607	711
德国	216	245	238	225	361
中国台湾	279	308	280	218	316
其他	2424	2586	2414	1760	2041
所有目的地	7763	8429	7609	4885	5863
服务进口①					
中国内地	2283	2375	2349	1619	1969
美国	663	699	682	682	770
英国	349	376	393	332	331
新加坡	257	272	272	256	289
日本	499	520	509	193	178
其他	1922	2031	2017	1101	1218
所有来源地	5972	6274	6223	4183	4756

注：数字已采纳《2010年国际服务贸易统计手册》内最新的国际建议。由于统计表内数字经四舍五入，分项总和未必与总数相等。

①由于非直接计算金融中介服务没有按地区细分的数字，因此本统计表内的数字均没有包括非直接计算的金融中介服务的数字，以致本统计表内所有目的地／来源地的数字并不等同于表9-1-9内所有服务的相应数字。

9-1-11 按当年价格计算货物及服务进出口占本地生产总值比重

单位：%

指　　标	2010	2015	2018	2019	2020	2021@	2022@
本地生产总值（亿港元）	**17763**	**23983**	**28354**	**28450**	**26758**	**28676**	**28180**
对外商品贸易							
进口（离岸价）	168.66	169.56	165.98	153.80	158.45	181.73	172.41
出口（离岸价）	170.10	162.17	157.06	149.56	156.90	182.59	170.82
对外服务贸易							
服务出口	35.23	33.73	31.28	28.09	19.40	21.45	23.04
服务进口	30.79	23.95	22.57	22.29	15.93	16.74	17.52

注：对外商品进口及出口与服务出口及进口数字是根据《2008年国民经济核算体系》的标准，采用所有权转移原则记录外地加工货品及转手商贸活动编制而成的。

9-1-12 按居住国家和地区划分的访港旅客人数

单位：万人次

居住国家和地区	2018	2019	2020	2021	2022
中国内地	5103.8	4377.5	270.6	6.6	37.5
南亚及东南亚	357.2	304.1	19.1	1.0	7.8
中国台湾	192.5	153.9	10.5	0.3	2.4
北亚	270.9	212.1	9.0	0.1	1.6
欧洲、非洲及中东	223.2	198.5	17.8	0.7	4.5
美洲	187.3	160.1	12.3	0.3	4.2
澳大利亚、新西兰及南太平洋	70.4	61.2	5.8	0.1	1.5
中国澳门①/未能辨别	109.5	123.9	11.8	0.2	1.0
总计	**6514.8**	**5591.3**	**356.9**	**9.1**	**60.5**
与上年比较的变动百分比(%)	**11.4**	**-14.2**	**-93.6**	**-97.4**	**561.5**

注：①访港旅客数字包括经澳门访港的非澳门居民。

9-1-13 按居住国家和地区划分的访港旅客人均消费和逗留时间

国家和地区	2010	2015	2017	2018	2019
过夜旅客人均消费　（港元）	**6728**	**7234**	**6443**	**6614**	**5818**
中国内地	7453	7924	7010	7029	5990
南亚及东南亚	5251	6255	5687	6026	5732
中国台湾	5197	5092	4758	5233	4813
北亚	4976	4156	3978	4354	4272
欧洲、非洲及中东	6674	6412	5862	6739	5981
美洲	6476	6737	6184	6215	6008
澳大利亚、新西兰及南太平洋	7050	6530	6500	6726	6200
中国澳门/未能辨别	3824	4383	3979	4240	4481
入境不过夜旅客人均消费(港元)	**1846**	**2409**	**2059**	**2202**	**2004**
中国内地	2356	2696	2298	2410	2198
南亚及东南亚	543	630	752	603	704
中国台湾	610	587	553	693	634
北亚	377	441	374	519	526
欧洲、非洲及中东	560	510	520	586	581
美洲	329	458	378	416	444
澳大利亚、新西兰及南太平洋	573	491	487	430	423
中国澳门/未能辨别	2299	1818	1807	2050	1777
过夜旅客逗留时间　（晚数）	**3.6**	**3.3**	**3.2**	**3.1**	**3.3**
中国内地	3.9	3.2	3.1	3	3.3
南亚及东南亚	3.2	3.4	3.5	3.4	3.5
中国台湾	2.5	2.6	2.7	2.7	2.9
北亚	2.2	2.3	2.2	2.2	2.3
欧洲、非洲及中东	3.9	4.1	4	3.9	4
美洲	3.9	3.9	3.8	3.8	3.9
澳大利亚、新西兰及南太平洋	3.8	3.9	3.8	3.8	3.8
中国澳门/未能辨别	2.2	2.2	2.2	2.2	2.3

9-1-14 按主要货物装卸地点划分的集装箱吞吐量

单位：万标准集装箱

项目	2018	2019	2020	2021	2022
集装箱吞吐量	**1959.6**	**1830.3**	**1796.9**	**1779.8**	**1668.5**
葵青货柜码头					
抵港					
载货集装箱	680.0	639.3	653.7	639.8	566.6
空集装箱	120.2	108.0	115.9	125.6	119.8
离港					
载货集装箱	668.8	604.5	576.8	595.3	485.4
空集装箱	78.3	70.2	99.2	97.2	115.1
葵青货柜码头以外					
抵港					
载货集装箱	182.8	176.6	143.6	136.4	158.0
空集装箱	31.3	28.9	25.9	23.6	26.0
离港					
载货集装箱	138.3	145.1	130.8	116.9	121.9
空集装箱	59.9	57.8	51.1	45.0	75.6

注：一个标准集装箱单位等同一个20英尺集装箱的容量。

9-1-15 按运输方式划分的进出香港货物

单位：万吨

项目	2018	2019	2020	2021	2022
卸下					
空运	178.1	160.7	144.8	163.6	139.1
水运	15950.9	17093.3	16993.1	13490.4	12106.3
海运	10987.8	11115.2	10357.7	9745.9	8466.4
河运	4963.1	5978.1	6635.3	3744.5	3639.9
道路运输①	1414.0	1312.5	1242.5	1356.7	658.9
总计	17543.0	18566.5	18380.3	15010.6	12904.4
装上					
空运	323.7	309.7	297.2	335.1	277.8
水运	9903.2	9238.2	7935.5	7882.7	7104.1
海运	5467.2	5017.2	4559.7	5179.7	4532.4
河运	4436.0	4221.0	3375.8	2702.9	2571.6
道路运输①	747.6	727.9	667.4	624.6	255.0
总计	10974.5	10275.8	8900.1	8842.3	7636.9

注：①港珠澳大桥于2018年10月24日开始通车营运。由2018年10月开始，道路货物数字亦包括港珠澳大桥。

9-1-16 通讯及互联网服务

项　　目	2018	2019	2020	2021	2022
邮递服务					
信件邮件　（亿件物品）	12.5	11.7	9.8	9.5	7.8
包裹　（万件）	81.2	69.9	73.6	71.9	67.8
已使用对外电讯设施容量①	**64592**	**96234**	**113609**	**145263**	**171157**
（以每秒千兆比特计）					
电话服务①②（万条操作线路）					
住宅	228.6	226.5	219.9	211.5	198.7
商用	181.3	178.8	173.5	171.7	168.7
总计	409.9	405.4	393.4	383.1	367.3
图文传真①（万条操作线路）	**15.4**	**14.5**	**13.5**	**12.8**	**12.2**
对外电话通讯量　（万分钟）					
拨出③	225271	143347	120642	98146	
拨入④	102000	83059	76291	59353	
公共无线电传呼接收器①（个）	**18147**	**14948**	**11392**	**8958**	**3438**
公共移动电话用户	**9208885**	**9481012**	**9489934**	**9817549**	**9697053**
系统①⑤⑥　（个）	**(21639538)**	**(23975075)**	**(23138116)**	**(24816489)**	**(22340139)**
互联网服务					
互联网服务商数目①⑦（个）	**251**	**252**	**263**	**289**	**298**
互联网服务的用户（接驳线）					
数目①⑧　（个）					
以拨号上网的已登记接驳线（不包括互联网储值卡）⑨	52284	50055	27753	27004	25110
以私人租用线路接驳的已登记接驳线⑨	2911	23192	22996	22062	22061
宽带互联网接驳线⑨	2699029	2787835	2871081	2933087	2982766
互联网使用量⑧					
客户通过公共电话网络接驳⑩　（万分钟）	16271	13240	11885	6290	4396
客户通过宽带网络接驳（太字节）⑪	6792188	7849486	9948029	10713620	12446822

注：①年底数字。
②数字包括直通内线式电话线、图文传真线及电文线路的直拨服务。
③数字也包括图文传真及数据。
④估计数字。
⑤数字不包括预付智能卡。包括预付智能卡的数字于括号内展示。
⑥数字包括3G及4G服务。自2020年4月开始，数字亦包括5G服务。
⑦营办商数目包括所有持牌获准提供互联网接驳服务的营办商。
⑧数字为根据互联网服务供应商申报的估计数字，并不包括不属于持牌互联网服务供应商客户的使用者。
⑨已登记接驳线是指由互联网服务供应商以拨号或宽带互联网形式向客户提供的接驳(包括免费的接驳线)。如互联网服务供应商向同一客户提供多条接驳线，统计数字会根据其向客户提供的接驳线数目作统计。相关接驳线如用作提供多于一项服务，亦只作一条接驳线计算。在2019年之前，统计数字为已登记客户户口数目，即互联网服务供应商的客户户口(包括免费的客户户口)。拥有超过一个客户登入识别码的登记客户户口只算作一个已登记的客户户口。已登记客户户口数目不包括只获提供电邮地址的客户户口。
⑩不包括通过私人租用线路接驳及使用宽带服务的客户。
⑪1个太字节 = 8万亿比特。

9-1-17 15岁及以上人口受教育程度

教育程度/性别	2018		2019		2020		2021		2022	
	人数（万人）	百分比（%）	人数（万人）	百分比（%）	人数（万人）	百分比（%）	人数（万人）	百分比（%）	人数（万人）	百分比（%）
总计										
男	293.58	45.01	294.55	44.81	294.74	44.91	292.48	44.87	291.45	44.93
女	358.69	54.99	362.71	55.19	361.48	55.09	359.38	55.13	357.25	55.07
未受教育/学前教育①										
男	5.54	0.85	5.70	0.87	6.02	0.92	6.14	0.94	5.59	0.86
女	18.86	2.89	19.52	2.97	19.12	2.91	18.77	2.88	17.55	2.71
小学										
男	37.29	5.72	37.64	5.73	37.31	5.69	36.56	5.61	36.26	5.59
女	55.32	8.48	55.87	8.50	55.61	8.47	55.25	8.48	55.44	8.55
初中										
男	47.76	7.32	47.58	7.24	45.99	7.01	47.04	7.22	46.97	7.24
女	49.91	7.65	50.52	7.69	48.85	7.44	48.39	7.42	49.24	7.59
高中										
男	96.62	14.81	94.85	14.43	94.96	14.47	94.94	14.56	93.20	14.37
女	125.60	19.26	123.65	18.81	123.34	18.80	124.50	19.10	120.67	18.60
高等教育										
非学位课程②										
男	25.52	3.91	27.97	4.26	28.56	4.35	28.31	4.34	28.76	4.43
女	24.81	3.80	28.21	4.29	30.10	4.59	28.62	4.39	29.53	4.55
学位课程③										
男	80.85	12.40	80.81	12.30	81.91	12.48	79.50	12.20	80.67	12.43
女	84.18	12.91	84.95	12.92	84.46	12.87	83.85	12.86	84.82	13.08

注：数字是根据该年1月至12月进行的“综合住户统计调查”结果，以及年中人口估计数字而编制。

① 包括所有幼儿园及幼儿中心班级。

② 包括所有在香港或以外地区学院的证书、文凭、高级证书、高级文凭、专业文凭、副学士、副学士先修、增修证书、院士衔及其它同等程度的高等教育课程。

③ 包括所有在香港或以外地区学院的学士学位、研究生修课及专题研究课程。

9-1-18 研究及发展经费支出及人员情况

年份	研究及发展经费支出①（百万港元）			研究及发展人员数目②（人）			
	总计	资本支出	经常支出	总计	研究人员	技术人员	其他辅助人员
2000	6218	496	5722	9802	7728	1374	699
2005	10922	2228	8694	22054	18024	2346	1683
2010	13313	899	12414	25174	21697	2159	1319
2011	13945	1009	12935	25698	21618	2462	1617
2012	14816	1152	13664	26517	22488	2779	1249
2013	15613	1054	14559	27524	23945	2080	1499
2014	16727	1141	15587	29169	25622	1985	1563
2015	18271	1640	16630	30110	25619	2692	1799
2016	19713	1890	17824	31282	27100	2351	1831
2017	21280	2145	19135	32355	27635	2908	1811
2018	24478	2831	21647	33577	29683	2328	1566
2019	26333	2379	23954	35416	31722	2183	1511
2020	26554	2379	24174	36106	32628	2332	1146
2021	27827	3375	24452	37455	34391	1769	1294

注：①自2018年统计年度开始，研究及发展设施的隐含使用成本估计数字已被纳入研究及发展开支的估算当中，因此不能与较早前的数字作直接比较。

②研究及发展人员的数目是以“相当于全日制的人数”计算。2010年统计年度及以后的数字包括由大学教育资助委员会资助的大学运用外部资金资助修读研究院研究课程的学生，因此不能与较早前的数字作直接比较。

9-1-19 香港国际收支平衡表

单位：亿港元

标准组成部分	2018	2019	2020	2021@	2022@
经常账户①	**1059**	**1665**	**1870**	**3394**	**2969**
货物	-2530	-1205	-413	247	-448
服务	2469	1649	929	1350	1556
初次收入	1348	1437	1561	1987	1995
二次收入	-228	-216	-207	-190	-134
资本账户①	**-16**	**-7**	**-1**	**-104**	**13**
金融账户②	**1735**	**2368**	**2438**	**3632**	**2911**
直接投资	-1728	-1607	-2637	-3401	-1107
证券投资	6164	2158	5280	6205	4155
金融衍生工具	-332	-12	-188	-451	-1388
其他投资	-2445	1918	-2648	1371	4923
储备资产③	76	-89	2630	-91	-3672
净误差及遗漏④	**691**	**710**	**569**	**342**	**-70**
整体的国际收支	**76**	**-89**	**2630**	**-91**	**-3672**

注：①在经常账户及资本账户中，差额为正数值代表盈余，而负数值则代表赤字。

②自2023年6月起，金融账户的整系数列已采用新的正负号常规。自此，资产／负债增加以正数值标示。注意：资产增加表示资金净流出，而负债增加则表示资金净流入。因此，金融账户差额增加(即资产减去负债为正数值)表示资金净流出。

③在国际收支平衡架构下储备及非储备资产的估计数字是指交易数字。因估值方式改变(包括价格变动及汇率变动)及重新分类所导致的影响并没计算在内。

④根据编制国际收支平衡的会计原则，经常账户差额和资本账户差额的总和理当相等于金融账户差额。实际上，由于有关数据是从多个来源搜集得来，两者之间可能由于各种原因而出现差异。该差异反映于净误差及遗漏的平衡项目。

9-1-20 香港国际投资头寸（期末头寸）

单位：亿港元

概括组成部分	2017	2018	2019	2020	2021	2022@
资产	**428100**	**425477**	**439324**	**487770**	**499180**	**474378**
直接投资	159229	160713	156944	164203	171543	170209
证券投资	134711	124782	141688	169996	165177	142277
金融衍生工具	6169	6313	6151	8851	8152	12571
其他投资	94269	100421	100152	106589	115571	116225
储备资产	33721	33249	34389	38131	38737	33095
负债	**317051**	**325004**	**316353**	**323252**	**334547**	**336858**
直接投资	169435	171207	161869	158835	168262	173017
证券投资	44772	42186	44637	43444	40982	39106
金融衍生工具	5509	5753	5804	9043	7385	11997
其他投资	97334	105857	104042	111929	117918	112738
国际投资头寸净值①	**111050**	**100473**	**122972**	**164519**	**164633**	**137520**

注：①国际投资头寸净值是对外金融资产总值与对外金融负债总值之间的差额。

9-1-21 外币兑换率及港汇指数

单位：每单位外币兑换港元

项　　目	2018	2019	2020	2021	2022
年内平均数字①					
澳元	5.86	5.44	5.36	5.84	5.44
加拿大元	6.05	5.91	5.79	6.20	6.02
人民币	1.1855	1.1332	1.1248	1.2054	1.1634
欧元	9.25	8.77	8.86	9.20	8.24
印度卢比	0.115	0.111	0.105	0.105	0.100
印尼盾	0.0006	0.0006	0.0005	0.0005	0.0005
日元	0.0709	0.0719	0.0727	0.0708	0.0599
韩元	0.0071	0.0067	0.0066	0.0068	0.0061
马来西亚林吉特	1.94	1.89	1.85	1.88	1.78
新台币	0.263	0.256	0.261	0.273	0.263
菲律宾比索	0.152	0.153	0.157	0.160	0.145
英镑	10.46	10.00	9.96	10.69	9.67
新加坡元	5.81	5.74	5.63	5.78	5.68
南非兰特	0.59	0.54	0.47	0.53	0.48
瑞士法郎	8.01	7.89	8.28	8.51	8.20
泰铢	0.243	0.253	0.249	0.244	0.224
美元	7.839	7.836	7.757	7.774	7.832
特别提款权	11.10253	10.82677	10.79899	11.07748	10.48219
港汇指数					
(2020年1月=100)②					
贸易总值(进口及整体出口)加权	96.2	99.4	100.0	95.5	100.1
进口货值加权	96.5	99.5	100.1	95.8	100.8
整体出口货值加权 ③	95.8	99.2	100.0	95.1	99.3
年底数字④					
澳元	5.53	5.46	5.97	5.66	5.32
加拿大元	5.75	5.97	6.09	6.13	5.76
人民币	1.1386	1.1175	1.1919	1.2245	1.1281
欧元	8.95	8.72	9.53	8.82	8.36
印度卢比	0.112	0.110	0.106	0.105	0.094
印尼盾	0.0005	0.0006	0.0006	0.0005	0.0005
日元	0.0709	0.0716	0.0751	0.0677	0.0596
韩元	0.0071	0.0067	0.0071	0.0066	0.0062
马来西亚林吉特	1.89	1.90	1.93	1.87	1.77
新台币	0.257	0.258	0.265	0.280	0.257
菲律宾比索	0.152	0.153	0.164	0.155	0.143
英镑	9.93	10.21	10.57	10.53	9.45
新加坡元	5.74	5.78	5.86	5.77	5.82
南非兰特	0.54	0.55	0.53	0.49	0.46
瑞士法郎	7.95	8.04	8.80	8.53	8.45
泰铢	0.241	0.260	0.260	0.234	0.226
美元	7.834	7.787	7.753	7.798	7.808
特别提款权	10.89406	10.76948	11.16641	10.91540	10.38588
港汇指数					
(2020年1月=100)②					
贸易总值(进口及整体出口)加权	99.0	100.1	95.3	95.3	102.0
进口货值加权	99.1	100.0	95.4	95.7	102.4
整体出口货值加权③	98.9	100.1	95.2	94.7	101.5

注：《中华人民共和国香港特别行政区基本法》说明，港元是香港特别行政区的法定货币。外币指港元以外的其他货币，因而人民币亦视作外币。

①数字是指年内每日电汇或现钞收市中间兑换价的平均值。

②由2022年1月3日起公布的重订基期后数列。

③包括转口和港产品出口。

④数字是该年最后一个交易日的电汇或现钞收市中间兑换价。

9-1-22 货币供应量(年底数字)

单位：亿港元

项目	2018	2019	2020	2021	2022
法定纸币及硬币的流通量					
由商业银行发行	4838.45	5166.05	5595.15	5926.45	6055.75
由政府发行	128.45	132.54	131.73	133.85	134.04
总计	4966.90	5298.59	5726.88	6060.30	6189.79
由认可机构持有的法定纸币及硬币	301.51	325.59	316.91	306.83	383.64
由公众持有的法定纸币及硬币	4665.39	4973.00	5409.97	5753.47	5806.15
货币供应量：就外币掉期存款作出调整					
货币供应量 M_1					
港元	15557.31	15331.04	19727.19	20789.11	17084.21
外币	8658.67	9516.34	12592.03	14119.47	10609.23
总计	24215.98	24847.38	32319.21	34908.58	27693.43
货币供应量 M_2					
港元①	72624.51	74387.89	79220.89	80439.94	80959.90
外币②	70856.08	73070.83	76845.18	82286.56	84400.90
总计	143480.59	147458.72	156066.08	162726.50	165360.80
货币供应量 M_3					
港元①	72843.22	74546.55	79370.38	80574.08	81084.73
外币②	71193.67	73317.20	77070.06	82534.58	84604.13
总计	144036.88	147863.75	156440.43	163108.66	165688.86
货币供应量：未就外币掉期存款作出调整					
货币供应量 M_2					
港元	72624.26	74387.65	79220.67	80439.72	80959.70
外币	70856.33	73071.07	76845.41	82286.78	84401.10
总计	143480.59	147458.72	156066.08	162726.50	165360.80
货币供应量 M_3					
港元	72842.97	74546.31	79370.15	80573.86	81084.53
外币	71193.92	73317.43	77070.28	82534.80	84604.33
总计	144036.88	147863.75	156440.43	163108.66	165688.86

注：《中华人民共和国香港特别行政区基本法》说明，港元是香港特别行政区的法定货币。外币指港元以外的其他货币，因而人民币亦视作外币。

①所列数字已包括外币掉期存款。

②所列数字已扣除外币掉期存款。

9-1-23 股票价格指数、证券交易成交额及市场总值

项　　目	2018	2019	2020	2021	2022
香港上市①					
主板					
股票价格指数②					
恒生指数（1964年7月31日=100）					
最高	33484.1	30280.1	29174.9	31183.4	25050.6
最低	24540.6	24896.9	21139.3	22665.3	14597.3
收市	25845.7	28189.8	27231.1	23397.7	19781.4
分类指数					
(1984年1月13日= 975.47)					
金融					
最高	46650.3	42019.2	40369.3	41547.2	39006.3
最低	34073.3	34448.3	29910.5	32369.3	24336.9
收市	35808.2	39114.6	36939.0	33869.5	32445.5
公用事业					
最高	59676.1	63052.4	58417.6	53325.0	51609.6
最低	52940.1	53631.5	43060.9	44696.6	30919.6
收市	57792.6	56584.5	45760.1	50685.6	36828.8
地产					
最高	44445.1	45890.9	40832.1	36609.9	32667.3
最低	33396.2	35380.1	28387.0	27060.2	18389.7
收市	37143.4	40190.1	32127.3	29580.4	26040.0
工商业					
最高	20091.8	17561.2	17570.0	21210.2	14644.4
最低	13956.6	14023.8	11682.3	13406.6	7910.6
收市	14656.7	16234.3	17452.8	13996.2	10915.4
恒生综合指数					
(2000年1月3日= 2 000)					
最高	4631.4	4079.0	4298.3	5058.9	3822.4
最低	3269.6	3313.2	2871.9	3506.1	2188.7
收市	3449.7	3827.6	4294.7	3626.5	2974.2
恒生中国企业指数					
(2000年1月3日= 2 000)					
最高	13962.5	11881.7	11502.5	12271.6	8822.8
最低	9902.6	9731.9	8290.3	8011.0	4919.0
收市	10124.8	11168.1	10738.4	8236.4	6704.9
恒生香港中资企业指数					
(2000年1月3日= 2 000)					
最高	4929.0	4788.6	4633.0	4324.1	4392.2
最低	3994.4	3941.1	3059.6	3558.9	2831.0
收市	4169.0	4537.8	3799.6	3899.6	3696.0
主板					
成交金额（亿港元）	262952.7	213901.9	320237.8	410863.6	306861.9
市场总值③(亿港元)	297232.4	380583.4	473922.0	422727.7	355817.3
GEM					
成交金额（亿港元）	1274.9	498.6	863.7	958.9	410.0
市场总值③(亿港元)	1861.8	1067.0	1308.2	1083.8	850.5

注：对于最高和最低指数，恒生指数有限公司是根据期内每日即市指数编制。

①恒生指数系列按指数成分股的上市地域分类为香港上市、跨市场及内地上市。

②以下指数采用流通市值加权法计算，并设有个别成分股比重上限。

③年底数字。

9-1-24 按种类划分的平均固体废物量

单位：吨(每日计)

种 类	2017	2018	2019	2020	2021
于堆填区弃置的固体废物					
都市固体废物①					
家居②	6404	6712	6554	6844	6992
工商业③	4329	4716	4503	3965	4365
小计	10733	11428	11057	10809	11358
整体建筑废物④	4207	4081	3946	3418	3646
特殊废物⑤	575	587	635	513	529
总计	**15516**	**16096**	**15637**	**14739**	**15533**
已回收的都市固体废物⑥	5015	4870	4491	4201	5044

注：①都市固体废物包括运往弃置设施的家居废物及工商业废物，但不包括建筑废物及已回收的都市固体废物。
②家居废物包括在住宅及公众地方所产生的废物，包括住宅大厦、公共垃圾桶、街道、本港海域及郊野公园收集的废物。
③工商业废物包括商店、食肆、酒店、办公室、私人屋苑街市及所有工业活动产生的废物，而建筑及拆卸废物、化学废物或其他特殊废物除外。
④在堆填区弃置的整体建筑废物包括由建筑活动所产生的废物或剩余物料，亦包括在建筑地盘以外设立的混凝土配料厂和水泥/砂浆生产厂所产生的废弃混凝土，但不包括可在建筑地盘重用或作填海工程用途的惰性物料。
⑤特殊废物包括弃置于堆填区的动物尸体、屠房废物、报废货物、滤水厂及污水处理后的污泥、污水处理厂的隔滤物、禽畜废物、医疗废物及化学废物。
⑥都市固体废物回收后会在本地或香港以外地方循环再造。

【主要统计指标解释】

年中人口 是以“居住人口”方法编制，利用“居住人口”方法所编制的人口估计称为“居港人口”。“居港人口”包括“常住居民”和“流动居民”。“常住居民”包括两类人士：（a）在统计时点之前的6个月内，在港逗留最少3个月，又或在统计时点之后的6个月内，在港逗留最少3个月的香港永久性居民，不论在统计时点他们是否身在香港；及（b）在统计时点身在香港的非永久性居民。对于不是“常住居民”的香港永久性居民，如他们在统计时点之前的6个月内，在港逗留最少1个月但少于3个月，又或在统计时点之后的6个月内，在港逗留最少1个月但少于3个月，不论在统计时点他们是否身在香港，会被界定为“流动居民”。根据“居住人口”编制方法，旅客并不包括在香港人口内。

粗出生率 是指某一年内的活产婴儿数目相对该年年中每千名人口的比率。

粗死亡率 是指某一年内的死亡人数相对该年年中每千名人口的比率。

婴儿死亡率 是指某一年内一岁以下婴儿死亡人数相对该年每千名活产婴儿的比率。

劳动人口 是指15岁及以上陆上非住院人口，并符合就业人口或失业人口定义的人士。

劳动人口参与率 是指劳动人口占所有15岁及以上陆上非住院人口的比例。

就业人口 包括在统计前7天内有从事工作赚取薪酬或利润，或有一份正式工作的15岁及以上人士。无酬家庭从业员及在统计前7天内正休假的就业人士亦包括在内。

失业率 是指失业人士在劳动人口中所占的比例。

本地生产总值 是指一个经济体的所有居民生产单位，在一个指定的期间内(一般是1年或1季)，未扣除固定资本消耗的生产总值。

人均本地生产总值 是指把该经济体在某统计年的本地生产总值除以该经济体在同年的年中人口总数所得的数字。

本地居民总收入 是指一个经济体的居民透过从事各项经济活动而赚取的总收入，不论该等经济活动是在该经济体的经济领域内或外进行。换言之，编制本地居民总收入应包括本地居民在该经济领域内或外从事各类经济活动的收入，并扣除非本地居民在该经济领域内从事经济活动的收入。本地居民总收入的计算方法如下：

本地居民总收入

=本地生产总值 + 对外初次收入流量净值

=本地生产总值 + 本地居民从经济领域外所赚取的初次收入 - 非本地居民从经济领域内所赚取的初次收入

初次收入 包括投资收益及雇员报酬。投资收益包括:直接投资收益、证券投资收益、其他投资收益及储备资产收益。

人均本地居民总收入 是指把该经济体在某统计年的本地居民总收入除以该经济体在同年的年中人口总数所得的数字。

国际收支平衡 是一项统计报表，有系统地撮录在一个指定期间内（一般是1年或1季）某经济体与世界各地之间（即居民与非居民之间）进行的经济交易。国际收支平衡表包括三大账户：(a)经常账户、(b)资本账户及(c)金融账户。

经常账户 量度居民与非居民之间关于货物、服务、初次收入和二次收入的流量。

货物 在国际收支平衡表内经常账户的货物主要包括一般商品、转手商贸活动下的货物净出口及非货币黄金。

服务 在国际收支平衡表内经常账户的服务主要包括制造服务、运输、旅游、保险和退休金服务、金融服务及其他服务。

初次收入账户 显示应收及应付的外地款额，作为向非居民提供／从非居民获得可予使用的劳动力、金融资源或自然资源的回报。在国际收支平衡经常账户内初次收入的概念及定义，与本地居民总收入的对外初次收入流量是相同的。

二次收入账户 记录居民与非居民之间的经常转移。经常转移指提供可能即时或短时间内被耗用的实质或金融资源而无同等经济价值作回报的交易。经常转移属单向性质，在国际收支平衡表内是一项用以抵销单边交易的记账。例子包括职工汇款、捐款、官方援助及退休金。

资本账户 量度有关资本转移及非生产、非金融资产（如商标和品牌）的获得和处置的对外交易。资本转移的例子包括债权人减免债务，和涉及获得或处置固定资产的现金转移。

金融账户 记录居民与非居民之间关于金融资产及负债的交易，显示某经济体的对外交易是如何结算的。金融账户内的交易按功能(即投资目的)归类为直接投资、证券投资、金融衍生工具、其他投资及储备资产。

直接投资 指某经济体的投资者对另一经济体的企业所作的对外投资，并对该企业拥有持久利益及在其管理上具有相当程度的影响力或话语权。就统计计算而言，若投资者持有某企业10%或以上的表决权，便视作对该企业的管理具话语权。

证券投资 指直接投资和储备资产以外，对非本地股权证券及债务证券（如中长期债券、货币市场工具）所作的投资。与直接投资者相比，证券投资者在所投资的企业并无持久利益或管理方面的影响力。凡持有一间企业不足10%的表决权均视为证券投资。

金融衍生工具 与另一个特定的金融工具、指标或商品挂钩，投资者可透过金融衍生工具在金融市场对特定的金融风险本身（例如利率风险、外汇风险、股权和商品价格风险、信用风险等）进行交易。金融衍生工具包括期权类合约（如认股权证和期权）及远期类合约（如期货、利率掉期、货币掉期、远期利率协议、远期外汇合约）。

其他投资 泛指直接投资、证券投资、金融衍生工具或储备资产以外，对非居民的金融申索和负债。其他投资包括不可转让的贷款、货币和存款、贸易信贷和预付款，以及其他资产／负债。

储备资产 是由一个经济体的金融当局（就香港而言，即香港金融管理局）控制的对外资产，并随时可供金融当局应付国际收支平衡的财务需要、干预外汇市场以调节该经济体的货币汇率，以及用作其他相关目的（如维持大众对货币及经济体的信心，及作为向外地借贷的基础）。

国际投资头寸 是显示一个经济体在某特定时点的对外金融资产及负债存量的资产负债表。对外金融资产及负债的差额即为该经济体的国际投资头寸净值，代表其对世界各地的净申索或净负债。国际投资头寸与国际收支平衡的金融账户完全协调，同样也按投资类别分类。资产和负债分类为直接投资、证券投资、金融衍生工具及其他投资。国际投资头寸的资产方还包括储备资产。有关投资组成部分的详细解释，请参阅国际收支平衡表内金融账户组成部分的解释。

国际投资头寸净值 是对外金融资产总值与对外金融负债总值之间的差额。

工业生产指数 量度本地工业生产量的实际变动，即撇除价格变动因素后的本地生产量的变动情况。

实用楼面面积 指各层楼面面积总和，但不包括楼梯、公共通道空间、升降机等候处、盥洗室、厕所、厨房、及为楼宇提供升降机、空调系统、或类似设施而安装的机械所占用的空间。

获批准可动工兴建楼宇 是指获屋宇署签发“同意书”动工兴建的楼宇。这种“同意书”是发给私人发展计划（包括香港房屋协会的计划）。

初次呈交 就一项建筑工程初次呈交建筑事务监督要求批准的图则。

重大修改 指经过大规模修改的建筑图则，而这些图则必须从根本上接受重新评估。

自置住房住户 是指住户拥有其居住屋宇单位的业权。

进口货品 是指在香港以外出产或制成的货品，输入香港供本地使用或转口，以及再进口的香港产品。其货值是以到岸价值计算。

整体出口货品 包括港产品出口及转口货品。港产品出口货物是指香港的天然产品或在香港经过制造工序，以致其基本生产物料的形状、性质、结构或效用受到永久及实质改变的产品。如果产品在香港只进行简单稀释、包装、装瓶、弄干、简单装配、分类、装饰等工序，则该产品并不能以香港作为来源地。转口货品是指输出曾经自外地输入香港的货品，而这些货品并没有在香港经过任何制造工序，以致永久及实质改变其基本原料的形状、性质、结构或效用。其货值是以离岸价值计算。

港汇指数 是量度港元相对其他主要贸易伙伴的货币汇率变动加权平均值的指数，作为反映港元相对各种选定货币强弱的整体指标。该指数现时是以2020年1月为基期及包括18种货币。

外币兑换率 指外币兑港元的电汇或现钞收市中间兑换价。

认可机构 包括持牌银行、有限制牌照银行及接受存款公司。持牌银行可接受任何金额及期限的存款。随着撤销利率限制的最后阶段在2001年7月3日生效，各类存款利率再无任何限制。至于有限制牌照银行，它们可接受金额不少于港币50万元的任何期限的定期存款。接受存款公司则可接受金额不少于港币10万元而期限不少于3个月的定期存款。有限制牌照银行及接受存款公司均无任何存款利率限制。

外币掉期存款 是指顾客在现货市场购买外币，然后存入认可机构，但同时订下远期合约，将该笔外币（本金加利息）在存款到期时售予认可机构。从分析角度来看，这类掉期存款应当作港元定期存款。

货币供应量（M_1） 是指市民持有的法定纸币和硬币加上持牌银行的客户活期存款。

货币供应量（M_2） 是指货币供应量M_1所包括的项目，加上持牌银行的客户储蓄及定期存款，再加上持牌银行发行而由非认可机构持有的可转让存款证。

货币供应量（M_3） 是指货币供应量M_2所包括的各项，加上有限制牌照银行及接受存款公司客户的存款，再加上以上两类认可机构发行而由非认可机构持有的可转让存款证。

恒生指数 是以流通市值加权法计算，并设有个别成分股比重上限。该指数内的成分股划分为四个分类指数，包括金融、公用事业、地产及工商业。

消费物价指数 量度住户一般所购买的消费商品和服务的价格水平随时间而变动的情况。消费物价指数的按年变动率广泛地用作反映消费者所面对的通货膨胀的指标。不同的消费物价指数数列反映消费物价转变对不同开支范围的住户的影响。甲类、乙类及丙类消费物价指数分别根据较低、中等及较高开支范围的住户的开支模式编制而成。综合消费物价指数是根据以上所有住户的整体开支模式而编制，反映消费物价转变对整体住户的影响。

教育程度 是指某人在学校或其他教育机构修读达到的最高教育水平，不论他／她有否完成该课程。计算教育程度时，只包括正式课程，即须最少为期一个学年，入学须具备指定的学历资格（香港都会大学的非学位、副学位、学位及研究生课程除外），以及设有考试或指定评核成绩的程序。

社会保障计划 旨在帮助社会上需要经济或物质援助的人士，应付基本及特别需要。这个无须供款的社会保障制度，包括综合社会保障援助计划、公共福利金计划、暴力及执法伤亡赔偿计划、交通意外伤亡援助计划和紧急救济。

综合社会保障援助计划 是以入息补助方法，为那些在经济上无法自给的人士提供安全网，使他们的入息达到一定水平，以应付生活上的基本需要。申请人必须符合居港规定及通过入息及资产审查。

公共福利金计划 包括普通伤残津贴、高额伤残津贴、高龄津贴、长者生活津贴、广东计划及福建计划。高龄津贴及伤残津贴分别为年龄在70岁或以上或严重残疾的香港居民，每月提供现金津贴，以应付因年老或严重残疾而引致的特别需要。至于在 2013年4月起实施的长者生活津贴（易名为普通长者生活津贴）及在2018年6月实施高额长者生活津贴是为年龄在65岁或以上有经济需要的香港居民，每月提供津贴，以补助他们的生活开支。广东计划由2013年10月起实施，以及福建计划由2018年4月起实施。广东计划及福建计划下的长者生活津贴（包括普通长者生活津贴及高额长者生活津贴）由2020年1月起实施。于2022年9月起合并公共福利金计划下的普通及高额长者生活津贴，采用普通津贴较宽松的资产上限，并按高额长者生活津贴的金额发放。

交通意外伤亡援助计划 的目的是向道路交通意外受害人或这些人士的受养人（如受害人因伤死亡）迅速提供经济援助，而无须考虑计划受惠人的经济状况，或有关交通意外是因谁人的过失而造成。援助金按意外受害人的伤亡情况支付；至于财物损失，则不在援助范围内。

9 港澳台第三产业情况

9-2　澳门第三产业情况

简要说明

一、本章资料反映澳门特别行政区主要社会、经济发展情况。内容包括：土地、人口、就业、国民经济核算、工业、能源、建筑、交通通讯、对外贸易、财政金融、物价、教育、卫生、房屋、社会保障等方面。

二、本章由澳门特别行政区政府统计暨普查局提供所有数据，国家统计局国际统计信息中心负责整理、编辑。

三、在统计工作方面，按中华人民共和国"澳门特别行政区基本法"的有关原则，澳门特别行政区保留其单独运作的统计系统，并负责编制和发布反映澳门特别行政区情况的统计数据。由于澳门和内地在使用统计名词及概念方面会有所不同，读者在比较两地数据时，请参考本章末的"主要统计指标解释"。

四、澳门特别行政区是单独的关税地区，澳门与内地之间的贸易，亦需办理进出口报关。在贸易统计方面，澳门特别行政区对外商品贸易统计数据亦包括澳门特别行政区与内地的贸易。

五、在外汇统计及与之有关的各方面，澳门元是澳门特别行政区的法定货币，因此，除澳门元以外的货币（包括人民币）均视作外币。

六、更详细的统计资料及有关的技术细节，可参阅澳门特别行政区政府统计暨普查局出版的《统计月刊》、《统计年鉴》及各专题统计出版物。

七、本章节表中的符号使用说明："o"表示数据小于本表最小单位半数；"#"表示保密资料；"-"表示绝对数值为零；"r"表示修订数字；"~"表示没有数字。

9-2-1 主要统计指标概况

项　　目		2018	2019	2020	2021	2022
人口及生命统计						
年中人口	(万人)	65.9	67.2	68.5	68.3	67.7
粗出生率	(‰)	9.0	8.9	8.1	7.4	6.4
粗死亡率	(‰)	3.1	3.4	3.3	3.4	4.4
婴儿死亡率	(‰)	3.4	1.5	2.2	1.8	0.9
(按每千名出生登记活产婴儿计算)						
劳动、就业						
劳动人口	(万人)	39.2	39.5	40.5	39.0	37.9
劳动力参与率	(%)	70.9	70.3	70.5	69.0	68.6
失业率	(%)	1.8	1.7	2.5	2.9	3.7
就业不足率	(%)	0.5	0.5	3.5	4.1	6.9
就业人口	(万人)	38.5	38.8	39.5	37.8	36.5
建筑业		3.1	3.0	3.8	3.3	3.0
批发及零售业		4.4	4.2	4.6	4.3	4.6
酒店及饮食业		5.6	5.6	5.4	5.0	4.5
文娱博彩及其他服务业		9.6	9.7	9.1	8.9	8.1
对外商品贸易	**(亿澳门元)**					
出口		122	128	108	130	135
本地产品出口		15	15	16	20	20
再出口		107	113	92	110	115
进口		901	901	926	1539	1398
贸易价格比率	(2016=100)	100.0	100.1	100.2	99.8	100
工业生产						
工业电力消耗量	(亿千瓦小时)	1.6	1.5	1.4	1.6	2
私人建筑						
获发使用准照楼宇						
单位数目	(个)	4268	3013	2521	2545	569
总建筑面积	(万平方米)	129	47	29	95	37
获发动工批示楼宇						
单位数目	(个)	1674	405	233	1407	458
总建筑面积	(万平方米)	58	44	88	56	7
楼宇单位买卖数目	(个)	15073	11022	9002	8802	4544
不动产买卖契约数目	(宗)	13494	10303	11589	11959	6743
不动产按揭贷款数目	(宗)	20095	16508	14954	14835	8582
运输、通讯、旅游	**(万次)**					
进出澳门重型货运车		34.8	34.1	29.8	34.2	34.2
进出澳门的客轮班次		13.2	11.1	2.1	2.5	2.1
澳门国际机场升降的商业航班		6.2	7.4	1.4	1.4	1.0
注册车辆	(万辆)	24.0	24.1	24.4	24.8	25.0
固网及移动电话用户(包括预付卡，万户)		230.5	291.0	172.9	137.5	130.6
入境旅客	(万人次)	3580	3941	590	771	570
酒店业平均入住率	(%)	91	91	29	50	38
财政收支、货币、金融(亿澳门元)						
财政总收入		1413	1407	1017	948	1091
财政总支出		830	847	961	892	1021
货币供应(广义货币供应量M_2)						
总计		6515	6875	6924	6875	7179
澳门元		1985	2106	2354	2434	2771
港元		3420	3311	3382	3442	2989
其他货币		1110	1458	1187	1000	1419
本地/私人部门贷款及垫款		5011	5155	5301	5607	5702

注：酒店业平均入住率不包括部分酒店/公寓因受新型冠状病毒肺炎疫情影响而暂停营业或用于医学观察期间的数据。

9-2-1 续表

项目		2018	2019	2020	2021	2022
消费物价指数						
（2018年4月至2019年3月=100）						
综合消费物价指数		99.05	101.78	102.60	102.63	103.70
甲类消费物价指数		99.13	101.79	102.71	102.66	103.41
乙类消费物价指数		98.48	101.77	102.45	102.58	104.09
房屋（期末）						
公共房屋	（套）	14817	14670	14632	15437	15954.00
教育						
幼儿教育学生	（人）	18626	19265	18908	18109	17108
小学生	（人）	32530	33961	35450	36791	37854
中学生	（人）	26022	26396	27627	28961	30274
高等教育学生	（人）	34279	36107	39093	44052 r	49594
医疗						
医生	（人）	1754	1808	1789	1888	1965
护士	（人）	2464	2491	2568	2742	2863
病床	（张）	1604	1628	1715	1744	1721
社会保障						
受益人数目	（人）	364665	365435	360508	358974	353634
供款单位数目	（个）	25470	25860	27768	28518	28980
福利金受领人数	（人）	117159	125429	131867	138996	148058
福利金发放金额	（万澳门元）	403924	459194	499070	527098	553209
律贴受领人次	（人次）	18074	18278	25520	24458	37650
律贴发放金额	（万澳门元）	6414	7091	10819	9499	14259
治安						
罪案数目	（宗）	14365	14178	10057	11376	9799
囚犯数目	（期末）	1458	1636	1548	1520	1323
本地生产总值						
按以环比物量（2021年）计算						
实际增长率	（%）	6.5	-2.5	-54.2 r	19.3 r	-26.8
本地生产总值	（亿澳门元）	4532.1 r	4418.3 r	2022.0 r	2411.6 r	1766.2
人均本地生产总值	（万澳门元）	68.6 r	65.6 r	29.7 r	35.3 r	26.1
当年价格						
名义增长率	（%）	10.2	-0.2	-54.3 r	18.6 r	-26.5
本地生产总值	（亿澳门元）	4462.8	4455.3	2034.0 r	2411.6 r	1772.7
人均本地生产总值	（万澳门元）	67.6	66.2	29.9 r	35.3 r	26.1

9-2-2 本地生产总值(当年价格)

年份	本地生产总值		实际增长率(%)	人均本地生产总值	
	(亿澳门元)	(亿美元)		(澳门元)	(美元)
1995	561.4	70.5	3.3	137165	17215
1996	571.7	71.8	-0.4	137734	17289
1997	579.6	72.7	-0.3	138897	17417
1998	542.4	68.0	-4.6	128434	16097
1999	523.3	65.5	-2.4	122431	15320
2000	543.7	67.7	5.7	126271	15733
2001	551.1	68.6	2.9	127015	15811
2002	592.2	73.7	8.9	135079	16815
2003	661.5	82.5	11.6	149113	18589
2004	853.8	106.4	26.6	187793	23408
2005	974.2	121.6	8.1	205753	25684
2006	1190.1	148.8	13.4	239417	29925
2007	1481.8	184.4	14.5	284495	35403
2008	1686.4	210.3	3.4	313785	39122
2009	1723.6	215.9	1.3	320275	40114
2010	2260.0	282.4	25.1	420915	52600
2011	2954.4	368.4	21.6	538165	67115
2012	3450.8	431.9	9.2	605740	75813
2013	4117.4	515.4	10.8	692289	86653
2014	4385.2	549.0	-2.0	705180	88290
2015	3597.1	450.5	-21.5	560729	70223
2016	3603.4	450.7	-0.7	557938	69788
2017	4048.4	504.4	10.0	623790	77719
2018	4462.8	552.8	6.5	675931	83728
2019	4455.3	552.1	-2.5	661515	81969
2020	2034.0 r	254.6 r	-54.2	298524 r	37367 r
2021	2411.6 r	301.2 r	19.3	353007 r	44095 r
2022	1772.7	219.8	-26.8	261459	32415

9-2-3 支出法本地生产总值

单位：亿澳门元

本地生产总值组成部分	2018	2019	2020	2021	2022
按当年价格计算					
私人消费支出	1068.0	1116.3	948.2 r	1041.5 r	956.2
政府最终消费支出	420.5	453.7	523.6 r	524.3 r	529.2
固定资本形成总额	746.6	615.4	529.4 r	544.2 r	452.2
存货增加	21.9	13.2	-8.3 r	13.6 r	12.3
货物出口	159.0	149.7	338.6 r	640.2 r	527.9
减:货物进口	1033.5	1002.9	950.6 r	1508.7 r	1370.9
服务出口	3524.2	3526.9	912.9 r	1480.0 r	1006.4
减:服务进口	443.7	417.0	259.8 r	323.6 r	340.6
本地生产总值	**4462.8**	**4455.3**	**2034.0 r**	**2411.6 r**	**1772.7**
人均本地生产总值 （澳门元）	**675931**	**661515**	**298524 r**	**353007 r**	**261459**
以环比物量(2021年)计算					
私人消费支出	1095.2 r	1128.4 r	953.7 r	1041.5 r	949.1
政府最终消费支出	450.7 r	469.9 r	528.6 r	524.3 r	524.0
固定资本形成总额	798.6 r	656.3 r	562.1 r	544.2 r	441.4
存货增加	22.1 r	13.3 r	-8.4 r	13.6 r	12.2
货物出口	160.3 r	151.1	341.0	640.2	524.3
减:货物进口	1041.7 r	1012.5 r	960.8 r	1508.7 r	1362.7
服务出口	3454.8 r	3383.5 r	896.1 r	1480.0 r	1005.0
减:服务进口	486.5 r	451.2 r	275.0 r	323.6 r	327.0
本地生产总值	**4532.1 r**	**4418.3 r**	**2022.0 r**	**2411.6 r**	**1766.2**
人均本地生产总值 （澳门元）	**686427 r**	**656018 r**	**296763 r**	**353007 r**	**260501**

9-2-4 生产法本地生产总值

单位：亿澳门元

经济活动	2017	2018	2019	2020	2021
第二产业	**202.1**	**182.2**	**188.4**	**171.8 r**	**190.5**
采矿业	-	-	-	-	-
制造业	23.1	24.0	24.9	16.8 r	20.5
电力、煤气及水供应	29.9	27.0	28.1	28.4	27.7
建筑业	149.0	131.2	135.4	126.6	142.3
第三产业	**3786.5**	**4208.1**	**4173.6**	**1803.6 r**	**2271.1**
批发零售、维修、酒店、餐厅及酒楼业	463.4	516.7	516.9	192.9 r	326.9
运输、仓储及通讯业	105.2	112.8	117.3	60.0 r	66.6
银行、保险、不动产、租赁及商业服务	875.0	933.4	872.8	713.8 r	815.4
公共行政、社会服务及个人服务（包括博彩业）	2343.0	2645.2	2666.6	836.8 r	1062.2
以生产者价格计算的增加值	**3988.6**	**4390.3**	**4362.0**	**1975.4 r**	**2461.7**
加进口税	**5.3**	**5.1**	**5.3**	**6.0**	**7.5**
以市场价格按生产法计算的本地生产总值	**3993.9**	**4395.4**	**4367.3**	**1981.4 r**	**2469.2**
以市场价格按支出法计算的本地生产总值	**4048.4**	**4462.8**	**4455.3**	**2034.0 r**	**2411.6**
统计差异(%)	**-1.3 r**	**-1.5**	**-2.0**	**-2.6**	**2.4**

9-2-5 生产法本地生产总值结构

单位：%

经济活动	2017	2018	2019	2020	2021
第二产业	**5.1**	**4.2**	**4.3**	**8.7**	**7.7**
采矿业	-	-	-	-	-
制造业	0.6	0.5	0.6	0.9	0.8
电力、煤气及水供应业	0.7	0.6	0.6	1.4	1.1
建筑业	3.7	3.0	3.1	6.4	5.8
第三产业	**94.9**	**95.8**	**95.7**	**91.3**	**92.3**
批发零售、维修、酒店、餐厅及酒楼业	11.6	11.8	11.9	9.8 r	13.3
运输、仓储及通讯业	2.6	2.6	2.7	3.0	2.7
银行、保险、不动产、租赁及商业服务	21.9	21.3	20.0	36.1 r	33.1
公共行政、社会服务及个人服务（包括博彩业）	58.7	60.3	61.1	42.4 r	43.1
以生产者价格计算的增加值	**100.0**	**100.0**	**100.0**	**100.0**	**100.0**

9-2-6 按行业划分的就业人口

单位：万人

行　　业	2018	2019	2020	2021	2022
总数	**38.54**	**38.78**	**39.51**	**37.84**	**36.47**
制造业	0.64	0.63	0.64	0.66	0.59
水电及气体生产供应业	0.11	0.09	0.12	0.09	0.12
建筑业	3.11	3.05	3.76	3.26	3.02
批发及零售业	4.37	4.16	4.62	4.34	4.63
酒店及饮食业	5.61	5.61	5.44	5.03	4.52
运输、仓储及通讯业	1.92	1.98	1.80	1.76	1.80
金融业	1.08	1.21	1.28	1.36	1.23
不动产及工商服务业	3.19	3.48	3.56	3.28	3.29
公共行政及社保事务	2.98	2.79	2.74	2.86	2.84
教育	1.75	1.73	1.82	1.92	2.10
医疗卫生及社会福利	1.24	1.26	1.35	1.43	1.67
文娱博彩及其他服务业	9.64	9.70	9.13	8.91	8.06
家务工作	2.85	3.03	3.15	2.85	2.51
其他及不详	0.06	0.08	0.10	0.08	0.09

9-2-7 按行业划分的月工作收入中位数

单位：澳门元

行　　业	2018	2019	2020	2021	2022
总数	**16000**	**17000**	**15000**	**15800**	**15000**
制造业	11500	10800	11000	12000	12000
水电及气体生产供应业	30000	20500	22000	29500	21000
建筑业	15000	17000	15000	15000	15000
批发及零售业	13000	14000	12000	13000	12000
酒店及饮食业	11000	12000	11000	11800	11600
运输、仓储及通讯业	16000	16000	15000	15000	14800
金融业	20000	21000	22000	21000	20000
不动产及工商服务业	10000	11000	10000	10000	10000
公共行政及社保事务	39500	40300	43000	44600	44600
教育	25000	28000	25500	25300	26000
医疗卫生及社会福利	24000	22100	23300	23000	22000
文娱博彩及其他服务业	20000	20000	19300	19000	19300
家务工作	4000	4200	4400	4500	5000

9-2-8 主要商品进出口总额及占本地生产总值比重

单位：亿澳门元

贸易种类	2018	2019	2020	2021	2022
商品进出口总额	**1023.0**	**1029.2**	**1033.7**	**1668.4**	**1533.3**
出口	121.9	128.0	108.1	129.6	135.2
本地产品出口	15.3	15.1	15.6	20.0	20.2
再出口	106.6	112.8	92.5	109.6	115.0
进口	901.0	901.3	925.6	1538.8	1398.1
进出口差额	-779.1	-773.3	-817.5	-1409.1	-1262.9
出口/进口比率 (%)	13.5	14.2	11.7	8.4	9.7
占本地生产总值比重 (%)					
出口	2.7	2.9	5.3	5.4	7.6
本地产品出口	0.3	0.3	0.8	0.8	1.1
再出口	2.4	2.5	4.5	4.5 r	6.5
进口	20.2	20.2	45.5 r	63.8 r	78.9

9-2-9 按主要原产地和目的地划分的商品进出口

单位：亿澳门元

主要国家/地区	2018	2019	2020	2021	2022
进口(原产地)					
中国内地	315.2	306.5	276.1	485.2	424.5
中国香港	70.4	56.5	29.1	56.9	50.9
欧盟	225.3	249.2	285.4	498.0	458.5
日本	73.0	61.8	95.9	131.6	90.2
中国台湾	14.5	13.0	15.7	12.9	14.5
美国	36.7	43.5	83.2	105.1	95.9
出口(目的地)					
美国	1.3	2.9	5.5	6.8	6.1
欧盟	2.1	2.0	1.8	1.9	1.7
中国内地	20.1	15.8	16.2	18.1	13.1
中国香港	75.7	81.6	74.6	91.6	103.0

9-2-10 按标准国际贸易分类划分的商品进口和出口

单位：百万澳门元

标准国际贸易分类	2020			2021			2022		
	进口	出口	出进口比率(%)	进口	出口	出进口比率(%)	进口	出口	出进口比率(%)
总数	**92559**	**10813**	**11.7**	**153877**	**12964**	**8.4**	**139810**	**13520**	**9.7**
0 粮食及活动物	9006	296	3.3	10432	184	1.8	12707	260	2.0
1 饮料及烟叶	3871	327	8.4	6258	507	8.1	8391	539	6.4
2 除燃料外的非食用未加工材料	831	139	16.8	876	256	29.3	684	205	30.0
3 矿物燃料、润滑油及有关物质	5083	#	#	5871	#	#	6165	#	#
4 动物及植物油、脂肪及蜡	141	2	1.2	170	1	0.9	170	3	1.9
5 未列明的化学及有关产品	25928	831	3.2	36202	885	2.4	29142	976	3.3
6 主要按材料分类的制成品	4352	501	11.5	5731	686	12.0	5652	658	11.6
7 机械和运输设备	14563	2240	15.4	30038	2973	9.9	24319	2793	11.5
8 杂项制成品	28688	5939	20.7	58194	6859	11.8	52360	7543	14.4

注：部分货物的资料因统计保密的规定而未在此表列出。

9-2-11 按证件签发地划分的入境旅客人数

单位：万人次

证件签发地	2018	2019	2020	2021	2022
总数	**3580.4**	**3940.6**	**589.7**	**770.6**	**570.0**
亚洲	3507.9	3868.7	584.2	770.5	569.2
中国内地	2526.1	2792.3	475.4	704.5	510.6
中国香港	632.8	735.4	84.3	58.9	51.3
中国台湾	106.1	106.3	10.4	7.1	6.7
日本	32.6	29.6	1.5	o	0.2
马来西亚	22.8	20.6	0.9	o	0.1
菲律宾	31.2	42.3	3.2	o	o
韩国	81.3	74.3	4.4	o	0.2
新加坡	13.5	11.6	0.6	o	0.1
其他	61.6	56.2	3.3	o	0.1
美洲	31.5	31.5	2.3	o	0.4
欧洲	27.7	27.8	2.0	o	0.3
大洋洲	10.7	10.0	0.9	o	0.1
非洲及其他	2.5	2.6	0.2	o	o

注：由于小数进位关系，各小项之和与总数可能出现差异。

9-2-12 按原居地划分的旅客人均消费

单位：澳门元

原居地	2015	2016	2017	2018	2019	2020	2021	2022
人均消费①	**1665**	**1701**	**1880**	**1946**	**1626**	**2025**	**3173**	**3187**
中国内地	1965	1975	2203	2242	1834	2252	3258	3249
中国香港	887	999	970	1054	954	995	~	~
中国台湾	1466	1620	1585	1613	1377	1378	~	~
日本	1524	1708	1744	1871	1752	~	~	~
东南亚	1448	1388	1449	1378	1241	~	~	~
欧洲	1154	1170	1258	1287	1248	~	~	~
美洲	1240	1212	1181	1242	1192	~	~	~
大洋洲	1334	1386	1385	1461	1330	~	~	~
其他②	1302	1355	1619	1791	1645	1286	~	~
非购物消费①	**902**	**958**	**1026**	**1030**	**884**	**903**	**1116**	**1076**
中国内地	913	952	1052	1040	873	912	1046	1000
中国香港	744	838	798	859	759	765	~	~
中国台湾	1101	1228	1188	1217	1067	1150	~	~
日本	1355	1526	1530	1652	1582	~	~	~
东南亚	1105	1075	1094	1036	950	~	~	~
欧洲	1023	1066	1138	1165	1152	~	~	~
美洲	1035	1034	1008	1057	1026	~	~	~
大洋洲	1134	1225	1229	1287	1193	~	~	~
其他②	1130	1181	1364	1508	1435	1123	~	~
购物消费	**762**	**744**	**855**	**916**	**743**	**1122**	**2057**	**2110**
中国内地	1051	1022	1151	1202	960	1339	2211	2249
中国香港	143	161	173	196	195	230	~	~
中国台湾	365	391	397	396	310	228	~	~
日本	169	182	214	219	170	~	~	~
东南亚	342	313	354	343	291	~	~	~
欧洲	131	104	120	122	96	~	~	~
美洲	205	178	173	185	166	~	~	~
大洋洲	200	161	156	174	137	~	~	~
其他②	172	175	255	283	210	163	~	~

注：①不包括博彩消费。
②2018年及2019年不包括韩国旅客的人均消费。

9-2-13 零售业销售额

单位：亿澳门元

项　　目	2017	2018	2019	2020	2021	2022
销售总额	**662.62**	**768.07**	**771.87**	**452.25**	**740.9**	**576.96**
百货	98.85	123.28	133.40	66.23	120.32	75.99
超级市场	44.33	46.13	49.49	51.45	50.66	53.00
汽车	21.52	25.71	23.91	20.71	20.83	17.77
钟表珠宝	147.44	161.69	158.50	72.72	164.86	115.72
成人服装	86.89	101.47	89.03	41.91	60.84	41.43
车用燃料	12.80	15.05	16.80	11.43	12.45	12.54
家用燃料	5.68	6.32	5.90	4.31	4.68	4.93
家庭电器	11.73	13.01	11.65	8.65	10.28	8.30
药房	19.25	21.41	21.33	14.39	16.99	16.47
其他	214.13	254.00	261.86	160.45	278.99	230.81

9-2-14 按出入境方式统计的对外商品贸易

单位：万吨

项　　目	2018	2019	2020	2021	2022
入境①					
海路	353.1	526.9	693.8	618.4	360.1
空路	0.7	0.8	0.4	0.5	0.5
陆路	136.2	130.6	109.3	140.5	157.8
其他②	10126.3	10183.0	9631.8	9501.5	9246.0
总数	**10616.4**	**10841.3**	**10435.3**	**10260.9**	**9764.4**
出境①					
海路	32.9	16.0	16.6	19.5	16.2
空路	2.0	2.3	2.7	4.4	4.6
陆路	4.6	3.0	2.8	3.1	4.6
其他②	22.1	25.3	5.9	7.2	5.2
总数	**61.6**	**46.6**	**28.0**	**34.2**	**30.7**

注：①包括转运货物。
②包括邮递及以管道运输方式进出澳门的货物。

9-2-15 港口集装箱总吞吐量

单位：标准集装箱

项　　目	2018	2019	2020	2021	2022
入　　境	86943	84618	83365	82695	73954
出　　境	51119	47699	37883	40840	53514
转　　口	577	722	155	540	318

9-2-16 通信服务

项目	2018	2019	2020	2021	2022
邮递服务 （万件）					
信件邮件	3303	3079	2628	2311	1913
包裹	0.5	0.5	0.7	0.8	0.9
电话服务 （万户）					
固网电话用户	12.4	11.6	10.7	10.0	9.3
移动电话用户	76.4	80.2	83.3	88.1	92.6
预付卡	141.7	199.1	78.8	39.4	28.7
对外电话通讯量 （万分钟）					
拨出	17473	14008	8186	6956	5206
拨入	15645	13450	6145	6460	4538
互联网					
登记用户 （万户）	54.3	59.0	63.2	67.2	70.1
总使用时数 （万小时）	126880	158540	165428	166102	168651

注：由于小数进位关系，此表内“电话服务”细项之和与统计表9-2-1内“固网及移动电话用户”之总数出现差异。

9-2-17 按受教育程度统计14岁及以上人口

项目	2001人口普查		2006中期人口统计		2011人口普查		2016中期人口统计		2021人口普查	
	人数（万人）	构成（%）	人数（万人）	构成（%）	人数（万人）	构成（%）	人数（万人）	构成（%）	人数（万人）	构成（%）
总计	**34.97**	**100.0**	**43.36**	**100.0**	**49.27**	**100.0**	**57.70**	**100.0**	**58.84**	**100.0**
男	16.45	47.0	20.97	48.4	23.40	47.5	27.55	47.8	27.15	46.1
女	18.52	53.0	22.39	51.6	25.86	52.5	30.15	52.2	31.69	53.9
从未入学/学前教育	2.10	6.0	2.06	4.7	1.65	3.4	1.59	2.7	0.94	1.6
男	0.48	1.4	0.50	1.1	0.38	0.8	0.39	0.7	0.21	0.4
女	1.62	4.6	1.56	3.6	1.27	2.6	1.20	2.1	0.73	1.2
小学	13.64	39.0	13.28	30.6	12.17	24.7	12.14	21.0	12.26	20.8
男	6.63	19.0	6.59	15.2	5.81	11.8	5.71	9.9	5.43	9.2
女	7.01	20.0	6.69	15.4	6.36	12.9	6.43	11.1	6.84	11.6
初中	9.45	27.0	12.07	27.8	12.31	25.0	12.69	22.0	10.88	18.5
男	4.43	12.7	6.00	13.8	6.11	12.4	6.39	11.1	5.24	8.9
女	5.02	14.3	6.07	14.0	6.19	12.6	6.30	10.9	5.64	9.6
高中	6.63	18.9	10.43	24.0	14.09	28.6	16.61	28.8	16.53	28.1
男	3.32	9.5	5.16	11.9	6.73	13.7	8.09	14.0	7.83	13.3
女	3.31	9.5	5.27	12.1	7.36	14.9	8.52	14.8	8.70	14.8
文凭课程	~	~	~	~	~	~	~	~	0.57	1.0
男	~	~	~	~	~	~	~	~	0.23	0.4
女	~	~	~	~	~	~	~	~	0.33	0.6
高等教育①										
高等专科	0.75	2.1	0.64	1.5	0.99	2.0	1.28	2.2	2.58	4.4
男	0.29	0.8	0.26	0.6	0.46	0.9	0.61	1.1	1.17	2.0
女	0.46	1.3	0.38	0.9	0.53	1.1	0.67	1.2	1.41	2.4
大学	2.39	6.8	4.86	11.2	8.02	16.3	13.34	23.1	15.02	25.5
男	1.29	3.7	2.44	5.6	3.88	7.9	6.33	11.0	7.00	11.9
女	1.10	3.2	2.42	5.6	4.13	8.4	7.01	12.2	8.01	13.6
特殊教育	0.02	0.1	0.03	0.1	0.04	0.1	0.06	0.1	0.08	0.1
男	0.01	o	0.02	o	0.03	o	0.04	o	0.05	0.1
女	0.01	o	0.01	o	0.02	o	0.02	o	0.03	0.1

注：①自2021人口普查起，高等教育不包括文凭课程。

9-2-18 外币兑换率

单位：一单位外币兑换的澳门元

项目	2018	2019	2020	2021	2022
年内平均数字					
澳元	6.0401	5.6078	5.5165	6.0154	5.6024
欧元	9.5360	9.0358	9.1196	9.4749	8.4902
韩元	0.0073	0.0069	0.0068	0.0070	0.0063
美元	8.0729	8.0703	7.9889	8.0057	8.0661
新台币	0.2679	0.2611	0.2712	0.2866	0.2711
英镑	10.7810	10.2996	10.2496	11.0171	9.9682
港元	1.0300	1.0300	1.0300	1.0300	1.0300
日元	0.0731	0.0741	0.0748	0.0730	0.0617
马来西亚林吉特	2.0022	1.9479	1.9007	1.9316	1.8344
新西兰元	5.5894	5.3171	5.1939	5.6643	5.1250
人民币	1.2220	1.1673	1.1575	1.2409	1.1989
新加坡元	5.9850	5.9150	5.7914	5.9580	5.8493
瑞士法郎	8.2533	8.1243	8.5168	8.7587	8.4484
年底数字					
澳元	5.6848	5.6179	6.1502	5.8263	5.4344
欧元	9.2324	8.9870	9.8278	9.0969	8.5673
韩元	0.0072	0.0069	0.0073	0.0067	0.0064
美元	8.0664	8.0216	7.9852	8.0319	8.0308
新台币	0.2640	0.2669	0.2844	0.2902	0.2617
英镑	10.2359	10.5199	10.8958	10.8447	9.6876
港元	1.0300	1.0300	1.0300	1.0300	1.0300
日元	0.0731	0.0737	0.0774	0.0698	0.0606
马来西亚林吉特	1.9463	1.9567	1.9822	1.9243	1.8190
新西兰元	5.4130	5.4021	5.7717	5.4886	5.0867
人民币	1.1730	1.1492	1.2274	1.2595	1.1518
新加坡元	5.9079	5.9501	6.0396	5.9403	5.9782
瑞士法郎	8.2009	8.2795	9.0622	8.7929	8.7074

9-2-19 货币供应

单位：亿澳门元(年底数字)

项目	2018	2019	2020	2021	2022
狭义货币供应量M_1	**807.6**	**881.6**	**811.9**	**758.7**	**727.7**
分类一：澳门元	452.4	470.6	481.1	491.8	499.5
港元	341.8	386.6	306.7	247.1	206.7
其他货币	13.4	24.4	24.0	19.8	21.5
分类二：流通货币(澳门元)	160.1	168.8	185.8	198.9	204.3
活期存款	647.5	712.9	626.1	559.9	523.3
广义货币供应量$M_2$①	**6514.5**	**6875.2**	**6923.6**	**6875.4**	**7178.7**
分类一：澳门元	1985.1	2106.3	2354.1	2434.0	2770.9
港元	3419.7	3311.0	3382.4	3441.8	2988.6
其他货币	1109.8	1457.9	1187.1	999.7	1419.2
分类二：狭义货币供应量$M_1$②	807.6	881.6	811.9	758.7	727.7
准货币负债③	5706.9	5993.6	6111.7	6116.7	6451.0
储蓄存款	1924.0	1931.7	2239.4	2255.3	2058.9
通知存款	1.7	1.8	1.5	0.7	2.2
定期存款	3780.7	4059.7	3832.1	3830.3	4300.7

注：① M_2 = M_1 + 准货币负债。
② 货币供应量M_1包括流通货币及活期存款。
③ 准货币负债：包括储蓄存款、通知存款、定期存款、其他存款及存款证明书。

【主要统计指标解释】

本地生产总值 反映每年在澳门特区生产的货物和提供各种服务的总量。本年鉴中的本地生产总值用支出法及生产法估算，支出法等于私人消费支出、政府最终消费支出、固定资本形成总额、库存变化和货物及服务出口净值（出口减进口）的总和。而生产法等于各经济行业的增加值总额的总和，这种方法可以评估澳门特区的产业结构。

婴儿死亡率 参考期内年龄在1岁或以下的死亡人数与出生活婴数目的千分比。

出生率 参考期内出生活婴数目与平均人口之千分比。

死亡率 参考期内死亡人数与平均人口之千分比。

幼儿、小学、中学教育 指有系统的，且主要专为儿童及青少年开办的，由幼儿教育至中学教育的课程；中学教育包括职业技术教育。

幼儿教育 为期3年，对象是年龄3-5岁的儿童。在报名当年的12月31日年满3岁的幼儿可报读幼儿教育第一年。

小学教育 为期6年，完成幼儿教育或在报名当年的12月31日年满6岁的儿童可报读小学教育第一年。就读小学的最高年龄为15岁。

中学教育 由两个阶段组成：初中教育及高中教育。大学预科不纳入中学教育。

1. 初中教育 为期3年，合格完成小学教育者可以入读。就读初中最大年龄为18岁，但在特别情况下，经教育机构决定，可以逾越此年限。

2. 高中教育 为期3年，合格完成初中教育者可以入读。就读高中最大年龄为21岁，但在特别情况下，经教育机构决定，可以逾越此年限。

高等教育 指透过理论、实践等在科学、文化及技术领域提供的培训教育；高等教育包括大学教育及高等专科教育。

劳动人口

在调查日前7天内可参与生产商品或提供服务的年龄在16岁及以上人士。包括就业人士及失业人士。

就业人口

在调查日前7天内为赚取报酬或利润而工作至少1小时的年龄在16岁及以上人士，亦包括无酬家属帮工、没有上班但与雇主保持正式工作联系的雇员，以及正在休假的雇主或自雇人士。

就业不足人口 在调查日前7天内不论其职业身份，非自愿地工作少于35小时，并可随时接受更多的工作或在调查日前30天内正在寻找更多工作的就业人士。因此，在调查日前7天内处于无薪假期且符合上述条件的就业人士会视为就业不足人口。

劳动力参与率 劳动人口占年龄在16岁及以上人士的百分比。

失业率 失业人口占劳动人口的百分比。

就业不足率 就业不足人口占劳动人口的百分比。

旅客 指任何非以澳门特区为惯常活动环境的人士，连续在澳门的逗留时间少于一年，其旅游目的并非受雇于澳门特区的居民实体。

酒店业平均入住率 入住客房数量与可供应客房数量之百分比。

进口 将来自外地的货物输入澳门特区，但再进口和转运制度下输入者除外。

出口 将货物输出澳门特区，但暂时出口和转运制度下输出者除外。

本地产品出口 将原产地为澳门特区的任何货物输出澳门特区。

再出口 指原进口的货物未经加工输出澳门特区；或虽加工，但不能取得澳门特区产地资格。

转运 货物经过澳门特区而运到下一目的地。

原产地 农业产品种植之国家／地区、矿产开采之国家／地区、工业产品生产之国家／地区，被视为原产地国家／地区。若工业产品的制造工序于两个或以上的国家／地区进行，应以进行最后转变成型工序的国家／地区为原产地，再包装、分类及混合等工序不能构成最后转变成型工序；当产品入口国对相关货物产地来源有特定规定时，应遵从有关规定。

目的地 目的地是指货物实际最后到达的国家或地区(不论在运输途中有或没有中断)。如有中间国家或地区，只要不在中间国家或地区内进行商业交易，最后到达的国家或地区都可被视为目的地。

贸易价格比率指数 即货物出口单位价格指数与货物进口单位价格指数之比率。

单位 包括住宅、商业、办公室、工业、停车位、酒店及其他单位。

建筑面积 相等于所有楼层楼面面积之总和。楼面面积从外墙起量度，包括大堂、楼梯、升降机所占面积以及所有公用地方面积。

消费物价指数 反映澳门特区住户于购买一篮子之指定商品或服务时，在不同时间该等商品或服务之价格变动。

狭义货币供应量M_1 为流通货币及活期存款之和。

广义货币供应量M_2 指狭义货币供应量M_1加上准货币负债。准货币负债指储蓄存款、通知存款、定期存款、其他存款和存款证明书。

财务活动 由财务资产及财务负债组成。

9 港澳台第三产业情况

9-3　台湾第三产业情况

简要说明

一、本章资料反映台湾省主要社会、经济发展情况，重点反映第三产业情况。内容包括：人口、就业、国民经济核算、工业、交通通讯、对外贸易、财政金融、物价、教育、社会保障等方面。

二、本章数据主要来自台湾“行政院主计总处”及相关部门统计出版物，国家统计局国际统计信息中心负责整理、编辑。

三、贸易数据从 2016 年 1 月起按照一般贸易制度口径予以统计，并按此方法对 2001 年至 2015 年的贸易数据进行了重新修订。

9-3-1 主要统计指标概况

指标		2017	2018	2019	2020	2021	2022
人口							
户籍登记人口数①	(万人)	2357.1	2358.9	2360.3	2356.1	2337.5	2326.5
人口自然增长率	(‰)	1.0	0.4	0.1	-0.3	-1.3	-2.9
人口密度①	(人/平方公里)	651.2	651.7	652.1	650.9	645.8	642.7
性别比①(女=100)		98.9	98.6	98.4	98.2	98.2	97.7
劳动、就业							
劳动力人口	(万人)	1179.5	1187.4	1194.6	1196.4	1191.9	1185.3
劳动力参与率	(%)	58.8	59.0	59.2	59.1	59.0	59.2
男		67.1	67.2	67.3	67.2	66.9	67.1
女		50.9	51.1	51.4	51.4	51.5	51.6
工业就业人口比率	(%)	35.8	35.7	35.6	35.4	35.5	35.4
服务业就业人口比率	(%)	59.3	59.4	59.6	59.8	59.8	60.0
失业率	(%)	3.8	3.7	3.7	3.9	4.0	3.7
工业及服务业月人均薪资	(新台币元)	50480.0	52407.0	53457.0	54160.0	55792.0	57728.0
工业		49907.0	52005.0	52865.0	53136.0	56298.0	58972.0
服务业		50912.0	52708.0	53882.0	54893.0	55428.0	56832.0
公共安全							
刑案发生率	(件/10万人)	1245.8	1206.7	1137.3	1101.3	1035.8	1138.6
犯罪人口率	(人/10万人)	1219.7	1236.7	1176.7	1195.0	1130.1	1251.7
刑案破获率	(%)	94.6	95.2	96.4	97.7	98.8	96.7
少年疑犯人数(12-17岁)	(人)	10499.0	8893.0	9441.0	10226.0	9627.0	9554.0
火灾发生次数	(次)	30464.0	27922.0	22866.0	22248.0	21684.0	15890.0
死伤人数	(人)	480.0	463.0	628.0	625.0	496.0	346.0
机动车肇事率	(件/万辆)	137.4	147.0	155.5	163.2	159.6	
道路交通事故伤亡人数							
死亡	(人)	1517.0	1493.0	1849.0	1851.0	1860.0	
受伤	(人)	394198.0	428049.0	456378.0	483409.0	477367.0	
保险							
全民健保参保人数	(万人)	2388.0	2394.8	2402.0	2398.7	2386.1	2378.7
社保参保人数	(万人)						
公务员和教师		58.4	58.9	59.2	59.4	58.7	58.9
劳工		1027.2	1037.2	1046.9	1055.5	1074.2	1043.0
农民		117.5	113.0	108.4	104.6	100.6	95.9
工业							
受雇者劳动生产力指数(2016年＝100)		103.3	105.4	105.3	113.8	127.4	128.8
工业生产指数(2016年=100)		105.0	108.8	108.5	116.1	131.7	132.9
制造业		105.3	109.4	108.9	117.2	133.9	135.1
工业生产价值	(新台币亿元)	155045.3	165075.8	158592.8	156670.9	196806.1	207466.4
商业及对外贸易							
营利事业家数①	(万家)	140.4	143.4	146.5	150.7	155.7	159.6
营利事业销售额	(新台币亿元)	403027.5	427446.5	431020.1	437395.2	508452.6	555523.8
货物进出口额	(亿美元)	5726.9	6188.0	6148.1	6312.7	8283.3	9074.5
出口		3154.9	3340.1	3291.6	3451.3	4463.7	4794.4
进口		2572.0	2847.9	2856.5	2861.5	3819.6	4280.1
出（入)超		582.9	492.2	435.1	589.8	644.1	514.3
对日出（入)超		-213.7	-213.5	-207.7	-225.0	-269.1	-210.2
对美出（入)超		83.8	63.9	114.0	180.4	264.3	296.3
对内地及港出（入)超		783.6	827.0	736.6	865.7	1046.8	1004.0
外销订单	(亿美元)	4928.1	5118.2	4845.6	5336.6	6741.3	6667.9
运输通信							
交通运输客运人数	(亿人)						
铁路		11.2	11.5	11.9	10.3	7.9	8.9

注：①为年底数。
②为年度资料。
③卖出汇率，且为年底数。
④从2013年12月30日起，国道高速公路由计次收费改为计程电子收费。

9-3-1 续表

指 标		2017	2018	2019	2020	2021	2022
公路		12.4	12.5	12.5	10.8	7.9	8.4
航空	（万人）						
省内		1109.7	1159.2	1224.1	1011.3	657.4	970.6
省外		5447.5	5692.2	5957.8	883.1	102.4	576.1
高速公路收费站通行车辆数④	（万辆次）	591902.2	592668.3	597496.5	607532.2	579762.1	618001.0
每百人机动车辆数①	（辆）	92.1	92.7	93.7	94.6	96.7	98.2
港埠货物装卸量	（万计费吨）	72550.4	74085.2	73055.8	70299.5	75030.8	71826.7
旅游	**（万人次）**						
出省旅游人数		1565.5	1664.5	1710.1	233.6	36.0	148.3
来台湾旅客人数		1074.0	1106.7	1186.4	137.8	14.0	89.6
财政、金融							
赋税实征净额②	（新台币亿元）	22512.5	23869.4	24705.2	23986.7	28742.1	32478.8
直接税	(%)	62.7	62.5	63.5	61.9	65.2	68.2
间接税	(%)	37.3	37.5	36.5	38.1	34.8	31.8
外汇存底①	（亿美元）	4515.0	4617.8	4781.3	5299.1	5484.1	5549.3
汇率③							
1美元	（新台币）	30.4	30.2	30.9	29.6	28.0	29.8
货币总计数$M_2$①	（新台币亿元）	427702.2	439052.0	458918.5	501879.0	538752.1	575085.9
年增率	(%)	3.6	2.7	4.5	9.4	7.4	6.7
存款①	（新台币亿元）	420940.0	431958.0	450861.0	492197.0	527570.0	563301.0
放款与投资①	（新台币亿元）	320227.0	337475.0	354224.0	378266.0	409996.0	436168.0
再贴现率①	（年息百分比率）	1.4	1.4	1.4	1.1	1.1	1.8
股价指数(1966年＝100)		10208.0	10620.0	10790.0	12075.0	16938.0	15623.0
国际收支余额	（亿美元）						
经常账户		830.9	707.1	664.3	965.7	1179.7	1008.8
资本账户		-0.1	0.6	0.0	-0.09	0.03	-0.46
金融账户		749.9	588.1	591.4	476.7	1064.7	956.4
价格指数年增长率(2016年=100)	**(%)**						
批发		0.9	3.6	-2.3	-7.8	9.5	12.4
消费者		0.6	1.4	0.6	-0.2	2.0	3.0
进口		1.4	6.1	-1.5	-10.2	10.5	16.1
出口		-1.5	1.5	-2.8	-7.2	6.6	12.1
国民经济核算	**（新台币亿元）**						
本地居民总收入		184307.1	187898.2	193847.8	204865.9	221974.7	232231.3
本地生产总值		179833.5	183750.2	189086.3	199148.1	217389.8	227064.9
居民消费		93256.8	96104.8	98830.7	96011.0	96971.2	103361.6
固定资本形成总额		37958.7	40011.3	45266.1	48172.8	56764.2	62699.5
商品及服务出口		120955.1	121913.5	119226.5	115675.3	144400.5	163461.3
减：商品及服务进口		96956.8	101361.0	100502.2	88494.4	111963.7	134008.9
GDP增长率	(%)	3.3	2.8	3.1	3.4	6.5	2.5
农业		8.3	4.5	-0.9	-1.5	-4.3	-1.9
工业		4.8	2.6	1.4	7.1	13.2	2.1
服务业		2.9	3.0	3.6	1.3	2.8	2.4
产业结构	(%)						
农业		1.8	1.7	1.7	1.6	1.4	1.4
工业		37.0	36.5	35.4	37.2	38.8	37.7
服务业		61.6	62.3	62.8	60.9	59.9	60.6
人均本地居民总收入	（新台币元）	782437.0	796852.0	821527.0	868732.0	945850.0	999125.0
人均本地居民总收入	（美元）	25704.0	26421.0	26561.0	29369.0	33756.0	33565.0
居民储蓄总值	（新台币亿元）	65639.4	65326.4	67350.7	79409.1	95241.5	95990.8
储蓄率	(%)	35.6	34.8	34.7	38.8	42.9	41.3

9-3-2 本地生产总值部门构成

单位：%

年 份	本地生产总值（新台币亿元）	农业	工业	制造业	水、电、燃气业及污染治理业	建筑业	服务业	批发、零售业	金融及保险业	不动产业	咨讯及通讯传播业
2009	129194.45	1.68	30.69	25.96	2.12	2.46	66.38	17.22	6.15	8.92	3.51
2010	140603.45	1.61	33.30	28.60	1.97	2.60	64.83	16.84	6.17	8.49	3.30
2011	142622.01	1.74	32.62	28.27	1.56	2.67	65.64	17.14	6.37	8.55	3.23
2012	146777.65	1.68	32.37	28.07	1.59	2.60	65.05	16.70	6.34	8.51	3.14
2013	152707.28	1.73	33.71	29.11	1.93	2.57	64.51	16.77	6.36	8.49	3.10
2014	162580.47	1.86	35.76	31.10	2.05	2.52	62.90	16.03	6.48	8.17	3.06
2015	170550.80	1.75	36.22	31.36	2.32	2.46	61.84	15.62	6.45	8.02	3.08
2016	175552.68	1.87	36.87	32.22	2.25	2.34	61.27	15.25	6.41	7.97	3.13
2017	179833.47	1.83	36.98	32.66	1.94	2.32	61.59	15.46	6.55	7.99	3.09
2018	183750.22	1.70	36.46	32.27	1.73	2.40	62.26	15.62	6.69	8.10	3.05
2019	189086.32	1.68	35.41	30.92	1.77	2.65	62.77	15.71	6.75	8.22	3.10
2020	197985.97	1.58	36.96	31.93	2.08	2.88	61.03	15.32	6.71	8.17	3.05
2021	217105.98	1.49	37.82	32.76	1.68	3.32	60.42	15.67	6.72	7.63	2.97
2022	226665.22	1.41	37.63	34.07	0.24	3.26	60.67	15.78	6.39	7.52	3.08

9-3-3 本地居民总收入

年 份	本地居民总收入			人均本地居民总收入	
	新台币亿元	实际年增长率 %	亿 美 元①	新 台 币 元	美 元①
2009	133218	-0.7	4030	577241	17460
2010	144761	8.7	4574	625560	19765
2011	146343	1.1	4966	630965	21410
2012	151100	3.3	5101	649322	21922
2013	156732	3.7	5265	671384	22552
2014	166972	6.5	5498	713443	23492
2015	174947	4.8	5483	745634	23367
2016	180064	2.9	5570	765711	23684
2017	184307	2.4	6055	782437	25704
2018	187898	2.0	6230	796852	26421
2019	193848	3.2	6267	821527	26561
2020	204866	5.7	6926	868732	29369
2021	221975	8.4	7922	945850	33756
2022	232956	5.0	7825	1002246	33664

注：①按当年汇率折算。

9-3-4 劳动力和就业状况

项目		2017	2018	2019	2020	2021	2022
劳动力总计	（万人）	1179.5	1187.4	1194.6	1196.4	1191.9	1185.3
男		656.8	660.2	663.1	663.8	659.5	655.4
女		522.7	527.2	531.5	532.6	532.4	529.8
就业人数	（万人）	1135.2	1143.4	1150.0	1150.4	1144.7	1141.8
男		630.5	634.6	637.6	637.8	633.2	631.3
女		504.7	508.9	512.4	512.6	511.5	510.5
就业者行业构成	(%)	100.0	100.0	100.0	100.0	100.0	100.0
农、林、渔、牧业		4.9	4.9	4.9	4.8	4.7	4.6
工业		35.8	35.7	35.6	35.4	35.5	35.4
矿业及土石采取业		0.04	0.03	0.03	0.03	0.03	0.03
制造业		26.8	26.8	26.7	26.4	26.4	26.4
电力及燃气供应业		0.3	0.3	0.3	0.3	0.3	0.3
用水供应及污染整治业		0.7	0.7	0.7	0.7	0.7	0.7
建筑业		7.9	7.9	7.9	8.0	8.0	8.0
服务业		59.3	59.4	59.6	59.8	59.8	60.0
批发及零售业		16.5	16.6	16.7	16.5	16.4	16.2
运输及仓储业		3.9	3.9	3.9	4.0	4.0	4.2
金融及保险业		3.8	3.8	3.8	3.8	3.8	3.8
咨讯及通讯传播		2.2	2.3	2.3	2.3	2.3	2.4
住宿及餐饮业		7.3	7.3	7.4	7.4	7.3	7.4
教育服务业		5.7	5.7	5.7	5.7	5.6	5.6
公共行政		3.3	3.2	3.2	3.3	3.3	3.3
失业人数	（万人）	44.3	44.0	44.6	46.0	47.1	43.4
失业率	(%)	3.8	3.7	3.7	3.9	4.0	3.7

9-3-5 服务业就业人员月平均工资

单位：新台币元

年份	服务业月平均工资	批发、零售业	运输、仓储业	金融、保险业	不动产业	专业、科学及技术服务
2009	43867	40081	47911	67713	39032	49426
2010	45600	41766	49012	74219	42093	52141
2011	46881	42562	50333	76920	43783	54097
2012	46747	41815	50364	77957	41546	54950
2013	46756	42249	50021	77864	42165	53835
2014	48558	44377	50291	83085	44786	55491
2015	49526	45422	51579	84742	44075	56132
2016	49730	45345	52540	85452	42897	56427
2017	50912	47260	53314	86425	44893	57585
2018	52708	49798	54994	89215	47658	58773
2019	53882	51328	55588	93059	50431	63534
2020	54893	52281	55097	94473	54188	64568
2021	55428	51448	57579	98875	57330	65478
2022	56832	52038	62232	100390	57200	67728

9-3-6 货物进出口额

年 份	按新台币计算（亿元）			按美元计算（亿美元）		
	进出口总额	出口	进口	进出口总额	出口	进口
2009	126093	67695	58398	3823	2052	1771
2010	168310	87574	80736	5331	2774	2557
2011	176112	91724	84388	5995	3122	2873
2012	172229	90373	81856	5818	3053	2765
2013	174434	92190	82243	5882	3109	2774
2014	181663	96634	85029	6005	3194	2811
2015	165024	90137	74887	5208	2844	2364
2016	163831	89972	73859	5084	2792	2292
2017	174402	96058	78344	5727	3155	2572
2018	186562	100691	85871	6188	3340	2848
2019	190174	101819	88354	6148	3292	2857
2020	186593	101987	84606	6313	3451	2861
2021	231986	125016	106970	8283	4464	3820
2022	269196	142191	127005	9075	4794	4280

9-3-7 出口与进口货物分类

单位：亿美元

年 份	出 口				进 口			
	出口额	资本品	中间产品	消费品	进口额	资本设备	原材料	消费品
2010	2773.5	293.0	2173.9	294.4	2557.5	386.1	1918.3	231.9
2011	3121.8	336.3	2407.6	365.1	2873.2	367.5	2206.7	274.8
2012	3053.1	337.5	2380.8	321.9	2764.7	340.6	2120.3	282.2
2013	3108.7	326.5	2444.9	320.8	2773.8	361.2	2084.0	297.1
2014	3194.1	342.3	2518.5	316.3	2811.0	377.7	2077.7	314.5
2015	2844.3	333.6	2207.6	285.4	2363.8	372.2	1626.1	320.1
2016	2791.7	337.4	2173.0	264.1	2292.0	411.1	1532.8	315.3
2017	3154.9	378.7	2481.1	276.6	2572.0	405.6	1789.5	339.9
2018	3340.1	404.6	2632.5	284.6	2847.9	418.7	2032.9	361.1
2019	3291.6	441.2	2537.2	294.4	2856.5	507.6	1939.6	371.7
2020	3451.3	461.2	2660.9	308.8	2861.5	526.4	1911.6	385.4
2021	4463.7	561.1	3507.5	372.3	3819.6	689.1	2650.6	436.6
2022	4794.4	623.0	3815.6	336.5	4280.1	752.5	3001.4	480.3

9-3-8 货物出口去向和进口来源

单位：亿美元

项 目	2017	2018	2019	2020	2021	2022
出口去向						
中国内地	887.5	965.0	917.9	1024.5	1259.0	1211.1
中国香港	411.7	414.0	403.3	489.4	629.7	647.8
日 本	205.7	228.0	232.8	234.0	292.1	336.1
韩 国	144.2	157.4	169.2	151.4	201.4	221.8
美 国	367.7	394.9	462.5	505.5	656.9	750.5
泰 国	63.8	61.7	55.2	52.9	70.2	75.5
马来西亚	103.7	106.0	94.0	94.6	133.3	170.2
印度尼西亚	31.9	33.3	29.2	22.8	30.7	32.1
新 加 坡	176.2	173.2	181.8	190.8	257.2	295.2
越 南	104.6	107.7	107.7	105.2	139.7	145.7
德 国	64.3	70.6	65.2	60.4	81.7	88.1
法 国	17.1	16.7	15.2	12.8	15.8	19.3
意 大 利	20.3	23.3	19.8	16.1	25.7	29.0
英 国	37.6	38.6	35.8	33.4	41.5	40.5
巴 西	12.7	13.4	11.8	10.8	16.3	14.0
澳大利亚	29.3	34.0	32.4	32.3	48.1	75.4
沙特阿拉伯	10.7	7.8	9.1	8.7	9.2	10.5
科 威 特	1.4	1.5	1.6	1.2	1.3	1.5
进口来源						
中国内地	500.4	537.9	573.9	635.9	824.8	839.9
中国香港	15.1	14.1	10.6	12.2	17.1	15.0
日 本	419.4	441.5	440.5	459.0	561.2	546.3
韩 国	168.9	195.2	177.4	206.1	306.4	342.7
美 国	284.0	331.0	348.5	325.1	392.6	454.2
泰 国	43.6	45.8	42.5	45.4	59.6	62.9
马来西亚	71.8	93.0	103.7	98.9	118.0	135.4
印度尼西亚	48.8	54.9	46.8	45.1	79.1	112.3
新 加 坡	87.1	84.2	79.2	89.9	120.7	125.3
越 南	31.2	37.0	52.8	55.0	61.5	69.7
德 国	92.0	99.7	94.0	101.8	125.1	142.3
法 国	39.0	37.1	32.1	29.9	35.2	39.3
意 大 利	25.2	26.9	26.1	26.6	30.1	33.5
英 国	19.4	20.8	20.2	19.0	23.7	25.9
巴 西	26.0	16.4	20.5	20.2	26.1	24.3
澳大利亚	82.4	95.5	100.2	80.6	149.4	246.8
沙特阿拉伯	68.6	86.1	77.3	48.5	79.0	115.2
科 威 特	35.7	51.2	43.1	25.3	45.5	70.0

9-3-9 旅游人数及外汇收入

指　　标		2018	2019	2020	2021	2022
离境旅游人数	**（万人次）**	**1664.5**	**1710.1**	**233.6**	**36.0**	**148.3**
来台旅游人数	**（万人次）**	**1106.7**	**1186.4**	**137.8**	**14.0**	**89.6**
香港澳门		165.4	175.8	17.8	1.1	3.3
中国大陆		269.6	271.4	11.1	1.3	2.4
外国		671.3	739.0	108.6	11.5	83.3
未列明		0.5	0.2	0.3	0.1	0.6
旅游收入总额	**（亿美元）**	**262.0**	**271.1**	**135.6**	**100.1**	
来台旅客						
旅游外汇收入	（亿美元）	137.1	144.1	18.0	7.5	
平均每人停留时间	（夜）	6.5	6.2	8.3	34.8	13.8
旅客人均每日消费	（美元）	191.7	195.9	-	90.5	

9-3-10 铁路和公路客货运量

年　份	铁　　路				公　　路			
	客运量（亿人）	客运周转量（亿人公里）	货运量（亿吨）	货物周转量（亿吨公里）	客运量（亿人）	客运周转量（亿人公里）	货运量（亿吨）	货物周转量（亿吨公里）
2009	7.18	192.69	0.10	7.70	10.39	158.82	5.97	290.71
2010	7.78	209.27	0.10	8.66	11.10	163.07	6.28	296.32
2011	8.63	228.21	0.11	8.48	11.64	170.40	6.38	295.51
2012	9.24	242.02	0.11	8.28	11.91	175.86	6.53	298.51
2013	9.70	253.16	0.11	7.27	12.20	179.28	5.51	384.74
2014	10.22	263.27	0.11	6.81	12.39	183.84	5.42	378.52
2015	10.60	270.98	0.11	6.34	12.17	175.65	5.32	378.05
2016	10.90	279.37	0.09	5.62	12.25	173.79	5.30	385.33
2017	11.21	289.91	0.08	5.12	12.35	170.53	5.37	403.51
2018	11.52	296.15	0.08	5.42	12.50	171.36	5.61	441.69
2019	11.93	304.44	0.07	5.17	12.47	170.64	5.60	443.70
2020	10.29	255.56	0.07	4.95	10.79	143.06	5.02	331.99
2021	7.91	195.33	0.07	4.45	7.92	101.53	5.17	340.94
2022	8.88	227.83	0.07	4.73	8.37	102.86	5.14	339.63

9-3-11 港口客运量及货运量

年份	客运量(万人)			货运量(万吨)		
	总计	进港	出港	总计	进港	出港
2009	57.58	27.77	29.80	23574	17057	6517
2010	66.96	32.53	34.44	24649	18212	6437
2011	66.48	32.43	34.04	24442	18139	6303
2012	69.91	34.59	35.32	23892	17876	6016
2013	99.12	49.17	49.94	24347	18189	6158
2014	137.86	68.30	69.56	25548	19240	6308
2015	135.12	66.87	68.25	24068	18208	5861
2016	122.96	60.79	62.17	24602	18593	6009
2017	142.71	70.49	72.22	24648	18924	5724
2018	142.46	70.26	72.20	24262	18290	5971
2019	150.41	74.33	76.07	23085	16919	6166
2020	42.83	20.19	22.64	22842	16988	5854
2021	23.21	10.83	12.38	24590	18209	6381
2022	16.74	7.20	9.54	23193	17178	6015

9-3-12 港口集装箱及货物装卸量

年份	折合20英尺标准集装箱(万TEU)			装卸量(万收费吨)		
	总计	进港	出港	总计	装货量	卸货量
2009	1171	588	583	60575	24435	36140
2010	1274	635	639	65540	26584	38956
2011	1342	674	669	67900	27547	40353
2012	1388	694	694	69080	28455	40625
2013	1405	706	698	70575	28970	41606
2014	1505	754	751	74861	30844	44017
2015	1449	726	723	72139	29576	42562
2016	1487	744	742	73356	30395	42961
2017	1491	746	745	72550	30014	42536
2018	1532	767	765	74085	30817	43268
2019	1530	769	761	73056	30484	42571
2020	1459	729	730	70299	29298	41001
2021	1545	777	768	75031	30869	44161
2022	1469	735	734	71827	29788	42039

9-3-13 民航客运量及货运量

年 份	客运量（万人次）	国际线	省内线	过境	货运量（万吨）	国际线	省内线
2009	3606	2343	923	28	174.4	86.7	3.7
2010	4109	2526	973	25	233.6	101.8	3.7
2011	4286	2496	1048	24	217.9	95.2	3.6
2012	4686	2694	1068	28	209.1	93.1	3.6
2013	5034	3017	1055	40	208.5	90.6	3.6
2014	5536	3310	1056	40	222.2	94.4	3.5
2015	5816	3616	980	37	215.1	93.5	3.3
2016	6325	4072	1084	43	223.3	99.6	3.2
2017	6598	4403	1110	41	241.6	107.8	3.0
2018	6890	4618	1159	39	246.3	108.2	3.0
2019	7216	4883	1224	34	231.5	105.0	3.0
2020	1900	783	1011	5	243.5	100.2	2.9
2021	760	75	657	0	291.9	128.2	2.4
2022	1549	543	971	2	263.5	118.3	3.0

资料来源：台湾“交通部民航局”。

9-3-14 邮政及电信营运量

项 目		2017	2018	2019	2020	2021	2022
邮政							
函件	（亿件）						
收寄		23.5	21.5	20.2	19.1	18.4	18.5
包裹	（万件）						
收寄		2460.5	2573.7	2594.6	2736.2	2982.1	2872.6
电信							
市内电话用户数	（万户）	1145	1121	1099	1075	1052	1028
移动电话用户数	（万户）	2865.6	2922.0	2920.8	2928.9	2958.0	3014.7
综合业务数字网用户数	（万户）	1.3	0.9	0.7	0.6	0.6	0.6
数据通信出租电路数	（万路）	15.2	15.4	15.0	14.4	13.6	13.2
国际互联网用户数	（万户）	622.3	614.9	627.3	589.6	560.9	533.8
宽带用户	（万户）	582.3	576.2	589.7	553.1	525.4	499.1
国际电话去话分钟数	（万分钟）	136685	108830	69641	43644	27944	22754

9-3-15 入学率和教育经费

单位：%

年份	粗入学率(6-21岁)			15岁以上人口识字率②	教育经费占GNI比重	政府教育经费占政府支出比重
	初等教育(6-11岁)	中等教育(12-17岁)	高等教育①(18-21岁)			
2007	100.8	98.7	85.3	97.6	5.2	20.8
2008	99.0	99.1	84.1	97.8	5.4	20.5
2009	99.1	99.1	82.7	97.9	5.8	19.9
2010	99.0	99.0	83.1	98.0	5.3	20.1
2011	98.8	98.9	83.6	98.2	5.4	20.6
2012	98.7	98.7	84.2	98.3	5.4	20.5
2013	98.6	98.6	84.0	98.4	5.3	20.8
2014	98.5	98.7	83.8	98.5	5.1	21.3
2015	98.4	98.9	83.7	98.6	4.9	21.8
2016	98.3	98.6	84.0	98.7	4.9	21.5
2017	98.1	98.3	84.5	98.8	4.8	21.7
2018	98.0	98.5	84.7	98.9	4.8	21.6
2019	97.9	98.6	85.2	99.0	4.7	21.1
2020	98.1	98.7	87.9	99.0	4.6	20.0
2021	98.3	99.1	89.8	99.1	4.4	20.3

注：① 不含五专前三年、研究所及进修教育。
②年底资料。

9-3-16 科技人员数和科研开发经费

年份	科技人员数(人)				科研开发经费			每万人口研究人员数(人)	研究人员平均每年使用经费(新台币万元)
	总计	研究人员	技术人员	支援人员	金额(新台币亿元)	占GDP比重(%)	政府投入经费所占比重(%)		
2009	256252	154949	80433	20870	3670.5	2.8	28.8	67.0	237.0
2010	273249	165370	86882	20997	3958.8	2.8	27.5	71.4	239.0
2011	288311	174341	91618	22352	4153.6	2.9	26.4	75.1	238.0
2012	296288	179491	94863	21934	4340.0	3.0	24.7	77.0	242.0
2013	300514	179975	98356	22183	4584.3	3.0	23.5	77.0	255.0
2014	307379	181589	103408	22382	4845.4	3.0	21.9	77.5	267.0
2015	312923	183022	106822	23079	5116.2	3.0	21.2	77.9	280.0
2016	316467	184898	108755	22814	5417.6	3.1	21.4	78.5	293.0
2017	321877	187971	110428	23478	5745.0	3.2	19.8	79.7	306.0
2018	330579	193035	114145	23399	6159.9	3.4	18.8	81.8	319.0
2019	342476	199144	118973	24360	6605.1	3.5	18.1	84.4	332.0
2020	350857	203970	121539	25348	7187.9	3.6	16.8	86.6	352.0
2021	359578	208660	125368	25549	8206.3	3.8	15.1	89.3	393.0

9-3-17 金融概况

年份	货币供应量(新台币亿元)	流动性负债(新台币亿元)	储备货币(新台币亿元)	主要金融机构存款(新台币亿元)	主要金融机构放款与投资(新台币亿元)	再贴现率(年息%)	汇率(卖出价)(新台币/美元)
2009	105116	416730	23040	294486	214823	1.25	32.08
2010	114571	445203	25018	310063	228037	1.63	30.42
2011	118302	469541	27209	323022	241729	1.88	30.32
2012	124184	496032	29021	333004	255488	1.88	29.08
2013	134708	530162	31208	350624	267206	1.88	29.82
2014	143101	568299	32633	371339	281106	1.88	31.68
2015	152926	607126	34524	393558	294063	1.63	32.88
2016	161777	638980	36303	407174	305492	1.38	32.30
2017	167414	672411	37765	420940	320227	1.38	29.85
2018	177160	704974	40545	431958	337475	1.38	30.75
2019	190606	744291	42985	450861	354224	1.38	30.05
2020	222803	803857	48362	492197	378266	1.13	28.15
2021	249735	855653	53491	527570	409996	1.13	27.73
2022	258054	909301	59278	563301	436168	1.75	30.77

【主要统计指标解释】

就业人口 于资料标准周内，年满15岁从事有酬工作者或工作在15小时以上的无酬家属工作者。

失业人口 于资料标准周内，年满15岁同时具有无工作、随时可以工作及正在寻找工作或已找工作在等待结果者。此外尚包括等待恢复工作者及已找到职业而未开始工作也无报酬者。

就业人员工资 指本月内实际支付月底在职受雇员工的薪资总额，包括经常性薪资、加班费及其他非经常性薪资。

劳动生产力指数 为（生产指数/受雇者总工时指数）*100。劳动生产力是指在单位时间内，每一劳工所能生产的产量。此项指数可衡量劳动生产力的变动趋势。

初等教育 小学教育。

中等教育 初中、高中职（含特教、补习及进修学校）、及五专前三年。

高等教育 指专科（但不含五专前三年）、独立学院、大学、研究所、空大、专科补校、进修学院教育。

各级教育粗入学率 为（各该级教育学生人数/各该级教育学龄人口数）×100；其中高等教育学龄学生人数仅含大专院校扣除五专前三年及研究所（含硕士、博士班）的学生人数。

本地居民总收入(GNI) 为某一期间本地常住居民提供生产要素从事生产所创造的附加值或报酬（不论在地区内或国外），即等于地区内生产总值加国外要素所得收入净额。

本地生产总值(GDP) 为某一期间本地及非本国常住居民提供生产要素在地区内从事生产所创造的附加值。

经济增长率 以2016年为参考年计算的实际本地生产总值年增长率。

储蓄率 据居民储蓄总值与本地居民生产总值之比。

商业与对外贸易 包括进口与出口。出口货物以通关放行装船（机）离岸日为统计时间，以离岸价格（F.O.B.）计价；进口货物经办妥通关手续，或存入保税关栈的货物，以其提出关栈报运进口放行日为统计时间，以到岸价格（C.I.F.）计价。出口国别是以出口货物的出口商所申报的运销地分列，其运销地有数处得随时变更者，以最终的运销地为准；进口国别是按原产国别分列。

客运周转量 指于某特定时间内，铁路、公路客运运输所运送旅客运程的总和，或每架次飞机所载运的旅客人数与其航行里程乘积之和。可用以推算该时间内的客运收入。

货运周转量 指于某特定时间内，铁路、公路、航空货运运输所运送货物的重量与其运程乘积之和。可用以推算该时间内的货运收入。

批发价格指数 指企业间相互交易的地区内生产物品出厂价格及进出口物品的价格，以反映生产厂商出售原材料、半成品及制成品等价格变动情况。

消费价格指数 以台湾地区（包括城市和农村）为范围所编制的零售价格指数，以此衡量台湾地区一般家庭为消费需要所购买的商品与服务价格水平的变动情况。

进口及出口价格指数 以台湾地区进出口商品为调查价格范围，以此衡量进出口商品价格水平的变动情况。

道路交通事故 指因车辆或动力机械在道路上行驶，致有人死亡、受伤或车辆财务损坏的事故。

社会保险 社会保险是包括全民健康保险（1995年3月开办）、劳工保险、就业保险（2003年1月开办）、公务人员保险、退休人员保险、私立学校教职员保险、农民健康保险及军人保险。

储备货币 包括存款货币机构与中华邮政公司储汇处的准备金及社会大众持有的通货二项。

流动性负债 指金融机构及债券型基金的流动性负债，包括金融机构以外部门持有通货，金融机构收受企业及个人的各种存款、货币市场共同基金与信托资金，保险业提列的人寿保险准备，以及企业及个人持有金融债券、央行发行的国库券与储蓄券；自1994年1月资料起，尚加计企业及个人持有上列机构的附买回交易余额与外国人持有的新台币存款；自1999年1月资料起，尚包括企业及个人持有债券型基金。

存款货币 指企业及个人在货币机构的支票存款、活期存款及活期储蓄存款。

货币总计数 M_{1a}指通货净额加企业及个人（含非营利团体）在货币机构的支票存款及活期存款；M_{1b}是通货净额加存款货币，或M_{1a}加个人（含非营利团体）在货币机构的活期储蓄存款（目前仅个人及非营利团体可以开设储蓄存款帐户）。M_2指M_{1b}加准货币（包括企业及个人在其他货币机构的定期存款、定期储蓄存款、外汇存款、邮政储金总数、企业及个人持有其他货币机构的附买回交易余额，外国人持有的新台币存款，以及兼营信托业务的银行所发行的货币市场共同基金，但不包括银行承做结构性商品所收本金）。

附录一 世界及主要国家第三产业统计资料摘要

简要说明

一、本章选取了四十余个国家和地区主要宏观经济指标和第三产业方面统计指标，力求反映国家或地区经济概貌同时重点介绍第三产业情况。如需了解这些国家和地区其他指标，请参阅国家统计局国际统计信息中心编辑的《国际统计年鉴》。

二、中国数据未包括中国香港特别行政区、中国澳门特别行政区和中国台湾省的相关数据。

三、所有国家和地区的数据均来自于有关国际组织，每张表均附有资料来源。

四、经过有关国际组织调整，数据口径基本一致。

五、一些数据的合计数或相对数，因受进位的影响，不一定等于分项的累加。

六、本章中使用的符号含义如下:“空格”表示无该项数据或该项统计数据不详;“…”表示数据不够本表最小单位数的一半;“|”表示因统计口径的调整，与之前数据不严格可比。

附录1-1　国内(地区)生产总值

单位：亿美元

国家和地区	2010	2015	2016	2017	2018	2019	2020	2021	2022
世　　界	**666198**	**752151**	**764865**	**814420**	**865022**	**877281**	**852152**	**968824**	**1005620**
中　　国	60872	110616	112333	123105	138949	142800	146877	178205	179632
中国香港	2286	3094	3209	3413	3617	3631	3449	3689	3598
中国澳门	282	450	451	504	553	552	255	301	220
孟加拉国	1153	1951	2652	2938	3214	3512	3739	4163	4602
文　　莱	137	129	114	121	136	135	120	140	167
柬 埔 寨	112	180	200	222	246	271	259	270	300
印　　度	16756	21036	22948	26515	27029	28356	26716	31503	33851
印度尼西亚	7551	8609	9319	10156	10423	11191	10591	11865	13191
伊　　朗	4868	4082	4580	4866	3279	2836	2397	3591	3885
以 色 列	2384	3034	3221	3582	3767	4025	4133	4885	5220
日　　本	57591	44449	50037	49308	50409	51180	50488	50055	42311
哈萨克斯坦	1480	1844	1373	1668	1793	1817	1711	1971	2206
韩　　国	11441	14658	15001	16239	17248	16514	16443	18110	16652
老　　挝	71	144	159	171	181	187	190	188	157
马来西亚	2550	3014	3013	3191	3588	3652	3373	3730	4063
蒙　　古	72	116	112	115	132	142	133	153	168
缅　　甸	378	630	603	614	671	687	789	651	594
巴基斯坦	1772	2706	3136	3392	3561	3209	3004	3483	3765
菲 律 宾	2084	3064	3186	3285	3468	3768	3618	3941	4043
新 加 坡	2398	3080	3190	3433	3769	3768	3484	4238	4668
斯里兰卡	586	851	880	944	945	890	844	885	744
泰　　国	3411	4013	4134	4564	5068	5440	5005	5056	4953
越　　南	1472	2393	2571	2814	3101	3344	3466	3661	4088
埃　　及	2190	3294	3324	2484	2626	3187	3838	4247	4767
尼日利亚	3670	4930	4046	3757	4217	4745	4322	4408	4774
南　　非	4174	3467	3236	3814	4042	3885	3376	4190	4059
加 拿 大	16173	15565	15280	16493	17253	17437	16476	20015	21398
墨 西 哥	10578	11719	10785	11589	12224	12690	10905	12728	14142
美　　国	150490	182060	186951	194773	205331	213810	210605	233151	254627
阿 根 廷	4236	5947	5575	6436	5248	4478	3855	4872	6328
巴　　西	22088	18022	17957	20635	19169	18733	14761	16496	19201
委内瑞拉	3932								
捷　　克	2091	1880	1963	2186	2490	2525	2460	2818	2909
法　　国	26452	24392	24730	25952	27910	27289	26390	29579	27829
德　　国	33997	33576	34699	36908	39744	38882	38897	42599	40722
意 大 利	21361	18366	18771	19618	20919	20113	18972	21144	20104
荷　　兰	8474	7656	7841	8339	9140	9102	9098	10118	9911
波　　兰	4757	4771	4700	5246	5888	5961	5994	6794	6882
俄 罗 斯	15249	13635	12768	15742	16573	16931	14931	18369	22404
西 班 牙	14221	11962	12336	13132	14217	13943	12770	14274	13975
土 耳 其	7770	8643	8697	8590	7785	7599	7203	8190	9060
乌 克 兰	1412	910	934	1121	1309	1539	1566	1998	1605
英　　国	24914	29349	26997	26835	28782	28571	27046	31225	30707
澳大利亚	11486	13506	12066	13265	14283	13922	13269	15527	16754
新 西 兰	1465	1781	1888	2066	2119	2131	2126	2556	2472

资料来源：世界银行WDI数据库。

附录1-2 国内(地区)生产总值增长率

单位：%

国家和地区	2010	2015	2016	2017	2018	2019	2020	2021	2022
中　国	**10.6**	**7.0**	**6.8**	**6.9**	**6.7**	**6.0**	**2.2**	**8.4**	**3.0**
中国香港	6.8	2.4	2.2	3.8	2.8	-1.7	-6.5	6.4	-3.5
中国澳门	25.1	-21.5	-0.7	10.0	6.5	-2.5	-54.2	19.3	-26.8
孟加拉国	5.6	6.6	7.1	6.6	7.3	7.9	3.4	6.9	7.1
文　莱	2.6	-0.4	-2.5	1.3	0.1	3.9	1.1	-1.6	-1.6
柬埔寨	6.0	7.0	6.9	7.0	7.5	7.1	-3.1	3.0	5.2
印　度	8.5	8.0	8.3	6.8	6.5	3.9	-5.8	9.1	7.0
印度尼西亚	6.2	4.9	5.0	5.1	5.2	5.0	-2.1	3.7	5.3
伊　朗	5.8	-1.4	8.8	2.8	-2.3	-2.7	3.3	4.7	2.7
以色列	5.7	2.5	4.5	4.3	4.1	4.2	-1.9	8.6	6.5
日　本	4.1	1.6	0.8	1.7	0.6	-0.4	-4.3	2.1	1.0
哈萨克斯坦	7.3	1.2	1.1	4.1	4.1	4.5	-2.5	4.3	3.2
韩　国	6.8	2.8	2.9	3.2	2.9	2.2	-0.7	4.1	2.6
老　挝	8.5	7.3	7.0	6.9	6.2	5.5	0.5	2.5	2.7
马来西亚	7.4	5.1	4.4	5.8	4.8	4.4	-5.5	3.1	8.7
蒙　古	6.4	2.4	1.5	5.6	7.7	5.6	-4.6	1.6	4.8
巴基斯坦	1.6	4.7	5.5	4.4	6.2	2.5	-1.3	6.5	6.2
菲律宾	7.3	6.3	7.1	6.9	6.3	6.1	-9.5	5.7	7.6
新加坡	14.5	3.0	3.6	4.5	3.6	1.3	-3.9	8.9	3.6
斯里兰卡	8.0	4.2	5.1	6.5	2.3	-0.2	-4.6	3.5	-7.8
泰　国	7.5	3.1	3.4	4.2	4.2	2.1	-6.1	1.5	2.6
越　南	6.4	7.0	6.7	6.9	7.5	7.4	2.9	2.6	8.0
埃　及	5.1	4.4	4.3	4.2	5.3	5.6	3.6	3.3	6.6
尼日利亚	8.0	2.7	-1.6	0.8	1.9	2.2	-1.8	3.6	3.3
南　非	3.0	1.3	0.7	1.2	1.5	0.3	-6.3	4.9	2.0
加拿大	3.1	0.7	1.0	3.0	2.8	1.9	-5.1	5.0	3.4
墨西哥	5.1	3.3	2.6	2.1	2.2	-0.2	-8.0	4.7	3.1
美　国	2.7	2.7	1.7	2.2	2.9	2.3	-2.8	5.9	2.1
阿根廷	10.1	2.7	-2.1	2.8	-2.6	-2.0	-9.9	10.4	5.2
巴　西	7.5	-3.5	-3.3	1.3	1.8	1.2	-3.3	5.0	2.9
委内瑞拉	-1.5								
捷　克	2.4	5.4	2.5	5.2	3.2	3.0	-5.5	3.6	2.5
法　国	1.9	1.1	1.1	2.3	1.9	1.8	-7.8	6.8	2.6
德　国	4.2	1.5	2.2	2.7	1.0	1.1	-3.7	2.6	1.8
意大利	1.7	0.8	1.3	1.7	0.9	0.5	-9.0	7.0	3.7
荷　兰	1.3	2.0	2.2	2.9	2.4	2.0	-3.9	4.9	4.5
波　兰	2.9	4.4	3.0	5.1	5.9	4.5	-2.0	6.8	4.9
俄罗斯	4.5	-2.0	0.2	1.8	2.8	2.2	-2.7	5.6	-2.1
西班牙	0.2	3.8	3.0	3.0	2.3	2.0	-11.3	5.5	5.5
土耳其	8.4	6.1	3.3	7.5	3.0	0.8	1.9	11.4	5.6
乌克兰	4.1	-9.8	2.4	2.4	3.5	3.2	-3.8	3.4	-29.1
英　国	2.4	2.4	2.2	2.4	1.7	1.6	-11.0	7.6	4.1
澳大利亚	2.2	2.2	2.7	2.3	2.9	2.2	-0.1	2.2	3.6
新西兰	1.5	3.7	3.8	3.5	3.5	2.4	-0.7	5.2	2.2

资料来源：世界银行WDI数据库。

附录1-3　国内(地区)生产总值产业构成

单位：%

国家和地区	第一产业			第二产业			第三产业		
	2010	2021	2022	2010	2021	2022	2010	2021	2022
中　　国	**9.3**	**7.2**	**7.3**	**31.6**	**27.5**	**27.7**	**44.2**	**53.5**	**52.8**
中国香港				0.6	0.9		94.0	94.2	
中国澳门	17.0	11.6	11.2	16.1	21.2	21.8	53.5	51.3	51.0
孟加拉国	0.7	1.3	1.1	14.9	18.5	22.1	32.5	37.6	32.5
文　　莱	33.9	22.8	21.9	14.7	17.9	18.1	38.3	34.2	33.7
柬 埔 寨	17.0	17.3	16.6	17.0	14.5	13.3	45.0	47.9	48.6
印　　度	13.9	13.3	12.4	22.0	19.2	18.3	40.7	42.8	41.8
印度尼西亚	6.5	12.4	12.5	12.8	21.2		51.1	47.3	46.9
伊　　朗	1.8	1.3		14.0	10.2		66.8	72.4	
以 色 列	1.1	1.0		20.8	20.5		70.5	69.9	
日　　本	4.5	5.0	5.2	11.3	13.6	13.2	51.7	53.9	52.6
哈萨克斯坦	2.1	1.8	1.6	27.4	25.5	25.6	54.7	57.0	58.2
韩　　国	22.6	16.1	14.6	11.1	8.7	8.7	43.6	38.8	41.2
老　　挝	10.1	9.6	8.9	23.4	23.5	23.5	48.5	51.6	50.8
马来西亚	11.7	13.2	13.2	6.8	7.1	7.2	44.8	39.6	38.9
蒙　　古	37.4	23.4	20.3	19.0			37.0	41.5	38.6
缅　　甸	23.3	22.7	22.3	13.1	11.9	13.2	52.8	52.1	51.5
巴基斯坦	13.7	10.1	9.5	21.9	17.6	17.2	53.9	61.0	61.2
菲 律 宾	0.1	0.1		1.7	0.9		90.9	89.7	
新 加 坡	…	…	…	20.8	20.8	20.5	67.8	70.3	70.9
斯里兰卡	9.0	8.8	8.7	18.5	18.0	19.6	53.0	55.6	56.1
泰　　国	10.5	8.7	8.8	30.9	27.2	27.0	49.6	56.3	56.2
越　　南	15.4	12.6	11.9	17.1	24.6	24.8	40.6	41.2	41.3
埃　　及	13.3	11.4	10.9	16.1	15.5	16.0	46.2	52.5	51.4
尼日利亚	23.9	23.4	23.7	6.6	14.6	13.6	50.8	43.8	44.0
南　　非	2.1	2.5	2.6	13.9	11.8	12.0	64.3	63.0	62.6
加 拿 大	1.5			10.0			65.7		
墨 西 哥	3.2	3.9	4.1	15.6	18.1	18.8	60.4	59.2	58.8
美　　国	1.0	1.0		11.9	10.7		76.3	77.6	
阿 根 廷	7.1	7.1	6.4	15.8	15.5	15.4	51.5	52.5	53.0
巴　　西	4.1	7.5	6.8	12.7	10.2	11.1	57.6	57.8	58.9
委内瑞拉	5.4			11.9			39.0		
捷　　克	1.5	1.8	2.1	21.0	21.1	21.2	55.8	58.8	57.9
法　　国	1.6	1.6	1.8	10.3	8.9	9.3	70.7	70.3	70.3
德　　国	0.8	0.9	1.1	19.7	18.9	18.5	62.3	62.9	62.7
意 大 利	1.8	1.9	2.0	14.2	15.1	14.1	66.3	65.0	64.8
荷　　兰	1.8	1.5	1.7	10.5	10.8	11.0	68.4	69.4	68.8
波　　兰	2.9	2.2	2.1	16.3	16.7	17.7	55.3	56.9	56.8
俄 罗 斯	3.3	3.9	3.9	12.8	12.9	12.8	53.1	54.1	54.0
西 班 牙	2.4	2.6	2.4	11.4	11.5	11.6	66.3	67.4	67.7
土 耳 其	9.0	5.5	6.5	15.1	22.2	22.1	54.5	52.8	51.2
乌 克 兰	7.4	10.9	8.2	13.1	10.3	7.6	55.5	51.9	60.8
英　　国	0.6	0.7	0.7	9.5	8.7	8.4	70.7	71.6	71.0
澳大利亚	2.2	2.3	3.2	8.0	5.5	5.4	65.7	65.7	62.4
新 西 兰	6.6			10.8			64.4		

资料来源：世界银行WDI数据库。

附录1-4 第三产业增加值

单位：亿美元

国家和地区	2010	2015	2017	2018	2019	2020	2021	2022
中　国	**26891**	**56161**	**64857**	**74018**	**77496**	**79987**	**95283**	**94802**
中国香港	265	413	472	521	517	226	284	
中国澳门	617	1048	1509	1636	1786	1926	2136	2349
孟加拉国	45	51	50	51	51	50	53	54
文　莱	43	72	88	97	105	95	92	101
柬埔寨	7546	10052	12640	13091	14202	12842	15104	16446
印　度	3071	3728	4430	4524	4949	4704	5081	5513
印度尼西亚	2489	2253	2465	1593	1422	1179	1700	1824
伊　朗	1593	2077	2528	2655	2854	2968	3539	
以色列	40627	31024	34287	34985	35635	35078	34986	
日　本	765	1093	956	995	1009	960	1063	1161
哈萨克斯坦	6258	8146	8907	9606	9453	9374	10318	9699
韩　国	31	64	71	75	78	78	73	65
老　挝	1236	1567	1656	1901	1978	1847	1923	2065
马来西亚	32	54	49	52	56	54	61	65
蒙　古	140	241	243	270	279	320	270	229
缅　甸	936	1411	1806	1885	1721	1613	1815	1941
巴基斯坦	1123	1793	1961	2074	2293	2222	2406	2475
菲律宾	2079	2779	3025	3208	3268	3085	3309	
新加坡	1627	2154	2415	2614	2671	2509	2978	3307
斯里兰卡	311	462	493	507	496	488	492	417
泰　国	1690	2205	2582	2891	3170	2903	2847	2783
越　南	598	1010	1198	1308	1420	1450	1509	1690
埃　及	1012	1751	1321	1356	1618	1997	2229	2452
尼日利亚	1864	2866	2097	2194	2360	2005	1930	2102
南　非	2683	2222	2454	2594	2497	2185	2641	2541
加拿大	10631	10429	11069	11536	11800			
墨西哥	6385	7154	6970	7326	7612	6557	7530	8311
美　国	114789	139717	150040	157562	165021	164561	180923	
阿根廷	2181	3320	3691	2958	2482	2132	2558	3355
巴　西	12726	11229	13070	12010	11814	9070	9527	11311
委内瑞拉	1535							
捷　克	1166	1016	1205	1405	1439	1436	1656	1684
法　国	18689	17125	18240	19564	19114	18779	20807	19569
德　国	21166	20869	22808	24689	24254	24623	26788	25526
意大利	14165	12300	13032	13878	13326	12692	13741	13026
荷　兰	5794	5364	5843	6401	6368	6335	7023	6823
波　兰	2629	2628	2933	3321	3391	3427	3866	3910
俄罗斯	8100	7655	8821	8855	9172	8417	9938	12093
西班牙	9425	8134	8906	9649	9507	8714	9624	9467
土耳其	4238	4622	4599	4240	4283	3904	4321	4638
乌克兰	784	466	571	672	838	874	1037	975
英　国	17618	20712	19028	20412	20311	19635	22358	21788
澳大利亚	7548	9080	8888	9520	9200	8801	10194	10459
新西兰	944	1174	1345	1391	1397	1417		

资料来源：世界银行WDI数据库。

附录1-5 第三产业就业人口占总就业人口比重

单位：%

国家和地区	2015	2017	2018	2019	2020	2021
中 国	**42.2**	**44.9**	**46.4**	**47.3**	**47.4**	**47.4**
中国香港	86.1	85.8	85.8	86.1	86.3	86.3
中国澳门	83.6	88.6	89.1	89.1	87.4	88.0
孟加拉国	36.0	39.0	39.9	40.7	40.9	41.2
文 莱	82.0	82.5	79.5	77.3	74.9	74.4
柬 埔 寨	32.6	36.3	36.0	35.7	35.6	35.7
印 度	30.3	31.2	31.7	33.2	31.8	30.7
印度尼西亚	44.9	47.2	48.0	49.0	48.9	49.3
伊 朗	50.0	51.1	50.9	50.8	49.7	49.4
以 色 列	81.4	81.6	81.8	82.0	82.0	82.1
日 本	71.4	71.9	72.2	72.5	72.8	73.1
哈萨克斯坦	61.4	62.6	63.2	63.8	63.9	63.8
韩 国	69.4	69.8	69.8	70.3	70.0	70.0
老 挝	26.6	29.2	30.0	30.6	30.8	31.1
马来西亚	60.0	61.5	61.9	62.3	62.3	62.1
蒙 古	51.3	52.0	52.7	51.3	54.5	54.8
缅 甸	31.5	33.0	34.0	33.6	35.0	
巴基斯坦	35.0	35.9	37.6	37.4	37.0	37.3
菲 律 宾	54.6	56.3	56.6	58.0	56.9	57.0
新 加 坡	82.3	84.0	83.9	84.9	85.1	85.3
斯里兰卡	45.6	45.5	46.6	47.1	46.2	46.4
泰 国	43.9	45.6	45.0	45.6	46.0	45.9
越 南	33.2	34.1	35.6	36.2	36.3	37.8
埃 及	49.1	48.4	51.5	50.2	51.1	51.1
尼日利亚	50.8	51.6	51.9	52.3	51.8	52.1
南 非	63.2	62.7	63.7	63.9	60.9	61.4
加 拿 大	78.4	78.9	78.9	79.2	79.2	79.4
墨 西 哥	61.4	60.9	61.1	62.0	62.2	62.0
美 国	78.7	78.8	78.7	78.7	78.8	79.2
阿 根 廷	69.5	71.4	72.0	72.1	71.9	72.4
巴 西	67.4	69.8	70.4	70.7	70.3	69.7
委内瑞拉	72.3	71.8	71.5	70.6	69.5	69.4
捷 克	59.0	59.1	59.7	60.1	60.1	60.6
法 国	77.0	77.0	77.3	77.1	77.7	78.0
德 国	70.9	71.3	71.4	71.6	71.2	71.1
意 大 利	69.6	70.2	70.1	70.2	69.6	69.3
荷 兰	81.2	81.2	81.7	81.8	82.0	83.8
波 兰	57.9	58.1	58.6	58.7	58.7	60.7
俄 罗 斯	66.0	67.1	67.3	67.4	67.5	67.3
西 班 牙	76.0	75.6	75.5	75.5	75.5	75.8
土 耳 其	52.4	54.1	54.9	56.6	56.2	56.3
乌 克 兰	60.1	60.3	60.7	61.0	60.9	60.9
英 国	80.2	80.6	80.8	80.8	80.8	81.0
澳大利亚	77.3	78.0	77.5	78.4	78.0	78.8
新 西 兰	71.9	73.0	74.1	74.7	73.6	73.9

资料来源：世界银行WDI数据库。

附录1-6 雇员每月平均工资

单位：本币

国家和地区	2015	2016	2017	2018	2019	2020	2021	2022
中　　国	**5169**	**5631**						
中国香港	14200	15000						
中国澳门	15000	15000	15000	15800				
孟加拉国		12915	11812					
文　　莱								
柬 埔 寨	655841	736011			1069006	1076083	1081316	
印　　度				15679	15799	17037	17583	
印度尼西亚	1818033	2125594	2433701	2465849	2589313	2561510	2511508	2690035
伊　　朗								
以 色 列	9503	9724		10584			10928	
日　　本	303500	303600	303800	305300	306000	307700	307400	
哈萨克斯坦	126021	142898	150827	162673	186815	213003		309867
韩　　国	3269000	3351000	3446000	3593000	3720000	3757000	3858000	4091000
老　　挝			1977053					
马来西亚	2312	2657	2879	3087	3224	2933		
蒙　　古	807995	861900	944539	1002878	1124300	1220600	1279400	1061124
缅　　甸	116878		173500	192258	208855	216279		
巴基斯坦	15495	13507	18827	19193	21545		24068	
菲 律 宾	11498	12194	12631	13453	14623	15230	15528	
新 加 坡	4892	4056	4232	4437	4563	4534	4680	
斯里兰卡	23925				36469	37032		
泰　　国	11107		12993	14923	15128	15343	15534	16385
越　　南	5101540	5456969	5360536	5761241	6645391	6873960	6746288	7467549
埃　　及	1817	4079	4547	4780	5555	2705	2913	
尼日利亚					45513			
南　　非	3100		3500	3500	3800			
加 拿 大	4108	4183	4246	4366	4476	4768	4863	5090
墨 西 哥					6621	7049	7482	8060
美　　国	3728	3835	3955	4089	4233	4502	4600	4845
阿 根 廷			14490	18457	25563	36282	51753	83061
巴　　西	1711	1925	2777	2858	2901	2924	2414	2614
委内瑞拉		22499	271673			2942239		
捷　　克	27811	29056	31109	33684	1665	38527	1838	
法　　国	2962	2968	3084	3137	3183	2016	3857	
德　　国	2778	2810	2850	2942	3075	4544	4322	
意 大 利	2123	2137	2141	2186	2192	2207	3078	
荷　　兰	4106	4071	4204	2513	4351	4553	4669	
波　　兰	3908	4047	4284	4590	4920	5168	1165	
俄 罗 斯	34030	36709	38609		44729		57240	
西 班 牙	1894	1878	1971	2001	2436	2627	2593	
土 耳 其	1684	1973	2142	3960	4166	4952	4025	6804
乌 克 兰	4195	5183	7104	8865	10497	11591	14014	14847
英　　国	2208	2281	2341	2411	2482	2451	2593	2701
澳大利亚	4837	5631	5179	5979	5518	5630	5906	
新 西 兰	4522	4640	4760		5120	5270	5610	5990

资料来源：联合国ILO数据库。

附录1-7 货物进口总额

单位：亿美元

国家和地区	2010	2015	2016	2017	2018	2019	2020	2021	2022
世 界	**154977**	**167908**	**162584**	**180344**	**198827**	**194009**	**179384**	**226928**	**257035**
中 国	13962	16796	15879	18438	21357	20784	20660	26867	27160
中国香港	4414	5588	5465	5889	6266	5778	5698	7124	6676
中国澳门	56	106	89	95	112	112	116	192	173
孟加拉国	278	420	448	528	605	591	528	804	882
文 莱	25	32	27	31	42	51	53	86	97
柬 埔 寨	68	133	124	143	175	203	191	286	298
印 度	3502	3941	3616	4499	5145	4861	3732	5731	7233
印度尼西亚	1357	1427	1357	1569	1887	1713	1416	1962	2374
伊 朗	654	449	431	495	494	418	388	490	554
以 色 列	587	621	658	691	766	766	693	922	1073
日 本	6941	6481	6077	6721	7485	7210	6355	7690	8972
哈萨克斯坦	311	306	250	293	325	378	372	412	496
韩 国	4252	4365	4062	4785	5352	5033	4676	6151	7314
老 挝	21	57	54	57	63	63	54	63	74
马来西亚	1646	1760	1687	1954	2176	2050	1909	2382	2944
蒙 古	33	38	34	43	59	61	53	68	87
缅 甸	48	169	157	193	193	186	179	143	169
巴基斯坦	378	442	468	577	601	503	458	725	711
菲 律 宾	585	748	859	1019	1151	1129	908	1244	1445
新 加 坡	3108	2971	2833	3279	3709	3593	3298	4062	4756
斯里兰卡	135	189	192	210	222	199	161	206	183
泰 国	1829	2027	1942	2215	2482	2363	2062	2669	3032
越 南	848	1656	1748	2129	2369	2534	2627	3316	3593
埃 及	529	636	558	616	720	710	599	734	858
尼日利亚	442	447	355	313	430	553	357	519	536
南 非	968	1047	917	1016	1140	1075	841	1140	1362
加 拿 大	4027	4301	4129	4437	4691	4630	4206	5040	5817
墨 西 哥	3102	4053	3975	4322	4768	4671	3933	5225	6263
美 国	19692	23153	22502	24085	26142	25674	24069	29353	33762
阿 根 廷	568	602	559	669	655	491	424	632	815
巴 西	1932	1805	1452	1659	1928	1932	1663	2347	2922
捷 克	1267	1414	1430	1634	1847	1790	1711	2120	2360
法 国	6111	5708	5677	6193	6764	6547	5813	7151	8180
德 国	10548	10511	10553	11629	12844	12340	11718	14215	15715
意 大 利	4870	4109	4068	4531	5032	4750	4269	5674	6895
荷 兰	5164	5121	5008	5746	6455	6357	5951	7574	8985
波 兰	1780	1965	1995	2338	2690	2653	2616	3421	3812
俄 罗 斯	2486	1930	1915	2384	2489	2539	2396	3040	2404
西 班 牙	3270	3119	3109	3520	3906	3728	3262	4197	4934
土 耳 其	1855	2136	2022	2387	2312	2103	2195	2714	3637
乌 克 兰	609	375	393	496	572	608	543	728	561
英 国	5923	6300	6367	6410	6725	6962	6383	6946	8239
澳大利亚	2016	2085	1963	2288	2354	2216	2118	2612	3092
新 西 兰	306	366	361	401	438	424	372	499	543

资料来源：世界银行WDI数据库。

附录1-8　货物出口总额

单位：亿美元

国家和地区	2010	2015	2016	2017	2018	2019	2020	2021	2022
世　界	**153789**	**166341**	**161137**	**178272**	**196447**	**191068**	**177341**	**224530**	**250258**
中　国	15778	22735	20976	22633	24867	24995	25900	33582	35936
中国香港	4007	5105	5166	5499	5685	5349	5488	6699	6099
中国澳门	9	13	13	14	15	16	14	16	17
孟加拉国	192	324	349	359	393	393	336	442	547
文　莱	89	64	49	56	66	70	66	111	140
柬埔寨	51	85	101	113	127	148	177	193	225
印　度	2264	2680	2645	2992	3248	3243	2764	3954	4535
印度尼西亚	1578	1504	1445	1688	1801	1677	1633	2315	2920
伊　朗	1013	703	729	928	1034	657	469	716	730
以色列	584	641	606	612	620	585	502	602	736
日　本	7698	6249	6451	6983	7381	7056	6413	7560	7469
哈萨克斯坦	600	460	367	483	610	573	464	606	847
韩　国	4664	5268	4954	5737	6049	5422	5125	6444	6836
老　挝	17	37	42	49	54	58	61	77	79
马来西亚	1986	2000	1897	2181	2475	2382	2348	2994	3525
蒙　古	29	47	49	62	70	76	76	92	125
缅　甸	87	114	118	139	166	180	167	152	196
巴基斯坦	214	221	204	216	234	233	220	283	309
菲律宾	515	588	563	687	675	703	639	746	788
新加坡	3519	3516	3305	3734	4130	3908	3625	4574	5158
斯里兰卡	86	105	103	114	119	119	100	125	131
泰　国	1933	2143	2154	2366	2530	2463	2316	2720	2871
越　南	722	1621	1766	2150	2437	2643	2826	3359	3714
埃　及	264	213	255	256	276	290	271	408	493
尼日利亚	840	502	333	445	605	625	356	469	627
南　非	913	810	762	889	940	900	858	1236	1229
加拿大	3875	4101	3900	4207	4523	4488	3908	5076	5975
墨西哥	2983	3806	3739	4094	4507	4606	4172	4948	5782
美　国	12785	15026	14510	15463	16640	16432	14249	17543	20648
阿根廷	682	568	579	586	618	651	549	779	884
巴　西	2004	1868	1795	2150	2319	2211	2092	2808	3341
捷　克	1330	1579	1627	1821	2022	1991	1919	2266	2412
法　国	5238	5063	5012	5353	5822	5710	4886	5850	6178
德　国	12589	13262	13344	14482	15605	14894	13825	16367	16555
意大利	4473	4570	4617	5074	5495	5377	4998	6156	6569
荷　兰	5743	5704	5706	6521	7267	7086	6746	8400	9655
波　兰	1597	1991	2038	2344	2636	2666	2738	3406	3605
伊　朗	1013	703	729	928	1034	657	469	716	730
俄罗斯	4006	3414	2817	3529	4439	4197	3334	4938	5319
西班牙	2544	2823	2900	3195	3468	3340	3083	3800	4184
土耳其	1139	1510	1492	1645	1772	1808	1696	2252	2542
乌克兰	515	381	364	433	473	501	492	681	458
英　国	4202	4659	4109	4410	4864	4600	3995	4705	5294
澳大利亚	2126	1877	1925	2311	2571	2710	2508	3449	4122
新西兰	314	344	338	381	397	395	384	448	457

资料来源：世界银行WDI数据库。

附录1-9 服务贸易进口总额

单位：亿美元

国家和地区	2010	2015	2016	2017	2018	2019	2020	2021	2022
世 界	**37831**	**48255**	**48686**	**52764**	**57508**	**59644**	**48864**	**56699**	**65087**
中 国	1923	4330	4492	4641	5207	4970	3775	4381	4615
中国香港	702	739	743	776	815	808	548	616	
中国澳门	25	39	40	47	53	50	31	39	41
孟加拉国	41	74	76	83	93	93	76	105	117
文 莱	11	16	16	12	15	18	12	9	11
柬 埔 寨	10	22	24	27	30	32	20	21	27
印 度	1142	1227	1328	1540	1749	1783	1527	1950	2485
印度尼西亚	260	308	304	326	376	392	247	285	433
伊 朗	182	151	158	173	165	143	69	106	114
以 色 列	185	240	260	288	305	319	236	314	429
日 本	1629	1766	1842	1910	2014	2175	1964	2064	2073
哈萨克斯坦	112	108	97	100	120	114	83	78	93
韩 国	960	1108	1108	1248	1315	1289	1029	1229	1348
老 挝	3	11	10	11	12	12	4	3	5
马来西亚	324	399	399	420	443	435	332	368	444
蒙 古	8	14	21	22	26	32	21	25	35
缅 甸	8	24	25	29	34	36	32	20	17
巴基斯坦	66	82	93	112	111	97	76	101	101
菲 律 宾	117	234	238	258	263	277	176	191	251
新 加 坡	1003	1615	1582	1810	2005	2063	2116	2426	2584
斯里兰卡	43	59	61	65	68	65	38	29	27
泰 国	411	422	432	464	547	566	452	576	625
越 南	98	155	162	166	183	188	181	192	253
埃 及	130	167	164	161	178	204	171	212	236
尼日利亚	199	183	113	180	306	385	196	158	185
南 非	190	153	149	162	166	161	110	133	179
加 拿 大	989	1038	1035	1109	1210	1255	1053	1144	1352
墨 西 哥	267	324	328	368	397	394	280	385	465
美 国	4045	4768	4916	5330	5424	5693	4417	5341	6714
阿 根 廷	143	187	216	250	241	194	119	129	211
巴 西	648	775	674	729	711	695	504	569	776
捷 克	177	197	200	218	250	258	215	245	297
法 国	1811	2334	2368	2468	2740	2669	2247	2582	2858
德 国	2624	3005	3153	3462	3743	3749	3138	3855	4576
意 大 利	1116	1015	1035	1144	1248	1214	935	1161	1330
荷 兰	1358	2132	1833	2163	2592	2654	2178	2490	2636
波 兰	296	319	334	373	430	434	401	495	573
俄 罗 斯	732	872	731	874	934	977	636	750	697
西 班 牙	652	619	652	711	822	857	613	743	866
土 耳 其	185	243	245	260	274	275	229	286	394
乌 克 兰	122	104	109	124	138	149	101	134	243
英 国	1847	2342	2310	2408	2794	2813	2113	2563	3125
澳大利亚	568	631	618	675	732	700	383	398	623
新 西 兰	101	119	124	137	148	154	113	135	167

资料来源：世界贸易组织数据库。

附录1-10 服务贸易出口总额

单位：亿美元

国家和地区	2010	2015	2016	2017	2018	2019	2020	2021	2022
世　界	**39196**	**49480**	**50276**	**54818**	**60455**	**62366**	**51553**	**61346**	**70435**
中　国	1774	2176	2083	2264	2697	2817	2781	3906	4223
中国香港	805	1043	984	1040	1130	1019	668	790	
中国澳门	237	334	330	388	437	437	114	185	123
孟加拉国	12	17	20	23	30	32	31	49	57
文　莱	5	6	5	5	6	6	3	2	3
柬埔寨	19	38	38	44	52	59	16	6	22
印　度	1166	1557	1612	1847	2043	2141	2025	2397	3087
印度尼西亚	163	216	226	247	305	309	144	135	227
伊　朗	87	108	102	93	96	106	46	56	63
以色列	254	374	397	440	506	555	535	719	908
日　本	1318	1583	1707	1820	1894	2050	1600	1660	1633
哈萨克斯坦	39	59	59	63	71	75	50	57	77
韩　国	819	964	939	887	1029	1030	888	1204	1323
老　挝	5	8	8	8	10	12	3	1	4
马来西亚	346	348	355	370	402	410	221	212	316
蒙　古	5	7	8	10	12	12	7	8	11
缅　甸	3	37	37	37	44	68	41	16	15
巴基斯坦	29	35	37	45	47	47	44	55	62
菲律宾	178	290	312	348	384	412	318	335	410
新加坡	1001	1529	1519	1715	2072	2195	2138	2662	2909
斯里兰卡	25	64	71	77	83	75	30	25	30
泰　国	341	577	635	707	772	808	307	251	402
越　南	74	111	123	129	146	165	61	35	126
埃　及	236	181	133	186	229	243	144	209	284
尼日利亚	26	27	32	45	44	45	35	35	44
南　非	158	152	146	161	167	155	84	89	124
加拿大	771	837	861	933	1041	1139	985	1101	1222
墨西哥	154	227	241	274	288	315	169	270	358
美　国	5628	7493	7647	8176	8434	8686	7043	7782	9000
阿根廷	126	130	132	153	151	146	93	92	142
巴　西	285	329	323	325	332	324	269	308	387
捷　克	219	233	243	272	306	304	260	297	336
法　国	2013	2549	2585	2732	3021	2951	2456	3007	3363
德　国	2203	2756	2886	3167	3517	3507	3131	3817	4062
意大利	1002	975	1001	1116	1226	1217	845	1025	1231
荷　兰	1599	1959	1889	2189	2582	2740	2267	2489	2704
波　兰	347	441	487	575	681	702	662	809	953
俄罗斯	486	508	498	567	636	618	479	555	483
西班牙	1138	1209	1300	1431	1552	1562	897	1187	1675
土耳其	360	553	458	532	586	664	379	611	899
乌克兰	177	122	121	139	155	172	153	181	156
英　国	2995	3794	3680	3851	4280	4254	3937	4524	4921
澳大利亚	511	541	572	643	685	701	488	437	500
新西兰	114	148	157	170	176	172	114	97	113

资料来源：世界贸易组织数据库。

附录1-11 外汇储备和黄金储备

国家和地区	外汇储备（亿美元）				黄金储备（万盎司）			
	2010	2015	2021	2022	2010	2015	2021	2022
中　　国	28473	33304	32502	31277	3389	5666	6264	6464
中国香港	2686	3587	4967	4239	7	7	7	7
中国澳门	237	189	267	260				
孟加拉国	99	258	429	300	43	44	45	45
文　　莱	12	29	40	40		15	15	15
柬 埔 寨	31	68	169	144	40	46	162	169
印　　度	2678	3278	5699	4980	1793	1793	2424	2531
印度尼西亚	900	1006	1314	1242	235	251	253	253
以 色 列	693	889	2083	1897				
日　　本	10363	11795	12833	11082	2460	2460	2720	2720
哈萨克斯坦	247	198	85	124	216	713	1294	1131
韩　　国	2869	3585	4383	3990	46	336	336	336
老　　挝	7	10	13	11	29	1		
马来西亚	1023	914	1072	1052	117	123	125	125
蒙　　古	21	12	37	29	6	7	31	21
缅　　甸	57	43			23	23		
巴基斯坦	131	172	160	61	207	207	208	208
菲 律 宾	540	724	947	823	495	630	511	507
新 加 坡	2237	2457	4083	2798	410	410	494	494
斯里兰卡	66	65	28		35	72	10	
泰　　国	1657	1493	2248	1956	320	490	785	785
越　　南	121	279	1074	847				
埃　　及	324	121	321	244	243	243	260	404
尼日利亚	298	260	349	303	69	69		
南　　非	354	389	431	465	402	403	403	403
加 拿 大	449	691	781	797	11	5		
墨 西 哥	1149	1684	1808	1748	23	390	386	386
美　　国	521	392	407	372	26150	26150	26150	26150
阿 根 廷	466	206	354	354	176	198	176	198
巴　　西	2806	3489	3309	2939	108	216	417	417
委内瑞拉	92	51			1176	877		
捷　　克	403	626	1687	1351	41	32	34	38
法　　国	362	364	536	528	7830	7831	7834	7834
德　　国	374	364	370	367	10934	10870	10800	10787
意 大 利	357	344	486	466	7883	7883	7883	7883
荷　　兰	89	88	53	52	1969	1969	1969	1969
波　　兰	863	894	1452	1463	331	331	742	735
俄 罗 斯	4329	3094	4681	4178	2536	4548	7400	7500
西 班 牙	133	387	549	559	905	905	905	905
土 耳 其	790	914	632	704	373	1657	2115	2530
乌 克 兰	333	124	294	252	89	88	87	87
英　　国	493	1016	1278	1103	998	998	998	998
澳大利亚	328	372	374	385	257	250	225	183
新 西 兰	151	131	127	111				

资料来源：国际货币基金组织IFS数据库。

附录1-12 外商直接投资

单位：亿美元

国家和地区	外商直接投资					对外直接投资				
	2010	2015	2020	2021	2022	2010	2015	2020	2021	2022
世 界	**13930.1**	**20564.2**	**9619.8**	**14781.4**	**12947.4**	**13912.9**	**17098.8**	**7318.5**	**17290.8**	**14897.6**
中 国	1147.3	1355.8	1493.4	1809.6	1891.3	688.1	1456.7	1537.1	1788.2	1465.0
中国香港	705.4	1743.5	1347.1	1401.9	1177.3	862.5	718.2	1007.2	964.3	1035.9
中国澳门	28.3	10.1	-69.8	47.7	40.0	-4.4	-8.7	11.4	32.2	25.0
孟加拉国	9.1	22.4	25.6	29.0	34.8	0.2	0.5	0.1	0.9	0.5
文 莱	4.8	1.7	5.8	2.1	-2.9					
柬埔寨	14.0	18.2	36.3	34.8	35.8	0.2	0.9	1.3	0.9	1.5
印 度	274.2	440.6	640.7	447.6	493.6	159.5	75.7	111.1	172.5	145.4
印度尼西亚	137.7	166.4	185.9	211.3	219.7	26.6	59.4	44.5	38.5	68.5
伊 朗	36.5	20.5	13.4	14.3	15.0	2.4	1.2	0.8	0.8	1.0
以色列	69.9	113.4	231.1	214.9	277.6	80.0	109.7	44.3	94.6	92.4
日 本	-12.5	29.8	107.0	246.5	325.1	562.6	1362.5	956.7	1467.8	1614.7
哈萨克斯坦	115.5	40.6	36.7	33.4	61.1	78.9	8.0	-22.1	14.4	-18.1
韩 国	95.0	41.0	87.7	220.6	180.0	282.2	236.9	348.3	660.0	664.1
老 挝	2.8	10.8	9.7	10.7	5.3	0.3	0.4			
马来西亚	90.6	100.8	31.6	121.7	169.4	134.0	105.5	24.2	46.8	133.2
蒙 古	16.9	0.9	17.2	21.7	25.0	0.6	0.1	0.3	1.1	0.8
缅 甸	66.7	31.4	19.1	20.7	12.4					
巴基斯坦	20.2	16.7	20.6	21.5	13.4	0.5	0.3	-0.5	2.4	13.3
菲律宾	10.7	56.4	68.2	119.8	92.0	27.1	55.4	35.6	22.5	39.0
新加坡	574.6	597.0	729.0	1311.5	1412.1	354.1	452.2	383.9	508.0	507.9
斯里兰卡	4.8	6.8	4.3	5.9	9.0	0.4	0.5	0.2	0.2	0.2
泰 国	146.6	89.3	-49.5	146.4	100.3	80.4	49.9	185.9	191.5	82.2
越 南	80.0	118.0	158.0	156.6	179.0	9.0	11.0	3.8	3.6	26.7
埃 及	63.9	69.3	58.5	51.2	114.0	11.8	1.8	3.3	3.7	3.4
尼日利亚	61.0	30.6	23.9	33.1	-1.9	9.2	14.4	14.7	18.2	-0.7
南 非	36.4	17.3	30.6	409.5	90.5	-0.8	57.4	-19.5	0.2	25.7
加拿大	284.0	438.4	268.8	656.6	526.3	347.2	674.4	424.4	969.7	792.8
墨西哥	271.9	359.4	282.0	315.4	352.9	145.6	106.7	22.7	-15.9	128.5
美 国	1980.5	4676.3	958.8	3877.8	2850.6	2777.8	2643.6	2044.6	3499.6	3730.0
阿根廷	113.3	117.6	47.2	67.8	150.9	9.7	8.8	12.9	13.6	23.2
巴 西	776.9	499.6	283.2	506.5	860.5	220.6	-116.4	-129.4	204.5	252.4
委内瑞拉	15.7	7.7	-4.6	-10.0	9.4	24.9	4.0	3.6	9.3	3.9
捷 克	61.4	4.7	94.1	90.5	98.5	11.7	24.9	29.9	77.3	24.7
法 国	138.9	453.7	113.6	308.9	364.1	481.6	532.2	216.1	446.7	480.3
德 国	656.4	203.4	562.0	464.7	110.5	1254.5	887.8	506.3	1651.8	1429.8
意大利	91.8	196.4	-236.2	-89.6	199.5	326.9	216.4	-21.2	279.7	-18.7
荷 兰	-71.8	1759.9	-865.1	-774.5	-673.4	683.6	2358.3	-1894.7	235.1	-16.5
波 兰	128.0	152.7	152.0	295.8	294.6	61.5	50.0	8.5	18.2	21.8
俄罗斯	316.7	118.6	104.1	386.4	-186.8	411.2	270.9	67.8	640.7	104.4
西班牙	398.7	144.4	179.5	219.6	348.1	378.4	467.0	381.2	7.5	394.4
土耳其	90.9	189.8	76.9	118.4	128.8	14.7	48.1	32.3	49.7	47.2
乌克兰	65.0	-3.3	-0.4	73.2	8.5	7.4	-1.0	0.2	-2.0	3.4
英 国	582.0	391.9	582.4	-711.7	140.9	480.9	-668.2	-781.4	849.2	1296.0
澳大利亚	368.0	295.8	135.8	209.0	616.3	198.0	-93.4	60.4	34.0	1165.6
新西兰	-0.6	-3.1	38.9	39.9	75.4	7.2	-0.6	5.5	-15.8	6.1

资料来源：联合国贸发会议FDI数据库。

附录1-13　货币汇率(年平均价)

单位：1美元合本币数

国家和地区	2010	2015	2017	2018	2019	2020	2021	2022
中　国	6.77	6.23	6.76	6.62	6.91	6.90	6.45	6.74
中国香港	7.77	7.75	7.79	7.84	7.84	7.76	7.77	7.83
中国澳门	8.00	7.98	8.03	8.07	8.07	7.99	8.01	8.07
孟加拉国	69.65	77.95	80.44	83.47	84.45	84.87	85.08	91.75
文　莱	1.36	1.37	1.38	1.35	1.36	1.38	1.34	1.38
柬埔寨	4184.92	4067.75	4050.58	4051.17	4061.15	4092.78	4098.72	4102.04
印　度	45.73	64.15	65.12	68.39	70.42	74.10	73.92	78.60
印度尼西亚	9090.43	13389.41	13380.83	14236.94	14147.67	14582.20	14308.14	14849.85
伊　朗	10254.18	29011.49	33226.30	40864.33	42000.00	42000.00	42000.00	
以色列	3.74	3.89	3.60	3.59	3.56	3.44	3.23	3.36
日　本	87.78	121.04	112.17	110.42	109.01	106.77	109.75	131.50
哈萨克斯坦	147.36	221.73	326.00	344.71	382.75	412.95	425.91	460.17
韩　国	1156.46	1130.95	1131.00	1100.16	1165.36	1180.27	1143.95	1291.45
老　挝	8254.16	8127.61	8244.84	8401.33	8679.41	9045.79	9697.92	14035.23
马来西亚	3.22	3.91	4.30	4.04	4.14	4.20	4.14	4.40
蒙　古	1357.06	1970.31	2439.78	2472.48	2663.54	2813.29	2849.29	
缅　甸	5.63	1162.62	1360.36	1429.81	1518.26	1381.62		
巴基斯坦	85.19	102.77	105.46	121.82	150.04	161.84	162.91	204.87
菲律宾	45.11	45.50	50.40	52.66	51.80	49.62	49.25	54.48
新加坡	1.36	1.37	1.38	1.35	1.36	1.38	1.34	1.38
斯里兰卡	113.06	135.86	152.45	162.46	178.74	185.59	198.76	
泰　国	31.69	34.25	33.94	32.31	31.05	31.29	31.98	35.06
越　南	18612.92	21697.57	22370.09	22602.05	23050.24	23208.37	23159.78	23271.21
埃　及	5.62	7.69	17.78	17.77	16.77	15.76	15.64	19.16
尼日利亚	150.30	192.44	305.79	306.08	306.92	358.81	401.15	425.98
南　非	7.32	12.76	13.32	13.23	14.45	16.46	14.78	16.36
加拿大	1.03	1.28	1.30	1.30	1.33	1.34	1.25	1.30
墨西哥	12.64	15.85	18.93	19.24	19.26	21.49	20.27	20.13
美　国	1.00	1.00	1.00	1.00	1.00	1.00	1.00	1.00
阿根廷	3.90	9.23	16.56	28.09	48.15	70.54	94.99	130.62
巴　西	1.76	3.33	3.19	3.65	3.94	5.16	5.39	5.16
委内瑞拉	2.58	6.28	9.98					
捷　克	19.10	24.60	23.38	21.73	22.93	23.21	21.68	23.36
法　国	0.75	0.90	0.89	0.85	0.89	0.88	0.85	0.95
德　国	0.75	0.90	0.89	0.85	0.89	0.88	0.85	0.95
意大利	0.75	0.90	0.89	0.85	0.89	0.88	0.85	0.95
荷　兰	0.75	0.90	0.89	0.85	0.89	0.88	0.85	0.95
波　兰	3.02	3.77	3.78	3.61	3.84	3.90	3.86	4.46
俄罗斯	30.37	60.94	58.34	62.67	64.74	72.10	73.65	68.48
西班牙	0.75	0.90	0.89	0.85	0.89	0.88	0.85	0.95
土耳其	1.50	2.72	3.65	4.83	5.67	7.01	8.85	16.55
乌克兰	7.94	21.84	26.60	27.20	25.85	26.96	27.29	32.34
英　国	0.65	0.65	0.78	0.75	0.78	0.78	0.73	0.81
澳大利亚	1.09	1.33	1.30	1.34	1.44	1.45	1.33	1.44
新西兰	1.39	1.43	1.41	1.45	1.52	1.54	1.41	1.58

资料来源：世界银行WDI数据库。

附录1-14 铁路货运和客运周转量

国家和地区	铁路货运周转量(亿吨公里)			铁路客运周转量(亿人公里)		
	2019	2020	2021	2019	2020	2021
中　　国	30182.0			14386.1	3282.5	9465.0
孟加拉国						
柬 埔 寨						
印　　度	7385.2	7076.7	7197.6	11571.7	10507.4	2311.3
印度尼西亚	155.7			290.7		
伊　　朗	336.5	359.6	329.2	148.8	51.7	112.3
以 色 列	12.4	12.5	10.9	35.8	12.5	19.6
日　　本	199.9	183.4		4350.6	2632.1	
哈萨克斯坦	2891.7	3021.6		177.0	86.5	
韩　　国	73.6	66.5	67.6	1003.8		
马来西亚	11.4	8.2		22.0	9.3	
蒙　　古	173.8	189.7	183.5	11.1	5.8	0.9
巴基斯坦						
泰　　国						
越　　南	37.4	37.6		31.9	15.2	
埃　　及						
尼日利亚						
南　　非				55.0	35.0	
加 拿 大	4460.8	4440.3	4301.7	17.3	2.3	5.4
墨 西 哥	890.5	862.2	924.4	15.7	5.2	4.7
美　　国	23571.2	21020.8	22394.0	324.8	124.6	
阿 根 廷						
巴　　西				164.9		
捷　　克	161.8	152.5	163.3	109.3	66.7	68.2
法　　国	338.9	312.8	357.5	1123.8	648.6	868.5
德　　国	1291.6	1084.1	1230.7	1020.3	588.2	
意 大 利	213.1	207.5	242.6	565.9	222.7	276.9
荷　　兰	70.8	66.7	71.9	194.0	92.0	109.0
波　　兰	545.8	511.0	543.9	220.6	124.9	158.4
俄 罗 斯	26019.3	25448.3	26385.6	1333.8	781.3	1034.5
西 班 牙	104.6	89.7	103.0	288.4	120.0	170.0
土 耳 其	147.1	154.3	159.0	142.6	83.0	106.8
乌 克 兰	1818.4	1755.9		284.1	107.0	
英　　国	168.8	152.1		825.5	241.9	
澳大利亚	4430.0	4474.3	4530.9	188.4	150.5	93.3

资料来源：世界银行WDI数据库。

附录1-15　空运货物周转量和客运量

国家和地区	空运货物周转量（万吨公里）			航空客运量（万人）		
	2019	2020	2021	2019	2020	2021
世　界	**21952445**	**18252618**	**21922733**	**445569**	**177189**	**227997**
高收入国家	**15980616**	**13763179**	**16480101**	**260571**	**86699**	**124885**
中等收入国家	**5720922**	**4195163**	**5064043**	**182977**	**89659**	**101894**
低收入国家	**250888**		**378578**	**1869**	**803**	**1192**
中　国	2539459	1926424	2096121	65963	41726	44030
中国香港	1173949	808490	902788	4647	588	78
中国澳门	2603	899	110	366	54	70
孟加拉国	16866	11779	8374	626	298	375
文　莱	12246	4023	2308	142	28	3
柬埔寨	69			143	61	5
印　度	193823	87512	90793	16750	6896	8396
印度尼西亚	98174	67480	77290	9132	3752	3355
伊　朗	15226	20211	27358	2164	1274	1370
以色列	88933	81663	71559	707	125	244
日　本	891948	784151	1094702	13023	5113	4541
哈萨克斯坦	4985	2354	3145	766	528	877
韩　国	1066438	1245657	1537002	9243	3003	3402
老　挝	91			98	39	16
马来西亚	137874	81675	111941	6362	1589	497
蒙　古	739	137	17	74	14	6
缅　甸	831	124	1836	370	151	113
巴基斯坦	19298	9588	7560	742	371	493
菲律宾	92689	36041	53028	4778	1061	689
新加坡	641199	301993	366685	4305	788	231
斯里兰卡	39405	22648	41248	558	124	87
泰　国	232767	68421	60402	7634	2818	1273
越　南	102284	57208	67651	5323	3177	1475
埃　及	48341	43891	58948	1321	464	556
尼日利亚	184	168	156	654	344	449
南　非	56521	10239	1513	2621	830	932
加拿大	310904	230617	324000	9335	2762	2495
墨西哥	107252	73280	96257	6994	3413	5422
美　国	4249826	4079309	4600465	92674	36950	66615
阿根廷	28028	8112	8827	1946	368	671
巴　西	152115	120971	129449	10292	4541	6190
委内瑞拉	18	288	11	152	28	27
捷　克	2273	432	47	545	93	142
法　国	452259	246794	410703	7129	2496	3200
德　国	776362	916637	1153305	10963	2576	3307
意大利	134496	97876	115069	2776	780	245
荷　兰	565644	414502	434640	4636	1475	1935
波　兰	31787	14056	21501	1023	269	368
俄罗斯	648100	431460	588842	10886	6245	9685
西班牙	119147	49426	85082	8824	2656	4344
土耳其	681551	687047	933833	11113	4472	6907
乌克兰	7562	1405	2817	760	180	328
英　国	585119	366747	409709	14239	3024	2663
澳大利亚	193116	131651	124476	7685	2335	2457
新西兰	120788	77395	31759	1776	852	873

资料来源：世界银行WDI数据库。

附录1-16 电话主线和移动电话普及率

国家和地区	电话主线(条/千人)			移动电话(部/千人)		
	2020	2021	2022	2020	2021	2022
世　界	**115.7**	**113.2**	**114.3**	**1055.7**	**1074.4**	**1080.2**
高收入国家	**355.6**	**350.3**	**340.3**	**1218.5**	**1242.8**	**1268.7**
中等收入国家	**76.3**	**75.3**	**72.6**	**1080.2**	**1096.7**	**1082.7**
低收入国家	**11.5**	**10.9**		**556.3**	**595.1**	**615.5**
中　国	127.7	126.7	125.8	1206.0	1215.4	1248.8
中国香港	520.0	507.6	490.5	2915.0	3194.3	2919.1
中国澳门	162.7	144.9	132.9	4129.9	1856.6	1745.2
孟加拉国	8.3	1.7	1.6	1052.9	1089.1	1052.6
文　莱	235.2	252.1	272.2	1214.8	1355.0	1177.6
柬埔寨	3.4	2.4	2.3	1286.0	1199.6	1163.3
印　度	14.4	16.9	19.4	826.2	819.9	806.5
印度尼西亚	35.5	32.9	30.6	1308.1	1336.5	1149.0
伊　朗	333.3	333.3	331.4	1462.1	1545.5	1645.0
以色列	384.8	393.3	395.4	1401.1	1404.5	1522.2
日　本	494.9	494.2	489.9	1557.4	1608.8	1675.2
哈萨克斯坦	162.9	155.3	148.9	1280.0	1274.8	1304.2
韩　国	460.2	447.9	440.2	1360.1	1405.7	1485.9
老　挝	186.5	175.1		633.5	649.6	
马来西亚	224.9	245.6	249.1	1317.0	1405.9	1412.9
蒙　古	99.9	119.3	139.9	1324.7	1400.1	1422.9
缅　甸	9.8	9.7	9.9	1470.3	1262.7	1067.0
巴基斯坦	12.7	12.2	11.9	773.0	815.5	817.5
菲律宾	42.2	41.0	42.3	1333.3	1434.4	1440.4
新加坡	320.0	320.0	319.0	1428.9	1474.8	1564.8
斯里兰卡	120.1	131.8	118.3	1369.1	1412.9	1430.8
泰　国	70.0	64.7	60.9	1627.0	1687.8	1763.2
越　南	33.2	32.0	24.3	1437.5	1388.7	1399.5
埃　及	91.7	101.0	104.5	887.3	946.8	932.1
尼日利亚	0.5	0.5	0.4	980.3	914.4	1016.9
南　非	35.7	24.8	21.9	1631.9	1689.2	1674.0
加拿大	352.1	308.8	294.2	854.1	880.9	912.3
墨西哥	194.5	202.2	213.2	975.4	998.1	1002.9
美　国	303.0	290.3	270.8	1049.4	1073.2	1101.7
阿根廷	163.3	168.4	167.3	1216.0	1304.6	1323.6
巴　西	143.8	134.8	126.6	965.5	1024.9	988.9
委内瑞拉	184.3	114.3	111.2	580.7	603.2	634.2
捷　克	126.8	123.9	115.7	1234.4	1264.1	1284.1
法　国	585.6	590.4	584.0	1128.3	1166.9	1188.5
德　国	460.6	461.5	462.8	1288.9	1275.6	1252.3
意大利	329.5	337.5	338.5	1303.9	1318.6	1329.7
荷　兰	283.2	287.1	260.2	1228.3	1250.6	1180.7
波　兰	150.3	138.7	132.4	1284.2	1320.6	1319.4
俄罗斯	177.4	163.6		1635.9	1689.8	
西班牙	410.8	401.4	392.9	1174.9	1196.2	1241.0
土耳其	148.0	145.2	131.2	976.1	1017.9	1058.1
乌克兰	79.4	55.1		1293.4	1350.3	
英　国	488.1	471.2	441.4	1178.2	1185.7	1208.2
澳大利亚	212.5	259.1	244.8	1052.3	1045.2	1070.3
新西兰	166.8	177.0	146.0	1232.1	1139.6	1146.9

资料来源：世界银行WDI数据库。

附录1-17　互联网服务商

单位：个/百万人

国家和地区	2010	2013	2014	2015	2016	2017	2018	2019	2020
世　界	**186.0**	**367.8**	**446.6**	**568.2**	**1256.0**	**3486.9**	**6115.6**	**9899.3**	**11416.3**
高收入国家	**1069.0**	**2118.5**	**2570.9**	**3263.0**	**6951.3**	**18612.4**	**33856.4**	**55991.2**	**64642.0**
中等收入国家	**5.9**	**20.1**	**27.0**	**42.2**	**164.2**	**630.3**	**855.9**	**1223.2**	**1512.6**
低收入国家	**0.2**	**0.8**	**1.1**	**1.4**	**2.6**	**7.6**	**9.4**	**9.7**	**13.0**
中　国	1.2	5.1	9.7	19.6	47.6	207.6	443.5	729.7	948.5
中国香港	447.5	1161.6	1553.6	2331.8	3873.3	10482.7	19399.4	60542.1	70629.6
中国澳门	202.8	404.5	491.6	736.3	1086.7	1735.0	2571.5	4021.7	5796.4
孟加拉国	0.2	0.9	1.3	2.0	23.4	64.4	114.3	98.7	137.9
文　莱	40.4	148.2	237.6	564.7	603.3	1599.0	1964.2	10603.9	15597.9
柬埔寨	0.7	4.0	4.7	10.2	20.7	55.8	82.2	162.0	192.2
印　度	1.7	6.1	8.4	11.6	37.9	121.7	185.6	384.5	474.3
印度尼西亚	1.6	7.8	11.7	17.6	305.9	1281.4	1285.9	1690.4	1889.1
伊　朗	1.2	3.0	5.1	11.8	61.2	215.5	472.5	991.4	2330.5
以色列	444.4	960.4	1008.7	1305.0	2119.6	6967.6	9611.9	11114.9	12351.8
日　本	552.9	1054.7	1376.7	1504.3	2108.2	5971.5	11644.9	18647.0	22848.7
哈萨克斯坦	3.5	17.4	26.9	48.2	264.2	1232.2	1374.2	2359.0	3307.4
韩　国	175.3	337.1	406.6	557.7	721.0	1198.9	2066.0	4539.0	5939.0
老　挝	0.5	2.6	3.3	4.1	8.3	16.3	20.3	31.1	52.5
马来西亚	44.1	119.6	147.5	227.8	920.4	4783.8	5559.5	6548.8	7306.2
蒙　古	9.3	41.1	59.9	75.9	441.3	1535.8	1693.1	1686.7	1726.3
缅　甸	0.0	0.2	0.7	1.1	20.9	10.1	9.4	12.5	14.3
巴基斯坦	0.5	1.6	2.3	3.2	30.2	110.6	105.4	60.7	71.7
菲律宾	5.0	12.4	16.0	20.8	40.1	86.6	91.2	109.0	110.9
新加坡	531.6	2549.5	2544.0	3585.2	19060.7	58690.3	84713.9	122481.4	128377.7
斯里兰卡	3.5	11.3	15.6	20.6	70.3	304.3	412.4	328.4	384.2
泰　国	11.0	38.1	50.8	67.8	143.1	564.5	931.1	1370.7	1863.3
越　南	2.3	14.2	20.4	32.9	280.2	1356.8	1781.1	2615.6	3128.0
埃　及	2.3	6.0	7.6	10.0	13.9	34.3	33.3	33.6	41.9
尼日利亚	0.6	2.2	2.9	3.5	46.7	219.8	181.9	74.0	73.2
南　非	51.5	172.6	221.1	270.4	914.1	9490.5	12126.6	14469.5	14546.1
加拿大	1282.7	2362.9	2697.8	3386.9	10221.4	26565.3	30947.1	35889.4	39881.2
墨西哥	13.6	32.0	41.5	58.7	121.4	188.4	229.7	276.9	330.3
美　国	2481.7	4303.1	5129.5	6358.9	11435.1	30338.0	65833.8	123980.0	140803.9
阿根廷	25.2	73.9	89.9	123.3	735.0	1628.6	1872.6	3018.5	3685.8
巴　西	28.2	86.5	112.0	158.4	408.7	1576.5	2029.6	2731.4	3078.0
委内瑞拉	7.0	14.8	16.3	21.1	143.8	282.2	266.8	213.7	194.1
捷　克	305.5	1079.9	1417.6	2048.8	11991.4	25419.9	42344.6	56186.9	67601.8
法　国	278.0	821.3	1189.0	1898.5	6688.0	14819.5	20362.9	29253.1	36123.9
德　国	1049.3	2601.2	3352.8	4297.9	11625.0	34181.3	56406.6	77970.0	97517.6
意大利	127.1	375.0	493.1	628.0	1305.1	7744.1	12258.0	15313.2	20677.2
荷　兰	2084.8	5668.3	7204.7	9728.9	24130.8	70412.1	100581.5	130279.5	136863.0
波　兰	155.0	517.7	681.1	955.8	2492.5	6534.9	16227.1	20606.1	25181.4
俄罗斯	17.1	79.7	120.4	321.4	1163.9	3541.1	5190.6	9336.9	13347.6
西班牙	207.1	488.3	625.8	889.6	2762.6	7247.0	11302.8	17694.5	21586.5
土耳其	85.3	261.8	295.3	358.4	1281.9	3311.5	4309.5	5434.8	6776.1
乌克兰	12.4	54.0	74.7	141.8	1905.5	3948.3	6027.8	7867.0	8952.5
英　国	1315.4	2832.5	3251.0	4386.3	8696.4	21195.9	27261.8	35988.5	36452.4
澳大利亚	1402.8	3505.1	3938.6	4574.1	9810.2	21551.5	32924.7	36755.8	39853.3
新西兰	1388.7	3194.0	3485.7	3921.1	6401.6	14919.2	17618.0	20120.9	20509.4

资料来源：世界银行WDI数据库。

附录1-18　互联网网民占总人口比重

单位：%

国家和地区	2010	2015	2016	2017	2018	2019	2020	2021	2022
世　界	**28.8**	**40.3**	**43.2**	**45.5**	**49.2**	**53.7**	**59.6**	**63.1**	
高收入国家	**71.5**	**79.4**	**83.7**	**85.3**	**86.9**	**88.2**	**89.4**	**90.2**	
中等收入国家	**21.4**	**34.6**	**37.7**	**40.3**	**44.3**	**50.1**	**57.4**	**60.9**	
低收入国家	**3.4**	**9.1**	**10.9**	**12.5**	**14.2**	**16.1**	**18.8**	**20.0**	
中　国	34.3	50.3	53.2	54.3	59.2	64.1	70.1	73.1	75.6
中国香港	72.0	84.9	87.5	89.4	90.5	91.7	92.4	93.1	95.6
中国澳门	55.2	77.6	81.6	83.2	83.8	86.5	88.3	88.5	
孟加拉国	3.7	12.9	18.1	19.8	23.4	27.8	32.9	38.9	
文　莱	53.0	71.2	90.0	94.9	95.0	95.0	96.1	98.1	
柬埔寨	1.3	18.0	32.4	32.9		52.3	53.7	60.2	
印　度	7.5	14.9	16.5	18.2	20.1	29.5	43.4	46.3	
印度尼西亚	10.9	22.1	25.4	32.3	39.9	47.7	53.7	62.1	66.5
伊　朗	15.9	45.3	53.2	64.0	70.2	72.5	75.6	78.6	
以色列	67.5	77.4	79.7	81.6	83.7	86.8	90.1	90.3	
日　本	78.2	91.1	93.2	91.7	88.7	92.7	90.2	82.9	
哈萨克斯坦	31.6	70.8	74.6	76.4	78.9	81.9	85.9	90.9	92.3
韩　国	83.7	89.9	92.8	95.1	96.0	96.2	96.5	97.6	97.2
老　挝	7.0	18.2	21.9	25.5	36.3	47.0	54.0	62.0	
马来西亚	56.3	71.1	78.8	80.1	81.2	84.2	89.6	96.8	97.4
蒙　古	10.2	22.5	22.3	23.7	47.1	51.1	65.6	81.6	
缅　甸	0.3	10.9	16.0	23.6	28.7	30.6	42.0	44.0	
巴基斯坦	8.0	11.0	12.4	13.8	15.3	17.1	18.9	21.0	
菲律宾	25.0	36.9	39.2	41.6	44.1	43.0	47.1	52.7	
新加坡	71.0	83.2	84.5	84.5	88.2	88.9	92.0	96.9	96.0
斯里兰卡		15.3	22.2	32.3	46.9	50.7	36.2	44.5	
泰　国	22.4	39.3	47.5	52.9	56.8	66.7	77.8	85.3	88.0
越　南	30.7	45.0	53.0	58.1	69.8	68.7	70.3	74.2	78.6
埃　及	21.6	37.8	41.2	45.0	46.9	57.3	71.9	72.1	72.2
尼日利亚	11.5	24.5	28.5	33.2	38.7	45.0	51.5	55.4	
南　非	24.0	51.9	54.0	56.2	62.4	69.7	70.3	72.3	
加拿大	80.3	90.0	91.2	92.7	94.6	91.9	92.3	92.8	
墨西哥	31.1	57.4	59.5	53.0	56.7	69.6	71.5	75.6	
美　国	71.7	74.6	85.5	87.3	88.5	89.4	90.6	91.8	
阿根廷	45.0	68.0	71.0	74.3	77.7	79.9	85.5	87.2	88.4
巴　西	40.7	58.3	60.9	67.5	70.4	73.9	81.3	80.7	80.5
委内瑞拉	37.4	58.0	60.0	61.6					
捷　克	68.8	75.7	76.5	78.7	80.7	80.9	81.3	82.7	84.5
法　国	77.3	78.0	79.3	80.5	82.0	83.3	84.7	86.1	85.3
德　国	82.0	87.6	84.2	84.4	87.0	88.1	89.8	91.4	91.6
意大利	53.7	58.1	61.3	63.1	74.4	67.9	70.5	74.9	85.1
荷　兰	90.7	91.7	90.4	93.2	91.9	93.3	91.3	92.1	92.5
波　兰	62.3	68.0	73.3	76.0	77.5	80.4	83.2	85.4	86.9
俄罗斯	49.0	70.1	73.1	76.0	80.9	82.6	85.0	88.2	90.4
西班牙	65.8	78.7	80.6	84.6	86.1	90.7	93.2	93.9	94.5
土耳其	39.8	53.7	58.3	64.7	71.0	74.0	77.7	81.4	83.4
乌克兰	23.3	48.9	53.0	58.9	62.6	70.1	75.0	79.2	
英　国	85.0	92.0	94.8	90.4	90.7	92.5	94.8	96.7	
澳大利亚	76.0	84.6	86.5	86.5	90.0	93.6	96.4	96.2	
新西兰	80.5	85.2	86.5	87.7	89.0	89.9	92.9	95.9	

资料来源：世界银行WDI数据库。

附录1-19 国际旅游收支

单位：亿美元

国家和地区	国际旅游支出			国际旅游收入		
	2018	2019	2020	2018	2019	2020
世 界	**14127.4**	**14391.2**		**18299.6**	**18630.7**	
高收入国家	**9501.3**	**9596.7**		**11479.9**	**11521.5**	
中等收入国家	**4575.3**	**4760.5**		**4429.8**		
低收入国家				**116.8**	**117.5**	
中 国	2773.5			403.9		
中国香港	265.0			423.1	327.0	
孟加拉国	12.1	13.9	6.6	3.6	3.9	2.2
柬埔寨	10.8	11.6	2.1	48.3	53.1	11.2
印 度	257.9	286.0	157.8	291.4	316.6	134.1
印度尼西亚	131.7	144.5	19.8	179.2	184.1	35.3
伊 朗	92.7			52.5		
以色列	99.8	103.9	21.8	80.5	84.6	26.6
日 本	281.0	291.5	67.4	452.8	492.1	114.0
哈萨克斯坦	28.5	29.6	8.6	26.5	29.2	5.9
韩 国	380.2	353.4	167.1	231.0	254.6	117.8
老 挝	10.1	10.3	2.6	8.3	9.7	2.3
马来西亚	132.1	136.9	52.1	217.8	222.0	33.9
蒙 古	8.2	10.4	5.7	5.3	6.1	0.5
缅 甸	1.2	2.1		16.7	25.0	
巴基斯坦	29.6	30.0	12.5	8.5	9.9	7.7
菲律宾	124.7	129.3	48.7	97.2	114.6	27.7
新加坡	253.5			204.2		
斯里兰卡	24.9	24.4	8.0	56.1	46.6	10.8
泰 国	144.1	149.7	36.8	613.8	643.7	153.6
越 南	59.1	64.6	43.6	100.8	118.3	32.3
埃 及	29.0	37.2	25.8	127.0	142.6	48.7
尼日利亚	132.2	164.1	66.1	19.8	14.7	3.2
南 非	63.5	58.7	15.9	97.9	90.6	27.2
加拿大	335.8			219.8		
墨西哥	140.7	123.0	42.9	238.0	258.5	114.5
美 国	1768.2	1860.8	488.4	2419.8	2394.5	842.1
阿根廷	130.8	98.5	27.5	60.0	56.5	17.0
巴 西	222.3	211.8	64.9	63.2	61.3	31.0
委内瑞拉						
捷 克	60.7	60.3	35.0	82.8	79.7	38.9
法 国	591.3	597.5	311.9	725.2	707.8	359.6
德 国	1035.0	1012.3		594.5	583.7	
意大利	376.4	379.1	129.7	516.0	519.1	204.6
荷 兰	233.6	225.5	74.4	239.2	237.2	109.3
波 兰	103.7	101.6	55.5	155.7	157.1	83.8
俄罗斯	387.9	406.1	108.0	187.4	172.4	49.6
西班牙	266.7			812.5		
土耳其	60.7	53.5	16.4	367.9	414.2	137.7
乌克兰	82.9	89.1	48.2	22.7	26.0	6.9
英 国	688.9			485.2		
澳大利亚	424.4	413.5	76.5	473.3	479.5	262.3
新西兰	46.0			109.6		

资料来源：世界银行WDI数据库。

附录1-20 国际旅游人数

单位：万人

国家和地区	国外游客到达人数			出国旅游人数		
	2018	2019	2020	2018	2019	2020
世　界	**233940.0**	**240307.4**		**199116.1**	**203443.2**	
高收入国家	**149187.0**	**152243.0**		**101696.5**	**103795.7**	
中等收入国家	**75885.8**	**79016.3**		**67654.1**	**69270.5**	
低收入国家	**1702.2**	**1741.0**				
中　国	15860.6	16253.8	3040.2	14972.0	15463.2	2033.4
中国香港	6514.8	5591.3	356.9	9221.4	9471.5	826.1
中国澳门	3580.4	3940.6	589.7	178.0	176.5	12.5
孟加拉国	26.7	32.3				
文　莱	452.1	444.9	107.1			
柬埔寨	620.1	661.1	130.6	199.5	203.8	32.6
印　度	1742.3	1791.4		2629.6	2691.5	
印度尼西亚	1581.0	1610.7	405.3	946.8	1168.9	291.8
伊　朗	729.5	910.7	155.0	724.3		155.0
以色列	438.9	490.5		847.3	917.9	
日　本	3119.1	3188.1	411.6	1895.4	2008.1	317.4
哈萨克斯坦	878.9	851.5	203.5	1064.6	1070.7	286.5
韩　国	1534.7	1750.3	251.9	2869.6	2871.4	427.6
老　挝	418.6	479.1	88.6	320.7	269.0	70.7
马来西亚	2583.2	2610.1	433.3			
蒙　古	59.8	63.7	6.7			
缅　甸	355.1	436.4	90.3			
巴基斯坦						
菲律宾	716.8	826.1	148.3			148.3
新加坡	1850.8	1911.6	274.2	1037.8	1071.1	154.3
斯里兰卡	252.1	202.7	54.0	147.6	144.1	30.5
泰　国	3817.8	3991.6		996.6	1044.6	
越　南	1549.8	1800.9	383.7			
埃　及	1134.6	1302.6				
尼日利亚						
南　非	1500.4	1479.7	388.7			
加拿大	3127.4	3243.0		3806.9	3784.6	
墨西哥	9649.7	9740.6	5112.8	8628.0	8275.2	3605.6
美　国	16932.5	16547.8	4503.7	15844.5	17093.0	6055.0
阿根廷	694.2	739.9		1841.1	1535.2	
巴　西	662.1	635.3		1062.8		
委内瑞拉						
捷　克	3626.8	3720.2		739.0	734.6	239.9
法　国	21199.8	21787.7	11710.9	4806.9	4927.6	2128.7
德　国	3888.1	3956.3	1244.9	10854.2	9953.3	
意大利	9322.9	9539.9	3841.9	6119.5	6220.7	2144.8
荷　兰	1878.0	2012.9	726.5	2098.1	2204.5	
波　兰	8594.6	8851.5		4860.0	5060.0	
俄罗斯	2455.1	2441.9	635.9	4196.4	4533.0	1236.1
西班牙	12445.6	12617.0	3641.0	2228.7	2281.6	623.6
土耳其	4611.3	5174.7	1597.1	838.3	965.1	224.3
乌克兰	1434.2	1371.0	338.2	2797.7	2934.6	1125.1
英　国	4028.3	4085.7	1110.1	9057.1	9308.6	2382.7
澳大利亚	924.6	946.6	182.8	1140.3	1162.4	283.2
新西兰	385.8	388.8	99.6	303.8	322.5	51.1

资料来源：世界银行WDI数据库。

附录1-21　政府卫生保障支出占政府支出比重

单位：%

国家和地区	2010	2015	2016	2017	2018	2019	2020
中　国	8.8	9.4	9.0	8.8	8.8	8.8	8.4
孟加拉国	4.4	3.4	4.1	4.1	3.8	3.3	3.1
文　莱	5.8	5.9	6.2	5.9	7.1	6.4	6.8
柬埔寨	6.5	6.6	6.3	6.8	7.2	7.0	7.4
印　度	3.1	3.4	3.4	3.4	3.5	3.4	3.3
印度尼西亚	3.9	6.6	8.2	8.2	8.4	8.7	10.1
伊　朗	12.5	22.6	21.1	21.1	22.5	21.4	22.1
以色列	10.7	11.7	11.7	11.8	11.8	12.2	13.0
日　本	18.9	23.2	23.2	24.5	24.5	24.3	20.6
哈萨克斯坦	8.2	8.4	9.5	7.9	9.1	8.3	10.2
韩　国	11.9	12.6	13.1	13.6	14.2	14.3	13.6
老　挝	2.7	3.4	3.7	4.1	4.2	5.1	6.2
马来西亚	6.3	8.2	8.3	8.7	8.5	8.5	8.6
蒙　古	7.7	7.7	6.3	7.7	7.8	8.0	8.5
缅　甸	1.4	5.0	3.1	3.6	3.5	3.6	3.4
巴基斯坦	2.9	3.9	4.0	4.8	4.9	4.9	5.1
菲律宾	7.2	8.2	7.9	7.8	7.4	7.8	8.7
新加坡	10.9	13.5	13.4	15.3	14.5	16.3	13.3
斯里兰卡	7.8	8.4	8.6	7.6	9.5	7.3	8.5
泰　国	14.4	14.8	15.1	14.5	14.4	14.2	13.2
越　南	7.8	7.9	9.6	10.1	10.2	10.2	9.4
埃　及	4.4	5.1	5.1	5.4	4.7	4.8	5.2
尼日利亚	2.7	5.3	4.9	4.4	3.9	3.8	4.2
南　非	14.1	15.2	15.3	15.3	15.3	15.3	15.3
加拿大	17.4	19.0	18.9	18.7	18.6	18.8	18.3
墨西哥	10.4	10.9	10.4	10.7	10.4	10.3	11.5
美　国	18.4	22.3	22.4	22.5	22.5	22.5	22.4
阿根廷	16.7	16.5	13.5	16.0	15.3	16.1	15.7
巴　西	9.0	10.0	10.0	10.3	10.3	10.5	10.8
委内瑞拉	8.2	5.7	7.3	7.4	3.4	4.9	4.9
捷　克	13.1	14.1	14.6	15.9	15.6	15.7	17.1
法　国	13.9	14.6	15.2	15.2	15.3	15.1	15.2
德　国	17.4	19.5	19.6	19.9	20.0	20.1	19.8
意大利	14.0	13.1	13.2	13.1	13.2	13.2	12.9
荷　兰	14.5	15.3	15.5	15.3	15.6	15.9	16.1
波　兰	10.0	10.6	10.9	10.9	10.8	11.0	9.7
俄罗斯	8.6	8.8	8.2	8.8	9.8	10.2	13.6
西班牙	14.7	14.8	15.1	15.3	15.2	15.3	15.0
土耳其	10.9	9.7	9.6	9.7	9.2	9.5	10.7
乌克兰	7.5	8.6	9.0	8.4	8.4	7.7	8.2
英　国	17.1	18.7	19.1	18.9	19.1	19.6	19.5
澳大利亚	16.1	18.4	18.6	18.7	18.6	17.2	17.2
新西兰	17.6	18.9	19.2	19.3	19.0	18.6	18.7

资料来源：世界银行WDI数据库。

附录1-22　教育支出占政府财政支出的比重

单位：%

国家和地区	2010	2015	2018	2019	2020	2021	2022
中　　国	15.0	12.1	10.8	11.2	10.5		
中国澳门	13.0	13.4	15.2	16.6	12.3	13.8	13.8
孟加拉国	21.0	12.0	12.0	11.3	10.4	10.2	11.9
文　　莱	5.3						
柬 埔 寨	7.3	15.3	16.9	18.9	17.2	15.7	
印　　度	11.8	15.7	16.6	16.7	16.5		
印度尼西亚	16.7	20.5	16.6	17.3	19.2		
伊　　朗	19.3	18.6	21.1	21.2	23.1		
以 色 列	13.7	15.5	15.5	15.7	15.6		
日　　本	8.4	8.4	8.1	8.2	7.3		
哈萨克斯坦	16.9	12.2	13.9	14.1	18.6	20.3	
韩　　国	14.8	14.7	14.3	13.8			
老　　挝	7.2	10.5	11.2	11.6	10.9	10.8	
马来西亚	18.4	19.8	19.6	17.7	15.4	16.4	20.2
蒙　　古	14.7	14.1	34.8	38.1	12.5	19.4	
缅　　甸	7.5	8.7	10.4	10.6			
巴基斯坦	11.9	13.2	12.2	11.6	10.8	10.2	
菲 律 宾	15.8	16.3	18.7	18.1	15.5	16.6	15.4
中国香港	19.9	18.6	18.8	20.3	20.6	13.1	
新 加 坡	18.6	19.7	20.8	19.5	11.9	13.4	13.3
斯里兰卡	8.6	11.0	11.3	9.9			
泰　　国	16.2	20.6	17.2	17.0	15.4	14.7	14.6
越　　南	17.1	17.1	16.1	14.0	14.4	14.8	15.4
埃　　及	11.3	11.9		11.6	12.3		
尼日利亚	6.2	9.3	5.9	5.9	5.1	5.1	
南　　非	18.0	18.7	18.9	19.6	19.5	18.4	19.8
加 拿 大	12.3	12.4	12.1	11.7	10.0		
墨 西 哥	18.6	19.0	16.6				
美　　国	15.6	13.5	13.1	13.4	12.6		
阿 根 廷	15.0	14.0	12.5	12.5	11.9		
巴　　西	14.2	16.2	16.1	16.0			
委内瑞拉		15.7					
捷　　克	9.2	13.7	10.5	11.1	10.8		
法　　国	9.9	9.6	9.7	9.7			
德　　国	10.3	11.0	11.2	11.4	9.2		
意 大 利	8.7	8.1	8.8	8.4	7.5		
荷　　兰	11.7	12.2	12.9	12.5	11.0		
波　　兰	11.0	11.5	11.1	12.0	10.7		
俄 罗 斯	11.0	10.9	14.3	9.3	8.9		
西 班 牙	10.5	9.8	10.0	10.1	8.9		
土 耳 其	10.6	13.0	12.4	12.5	9.4		
乌 克 兰	15.2	13.3	12.8	13.2	13.1	18.7	
英　　国	12.8	13.5	13.3	13.5	10.6		
澳大利亚	14.3	14.1	13.5	12.8	14.4		
新 西 兰	15.7	16.4	16.1	13.5	14.4		

资料来源：世界银行WDI数据库。

【主要统计指标解释】

国内生产总值 指生产活动总成果，等于所有常住单位创造的增加值的总和（包括产出价值中未包括的产品税，不包括各项产品补贴），等于按购买者价格计算的货物和服务最终使用价值（不包括中间消费）减去进口的货物和服务价值，或等于常住生产单位初次收入分配的总和。

第三产业 第三产业即服务业。

在《国际标准产业分类》第三版中指第50类至第99类，包括批发零售贸易业（包括旅馆和饭店业）、交通运输业、政府、金融、专业服务和个人服务，例如教育、卫生、房地产服务，还包括虚拟的银行服务费、进口税和加工或调整数据时的统计误差。

在《国际标准产业分类》第四版中指第45类至第99类，包括批发和零售业；汽车和摩托车的修理、运输和储存、食宿服务活动、信息和通信、金融和保险活动、房地产活动、专业、科学和技术活动、行政和辅助活动、公共管理和国防；强制性社会保障、教育、人体健康和社会工作活动、艺术、娱乐和文娱活动、其他服务活动、家庭作为雇主的活动；家庭自用、未加区分的物品生产和服务活动、国际组织和机构的活动。

增加值总额 等于总产出减去中间消耗。用于衡量单个生产者、行业或部门生产活动对国内生产总值的贡献。增加值总额是国民核算账户（SNA）中初次收入形成的来源，因此被（从生产账户）结转到初次收入分配账户中进行反映。

就业人员 为一定年龄以上，在特定短期（一周或一天）内，属于下列类型的所有人：

（1）有酬从业人员，包括两类：①正在工作的人，指在参考期内做某些工作以得到现金或实物形式工资或薪金的人员；②有工作岗位但目前不工作的人，指现在有工作，却在短期内暂时不上班，但同时与工作单位有正式联系的人。这种正式联系，可以按照如下的一项或多项标准，根据各国的不同情况予以判断：1）持续领到工资或薪金；2）保证在暂时的不上班状态终止后返回该岗位，或对返回的时间有协议；3）在不工作的这段时间里，该从业者能得到补偿而无须接受其他工作。军人应被包括在有酬从业人员中。

（2）自营就业者，包括两类：①正在工作，指在短期时间内以利润或家庭收入为目的，从事某些工作得到现金或实物的人；②拥有企业而不工作的人，指自己拥有企业（如商业企业，农场，服务性企业），在一定时期内因特殊原因暂不工作的人。

工资 定期以现金或以实物形式支付给雇员的报酬，包括对雇员工作时间、完成的工作量和未工作的有酬时间（如年休假，法定假日）支付的劳动报酬。工资不包括雇主为其雇员支付的社会保险和养老金缴款、雇员因此而得到的收益、解雇和辞职时加发的工资。

贸易体系 是指贸易国家进行对外货物贸易统计所采用的统计制度。它有总贸易体系（又称一般贸易体系）和专门贸易体系（又称特殊贸易体系）两种类型。总贸易体系数值大于相应的专门贸易体系数值。

总贸易体系以货物通过国境作为统计进出口的标准。专门贸易体系则以货物通过关境或结关作为统计进出口的标准。

总贸易体系和专门贸易体系说明的是不同的问题。前者说明一国在国际商品流通中所处的地位和所起的作用；后者说明一国作为生产者和消费者在国际贸易中的地位。

出口 即货物离开一国的统计疆界。在总贸易体系中，一国的统计疆界与它的经济领土是一致的。在专门贸易体系中，一国的统计疆界只包括一部分经济领土，一般这部分与货物自由贸易区是一致的。自由贸易地区是一国经济疆界的一部分，在此间货物可以无进口税限制地流通。一般采用离岸价。

进口 指货物进入一国统计疆界。在总贸易体系中，进口包括直接为国内使用的进口，流入入境加工仓库的进口，注入海关仓库和自由区的进口；在专门贸易体系中，进口包括直接进入国内市场为国内使用的商品的进口，由海关仓库和自由区进入国内市场的进口，以及流向入境加工仓库的进口。一般采用到岸价。

服务贸易 服务（原为非要素服务）指无形商品的经济产出。它可以在同一时间产生、转让和消费。商品服务的出口（贷方和收入）和进口（借方和支付）来自于国际收支统计中的国际服务交易统计，其概念、定义和分类与国际货币基金组织 1993 年《国际收支手册》第五版一致。

外汇储备 一国当局可以使用和控制的外汇资产，它可直接用来弥补国际收支不平衡或间接用来平衡国际收支。

黄金储备（货币黄金） 一国当局拥有的、作为储备资产的黄金。

国际旅游支出 是指出境游客在他国的旅游消费，包括在国际旅行时，搭乘他国运输工具所支付的交通费（有些国家不包括这项交通费）。除非特别声明外，国际旅游支出包括境外一日游客（不过夜游客）在访问地的消费。

国际旅游收入 是指入境游客（过夜旅客）在本国的旅游消费，包括国际旅行时，入境游客搭乘本国运输工具所付给本国的交通费（有些国家不包括这项交通费）。国际旅游收入包括目的地国接受的所有商品和服务的支付。除特别声明外，国际旅游收入可以包括入境一日游游客（不过夜游客）在本国的消费。

附录二 中国服务业采购经理指数及世界主要经济体的相关情况

简要说明

一、调查内容

服务业企业主管运营的负责人或采购（或供应）经理对企业经营、采购及相关业务活动情况的判断，主要包括对业务总量、新订单（客户需求）、存货、投入品价格、销售价格、从业人员、供应商配送、业务活动预期等情况的判断。

二、调查范围

涉及《国民经济行业分类》（GB/T 4754-2017）中第三产业的 39 个行业大类。

三、调查方法

服务业采购经理调查采用 PPS 抽样调查方法。

四、季节调整说明

该调查是一项月度调查，受季节因素影响，数据波动较大。现发布的服务业采购经理调查各分类指数均为经季节调整后的数据。

五、资料来源

中国服务业采购经理指数资料是国家统计局服务业统计司根据《采购经理调查统计报表制度》收集的调查资料加工整理而得；世界主要经济体服务业采购经理指数资料主要来自于美国供应管理协会、摩根大通、标普全球等机构官方网站和各有关国际组织。

附录2-1 中国服务业采购经理指数(经季节调整)

单位：%

月份	商务活动指数	新订单指数	投入品价格指数	销售价格指数	业务活动预期指数
2022.1	50.3	46.8	51.8	50.5	56.7
2	50.5	46.3	53.1	49.2	59.6
3	46.7	44.7	54.9	50.6	53.6
4	40.0	36.0	52.6	48.1	53.0
5	47.1	43.7	52.5	49.0	55.2
6	54.3	53.7	53.3	49.5	61.0
7	52.8	49.5	49.2	46.9	58.8
8	51.9	49.2	49.4	46.9	57.6
9	48.9	41.6	49.6	47.5	56.1
10	47.0	41.7	50.8	47.8	56.7
11	45.1	41.4	50.1	48.3	53.1
12	39.4	37.4	48.9	47.0	52.3

附录2-2 世界主要经济体服务业采购经理指数

单位：%

月份	中国	美国	欧元区	日本	德国	英国	法国	俄罗斯	巴西
2022.1	50.3	59.9	51.1	47.6	52.2	54.1	53.1	49.8	52.8
2	50.5	56.5	55.5	44.2	55.8	60.5	55.5	52.1	54.7
3	46.7	58.3	55.6	49.4	56.1	62.6	57.4	38.1	58.1
4	40.0	57.1	57.7	50.7	57.6	58.9	58.9	44.5	60.6
5	47.1	55.9	56.1	52.6	55.0	53.4	58.3	48.5	58.6
6	54.3	55.3	53.0	54.0	52.4	54.3	53.9	51.7	60.8
7	52.8	56.7	51.2	50.3	49.7	52.6	53.2	54.7	55.8
8	51.9	56.9	49.8	49.5	47.7	50.9	51.2	49.9	53.9
9	48.9	56.7	48.8	52.2	45.0	50.0	52.9	51.1	51.9
10	47.0	54.4	48.6	53.2	46.5	48.8	51.7	43.7	54.0
11	45.1	56.5	48.5	50.3	46.1	48.8	49.3	48.3	51.6
12	39.4	49.2	49.8	51.1	49.2	49.9	49.5	45.9	51.0

【主要统计指标解释】

商务活动指数 指根据企业报告期内完成的业务活动总量的变化情况汇总而成的扩散指数。国际上通常用商务活动指数来反映服务业经济发展的总体情况，一般来说该指数高于50%，反映服务业经济总体上升或扩张；低于50%，反映服务业经济下降或收缩。

新订单指数 指根据企业报告期内签订的订单量、合同量或其它需求总量的变化情况汇总而成的扩散指数。

投入品价格指数 指根据企业报告期内主要投入价格水平的变化情况汇总而成的扩散指数。

销售价格指数 指根据企业报告期内销售（或收费）价格水平的变化情况汇总而成的扩散指数。

业务活动预期指数 指根据企业对未来业务活动整体水平预测的变化情况汇总而成的扩散指数。

附录三 部分国家服务业生产指数月度增速

简要说明

一、主要内容

中国服务业生产指数由中国国家统计局编制，2017 年 3 月起正式按月对外发布。本篇收集了 2022 年中国月度服务业生产指数的当月同比增速和累计同比增速；2022 年英国、韩国服务业指数（Index of Services）、日本第三产业活动指数（Indices of Tertiary Industry Activity）当月同比增速和环比增速。

二、统计范围

中国服务业生产指数统计范围包括《国民经济行业分类》（GB/T 4754-2017）中从批发和零售业到文化、体育和娱乐业等 13 个行业门类中 40 个行业大类的市场性活动，不包括公共管理、社会保障和社会组织，国际组织 2 个行业门类，农、林、牧、渔专业及辅助性活动，开采专业及辅助性活动，金属制品、机械和设备修理业 3 个行业大类，以及科学研究和技术服务业，教育，卫生和社会工作 3 个行业门类中的非市场性活动。

三、资料来源

中国服务业生产指数由国家统计局服务业调查中心提供；英国、韩国数据来自两国统计局官方网站，日本数据来自日本经济产业省官方网站。

附录3-1 2022年各国服务业生产指数月度增速(%)

月份	中国		英国		韩国		日本	
	同比	累计	同比	环比	同比	环比	同比	环比
1月			14.5	0.1	4.7	-0.4	1.8	0.0
2月		4.2	13.9	0.0	3.7	-0.4	-0.1	-0.8
3月	-0.9	2.5	11.0	-0.1	3.8	1.6	-0.5	0.9
4月	-6.1	0.3	6.7	0.1	5.0	1.2	1.0	0.6
5月	-5.1	-0.7	6.1	0.8	7.4	1.0	3.9	0.9
6月	1.3	-0.4	3.6	-0.7	4.0	-0.2	2.2	-0.4
7月	0.6	-0.3	4.3	0.5	4.6	0.2	1.4	-0.3
8月	1.8	0.0	3.6	0.3	7.4	1.8	3.9	0.5
9月	1.3	0.1	1.8	-0.8	6.0	-0.1	2.9	-0.3
10月	0.1	0.1	2.0	0.6	4.8	-1.1	1.8	-0.1
11月	-1.9	-0.1	1.1	0.2	4.1	-0.7	1.4	0.2
12月	-0.8	-0.1	0.3	-0.8	6.6	1.6	1.0	-0.1

注：1.中国1月不计算指数，1-2月合并计算。
2.英国数据取自英国统计局2022年12月服务业指数报告。
3.韩国数据取自韩国统计局每月公布的服务业指数表。
4.日本数据取自日本经济产业省第三产业活动指数数据表。